DICCIONARIO LATINO-ESPAÑOL

BIBLIOTECA HISPÁNICA PUVILL

Sección: Literatura

DICCIONARIOS

Dirigida por ENRIQUE MIRALLES

1

ELIO ANTONIO DE NEBRIJA

DICCIONARIO
LATINO-ESPAÑOL
(Salamanca 1492)

Estudio preliminar por

GERMÁN COLÓN   y   **AMADEU-J. SOBERANAS**
Universidad de Basilea   *Universidad de Barcelona*

PUVILL-EDITOR
Boters, 10
BARCELONA, 1979

PRINTED IN SPAIN

IMPRESO EN ESPAÑA

DEPÓSITO LEGAL: V. 444 - 1979   I.S.B.N. 84-852-02-10-4

ARTES GRÁFICAS SOLER, S. A. - JÁVEA, 28 - VALENCIA (8) - 1979

EL
DICCIONARIO LATINO-ESPAÑOL
DE
ELIO ANTONIO DE NEBRIJA

por

GERMAN COLÓN y AMADEU-J. SOBERANAS

1. INTRODUCCIÓN

EL diccionario latino-español de Nebrija, cuya primera estampación de 1492 reproducimos en facsímil, conoció un éxito extraordinario en su época y todavía por mucho más tiempo. Las ediciones se multiplicaron y generaciones de estudiantes acudieron a ese instrumento que les ayudaba en sus desvelos por comprender a los autores clásicos. Las traducciones de los lemas latinos al romance sirvieron además para que la lengua castellana estuviera representada en las empresas de alcance europeo. Por ejemplo, de Nebrija toman sus materiales hispanos los diccionarios políglotas de Calepino o de Hadrianus Junius, o bien a él recurren en el siglo XVI los autores de nomenclaturas científicas.

La fama que alcanzó otrora el *Lexicon* sólo puede parangonarse con el olvido en que ha caído en los tiempos modernos. Al reeditarlo creemos prestar un servicio a los estudiosos y asimismo "reparar" el injusto tratamiento inferido al más ilustre de los gramáticos y lexicógrafos españoles.

La perspectiva desde la que se puede apreciar actualmente el valor de este libro no es ya, claro está, la del latinista que encuentra un guía para sus tareas. Ahora serán los filólogos románicos, los especialistas del léxico español y los historiadores del Humanismo quienes se vean más solicitados. Incluso los lingüistas modernos tienen, en el presente volumen, la obra angular para análisis contrastivos de primera importancia, realizados desde una sincronía que se sitúa a horcajadas de los siglos XV y XVI. En efecto, el *Lexicon*, inmediatamente después de su aparición, fue adaptado a otras lenguas, y las equivalencias castellanas vinieron reemplazadas por las correspondientes catalanas (1507) o francesas (1511), o bien aumentadas con la incorporación del siciliano (1520). El campo de observación de que se puede disponer resulta muy vasto.

Trataremos de exponer sumariamente qué representan los diccionarios de Nebrija dentro de la lexicografía española, poniendo de relieve su aportación temprana y señera.

Quizá esta reimpresión sea acicate para que se den a conocer más obras lexicográficas de nuestro autor y sus adaptaciones a otros idiomas. En la colección de la Biblioteca Hispánica Puvill están ya anunciados los vocabularios catalanes de 1507.

2. El léxico castellano

Las dos obras fundamentales de la lexicografía castellana que debemos a Nebrija son el *Lexicon* latino-hispano (1492) y el *Dictionarium* (¿1495?), que presenta el material a partir de la lengua vernácula.[1]

Esta última obra fue reproducida en facsímil por la Real Academia Española en 1951 con el título de *Vocabulario español-latino* y ha prestado recientemente muy valiosos servicios al estudio léxico del castellano: basta ver el uso exhaustivo que ha hecho de ella el Sr. Corominas en su diccionario etimológico. Prácticamente no hay artículo en este repertorio sin que en él figure como primera documentación alguna voz registrada por Nebrija. Inexplicablemente el *Lexicon* que está fechado con seguridad (¡y en qué fecha!) no ha merecido hasta hoy una nueva reimpresión y sus ricos datos han permanecido, en gran parte, sin explotar. De vez en cuando, Corominas recurre a él, pero no de manera sistemática, ni mucho menos (véanse en el *DCELC*, p. ej., los artículos *ataifor, ojear, seña, uncir, untar*).[2] La Real Academia en su nuevo *Diccionario Histórico de la Lengua Española* lo utiliza también de manera esporádica.

Razones, tanto de crítica interna como de información objetiva, que iremos apuntando nos permiten asegurar que la composición del *Lexicon latinum-hispanicum* es anterior a la del *Vocabulario español-latino*. Eran de temer, en el trasiego de elementos de una obra a otra, varias incongruencias y desventajas. En primer lugar, que éste se llevase a cabo de una manera mecánica, dando sencillamente la vuelta a cada lema; por otro lado, que se perdieran o desaprovecharan muchos de los materiales, porque los métodos de trabajo de aquel entonces quizá no permitían una labor como la que se podría realizar hoy con ayuda de máquinas. Hemos de confesar que el cotejo de ambos vocabularios nos ha revelado una admirable maestría en el orillar posibles obstáculos. Si la ordenación del *Vocabulario español-latino* está pensada a partir del castellano, la del *Lexicon* lo está desde el latín: no hay ni siquiera sombra de que Nebrija se haya entregado a una tarea meramente automática. Por ejemplo, tomando el lema *ciudad* en el *Vocabulario* vemos cómo las entradas están concebidas desde el español; o lo mismo ocurre con las treinta y dos entradas de *cantar* para caracterizar el canto de los animales con su correspondencia en latín (*cantar el tordo o zorzal.* tritulo; *cantar el estornino.* piscito; etc.). Pero, si vamos al *Lexicon*, habremos de convenir que los artículos están todos redactados partiendo de la lengua latina (cf., por

---

[1] Llamaremos de ahora en adelante *Vocabulario* al repertorio hispano-latino, siguiendo una tradición que se remonta por lo menos a Juan de Valdés (cf. *infra* § 5). Para la obra reproducida aquí reservamos la denominación de *Lexicon*, basándonos en el título: *Lexicon hoc est dictionarium ex sermone latino in hispaniensem, interprete Aelio Antonio Nebrissensi.*

[2] Consúltese, en cambio, la nota 1 de su artículo *amelga*. En el *Lexicon* tenemos *candetum* "por la *emelga* del arada" y *porca* "por la *emelga* entre dos sulcos"; en cambio, s.v. *liratim* "por amielgas arando". Compárese también el artículo *acicalar* y las voces *polio.onis* y *polio.is* del *Lexicon*.

ej., *unde*). Y resulta interesante comprobar que el autor ha trabajado con un esmero extraordinario y pocos materiales se le han escapado al transponerlos a la otra obra. Casi siempre encontramos en el *Vocabulario*, y en el orden alfabético correspondiente, el acervo que nos proporcionaba el *Lexicon*. Hagamos la prueba. Para *abacus* y *abaculus* el *Lexicon* nos propone lo siguiente:

> *Abacus.i.* por el aparador de los vasos.
> *Abacus.i.* por la tabla para contar.
> *Abaculus.i.* por pequeño aparador o tabla.
> *Abaculus.i.* por el trebejo o escaque de axedrez.

Si ahora verificamos las soluciones del *Vocabulario* tendremos este cuadro:

> *Aparador de vasos.* Abacus.i.
> *Aparador pequeño.* Abaculus.i.
> *Tabla para cõtar.* Abacus.i. abax. eis.
> *Tabla pequeña assi.* abaculus.i.
> *Trebejo de axedrez.* calculus.i.
> *Trebejo assi.* abaculus. latrunculus.
> *Escaque o trebejo.* abaculus.i. calculus.i.

Es natural que de vez en cuando haya entre los dos repertorios pequeñas discrepancias. He aquí algunos ejemplos. El nombre de la 'lechuza' que en 1492 viene ortografiado *carabo* (s.v. *alluco*), aparece como *caravo* en el *Vocabulario*. Si éste prefiere la variante *abejuruco*, el *Lexicon* trae por lo menos tres veces *abejaruco* (s.v. *apiastra, merops, riparia*) y una la otra solución (*zinzulo.as.* cantar el abejuruco).—El *Vocabulario* define *alvarazo* mediante *morbus sacer* y *alphos*. Este helenismo, en efecto, es explicado en el *Lexicon* como "especie de alvarazos", mientras que no hay entrada bajo *morbus sacer;* la hay, en cambio, para *sacer morbus* que resulta ser el "huego de sant Anton", pero en el repertorio de 1495 el *huego de sant Anton* es "ignis sacer" y ese *ignis sacer* en 1492 era el "fuego de S. Marçal"... Pero esto son quisquillas y, por lo demás, sumamente raras. Lo normal es que las equivalencias sean exactas, como hemos podido verificar a lo largo de muy numerosos sondeos.

Las adiciones en la edición hispano-latina son relativamente escasas. Se puede afirmar que casi todas sus entradas se encuentran ya repartidas entre las correspondencias del *Lexicon*. Existe, claro está, la famosa *canoa* "monoxylon" en el *Vocabulario*,[3] que mal podía conocerse en el mismo año 1492 (cf. "*monoxylon.i.* por navezita de un madero"), y tampoco hallamos alguna palabra como *aguzanieve, albañí, apoiar (la teta el niño), atahorma, hobachón* o *helgado*, etc. Pero situacioncs así no son numerosas en exceso.

Naturalmente el *Vocabulario* y el *Lexicon* son también obras que se complementan porque los objetivos de cada una eran algo diferentes. En primer lugar,

---

[3] Es muy posible que el P. Bartolomé de Las Casas consultase el *Vocabulario* nebrisense; véase a este respecto la explicación que da de la embarcación de los indios: "Sábado, pues, muy de mañana, que se contaron trece días de otubre [de 1492], parece la playa llena de gente, y dellos venían a los navíos en sus barcos y barquillos, que llaman canoas (en latín se llaman *monoxylla*) hechas de un solo cavado madero de buena forma...", *Historia de las Indias*, lib. I, cap. XLI ("Biblioteca de Autores Españoles", vol. 95), pág. 145. Si todavía en 1552 López de Gómara tiene que explicar qué sea una canoa, comprenderemos cuánto madrugó Nebrija en la recogida del americanismo: "canoas, que son como artesas hechas de una pieza" (*ibidem*, vol. 22, pág. 167).

tenemos la extensión mayor del *Lexicon*,[4] debida a que éste incluye en sus columnas una muy completa serie de nombres propios y de lugar, mientras que en el *Vocabulario* tales elementos están representados en proporción mucho menor. La riqueza en onomástica de aquel diccionario es asombrosa y se observa un trabajo de primera mano. En alguna ocasión ha dejado un blanco: *Signia.ę.* "por una ciudad de   ".

Otras veces, en un repertorio que se pretende exhaustivo, Nebrija ha tenido que acoger voces latinas cuyo significado le resultaba oscuro y para las cuales obviamente no había traducción castellana ni posibilidad de que pasasen al vocabulario. Así, por ejemplo: *spinturnix* "ave no conocida es", *spinx* "animal es no conocido", etc. Volveremos luego (§ 6) sobre el esfuerzo del autor para colmar estas lagunas de su información. También ocurre que derivados sintéticos latinos tengan en romance correspondencias expresadas de forma analítica: "*abnuo. is.* por negar sacudiendo la cabeça; *abnuto.as.* por negar assi a menudo; *abnutus. us.* por aquella manera de negar".

El contraste de ambos léxicos, por cuanto a apelativos castellanos se refiere, permite a menudo perfilar mejor el sentido de éstos. Pero sobre todo notamos en el *Lexicon* alguna mayor riqueza. Este venero está formado, en buena parte, por adverbios en *-mente*, por derivados o por compuestos parasintéticos. También hay, pese al esmero de Nebrija, varias voces que no han pasado al *Vocabulario* y que a veces constituyen la primera aparición en español. Ni que decir tiene que casi nunca los lexicógrafos las han podido tener en cuenta. De todo ello daremos ahora algunas muestras.

a) Un ejemplo de cómo la utilización conjunta de las dos obras permite afinar el perfil de ciertas palabras españolas nos lo proporcionará el examen del adjetivo *izquierdo* en su lucha con *siniestro*. Afirma Corominas que "Nebr. se decide ya por *izquierdo*". Nada menos seguro. En el *Vocabulario* no hay entrada alguna bajo esta voz, y s.v. *mano* hay los dos artículos complementarios *mano diestra* y *mano siniestra;* si acudimos a *siniestra*, tendremos *siniestra mano*. Sólo un resquicio en este unánime triunfo del arcaísmo: entre las varias locuciones adverbiales reunidas en el lema *hazia*, leemos ésta: "*hazia la mano izquierda*. sinistrorsum". En el *Lexicon* de 1492 el balance al principio es negativo, puesto que tanto *laeua* como *sinistra* vienen explicados por *la mano siniestra* y únicamente en *sinistrorsum* encontramos "adu. por hazia mano izquierda". Además de comprobar de nuevo cuán consecuente se muestra Nebrija en la ordenación de sus materiales léxicos, este resultado casi nos permitiría recusar la aseveración de Corominas. Sin embargo, acudiendo a otro núcleo de voces, el panorama se aclara: el verbo *obuaro* viene traducido por "entortar lo derecho", mientras que sus derivados *obuariscor, aris* y *obuaricator* lo son respectivamente por "esquerdear" y "el que ezquerdea". Este verbo *esquerdear/ezquerdear* es uno de los que a Nebrija se le escaparon de entre las redes y no pasó al *Vocabulario* de 1495. Corominas elenca *izquerdear* sin fecharlo y sin autoridad alguna.

Ahora sí que podemos afirmar que, a fines del cuatrocientos, la solución *izquierdo* se iba imponiendo sobre la procedente del latín. Lo mismo cabría decir de la lucha triunfal de *derecho* contra *diestro*.

---

[4] Frente a unas veintidós mil quinientas entradas del *Vocabulario*, el *Lexicon* ofrece más de veintiocho mil.

b) Los adverbios latinos en -*ter*, que por lo general tienen en español una formación en -*mente*, nos proporcionan traducciones como *hadadamente* (s.v. *fataliter*), *hastiosamente* (s.v. *fastidiliter*), *parleramente* (s.v. *loquaciter*), etc. no integradas en la lista de 1495.

c) Varios derivados no han pasado al *Vocabulario*. Indicamos ahora algunos pocos:

De la familia del adjetivo *acedo* tenemos el verbo *se azedar* (s.v. *aceo*).

Adoptación traduce *adoptio*.

Agror y *asperidad* están bajo *acerbitas*.

El abstracto *befedad* (s.v. *ualgium*) es un derivado de *befo*, variante de *belfo*.

El vocablo *cruera* para 'gula' es un hápax de Nebrija: "*Gula.e.* por la gula o cruera". Quizá lo podríamos explicar como derivado de CRUDUS, teniendo en cuenta que este adjetivo se aplica en latín y en varias lenguas románicas a los alimentos indigestos. Así Covarrubias afirma (s.v. *crudo*): "Por translación dezimos estar el manjar crudo en el estómago quando no le ha gastado el calor natural..." y el propio Nebrija define *crudus* por "cosa ahita".

El sintagma *pan hojaldado*, con la forma etimológica del adjetivo sin repercusión de la líquida (s.v. *artolaganum*), aparece bastante antes que las variantes *hojaldrado* y *ahojaldrado* (cf. *DCELC* s.v. *hoja*).

Lentura (s.v. *lenticies* y *lentor*) es asimismo el abstracto del anticuado *liento* 'húmedo, mojado'. El *DCELC* recogerá sólo *lentura* con el sentido de 'lentitud' en el siglo XVII (Oudin).

Si *malsín* se halla documentado por vez primera en castellano en el *Vocabulario* (1495), nuestro *Lexicon* trae, además de ése ("*sycophanta.ę.* por el malsín"), el verbo *malsinar* que hasta ahora se hacía remontar sólo a fray Antonio de Guevara: *sycophanticus* "por cosa *malsinada*"; *sycophantia* "por aquel *malsinar*".

El intensivo *pisonear* (s.v. *pauio*) tiene Corominas que elencarlo sin fecha alguna.

Entre los lexemas de la familia del verbo *raer* falta el substantivo *raimiento* (s.v. *abrasio*), que parece ser un hápax, no consignado por nadie.

El verbo *ronquecer*, derivado de *ronco*, no ha sido registrado: "*draucus.i.* el moço cuando ronquece". En cambio, lo han sido *enronquecerse* (también de Nebrija) y *arronquecer*.

Entre los derivados de *untar* comprobamos la presencia de *untaza* con el sentido de 'enjudia': "*Abdomen.inis.* por enxundia o untaza".

Un curioso abstracto de *yerto* es el substantivo *ertura* (s.v. *rigor*: "por el rigor o ertura"), tampoco recogido por los lexicógrafos.

d) A las formaciones parasintéticas les resultaba todavía más fácil escapar a la recolección que a los meros derivados. He aquí también unas cuantas:

Embuchar, procedente de *buche*, viene señalado tan sólo en el siglo XVIII (*Dicc. de Autoridades*; Corominas). Pero, s.v. *gurgito*, ya hace su aparición en Nebrija, quien también registra *desbuchar* (s.v. *euiscero*), no documentado antes.

A la familia de *hetría* 'enredo, confusión' pertenece el verbo *enhetrar* 'enredar, confundir', cuyo derivado *enhetradura* sale varias veces en el *Lexicon*, tanto en una significación general (s.v. *implexitas*, *intricatio*), como en otra más concreta (s.v. *trica*: "por cazcarria o enhetradura"). Hay que esperar al diccionario de Percivale de 1623 para que un solitario se decida a recoger tal voz: "entangling, insnarling, interturbing" (apud S. Gili Gaya, *Tesoro lexicográfico*, s.v.).

De los compuestos de *lodo* destaquemos el aislado *enlodadura* (s.v. *lutamentum*).

Corominas apunta *enmostar*, sin autoridad alguna, entre los derivados de *mosto* (s.v.); pero ya Nebrija trae en la definición de *mustulentus* "por cosa enmostada".

Una curiosa formación, en la familia léxica de *nuevo*, es *renovero* 'usurero', que el *DCELC* elenca sin fechar ni autorizarla con ningún autor: "*Danista.ę.* por el logrero o renovero".

De *turbio* tenemos el substantivo *enturviador* (s.v. *turbator*). Resulta aquí algo sorprendente la discrepancia gráfica entre los dos repertorios nebrisenses, pues mientras el *Lexicon* escribe *turvación* (s.v. *turbatio*), *turvada mente* (s.v. *turbulente*) y *enturviador* (vide supra), el *Vocabulario* pone *enturviar* pero, a su lado, también *turbación*.

Enyesadura, derivado de *yeso*, y *encaladura*, procedente de *cal*, están para traducir *tectorium* ("encaladura o eniessadura"). Lo curioso es que bajo el verbo *gypso* aparezca la forma anticuada *enessar* y no *enyesar* o **eniessar*. El *DCELC* no registra *enyesadura* y aduce, sin fecharla, la palabra *encaladura*.

Una recolección exhaustiva daría unos resultados nada desdeñables, a pesar del cuidado —insistimos— con que Antonio de Nebrija llevó a cabo la ordenación del material para la confección del segundo *Vocabulario*.

* * *

Quisiéramos ahora presentar rápidamente algunos ejemplos de voces castellanas del *Lexicon*, elegidas un poco al azar, que, por uno u otro concepto, importan en la historia del vocabulario español.

Para *gacela* 'especie de antílope' el castellano ofrece una documentación bastante tardía (1570, Marmol, según Autoridades), si se prescinde del *algacel* alfonsí (que podríamos poner en parangón con el cat. ant. *gatzell* o *gatzela* y el francés ant. *gazel*; cf. Alcover-Moll y *FEW*, XIX, p. 53). Corominas señala que el it. *gazzella* aparece por primera vez en una versión de un texto portugués de 1515. Ello es inexacto. Aunque ya a fines del XIV haya testimonios italianos (véase Battaglia), el siguiente ejemplo de Nebrija en 1492 no deja de tener su interés: "*Oryx, orygis:* por el rebeço o *gazela* animal". El *rebeço* es una variante de *rebeco*, pero el helenismo latino *oryx* ya fue usado por Columela y Plinio para designar la gacela.

Puesto que hablamos de helenismos del latín, vengamos a la traducción de *protropon* (πρότροπον), voz que se halla en Plinio y Vitrubio. Nebrija escribe, quizá por errata, *protopum*: "*protopum.i.* por mosto del tintin". En el *Vocabulario* la equivalencia para *mosto de uva no pisada* es *protiopum*, en donde la *i* debe de ser igualmente errata por *r*. Nos interesa aquí la voz *tintín*, que no volvemos a encontrar por ninguna parte. Seguro que es palabra existente, pues cuando Nebrija trata de vinos, sabe, por rica experiencia, de qué está hablando. El lat. *protropon* es el vino de lágrima (fr. "vin de mère-goutte"), y uno se pregunta si *tintín* se deberá relacionar con el *vino tinto*, que el propio Nebrija traduce por "vinum rubeum" (1495), o bien si no estaremos delante de la onomatopeya *tintín*, que reproduce el ruidito del gota a gota que en el lagar destila la uva sin

En nuestro caso, las dos primeras contienen poco material para que las tomemos en cuenta. Un cotejo bastante minucioso con el *Comprehensorium*, tanto del manuscrito como de la impresión de Valencia de 1475 (que son idénticos),[13] ha dado resultados completamente negativos.

El repertorio más extenso, y que conoció un éxito extraordinario en toda Europa, es el *Catholicon* de Johannes de Janua o Johannes Balbi, terminado en 1282. Fue copiado numerosas veces en los siglos XIV y XV y ya en 1460 llevado a la imprenta.[14] Pero no podemos afirmar que influyera en Nebrija, puesto que, con su inclinación por los comentarios etimológicos y las curiosidades gramaticales,[15] está en las antípodas de la del autor español, únicamente interesado éste en proporcionarnos un instrumento para entender y aprender el latín.

Incluso la simple lista de entradas del Nebrija es mucho más rica que la del *Catholicon* y, por otra parte, aquél ha desechado las palabras que no pertenecen a la latinidad clásica.

Eligiendo al azar, comparemos las voces que comienzan por *lan-*. En el *Catholicon* tenemos *lana, lanceola, lancino* (uel *lanceo*), *landula, laneus, langor, langeo, languidus, laniarius, laniatorium, lanicus, laniena, lanifex, lanificium, lanifico, laniger, lanio, laniscus, lanista, lanoculus, lanuginosus, lanugo, Lanus, lanutus, lanx*. Esos veintisiete lemas se convierten en Nebrija en treinta, pero bastante diferentes, y hemos de observar que en éste no aparecen *lanceo, landula, laniarius, laniatorium, lanicus, laniena, lanifex, lanifico, laniscus, lanoculus, Lanus, lanutus* ni *lanx*. Los siguientes lemas nebrisenses faltan en el *Catholicon*: *lanceatus, Langia, lanicium, lanifica, lanipendium, lanius, laniatus, Lanuuium, lanuuinus, lanula*. La discrepancia es palmaria.

Nebrija como lexicógrafo latino no ha sido aún estudiado, y resulta difícil averiguar las fuentes de su léxico. Si el *Catholicon* hubo de ser una de ellas, no debió de ser la única y podemos asegurar que no se utilizó sin crítica, y sin añadir y suprimir muchísimos elementos.

La obra de su compatriota Andrés Gutiérrez de Cerezo o Andreas Guterrius, *Brevis Grammatica* (1.ª ed. por Fadrique de Basilea, Burgos 1485) que gozó de mucho prestigio e incluso fue reeditada en Basilea en 1486 por Michael Weusler y en 1515 por Adam Petri, contiene listas abundantes de vocablos latinos, pero su número está muy lejos del exhibido por el *Lexicon*.[16] Sin duda que, además, Ne-

---

[13] Reseñado por P. Bohigas y A.-J. Soberanas en el catálogo de la *Exposició commemorativa del V Centenari de la Impremta. El llibre incunable als Països Catalans* (Barcelona 1976), págs. 44-45, núm. 5. Aunque se viene afirmando que Johannes se preocupa de darnos esporádicamente las equivalencias catalanas de algunas voces latinas, hemos podido comprobar que tales equivalencias son provenzales. Volveremos sobre este particular en otra ocasión. Existe otro *Iohannis Comprehensorium* en la Bibliothèque nationale de Paris, lat. 7678.

[14] Nos hemos servido para nuestros cotejos de la edición de 1486, publicada en Nurenberg por Ant. Koburger. Sobre Johannes Balbus y su obra véase la introducción de Mario Roques a su *Recueil général des Lexiques français du moyen âge (XIIᵉ-XIVᵉ siècle)*, II, (Paris 1938), IX-XX ("Bibliothèque de l'Ecole des Hautes Etudes", fasc. 269) y la bibliografía ahí mencionada.

[15] En la Edad Media se confeccionaron glosarios, basados en el *Catholicon* de Balbus, que suprimían toda la parte enciclopédica; con ello se tenía un sencillo repertorio para uso de los estudiantes que deseaban entender y practicar el latín. Tal es el léxico latino-francés *Aalma*, manuscrito 13032 de la B. N. de París, publicado por Mario Roques; véase la nota anterior.

[16] Los vocablos que comienzan por *lan-* son muy pocos; por eso damos la lista completa de *la-*, tal como figura en la impresión basiliense de 1515 ("De littera dictionum" LA.): *Lagena, laniger, lacer, lanius, lac, lactare, lacon, lacedemon, lar, laquear, lacunar, later, lampas, labes,*

brija debía de despreciarla, lo cual no es óbice para que la hubiera aprovechado, de serle beneficiosa.

Tampoco cabe desdeñar el hecho de que Nebrija, conocedor profundo de la producción de los humanistas italianos, en primer lugar de Lorenzo Valla, pero también de Angelo Poliziano, Guarino Veronese, Francesco Filelfo o Cristoforo Landino, etc. pudiera haberse inspirado en la labor de poda o expurgo que éstos llevaron a cabo en el vocabulario. Pero ni las *Elegantiae Linguae Latinae* de Valla ni los escritos y ediciones de sus correligionarios son un verdadero diccionario como el *Lexicon*. Es lo que ocurre con la *Cornucopia* de Nicolaus Perottus (1.ª ed. de 1489), comentario riquísimo pero no sistemático de términos latinos que pudo haberle proporcionado algunos de ellos; [17] téngase en cuenta que las ediciones latinas no llevaban índices alfabéticos demasiado desarrollados [18] y así no creemos que Nebrija se entretuviera en despojar metódicamente esa irrestañable prosa. [19] Al consultar nosotros la edición veneciana de 1499, publicada por Aldo Manucio, con un repertorio exhaustivo de las voces consideradas por Perottus, hemos podido verificar que no hay coincidencia con el elenco nebrisense, [20] y ello tanto por carta de más, como por carta de menos. [21]

---

latus, laus, lanx, larex, lacus, laurus, latex, la!ina, lanugo, laner, latomus, labo, laqueo, lasso, laxo, langeo, lateo, lacesso, lamentor, latrocinor, labor, largior, labasco. Debemos el conocimiento de esta obra a la amabilidad de don Carlos Gilly (Basilea).

[17] Desde luego, si no es demasiado arriesgado suponer que un libro publicado el 1489 en Venecia haya podido utilizarse en uno que sale de las prensas salmantinas en 1492.—Las obras de sus predecesores son conocidas de Nebrija y confiesa haberlas tenido en cuenta; así en el *Prologus* a sus opúsculos gramaticales asevera: "... Hos vero commentarios edendi causa illa in primis fuit que cum multis in locis a vulgata precipiendi via discesserim reddenda fuit a nobis ratio: tum amicis. tum etiam alienoribus cur antiquorum iuniorumque auctoritate neglecta preceptiones quasdam ausus sum in aliam formam commutare". En las notas marginales añade con referencia a *Antiquorum*: "Puta Diomedis. Phoce. Seruii. Prisciani. Donati" y con relación a *Juniorum*: "Puta Alexandri. Ebrardi. Catholici. et ex ijs qui supersunt Peroti. Verulani. Nigri. Mancinelli" (*Aelij Antonij Nebrissensis Grammatici opera de re litteraria: ex varijs eius voluminibus per eundem Antonium in hoc vnum volumen nouiter copulata*, ed. de Lyon, Johannes Cleyn, 1508, fol. s. n., sign. a⁶ r.) Y en el mismo prólogo del *Lexicon* (fol. a³ v), entre las ironías relativas al título, echa una puya al *Catholicon, Comprehensorium* y *Cornucopia.* Más adelante (prólogo, fol. a⁴ v) defiende a Francesco FILELFO por haber forjado el término neolatino *stapeda* para expresar lo que en castellano es *estribo*, noción desconocida en la Antigüedad. Por cierto que, si tal creación léxica viene recogida luego en el *Vocabulario* ("Estribo de silla. stapeda. e dixo filelfo"), falta en el *Lexicon*. Nos ha sido imposible encontrar entre las epístolas del humanista italiano el pasaje en cuestión (no ha estado a nuestro alcance el *De Liberorum educatione*); pero insistimos en que tanto este autor como POLIZIANO en su *Miscellanea* y otros humanistas no han podido ser modelo inmediato de Nebrija.

[18] Aun en la edición véneta de 1494 el índice es muy pobre. Véase NICOLAUS PEROTTUS, *Cornucopiae emendatissimum in quo opere multa acuratissime addita multaque emendata sunt*, Venecia [Philippus de Pinzis] 1494.

[19] He aquí uno de los pasajes, excepcionalmente conciso, relativo a *Phoenix* y *phoenicopterus*: "Phoenix etiam Agenoris filius fuit Cadmi frater, qui phoenicibus imperauit. Item phoenix fluuius non magnus ex Thermopylarum montibus in Asopum fluens (ut testatur Herodotus) Item phoenicopterus altera auis est, rubentes habens pennas, unde ei inditum nomen. Nam graeci πτερòν pennam uocant, huius linguam praecipui saporis esse Apicius docuit. Excellit magnitudine perdices. rostrum quoque & pedes phoeniceos habet. Marti. Dat mihi penna rubens nomen, sed lingua gulosis nostra saperit, quid si garrula lingua foret. Sunt tamen que phoenicem auem a palmae potius arbore, quae graece phoenix dicitur, appellatam putent, ob rationem quam inferius dicemus" (ed. de 1499, p. 449. líneas 1-8). El lector tendrá ocasión de confrontar esa nomenclatura con los correspondientes artículos del *Lexicon*. Véase asimismo cuanto dice Nebrija del ave *phoenicopterus* (*infra* § 6).

[20] Nicolaus Perottus, *Cornucopia siue linguae latinae Commentarii*. Venetiis (Aldus Manutius 1499).—Las voces en *lan-*, que nos han servido de comparación, son las siguientes en el índice de la *Cornucopia* de 1499: *lana, lanatus lupus, lancea, lancearium, lancino, laneolus, lanerum, langia, langa, langor, langula, langurium, laniare, lanienae officinae, lanifica, lanifi-*

Tampoco pudo Nebrija hacia 1490 disponer de listas por orden alfabético, de palabras y locuciones de autores clásicos como los que se confeccionaron luego, tal por ejemplo el léxico ciceroniano de Mario Nizzoli (1.ª ed., 1535).

Tendremos que convenir en que Nebrija realizó una tarea en diversos aspectos original al redactar la parte latina. Nos consta su continuo trato con Quintiliano, Ausonio, Pomponio Mela, Catón, Persio, Virgilio, etc., escritores que editó o comentó; él mismo nos dice tener lista una publicación —que no nos ha llegado— a la que, en el prólogo del *Lexicon*, califica de "obra grande, copiosa z de cosas diversas, fraguada casi de cuatrocientos mui aprovados autores" (fol. a⁴). Es seguro, pues, que en el curso de sus vastas lecturas debió de prestar suma atención a los hechos léxicos para así acopiar la considerable nomenclatura que maneja.

Excurso sobre una fuente

Una de las dudas que nos asaltaba más a menudo mientras preparábamos esta reedición era la de si Nebrija se debió mostrar siempre consecuente en el rechazo de voces no atestiguadas en latín clásico. Una observación del Sr. Francesc de B. Moll en el *DCVB* nos puso sobre aviso. Al hablar de la desconocida etimología del catalán *lluer* afirma lo siguiente: "El 'Thesaurus puerilis' d'Onofre Pou tradueix *lluer* pel llatí *ligurinus*, però no trobam aquest mot en els diccionaris del llatí clàssic ni sembla que pugui haver originat la forma catalana" (VII, pág. 70). Nuestra sorpresa fue grande al comprobar la existencia de *ligurinus* precisamente en el *Lexicon* de Nebrija:

"Ligurinus. i. por una avezilla".

En efecto, los más conspicuos repertorios (*Thesaurus linguae latinae*; Forcellini; Georges; *Corpus Glossariorum Latinorum* de Goetz; etc.) desconocen ese ornitónimo. ¿Debióselo inventar Nebrija? Parece poco probable. En 1569, Palmireno da esta definición del *acanthis*: "Acanthis, Acanthylis, Spinus, *Ligurinus*, muchos piensan ser lo mismo que la Cadernera, Cardelina, o Sirguerito: pero dize Aristoteles, que esta tiene el color muy ruyn, el Sirguerito muy luzido. Llaman le en Valencia *Luer*" (*Vocabulario del humanista*, pág. 11).[22] Observemos ahora, de paso, que, debido a Palmireno, el *lluer* 'carduelis spinus' vendrá definido en toda

---

cium, lanicium, lanioniae mensae, lanionius, lanisci, lanista, lanius, lanoculus, lanugo, lanx. Respetamos el orden en que aparecen en el incunable.—Añadamos de paso que la única voz en *lan-* comentada en las *Elegantiae* de L. Valla es *lanista*, según el índice de la edición estrasburguesa de 1512, estampada por Matth. Schurer.

[21] Un cotejo con el *Vocabularius breviloquus* de Guarinus Veronensis (ediciones de Basilea de 1478 y 1480 por Jo. Amerbach et socii) ha dado asimismo un resultado negativo. Nebrija es más extenso y moderno. El *Breviloquus* está aun inmerso en el mundo de Papias, Hugucio y Alexander, a quienes menciona constantemente. Compárese como el siguiente: "*Sethin.* genus spinarum est in heremo ex quibus sit lignum imputrescibile secundum Hug. Et ut dicitur in Papia Sethin ligna quanto accenduntur tanto duriora efficiuntur ... etc.". Y ahora el *Lexicon*: "*Sethim ligna.* madera fue preciosa".—No afirmamos que Nebrija ignorase este repertorio; pero sí, que su talante era distinto.

[22] Aprovechamos la oportunidad para señalar la presencia de la denominación aragonesa *cardelina* 'jilguero' justo tres siglos antes de lo que apunta el *DCELC*, s.v.; respecto a las otras, *cadernera* es propia de Valencia y *sirguerito* es la forma castellana de la época (coincide en esto con Nebrija, *Lexicon*, s.v. *acanthis* y *carduelis*).—*Cardelina* también está en Siesso, h. 1720; véase S. Gili Gaya, *Tesoro lexicográfico*, s.v.

la lexicografía catalana antigua por *ligurinus:* así en 1575 Onofre Pou lo consigna en el *Thesaurus puerilis* ("*Lluer.* Ligurinus. ni"; pág. 33) y lo propio harán en sus léxicos P. Torra (1640; "*Lluer, aucell.* Ligurinus") y J. Lacavalleria (1696; "*Llver, aucell.* Hic Ligurinus.ni"). Los diccionarios, mientras duró la costumbre de indicar la equivalencia latina, anotaron esta palabra: valga aún el trilingüe de Esteve-Belvitges-Juglà (1803-1805): "*Lluer.* s.m. aucèll. *Lugano.* Ligurinus".

Pero fuera de España, *ligurinus* también ha dado que hacer. En una adición de los benedictinos al *Glossarium mediae et infimae latinitatis* de Du Cange (s.v.) leemos: "LIGURINUS, *Carrulus,* apud Sussannaeum". Parece que la referencia sea a la obra siguiente, la cual no está a nuestro alcance: *Ludorum libri, nunc recens conditi atque aediti Enodatio aliquot vocabulorum quae in aliis dictionariis non reperiuntur aut si forte paucula, aliter explicantur ex collectaneis Huberti Sussanei* (Parisiis 1538). [23] Añadamos que el suplemento de Du Cange por Diefenbach cita: "*Ligurinus:* Zinsslein, Distelvogel [es decir 'verderón', según *Gesneri opera Fol.:* Thierbuch von Gesner teutch von Forer, Heidelberg 1606]" y "*Ligurinus:* zinsle, zeisel, zischen [según H. Junii Nomenclator, Antwerpen 1577]". [24] La *Historia animalium* de Conrad Gesner se publicó en Zurich en 1551-1587 y es, por lo tanto, posterior a la recopilación de Sussaneus (1538) y, ni qué decir tiene, al *Lexicon nebrisense.* Sea como fuere, de Gesner tomó el nombre Linneo para su terminología científica y acuñó *Ligurinus Chloris* como designación del 'verderón'.

En las discusiones etimológicas acerca del italiano *lucherino* y familia (véanse formas en E. H. Giglioli, *Avifauna italica* (Firenze 1886), págs. 29-30) se ha recurrido a nuestro vocablo. F. Diez sacaba del diccionario de la *Crusca* un lat. *ligurinus* [25] y hacía que se remontasen a él tanto el citado italiano como el véneto *lugarin* (*Etym. Wörterbuch,* pág. 381). Pero ya Meyer-Lübke (*REW,* núm. 5135) se opone a esta manera de ver y también la rechazan von Wartburg (*FEW,* V, pág. 428) y Corominas (*DCELC,* III, pág. 145); este último coloca, con razón, un asterisco a **ligurinus.* [26]

Desde luego, debemos de estar ante una latinización de una voz italiana del Norte, pero la mención de Nebrija precede a todas las conocidas y no vamos a conjeturar que crease él el nombre. ¿Copiaba alguna fuente?

La referencia de Diefenbach al "Thierbuch" (v. *supra*) nos llevó a consultar la edición príncipe de la *Historia animalium* del médico zuriqués Conrad Gesner, y ahí todo se aclara. El libro tercero dedicado a las aves empieza con un capítulo que trata precisamente de la nuestra: Aristóteles llámala *acanthis* (ἀκανθίς) y Theodorus Gaza, en su traducción de la *Historia animalium* del estagirita al la-

---

[23] Según el catálogo de libros impresos de la Biblioteca Nacional de París.

[24] *Supplementum lexici mediae et infimae latinitatis D. Du Cange.* Laurentius Diefenbach, *Glossarium latino-germanicum* (Frankfurt a. M. 1857), s.v.

[25] Es decir, que los eruditos europeos del Renacimiento y de la época barroca dieron por bueno ese nombre "latino", y lo mismo los académicos de la *Crusca* (1612) que los editores del Nebrija de 1622 lo siguen elencando. Estos últimos añaden: "*Ligurinus.* auicula, est quae g. ocanthyliis" [errata por *acanthylis* o *acanthyllis*].

[26] En esas discusiones se saca a colación el catalán *llucaret* o *lluqueret* junto con representantes norteitalianos y provenzales, pero nunca *lluer,* el cual por la forma y el significado tiene que estar también relacionado.—Ya entregado a la imprenta el presente trabajo, el Profesor J. Veny ha tenido la amabilidad de proporcionarnos esta referencia: "Genus XXXI. Carduelis. Chardoneret: Carduelis virefcens, capite & alis nigris. *Ligurinus feu Spinus Jonfton. Avib. Acanthis Gefn. Avib. Tarin. Cat. Llucaret*" (*Ornithologiæ specimen novum, sive series avium in Ruscinone...* Auctore Petro BARRERE... (Perpiniani, Guillaume Simon Le Comte, 1745), pág. 57.

tín (1.ª ed., Venecia 1476), forjó para este término la palabra *ligurinus*. He aquí el pasaje de Aristóteles, seguido de la versión de Gaza:

Αἱ δ' ἀκανθίδες κακόβιοι καὶ κακόχροοι, φωνὴν μέντοι λιγυρὰν ἔχουσιν (A. H., IX, XVII, 2) [= 616*b* 31].[27]

"*Ligurini*, & uita & colore ignobiles sunt, sed ualent uocis amoenitate".[28]

Pero escuchemos a Gesner que nos ofrecerá una nomenclatura plurilingüe[29] e incluso una muy plausible explicación de los motivos que llevaron a Gaza a crear el tal *ligurinus*. Lamentamos, por su longitud, no poder transcribir entero el artículo:[30]

"DE ACANTHIDE AVICULA, QUAM GAZA SPINUM & LIGURINUM VOCAT.

Acanthidem & carduelem plerique nostro seculo pro eadem aue accipiunt, quòd utriq*ue* à spinis siue carduis nomen sit: diligentiores discernunt. Acanthylis auis est quae & acanthis dicitur: spinus & ligurinus à Theodoro, alia omnino ab argathyli. distat etiam à carduele, quae thraupis uocatur Aristoteli, Hermolaus. [...] Nostra igitur, Gazae & Hermolai *acanthis*, Siculis *legora* dicitur: Italis *lugaro*, & *lugarino*, uel *legorin* & *luganello*: unde etiam Gaza *ligurinus* transtulit. Vocis origo forsan Graeca fuerit, διὰ τὸ λιγυρόν τῆς φωνῆς, à uocis argutie. Niphus Italus *leucarum* uulgò dici scribit. Gallis, ut audio, appellatur *scenicle*, alibi *serin* uel *cerisin*, alibi *cinit*. Germanis **Zinsle**, uel **Zeisel**, uel **Zysele**, uel **Zyschen**. Louaniensibus **Gælvogel**, Frisijs **Sisgen**. Polonis, *czizek*. Illyrijs *czisz*. Turcis *utlugán*."[31]

Nebrija, pues, no hizo más que —como tantos otros— fiarse de la reconocida autoridad del sabio humanista griego, residente en Italia, Theodorus Gaza (1398-1475). De veras, no podemos, con criterios actuales, acusarle de excesiva condescendencia. Pero en el texto aristotélico de Gaza hemos dado con una fuente de Nebrija, ya que alguna otra "rara" voz del *Lexicon* tiene esa procedencia.

---

[27] Literalmente: 'En cambio, los jilgueros viven difícilmente; su color es feo, pero tienen la voz melodiosa (o aguda)'.

[28] Usamos la edición de Basilea, estampada por Cratander en 1534, pág. 142.

[29] La indicamos en cursiva, aunque en el texto va en redonda.

[30] *Conradi Gesneri Tigurini medici & Philosophiae professoris in Schola Tigurina, Historiae Animalium liber III. qui est de Auium natura*, Zürich, apvd Christoph. Froschovervm, 1555, pág. 1. Véase también el capítulo "De cardvele", *ibidem*, págs. 235-237.

[31] En el precioso volumen de ilustraciones aparecen también los nombres grecolatinos, italianos, franceses y germánicos acompañando el dibujo de nuestro *acanthis-ligurinus*; véase *Icones avivm omnivm, qvae in Historia avivm Conradi Gesneri describvntvr* (Tigvri 1555), pág. 44. Asimismo en una edición del vocabulario de Calepino al cuidado de Gesner se consigna: "... Theodorus Gaza, pro acanthida vertit spinum et ligurinum, lib. Arist. 8. de hist. anim. ca. 3." (s.v. *acanthis*; Basilea, H. Curio, 1544 [sobre las ediciones de este repertorio consúltese ahora a Albert Labarre, *Bibliographie du Dictionarium d'Ambrogio Calepino 1502-1779*, (Baden Baden 1975), "Bibliotheca Bibliographica Aureliana", vol. 26]). El propio C. Gesner es autor de un *Lexicon Graecolatinum*, en donde leemos: "ἀκανθίς. vel ἀκανθυλίς. ιδος.ἡ. acanthis avis, quam Theod. nunc spinum, nunc ligurinum uocat, aliàs argatilim" (f. CVI; Basilea, H. Petri, 1548 [hay edición de 1545 dedicada precisamente a don Diego Hurtado de Mendoza, que no está a nuestro alcance]).

Resulta curioso verificar que en 1500 también ERASMO había reparado en la traducción de Gaza. En los *Adagia*, al comentar el dedicado a *Acanthida vincit cornix*, explica: "Acanthis enim vocalis est avis, et in primis canora cornix obstrepera quidem, sed minime canora. Acanthidem Theodorus nunc spinum vertit, nunc Ligurinum, quin et Aëdona Graece dixit..." (Chil. I. cent. VIII. Prov. LXXXIII; *Opera omnia*, II (Leiden, Pieter Vander Aa, 1703), col. 328).

He aquí algunos ejemplos. El nebrisense *"Junco.onis.* por una cierta ave" es la traducción que Gaza, partiendo del supuesto σχοῖνος 'junco', ha dado al σχοινίλος 'avefría' de Aristóteles (H.A., VIII, 3, 13).—*"Rubecula. e.* por una cierta ave" es el enigmático ἐρίθαχος (IX, 49) al que Gaza llamó así *rubecula.*—*"Lutea et Luteola.* por una cierta ave" son la versión de χλωρίς (VIII, 3, 4; IX, 13, 4) del docto ítalo-griego.—Si éste tuvo a bien trasladar el λευχερωδιός (VIII, 12) por *albardeola,* al punto leeremos en Nebrija *"Albardeola. e.* por cierta especie de garça".—Una clase de alción al que el estagirita denomina χήρυλος (VIII, 3, 14) y a Gaza extrañamente se le ocurrió latinizarlo en *carulus* pasará al *Lexicon,* incluso provisto de acento: *"Cárulus. i.* por una cierta ave".—En la edición basiliense de 1534 que manejamos, hay una nota marginal, no sabemos si del mismo Gaza, referida a *atricapilla* que dice "μελαγχόρυφος, id est, atricapilla, quam eandem putant cum ficedula" (p. 117) y ese calco de μελαγχόρυφος (VIII, 3, 5), entrará en la lista de Nebrija: *"Atricapilla. e.* ave es como tordo".—El griego ἄνθος 'flor' es también en Aristóteles (VIII, 3, 5) un ornitónimo, quizá una especie de verderón; Gaza lo adaptó como *florus,* y de ahí fue a parar a Nebrija: *"Florus. i.* por cierta avezita que las come [sc. las flores]".

Las acuñaciones latinas de Gaza no las podemos considerar espúreas, pero tampoco pertenecen de pleno derecho a la latinidad clásica. Nebrija cometió la ligereza de acogerlas con demasiada benevolencia. Por un clavo se pierde un reino: no hemos querido dejar de señalar el hecho, que quizá lleve a nuevas pistas.

4. UN HITO EN LA LEXICOGRAFÍA ESPAÑOLA

La modernidad de Nebrija salta inmediatamente a la vista, si comparamos sus diccionarios con el *Universal Vocabulario* del cronista Alfonso de Palencia, publicado casi contemporáneamente (1490). [32] Esta obra se halla todavía anclada en la tradición medieval y nos recuerda, con sus prolijas explicaciones, a los compiladores de los glosarios mediolatinos, como Papias, etc. No vamos a regatear aquí el valor considerable de la aportación de Alfonso de Palencia para el conocimiento del romance. Pero, por cuanto atañe a la actitud general, bueno será mostrar con el ejemplo de *lupinus* 'altramuz' el paulatino deslizarse de lo anecdótico a lo puramente científico y funcional y contemplar así la distancia que media entre Nebrija y su inmediato predecesor Palencia, el cual, por su parte, ya se aleja de ciertas "ingenuidades" corrientes. El *Comprehensorium* de Johannes, que se edita en Valencia en 1475, trae:

> "Lupinus.ni. genus quedam leguminis a lupus quia sonitu lupos terret cum enim lupus lupinos intrat folliculi sonant et ita ille terretur". [33]

El *Universal Vocabulario* atenúa algo:

"Lupini sunt leguminibus quoddam genus tristes dicti quod ama-

"Lupini son atramuzes, linaie de lugumbre. llaman los tristes por-

---

[32] Hoy al alcance de los estudiosos gracias al "reprint": ALFONSO DE PALENCIA, *Universal Vocabulario en Latín y en Romance. Reproducción facsimilar de la edición de Sevilla, 1490* (Madrid 1967; "Comisión permanente de la Asociación de Academias de la Lengua Española").
[33] Aquí la fuente casi literal del *Comprehensorium* es el *Catholicon* de Balbus.

ri sunt, sed in aqua efficiuntur mi-
tiores & ita possunt manducari".

que son amargos mas echados en
agua se fazen mas dulçes tanto
que se pueden comer".

Todo ello frente a la científica objetividad de Nebrija:

"Lupinus.i. por el altramuz legumbre".

A Antonio de Nebrija como lexicógrafo románico hay que verlo desde las vertientes latino-hispana e hispano-latina. Advirtamos que su actividad no tiene pre-
cedentes y que ha de actuar como un pionero para reunir en el *Vocabulario* la
ingente cantidad de más de veintidós mil entradas. Esta cifra tardará en ser supe-
rada, no sólo en España sino también fuera. El justamente celebrado *Dictionnaire
français-latin* de Robert Estienne o Stefanus (París 1539) todavía no llega a
tanto. [34]

Sabemos cómo procedió Nebrija: redactada primero la parte latino-hispana,
fue el material de transposición el que le sirvió para agavillar luego las palabras
castellanas. [35] No hemos de esperar, claro está, definiciones sino simplemente equivalencias. Nada de construir un metalenguaje, como ahora se dice. Conviene
tener bien presente que su objetivo era la enseñanza del latín y por ello la lista de
voces romances está determinada en función de la existencia de la correspondencia latina. Si, en 1495, el autor aún no sabía que el ave llamada *phoenicopterus*
era el *flamenco*, faltará este lema castellano en el *Vocabulario* (cf. *infra*, § 6). [36]

Pese a estas rémoras metodológicas, Antonio de Nebrija se sitúa a la cabeza
de los lexicógrafos españoles, y se habrá que aguardar la publicación en el siglo

---

[34] Robert Estienne, que en 1532 había publicado un *Dictionarium latinogallicum* con una
fraseología muy rica, acomete en 1539 el diccionario inverso. El afán de buscar traducciones
válidas a las abundantes sentencias y locuciones latinas le proporcionó un caudal de frases
idiomáticas considerable; el número de entradas, sin embargo, no pasa de las diez mil. Se
suele decir que Estienne elaboró su primera obra utilizando el *Calepino* (cf., p. ej. G. Matoré,
Histoire des dictionnaires français, Paris, Larousse, 1968, pág. 59); convendría ver si además
no tuvo algún otro inspirador. Véase Edgar E. Bardon, *Robert Estienne et le Dictionnaire français au XVIᵉ siècle* (Baltimore, Furst Company, 1904), pág. 49 y apéndice tercero, págs. 107-115.

[35] No es Nebrija el primero a quien se le ocurre redactar un diccionario bilingüe partiendo de una lengua viva. En 1489 el valenciano Joan Esteve publicaba en Venecia el *Liber elegantiarum* (cuya dedicatoria lleva la fecha temprana de 1472), redactado a base de frases y
locuciones catalanas con la correspondencia latina. Véase el catálogo citado de Bohigas-Sobe-
ranas, págs. 80-81, núm. 92 y la bibliografía aducida; asimismo Francesc de B. Moll, "Entorn
del lèxic del 'Liber Elegantiarum'", en *Actes del Quart Col·loqui Internacional de Llengua i
Literatura Catalanes* (Abadia de Montserrat 1977), págs. 117-140. Conviene, por contraste, insis-
tir en la mayor utilidad y concepción moderna del *Vocabulario* nebrisense.

[36] Nebrija da cuenta en el prólogo que a menudo no dispone de término clásico para designar una realidad nueva ignorada en la Antigüedad, o bien afirma que en su tiempo ya no
estaban vigentes nociones que eran corrientes entre los latinos: "Y no sólo en las cosas que
permanecen con la naturaleza, los vocablos junta mente nacen ʒ mueren con las cosas, mas
aun tanto puede el uso ʒ desusança, que permaneciendo las mesmas cosas, unos dellos echa
en tinieblas ʒ otros saca a luz. Las aves de caça que propia mente assí se llaman, ʒ de las
cuales usan los caçadores de nuestro tiempo, en dos géneros las repartió Aristóteles el autor
de todos el más diligente. Y llamólas baxo bolantes ʒ alto bolantes; nosotros nombrámoslas
açores ʒ halcones. Mas por que en aquellos tiempos esta arte del acetrería aún no era hallada, ni el uso destas aves tan espesso, harto les pareció partirlas en dos linajes por la diversidad del buelo. Pero los nuestros que tienen esta arte en gran estima, hizieron en este género
muchas diferencias, gauilanes, açores, girifaltes, neblíes, sacres, alfaneques, baharíes, tagarotes, distinguiéndolos o por la razón del plumaje, o por la orden de nacer, o naturaleza, presa,
mantenimiento, ʒ diversidad de costumbres" (fol. a³).

25

XVIII del llamado *Diccionario de Autoridades* para contemplarle un sucesor digno y a la altura de los tiempos nuevos. [37] Todos los autores de los siglos XVI y XVII, sin excluir al gran Covarrubias, dependieron de la obra nebrisense. [38]

También la lexicografía hispanoarábiga y catalana le deben muchísimo, aunque sea indirectamente. El P. Pedro de Alcalá en 1505 se limitó a sustituir las palabras latinas del *Vocabulario* por las traducciones al árabe granadino; así el importantísimo *Vocabulista arábigo* en realidad no es más que un Nebrija. [39]

En 1507 el agustino Gabriel Busa reemplazó las equivalencias castellanas del *Lexicon* por las catalanas. [40] Esta última obra, de excepcional importancia para el conjunto de la lexicografía hispánica, la reeditamos en la colección BIBLIOTECA HISPÁNICA PUVILL.

He aquí una muestra de cómo procedía Busa:

> Abdomen.inis. per greix o sagi.
> Abdomen.inis. la illada grassa [*sic*] del peix.
> Abdo.is.abdidi. amagar. actiuum.
> Abducere rem a re. apartar vna cosa de altra.
> Abductio.onis. aquell apartament.
> Abducere vxorem. per prendre muller y casa.

Compárense estos artículos ahora con el texto que reproducimos aquí. Los resultados de un estudio contrastivo de los dos romances hispanos llevado a cabo con el material del *Lexicon* y la adaptación de Busa pueden ser de gran alcance metodológico:

> Abdomen.inis. por enxundia o untaza / per greix o sagi.
> Abdomē.inis. por la ijada gruessa del pescado / la illada grassa del peix.
> abdo.is.abdidi. por esconder.actiuum / amagar.actiuum.
> Abducere rem a re. por apartar uno de otro / apartar vna cosa de altra.
> Abductio.onis. por aquel apartamiento / aquell apartament.
> Abducere uxorem. por tomar muger ɀ casa / per prendre muller y casa.

Procuraremos señalar alguna de las ventajas de este cotejo en la introducción de la reimpresión catalana, y a ella nos permitimos remitir al lector. [41]

---

[37] Existe reedición facsímil de la "Biblioteca Románica Hispánica" de la Editorial Gredos, Madrid 1963. Véase F. LÁZARO CARRETER, *Crónica del Diccionario de Autoridades*, Madrid 1972 (discurso de recepción en la Real Academia Española).

[38] Véase ANNAMARIA GALLINA, *Contributi alla storia della lessicografia italo-spagnola dei secoli XVI e XVII*, (Firenze 1959), *passim*. La autora dice de los diccionarios nebrisenses que son "inesauribile miniera per i lessicografi di tutti i paesi" (pág. 102) y refiriéndose al *Vocabulario* le adjudica "non solo il merito di essere stato il primo lessico bilingue contenente una lingua viva, concepito modernamente, ma anche l'ispiratore dei suoi successori, miniera inesauribile cui essi attinsero a piene mani durante più di due secoli" (pág. 330).

[39] Serán escasísimas —si hay alguna— las palabras romances de Pedro de Alcalá que no estén en Nebrija. Recordamos ahora *baratija*, que no hemos logrado verla en los primeros repertorios nebrisenses, aunque ya está en la *Tertia quinquagena* de 1507 (capítulo XXXVII "*Scruta* quae sunt").

[40] A.-J. SOBERANAS, "Les edicions catalanes del Diccionari de Nebrija" en *Actes del Quart Col·loqui Internacional de Llengua i Literatura Catalanes* (Abadia de Montserrat 1977), páginas 141-203.

[41] No es éste el lugar de tratar el posible influjo de Nebrija en Portugal: Cardoso, Barbosa, Bento Pereira, etc. Pereira, por ejemplo, justifica alguna de sus traducciones latinas (*mullus barbatus, sandaracha, arcarius, piperitis*) de voces portuguesas con la autoridad de Antonio de Nebrija. Véase el apéndice a su *Thesovro da lingoa portvgvesa*, compuesto pelo Padre D. Bento Pereyra. Lisboa, Paulo Craesbeek, 1637.

26

5. CRÍTICAS

A lo largo del tiempo y pese al gran predicamento de que gozaba Antonio de Nebrija se han ido levantando voces críticas, no siempre acertadas, respecto a la exactitud de algunos vocablos castellanos para traducir los correspondientes latinos.[42] La censura más acerba fue la de Juan de Valdés. Este en su *Diálogo de la lengua* (h. 1535) arremetió contra el *Vocabulario* con no demasiada buena fe. Vale la pena transcribir íntegra la primera invectiva:

> V.: Sí, por cierto, muy grande es el autoridad dessos dos para hazer fundamento en ella, y muy bien devéis aver mirado el *Vocabulario* de Librixa, pues dezís esso.
>
> T.: ¿Cómo?, ¿no os contenta?
>
> V.: ¿Por qué queréis que me contente? ¿Vos no veis que, aunque Librixa era muy doto en la lengua latina (que esto nadie se lo puede quitar), al fin no se puede negar que era andaluz y no castellano, y que scrivió aquel su *Vocabulario* / con tan poco cuidado que parece averlo escrito por burla? Si ya no queréis dezir que hombres imbidiosos por afrentar al autor an gastado el libro.
>
> T.: En esso yo poco m'entiendo, pero, ¿en qué lo veis?
>
> V.: En que, dexando aparte la ortografía, en la qual muchas vezes peca, en la declaración que haze de los vocablos castellanos en los latinos se engaña tantas vezes que sois forçado a creer una de dos cosas: o que no entendía la verdadera sinificación del latín (y ésta es la que yo menos creo) o que no alcançava la del castellano, y ésta podría ser, porque él era de Andaluzía, donde la lengua no sta muy pura.
>
> T.: Apenas puedo creer esso que me dezís, porque a hombres muy señalados en letras he oído dezir todo el contrario.
>
> V.: Si no lo queréis creer, id a mirarlo y hallaréis que por *aldeano* dize VICINUS, por *brío en costumbres* MOROSITAS, por *cecear y ceceoso* BALBUTIRE y BALBUS; por *loçano* LASCIUUS, por *maherir* DELIGERE, por *moço para mandados* AMANUENSIS, por *mote* o *motete* EPIGRAMMA, por *padrino de boda* PARANIMPHUS, por *ración de palacio* SPORTULA, por *sabidor de lo suyo solamente* IDIOTA, por *villano* CASTELLANUS y por *rejalgar* ACONITUM. No os quiero dezir más porque sé que entendéis poco de la lengua latina y porque me parece bastan estos vocablos para que, si los entendéis, creáis que los hombres de letras que dezís no devían tener tantas como vos pensáis, o no lo devían aver mirado con tanta atención como yo, y para que veáis que no me puedo defender con el autoridad de Librixa.
>
> T.: Confiesso que tenéis razón.

---

[42] Luis Vives, con una concepción de lo que debe ser un diccionario muy avanzada para su tiempo, consideraba la tarea de Nebrija quizá provechosa sólo para mozos principiantes: "opus non satis exactum, tironibus magis quam provectioribus utile" (*De tradendis disciplinis*, III; cita en M. MENÉNDEZ PELAYO, *Bibliografía hispano-latina clásica* (Santander 1953; ed. nac., X, págs. 55-56. Cf. EUGENIO ASENSIO en *Studia Philologica*, Homenaje a Dámaso Alonso, I (Madrid 1960), pág. 112). Vives reclamaba un *Thesaurus* completo, con cita de autoridades, mientras que el propósito de Nebrija, confesado en el prólogo del *Lexicon*, era ofrecer un repertorio manejable para el aprendizaje y práctica del latín; por ello, prescinde de indicar los lugares de los autores clásicos en donde se halla la voz en cuestión. No hay en el filósofo valenciano censura concreta alguna. Carlos Gilly nos advierte amablemente, después de leer el borrador de este trabajo, que el desideratum de Vives lo realizó, por vez primera para el latín, C. S. Curione con su *Thesaurus Linguae Latinae* (Basilea 1561), monumental diccionario en cuatro gruesos volúmenes, hoy olvidado, que es un precedente claro de Forcellini y empresas análogas. Para el griego es de sobras conocido el *Thesaurus* de Henri Estienne o Stephanus (1572).

V.: Es / tanta que, si bien la entendiéssedes, soy cierto me terníades antes por modesto en el notar poco, que por insolente en el reprehender mucho. Mas quiero que sepáis que aun ay otra cosa por qué no estoy bien con Librixa en aquel *Vocabulario*, y es ésta: que parece que no tuvo intento a poner todos los vocablos españoles, como fuera razón que hiziera, sino solamente aquellos para los quales hallava vocablos latinos o griegos que los declarassen. [43]

El lector podrá consultar en el presente repertorio las traducciones de esos trece términos latinos. Será quizá una mera casualidad, pero Valdés fue a elegir muestras que presentaban algún cambio, por lo general poco afortunado, en el *Vocabulario* frente al *Lexicon*. Al comprobar en éste las equivalencias castellanas echamos de ver que únicamente *aconitum, idiota* y *paranymphus* ofrecen el texto tal como viene en el *Vocabulario* y lo cita Valdés. Por lo demás, no se puede afirmar que en estos casos el teólogo conquense lleve la razón. También resulta raro que sólo acudiera al *Vocabulario* y no a la otra fuente; allí hubiera visto que el "andaluz" Nebrija [44] explicaba en buen castellano el sentido recto de las palabras latinas.

El Doctor Andrés de Laguna (1555), de vez en cuando en sus comentarios a Dioscórides, discrepa de alguna designación de Nebrija, pese a que en otras ocasiones se sirve de su léxico (cf. *Materia médica*, lib. I, cap. 135). Así, al hablar del nombre español *alhurreca*, dado por nuestro gramático al *adarce* grecolatino, exclama: "Al adarce llamo Antonio Nebrissense Alhurreca: y no se como pudo darle nombre Español, no siendo conocido en España" (lib. V, cap. 95). Es posible que Laguna y Corominas que le sigue atinen, pero no acaban de convencer los argumentos de este último de que *alhurreca* sea una medusa, ni se puede admitir, sin más y generalizando, que Nebrija "como le ocurre a veces, dio una traducción latina aproximada a un vocablo castellano cuya exacta equivalencia clásica no conocía" (*DCELC*, I, pág. 127). Cuando Nebrija ignora un apelativo clásico, lo confiesa sin rebozo. [45] No se trata aquí de escribir una hagiografía nebrisense, pero cualquier crítica a las traducciones se ha de sopesar mucho. [46] Así Fragoso en su *Cirugía universal* (1581) arremete: "el vulgo llama usagre cierta comezón como sar-

[43] JUAN DE VALDÉS, *Diálogo de la Lengua*. Edizione critica a cura di Cristina Barbolani de García. (Firenze [1967]), págs. 7-8.

[44] Aventurado es afirmar que en el léxico de Nebrija aparezcan muchos rasgos dialectales marcadamente andaluces. Sabemos que el mozo Antonio, terminados sus estudios universitarios en Salamanca, marchó a Italia y allí pasó diez años; a su regreso, los lugares de residencia habituales fueron —más que Sevilla— Salamanca y Alcalá de Henares. El andalucismo nativo debió de atenuarse en gran medida.

[45] Son frecuentes en el *Lexicon* definiciones como "por cierta ave marina" (s.v. *harpa*) cuando no da con la palabra romance exacta; o bien "por un animal no conocido" (s.v. *leucocutra*). Incluso llega a presentar una voz latina sin acompañarla de la correspondencia romance que ignora o viceversa: "Abrotanum. uel abrotanus" (*Lexicon*, s.v.); "alcarauan. aue de la noche" (*Vocabulario*, s.v.). ¿Por qué había de ser tan categórico al decir sin ambages "adarca.ę. por alhurreca de la mar" en el *Lexicon* y luego indicar la misma equivalencia en el *Vocabulario*? Por lo demás, se atiene al propósito, especificado en el prólogo, de señalar "el genero con alguna diferencia confesando que no sabemos la especie" (fol. a²).

[46] ¿Será cuerdo rechazar, como se ha hecho (*DCELC*, III, pág. 407), la definición de *moheda* por 'nemus' en el *Vocabulario*? En el *Lexicon* define el helenismo *nemus* por "moheda o montaña". No se puede tildar a Nebrija de falta de consecuencia.—Es concluyente en su favor el siguiente texto del año 1607 debido a la pluma del toledano fray Juan de los Ángeles: "... la tórtola y paloma brava, que parece más gemir que cantar, y que de ordinario habita en lugares solos, en espesuras y *mohedas*..." (*Consideraciones sobre el Cantar de los Cantares*, en "Nueva Biblioteca de Autores Españoles", vol. 24 (Madrid 1917), pág. 433).

na menuda que llueve della agua. Y aunque Antonio de Lebrixa llamó a esta enfermedad lichen o mentagra se engañó; porque estos nombres se dan a los empeynes que es cosa bien diferente" (C. Dubler, *La 'Materia Médica' de Dioscórides*, V, pág. 908). En realidad, al decir Nebrija que *mentagra* está "por el usagre de la barva" (vide supra) emplea el término latino de modo general como de 'afección de la piel' y no con el carácter específico que los médicos renacentistas le dieron luego. Y, si no, véase cómo define *empeine* en el *Vocabulario* para averiguar si Nebrija se engañaba o no. [47]

Menos razón lleva todavía la censura de *saluiatum* para 'salvado, afrecho' "no hay tal vocablo latino: parece tratarse de una latinización de la palabra castellana" (*DCELC*, IV, pág. 133*b*). Nebrija no es autor que se lance a forjar voces inexistentes. [48] Él mismo en la *Tertia quinquagena*, compuesta hacia 1507, nos dirá que Plinio y Columela la usan. En realidad, lo que escriben es *salivatum*, pero los códices del siglo XV que pudo conocer nuestro lexicógrafo traían *salviatum*. [49]

6. TERTIA QUINQUAGENA

Una lectura de la *Tertia quinquagena*, comentario filológico de cincuenta pasajes bíblicos, será suficiente para mostrar el esmero con que actúa Nebrija y su constante curiosidad por afinar los puntos que quedan obscuros. [50] Nos limitaremos a unos pocos ejemplos, pero aprovecharemos la ocasión para señalar el interés que ofrecería una reimpresión de este tratado. [51]

El capítulo XLI, precisamente aquel en que habla del *saluiatum*, es de por sí una extraordinaria monografía dedicada a explanar qué sean *simila* y *similago*, pero rebasa con mucho ese propósito y explica, además con cita de las autoridades pertinentes, los términos que designan el grano de trigo y sus componentes: *nucleus, cutis, purgamenta, furfures, secundarius* y toda una serie de voces romances.

Resulta sencillamente asombroso ver con cuánto ahínco se ha informado sobre el significado exacto de nombres que en el *Lexicon* confiesa ignorar. Y no sólo han sido los "Wörter" lo que le ha atraído sino también las "Sachen". Hasta el punto que podemos aplicarle el elogio que él mismo daba al hebreo R. Salomon "vir non minus rerum quam verborum diligens indagator" (*Tertia quinquagena*, cap. XVIII, col. 1181, s.v. *electrum*). Así consúltese, por ejemplo, lo que escribe de *camelopardalis* (cap. VIII; en el *Lexicon*: "animal es no conocido"), *charadrius* (cap. X; "ave es no conocida") *migale* (cap. XXXI; "animal es no conocido").

---

[47] "*Empeine*. impetigo.inis.impetix.igis; *empeine en griego*. lychen.enis; *empeine en la barva*. mentagra.ę.no".

[48] Preocupa saber de dónde habrá sacado el latín *bruscus* "por cosa brozna", porque tal adjetivo no parece haber existido en la lengua del Lacio. Véase lo que dicen los continuadores de Nebrija en el artículo *brozno* del *Tesoro lexicográfico* de Gili Gaya, pero téngase en cuenta que ya aparece en el *Lexicon* de 1492. La cuestión interesa también para resolver el problema interrománico de *brusco* (cf. *DCELC*, I, págs. 533-534).

[49] GERMÁN COLÓN, "Latin SALIVATUM > espagnol *salvado* 'son du blé' et une explication de Nebrija" en *Revue de Linguistique romane*, XXXVIII (1974), págs. 95-105.

[50] GERMÁN COLÓN, "Voces romances en la *Tertia Quinquagena* de Nebrija", en *Estudios ofrecidos a Emilio Alarcos Llorach* (en prensa).

[51] Utilizamos la reedición de los "Critici sacri": *Tractatuum Biblicorum, hoc est variarum in diversas materias biblicas commentationum, volumen prius sive Criticorum Sacrorum*, tomus VI (Frankfurt a. M. 1696), columnas 1165-1210.

En el cap. XLVII, dedicado a dilucidar qué quiere decir *traducere* en san Mateo, se nos aclara el sentido de *dexemplar* 'infamar, disfamar' (cf. aquí *traduco* "por acusar") y nos da la clave para comprender el *dexemplo* 'vergüenza, infamia' en los acrósticos de *La Celestina* (cf. ed. Criado-Trotter, pág. 11), generalmente mal interpretado como si fuera *d'exemplo* 'de ejemplo'. Por cierto que los razonamientos de Nebrija y el paralelismo aducido con el griego *paradigma* coinciden sospechosamente con los que más tarde nos proporcionará Juan de Valdés, su encarnizado detractor (cf. *Diálogo de la lengua*, ed. C. Borbolani de García, pág. 15).

Quizá los casos más claros de la inquietud continua de Nebrija por mejorar sus conocimientos nos los ofrezca el tratamiento de *phœnicopterus* y *porphyrio*. En el *Lexicon* la definición de ambas palabras resulta idéntica: "ave es de alas bermejas", y de acuerdo con esa indeterminación, en el *Vocabulario* no se habla de tales vocablos ni de su correspondencia romance. Pero ya en 1507 ha conseguido averiguar que *porphyrio* es el *calamón* y *phoenicopterus* el *flamenco*, aves muy corrientes en su Andalucía natal. Pero oigamos al propio autor cómo narra sus dudas en la redacción de los artículos para sus dos diccionarios:

CAP. XXXVI. Porphyrio.

Inter aves quibus per Mosen Deus prohibet Hebraeos vesci ם ח ר *Racham* enumerat, quem Interpp. Graeci & Latini in *Porphyrionem* verterunt. Scribit namque in Levit. II. *Haec sunt quae de avibus comedere non debetis, & vitanda sunt vobis*: & postquam aliquot enumeravit, subdit, *Cygnum, & Onocrotalum, & Porphyrionem*. Atque iterum in Deuteronomio, h.e. *Secunda lege*, ubi eadem verba, sed alio ordine repetuntur, *Aves*, inquit, *immundas nè comedatis, Aquilam scilicet, & Gryphen*: & subdit, *Ibin, & Mergulum, Porphyrionem, & Nycticoracem*. Sed neque Hebraei hodie sciunt quid sit *Racham*, neque aliquis ex Graecis aut Latinis authoribus quos mihi conugit aut legere aut audire, mihi, quod ajunt, ad manum monstrare potuit quae avis aut cujusmodi sit *Porphyrio*. Meminit illius Martialis in disticho cujus index est PORPHYRIO; meminit Aristoteles in 3. De hist. animalium volumine; sed neuter illum ante oculos ponit. Plinius certè luculentissime lib. Nat. hist. 10. verbis Porphyriōnem describit *Bibunt aves suctu caeterae, porphyrio solus morsu bibit. Idem ex proprio genere omnem cibum aqua subinde tingens, deinde pede ad rostrum veluti manu porrigens. Rostra iis & praelonga crura rubent* Satis aperte Plinius Porphyrionem nobis ante oculos ponit: sed nihil mirum est ignorari avem quae sit paucis cognita. Sed cum in Baetica mea Turdetania, maximè in qua patria mea Nebrissa, haec avis sit familiarissima, atque in singulis propè domibus habeatur in delicis, quae me ratio ab ignoratione rei notissimae ac sese oculis omnium Nebrissensium quotidiè ingerentis excusare potest, aut quae dari venia in plano solo cespitanti? Nam in eo opere in quo dictiones Graecas & Latinas in voces Hispanas atque Hispanienses interpretatus sum, *Porphyrionem* esse dixi *avem alas rubras habentem*, atque rursus *Phoenicopterum alas* quoque *rubras habentem* dixi, quasi idem esset *Porphyrio* quod *Phoenicopterus*. Sed in utroque me etymon decepit; in altero, quod πορφύρα est *purpura*; in altero, quod Φοινίχεος *puniceus*. Postea tamen longa experientia didici *Porphyrionem* esse quem vocant in Baetica mea *calamon*, *Phoenicopterus* vero quem appellant *flammenco*. Utrumque saepe videram atque saepe nominari audieram: sed quemadmodum Arius Barbosa meus in quodam Epigrammate de me testatus est ex verbis Plinii in prooemio Naturalis historiae, *arduum est nomina rebus & res nominibus reddere*, idque non

30

modo in iis quae sunt à nobis remotiora, verùm etiam ex iis quae inter manus oculosque versantur. [52]

Todo el texto es de veras aleccionador para los lexicógrafos. Además, la afirmación de Nebrija, según la cual el *calamón* es un ave muy abundante en Andalucía [53] resulta de excepcional importancia y, de una vez para siempre, queda sentado que no es un animal de origen americano; véanse las diversas opiniones a este respecto en el *DCELC* (I, pág. 588 y IV, pág. 953). Añadiremos que en el *Tesoro lexicográfico* de Gili Gaya se aduce, atribuida a un Nebrija de 1492, la siguiente definición: "*calamon*, aue de lagunas, porphyrio, onis". Ello es inexacto. [54] Como dice el mismo Nebrija, la voz no está en el *Lexicon* ni en el *Vocabulario*. Quizá Gili Gaya sufriera una confusión con una de las ediciones posteriores aumentadas, por ejemplo la de 1516, que ya trae eso.

Asimismo no deja de tener interés la localización de *flamenco* en Andalucía, con lo que se confirma lo expuesto por uno de nosotros de que, en todas partes, el nombre *flamenco* para el fenicóptero era un hispanismo y no un provenzalismo. Por cierto que es Nebrija el primero que registra la forma moderna en -*o*, mientras que Don Juan Manuel escribía *flamenque*. [55] No hay todavía artículo *flamenco* en las ediciones de 1495 y 1516 del *Vocabulario*. [56]

El lector culto de hoy apenas conoce de Nebrija —aparte del tópico de que la lengua es compañera del imperio— [57] más que las jactanciosas frases: "que io fue el primero que abrí tienda de la lengua latina, z osé poner pendón para nuevos preceptos, como dize aquel oraciano Catio. Y que ia casi del todo punto desarraigué de toda España los Dotrinales, los Pedros Elias z otros nombres aun más duros, los Galteros, los Ebrardos, Pastranas z otros no sé qué apostizos z contrahechos grammáticos no merecedores de ser nombrados. Y que si cerca de los ombres de nuestra nación alguna cosa se halla de latín, todo aquello se a de referir a mi" (fol. a¹). Como no iba del todo equivocado, no le afearemos la inmodestia, más

---

[52] *Op. cit.*, columnas 1197-1198.—Desde mediados del siglo XVI, en las versiones bíblicas españolas, tanto católicas como protestantes, *porphyrio* viene traducido por *calamón* y ello parece deberse a Nebrija. Por ejemplo, el pasaje del *Levit. 11,18* lo traen así desde Casiodoro de Reina (1569; "y el *calamon*, y el cisne y el pelicano...") hasta la Biblia de Jerusalén (1967). Resulta curioso que C. Gesner en la citada *Historia animalium*, pág. 687, al ocuparse del *Porphyrio* sólo conoce una traducción del pájaro y ésta es precisamente la española; pero se equivoca y escribe *Telamon*. Esto le lleva a enzarzarse en una resbaladiza discusión sobre la etimología de esta palabra. También en los mencionados *Icones avivm*, pág. 126, la ilustración únicamente aduce el término español *Telamon...*

[53] Aún hoy el calamón tiene uno de sus últimos reductos europeos en las marismas del Guadalquivir, mientras que se ha vuelto extraordinariamente raro en el Delta del Ebro y Valencia, donde antes también había copia.

[54] No es éste el único caso en que el *Tesoro Lexicográfico* expone diversamente los datos del *Vocabulario* de Nebrija; compárense, por ejemplo, los artículos *aguzanieve, albañí, albatoça, alesna, aleve, alevosía, alfaquí, alfaneque, alhóstigo, alhuzema, aliox, ánade*, etc. de ambos repertorios. Da la impresión de que el ejemplar nebrisense usado en el *Tesoro* no es el mismo que el nuestro (reproducción facsimilar de la Real Academia).

[55] *Zeitschrift für romanische Philologie*, LXXVIII (1962), págs. 65-67.

[56] El texto del *Vocabulario* aumentado por Nebrija y publicado en Sevilla en 1516 (la edición príncipe de esta nueva redacción apareció en Burgos en 1512, impresa por Fadrique de Basilea) ha sido dado a la luz recientemente con muchos defectos, que no viene ahora al caso señalar: *Vocabulario de romance en latín. Transcripción crítica de la edición revisada por el autor (Sevilla, 1516)* con una introducción de GERALD J. MAC DONALD. (Madrid [1973]; publicado conjuntamente por Temple University Press, de Philadelphia, y Editorial Castalia).

[57] Véase EUGENIO ASENSIO, "La lengua compañera del imperio. Historia de una idea de Nebrija en España y Portugal", en *Revista de Filología Española*, XLIII (1960), págs. 399-413.

bien saludaremos la valía excepcional de uno de los grandes científicos del Renacimiento. En especial celebraríamos que su copiosa producción, de la que los diccionarios latino-romances representan una exigua parte, se publicase de nuevo íntegra.

7. LAS IMPRESIONES NEBRISENSES ANTERIORES A 1492

Hasta la fecha en que apareció el *Lexicon*, aquí reproducido, habían visto la luz pública, gracias al nuevo arte de la imprenta, algunas de las obras importantes de Nebrija, si bien al menos dos de las más famosas, la gramática latina y el diccionario latino-hispánico, el autor las había editado en versiones que aún revisaría. De todos modos, con estas impresiones y con su magisterio en la cátedra de retórica y gramática de la Universidad de Salamanca, Nebrija disfrutaba ya en 1492, cuando apenas contaba cincuenta años, de un prestigio indiscutible como gramático y lexicógrafo, principalmente; menos nombradía tuvo como historiador y poeta.

Sabido es que su gramática latina, titulada con modestia, *Introductiones latinae*, es la realización más conspicua de Nebrija y la que, por ende, mereció numerosas estampaciones. Pero en 1492 todavía no había ultimado la que se llamaría "tercera redacción". Sólo iban impresas tres ediciones salmantinas, sin indicación del impresor, de la primera redacción, la dividida en dos partes, al final de las cuales ya incluía un pequeño vocabulario. Corresponden respectivamente a las siguientes fechas: 1481, 16 de enero —la más antigua impresión nebrisense que conocemos—; 1482, 13 de octubre, y 1483, 5 de julio (*G. W.*,[58] 2225-2227; ODRIOZOLA,[59] 1-3). Ahora bien, ello no significa que sean las primeras ediciones, si tenemos en cuenta algo muy elemental: que los libros didácticos en cualquier época, por el frecuente uso en manos de los estudiantes, terminan por desaparecer casi del todo, a menudo sin dejar rastro. Considerando, además, que la tipografía hispánica empieza a funcionar a principios de la década de los setenta, se nos hace difícil creer que Nebrija no utilizara pronto un método tan eficaz para reproducir sus textos escolares.

Igualmente, antes de 1492, aparecieron cuatro ediciones de la segunda redacción de las *Introductiones latinae*, que consta, como la que sería definitiva, de cinco libros. Dos fueron impresas en Salamanca: c. 1485 (probable), y c. 1486, ésta con el texto en latín y castellano, por sugerencia de la reina Isabel (*G.W.*, 2228, 2234; ODRIOZOLA, 4-5). Una tercera salió en Zamora en 1486 (según Odriozola, número 6; c. 1494 según el *G.W.*, núm. 2235, que sigue a Haebler), también bilingüe, y la cuarta en Venecia, por Cristóbal de Pensis, el 3 de marzo de 1491 (*G.W.*, 2229; ODRIOZOLA, 7). La quinta y última edición de esta segunda redacción la sacaba el activísimo taller de Fadrique de Basilea, en Burgos, el 6 de julio de 1493 (*G.W.*, 2230; ODRIOZOLA, 8). Digamos aún que la primera de la redacción definitiva se efectuó en Salamanca el 30 de septiembre de 1495 (*G.W.*, 2231; ODRIOZOLA, 9).

En 1492, de las nueve famosas *Repetitiones*, disertaciones pronunciadas en la Universidad de Salamanca al finalizar el curso académico, Nebrija llevaba ya impresas tres ediciones, todas salmantinas, de la *Repetitio II*: *De corruptis hispano-*

---

[58] *G.W.* = *Gesamtkatalog der Wiegendrucke*, I-VII + fasc. 1-3 (Leipzig 1925-1974).
[59] ODRIOZOLA = ANTONIO ODRIOZOLA, "La Caracola del Bibliófilo Nebrisense", en *Revista de Bibliografía Nacional*, VII (1946), págs. 3-114.

rum ignorantia quarundam litterarum vocibus (Salamanca c. 1486; c. 1486?, y c. 1490; *G.W.*, 2239, 2238, 2240; ODRIOZOLA, 132-134), que más tarde refundió y publicó en 1503 en la misma Salamanca bajo el título: *De vi ac potestate litterarum*. Sabemos que la *Repetitio I*, expuesta en junio de 1485, trataba *De membris et partibus Grammaticae*, pero ignoramos si la dio a las prensas.

Como buen humanista, sin duda el más enciclopédico de los hispanos, que cultivó prácticamente todos los campos del saber, también se dedicó a la historiografía, pero con menor fortuna. De una extensa obra, dividida en cinco libros y dedicada exclusivamente a demostrar la existencia de las *Antigüedades de España*, "que hasta nuestros dias an estado encubiertas", sólo pudo ver impresa una *Muestra*, dirigida a la reina Isabel, que comprende los cuatro primeros capítulos del libro I, faltando, según el mismo Nebrija confiesa en el colofón de la *Muestra*, "el fin del capitulo quarto, i el capitulo quinto de la Bethica, i el sexto de la Lusitania i el septimo de la Tarraconense". Esta obrita fue estampada por Fadrique de Basilea, en Burgos, hacia 1491 (según Odriozola, núm. 156).

El 15 de julio de 1491 aparecía en Salamanca, sin el nombre del tipógrafo (*G.W.*, 2223; ODRIOZOLA, 155), una colección de sus poesías hasta entonces dispersas, integrada por veintidós títulos y conocida por el de la primera composición: *Epithalamium in nuptiis clarissimorum Lusitaniae principum Alphonsi ac Helisabetha iunioris*. Por este mismo año se llevaba a cabo también la publicación, con intención pedagógica, del opúsculo *Differentiae excerptae ex Laurentio Valla, Nonio Marcello et Servio Honorato ab Antonio Nebrissensi* (Venecia, Cristóbal de Pensis, c. 1491; *G.W.*, 2221; ODRIOZOLA, 180), que no es otra cosa más que una colección de sinónimos sacada principalmente en las *Elegantiae Linguae Latinae*, de Lorenzo Valla.

Por fin, en el mismo año de nuestro *Lexicon*, exactamente el 18 de agosto de 1492, salía de un obrador tipográfico de Salamanca (*G.W.*, 2224, ODRIOZOLA, 152), otra de sus obras señeras, más nombrada por la dedicatoria que por su contenido: la *Gramática castellana*, la primera gramática impresa de una lengua vulgar y redactada en vulgar, como ya indicara Menéndez Pelayo. Ésta es la única edición que pudo conocer su autor ya que en aquel entonces tuvo poco éxito. Era una novedad demasiado atrevida. En la presentación a la reina Isabel hace constar que: "Comiença la gramatica que nuevamente hizo el maestro Antonio de Lebrixa sobre la lengua castellana", y, en el colofón: "Acabose este tratado de Grammatica que nuevamente hizo el maestro Antonio de Lebrixa sobre la lengua castellana". Pero la expresión *que nuevamente hizo* sólo significa 'por vez primera' y nada tiene que ver con una hipotética publicación anterior. Las especulaciones de los bibliógrafos a ese respecto son gratuitas. [60]

8. LA EDICIÓN DEL "LEXICON" LATINO-ESPAÑOL DE 1492

Hasta hoy ningún bibliógrafo había reparado en que existen dos ediciones del Diccionario latino-español que llevan la misma fecha de 1492 en el colofón.

---

[60] El día en que los bibliógrafos se enteren de que *nuevamente* significa en español clásico 'por vez primera', 'acabado de' y 'recientemente', y no 'una vez más', quedarán despejados muchos "enigmas" de la historia literaria. Cf. en el *Vocabulario*: "Nueva mente. *nuper. nouiter*".

Forzosamente, sólo una de ellas es de ese año; la otra es una falsificación posterior, de datación difícil por el momento. Este problema bibliográfico, importante por tratarse no sólo de un incunable hispánico sino también por afectar a la primera aparición de un diccionario de Nebrija, lo está estudiando el Dr. Jaime Moll, director de la Biblioteca de la Real Academia Española. De sus deducciones aún provisionales —que ha tenido la amabilidad de brindarnos en primicia—, podemos adelantar que estas dos estampaciones de 1492 son indiscutiblemente diferentes; lo prueba, por ejemplo, el hecho de que, mientras en la "primera" se usa una *d* con el palo completamente vertical, en la falsificada la *d* que predomina tiene el palo curvado hacia la izquierda. Pero hay todavía otra razón de más peso. Nebrija en su *Gramática castellana* establece dos signos ortográficos para los sonidos palatales sordos fricativo y africado: *x́* (*lex́os*, *Lebrix́a*, *lex́ura*, *Alex́andre*, *dex́ar*, etc.) y *ch́* (*much́uelo*, *concha*, *much́o*, *ch́oça*, *cuch́illo*, etc.); con ello pretende distinguir las palabras españolas genuinas de las que no lo son (esto es, arábigas; cf. *axedrez* con *x* sin el signo diacrítico). [61] Consecuente con sus ideas, él mismo los usa en la *Gramática* (1492) —si bien con las inevitables infidelidades debidas más bien al hábito de los cajistas— y en los vocablos castellanos de sus dos diccionarios. De acuerdo con esto, en la primera edición del *Lexicon*, publicada bajo la vigilancia de Nebrija, se emplean estos diacríticos sobre la *x* y la *h* del nexo *ch*, como puede observar el lector en cualquier página de nuestro facsímil. La falsificada o contrahecha sigue la grafía tradicional, excepto en el prólogo en donde se recurre a los dos signos especiales *(x́, ch́)*, y en algún caso esporádico, debido quizá a mimetismo de los impresores. La falta de respeto sistemático a unas reglas establecidas por el propio Nebrija hace pensar que esa edición es una falsificación posterior a 1492, pese a que en el colofón figure tal año. Por ello la denominamos contrahecha. A la luz de lo que hemos expuesto, las bibliotecas que poseen ejemplares de 1492 (Barcelona, *BU*; Évora, *BP*; Londres, *Br.M.*; Madrid, *BN*; Nápoles, *B.N.* y Nueva York, *Hisp. Soc.*) deberán revisarlos, pues es cierto que no todas serán propietarias de la verdadera y primera edición de Salamanca de 1492. Huelga decir que la reproducción que ofrecemos es la "auténtica".

Además de estas ediciones —la oficial o auténtica y la contrahecha—, existió una segunda del texto latino-español, impresa por Meinhard Ungut y Stanislaus Polonus, probablemente en Sevilla, c. 1498 o posteriormente, según Odriozola (núm. 88), o hacia 1495, según el *G.W.* (núm. 2218), de la cual se ha salvado sólo el folio de la signatura *nn ij*, hoy custodiado en la Biblioteca Pública de Évora.

Respecto a las dos ediciones del *Vocabulario* español-latino, atribuidas a c. 1494 (según Odriozola 86-87) o a c. 1495 (según el *G.W.* 2219-2220), se podría establecer también un paralelismo con las del *Lexicon*: una de ellas sigue la

---

[61] Antonio de NEBRIJA, *Gramática castellana*. Reproducción del incunable y apéndices. Edición crítica de Pascual GALINDO ROMEO y Luis ORTIZ MUÑOZ, II (Madrid 1946), pág. 25. 3-11 y pág. 26. 21-26; véase la anotación de los editores, págs. 150 y 159. La innovación de Nebrija tiene, a nuestro entender, un claro precedente para *ch́* en la letra redonda de los manuscritos castellanos contemporáneos. Cf., por ejemplo, en el facsímil de la carta de trueque de 1487 publicado por F. ARRIBAS ARRAZ, *Paleografía documental hispánica* (Valladolid 1965), lámina 95, las grafías de *fechos* (línea 8), *dicho* (l. 10, 34, 35 y 38), *dicha* (l. 9, 14, 19, 21, 22, 24 y 30), *dichas* (l. 36), *derechos* (l. 37).—El códice de *Puñonrostro*, del siglo XV, que contiene los *Engaños e asayamientos de las mugeres*, presenta "tildes superfluas" precisamente en voces como *pechos*, *fechos*, etc.; véase la fototipia del folio 73 rº en la edición de A. BONILLA Y SANMARTÍN de la *Bibliotheca Hispanica* (Barcelona, L'Avenç, 1904).

mencionada grafía de Nebrija y ha de ser inmediatamente posterior a la edición del *Lexicon* de 1492. Los otros ejemplares pertenecen a la falsificada, cuyas características hemos señalado antes; [62] así podríamos acaso emparejar la serie latino-española con la española-latina. Si el contrahacimiento se realizó a la vez, es decir, si se compuso el diccionario latino-español y el hispano-latino a un mismo tiempo o consecutivamente, entonces cabría datar la falsificación del latino-español hacia fines del siglo XV o, más probablemente, a comienzos del XVI. [63]

Parece ser que la primera muestra de los dos léxicos (latino-español y español-latino), impresos en un solo volumen, apareció en Sevilla en 1503, de las prensas de Stanislaus Polonus y Jacobo Cronberger. [64]

He aquí la descripción del *Lexicon* latino-español de 1492:

(Fol. 1, sin numerar y sin signatura:) [*Tasa*] Eſta taſſado eſte vocabulario por los muy altos // ꝛ muy poderoſos principes el Rey ꝛ la Reyna // nueſtros ſeño-res ꝛ por los del ſu muy alto con//ſejo en doʒientos ꝛ dieʒ marauedis.// *(Fol. 2, s.n., sign. a, col. a:)* [*Prólogo-dedicatoria*] *(en rojo:)* Ad magnificentiſſimum ac perinde illu-//ſtrem .D. Joannem ſtunicam magiſtruʒ // militiae dalcātara ordinis Ciſtercienſis. // Aelij Antonij Nebriſſenſis grammatici // praefatio in interpretationem dictionum // ex ſermone latino in hiſpanienſem.// Lege foeliciter.// *(en negro:)* [8]Trum mihi fuerit // honeſtius atqʒ ma//gis é republica... *(fol. 2, s.n., sign. a, col. b, en rojo:)* Al mui magnifico ꝛ aſſi illuſtre ſeñor Don // Juan de eſtuniga maeſtre dela cavalleria // de alcantara de la orden de ciſter. Comien-//ça el prologo del maeſtro Antonio de lebri-//xa grāmatico en la interpretacion de las pa//labras latinas en lengua caſtellana.// Leelo en buena ora.// *(en negro:)* [8]Uchos cada día me pre//guntan aquello meſmo:// que io muchas veʒes ſue//lo comigo pēſar... *(fol. 5, s.n., sign. a⁴, col. a, termina:)* ...quibus om-//nem noſtram mentem circa dictiones ſin//gulas explicabimus.// *(col. b:)* ...por las cuales en cada una delas dicio-//nes: declararemos todo nueſtro penſami-//ento. // *(Fol. 5v, s.n., sign. a⁴v, col. a, empieza el segundo prólogo:)* [3]Rincipio omnes dictiones in // differētia eſſe quincuplici. Nā... *(col. b:)* [3]Rimeramente que cinco mane-//ras ai de vocablos. por que o ſon // oſcos. o ſon antiguos... *(fol. 8, s.n., col. a, termina:)* Breuiaturę quę in ſingulis // dictionibus apponuntur. // oſ. oſcum. quo nullo modo utemur... *(col. b:)* Las breuiaturas que eſtan // pueſtas en cada uocablo. // n.iij. neutrum tertię. cum ſeptimo caſu... // Jmp. v. cuʒ infinitiuo uerbi imperſonalis. // *(Fol. 8v, en blanco.)* *(Fol. 9, s.n., sign. a, col. a:)* [*Empieza el Vocabulario, a dos columnas*] *(en rojo:)* Lexicon hoc eſt dictionarium ex // ſermone latino in hiſpanienſē in//terprete aelio Antonio nebriſſēſi // *(en negro:)* A. littera latine gręce. alpha hebraicc aleph //... [*Sign. b:*] Apoſtaſis. is. interpretatur rebellio... *(Fol. 162, s.n., sign. L⁶v, col. b, línea 41, termina:)* ʒuthus. i. hijo de colo ꝛ

[62] Las discrepancias que hemos señalado arriba (§ 6, nota 54) entre el *Vocabulario español-latino*, según el facsímil académico, y el texto que proporciona el *Tesoro lexicográfico* de S. GILI GAYA quizá se deban a esta circunstancia.

[63] Estamos ante un caso que recuerda lo ocurrido con las impresiones de "1502" de la *Tragicomedia de Calisto y Melibea*, estudiado por F. J. NORTON, *Printing in Spain 1501-1520* (Cambridge 1966), en particular el apéndice B: "The Early Editions of the Celestina", páginas 141-156. Véase ahora la descripción detallada de las mismas en la magna obra del propio NORTON, *A Descriptive Catalogue of Printing in Spain and Portugal 1501-1520* (Cambridge 1978), pág. 530, s.v. *Calisto*.

[64] NORTON, *A Descriptive Catalogue*, núm. 746, págs. 281-282.

lepatra // [*espacio en blanco*] // [*Colofón*] Aelij Antonij nebriſſenſis grammatici //Lexicon ex ſermone latino in hiſpanien//ſem impreſſum Salmanticę Anno a na//tali chriſtiano .M.cccc.xc.ij.//

Fol. 162 fols. sin numerar (signs. a⁸, a¹², b¹⁰, c⁸, d¹⁰-f¹⁰, g⁸, A⁸-K⁸, L⁶). A dos cols., 48 líneas; texto del prólogo, 46-48 líneas. Caja tipográfica 220 × 155 mm (fol. 20, s.n., sign. b). Tipos góticos de dos tamaños, M⁹¹ y M¹²⁰ (tasa). Espacios en blanco para iniciales (fols. 2 y 5v, s.n., signs. a y a⁴v). Dos tintas. Filigrana de la mano y estrella. *G.W.*, 2217. Variantes: *(Fol. 2, s.n., sign. a, col. a, lín. 1:)* ...perinde... *(línea 3:)* ...militiae dalcãtara... *(Fol. 9, s.n., sign. a, col. a, lín. 3:)* ...nebriſſēſi... *(línea 4:)* ...gręce . alpha... *(Fol. 162, s.n., sign. L⁶, lín. 41:)* ...colo ʒ lepatra... *(línea 42:)* Aelij...

Biblioteca Universitaria de Barcelona, Inc. 481.

* * *

Reproducimos en facsímil el ejemplar de la Biblioteca Universitaria de Barcelona, a cuya dirección queremos expresar nuestra gratitud por las facilidades que nos ha dado para la consulta y publicación del incunable nebrisense. Como a éste le falta el fol. 1, el de la Tasa, lo suplimos por el correspondiente del incunable I-1778 de la Biblioteca Nacional de Madrid; lo mismo hacemos con otros folios (signs. B⁸r y v; D⁶r y v) que en el ejemplar de Barcelona presentan algunos defectos. Vaya también nuestro agradecimiento a la Biblioteca Nacional por esta inapreciable colaboración.

FACSÍMIL

Esta taſſado eſte vocabulario poz los muy altos
τ muy poderoſos principes el Rey τ la Reyna
nueſtros ſeñoreſ τ por los del ſu muy alto con
ſejo en dozientos τ diez marauedis.

Ad magnificentissimum ac perinde illu=
strem. D. Joannem stunicam magistru3
militiae dalcátara ordinis Cisterciensis.
Aelij Antonij Nebrissensis grammatici
praefatio in interpretationem dictionum
ex sermone latino in bispaniensem.

Lege foeliciter.

Trum mibi fuerit
bonestius átq3 ma
gis é republica: in
illo clarissimo .bis=
panie.ac perinde
totius orbis.terra=
rum Salmanticé
si gymnasio artem
grammaticam profiteri: an Amplissime
dignationis tue contubernio ac iucundis=
sima familiaritate frui: multi quotidie a m
querút:id quod ego soleo mecum sepe co=
gitare. Nam fuit quod sine arrogátia
dictum esset elm professio illa mea usque
eo illustris:ut etiam maliuolorum testimo
nio et inimicorum confessione totum boc
mibi tribuatur:quod latini sermonis offi=
cinam primus aperui:ausus quod ait bo
ratianus ille catius nouis preceptis signa
ponere. Et quod ex uniuersa prope mo
dum bispania Alexandros.petros belias
et duriora adbuc nomina Galteros. E=
brardos. Pastranas.et nescio quos indi
gnos qui nominétur grammatistas ac lit=
teratores funditus erradicaui. Ooq3 si
apud nationis nostre bomines Romane
lingue quicquam est:id totum mibi accep
tum referri debet. Est profecto bec la
boris nostri merces ita magna: ut in boc
litterarum genere nulla maior excogitari
possit:sed tota illa nostre professionis in=
dustria perangustis finibus circunscripta
erat. Nam cum in enarrandis auctori
bus omnia prope tempora mea consume
rem quinis quotidie aut senis boris in re
difficillima:nec minus fastidiosa occupa=
tus:fateor nó fuisse totum negotium illud
tanti:ut in ea re que uidebatur ad paucorú
utilitatem pertinere:tam bonas boras col
locarem : cum fortasse maioribus auspi=
cus atque ad opera multo maiora natus

Al mui magnifico z assi illustre señor Don
Juan de estúniga maestre dela cavalleria
de alcantara dela orden de cister. Comien=
ça el prologo del maestro Antonio de lebri=
xa grámatico en la interpretacion de las pa
labras latinas en lengua castellana.

Leelo en buena ora.

Uchos cada día me pre
guntan aquello mesmo:
que io mucbas vezes sue
lo comigo pésar: cual de
dos cosas me fuera mas
onesta z mas provecbo=
sa ala republica: enseñar
grámatica enl estudio de
salamanca el mas luzido de españa z por có
siguiente dela redódez de todas las tierras:
o gozar dela familiaridad z dulce conversa
cion de vuestra mui illustre z grand Seño=
ria. Por que bablando sin sobervia fue
aquella mi dotrina tan notable:que aun por
testimonio delos embidiosos z confession
de mis enemigos todo aquesto se me otor=
ga : que io fue el primero que abri tienda
dela lengua latina : z ose poner pendon pa=
ra nuevos preceptos:como dize aquel ora=
ciano catio. I q ia casi del todo púto desar
raigue de toda españa los dotrinales.los pe
dros elias. z otros nóbres aun mas duros
los galteros.los ebrardos.pastranas:z otros
no se q apostizos z cótrabecbos grámaticos
no merecedores de ser nóbrados. I q si cer
ca delos ombres de nra nació alguna cosa se
balla de latin · todo aquello se a de referir a
mi. Es por cierto tan grande el galar=
don deste mi trabajo : que eneste genero de
letras otro maior no se puede pensar : mas
toda aquella mi industria de enseñar estaua
dentro de mui estrecbos terminos apreta=
da. Por que como gastasse casi todo mi
tiempo en declarar los autores ocupado ca
da día cinco o seis oras en cosa no menos
dificile que enojosa:quiero dezir la verdad:
que no era todo aquel negocio de tanto va=
lor:que oviesse de emplear tan buenas oras
en cosa que parecia tocar al provecbo de po
cos : siendo por aventura nacido con ma=
ior fortuna z para obras maiores z que fu

essem: z que nostris hominibus multo cō-
ducibiliora forent. Quid quod habenda
fuit ratio ualitudinis z ingenij: cuius utri
usque uires sentiebam in dies hebetari:
atque illud mihi usu euenire: quod de lucerna est in prouerbio: dū cetera illustrat:
ipsam pati intertrimétrum. Itaqz cum
essez a te princeps illustrissime multis prę
clarisque beneficijs inuitatus: ut tuorū nu
mero ascribi uellem: ilico arripui occasio-
nem: z eo quidem libentius: quod nihil tā
diu magis cupiebam: quam dari aliquan
do mihi ocium: in quo possem aliquid scri
bere: quod non modo presentibus: uerum
etiam posteris prodesset. Non quo non
satis pulchre intelligerem: quam frequēs
debeat esse is qui uitam hanc aulicaz secta
tur: atqz principi suo placere studet: ut qd
fieri commode possit: nullum tempus in-
termittatur: quo non illi asset. palpetur.
blandiatur. arrideat. condoleat. deducat
reducat. Sed quod uidebam te ca mag
nitudine animi ut hęc omnia parui face-
res: z ea humanitate: ut nihil esset modo
honestum: quod nō mihi per te licere posse confiderem. Igitur cum primum tu-
us esse coepi: magnam ilico spem immor
talitatis mihi āte oculos proposui: aggres
susque sum opus: quod putabam esse ma
ximum omniumque maxime necessariuz:
sed cui non modo ego: uerum etiam omnes omnium disciplinarum professores
satisfacere uix possint. Nam quotus quis
que preceptor in arte sua aut non negligit
aut non ignorat plęraque rerum uocabu
la: in quę si forte inciderit: aut dissimulat:
aut aliud pro alio accipit: aut se nescire fa
tetur ingenue. Quod si uelint esse pau
lo diligentiores: atque auctores illos con
sulere: qui de uocabulorum significationi
bus scripserunt: aut nihil reperient: aut si
quicquam reppererint: nihilo plus inde
reportent: quam si nihil inueniant. Om
nes enim qui sibi unquam hanc prouin-
ciam assumpserunt: aut in dictionibus ob
soletis inusitatis barbaris et peregrinis
magna ex parte occupati sunt: aut tam am
bigue dubitanterque omnia exponunt: ut

essen alos nuestros mucho mas provecho-
sas. Cuanto mas que avia razon de mirar
por mi salud z ingenio: las fuerças delos cu
ales entrambos sentia mas z mas ser enfla
quecidas: z por esperiencia acontecer me lo
que dela candela esta enel refran: que alum
brando los otros ella recibe mengua. Assi
que mui illustre señor siendo io con muchas
z señaladas mercedes de vuestra. S. com
bidado: que me quisiesse contar enel numero dlos vros: luego arrebate la buena dicha
z tanto de mejor gana: que ia ninguna cosa
mas desseaua: q ofrecerse me ocio: en q pudi
esse escrivir alguna cosa: q aprovechasse no
solo alos presentes: mas aun alos q está por
venir. No por q io no sabia mui bié: cuá có
tinuo a de ser aquel: q sigue esta vida palacia
na z quiere agradar a su señor. z si buena mé
te se puede hazer: q nunca se entreponga tié
po: en q no este delante del. le lisonjee. le ha
lague. se ria delo que el se riere. le pese delo
que le pesare. lo acompañe do fuere: z de dó
de viniere. Mas por que conocia la gran
deza de vro animo tamaña q tenia en poco
todo esto: z la umanidad tā grāde q no avria
cosa si fuesse onesta: q no me diesse lugar pa
ra la hazer. Assi q luego q comēce a ser vro:
puse delante los ojos una grāde esperança
de immortalidad: z tēte una obra la cual pē
sava ser la maior z mas necessaria de todas:
z ala cual no sola mente io: mas aun todos
los maestros de todas las sciencias a penas
puedā satisfazer. Por q cada professor en
su arte ó no cura o no sabe los mas delos vo
cablos delas cosas. con los cuales si alguna
vez encuentra por aventura: o los dissimula
o toma uno por otro. o có una generosa ver
guença confiessa que no los sabe. I si qui
sieren ser un poco mas diligentes: z tomar
consejo de aquellos que escrivierō delas sig
nificaciones delos vocablos: o ninguna co
sa hallarán: o si algo hallaren tanto monta
como si ninguna cosa hallassen. Por que
todos los que eneste cuidado se pusieron:
estan por la maior parte ocupados en pala
bras mui antiguas. desusadas. barbaras. z
estrangeras. O declaran las cosas assi confusa z dudosa mente: que ninguna certidum

nihil certi nobis tradant.aut si rem ipsam
per diffinitionem qualis est nobis descri-
bunt:non tamen ita ut digito mostrari pos
sit.Quod eo fit aut quia ipsi ijdem illa ig=
norant:aut quia incognita per multo in=
certiora nobis ostendunt.Que omnia ui=
tia quantum fieri potuit declinauimus.
Iá z uocabula osca z prisca quibus prop
ter antiquitatis maiestatem plerumqz utu
tur auctores breuiter attigimus.neqz quic
quam sub ambiguitate reliquimus:sed a=
ut quid esset plane diximus:aut confessi su
mus nos ignorare:rei genere tantum cuz
aliqua differétia annotato.Et ne ullus mi
hi relinquatur uenie locus:dictiones lati=
nas aut grecas z barbaras latinitate dona
tas per exactissimam alphabeti seriem di=
gestas in hispaniensem linguam conuerti
mus:magno fateor estimationis mee pe=
riculo:cum non desunt qui litteras uenti=
lent:calumnientur in syllabas:et toti de=
nique huic nostre interpretationi detra=
hant.Sed audendum fuit aliquid:atque
pro utilitate multorum subeundum ut sa=
pientes atque insipientes de nobis iudica
rent.Quod si alicubi excidimus:neque sa
tisfecimus opinioni quaz multi de nobis
habent considerare debebit amicus lector
rei difficultatem:z non quid ego fecerim:
sed quid alij prestare non potuerint.Naz
cum res ipse quarum uocabula sunt:aut
cum ipsa natura peremnent:aut in solo u=
su hominumque arbitrio posite sunt:natu
ralia illa magna ex parte nominibus tan=
tum peregrinis orbi nostro cognita sunt:
et hec uoluntaria nobis etiam sentienti=
bus quotidie cum nominibus immutan=
tur.Quid quod ex ijs rebus quarum for=
me ut physici dicunt:sempiterne sunt:que
dam penitus interierunt:quasdam incog
nitas repéte natura protulit? Nulla fuit
arbor inter antiquos nobilior platano.sed
an, extet hodie apud aliquas gentes ego
non ausim affirmare:certe in hispania nus
quam esse audio. Fuisse autem antiquis
temporibus:uel ex eo manifestu est:quod
C.cesar in memoriam nominis sui arbo=
rem propria manu cordube conseruit.

bre dellas nos desan.O si por difinicion
nos señalan que tal es aquella cosa:no alo
menos en tal manera que con el dedo se pu
eda demostrar.Lo cual acontece o por que
ellos no supieró que cosa era:o por que nos
euseñan las cosas no conocidas por las me
nos ciertas.Delos cuales todos uicios cu
anto fue possible nos apartamos:tocando
breve mente las diciones mui antiguas:de
que por acatamiento del antiguedad a ve
zes usan los autores:z no dexando alguna
cosa debaxo de duda:antes especificada mé
te diziendo que cosa es:o señaládo el genero
con alguna diferécia confessando que no sa
bemos la especie.I por que no me quede.lu
gar de perdon:bolvi en lengua castellana
las diciones latinas o griegas z barbaras u
sadas en la légua latina:repartidas por mui
diligente orden del a b c.quiero dezir la ver
dad con grand peligro de mi onra.por que
no faltara quié examine las letras.acuse las
silabas:z en fin reprehéda toda esta nuestra
interpretacion.Mas fue necessario de nos
atrever:z por el provecho de muchos some
ternos al juizio delos que saben z no saben.

I si en algun lugar tropeçamos:z no sa=
tisfize ala opinion que muchos de mi tie=
nen:a de considerar el lector amigo la difi=
cultad dela cosa:z no lo que io hize:mas lo
que los otros no pudieron hazer.Por que
las cosas de que son los vocablos:o son per
durables con la mesma naturaleza:o estan
puestas en solo el uso z alvedrio delos om=
bres.Las naturales por la maior parte son
conocidas en nuestra tierra por nombres pe
regrinos.I estas otras voluntarias sintien
dolo nos otros se mudan cada dia con sus
nombres.Pues que diremos de aquellas
cosas las especies delas cuales como dizen
los filosofos son eternas:que unas del todo
se perdieron:z otras por el contrario nunca
vistas subita méte pario la naturaleza?Nin
gũ arbol fue entre los átiguos mas notable
quel platano.io no osaria afirmar q̃ lo ai oi
cerca de algunas gétes:a lo menos en espa=
ña no oio dezir q̃ se halle.z q̃ en aq̃llos tiem
pos lo oviesse:parece mui claro por aq̃llo:q̃
Cesar en memoria de su nóbre lo planto en

.a.ii.

Qua de re est epigramma Martialis.
In tartessincis domus est notissima terriʒ
Qua dlues placidũ corduba betbin amat
Uellera natiuo pallent ubi flaua metallo.
Et linit besperium bractea uiua pecus.
Aedibus i medijs totos cõplera penates
Stat platanus densis cesariana comis.
Quod uero poeta dicit. Uellera natiuo
pallent ubi flaua metallo. ʒ alio loco.
Uncto corduba lętior uenafro
Albi quę superas oues galesi
Nullo murmure nec cruore mendaʒ
Sed tinctis gregibus colore uiuo
Et alio pręterea loco de betbi fluuio.
Betbis oliuifera crineʒ redimite corona
Aurea qui nitidis uellera tingis aquis
Nemo ę qui dicat se nostro sęculis uidisse
oues natiuo illo auri splendore infectas.
Ubi nũc est illa auri tot sęculis in erbausta
atqʒ terris omnibus pręlata fertilitas : er
qua pondo auri seraginta milia quot ánis
populo Romano pendebat asturia? Ubi
nunc argentarij illi putei ab bannibale in
cboati: qʒ orum unus tantum trecentaʒ ar
gẽti libras quotidie carbaginensibus sub
ministrabat? Ubi nunc in prouincia betbi
ca numerosa illa plumbi inuentio? Ubi in
tarraconensi ad segobrigam lapidis spe
cularis metalla? Ubi torrentis illius qui
pręter labitur tarraconem lini tenuandi.
poliendi. candificandi incredibilis quędã
natura: carbasis ibi primũ repertis? Quę
omnia cousqʒ euanuerunt: ut ne uestiguiʒ
quidem ullum nostra ętate reperiatur.
At e contrario multa sunt nostro sęculo:
quę antiquitas illa aut penitus ignorauit:
aut genere tantam indistincte cognito: di
fferentias rerum non intellerit.   Mala
citrea unius tantum generis ąc nominis
atque ita uir cognita apud antiquos fuis
se legimus.   Nos uero eius pomi uarijs
generibus diuersa nomina indidimus.
cidras. naranjas. toronjas. limas. limo
nes appellantes. Pari ratione cucume
res una forma atque nomine apud illos
erant: cum repente prouenere in campa
nia conglobati: et er illorum semine fac
tum est nouum genus: coeptique appella

cordova por su propria mano. delo cual aî
un epigrama de marcial. Enel andaluzia
ai una mui notable casa. Dõde la rica cor
dova goza del dulce guadalqueyr. Dõde
los ruvios vellones cõ el natural oro sõ ama
rillos. J la biva boija tiñe las ovejas de espa
ña. En medio ð casa esta un platano ð cesar
Que abraça todo el aposẽtamiẽto della. alo
q̃ el poeta dize. Dõde los ruvios vellones
cõ el natural oro sõ amarillos. J en otro lu
gar. O cordova maʒ gruessa q̃ el gruesso ve
nafro. Que véces las ovejas del blãco gale
so. No cõ trocatinte de sagre de purpura.
Maʒ tiñendo las cõ bivo color. ʒ en otro lu
gar ð guadalq̃vir. O guadalq̃vir coronado
de olivas. Que tiñes los dorados vellones
cõ aguas luzias. Niguno ai en nr̃o tiẽpo q̃
diga aver visto ovejas teñidas de aq̃l natu
ral respládor de oro. Dõde esta agora aq̃lla
fertilidad de oro nũca vazia en tátos siglo:
ʒ átepuesta a todas las tierras: dela cual lãs
asturias rẽtavã cada un año al pueblo roma
no sesẽta mil libras ð oro? Dõde estã aq̃lloʒ
poʒos de plata q̃ començó anibal: delos cua
les uno solo rẽtava cada un dia alos cartagi
neses treziẽtas libras de plata? Donde esta
enel andaluzia aq̃lla copiosa invencion del
plomo? Donde en aragõ cerca de sogorve
aquellos mineros dela piedra que se traslu
zia? Dõde aquella maravillosa naturaleza
del arroio que pasa por tarragona para adel
gazar polir ʒ blanquear el lino: dõde los car
basos fueron primero ballados. Lo cual to
do assi desaparecio: q̃ ningun rastro dello se
balla cñ nuestro tiempo. Por el contrario
mucbas cosas ai en nuestro siglo: las cuales
el antiguedad o del todo no conocio : o con
fusa mente conocido el genero: no entendio
sus diferencias.   Sola mente leemos un
nombre ʒ genero de fruta agra : ʒ assi a pe
nas conocida entre los antiguos.   Pero
nos otros pusimos diversos nombres a di
versos generos de aquella fruta llamando
las cidras. naranjas. toronjas. limas. limo
nes. Esso mesmo los cobõbros q̃ erã de una
figura ʒ nõbre entrellos: subita mẽte nacie
ron en campania redondos: ʒ dela simiente
dellos becbo un nuevo linaje començaron

ri melopepones. At uero nos præter ægui
num z cultiuum z illum in campania inuentum: adhuc alia genera cernimus: pe
pinos. badebas. fandias uocamus . Ve
q̃ folum ijs in rebus: quę natura conſtát.
uocabula ipfa cum rebus oriuntur fimul
et occidunt: uerum etiarı ufus et defuetu
do tantum pollet: ut rebus ipfis permanę
tibus: quędam ex illis obruat: quędaz rur
fus proferat in lucem.   Accipitres eos
qui fic proprie appellantur: et quibus tem
peftates noftri aucupes utuntur: in duo
genera diftinxit Ariftoteles auctor omnium diligentiffimus: atque humipetas et
fublimipetas appellamus: nos açores z
balcones dicimus. Sed quod illis temporibus ars hęc accipitraria nondum erat inuenta: neque accipitrum ufus adeo
frequens: fatis habuerunt illos ex ratione uolatus in duo genera partiri.   Nof
tri uero quibus hęc ars eft in maximo honore: complures in utroque genere differentias fecimus. gauilanes. açores. girifaltes. neblies. facres. alfaneques. babaries. tagarotes. tum plumarum ratione.
tum nafcendi ordine. tum patrię. predę.
uictus. morumque uarietate diftinguentes.   Contra in apibus animal quo nul
lum eft nobis familiarius: et quod ex infectorum genere folum eft hominum caufa
generatum: multa funt: quę nec apiarij
quidem noftri fęculi intelligunt: cuz a ma
ioribus noftris fint perfpecta fimul et cog
nita.   Quis enim hodie ex mellatione
aliud percipit quam mel et ceram? Pau
ci ex medicis nouere propolim. Rhitacen
uero quod erat ex fauis mel preciofiffimū:
uirtutifque ad illiciendum mirandę: ne fu
fpicari quidem poffunt quid fit: cum cleros. metys. piffoceros magni ad medica
menta ufus omnino illis re atque nomine incognita fint.   Jam uero ex ijs re
bus quę funt in promptu femperque fuerunt: multa fignificantius uno uerbo latinus fermo dicit: quam nos pluribus. Ef
to exempli caufa omen quod fignificat il
lud ut ita dicā aufpicium quod captamus
ex eo quod locutus eft quifpiam in re per

fe a llamar melones z pepones. Mas nos
otros allende el cohombrillo amargo: z el q̃
fe labra : z el que fubito nacio en campania:
otros generos vemos que llamamos pepinos. badebas. fandias. J no folo en las co
fas que permanecen con la naturaleza: los
vocablos junta mente nacen z mueren con
las cofas: mas aun tanto puede el ufo z def
ufança: que permaneciendo las mefmas co
fas: unos dellos echa en tinieblas: z otros
faca a luz. Las aves de caça q̃ propria mē
te affi fe llamā: z delaz cuales ufa los caçado
res de nro tiēpo: en dos generos las repartio Ariftoteles el autor de todos el mas dili
gēte. J llamo las bafo bolātes z alto bolan
tes. nos otros nōbramos las açores z balco
nes. Mas por q̃ en aquellos tiēpos efta arte del acetreria aun no era hallada : ni el ufo
deftas aves tā efpeffo: harto les parecio par
tirlas en dos linajes por la diverfidad del
buelo. Pero los nueftros q̃ tienē efta arte
en gran eftima: hizieron enefte genero mu
chas differencias: gauilanes. açores. girifaltez. neblies. facres. alfaneques. babaries
tagarotes. diftinguiendo los o por la razon
del plumaje. o por la orden de nacer. o naturaleza. prefa. mantenimiento. z diverfidad de coftumbres. Por el cōtrario enlas
abejas animal tan familiar a nos otros que
ninguno es mas: el cual folo delos ceñidos
fue criado por caufa delos ombres: muchaz
cofas ai: q̃ aun los colmeneros de nueftro fi
glo no fientē: fiendo de nueftros maiores ca
ladas z conocidas. Por q̃ el dia de oi ninguno recoje dela caftrazō fino miel z cera.
Pocos delos medicos fabē q̃ cofa es propolis. Pues la ritaca q̃ era delos panales
la miel mas eftimada z de virtud maravillo
fa para atraer: ni aun por fofpecha faben q̃
cofa fea. Ja cleros. metiz. z piffoceros cofaz
de mucho provecho para las medicinas: öl
todo les fon efcōdidas por virtud z nōbre.
Pues de aquellas cofas q̃ eftan ala mano
z fiempre fueron: muchas dize el latin mas
propria mente por una palabra: q̃ nos otros
por muchas. Como omen. lo cual a manera de dezir fignifica aquel aguero que toma
mos delo que alguno hablo a otro propofi

quam diuersa.si uelimus hispanum face=
re:uix multis uerbis id poterimus conse=
qui. Si uerteremus in alfil toledano:re
cte atque hispane interpretaremur.sed qd
illud sit perpauci intelligunt. E cōtrario
multa latinus sermo habet: quorum uim
et si latina lingua sentit: non tamen habet
unum aliquod uerbum quo illa enunciet.
Vt ecce accubito nos fecimus codada: p
eo quod est latine cubiti ictus. codear pro
eo quod est cubito uellere. Quod si ca=
rum rerum que sunt per naturam constan
tes uocabulorum tanta mutatio est: quid
futurum putamus in ijs quas aut necessi
tas humana quotidie reperit. aut luxuria
parit.aut ocium excogitat? Ex hoc gene
re sunt uestes.armamenta.cibi.uasa. na=
ues.instrumenta musice.rei rustice:atque
omnium illarum artium quas in opulen=
tissima quaque ciuitate cernimus. Hec
idcirco tam multis repetita sunt: ut nemo
miretur : si non semper hispaniensia lati=
nis:atqne hispanis latina uocabula reddi
dimus. Nihil enim in utriusque lingue
dictionibus comparandis tam pre nobis
tulimus:quaz illud quod de lege interpre
tandi est a Cicerone dictum elegātissime
uerba non numeranda sed ponderanda
esse. Neque ociosum quis putet quod in
eodem opere duo opera edidimus. Maz
illud quoque fuit nobis cure ut prospicere
mus omnium utilitati: et eoruz qui ex his=
pano sermone in latinum uenire cupiunt:
et eoruz qui latinos codices legere audēt:
nec dum tamē illis cognitio latine lingue
absoluta contigit. Uolumen tamen ipsū
sub incredibili quadam breuitate contraxi
mus : ne pauperes magnitudo precij ab
emptione:diuites uero fastidiosos umbili
cus crassior a lectione deterreret.simul eti
am quo facilius sub ala atque in sinu ma=
nuque gestari z circūferri posset. Inscrip
simus autem non qua ceteri arrogātia ca=
tholicon.pandectas.ceras amaltheas:qō
est uniuersale comprehensoriuz. cornu co
pie appellantes:sed pleno uerecundie titu
lo lexicon grece quod est latine dictionari
um.Tue uero amplitudini dedicauimus

to. si quisieremos bolver lo en castellano : a
penas lo podremos hazer en muchas pala
bras. I si lo bolviessemos en alfil toleda=
no:seria la interpretacion derecha z castella
na : mas pocos entienden que cosa aquello
sea. I por el contrario muchas cosas tie=
ne nuestra lengua:la fuerça delas cuales a=
unque siente la latina: no tiene una palabra
por la cual las pueda dezir. Como de codo
nos otros bezimos codada: por lo que enel
latin se dize golpe de codo. codear por lo q̄
dar del codo. Pues si tanta mudança ai
enlos vocablos delas cosas que duran con
la naturaleza:que sera en aquellas que cada
dia halla la necessidad umana: o pare la lu=
furia:o busca la ociosidad? Deste genero sō
las vestiduras.armas.manjares.vasos.na
ves.instrumentos de musica. z agricultura:
z de cuantas artes vemos en cada ciudad
mui rica z bastecida. Esto avemos assi lar=
ga mente dicho: por que ninguno se mará
ville:sino siempre dimos palabras castella=
nas alas latinas:z latinas alas castellanas.
Por q̄ en cotejar las palabras destas dos
léguas ninguna cosa tuvimos mas ante los
ojos:que en lo que la lei dela interpretacion
mui hermosa mente dixo Tullio:que las pa
labras se an de pesar z no contar. Ni pien
so q̄ fue cosa demasiada publicar dos obras
en una mesma. Por que tan biē miramos
por el provecho de todos:assi delos que por
la lengua castellana dessean venir ala latina
como delos que ia osan leer libros latinos:
z aun no tienen perfecto conocimiento de
la lengua latina. Estrechamos esso mes=
mo el volumen debaxo de una maravillosa
brevedad: por que la grandeza del precio
no espantasse alos pobres delo comprar: ni
la frente alta del libro alos ricos bastiosos
delo leer.z tan biē por que mas ligero se pu
diesse traer de un lugar a otro en la mano z
seno z so el braço. Intitulamos lo no aque
lla sobervia que otros llamando lo catholi=
con pandectas cuerno de amalthea: quiero
dezir universal.comprehensorio.cuerno de
la diosa copia : mas con titulo lleno de ver=
guença lexicon en griego : que es diciona=
rio en latin. cōsagrelo a.U.magnifica.S.

non qua fiducia cymbalum illud mundi Apion grammaticus: qui dicebat illos a se immortalitate donari ad quos opera sua componebat: sed qua Phidias ille primus toreuticę artis repertor: qui cuz athenienſibus ex auro z ebore memoratiſſimā illam mineruę ſtatuam effingeret: nomenque ſuum inſcribere non liceret: ſui ipſius per ſimilem imaginem ita clypeo coagmetabit: ut ea conuulſa tota operis colligatio ſolueretur. Ego quoque pari rationę cu uiderem te generis nobilitatem a maioribus acceptam pręclariſſimis tuis uirtutibus multo illuſtriorem reddidiſſe: nomenque tuum apud noſtrę nationis homines immortale futurum: quia non poteram ego per me ipſum nobilitari: excogitaui rationem ut ait poeta: qua poſſem me humo tollere: atque ipſe fieri immortalis: z in titulo huius operis ita meum nomen cum tuo ferruminaui: ut alterum ab altero diuelli non poſſet. Rationes autem et argumenta quę nos impulerunt: ut iſto uel illo modo interpretaremur: enarrationes quoque uocabulorum z cęteras grammaticę partes: i tria illa uolumina diſtulimuṣ quę ijs de rebus ſumus prope diem editari opus magnum diffuſum atque uarium: quippe quod ex quadringentis circiter probatiſſimis auctoribus conflatū eſt. Erat que mihi in animo illud in primis edere: niſi eſſem a te princeps humaniſſime quotidiano prope conuicio exagitatus: ut inciperem iam tandem aliquid emittere: neque te diutius uana ſpe luderem. Quem admodum igitur Ampliſſimę dignationi tuę debebunt: qui aliquid utilitatis ex hac mei operis editione percipient: ita par eſt ut tibi imputent: ſi quid eſt a nobis pręcipitanter atque inconſiderate editū. Sed antea quam rem ipſam aggrediamur: pauca nobis pręmittenda ſunt: quibus omnem noſtram mentem circa dictiones ſingulaṣexplicabimus.

no con la fuzia que aquella cāpana del mundo Apion grāmatico el cual dezia que dava immortalidad a aquellos aquien intitulava ſus obras: mas con la confiança que fidias el primer inventor del buril z finzel. El cual baziendo alos athenienſes: aquella mui mentada eſtatua de minerva: de oro z marfil: como no pudieſſe eſcrivir enella ſu nombre en tal manera travó ſu meſma mui ſemejante imajen al eſcudo: que ſi la arrancaſſen toda la travazõ dela obra ſe deſataſſe. J aſſi io por eſta razõ viendo q̃ con vras mui eſclarecidas virtudes: aveis becho mas illuſtre la nobleza q̃ de vros maiores credaſtes: z q̃ entro los ombres de vra nacion: vro nõbre no avia de morir: pues que io por mi meſmo no podia ſer ennoblecido: buſque un camino como dize el poeta: para me levantar del ſuelo: baziendo me immortal: z enel titulo de aqueſta obra en tal manera ſolde mi nombre conel vueſtro: quel uno del otro no ſe puede apartar. Mas las razones z argumentos que me movieron a interpretar en una o en otra manera. eſſo meſmo la declaracion delos vocablos z otras partes dela grāmatica: diferimos lo para aquellos tres volumenes que deſtas coſas en breve tenemos de publicar. obra grande. copioſa. z de coſas diverſas. fraguada caſi de cuatrocientos mui aprovados autores. J tenia en voluntad publicar primero aquella: ſino fuera de vueſtra magnifica. S. perſeguido: que començaſſe ia a publicar alguna coſa: z no le burlaſſe ia mas con vana eſperança. Pues aſſi como le quedarā obligados aquellos que recebiran algun provecho dela publicacion de aqueſta mi obra: aſſi eṣ coſa juſta que le carguen la culpa: ſi io alguna coſa publique arrebatada mente z ſin conſideracion. Mas antes que comencemos el negocio principal: pornemos delante pocas coſas: por las cuales en cada una delas diciones: declararemos todo nueſtro penſamiento.

Rincipio omnes dictiones in differētia esse quincuplici. Nā aut sunt oscę. aut priscę. aut noue. aut barbarę. aut probatę. Osca sunt uocabula: quę et opica possunt appellari: quibus osci atque opici antiquissimi italie populi usi sunt: sed quę sęculum eruditius omnino damnauit: atque er usu penitus erclusit. De quibus libro primo oratoriarum institutionum Quintilianus ait. Neque sint utique uerba ab ultimis etiaz oblitteratis temporibus repetita. qualia sunt prosapia. exanclare. antegerio. et saliorum carmina uix suis sacerdotibus intellecta. Prisca uerba ut idem auctor inquit: afferunt orationi maiestatem aliquam non sine delectatione. Nam et auctoritatem antiquitatis habent: et quia intermissa sunt: gratiam nouitati similez parant. Sed opus est modo: ut neque crebra sint: neque manifesta: quia nihil est odiosius affectatiōe. qualia multa legimus apud Plautum et Terentium Catonē. atque etiam er iunioribus Uirgilium et lucrecium. Noua sunt quę probatissimi auctores ausi sunt in medium proferre cum antea non essent: er boratij memorabili pręcepto. Licuit semperque licebit Signatum pręsente nota producere nomen. Sic Cicero a beatus fecit beatitas et beatitudo: quorum alterum erplosum alterum receptum est. Sic nostra ętate Franciscus philelpbus stapeda: pro eo quod hispane dicimus estribo. Cuius audacię quanquam est a plęrisque reclamatum: potest tamen ercusari: quod nullum inuenit latinum nomen quo posset significare id quod volebat: cum neque res ipsa fuerit apud antiquos. Sic et nos ipsi multa in boc genere sumus ausi: qhibus ego interim censeo utendum: quo ad meliora ab aliis fuerint inuēta. Barbara sūt: quę er peregrino sermone ascita: latino fmoni auctores inserucrūt. Sic uirgilius er sermone germanico sumpsit cateia: quod est iaculi genus. sic ab afris magalia quę sunt casę pastoricię. sic Cicero a sardis mastru

Rimera mente que cínco maneras ai de vocablos. por que o son oscos. o son antiguos. o son nuevos. o son barbaros. o son aprovados. Oscos se pueden llamar o opicos aquellos vocablos: ō q usarō los oscos z opicos pueblos de italia mui antiguos. mas cōdeno los del todo pūto z ecbo los del uso el siglo mas ensenado. Delos cuales dize Quintiliano enel primero libro de sus oratorias instituciones. No sean las palabras tomadas delos ultimos tiempos z ia olvidados: cuales son por generacion acabar. mucbo. z los versos delos sacerdotes que ellos a penas entienden. Las palabras antiguas como dize el mesmo auctor: dan al razonamiento alguna majestad con mucba delectacion. Por que tienen autoridad de antiguo: z por ser desusadas: tienen gracia como si fuessen nuevas. Mas es menester una templança: que ni sean espessas: ni manifiestas: por que ninguna cosa es maz odiosa que lo erquisito Tales lcemos mucbas enel plauto. Terencio. Caton. z delos mas nuevos eñl Uirgilio z lucrecio. Nuevas sō las palabras q los autores mui aprovados osarō sacar a luz no aviendo las en antes: por aquella notable regla de oracio. Fuc licito z siempre sera sacar nombre del cuño que se usa. Assi tullio de beatus bizo beatitas z beatitudo: delos cuales el uno fue desecbado z el otro recebido. Assi en nuestros dias Francisco filelfo bizo stapeda: por aquello que en castellano dezimos estribo. Al osadia del cual aunque todos los mas reclamaron: puede se escusar: por que ningun nombre latino ballo por el cual diesse a entēder lo que queria: no siendo aquella cosa entre los antiguos Assi io mesmo enesta parte ose mucbas cosas: delas cuales entre tanto me parece que deven usar: basta que por otros se ballen otras mejores. Barbaras son las palabras que tomadas de alguna lengua peregrina los auctores mezclaron æ latin. Assi virgilio dela lengua tudesca como cateia que es asta para tirar. Assi delos de africa magalia: que son casas de pastores. Assi tul

ga quod est uestis genus. sic iuuenalis rhe
da quod est uocabulum gallicum: signifi
catque uehiculi genus. Sed ut Quintili
anus ait excusatur hoc uitium. aut consue
tudine. aut auctoritate. aut uetustate. aut
denique uicinitate uirtutum. Probata
uero uocabula sunt habenda: quibus au
ctores illi utuntur: qui floruerunt intra du
centos circiter quinquaginta annos ab or
tu Ciceronis ad Antoninum piu: hoc est
a centesimo ante natalem christi anno ad
centesimum quinquagesimum ex quo sa
lutem christianam numeramus. De quo
uerborum genere Quintilianus inquit:
ut nouorum optima erunt maxime uete
ra: sic ueterum maxime noua. Ex proba
tis uero alia sunt usitata alia rara. Inter
quę rursus alia est differentia: quod partiz
sunt poetica. alia oratoria z historica. Au
ctoritas ut idez Quintilianus ab oratori
bus. z historicis peti solet: naz poetas me
tri necessitas excusat. Quare uocabulis
opicis atque barbaris illis tantuz utemur
quę sunt ab auctoribus celebrata: atqz id
quidem rarissime: nec sine quadam igno
minię nota addentes ut ita dixerim: ut sic
loquar: z similia: quibus sermonis impro
prietatē excusare consueuimus. Priscis
uero z nouis raro quoqz z cum uerecūdia
quadam: ut excusare possimus id fecisse a
ut in honorem antiquitatis: aut necessita
te cum dictionem latinam non habemus:
qua id qd uolumus significare possimus.
Probatis uero quę sunt in usu frequēti
frequenter: raris raro: poeticis in carmine
tantum: oratorijs uero z historicis in pro
sa oratione atque in carmine indifferenter
utēdū. Atqz ut tātę ambiguitatis lectorē
admonere possimus: adiecimus cuiqz di
ctioni notam qua censeri debeat cuius sit
ordinis. Nam oscis. os. priscis. pr. nouis
no. barbaris. bar. raris. ra. poeticis. po.
quibus uero nihil tale apposuimus usitata
z oratoria esse intelligendum est. Ná grę
cis receptis eque ac latinis utemur.
Orthographia uero quia simplex nō ē: at
qz ut ait Quintilianus consuetudini suit
et cum temporibus sępe mutatur: littera

lio delos sardoz mastruga que es cierto uesti
do. Assi juuenal rheda q̃ es palabra france
sa: z significa un linaje de carro. mas como
dize Quintiliano escusa se este vicio o por cos
tumbre o por autoridad. o por vejedad. o si
nal mēte por alguna vezindad de hermosu
ra. Aprovadas son las palabras de q̃ usan
aquellos autores que florecierō casi dentro
de dozientos z cincuenta años desde el naci
miento de Tullio basta Antonino pio: quie
ro dezir cien años ante del nacimiento de
christo basta ciento z cincuenta años despu
es dela salvacion delos christianos. Del
cual linaje de palabras dize Quintiliano:
que assi como delas nuevas son mejores las
mas viejas: assi delas viejas las mas nue
vas. Delas aprovadas unas son usadas: o
tras raras. Entre las cuales tan bien ai otra
diferencia. q̃ unas son poeticas. otras orato
rias z istoricas. El autoridad como dize qu
tiliano mesmo ōlos oradores z istoriadores
se suele tomar por q̃ la necessidad del metro
excusa los poetas. Assi q̃ delos vocablos o
picos z barbaros: sola mente usaremos de q̃
usarō los autores. z aun esto pocas vezes a
ñadiēdo una señal de ifamia: por q̃ assi lo di
ga: o a manera de dezir: o en semejāte mane
ra por dōde solemos excusar la impropedad
ōla lēgua. Delas antiguas z nuevas pocas
vezes usaremos z cō verguença: z q̃ nos po
damos escusar q̃ lo bezimos o por onra del
antiguedad: o cuādo no tenemoz palabra la
tina: por la cual digamos lo q̃ q̃remos. De
las apvadas q̃ estā eñl uso espesso: usaremos
espessa mēte. delas raras pocas vezes. delas
poeticas solo enel vso. delas oratorias z isto
ricas en prosa z en verso sin alguna diferēcia
I por q̃ en tāta dificultad avisemos al lector
añadimos a cada palabra una seña por la cu
al se juzgue de q̃ orde es. I alas oscas pusi
mos. os. alas antiguas. pr. alas nuevas. no
alas barbaras. bar. alas raras. ra. alas poeti
cas po. alas q̃ ninguna cosa: entendemos q̃
son usadas z oratorias. Por q̃ delas recebi
das ōlos griegos usaremos como ō latinas
I por que el ortografia no es senzilla. z co
mo dize Quintiliano sirve ala costumbre:
z con los tiempos se muda muchas vezes:

turam illam sequemur: in quam plęrique auctores consentiunt. Quare meminisse debebit is qui dictionem aliquam requiret posse illam scribi per uocalem aspiratam uel exilem. per ae uel oe diphthongo uel sine diphthongo. per simplicez aut duplicem consonantem. per ch.ph.rh.th.aspiratas. aut per. c.p.r.t.exiles. Itaque si ortographię ratio lector non satis constat: neque cessabit ab inquisitione: quo ad omnes locos fuerit perscrutatus. Inter .i. iota et y psilon etsi tanta distantia est: quanta potest esse maxima inter duas uocales: inter.i. pręterea et.u. cum accipiuntur pro uocalibus: et cum pro consonantibus scribuntur: tanta sit differentia ut inter duas quaslibet litteras maior esse non possit: nos tamen utrarumique ordinem confudimus.

Prosodiam quoque ex eiusdem Quintiliani sententia in hunc modum designauimus: ut cum littera alium uel alium intellectu prout producta uel correpta est facit: ambiguitatez illa apice distinguamus. Ut quia málus prima producta significat arborē: apicem eidem imponamus: ne putetur significare non bonum. Occido pręterea quia media longa significat interficio: eadem breui cado siue pereo: tanta errandi occasio tolletur apice primę aut secundę syllabę imposito. Idem quoque fecimus in dictionibus illis quę peruerse ab imperitis efferuntur: aut habent accentuz paulo reconditiorem. Nam in omnibus id facere est quidem ineptissimum: cum uirtus et ars quemadmodum ait Aristoteles circa difficile uersentur. Nemo eniz ignorat quo accentu dominus efferatur: quare id extra rationē artis erit. Sed quoniam indocti proferunt. sinapis: aratrum iacobus. isidorus et alia multa secunda syllaba á fine breui: atque eandem accētu graui: et é contrario bissinus. adamantinus. origénes. hermogénes. penultima acuta: hic omnis labor: hoc opus artis est tantam ignorantiam ex hominum mentibus extirpare. Quia uero posset quispiā ambigere quo accētu dictiones incognitę

seguiremos aquella razon delas letras en q͂ conciertan los mas delos autores. Assi que el que buscare alguna palabra recuerde se: que aquella se puede escrivir con vocal aspirada o sotil. con ae.o oe.diphthongo o sin diphthongo. por senzilla o doblada consonante. con ch.ph.rh.th.aspiradas. o con.c p.r.t. sotiles. De manera que si el lector no tuviere cierta la razon del ortografia: no cessara de buscar basta que requiera todos aquellos lugares. Entre la. i.espessa z la .y.sotil: aunque ai tanta diferencia: cuanta puede ser maior entre dos letras vocales: z tan bien entre la.i.u.cuando se toman por vocales: o cuando se escriven por consonantes: tanta diferencia ai cuanta puede ser maior entre dos cuales quier letras: pero nos otros confundimos la orden de las unas z delas otras.

La prosodia esso mesmo segun la sentēcia de Quintiliano señalamos enesta manera: que cuando la letra por ser luenga o breve baze diversos entendimientos: quitemos aquella duda con un resguito. Como por que málus la primera luenga significa el mançano: le pongamos aquel resguito: por que no piensen que significa no bueno. Occido tan bien por que la de medio luenga significa matar: z aquella mesma breve caer o perecer: esta ocasion de errar se quitara puesto el resguito sobre la primera o segunda silaba. Esto mesmo bezimos en las palabras q̃ los que poco saben pronunciā al reves: o tienen el acento un poco escondido Mas bazer esto en todas es desvario: por que como dize Aristoteles la virtud z el arte negocian en las cosas dificiles. Por que todos saben dominus con que acento se pronuncia: z por esto ia va fuera de artificio Mas por q̃ los ignorātes pnunciā por mostaza. arado. diego. isidro z otras mucbas palabras la penultima silaba breve: z aq͂lla mesma por acento grave: z por el contrario por cosa de bisso de diamante. origenes.crmogenes.la penultima aguda: este es el trabajo.esta es el obra del arte: quitar esta ignorácia del pensamiento delos ombres. I por q̃ podria alguno dudar con q̃ accēto.se pronū

plerisq3 proferantur: apice omnis ambi=
guitas illa tolletur.

Ætymologię ratio quam cicero ueriloqui
um intērpretatur: quanquam latissime pa
tet:eius uim pręcipuam ostendimus: cuz
dictionis cuiusque intellectuz referamus:
quod alii fecerunt partim obscurius par=
tim negligentius. Nam uocabulorum
originem: quoniam in hoc opere spaciis
iniquis excludimur: in aliud opus differ=
re libuit:tantum adiectus est nomini geni
tiuus:et primę positioni uerborum secun
da persona singularis in fatendi modo:ut
significaremus quotę declinationis illa es
sent.hęc uero quotę coiugationis:quę res
significationez plerumq3 mutat.In aliis
uero quę partes orationis essent in com=
pendium scripsimus.

Syntaxim hoc est dictionum coordinati=
onē in uerbis pręcipue demonstrabimus:
adiicientes uerbi genus z speciem: idque
in compendium: quoniam litteris explici
tis angustia linęę eam rem fieri nō patere
tur. Itaq3 cum sint quinq3 uerboruz ge
ncra.actiuum.passiuum.neutrum. depo
nens.cōmune:atq3 horum quodlibet di=
uersas species habeat:per a.i.significabi=
mus esse actiuū primę speciei. hoc ē quod
post se ordinatur cum accusatiuo tantum.
Per.a.ij.significabimus esse actiuū secū
dę speciei.hoc est:quod post se construitur
cum accusatiuo:z insuper cuz genitiuo uel
ablatiuo. Per.a.iij.significabimus esse
actiuum tertię speciei:hoc est quod pręter
accusatiuum construitur etiam cum dati=
uo. Per.a.iiij.significabimus esse acti
uum quartę speciei.hoc est quod pręter ac
cusatiuum:construitur cum altero accusa=
tiuo. Per.a.v.significabimus esse acti
uum quintę speciei:hoc est quod pręter ac
cusatiuum construitur cum ablatiuo uel
septimo casu. Per.a.vj.significabimus
esse actiuum sertę speciei.hoc est quod prę
ter accusatiuum construitur cum ablatiuo
media prepositione.a. uel.ab.

Passiuum uerbum quia tot habet speci
es: quot uerbuz actiuum á quo deriuatur
satis fuerit in uoce actiua ostendere primā

cian las diciones a pocos conocidas:toda es
ta duda se quitara con aquel resguito.

La razō dela etimologia la cual tullio inter
preta vdad de palabras: aunque a muchaz
cosas se estiende:demostramos su principal
fuerça declarādo la significaciō de cada pa=
labra:la cual otros hizieron o escura o negli
gente mente. Mas la origen delos voca=
blos: por que la estrechura desta obra no lo
sufre:plugo nos dela defar para otra obra:
sola mente añadimos al nombre su geniti=
vo: z ala primera posicion del verbo la segū
da persona singular del indicativo:p ara sig
nificar de que declinacion era el nombre : z
de que conjugacion el verbo. lo cual mu=
chas vezes muda la significacion. I en las
otras escrivimos por breviatura que partes
eran dela oracion.

La costrucion quiero dezir orden de pala
bras especial mēte la demostraremos enloz
verbos añadiendo el genero z la especie. I
esto por breviatura : por q̄ la estrechura del
renglon no lo sufrira hazer por letras espar
zidas. Assi q̄ como sean cinco generos de
verbos.activo.passivo:neutro.deponente.
comun.z cada uno de aquestos tenga diver
sas especies:por.a.i. significaremos que es
activo dela primera especie:digo que despu
es de si se ordena con accusativo solo. Por
a.ij.significaremos que es activo dela segū
da especie: digo que despues de si se ordena
con accusativo: z allende cō genitivo o abla
tivo. Por.a.iij.significaremos que es acti
vo dela tercera especie:quiero dezir que allē
de el accusativo se ordena tan bien con dati
vo. Por.a.iiij.significaremos que es acti
vo dela cuarta especie:quiero dezir:que allē
de el accusativo se ordena con otro accusati=
vo. Por.a.v.significaremos que es acti
vo dela quinta especie : digo que allende el
accusativo se ordena con ablativo o septimo
caso. Por.a.vj.significaremos q̄ es activo
dela serta especie : quiero dezir:que allende
el accusativo se ordena con ablativo entreve
niendo esta preposicion.a.o ab.

El verbo passivo por que tiene tantas espe
cies cuantas el verbo activo del cual se deri
va: barto abasta demostrar la p̄mera posiciō

uerbi positionem: nisi cum uerbum quod
est alioqui actuum: constructum cum cer=
to casu tantum in uoce passiua reperitur.
ut linquor animo pro eo quod est exani=
mor: consternor animo pro eo quod terre
or. nemo diceret linquo animo. consterno
animo: pro eo quod est exanimo. terreo.

¶Neutrum uerbuz quia uarias quoqz ba
bet formas: per.n.i.significabimus qd est
neutrū primae speciei. boc est quod post se
construi potest cum genitiuo uel ablatiuo
¶Per.n.ij.quod est neutrum secūdae spe
ciei: boc est quod post se construitur cū da
tiuo. ¶Per.n.iij.quod est neutruz tertiae
speciei. boc est quod post se cōstruitur cum
septimo casu. ¶Per.n.iiij. quod ē neutrū
quartae speciei. boc est quod post se cōstrui
tur cuz ablatiuo z praepositione.a.uel.ab
pro persona agenti quemadmoduz uerba
passiua: quorum significationem babet.
¶Per.n.v.esse neutrum quintae speciei:
boc est quod post se cum nullo casu cōstrui
tur: nisi forte media praepositione.

¶Deponēs quoqz uerbum plures babet
species. Quare per.d.i. significabimus
quod ē deponēs primae speciei: boc est qd
post se construitur cum genitiuo. ¶Per.d
ij.quod est deponens secūdae speciei. boc
est quod post se construitur cum datiuo.
¶Per.d.iij.quod est deponēs tertiae spe
ciei: boc est quod post se construitur cum
accusatiuo. ¶Per.d.iiij.quod est neutruz
quartae speciei. boc est quod post se cōs
truitur cum septimo casu. ¶Per. d. v.
quod est deponens quintae speciei. boc est
quod post se cum nullo casu construitur: ni
si forte media praepositione.

¶Commune uerbum duas babet species
Quare per.c.i. significabimus quod est
commune primae speciei: bc est quod
post se construitur cum accusatiuo. ¶Per
c.ij.quod est commune secundae speciei.
boc est quod praeter accusatiuum constru
itur etiam cum datiuo.

¶Uerbum impersonale actiuae uocis z ip
sum babet complures differēcias. Quare
per imp.i. significabimus quod est imper
sonale primae speciei. boc est quod ante

del verbo en la boz activa: salvo cuando el
verbo que en otra manera es activo ordena
do con cierto caso sola mente se balla en la
boz passiva. ¶Como por aquello que se dize
desmaiar. z por aquello que dezimos espan
tarse. ninguno diria en latin linquo animo.
ni consterno animo.

¶El verbo neutro por ǫ tiene tan bien diver
sas especies. por.n.i. significaremos que es
neutro dela pmera especie: quiero dezir ǫ se
puede ordenar despues de si cō genitivo z a
blativo. ¶Por.n.ij. ǫ es neutro dela segūda
especie. quiero dezir ǫ se ordena despues de
si cō dativo. ¶Por.n.iij. ǫ es neutro dlā ter
cera especie: quiero dezir ǫ despues de si se
ordena cō septimo caso. ¶Por.n.iiij. que es
neutro dela cuarta especie: digo ǫ se ordena
despues de si con ablativo z preposicion de
a.o ab. enla persona que baze assi como los
verbos passivos cuia significacion tiene.
¶Por.n.v. ǫ es neutro dela quinta especie.
quiero dezir que despues de si con ningun
caso se ordena: salvo con preposicion.

¶El verbo deponēte tiene tan biē mucbas
especies. Assi ǫ por.d.i. significaremos que
es deponēte dela pmera especie digo ǫ des
pues de si se ordena con genitivo. ¶Por.d.
ij. que es deponente dela segunda especie:
quiero dezir que despues de si se ordena con
dativo. ¶Por.d.iij. que es deponente de la
tercera especie. digo que despues de si se or
dena cō accusativo. ¶Por.d.iiij. ǫ es depo
nente dela cuarta especie. digo que despues
de si se ordena con septimo caso. ¶Por.d.v
que es deponente dela quinta especie. digo
que despues de si con ningun caso se orde
na: salvo entreviniendo preposicion.

¶El verbo comū tiene dos especies. Assi ǫ
por.c.i. daremos a entender: que es comun
dela primera especie. quiero dezir que des
pues de si se ordena con accusativo. ¶Por.c
ij. que es comun dela segunda especie quie=
ro dezir que allende el accusativo se ordena
tan bien con dativo.

¶El verbo impersonal dela boz activa tan
bien tiene mucbas diferencias. Assi que
por imp .i. significaremos que es imper=
sonal dela primera especie. quiero dezir

se conſtruitur cum genitiuo et poſt ſe cum infinitiuo. ¶Per imp.ij.quod eſt uerbũ imperſonale ſecundę ſpeciei:hoc eſt quod ante ſe conſtruitur cum datiuo et poſt ſe cũ infinitiuo. ¶Per imp.iij. quod eſt im=perſonale tertię ſpeciei: hoc eſt quod ante ſe conſtruitur cum accuſatiuo : et poſt ſe cum infinitiuo. ¶Per imp.iiij.quod eſt imperſonale quartę ſpeciei: hoc eſt quod ante ſe conſtruitur cum accuſatiuo et poſt ſe cum genitiuo uel infinitiuo. ¶Per imp.v. quod eſt imperſonale quintę ſpe=ciei: hoc eſt quod cum ſit alias perſona=le conſtrutur cum infinitiuis uerborum imperſonalium actiue uocis.

que ante de ſi ſe ordena con genitiuo ꝛ deſ=pues con infinitiuo. ¶Por imp.ij.que es uerbo imporſonal dela ſegunda eſpecie.di=go que ante de ſi ſe ordena con datiuo ꝛ deſ=pues con infinitiuo. ¶Por imp.iij.que es imperſonal dela tercera eſpecie quiero dezir q̃ ante de ſi ſe ordena cõ accuſatiuo: ꝛ deſpu es de ſi cõ infinitiuo. ¶Por imp.iiij.q̃ es imperſonal dela cuarta eſpecie:quiero dezir q̃ ante de ſi ſe ordena cõ accuſatiuo: ꝛ deſpu es de ſi cõ genitiuo o infinitiuo. .¶Por imp v.que es imperſonal dela quinta eſpecie: di go que ſiendo en otra manera perſonal: ſe ordena con los infinitiuos delos uerbos im perſonales dela boz actiua.

Breuiaturę quę in ſingulis dictionibus apponuntur.

oſ. oſcum.quo nullo modo utemur.
ꝓr.priſcum.quo parce utendum eſt.
no.nouum.quo etiam parce utemur.
b.bar.barbarũ.quo nullo modo utemur.
po.pocticũ.quo tantũ in carmine utemur
ra.rarum.quo rarenter utendum eſt.
gr.grecum.quo eque ac latino utemur.
a.i.actiuum prime cum accuſatiuo tantũ.
a.ij.actiuũ ſecũdę cũ accuſatiuo ꝛ geitiuo
a.iij.actiuũ tertię.cũ accuſatiuo ꝛ datiuo.
a.iiij.actiuũ quartę. cũ duobus accuſatis
a.v.actiuũ quintę. cũ actõ ꝛ ſeptimo caſu
a.vj.actiuũ ſextę. cũ accuſatiuo ꝛ ablatio
n.i.neutrũ prime. cũ genitiuo uel abltõ.
n.ij.neutrum ſecundę.cum datiuo.

Las breuiaturas que eſtan pueſtas en cada uocablo.

n.iij.neutrum tertię.cum ſeptimo caſu.
n.iiij.neutrũ quartę. cũ ablatiuo.a.uel.ab.
n.v.neutrum quintę. cum nullo caſu.
d.i.deponens prime.cum genitiuo.
d.ij.deponens ſecundę cum datiuo.
d.iij. deponens tertię cum accuſatiuo.
d.iiij.deponens quartę. cum ſeptimo caſu.
d.v.deponens quintę cum nullo caſu.
c.i.cõmune prime.cum accuſatiuo.
c.ij.cõmune ſecundę cum datiuo ꝛ accuſatõ
Imp.i.cum genitiuo ꝛ infinitiuo.
Imp.ij.cum datiuo ꝛ infinitiuo.
Imp.iij.cum accuſatiuo ꝛ infinitiuo.
Imp.iiij.cũ accuſatiuo ꝛ gtio:uel infinitio.
Imp.v.cuꝫ infinitiuo uerbi imperſonalis.

Lexicon hoc est dictionarium ex
sermone latino in hispaniense in
terprete aelio Antonio nebrissesi

A.littera latine grece.alpha hebraice aleph
A.inter duo puncta prenomen est aulus
A.in copositione cu dictionibus grecis priuat.
A.ab.abs.cum dictionibus latinis separat
A.abs absq3 prepositiones ablatiui.por de
A galilea:nõ de galilea.por natural de galilea
A gadibus:non de gadibus.por de calez
Ab arimathia nõ õ arimathia.por õ arimathia
Ab andria nõ de andria. por de casa de andria
A romanis.por del vado z parte õlos romanos
A sabinis. por del vando delos sabinos
Abatis.por el fiel delas medidas
A caliculis.por el repostero delos vasos
A libellis. por el relator delas peticiones
A responsis. aquel por quien el rei responde
Ab aure. por el secretario ala oreja
A manu puer.por moço para mandados
A pedibus puer.por moço de espuelas
Ab extis. por el q̃ adiuina por las assaduras
A loco uenire.por venir de cerca de lugar.
Abacuc.por uno delos profetas menores. bar
Abacus.i.por el aparador delos vasos
Abacus.i. por la tabla para contar
Abaculus.i.por pequeño aparador o tabla
Abaculus.i.por trebejo o escaque del axedrez.
Abactor.oris.por el ladron del ganado
Abadir.iris.por la piedra que comio saturno
Abadon.apo.9.b.
Abalienare quid.por agenar algo de si.a.i
Abalienatio.onis.por aquel agenamiento
Abamita.e.por la ermana del tercero abuelo
Abanar.fl.damasci.
Abas.antis.un hijo de preto rei delos argiuos
Abas.antis.por un copañero de eñeas troiano
Abantiades.e. por hijo o nieto de abante
Abantis.idis.por hija o nieta de abante.
Abantacus.a.um.por cosa de abante
Abarimon.i.por una parte del monte timauo.
Abarim. monte sepultura de moisen.bar
Abasian9.i.cierta piedra preciosa no conocida
Abatos.i.una isla es enla laguna de memphis
Abates.i.un lugar es de guinea la de egypto.
Abauus.i.por el tercero abuelo
Abauia.e.por la tercera abuela
Abauunculus.i.por el ermano õla tercia abuela
Abax.acis.por aparador o ataifor morisco

Abba.ex syrisca lingua est pater.bar
Abbas.atis. por abad nombre de dignidad.b
Abbatis.idis.uel abbatissa.e.por abadessa.b.
Abbatia.e.ex syrisca lingua interpretat pater
Abbreuio.as.por abreuiar.actiuum.i.
Abbreuiator.oris.por el abreuiador
Abbreuiatio.onis.por el abreuiatura
Abdera.e. por una ciudad de tracia
Abderites.e. por varon de aquella ciudad
Abderitis.idis.por muger de aquella ciudad.
Abderitan9.a.um.por cosa de aquella ciudad
Abdenago. uno delos tres niños. bar
Abdias.e.uno delos profetas menores.b
Abditiuus.a.um. por cosa abortada.pr.
Abdicare filium.por deseredar lo en vida
Abdicatio.onis. por aquel deseredamiento
Abdicare se magistratu. por renunciar officio
Abdicatio.onis. por aquella renunciacion
Abdomen.inis.por enfundia o untaza
Abdomē.inis.por la ijada gruessa del pescado
Abdo.is.abdidi.por esconder.actiuum
Abducere rem a re. por apartar uno de otro
Abductio.onis.por aquel apartamiento.
Abducere uxorem.por tomar muger z casa
Abel.hijo fue de adan z eua
Abella.e.por una ciudad-de campania
Abellina nux.por el avellana fruta conocida
Abercere rem a re.por arredrar uno de otro
Aberrare a loco.por se desviar de lugar alguno
Aberratio.onis. por aquel apartamiento
Aberrunco.as.por arrancar o roçar.pr.a.i.
Aberruncasso.is.por aquello mesmo.pr.a.i.
Abgregare rem a re.por apartar uno de otro.
Abgregatio.onis.por aquel apartamiento
Abhorrere a re.por ser ageno õ alguna cosa.ab
Abhorrere rem.por aborrecer alguna cosa.ac.
Abias.e.hijo de roboã.
Abiud. hijo de zorobabel
Abydos.i.ciudad es de asia sobre el esponto.
Abydaeus.a.ũ. por cosa de aquella ciudad.gr
Abydenus.a.um. por cosa de aquella ciudad.
Abiectus.a.um.participium ab abijcio.is
Abies.etis. por cierto arbol de especie de pino
Abiegnus.a.um.por cosa de aquel arbol
Abietarius.ij.por el carpintero della
Abietaria ars.por la carpinteria della.
Abietarius.a.um.por cosa de carpinteria.
Abigail.muger de nabal.

.a.i.

Abigere armenta.por burtar ganados
Abigeus.i.por el ladron de ganados
Abigeatus.us.por el burto de ganados.
Abigere aues.por orear o espantar aves.
Abijcere quid a se.por echar de si algo.a.i
Abila.e.por un monte de africa contra tarifa
Abire a loco.por se ir de lugar o persona
Abitio.onis.por la ida o muerte.pr
Ab integro.aduer.por de comieço o de nuevo
Abyssus.i.por abismo agua sin bondon
Abiudico.as.por quitar por sentencia.a.i.
Abiungare boue a boue.por desuñir bueies.a.i
Abiuügere rem a re.por apartar uno de otro.a.i
Abiurare depositum.por negar con jurameto.
Abiuratio.onis.por aquella negacion
Ablactare infantem.por destetar niño
Ablactatio.onis.por aquel destetar
Ablatiuus.i.por el sesto caso delos latinos
Ablegare a se alique.por embiar lo de si
Ablegatio.onis.por aqlla embiada o ebasada
Ablegmina.ü.lo q sacrificavá del assadura.pr
Abligurire rê.gastar e golosinas la baziéda.a i
Abliguritio.onis.por aquel gasto de bazienda
Abluere rem.por lavar alguna cosa.a.i
Ablutio.onis.por aquella lavadura
Abluuium.ij.por el diluvio.pr
Abmatertera.e.ermana dela tercer abuela
Abnepos.otis.por el tercero nieto
Abneptis.is.por la tercera nieta
Abnegare quid.por negar lo pedido.a.i.
Abnegatio.onis.por aquella negacion
Abnormis.e.por cosa sin regla
Abnuo.is.por negar sacudiédo la cabeça.n.v
Abnuto.as.por negar assi a menudo.n.v.
Abnutus.us.por aquella manera de negar
Abnutiuus.a.um.por cosa negativa assi
Abolere aliquid.quitar algo dela memoria.a.i
Abolitio.onis.por aquel quitamiento.
Abolescere.por ser quitado dela memoria.ab.
Abolla.e.por vestidura enforrada z talar
Abominari aliquid.maldezir algüa cosa.d.iij
Abominatus.a.um.ab abominor passiue.
Abominatio.onis.por maldició o abominació
Abominabilis.e.por cosa abominable
Abortire.por abortar parir ante de tiempo
Abortio.onis.por aquel parto o movedura
Abortus.us.por aquello mesmo.
Abortiuus.a.um.cosa abortada z mal parida.
Aborigines.ü.pueblos fuero átiguos d italia

Abpatruus.i.el ermano del tercero abuelo
Abraham.patriarcha fue delos judios
Abrá.esclava de judith.
Abradere quid ab aliquo.raer una cosa de otra
Abrasio.onis.por aquel raimiento
Ab re.por sin causa o sin provecho
Abrenüciare quid.por resinar lo cósinado.a.i
Abripere rem ab alio.por arrebatar.a.i
Abrogare legem.por arogar o quitar lei.
Abrogatio legis.por aquel quitamiento de lei
Abrogare magistratum.por renunciar officio
Abrogatio magistratus.por aqlla renüciacion
Abrotanum.uel abrotanus
Abrumpere quid ab alio.romper algo de otro
Abruptus.a.um.por lugar abarrancado
Abs.prepositio ablatiui.por de.
Absalon.hijo fue de david
Absens.tis.participium ab absü.por ausente.
Absentiae.e.por el auseacia no presencia
Abscedere a loco.por partir se de algun lugar
Abscessus.us.por aquella partida
Abscedere ulcus.por bazer materia la ulcera
Abscessus.us.por el apostema o ulcera
Abscessem.pro ascessissem dixit Silius
Abscindere quid ab aliquo.cortar algo de algo
Abscidere quid ab aliquo.por lo mesmo
Abscidi.preteritum ab abscindo et abscido
Abscissio.onis.por aql cortamiéto ab abscindo
Abscisio.onis.por aquello mesmo.ab abscido
Abscondere qd ab aliquo.escóder algo de algo
Absconsio.onis.por aquel escondimiento
Absentire ab alio.discordar de otro en sentécia
Absensio.onis.por aquella discordia de sétécia
Absinthiü.ij.por los assensios ierva conocida
Absis.idis.por el auge del circulo e astrologia
Absimilare rê a re.por dessemejar cosa de cosa
Absimilis.e.por cosa dessemejante de otra.
Absisteis ab aliquo.por se apartar de algo.ab
Absolere ul'absolescere.por se dsacostübrar.ab
Absyrtus.i.por un ermano de medea.
Absyrtus fluuius est colchorum
Absoluere opus.por acabar alguna obra
Absolutio operis.por acabamiento dela obra.
Absoluo.is.por desatar lo atado.
Absolutio.onis.por aquel desatamiento
Absonare.por discordar en son
Absonus.a.um.por discordar en son
Absorbere aliquid.por sorver algo del todo
Abstemius.ij.por el aguado que no beve vino

Abstergeo uel abstergo.por alimpiar.a.i.
Abstersio.onis.por aquel alimpiamiento
Absterreo.es.por espatar algũa cosa ō otra.a.i
Abstinere manum a re.por tener la mano q̃da
Abstinere filium a peccato.por castigar lo
Abstinere ab alieno.por no tomar lo ageno.ab
Abstinere irarum.por no se ensañar
Abstinentia.ę.por el abstinencia delo ageno
Abstrahere rem a re.por apartar algo de algo.
Abstractio.onis.por aquel apartamiento.
Abstrudere aliquid.por esconder algo
Abstrusio.onis.por aquel escondimiento.
Absolutorius.a.um.por cosa para absolver
Absorbitio.onis.por la sorvedura.
Absq̃ prepositio ablatiui.por sin
Absumere aliquid.por gastar z destruir.a.i
Absumptio.onis.por aquel gasto perdido
Absum abes.abfui.por se ausentar.n.i
Absurdus.a.um.por cosa discorde en son.
Absurditas.atis.por aquella discordia en son.
Abundus.a.um.por cosa abundante
Abunde.aduerbium.por abundante mente.
Abundanter.aduerbium.por aquello mesmo.
Abundare re aliqua.por abondar z rebossar
Abundantia.ę.por aquel abondamiento
Abuti aliqua re.por mal usar de algo
Abusus.a.um.por cosa mal usada.ab abutor
Abusus.us.por el abusion z mal uso
Abusio.onis.por aquello mesmo
Abusiuus.a.um.por cosa de mal uso
¶ Ac.cõiunctio pro et.ut ego ac tu.por io z tu
Ac.cõiunctio pro quã.ut ęque ac tu.por como
Academus.i.por un medio dios.aquo ē dicta
Academia.ę.un lugar cerca de atbenas
Academicus.a.um.por cosa de aquel lugar
Academia.ę.fue tan bien una eredad de tulio
Academia.ę.por qualquier lugar de estudio
Acaeros.interpretatur importunus
Acaeria.ę.interpretatur importunitas
Acalipbe.es.piscis qui latine dicitur urtica
Acantbus.i.por cardo o alcarcбofa
Acantbus.i.arbol es propria de egypto
Acantbinus.a.um.cosa de aq̃l arbol o cardo
Acantbis.idis.por el sirguerito ave pequeña
Acantbillus.i.por aquella mesma avezita
Acataliton.interpretatur imcomprebensibile.
Acapnus.a.um.por cosa sin bumo
Acarus.i.por el arador dela mano o dela cera
Acarnania.ę.regiõ es de epiro cerca de etolia

Acarnan.anis.por varon de aquella tierra
Acarnanus.a.um.por cosa de aquella tierra
Acastus.i.n.p.bijo fue de pelias rei de tessalia
Acatalectus.i.verso aq̃ ni sobra ni falta nada
Acatalecticus uersus.verso sin falta z justo
Acatia.ę.medicina cierta de un arbol pegrino
Acatia.ę.contrabaze se de ciruelas silvestres
Acbatana.ę.ciudad de siria notable
Acca laurentia.el ama q̃ crio a romulo z remo.
Accedere.por se allegar.absolutum
Accessio.onis.por la cicion o acrecentamiento
Accessus.us.por el allegamiento
Accesito.as.por se allegar a menudo.n.v.
Accendere aliquid.por encender.ac.i
Accensus.i.por el pregonero del consul
Accensus.i.cierto genero de ombre armado
Accelerare aliquid.por traer algo aina.a.i
Accelerare.por se aquesar para ir o venir.n.v.
Accentus.us.por el accento enla dicion
Accentiuncula.ę.diminutivo de acento
Accepso.is.por tomar alguna cosa.pr
Acceptabulum.i.el uesso ueco del anca
Acceptabulum.i.el pie del pulpo o semejante
Acceptus.a.um.por cosa aceptable z graciosa
Acceptio psonarũ.por gratificacion de psonas
Accepto.as.por aceptar o recebir.a.i
Acceptum referre.por pagar la deuda
Acceptilatio.onis.por la paga del prestido
Accersio.is.por llamar algo.acti.i
Accerso.is.por aquello mesmo.a.i
Accido.is.por cortar algo de otra cosa.n.ij
Accidit impersonale.por acontecer
Accidens.tis.por acidente o acontecimiento
Accidentia.ę.por aquello mesmo
Accingo.is.por poner baldas en cinta.a.i
Accino.is.por cantar alo que otro canta.a.i
Accio.is.por llamar.actiuum.i
Accitus.us.por aquel llamamiento
Accipio.is.por tomar recebir oir.a.i
Accipiter bumipeta.por el açor o gavilan.
Accipiter sublimipeta.por qualquier balcon
Accipitrarius.ij.por el balconero.
Accipitraria ars.por el acetreria
Accipitrarius.a.um.por cosa de balcones
Accliuis.e.por cosa cuesta arriba
Accliuus.a.um.por aquello mesmo
Acclamo.as.por dar bozes alo que otro
Acclammatio.onis.por aquel llamamiento

Acclinitas.atis.por la cuesta
Acclinare aliquid alicui.por acoftar algo.n.ij.
Accolere locum. por morar cerca de lugar
Accola.e.morador o moradora cerca de lugar
Accommodare rẽ rci.por añadir o juntar.a.iij
Accommodus.a.um.por cofa provechofa
Accommodo.as.por pſtar algo a alguno.a.iij
Accommodatum.i.por el preſtido q̃ ſe torna
Accreſco.is.por crecer una cofa ſobre otra.n.ij
Accretus.a.um.por cofa crecida.actiue
Accrementum.i.por aquel acrecentamiento
Accretio.onis.por aquello meſmo.
Accubo.as.por ſe aſſentar ala meſa.n.v
Accumbo.is.accubui.por aquello meſmo.n.v
Accubatio.onis.por aquel aſſentamiento.
Accubitus.us. por aquello meſmo
Accuratus.a.um.por cofa diligẽte z emẽdada
Accuratio.onis. por aquella diligencia
Accurate.aduerbium.diligente mente
Accumulo.as.por amõtonar uno a otro.a.iij.
Accurro.is.por correr bazia otra cofa.ab—
Accuſo.as.por acuſar en juizio.a.iiij
Accuſator.oris. por aquel acuſador
Accuſatio.onis. por aquella acuſacion
Accuſatiuncula.e.por pequeña acuſacion.
Accuſatorius.a.um.por cofa para acuſar
Accuſatiu9.i.por el cuarto caſo dclos latinos
Acer.cris.por el azre arbol conocido
Acernus.a.um. por cofa de aquel arbol
Acer acris.acre.por cofa agra aguda fuerte
Aceo es.uel aceſco is.por ſe azedar.n.v
Acerbus.a.um. por cofa no madura z agra
Acerbitas.atis. por aquella aſperidad z agror
Acerbitudo.inis.por aquello meſmo
Acero.as.por empajar o mezclar grãças.a.i
Aceratum lutum. lodo para bazer adobes
Accroſus.a.um.cofa llena de grãças
Acerra.e. por la navezica del encenſio
Acerre.arum.ciudad antigua de campania
Acernus.i.por monton de cofas menudaſ
Aceruo.as.por amõtonar cofas menudas.a.i
Aceruatim.aduerbium.por a montones
Aceſis.is. por una eſpecie de atıncar
Aceſtes. rei de ſicilia bijo de crimiſſo
Aceſta.e. por una ciudad de ſicilia
Acetum.i.por el vinagre
Acetarium.ij.por enſalada de iervas
Acetariũ.ij.por vinagrera vaſo de vinagre
Acetaria.e.por el azedera ierva conocida

Acetoſus.a.um. por cofa azeda
Acetoſitas.atis.por azedura
Acetarius.a.um.por lo q̃ ſe come con vinagre
Acetabulũ.i.veinte z cinco adaremes de liqdo
Achaemenes.e.fue el primero rei delos perſaſ
Achaemenius.a.um.por cofa de perſia
Achemenide.aruz.todos los reies delos pſas
Achemenides.e.compañero fue de ulixes
Achaia.e. regiõ es de grecia cerca dela morea
Achaicus.a.um.por cofa de aquella region
Achaeus.a.um.por aquello meſmo
Acheius.a.um.por aquello meſmo
Anchiuus.a.um.por aquello meſmo
Achaides.e.por varon de aqeella region.
Achais.idis.por bembra de aquella region
Achaicus.i.por el que vencio aqella region
Achamia.e. interpretatur animi ſecuritas
Acharis.is. interpretatur ſine gratia
Achates.e. por un rio de ſicilia
Achates.e.por cierta piedra que alli ballan
Achates.e.por un compañero de eneas
Achariſton.i.por cierta medicina de teodoto
Achab.rei de judios fue.b.
Achaz. rei fue delos judios.bar
Acheldemach.ager ſanguis interpretatur.b
Acheron.ontis.por un rio del infierno
Acheruſus. a.um. por cofa de aquel rio
Acheruſius.a.um.por aquello meſmo
Acheruſia.e.por cierta laguna de italia
Acheron.ontis.por un rio de epiro
Acheruſius.ij.por aquel meſmo rio
Acheruſius.ij.por un rio de italia.
Acherontia.e.ciudad pequeña de apulia
Achelous.i. rio es de acarnania bijo õ oceano
Acheloius.a.um.por cofa de aquel rio
Achelois.idis.por bija de aquel rio
Acheta.e.por cigarra que canta
Achilles.is.por el bijo de peleo z tetis
Achilleus.a.um.por cofa de achilles
Achilleius.a.um.por aquello meſmo.
Achilleides.e. por bijo de achilles
Achilleis.idis. por bija o obra de achilles
Achilleus.i.idem eſt quod achilles
Achillas.e.familiar fue de ptolemeo rci₀
Achillea.e.ierva que ſe llama mıl bojas
Achilleum. i. por una eſpecie õ eſpõja marina
Achimarchide.pueblos ſon de africa.
Achimelech. ſacerdote judio
Achoreus.i.familiar.fue de ptolemeo rci

Achos. interpretatur folicitudo
Achor. oris. dios de moscas ètre los cirenaicos
Acicula. e. por el alfilel o aguja pequeña
Acidus. a. um. por cosa azeda.
Acidia. e. por molestia o enojo
Acidior. aris. por molestar
Acidalius. ij. fuente es en orcomeno
Acidalia. e. la diosa venus dicha de aqlla fuète
Acies. ei. por haz batalla de armados
Acies oculorum. por la vista delos ojos
Acies ferri. por el agudeza o hilo del hierro
Acieris. is. por la segur de cobre
Acinacis. is. cuchillo proprio delos medos
Acinus. i. por el grano del razimo.
Acina. e. por aquello mesmo
Acinum. i. por aquello mesmo
Acinarius. a. um. por cosa de aquel grano
Acinacius. a. um. por aquello mesmo
Acinacium uinum. por vino de burujo
Acinosus. a. um. por cosa llena delos granos
Acipensis. is. pece q tiene escamas al reves
Acipenser. eris. por aquello mesmo
Acyrologia. e. interpretatur improprietas
Acis. is. rio de sicilia hijo de fauno z simethis.
Aclis. idis. por garrocha sacaliña
Acmon. i. incus interpretatur
Acmon. unus cyclops fuit
Acontion. i. iaculum interpretatur
Acolythus. i. servidor o ministro de otro
Aconitum. i. por el rejalgar
Acontias. e. especie de cometa como lança
Acopon. i. unguento para estender nervios
Acopicus. a. um. por cosa de aquel unguento.
Acor. oris. por el agrura o azedura
Acorus. i. por el espadaña ierva de laguna
Acquiesco. is. por descansar. ab
Acquiesco tibi. por consentir contigo
Acra. interpretatur ars arcis
Acratophorum. i. por vasija para vino. ualèt
Acras. adis. por el guadapero arbol silvestre
Acredo. inis. por el agrura
Acredula. e. por el rui señor ave
Acrementum. i. por el agrura
Acris. e. por cosa agra aguda fuerte
Acrimonia. e. por aquella agudeza z behemècia.
Acritas. atis. por aquello mesmo.
Acritudo. inis. por aquello mesmo
Acriter. aduerbiu. por aguda z fuerte mente

Acrisius. ij. hijo de jupiter padre de laerte.
Acrisius. ij. rei fue delos argivos.
Acrisioniades. e. por hijo o nieto de acrisio
Acrisioneis. idis. por hija o nieta de acrisio
Acrisione. es. por aquello mesmo
Acroama. atis. conseja de escuchar
Acroamaticus. a. um. por cosa de escuchar
Acroceraunia. orum. montes son de epiro
Achrocordon. onis. berruga que duele mucho
Acrothum. i. ciudad fue sobre atho monte
Acroterium. i. interpretatur promontorium
Acron. onis. rei òlos cenineses q mato romulo
Acrophya. e. thisica es dela primera especie
Acrocorinthus. i. la fortaleza de corintho.
Acropatos. i. compañero fue de alexandre
Acrota. e. rei fue delos albanos hijo ò tiberino
Acta. e. interpretatur littus littoris ribera
Acteus. a. um. por cosa dela ribera de mar
Actaeon. onis. hijo de aristei z autonoe
Acta. orum. por los hechos de cada dia
Actis. idis. por la region donde esta athenas
Actias. adis. por muger de aquella region
Actito. as. por hazer a menudo lo q queda. a. i
Actio. onis. por la acion del derecho
Actium. ij. por un monte de epiro cabo
Actiacus. a. um. por cosa de aquel monte
Actius. a. um. por aquello mesmo.
Actor. oris. varon fue notable.
Actor. oris. por el representador de fabulas
Actor. oris. por el que demanda en juizio.
Actiuum uerbum. el verbo que significa acion
Actus. us. por la quinta parte dela fabula.
Actuosus. a. um. cosa que haze gestos z visages
Actus. us. por la acion o hecho
Actus. uum. por los hechos privados
Actuaria nauis. nave o barca de passage.
Actuarius. que escrive los actos publicos
Actus quadratº. câpo de. c xx. pies ò cada lado
Actus minimus. campo de cuatro en ancho
Actum est. por hecho es en mala parte
Actum ago. por hazer en vano
Actutum. aduerbium. presta mente
Acus. us. por el aguja para coser.
Acus. us. por el aguja paladar pescado
Acus. eris. por las granças o abechaduras
Aculeus. i. por el carquillo dela saeta
Aculeus. i. por el aguijon del abeja
Aculeus. i. por cualquier aguijon o punta.

Aculeatus.a.um.por cosa que tiene aguijon
Acuo.is.acui.acutum.por aguzar.a.i
Acutus.a.um.por cosa aguda z aguzada.
Acumen.inis.por el agudeza
Acutela.e.por el agudeza o astucia
Acupedius.ij.ombre ligero de pies
Acustici.son los dicipulos mientras oien
Acustes.e. auditor interpretatur
    d.prepositio accusatiui.por a.o bazia
    Ad urbe uenire.por venir cerca ola ciudad
Ad forum babito.moro cerca dela plaça
Adam.por nuestro primero padre.bar
Adameius.a.um. por cosa de adam
Adad. lingua syrisca interpretatur sol
Adequo.as.por igualar una cosa a otra.a.i
Adagium.ij.por el refran o proverbio
Adalligo.as.por atar una cosa a otra.a.i
Adamas.antis.por el diamante piedra
Adamanteus.a.um. por cosa de diamante
Adamantinus.a.um. por aquello mesmo
Adaperio.eris.erui.por abrir.a.i
Adapertilis.e. por lo q se puede abrir z cerrar.
Adasso.is.por empuxar.delante.pr
Adarca.e. por alburreca dela mar
Adamo.as. por amar como enamorado.a.i
Adasus.i.vestidura sin costura enlos ombros.
Adaquo.as.por regar o enaguaçar.a.i
Addax.acis. ciervo de cuernos retorcidos
Addenseo.es. por espessar.a.i
Addico.is.por vender en almoneda.a.i
Addictio.onis.por aquella venta
Addisco.is.por deprender.a.i
Addiuino.as.por adevinar.a.i
Additio.onis.por añadidura
Additamentum.i.por aquello mesmo
Addo.is.addidi. por añadir.a.i
Addubito.as. por dudar.a.i
Addubitatio.onis. por la duda
Adduco.is. por llevar guiando a lugar.a.i
Adductio.onis. por aquel llevar
Adeo domum.por ir a casa z c.
Adeo bereditatem.por acetar la erencia
Adedo.is. por comer basta el cabo.a.i
Adeo sequenti ut.por en cuanto
Adeo non sequenti ut.por mui mucbo
Adelon.i.interpretatur incertum
Adelpbos.i.interpretatur frater
Ademptus.a.um.participium ab adimo.is
Adeptus.a.u. participiu passiuu ab adipiscor.

Adeps.ipis. por la enfundia
Adequito.as.por cavalgar a cavallo.ab
Adesus.a.um. participium ab adedo.
Adfabre.aduerbium.por artificiosa mente
Adflecto.is.por doblegar bazia otra.cosa.a.s
Adbamo.as. por tomar con anzuelo.a.i
Adbereo.r.adberesco.por allegarse aotro.n.ij
Adbaesito.as. por dudar.abso
Adbaesitatio.onis. por la duda
Adbaesitatio.onis.por allegamiento a otro
Adbesus.a.um.por cosa dudosa
Adbaese.aduerbium. por dudosa mente
Adbibeo.es.adbibui.por añadir.a.iij
Adbinnio.is.por relicbar a otro q relicba.n.ij
Adbinnitus.us.por aquel relincbido.
Adbortor.aris. por induzir con razones.d.iij
Adbortatio.onis. por aquel induzimiento
Adborreo.es. por espeluzar se con miedo.a.i.
Adbuc.aduerbium.por basta aqui o aun
Adbucusq3.por aquello mesmo
Adiaceo. es.por estar acerca de otra cosa.n.ij.
Adiapboron.interpretatur indifferens
Adiectus.a.um.participium ab adijcio
Adiectiuum nomen.por el nombre añadido
Adigo.is.por empuxar o costreñir.a.i
Adijcio.is. por añadir a otra cosa algo.a.i
Adijcialis coena.por comida sumptuosa
Adimo.is.por quitar algo de otra cosa.a.i
Adipalis.e.por cosa gruessa para comer
Adipatus.a.um. por aquello mesmo
Adipiscor.eris.por alcançar lo desseado.d.iij
Aditus.us. por la entrada
Aditio bereditatis.la aceptacion dela erencia.
Adytum.i.por el sagrario del templo
Adindico.as. por dar algo por sentencia.a.i
Adiudicatio.onis. por aquella sentencia
Adiungo.is.por añadir una cosa a otra.a.i
Adiunctio.onis.por aquella añadidura
Adiuuo.as.por aiudar.a.i
Adiuto.as.por aiudar a menudo.a.i
Adiutor.oris. por el aiudador
Adiutrix.icis.por el aiudadora
Adiutorium.ij. por el aiuda
Adiumentum.i. por aquello mesmo
Adiuro.as.por coniurar.a.i.
Adiuratio.onis.por la conjuracion
Adlaboro.as. por trabajar para otro. a.iij
Adlatro.as.por ladrar a otro.n.ij.
Administro.as.por eministrar z servir.n.ij

Administratio.onis.por aquella aministració.
Administrator.por el aministrador z servidor
Administer.tri.por aquello mesmo
Aministra.ę.por el aministradora z buidora.
Admetus.i.por un rei fereo a quię buio apollo
Adminiculum.i.por el aiuda
Adminiculor.aris.por aiudar.d.ij
Adminiculatus.a.um.participium passiuum.
Admiror.aris.por se maravillar de algo.d.iij.
Admirabilis.e. por cosa maravillosa
Admirabiliter.aduer.por maravillosa mente
Admiratio.onis. por aquella maravilla
Admisceo.es.por mezclar una cosa a otra.a.iij
Admistio.onis. por aquella mezcla
Admitto.is.por pecar.a.i.
Admissum.i.por pecado
Admitto.is.por recebir para si.a.iij
Admissio.onis. por aquel recebimiento assi
Admissiuus.a.um.por cosa recebida para si
Admitto.is.por ecbar garañon o toro.a.i.
Admissura.ę.por el tiépo de ecbar a garañon.
Admissarius.ij. por el garañon
Admodum. aduerbium. por mucbo
Admoneo.es.por traer ala memoria.a.ij.
Admonitio.onis. por aquella recordacion
Admonitus.us.por aquello mesmo.
Admordeo.es.por morder.a.i
Admoueo.es. por arrimar una cosa a otra. a.i Aʒ
Admotio.onis. por aquel arrimadura
Admugio.is.por bramar a cosa q̃ brama.n.iij
Admurmuro.as. por murmurar a otro.n.iij
Admurmuratio.onis.por aq̃lla murmuracion
Adno.as. por nadar bazia otra cosa.n.ij
Adnato.as. por aquello mesmo.n.ij
Adoleo.es.adoleui. por encender.a.i
Adolesco.is. por crecer.n.v
Adolescens.tis.por moço mientras crece.
Adolescentulus.i.por aquel moço pequeño
Adolescentula.ę.por moçuela mientras crece
Adolescentia.ę.por aquella edad de mocedad
Adonai. uno delos diez nombres de dios
Adoperio.is.adoperui. por cubrir
Adopto.as. por adoptar o abijar
Adoptio.onis.por aquella adoptacion
Adoptiuus.a.uñ. por csoa adoptada z abijada
Adonis.is.uel idis. bijo fue de cinara z mirra
Ador.adoris.por la escandia especie de miesse
Adoreum.i.por aquello mesmo

Adoreus.a.um. por cosa de escandia
Adorea.ę. por la gloria.pr
Adoro.as.por adorar z bazer reverencia.a.i
Adoratio.onis. por el adoracion
Adordior.iris. por ordir z començar.d.iij
Adorior.iris.por acometer en mala parte.d.iij
Adorsus.a.um.participium ab adorior
Adorno.as. por afeitar z componer.a.i
Adornatio.onis.por aquel afeitamiento
Adprimus.a.um.por cosa principal
Adprime.aduerbium. por principal mente
Adprobus.a.um.por cosa buena z aprovada.
Adprobe.aduerbiuz.por aprovada mẽte z biẽ
Adposco.is.demãdar sobre lo õmãdado.a.iiij
Adramin.inis.n.p.berois cuiusdem
Adrapidus.a.um.por cosa rezia z ligera
Adrapide.aduerbium. por rezia z ligera mẽte
Adrastus.i.rei delos argiuos bijo de talaon
Adrepo.is.por ir gateando a otra cosa.n.ij
Adria.ę.por una ciudad de venecia
Adria.ę.masculinum. por el mar de venecia
Adrieñs.e.por cosa de aquella ciudad o mar.
Adriacus.a.um. por cosa de aquel mar
Adriaticus.a.um. por aquello mesmo
Adrianus.a.ũ.por cosa de aq̃lla ciudad o mar
Adriane galliñe.gallinas que ponen mucbo
Adsignisco.as. por significar mucbo.a.i
Adsimilis.e.por cosa mui semeiante a otro
Adsimilo.as. assemejar una cosa a otra. a.iij
Adsum.ades.adfui.por estar acerca de algo
Aduenio.is.por venir a algun lugar.n.v
Aduentus.us.por la venida o avenimiento
Aduenticius.a.um.cosa que viene de lexos
Aduena.ę.por advenedizo o estrangero
Aduentorius.a.um.lo q̃ denũcia venir alguno
Aduento.as.por se allegar viniendo.n.v
Adueneror.aris.por acatar z onrar.d.iij
Aduerbiũ.ij. por el adverbio parte dela oració
Aduerto.is.por bolver algo bazia otr cosa.a.i
Aduersus.a.um.por buelto a algun lugar
Aduersor.aris.por contrariar a alguno.d.iij
Aduersatio.onis. por aquella contrariedad
Aduersus.aduersum.prepositio.por contra
Aduersarius.a.um.por cosa contraria
Aduebo.is. por traer en alguna cosa. a.i
Aduectu.onis.por aquella traedura
Aduecticius.a.um.por cosa traida de lexos
Aduespasco.is.por añocbeč.caret pterito.n.v
.a.iiij.

Aduigilo.as.por velar para bazer algo.n.v.
Adulor.aris.por lifongear o mover la cola.o.ii
Adulo.as.por aquello mefmo.pr
Adulator.oris.por lifongero
Adulatio.onis. por la lifonja
Adulatorius.a.um.por cofa para lifongear
Adulter.eri.el que fe junta con agena muger
Adultera.ę.la que fe junta con varon ageno
Adulterium.ij. por aquel pecado de adulterio
Adulterinus.a.um.por cofa de adulterio
Adulterina claus.por llave falfada
Adultera claus.por aquello mefmo
Adultero.as. por adulterar muger agena.a.i.
Adultero.as. por contrabazer z falfar.a.i
Adulterator.oris.por el mefmo adultero
Adulterio.onis.por aquello mefmo
Adultus.a.um.por cofa crecida
Adumbro.as. por efcurecer algo.a.i
Adumbratio.onis.por aquel efcurecimiento
Aduncus.a.um.por cofa corva z retornada
Adunco.as. por afir z préder có cofa corva.a.i
Aduoco.as.por llamar para alguna cofa.a.i
Aduocatus.i.el abogado o llamado para algo
Aduocatio.onis.por el llamamiéto o abogacia
Aduocamentum.i. por confolació o medicina
Aduolo.as. por bolar o correr bazia algo.n.ii
Aduolatio.onis. por aquel buelo o corrida
Aduro.is.por quemar mucbo.a.i
Aduftio.onis.por aquella quema
 eas.aeantis. rio es de macedonia z epiro
 Aeacꝯ.i.bijo ŏ jupiſ z egina paŏre ŏ peleo
Aeacides.ę. por bijo o nieto de eaco
Aeacis.idis. por bija o nieta de eaco
Aeacideius.a.um. por cofa de eaco
Aeęa circe. por el gemido delos q̃ trasfigurava
Aedes facra.por templo in fingulari
Aedes aędium.in plurali. por cafa
Aedicula.por pequeño templo o ermita
Aedituus.i. por el facriftan del templo
Aeditimus.i.por aquello mefmo
Aedituens.tis.por aquello mefmo
Aedituor.eris.por guardar el templo.d.v
Aeditimor.aris.por aquello mefmo.d.v
Aedilis curulis. juez delos edificios z beftias.
Aedilis plebeius.por almotacen fiel o alarife
Aedilitas.atis. por aquella dignidad z officio.
Aedilitatus.us. por aquello mefmo
Aedilicius.ij. por el que fue edil z no lo es
Aedilicius.a.um. por cofa del edil

Aedepol.aduer.iurantis.por el téplo de poluꝛ
Aedificium.ij.por el edificio de cafa o nave
Aedifico.as.por edificar cafa o otra cofa.a.i
Aedificatio.onis. por la edificacion
Aedificator.oris. por el edificador
Aedónus.i.por un monte de tracia
Aedonus.a.um.por cofa de aquel monte
Aedonis.idis.por facerdotiffa de baco
Aega.ę.interpretatur capra
Aegę.arum.por cierta ciudad de cilicia
Aegę.arum.por otra ciudad de macedonia
Aegeus.i. rei de atbenas bijo de neptuno
Aegęus.a.uꝛ.por cofa de egeo rei de atbenas
Aegeius.a.um.por aquello mefmo
Aegęum mare.por el arçapielago mar
Aegeon.onis.por un gigante.uide briareus
Aegeria.ę.por una nympba muger de numa.
Aegecera.ę.por las albolvas legumbre
Aeger.a.um.por cofa enferma z apaffionada
Aegerrimus.a.um. fuperlatiuum ab ęger
Aegerrime.aduer.por mui apaffionada mente
Aegialos.i. littus interpretatur
Aegialus.i.por abfyrtbo ermano de medea
Aegialea.ę. por la region que difimos acbaia.
Aegialea.ę. muger ŏ diomedes bija ŏ adrafto
Aegides.ę.bijo o nieto de egeo rei de atbenas
Aegilo.interpretatur auena
Aegilopa.ę.por cierta fiftola delos ojos
Aegina.ę.bija fue de afopo madre de eaco
Aegina.ę.por una ifla cerca de atbenas
Aegineta.ę. pcr ombre de aquella ifla
Aegineticus.a.um. por cofa de aquella ifla
Aegyptuſ.i.por egipto region de africa
Aegyptus.i.por el ermano de danao
Aegyptius.a.um.por cofa de egypto
Aegypciacus.a.um. por aquello mefmo
Aegis.idis. armadura del pecbo de minerva
Aegiftbus.i. por el ermano de agamenon
Aegira.ę. por una ciudad de acaia
Aegyrtrois.la tunica delos nervios tefticulareſ
Aegle.es.por una dympba bija ŏl fol z neera.
Aegloga.ę. por canto de cabreros z paftores
Aegon.onis.nombre proprio de un paftor
Aegoceros.otis.por el figno de capricornio.
Aegos.i.por un rio de tracia.
Aegreo uel ęgrefco.por eftar apaffionaŏ
Aegritudo.inis.por paffion del anima
Aegrimonia.ę. por aquello mefmo
Aegre.aduerbium. por apaffionada mente

Aegre.aduerbium.por con difficultad
Aegrotus.a.uƷ.por cofa doliente z enferma
Aegroto.as.por enfermar el doliente
Aegrotatio.onis.por aquella dolencia
Aelius.ij.nombre celebre de mucbos
Aelianus.i.nombre facado de elio
Aelia.e.por una ciudad de calabria
Aello.us.fine dipbtbongo.una de tres arpias
Acluros.i.felis.
Aema.interpretatur fanguis
Aemilius.ij.nôbre proprio fue de mucbos
Aemilianus.i.nombre facado de emilio.
Aemilia.e.camino que va de armino a roma
Aemonia.e.por la region tbeffalia
Aemonides.e.por varon de tbeffalia
Aemonis.idis.por muger de tbeffalia
Aemonius.a.um.por cofa de tbeffalia
Aemulus.a.um.por cofa embidiofa en bien
Aemulor.aris.por aver embidia en bien
Aemulatio.onis.por aquella embidia
Aemulus.a.um.por cofa embidiofa en mal
Aemulor.aris.por aver embidia en mal
Aemulatio.onis.por aquella embidia
Aenaria.e.una ifla cerca de napoles
Aeneas.e.un principe bijo de ancbife z venuƷ
Aeneades.e.por bijo o nieto de eneas
Aenea.e.por una ciudad de mygdoma
Aeneis.idis.por bija o obra de eneas.
Aeneius et eneicus.a.um.por cofa de eneas
Aenides.e.por el bijo de eneas
Aenigma.atis.por la pregûta ques cofa z cofa
Aenigmaticus.a.um.por cofa de aqlla queftiô
Aenus.i.ciudad de tbracia
Aeolus.i.rei delos viêtos bijo de jupiƫ zacefta
Aeolides.e.por bijo o nieto de eolo
Aeolis.idis.por bija o nieta de eolo
Aeolius.a.um.por cofa de eolo
Aeolie.iflas fon cerca de ficilia reino de eolo
Aeolia.e.region es de afia cerca de ionia
Aeoles.pueblos fon de aquella region
Aeolicus.a.um.por cofa de aquella region
Aeolice.aduerbium.por en lengua eolica
Aeneus.a.um.por cofa de cobre o arambre
Aeneator.oris.por trompeta que tañe
Aenobarbus.i.por varon de barva rofa
Aeon.interpretatur feculum unde euum
Aepytus.i.varon que fue enla guerra de troia
Aepya.e.por una ciudad cerca de pilo
Aepolus.i.por cabreriƷo o paftor

Aepolium.ij.por bato de cabras o ovejas
Aequalis.e.por cofa igual
Aequabilis.e.por aquello mefmo
Aequalitas.atis.por la igualdad
Aequabilitas.atis.por aquello mefmo
Aequatio.onis.por igualdad
Aequamentum.i.por aquello mefmo
Aequanimis.e.por cofa paciente z fufrida
Aequanimitas.atis.por aquel fufrimiento
Aequeuus.a.um.por cofa de igual edad
Aeque.aduerbium.por igual mente
Aequilibrium.ij.por pefo igual a otro tanto
Aequimentum.i.por aquello mefmo
Aequinoctium.ij.igualdad del dia z nocbe
Aequinoctialis.e.por cofa ô aquella igualdad
Aequipolleo.es.por valer otro tanto
Aequipollentia.e.por valor de otro tanto
Aequipero.as.por igualar una cofa a otra
Aequiperatio.onis.por aquella igualdad.
Aequidium.ij.por igualdad del dia z nocbe
Aequidiale.por aquello mefmo
Aequiuocus.a.uƷ.lo q̃ fignifica mucbas cofas
Aequiuocatio.onis.por aquella fignificacion.
Aequitas.atis.por la igualdad z jufticia
Aequo.as.por igualar una cofa a otra
Aequus.a.um.por cofa igual z jufta
Aequimelium.ij.barrio fue en roma
Aequiualeo.es.por valer otro tanto
Aequiualentia.e.por valor de otro tanto
Aequi.orum.pueblos fon de italia
Aer.aeris.por el aire elemento.gr
Aerius.a.um.por cofa airofa o a alta
Aeramentum.i.por arambre
Aerarium.ij.por el teforo publico.
Aeratus.a.um.por cofa cubierta de cobre
Aerarius.ij.por tributario o pecbero
Aerarius tribunus.por el teforero
Aerarius faber.por el calderero
Aereus.a.um.por cofa de cobre
Aerofus.a.um.por cofa de mucbo cobre
Aerefis.is.por la eregia o elecion propria
Aereticus.a.um.por cofa de eregia
Aerefiarcba.e.por principal erege
Aero.as.por cobrir de cobre.a.i
Aerofus lapis.por piedra que tiene cobre
Aerugo.inis.por el mobo del cobre
Aeroginofus.a.um.por cofa affi mobofa
Aerumna.e.por paffion trabajofa

Aerumnosus.a.um. por cosa de aquella passiõ
Aes.aeris.por cobre o cualquier metal
Aes cyprium. por el cobre propria mente
Aes alienum. por la deoda
Aes caldarium. por la fuslera
Aes ductile. por el laton o cobre
Aes coronarium.por laton fino
Aesapus.i.por un rio de troia
Aesapus.i.por un bijo de bucolion
Aesar.lingua betrusca interpretatur deus
Aesarus.i.rio es de calabria en italia
Aeschylus.i.poeta fue tragico griego.
Aeschines.is. por un filosofo griego
Aeschines.is. por orador griego
Aesculapius.ij.bijo fue de apollo z coronis
Aesculus.i.por una especie de enzina
Aesculeus.a.um.por cosa de aquel arbol
Aesculetum.i.por aquel enzinal
Aeson.onis.bijo de criteo z tiro padre de jasõ.
Aesonides.e.por bijo o nieto de eson.
Aesonius.a.um. por cosa de eson o jason
Aesopus.i.escriptor de apologo en frigia
Aesopus.i.representador fue de fabulas
Aestas.atis.por el estio del año
Aestimo.as. por estimar z apreciar.a.ij
Aestimatio.onis.por el estima z precio
Aestimia.e.por aquello mesmo.pr
Aestimator.oris. por estimador o apreciador
Aestimabilis.e.por cosa que se puede estimar
Aestiuus.a.um.por cosa del estio
Aestiuo.as.por tener estio en algun lugar.n.v
Aestiua.orum.por lugar para tener estio
Aestiualis.e. por cosa del estio
Aestifer.ra.rum. por cosa calurosa
Aestuosus.a.um.por aquello mesmo
Aestus.us.por la siesta o calor della
Aestus.us.por la tempestad dela mar.
Aestuarium.ij. por el estero dela mar o rio
Aerificium.ij.por obra de cobre
Aerusco.as.por arrebañar dineros.a.i
Aeripes.dis. por cosa de pies rezios o ligeros
Aetás.atis. por la edad del ombre
Aetatula.e. por la edad pequeña
Aeternus.a.um.por lo que siempre dura
Aeternitas.atis. por aquella duracion
Aeterno.as.por durar para siempre.n.v
Aether.eris. bijo de demogorgon z el chaos
Aether.eris.por el cielo mas alto
Aethereus.a.um.por cosa celestial

Aethicus.a.um.por cosa moral z de virtudes
Aethica.e. por la filosofia de costumbres
Aethiops.pis.por un bijo del dios vulcano
Aethiops.pis.por ombre de guinea
Aethiopissa.e.por muger de guinea.
Aethiopus.a.um.por cosa de guinea
Aethiopia.e.por la guinea tierra meridional
Aethiopia sub egypto.guinea la de egipto
Aethra.e. por el resplendor del cielo
Aethra.e.bija de pitheo madre de theseo
Aethra.e.por una compañera de elena
Aethon.onis. por uno delos cavallos del sol
Aethon.onis.por uno delos cavallos de ethor
Aetiologia.e.por razon de alguna causa
Aetos. aquila
Aetites.e.por la piedra del aguila
Aetolia.e. por una region cerca de epiro
Aetolus.a.um.por cosa de aquella region
Aetolius.a.um. por aquello mesmo
Aetolicus.a.um. por aquello mesmo
Aetna.e.por mongibel monte de sicilia
Aetneus.a.um. por cosa de aquel monte
Aetnensis.e. por aquello mesmo
Aetnarius.a.um.por aquello mesmo
Aeuum.i. por la edad o siglo
Aeuitas.atis. por la grande edad
    fatim.aduerbium. abundante mente
    Affabilis.e.por cosa cortes z bien bablada
Affabilitas.atis.por aquella buena babla.
Affatus.us. por la babla que se baze a otro
Affectio.onis.por la passion del anima
Affectus.us.por aquello mesmo
Affecto.as. por codiciar señorio o reino.a.i
Affero.rs.attuli.por traer.a.i.
Afficere quem uoluptate. bazer le plazer
Afficere quem molestia.bazer le pesar.
Affigo.is.affixi.por bincar una cosa a otra.a.i
Affingo.is. por añadir.a.i
Affinis.e.por cosa comarcana.
Affinis. pariente por casamiento
Affinitas.atis.por aquel parentesco
Affligo.is. por derribar a tierra.a.iij
Affligo.is. por afligir por semejança.a.i
Afflicto.as.por afligir a menudo.a.i
Afflictio.onis.por el aflicion
Afflictatio.onis.por aquello mesmo
Afflo.as.por soplar bazia otra cosa.a.i
Afflatus.us.por aquel soplo.
Affluo.is.por abundar.n.v

Affluentia.ę.por el abundancia
Affluenter.aduerbium. abundante mente
Affodio.is.por ecbar lo cavado a parte .a.i
Affor.aris. por bablar a otro.d.iij
Affremo.is.por bazer roido a otra cofa.n.ij
Affrico.as. por fe refregar a otra cofa.a.i
Affrictus.us.por aquel refregamiento
Affulgeo.es. por refplandecer a otra cofa.n.ij
Affuo.as.defmenuzar entre los dedos.a.i
Affundo.is.por derramar fobre otra cofa.a.i
　　gamos.cęlebs interpretatur
　Agamia. cęlibatus interpretatur
Aganga.ę. por el boio en que bunden el oro
Aganippe.es.por una fuente de boecia
Aganippis.idis. por la mefma fuente
Agaricum.i.por el garico dela medicina
Agar. ancilla farra fuit
Agarenus.a.um.cofa de aquella
Agafo.onis.por el barriero o afnero
Agafyrtbus.i.interpretatur probris expofitus
Agafides.ę.por un rei de lacedemonia
Agatbos.a.on. interpretatur bonus.a.um
Agatba.ę.nombre proprio agueda
Agatbyrn.orum. pueblos fon de tracia
Agatbocles.is. efcriptor fue de agricultura
Agauni.orum.pueblos fon feptentrionales
Age aduerbium bortandi.por ea
Agedum.aduerbium. por aquello mefmo
Agemodo.aduerbium.por aquello mefmo
Ageuero.aduerbium.por aquello mefmo
Agea.ę.por la tilla dela nave
Agelaftes.ę.por el que nunca rie
Agelaftus.i.por aquello mefmo
Agelafta.ę.por la que nunca rie
Agatbocles.is. por un tirano de ficilia
Agatbocleus.ei.por aquel mefmo tirano
Agatbocleus.a.um.por cofa de aquel tirano
Agamemnon.onis.por un rei de micenas
Agamemnonides.ę. por bijo o nieto fuio
Agamemnonis.idis. por bija o nieta fuia
Agamemnonius.a.um. por cofa de agaménō
Agamppeus.a.ū.por cofa dela fuente agáppe
Agapetos.i.dilectus interpretatur
Agartbina.ę. por una ciudad de ficilia
Agaue.es.por una bija de cadmo z ermione
Ager.agri. por el campo que fe labra
Ager.agri. por el termino dela ciudad
Agellus.i. por campo pequeño que fe labra
Agellulus.i. por aquel campo mas pequeño

Agenor.oris.rei fue de fenicia bijo de belo
Agenorides.ę. por bijo o nieto de agenor
Agenoris.idis. por bija o nieta de agenor
Agenoreus.a.um.por cofa de agenor
Agefilaus.i.rei fue delos lacedemonioʒ
Agerocbus.i. bijo fue de nereo z cloris
Agger.eris.por cierto engeño para combatir.
Agger.eris.por monton de tierra
Aggero.as.por amontonar z acrecentar.a.i
Aggero.is.por aquello mefmo.a.i
Aggeftus.us.por aquel amontonamiento
Aggemo.is. por gemir al gemido ō otro.n.ij
Aggeus.i.uno delos profetas menores.b
Agglomero.as.por embolver una cofa a otra
Agglutino.as.por apegar ona cofa a otra.a.i
Aggrauo.as.por agraviar z apefgar.a.i
Aggrauatio.onis.por agravio z pefo
Aggredior.eris.por acometer.d.iij
Aggreffor.oris.por el acometedor
Aggreffio.onis.por el acometimiento
Aggreffura.ę.por aquello mefmo
Agya.ę.por camino o calle
Agyieus.i. por apolo dios delas calles
Agilis.is.por la muñeca del braço
Agilis.e.por cofa ligera para bazer algo
Agilitas.atis.por aquella ligereza
Agyllina.ę.por una ciudad de tufcia
Agyllinus.a.um.por cofa de aquella ciudad
Agyllei.orum.pueblos fon de tartaria
Agylla.ę.nympba fue del rio trafimeno
Agios.a.on.interpretatur fanctus.a.um
Agiograpbus.a.ū. por cofa de efcriptura fáta
Agis.idis.por un rei de lacedemonia.
Agiron.i.por una efpecie de nardo
Agite.aduerbium bortantis.por ea vos otros
Agito.as.por aguijar beftias o acoffar.a.i
Agitator.oris.por aguijador o acoffador
Agitatio.onis. por aquel aguijar o acoffar
Agla minor. ciudad fue del andaluzia
Aglaia.una delas tres gracias
Aglaopbon.pintor fue notable antiguo
Aglauros.i.por una bija del rei cecrope
Agmen.inis.por mucbedumbre o compaña
Agmen.inis.por impetu z arrebatamiento
Agminalis.e. por cofa defte arrebatamiento
Agmon.onis.compañero fue de diomedes
Agnafcor.eris.por nacer una cofa fobre otra
Agnatus.a.um. por pariéte de parte de padre
Agnatio.onis.por aquel parentefco

Agna.ę.por la cordera o borrega
Agna.ę.por santa ines nombre proprio
Agnes.etis.por ella mesma.no es latino
Agninus.a.um. por cosa de cordero
Agniculus.i.por cordero pequeño
Agnitus.a.um.participium ab agnosco
Agnosco.is.reconocer lo conocido antes.a.i.
Agnomen.inis.por el renombre
Agnominatio.onis. por un color retorico
Agnus.castus interpretatur
Agnus.i.por el cordero o borrego
Agnus castus.por una especie de sauze
Ago animam. por morir
Ago aeuum.por bivir
Ago uitam.por aquello mesmo
Ago asinum.equum currum.por aguijar
Ago reum.por acusar en juizio
Ago causas.por tratar pleitos.
Ago res.por negociar cosas de bazienda
Ago actum.por bazer lo becho z en vano
Ago gratias.por dar gracias de palabra
Agolum.i.por el caiado del pastor
Agon. certamen interpretatur
Agon.onis.lugar de ciertos juegos en roma.
Agonius deus.por el dios de aquellos juegos
Agonius.a.um.por cosa de aquellos juegos
Agonalis.e.por aquello mesmo
Agonensis.e.por aquello mesmo.
Agonalia.orum.por los mesmos juegos
Agonitheta.ę.por el presidente dellos
Agonizo.as.por cóténder en aqllos juegos.n.v
Agonia.ę.por aquella contienda o pelea
Agonisma.atis.por aquello mesmo
Agora.forum interpretatur
Agoręus.interpretatur forésis et núdinarius
Agoranomos.i.ędilis
Agragas.antis.por un monte de sicilia
Agrigentum.i.por una ciudad de aql monte
Agrigentinus.a.um.por cosa de aqlla ciudad
Agrigensis.e.por aquello mesmo
Agaria. ler.lei para repartir el campo.
Agrestis.e.por cosa del campo o fiera
Agricola.ę.por el labrador del campo
Agricultor.oris. por aquello mesmo
Agricultura.ę.por labrança del campo
Agricolatio.onis.por aquello mesmo
Agricolaris.e.por cosa de aquella labrança
Agriostimú oleum. por azeite de bortigas
Agrios.a.on. por cosa silvestre z fiera

Agriopbagi.orum.pueblos son de guinea
Agrippa.ę. por el que nace por los pies
Agrippina.ę. por la que nace por los pies
Agrippa.ę.nombre proprio fue de muchos
Agrippina.ę.una fue madre de neron
Agrippina colonia. por colonia en alemania
Agrippinensis.e. por cosa de aquella ciudad
Agros.i.ager interpretatur
    b.interiectio est dolentis.por ai
    Ab ab ab.interiectio ē ridétis.por ba ba ba
Abenum.por caldera de cobre
Abenulum.i.por pequeña caldera de cobre
Abeneus.a.um. por cosa de cobre
    iar.acis.por un bijo de telamon z esiona
    Aiacides.ę.por bijo o nieto de aias
Aiacius.a.um.por cosa de aias
Aiar.acis. por otro bijo de oileo
Aigleuce.es. por vino siempre mosto z duce
Ain.imperatiuum ab aio. pro ais ne.
Aio.is.diri.aiere. por dezir.a.i
Aizous.i.por la ierva puntera o uva canilla
    la.ę. por la batalla tendida en ala
    Alaris uel alarius.por el varon del ala
Ala.ę.por el ala de ave o cosa que buela
Alatus.a.um. por cosa que tiene alas
Ala.ę. por el aladar dela sien
Ala.ę. por lo concavo del sobaco o pelos del
Alabaster.tri. por el alabastro piedra
Alabastrum.i.por aquella mesma piedra
Alabastrites lapis. por la mesma piedra
Alabandę.arum.por una ciudad en asia
Alabandęus.a.uz.por cosa de aquella ciudad
Alabandicus.a.uz.por cosa de aquella ciudad
Alabandensis.ę. por aquello mesmo
Alabus.i.por un rio de sicilia
Alacer.cris.cre.por cosa ligera z alegre
Alacriter.aduerbium.por alegre z ligera mête
Alacritas.atis.por aquella alegria
Alani.orum.pueblos son allende el danubio
Alaternus.i.arbol es silvestre sin fruto
Alapa.ę.por la bofetada
Alastor.oris. varon troiano que mato ulires
Alauda.ę.por la cugujada ave
Alauda.ę. por una legion de cesar
Alba.ę.por cierta ciudad de italia.en lacio
Albanus.a.um. por cosa de aquella ciudad
Alba.ę.por otra de italia cerca del lago fuscino
Albensis.e. por cosa desta ciudad
Albania.ę. por cierta region de asia la maior

Albani.orum.por pueblos desta region
Albanū.i.por eredamiēto cerca de alba ciudad
Albarium.ij.por la blanqueadura dela pared
Albatus.a.um. por cosa vestida de blanco
Albardeola.ę.por cierta especie de garça
Albedo.inis. por la blancura
Albeo uel albesco.por emblanquecer se.n.v
Albefacio.is. por blanquear a otra cosa.a.i
Albifico.as.por aquello mesmo.a.i
Albificus.a.um. por cosa que baze blanco
Albico.as.por blanquear de fuera.n.v
Albicies.ei. por la blancura
Albitudo.inis.por aquello mesmo
Albidus.a.um.por cosa blanquezina
Albicula.ę. por cierta ave de laguna
Albiolus.i.por cartapacio en blanco
Albis.is.por un rio de alemaña
Albion.onis.por la que agora inglaterra
Albo.as.por blanquear otra cosa.a.i
Albor.oris.por la blancura
Albugo.inis. por la nuve del ojo
Albula.ę.por el tibre rio de roma
Albula.ę.por agua q passa por piedra sufre
Albus.a.um. por cosa blanca
Album oui.por la clara del uevo
Album oculi.por lo blanco del ojo
Album pretoris.donde se escriuen los juezes
Alburnum.i.por el alvura dela madera
Albunea.ę. fuente es cerca de tibur
Alceus.i. poeta fue lyrico griego
Alcaicus.a.um.por cosa de aquel poeta
Alcathoe.es.por una ciudad cerca de atbenas
Alcandrus.i. varon fue troiano
Alcamenes.e.por un estatuario notable
Alcanor.oris.por un varon enel virgilio
Alce.presidium interpretatur.
Alce.es.por un animal proprio de alemaña
Alcedo.inis.por cierta ave marina
Alcedonia.oruz.los dias que esta sobre uevos
Alcesta.ę. muger de admeto bija de pereleo.
Alcbinan.anis. poeta fue lyrico griego
Alcibiades.ę.por un capitā delos atbenienses
Alcides.ę.por ercules nieto de alceo
Alcinous.i. rei fue de feacia bijo de nausitboo
Alcimedon.ontis. nombre de un tornero
Alcinoraua ex a pleiadibus
Alcyone.es.idem est quod alcedo auis
Alcyone.es. bija de colo muger de ceue
Alcyonia.orum.idem est quod alcedonia

Alcyonium.ij.medicina del nido de alciones
Alcidamus.i.filosofo fue antiguo
Alcippe.es.nōbre de una muger en virgilio
Alcmena.ę. bija de electrion z lisidica
Alcmęon.onis.filosofo oidor de pytbagoras.
Alcmęon.onis. bijo de anfiarao z erifila
Alcmęonius.a.um. por cosa de aqueste
Alcmaus.i. por aqueste mesmo alcmeon
Alcon.onis.frecbero mentado de creta
Alea.ę.por cualquier juego de fortuna
Aleator.oris.por jugador de aquel juego
Aleatorius.a.um.por cosa de aquel juego
Alecto.us.por una de tres furias del infierno
Alemon.onis.nombre de varon en ovidio
Alemonides.ę.por bijo o nieto de alemon
Alemani.orum.por los alemanes en europa
Ales.itis. por ave o cosa que buela
Alesina.ę. por una ciudad de sicilia
Alesinus.a.um. por cosa de aquella ciudad
Alesco.is. por mantenerse z crecer
Aletbes.ę.por nōbre de un varon en virgilio.
Aletbes.ę.uerus interpretatur
Aletbia.ę. interpretatur ueritas
Alexis.is. nombre proprio de un pastor
Alexia.ę.por una ciudad de francia
Alexander.dri. por paris troiano
Alexander.dri.rei ō macedonia bijo ō amytas
Alexander.dri. por el magno bijo de filippo
Alexandria.ę.por la ciudad de egypto z otras
Alexandrinus.a.um. por cosa de alexandria
Alexandrea ę.por aquella mesma ciudad.
Alexandręus.a.um. por cosa desta ciudad
Alga.ę. por ovas o iervas del agua
Algosus.a.um.por cosa llena de ovas z iervas
Algeo uel algesco.por enfriarse.n.v
Algidus.a.um.por cosa fria o fresca.
Algidus.i.por un mōte.xv.millas de roma
Algidensis.e. por cosa de aqueste monte
Algificus.a.um.por cosa que baze frio
Algor.oris.por el frio o frescura
Algus.i.por aquello mesmo
Alia.e. rio de italia que cae enel tibre
Alias.aduerbium. por en otro tiempo o lugar
Alyattes.ę.por un rei de lidia.
Alyatticus.a.um.por cosa de aquel rei
Alibi.aduerbium.por en otro lugar
Alibilis.e. por cosa que cria z mantiene
Alica.ę. por ordiate o pocion de espelta
Alicula.ę.por pequeña pocion della

Alicaftrum.i. por aquella mefma pocion
Alicarius.ij.el que la baze o vende
Alicubi.aduerbium.por en algun lugar
Alicunde.aduerbium. por de algun lugar
Alienus.a.um.por cofa agena
Alienigena.e. por eftrangero o eftrangera
Alieno.as. por agenar.a.i
Alienatio.onis.por aquel agenamiento
Alife.arum.por una ciudad
Alifanus.a.um.por cofa de aquefta ciudad
Alifanum.i.por vafo cierto de vino
Aliger.a.um.por cofa que tiene alas
Alimentum.i. por el mantenimiento
Alimonia.e.por aquello mefmo
Alimentarius.a quie fe mada el matenimieto.
Alio.aduerbium.por a otro lugar
Alioqui.aduerbium. por en otra manera
Aliorfum.aduerbium.por bazia otro lugar
Alipes.alipedis.por el q tiene alas enlos pies
Alipene.es. por medicina o cofas no gruessas
Alypia.e. interpretatur indolentia
Aliphtes.e. interpretatur unctor
Aliphum.i.por una especie de nardo
Aliquando.aduerbium.por en algun tiempo
Aliquandiu.aduerbium.algu tanto de tiempo
Aliquantifper.aduerbium.por lo mefmo
Aliqua.aduerbium.por por algun lugar
Aliquantulus.a.um.por algun tanto
Aliquatenus.aduerbiu.por en alguna manera
Aliquantulum. aduerbiu. por algun tanto
Aliquis aliqua aliquod.por alguno o alguna
Aliquid.por algo o alguna cofa
Aliquo.aduerbium. por a algun lugar
Aliquot in plurali.por algunos tanto
Aliquotus.a.um.por cierta parte de algo.
Aliquotiens.aduerbium.por algunas vezes
Aliter.aduerbium.por en otra manera
Alitus.a.um.participium ab alo.is
Alitura.e. por la criança
Alius.alia.aliud.por uno de muchos
Aliubi.aduerbium.por en otro lugar
Aliunde.aduerbium.por de otro lugar
Aliuta.aduerbium.pro eo quod aliter.pr
Allabor.eris.por fe deleznar a otra cofa
Allapfus.us.por aquel deleznamiento
Allatro.as.por ladrar contra otro.
Allatratio.onis. por aquel ladrido
Allego.as.por embiar a otro lugar a alguno
Allegatus.us.uel allegatio.aquella embiada.

Allegatio.onis. por aquello mefmo
Allego.is.por eligir a alguno para fi
Allegoria.e.interpretatur alieniloquium
Alleluia.i.laudate deum
Alleuo.as.por aliviar pefo.a.i
Alleuio.as.por aquello mefmo
Alleuatio.onis.por aquel alivio
Alleuiatio.onis.por aquello mefmo
Allicio.is. por atraer balagando
Allicefacio.is.por aquello mefmo
Allido.is.por berir una cofa a otra
Alligo.as.por atar una cofa a otra
Allium.ij.por el ajo
Allino.is.por untar una cofa a otra
Allia.e.por alia rio de italia.fed in uerfu
Allobrox.gis.pueblos fon de francia
Allobrogicus.a.u.por cofa de aqllos pueblos
Allobrogicus.i.por el que vencio aquellos
Allophylos.interpretatur alienigena
Alloquor.eris. por bablar a alguno
Alloquium.ij.por aquella babla
Alloquutio.onis.por aquello mefmo
Allotheta.e.interpretatur aliter pofita
Allodium.ij. por erencia que fe puede agenar
Allucinor.aris.por ver entre luz z tinieblas
Allucinatio.onis.por aquella vifta
Alluceo.es.por luzir bazia otra cofa.n.ij
Alluco.onis.por el carabo ave dela noche
Alludo.is.por jugar refpecto de otra cofa
Alluo.is.por lavar con avenida.a.i
Alluuium.ij. por aquella avenida
Alluuio.onis.por aquella avenida
Alluuies.ei.por aquello mefmo
Almo.onis.por un rio cerca de roma
Almus.a.um.por cofa criadora
Almicies.ei.por el mantenimiento
Aloe.es. por el acibar o çauila ierva
Alopex.ecis.interpretatur uulpes.is
Alopecia.e.por una especie de tiña
Alo.is.por criar o mantener.a.i.
Alope.es. por una ciudad de theffalia
Aloeus.ei.bijo de titano z dela tierra
Aloides.e.por bijo o nieto de aloeo
Alofa.e.pece proprio del mar de negroponte.
Alpes.ium. por los motes entre italia z fracia
Alpes.in fingulari.por aquellos montes.po
Alpinus.a.um.por cofa de aquellos montes
Alpha.grece.por la primera letra del a b c
Alphabetum.i. por el orden del a b c

Alpheus.i.por un rio de elis z pisa
Alpheus.a.um.por cosa de aquel rio.
Alpheius.a.um. por aquello mesmo
Alphicus.i.por medico de lepras
Alphis.idis. por la hija de alfeo rio
Alphisiboeus.i.nombre proprio de pastor
Alphisiboea.e. muger fue de alcmeon
Alphos.i.especie es de alvarazos.
Altanus.i. viento que corre de tierra enla mar
Altare.is.por el ara o altar
Alter.a.um.por uno de dos.
Altercor.aris.por contender disputando
Altercatio.onis.por aquella contencion
Altero.as. por alterar una cosa en otra
Alteratio.onis. por aquella alteracion
Alterplex.icis.por cosa doble o doblada
Altertrum.pro eo quod est alterutrum.
Alternus.a.um.por uno una vez z otro otra
Alteruter.a.um.por uno o otro de dos
Alterutrinq3.aduer.por de una o de otra parte
Alterno.as.por dezir o hazer a vezes.n.v
Alternatio.onis.por aquel dezir o hazer
Alternatim.aduerbium. por a vezes
Althea.e.por una hija de testio muger de eneo
Althea.e.por el malvavisco ierva conocida
Altilis.e. por cosa que se cria en casa
Altiloquus.a.um.hablador de cosas altas
Altinum.i. ciudad cerca de taruisio
Altinas.atis. por cosa de aquella ciudad
Altisonus.a.um. por lo que suena alto
Altitonans.antis. por lo que truena alto
Altitudo.inis.por el altura
Altiuolans.antis.por lo que buela alto
Altiusculus.a.um.por cosa un poco alta
Altor.oris.pro alitor.por criador
Altrix.icis.pro alitrix. por criadora
Altrinsecus.aduer. de una o de otra parte
Altus.a.um.por cosa alta o honda
Altum.i.por la mar honda
Altus.a.um. participium ab alo.is
Aluear.aris.por el colmenar
Alueare.aris.por aquello mesmo
Aluearium.ij. por aquello mesmo
Alueus apum.por el corcho dela enxambre
Alueus lusorius.por el tablero para jugar
Alueus fluminis. por la madre del rio
Aluecum.i.por aquello mesmo que alueus
Alueolus.i. diminutivo de alueus
Alumen.inis. por el alumbre piedra conocida

Aluminatus.a.um.por cosa q̃ tiene alumbre
Alumnus.i.por criado passiue
Alumna.e.por la criada passiue
Alumnus.i. por el que cria.rarum
Alutarius.ij.por cierto pece que bive de lodo
Alutarius.ij.por çapatero de obra prima
Aluta.por pelleja o cuero delicado
Alutatio.onis.por la p̃mera invencion de oro.
Aluus.i. por la colmena o corcho della
Aluus.i.por el vientre mas baxo
m.prepositio.pro eo quod circum
Amabilis.e.por cosa digna de ser amada
Amabiliter.aduerbium.por amable mente
Amabo.aduerbium. para halagar
Amanuensis.e.por siervo o moço ala mano
Amantus.i. piedra que no desata el fuego
Amantia.e.ciudad
Amalthea.e.vna delas amas de jupiter
Amalthea.e. la diosa copia dela fertilidad
Amanus.i.por un môte entre siria z cilicia
Amaniensis.e.por cosa de aquel monte
Amaracus.i. por el amoradux o axedrea
Amaracinus.a.um.por cosa de aquella ierva.
Amarathus.i. por una flor q̃ nûca se marchita
Amaranthinus.a.um.por cosa de aquella flor
Amaryllis.idis. nombre proprio de muger
Amarico.as.por amargar.ab
Amaricies.ei. por el amargura
Amaritudo.inis.por aquello mesmo
Amaror.oris. por aquello mesmo
Amaro.as.por amargar a otra cosa.a.i
Amarus.a.um.por cosa amarga
Amarulentus.a.um.por aquello mesmo
Amasenus.i.por un rio de italia
Amasis.is.por un rei de egipto
Amasius.ij. por el enamorado
Amasia.e.por el enamorada
Amastra.e. por una ciudad de sicilia
Amastris.is. por una ciudad de paflagonia
Amata.e. por la muger del rei latino
Amate.eran las virgines dela diosa uesta.
Amator.oris. por el enamorado
Amatorculus.i. por pequeño enamorado
Amatorius.a.um.por cosa de enamorado
Amatorium.ij.por bechizos para amores
Amatio.onis.por el acto del amar
Amathus.untis.isla es del arçapielago
Amathusiacus.a.um.por cosa de aquella isla.
Amaxa.e.por la constelacion del carro

Amazon.onis. por la muger amazona
Amazonis.idis.por hija o nieta del amazona
Amazonius.a.um.por cosa de amazonas
Amazonicus.a.um.por aquello mesmo
Ambages.ium.por los rodeos
Ambagiosus.a.um.por cosa llena de rodeos
Ambaruale.is. por sacrificio en cerco del câpo
Ambedo.is.por comer en derredor.a.i
Ambianum.i. ciudad de frâcia agora amiens
Ambidexter.tri.el derecho de ambas manos.
Ambigo.is. por dudar.a.i
Ambiguus.a.um.por cosa dudosa
Ambiguitas. atis. por la duda
Ambiorix.gis.por un principe frances
Ambio.is.por rodear z cercar.a.i.
Ambio.is.por codiciar onra.a.i
Ambitus.us.por la simonia enlo seglar
Ambitio.onis.por la codicia dela onra
Ambitiosus.a.um.por codicioso de onra
Ambo.ambe.ambo.por ambos dos
Ambracia.e.por una ciudad de epiro.
Ambracides.e. por varon de aquella ciudad
Ambracis.idis.por cosa hembra de alli
Ambraciota.e.por varon de aquella ciudad
Ambraciensis.e.por cosa de aquella ciudad
Ambracius.a.um.por aquello mesmo
Ambrotanum.i. ierva es
Ambrosia.e.por el manjar delos dioses
Ambrosia.e. por la ierva artemisia
Ambrosius.ij. nombre proprio de muchos
Ambrones.um.pueblos son de francia
Amblys.obtusus interpretatur
Amblygonium.ij.por angulo boto
Ambubaia.e.muger que tañe flautas.
Ambubeia.e.ierva no conocida
Ambulo.as.por andar o passearse.n.v
Ambulator.oris.por el que se passea
Ambulatio.onis.por aquel passear
Ambulatiuncula.e.por un pequeño passear
Ambulatorius.a.um.por cosa para andar
Ambulatorium.ij. por passeadero
Ambulacrum.i.por aquello mesmo
Amburbale.is.por sacrificio en cerco ð ciudad
Ambustus.a.um. participium ab amburo
Amburo.is.por quemar en derredor.a.i
Ambustio.onis. por aquella quema en cerco
Amebeum carmen.repuesta por los côsonâtes
Ameletis.idis.atavio ð muger pa las espaldaz
Amella.e. por un rio de francia

Amellus.i.por una ierva z flor cerca del
Amen.j. foeliciter uel fiat
Amens.tis.por loco sin seso
Amentia.e. por aquella locura
Amentum.i.por el amiento para tirar
Amento.as.por tirar con amiento.a.i
Amera.e.por la simiente del olmo
Amerinum.i.ciudad es de italia.
Amerinus.a.um.por cosa de aquella ciudad
Amethistus.i.por el amethisto piedra preciosa
Amethistinus.a.um. por cosa de amethisto
Amethistinat9.a.um. cosa vestida de aql color
Ametus.i.antiqui dicebant pro amicus
Ametabundus.por aquello mesmo
Ami.indeclinabile.por alcaravia
Amica.e. por amiga onesta o enamorada
Amicicia.e.por el amistad onesta
Amiciter.aduerbium. por amigable mente
Amicio.is.amicui. por vestir
Amicinum.i. por el pielgo del odre
Amyclas.atis.nôbre proprio de un barquero
Amyclae.arû.ciudad de italia cerca de gaieta.
Amyclae.arium.ciudad cerca de lacedemonia
Amyclades.e.por varon de aquella ciudad
Amycleus.a.um.por cosa de aquella ciudad
Amico.as. por bazer amiga alguna cosa
Amicus.i.por el amigo onesto
Amiculus.i.por el amigo pequeño
Amicula.e. por el amiga o enamorada peqña
Amiculum.i.por la vestidura pequeña
Amycus.i.por un hijo de neptuno
Amictus.us.por la vestidura
Amictorium.ij. por aquello mesmo
Amygdalus.i.por el almendro arbol.
Amygdalum.i.por el almendra fruta
Amygdalinus.a.um.por cosa de almendras
Amylum.i. por el amidon
Amylasse.arum.ciudad
Amidon.onis. por una ciudad de macedonia
Aminadáb. hijo de aram
Amineum.i.lugar fue de campania
Amineus.a.um.por cosa de aquel lugar
Amineum uinum.por el vino salerno de alli
Amimone.es.hija de danao buelta en fuente
Amyntas.e. rei fue de macedonia
Amyntas.e.nombre proprio de pastor
Amynthor.oris.padre fue de phenis
Amynthorides.e.por hijo o nieto de phenis
Amynthoris.idis. por hija o nieta de phenis.

Amyras punice.interpretatur rey
Amystis.idis. cierto vaso para bever
Amis.itis.por el palo sobre que arman la red.
Amissio.onis.por la perdida
Amita.ę. por la ermana del padre
Amita magna. por la ermana del abuelo
Amitinus.i. por pmo bijo de ermano z ermana
Amiternum.i.ciudad delos sabinos en italia.
Amiternus.a.um.por cosa de aquella ciudad.
Amiterninus.a.um. por aquello mesmo
Ammón. bijo de lotb z su bija la menor
Ammonite.pueblos son de palastina
Ammos.i.interpretatur arena
Ammoniacus sal.por la sal armoniaca
Ammonitrum.i.por salitre de africa.
Ammon.onis.por jupiter en africa
Ammodytes.ę.serpiente propria de africa
Ammoniacum.i.cierta goma de africa
Amnis.is. por el rio que siempre corre
Amniculus.i.por pequeño rio
Amnicus.a.um.por cosa de rio
Amnicola.ę. por morador cerca de rio
Amodo.aduerbium.por de aqui adelante
Amo.as.por amar con aficion z passion
Amo.aduerbium.es para balagar
Amolior.iris.por arredrar z apartar lo pesado
Amolitio.onis.por aquel arredramiento
Amoenus.a.ū.por cosa deletable por natura
Amoenitas.atis.por aquella deletacion
Amoenitudo.inis.por aquello mesmo
Amoebeum carmen. idem quod amebeum
Amomum.i.ierva olorosa peregrina
Amon.
Amós.uno delos profetas menores.b
Amoueo.es.por quitar alguna cosa de otra
Ampelos.interpretatur uitis
Ampelis.interpretatur ficedula
Ampeloesa.interpretatur uitibus abundans
Ampelodesmos. ierva con que atan las vides
Ampelos agria.por vid silvestre o fiera
Ampelusia.ę.por el cabo de espaytel en africa.
Amor.oris. por el amor
Amorabundus.a.um. por cosa amorosa
Ampbi circiter.
Ampbo.interpretatur ambo
Ampbiareus.i. bijo de oicleo q trago la tierra
Ampbibolos.a.on.interpretatur ambiguus
Ampbilogia.ę.interpretatur ambiguitas.
Ampbibolia.ę.por aquello mesmo

Ampbibius.a.ū.por lo q biue en dos elemētos
Ampbibracb9.i.pie cōpuesto ō breve luē.z bie
Ampbyctiones.pueblos son de grecia
Ampbimacer.cri.pie cōpuesto ō luēga bre z lu
Ampbimala uestis.vestido velloso dētro z fuer
Ampbimerina febris.entre dia z dia es biebre
Ampbipolis.is.ciudad de
Ampbipolites.ę.por varon de aquella ciudad
Ampbipolitan9.a.ū.por cosa de aqlla ciudad
Ampbion.onis.bijo de jupiter z antiopa.
Ampbionides.ę.por bijo o nieto de ampbion
Ampbionius.a.um. por cosa de ampbion
Ampbimacbus.i.bijo ō ampbiarao z eripbila
Ampbisus.i.bijo de andremon z dryope
Ampbisa.ę.ciudad es de pbocis
Ampbisibena.ę. serpiente de dos cabeças
Ampbistratus.i.regidor del carro de polus
Ampbitapa. vestidura enilosa dētro z fuera
Ampbitbeatrū.i.dos tbeatros uno cōtra otro.
Ampbitbeatralis.ę.por cosa de aquellos
Ampbitrite.es.por la muger de neptuno
Ampbora.ę.por la medida del arrova
Ampborarius.ij. por el que la trae
Ampborarium uinum. por vino arrovado
Amplector.eris. por abraçar z ser abraçado.
Amplexus.us.por aquel abraçado
Amplexor.aris.por abraçar z ser abraçado
Amplio.as.por ensancbar z onrar.a.i
Amplifico.as. por aquello mesmo.a.i
Amplificatio.onis.por ensancbamiento
Amplitudo.inis.por la onra grande
Ampliter.aduerbiū. por ancba z onrada mēte
Amplus.a.um. por cosa ancba z onrada
Amplustre.is.por los ornamentos de nave
Ampbrysus.i.por un rio de tbessalia
Ampbrysius.a.um.por cosa de aquel rio
Ampulla.ę.por redoma o ampolla
Ampullaceus.a.um.por cosa de ampolla.
Ampulor.aris.por ampollar o bincbarse.d.v
Amputo.as.por cortar en cerco.a.i
Amputatio.onis.por aquella cortadura
Amula.ę. vaso enlos sacrificios de purgar
Amuletum.i. cosa contra ojo o becbizos
Amulius.ij.rei fue delos albanos bijo ō proca
Amurca.ę.por el alpecbin del azeituna
Amurcarius.a.um.por cosa de alpecbin
Amussis.is.por regla o juntera de carpintero
Amussim.aduerbium.por reglada mente.
n.coniunctio interrogatiua.por aventura.

An ne. por aquello mesmo
Ana.e.por guadiana rio deespaña.
Anabasis. interpretatur astensus.
Anabatra.interpretatur gradus
Anacepbalcosis.interpretatur recapitulatio
Anachoreõ.i. secedo.is.
Anachoreta.i.qui secedit
Anacharsis.is.por un filosofo de scythia
Anacreon.ontis.poeta lyrico griego
Anacreonteus.a.um. por cosa de aquel poeta
Anacreontius.a.um.por aquello mesmo
Anadema.atis.por la corona.
Anadiplosis.interpretatur reduplicatio
Anagesia.interpretatur indolentia.
Anagnia.e. por una ciudad de italia
Anagninus.a.um.por cosa de aquella ciudad
Anagnostes.e.bueno z dulce lector
Anágorus.i.interpretatur nundinarius
Anagógos.i. interpretatur ineruditus
Anagóge.i. sursum ductio interpretatur
Anaglypba uasa.vasos labrados de sinzel
Anaglyptarius.ij. por platero de sinzel
Analecta.orum.por los relieves
Analectica.orum. libros de aristoteles son
Analogia.e. interpretatur proporcio
Analogicus. interpietatur proporcionalis
Anape.es.ciudad de grecia
Ananias.uno delos tres niños
Anapis.is. por un rio de sicilia
Anapus.i.por aquel mesmo rio
Anapestus.i.pie de dos breves z unal uenga.
Anapbora.e.interpretatur repetitio
Anapbora.e. termino es de astrologia
Anastropba.e.interpretatur inuersio
Anasceue.es.interpretatur refutatio
Anaticula.anaticulus. por el anadino
Anatbema.atis. por la excomunion.gr
Anatbematizo.as. por descomulgar
Anatomia.e.interpretatur dissectio
Anauros.i.por un rio de thessalia.
Anararchus.i.filosofo fue de abdera
Anararete.es.una moça fue de cipro
Anaragoras.e. filosofo fue clazomenio
Anarimander.dri.filosofo fue de mileto
Anarimenes.e. dicipulo de anarimandro
Anarimenes.is. por un notable filosofo
Anaryrides.interpretantur femoralia
Anceus.i.uno fue delos eroes
Anchémolus.i.nombre de varon enel virgilio

Anchialuz.i. ciudad dõde murio sardanapalo
Anchises.e. por el padre de eneas
Anchisiades.e. por el bijo o nieto de anchises
Anchiseus.a.um.por cosa de anchises
Anchora.e.por la ancla dela nave
Anchorarius.a.um.por cosa del ancla
Anchorale.is.por la corcba del ancla.
Anchusa.e.por una ierva para teñir
Ancyla.e.encogimiéto de nervios beridos
Ancyle.is.por el escudo redondo.
Ancylium.ij.por aquello mesmo.
Ancilla.e. por sierva o esclava
Ancillula.e.por pequeña esclava
Ancillaris.e. por cosa de esclava
Ancillarius.ij. por enamorado de esclavas
Ancillariolus.i.por aqueste mesmo
Ancillor.aris. por servir como esclavo.d.ij
Ancipes uel anceps.por cosa dudosa
Ancisus.a.um.por cosa cortada en cerco
Anclo.as. a quo est erancIo.as.non ertat.
Ancon.onis.por ancona ciudad de italia
Anconitanus.a.ũ. por cosa de aquella ciudad
Ancon.onis.por vaso codal para bever
Ancus.i.por el que tiene el codo encogido
Ancus.i.por un rei delos romanos
Ancter.eris.por bevilla o candabillo
Andabate. pueblos que pelean ojos cerrados
Andegauni.orũ. ciudad de francia nũc anges
Andolopes.ũ.pueblos de africa meridionales
Andos.i. un aldea de mátua do nacio virgilio
Andinus.a.um.por cosa de aquesta aldea
Andracbne.es.por la verdolaga ierva
Andracbne.es.arbol silvestre no conocida
Andrágoras.e.prefecto fue de alefandre.
Andrémon.onis. varon celebre en ovidio
Andrógynos.i.por el ermafrodito
Androgeus.i. bijo fue de minos z pasifae
Andraganeus.por cosa de androgeo.
Andromum. ij.medicina cicrta es
Andron.i. lugar destecbado étre dos paredes
Andros.i.isla es puesta contra efeso
Andrius.a.um.por cosa de aquella isla
Andria.e.por una comedia de terencio
Andrias.e.nombre proprio por andres
Andonis.is.piscis est qui erocetus
Andromacba.e. por la muger de ector
Andromeda.e.bija de cefeo z cassiopa
Andruo.as.interpretatur recurro.
Anellus.i.por el anillo pequeño

Anemona.ę.ierva no conocida
Anesum.i.por el anis o matalabuga
Anetbum.i.por el eneldo ierva olorosa
Anbello.as.por acezar o deffear acezando
Anbellatus.us.por aquel acezo
Anbellatio.onis.por aquello mesmo
Anbellitus.us.por aquello mesmo
Anbellus.a.um.por cosa que mucho aceza
Anfractus.us.por rodeo aspero
Angaria.ę.por la dua o seruidumbre
Angario.as.aui.por coger para dua
Angelus.i.interpretatur nuncius.
Angerona.ę. diosa que quita los pesares
Angicia.ę.por la mesma que medea.
Angina.ę.por la esquinancia o lobado
Angiportus.i.por calle angosta
Anglia.ę.por inglaterra isla.no
Anglicus.a.um.por cosa de inglaterra.no
Anglus.a.por ingles o inglesa.no
Ango.is.por angustiar z congoxar.a.i
Angor.oris.por la anxia z congoxa
Anguis.is.por la culebra
Anguiculus.i.por la culebra
Anguinus.a.um.por cosa de culebra
Anguipes.edis.cosa de pies de sierpe
Anguilla.ę.por el anguilla
Anguirana.ę.por culebra medio rana
Anguitenens.por cierta constelacion
Angulus.i.por el rincon de dentro
Angulus rectus.por el rincon cuadrado.
Angulus acutus. por el rincon menor
Angulus obtusus.por el rincon maior
Angulus oculi.por el lagrimal del ojo
Angularis.ę.por cosa de rincon
Angulosus.a.um.por cosa llena de rincones.
Angustus.a.um. por cosa angosta z estrecha
Anguste.aduerbium.por estrecha mente
Angustia.ę.por angostura o angustia
Angusto.as.por angostar z estrechar.a.i
Anicetum.i.idem est quod anesum
Anicula.ę.por la vegezuela
Anienus.a.um.por cosa del rio anio
Anygrus.i.por un rio de thesalia
Anilis.e.por cosa de vieja.
Anilitas.atis. por vegez de vieja
Anima.ę. por el anima por que biuimos
Anima.ę. por el aire que respiramos
Anima.ę. por el buelgo

Animalis.e. por cosa respirable
Animal.is.por el animal
Animalis.e. por cosa del animal
Animatus.us.por el animacion
Animaduerto.is. por mirar bazia alguno.a.i
Animaduersio.onis.por aquel mirar
Animaduerto in te.por punir z castigarte
Animaduersio.onis.por aquel castigo
Animitus.aduerbium.por de coraçon
Animo.as.por dar anima.acti.i
Animans.antis.por el animal
Animosus.a.um. por cosa de gran animo
Animositas.atis.por grandeza de animo.
Animo linqui.por desmaiar
Animus.i.por el anima racional
Animus.i. por el apetito o ira.ra
Animula.ę. por paqueña anima
Anio uel anien. rio es de italia
Anysis.is.por un rei de egipto
Anisum.i.idem quod anesum et anicetum
Anytus.i.por el acusador de socrates
Anitorgis.ciudad de españa
Anius.ij.rei fue z sacerdote en delos
Annales.ium.por la istoria por años
Annato.as.por nadar bazia algun lugar.n.v
Anippe.es. muger fue de piero
Anippis.idis.por la hija de anippe
Anniculus.a.um.por cosa de un año
Annibilo.as.por tornar a nada o améguar.a.i
Annibilatio.onis.por aquel amenguamiento
Anniceris.is.filosofo fue cirenaico
Annicerij.filosofos fueron que lo siguieron
Anniuersarius.a.um. por cosa de cada año
Anno.as.por nadar bazia algun lugar.n.v
Annona.ę.por los panes general mante.
Annonarius.a.um.por cosa de aquellos panes
Annosus.a.um.por cosa de muchos años
Annositas.atis.por vegedad de muchos años
Annoto.as. por notar o señalar sobre algo.a.i
Annoto.as.por notar de infamia.a.i
Annotatio.onis. por aquellas notas
Annotatiuncula.ę.por pequeña nota
Annotamentum.i.por la nota o notable
Annoto.as. por publicar bienes.a.i
Annotatio.onis.por publicacion de bienes
Annus.i. por el año en genero
Annus uertens. por el año comun
Annuarius.a.um.por cosa de un año

Annuatim.aduerbium. por cadaño
Annuus.a.um. por cofa cadañera
Annuo.is.por conceder z otorgar.n.ij
Annumero.as. por contar fobre otra cofa.a.i.
Annumeretio.onis.por aquel cuento.
Ano.fupra uel furfum interpretatur
Anódinus.a.um. por cofa para mitigar dolor
Anomalus.a.um.interpretatur irregularis
Anomalia.e. interpretatur irregularitas
Anonymus.a.um.por cofa fin nombre
Anquiro.is. por bufcar en derredor.a.i
Anfa.e.por el afa por donde tomamos
Anfa.e. por afidero o corchete
Anfanctus.a.um.por cofa fanta en cerco
Anfegetes.um. por miefles en derredor
Anfer.eris. por el anfar o pato
Anferinus.a.um. por cofa de anfar
Anferatim.aduerbium.por a manera de anfar
Anfer.eris. poeta fue emulo de virgilio
Antandrus.i.por cierta ciudad de frigia.
Antandrum.i.por una ifla cerca de chio
Antapodofis.is.interpretatur retributio
Ante.prepofitio. por ante o adelante
Anteus.i.por un gigante que mato ercules
Antea.coniunctio.por en antes
Anteambulo.onis.por el que anda delante
Anta.e.por la verguença dela puerta
Antedon.onis.por una ciu... ... egropôte.
Antariu bellum.guerra delante la ciudad.
Antarcticus.a.um. por cofa contra el norte
Antecedo.is. por ir o eftar delante.a.i
Antecedens.tis. por lo que efta delante
Anteceffor.oris. por el anteceffor.
Antecello.is. por fobrepujar.a.i.
Antecoenium.ij.por comida ante la cena.
Antecurfor.oris.por corredor o atajador
Anteeo.is. por ir delante de otro.a.i
Antefero.rs. por poner delante. a.iij.
Antelucor.aris.por madrugar.d.v
Antelucanus.a.um.por cofa ante del dia
Antemeridianus.a.u.por cofa ante medio dia
Antemurale.is.por barrera o barvacana
Antemna.e.por el antena dela nave
Antemne.arum.por una ciudad de italia.
Antennae.arum.las dos bazes del carnicol
Antepilanus.i.el armado dela primera baz
Antepono.is.por poner delante.a.iij.
Antemon.onis. idem quod artemon

Antepagmentu.i.por la chambrana de puerta
Anténor.oris.por un varon troiano.
Antenorides.e.por el hijo o nieto de antenor.
Antenoreus.a.um.por cofa de antenor
Antes.ium.los liños caberos dela viña
Antefignanus.i.el que pelea ante la feña
Antefignarius.ij. por aquello mefmo
Anteftor.aris. por parecer en juizio
Anteftatio.onis. por aquel parecer alli
Anteuenio.is.por venir delante.a.i.
Antbericeum.i.por un genero de balfamo
Antbera.e. medicina para ulceras dela boca
Antbnium mel.i. por miel de flores
Antbus.i.interpretatur flos
Antbus.i.ave que relincha como cavallo
Anti. interpretatur aduerfum et contra
Antiacha.e.dolencia dela garganta.
Antia.e.muger fue de preto
Antie.arum.por el copete delos cabellos.
Antibacchius.pie de dos breues z una luenga
Antica pars.la parte delantera enel aguero
Anticanis. por una eftrella del cielo
Anticato.onis.invectiva de cefar contra caton
Anticyra.e. por una ifla contra focis
Anticlea.e. por la madre de ulifes
Antichriftus.i. por el antichrifto
Anticipo.as.por fe anticipar.abfolutum
Antichthones.los q biue allende el equinocial
Antidotum.i. medicina contra ponçoña
Antidotus.i. por aquello mefmo
Antidofis.is.por aquello mefmo
Antidyades.inflamaciones del paladar
Antigenes.e.nombre proprio de paftor
Antigeno.aduerbium.pro ualde.pr.
Antigonus.i. hijo de thefeo z fedra
Antigona.e.por una hija de laomedon
Antigona.e.por una hija de edipo
Antigraphus.i.por el debufador
Antigraphia.e.por el debufo
Antigraphice.es. por el arte de debufar
Antilena.e.por el petral de mula o cauallo
Antilogia.e.interpretatur contra fermonem
Antilochus.i. por un hijo de neftor
Antimachus.i.varon fue troiano.
Antimus.i. por un hijo del rei priamo
Antimonium.ij.por el alcohol.
Antinous.i.uno dlos enamorados d penelope
Antinous.i.un moço familiar de adriano.

Antinomia.ę.por contradicion de lei
Antiopa.ę.por una bija de nycteo
Antiopa.ę.por una delas amazonas
Antiochus.i.por uno delos capitanes
de alefandre.
Antiochia.ę.por region cerca de cilicia
Antiochia.ę.por una ciudad de syria
Antiochenus.a.um.por cosa de aqlla ciudad
Antiochensis.e.por aquello mesmo
Antipater.tri.por un familiar de alefandre
Antipathia.ę.interpretatur contrapassio
Antipastus.i. pie de una breve z dos luengas
Antiparistasis.i. naturę contrarietas
Antiphates.ę.rei fue delos lestrigones
Antiphus.i. varon que entrevino en troia
Antiphrasis.interpretatur contraria locutio
Antiphona.interpretatur uox reciproca
Antipophora.ę.por repuesta anticipada
Antiptosis.interpretatur casus pro casu
Antipodes.ijdem sunt qui antichthones
Antbrax.cis.por el antras o carboncol
Antbracinus.a.um.por cosa negra
Anthropophagus.por el que come ombres
Anthropographus.i.por pintor de ombres
Anthropos.i.interpretatur bomo
Antipolis.is.ciudad de galia la de narbona
Antipolitanus.a.um.por cosa de aqsta ciudad
Antiquus.a.um.por cosa antigua
Antiquus.a.um. por cosa preciosa
Antique.aduerbium. por antigua mente
Antiquarius.ij. por amador del antiguedad
Antiquitus.aduerbium.por antigua mente
Antiquitas.atis. por el antiguedad
Antiquo.as. por quitar lo antiguo.a.i
Antiquatio.onis.por el quitamien
to delo antiguo.
Antismos.figura qua aliquid expolitur
Antisima.figura de letra que valia por.ps.
Antispodion. por espodio contra becho
Antisa.ę. isla mentada enel ovidio
Antisto.as. por ser presidente en algo.n.v
Antistes.itis.por el perlado o perlada
Antistita.ę.por la muger perlada
Antistia.ę. por aquello mesmo
Antistrephon.argumento reciproco
Antisthenes.is. filosofo fue de athenas
Antisthecon. figura de letra por letra
Antithesis.interpretatur contrapositio

Antitheton.interpretatur contrapositum
Antium.ij.por una ciudad de italia
Antias.atis.por cosa de aquella ciudad
Antianus.a.um.por aquello mesmo
Antlia.ę. por el anoria para sacar agua
Antonius.ij. orador fue romano
Antonius.ij.por uno delos tres varones
Antonius musa medico fue famoso
Antomaster.tri. por semejante de antonio
Antonianus.a.um.por cosa de antonio
Antoninus pius.emperador fue romano
Antonomasia.ę.interpretatur pro nomine
Antrum.i.por la cueva
Anubis.is.por el dios mercurio en egipto
Anulus.i.por el anillo del dedo
Anulus.i.por el eslavon dela cadena
Anularis.e.por cosa de anillo.
Anulatus.a.um.por cargado de anillos
Anularius.ij.por platero de anillos
Anus anus.por la muger vieja
Anus.i.por el salvonor o silla
Anxius.a.um. por cosa congofosa
Anxietas.atis. por la anxia o congofa
Anxitudo.inis.por aquello mesmo
Anxyrus.por jupiter en campania
Anxuris. ciudad es de uolscos en italia
Anxuras.atis.por ombre de a=
quella ciudad.
   onie.ę.por boecia region de grecia
    Aonis.idis.por muger de aquella region
Aonius.a.um.por cosa de aquella region.
Aonides. son las nueve musas
Aorgesia.ę.interpretatur inirascentia
Aorion.onis. por orion constelacion
Aoth. juez fue delos judios
    page. interiectio imperantis silentium
    Apagesis. por aquello mesmo
Apamea.ę. por una isla del tigre rio
Apamia.ę.por una ciudad de asia menor
Aparache.es.por cierto arbol bifera
Aparctias.ę.por el viento septentrional
Aparme.es. por el amor deortelano ierva
Apathes. interpretatur tranquillus
Apathia.ę.interpretatur tranquillitas
Apeliotes.ę.por el viento solano
Apelles.ę. por un pintor notable
Apelleus.a.um. por cosa de apelles
Apella.ę.por judio circuncidado

Aper.apri.por el puerco silvestre z javali
Aper miliarius. puerco de mil libras
Aper piscis.pescado es no conocido
Aperio.is.por abrir.a.iij
Apertura.ę. por el abertura
Apes uel apis. por el abeja
Apes.dis.por el arrixaque o vencejo
Apex.icis. por el altura de cualquier cosa
Apexabo.onis. morcilla del intestino ciego
Aphtha.ę.ulcera enla boca delos niños
Aphaeresis. interpretatur abscissio
Apherema.especie de pocion de espelta
Aphorismus.interpretatur separatio
Aphonia.interpretatur inuocalitas
Aphrica.ę. por africa tercera parte del mundo
Apher.a.um.por cosa de africa
Aphricanus.a.um.por cosa de africa
Aphricanus.qui aphricam superauit
Aphricus.a.um. por aquello mesmo
Aphricus.i.por el viento abrigo
Aphros.i.interpretatur spuma
Aphronitrum.i.por espuma de salitre.
Aphrodite.es.interpretatur uenus
Aphrodisius.a.um.por cosa de venus
Apiarius.ij.por el colmenero
Apiarium.ij.por el colmenar
Apiastra.ę.por el abejaruco ave
Apiastrum.i.por el torongil ierva
Apiana uua.uva que comen abejas
Apica onis. por el oveja lampiña
Apicula.ę.por el abeja pequeña
Apiculus.i.diminutivo de apex
Apicius.ij.varon fue notable por gula
Apidanus.i.por un rio de thessalia
Apilascudes.ę.por cierta especie de plata
Apina.ę. por cascara o cosa de poco precio
Apina.ę. por las crines del tigre animal
Apion.onis. escriptor fue de istorias
Apion grammaticus.fue de alexandria
Apiria.interpretatur infinitio
Apirinum.i.por granada çafari
Apyron. interpretatur sine igne
Apyrotus.i.piedra q̃ no se gasta con fuego
Apis uel apes.por el abeja
Apiscor.eris.por alcançar lo desseado.d.iij
Apium.ij. por el apio general mente
Aplysia.ę. especie de esponja dela mar
Aplua.ę.pece es q̃ nace del espuma del agua

Apluda.ę.por las mondaduras de legumbre.
Aplustre.is.por los ornamentos dela nave
Apo.ę.uel ab interpretatur
Apocalypsis.interpretatur reuelatio
Apophasis.interpretatur abnuentia
Apocastasis. interpretatur rerum uolubilitas
Apocryphus liber. libro sin titulo z autor
Apocryphos.i.absconditus
Apocrisarius.ij.por quien el principe respóde.
Apocrisis.interpretatur responsio.
Apochae.por alvala de pago
Apocopa.interpretatur abscissio a fine
Apocynon. cosa contra los canes
Apodyxis.i. por demostrativo argumento
Apodycticon.interpretatur demonstratiuum
Apodyo.i.spolio.as
Apodyterion.i. uestiarium
Apoditeriũ.dõde los bañadores se desnudan.
Apodes.son las que arriba diximos apedes
Apoeninus.i.por el monte lomo de italia
Apoeninus.a.um.por cosa de aquel monte
Apoeninicola.ę. por morador de aquel monte
Apogeus.por viento dela tierra
Apographon.i. por decbado õ labrar o pintar
Apoleo. perdo.
Apollydes.los encartados z perdidos
Apologus.i.por bablilla como la de esopo
Apologiatie.por aquello mesmo
Apologia.ę.por la escusacion del objecto
Apologeticus.a.um.por cosa escusatoria
Apollo.inis.por el dios apolo o febo
Apollineus.a.um.por cosa de aquel dios
Apollos.o.in genitiuo.por lo mesmo
Apollonius.ij. nombre famoso de muchos
Apollonia.ę. por una ciudad de epiro.z c̄
Apolloniates.ę.uel apolloniensis.cosa della
Apollodorus.i.pintor fue nombrado
Aponus.i. por una fuente de padua en italia
Apoplexia.ę.resolucion de nervios en todo
Apopleticus.a.um.cosa de aquella resolucion
Apophthema.atis.por dicho notable
Apória.dubitatio
Aporia.ę.interp̃tar penuria z egestas ãrietas.
Aporior.aris.interpretatur egere
Aporos.interpretatur inconstans
Aporisma.atis.por argumento inconstante
Aposiopois.interpretatur silentium.figura est
Apostata.ę.el que dexa la fe en todo

Apostasis.is.interpretatur rebellio	Apprime.aduerbium.principal mente
Apostema.atis. por cualquier botor	Approbo.as.por aprovar algo
Apophoretum.i. por retorno de presente	Approbatio.onis.por aquella aprovacion
Apostolus.i.por el apostol o embiado.	Appropero.as.por se aquejar en venir
Apostoli.orum. por letras dimissorias	Appropero.as.por traer algo presto
Apostropha.ę. por conversion de alguna cosa	Appropinquo.as.por se allegar.n.ij
Apotheca.ę.por la bodega o taverna	Appropinquatio.onis.por allegamiento
Apotheosis.is.interpretatur deificatio	Appuli.preteritum.ab appello.is.
Apotome.eʃ.por el semitonio maior en musica	Appulsus.us.por empujamiento.
Apoxyomenon.interpretatur distringens.	Appulus.a.um.por cosa de apulia
Apparo.as.por aparejar con aparato	Apragopolis.isla cerca de napoles
Apparatus.us.por aquel aparato.	Apricus.a.um.por cosa abrigada
Appareo.es.estar en pie delante otro	Aprico.as.por abrigar.n.v
Apparitor. por el que esta en pie delante otro	Apricatio.onis.por el abrigo
Appello.as.por llamar a bozes	Apricitas.atis.por el abrigo
Appellatio.onis.por aquel llamamiento	Apries.ę. por un rei de egipto
Appello. as. por apelar de un juez a otro	Aprilis.is.por el mes abril
Appellatio.onis. por aquella apelacion	Aprio.is.por estar la puerca cachonda.n.v
Appellatorius.a.um. cosa de apelació	Aprunus.a.um.por cosa de javali
Appellatiuum nomē.por el nombre comun	Apsus.i.por un rio de epiro
Appello ad stuprum. por requirir de amores	Aptotos.a.um.por cosa sin casos
Appellito.as.por llamar a menudo	Apto.as.por ataviar z aparejar.a.iij
Appello.is.appuli.empujar contra otra cosa.	Aptitudo.inis.por la idoneidad z atavio
Appendo.is. por colgar una cosa a otra	Aptus.a.um.por cosa idonea
Appensio.onis. por aquel colgamiento	Aptus.a.um. por cosa ataviada z junta
Appendix.icis.lo que cuelga a otra cosa	Apud.prepositio.por cerca
Appendicius.a.um. por cosa que cuelga	Apuleios.por una cierta dolencia
Appeto.is. por codiciar bueno o malo	Apulia.ę. por apulia region de italia
Appetitio.onis.por aquella codicia	Apulegius.ij.filosofo fue socratico
Appetentia.ę.por aquello mesmo.	Apuleius.ij.gramatico despues de priscian
Appetitus.us.por el apetito	qua.ę.por el agua elemento
Appingo.is.pintar una cosa a otra	Aqua intercus.por la idropesia
Applaudo.is.por dar favor a otro	Aqua mulsa. por el aloja o meloja
Applausus.us.por aquel favor	Aquagium.ij. por el aguaducho
Applico.as. por llegar a lugar.abso	Aqualis.is. por el cauze del molino
Applico.as.por arrimar algo a otra cosa.ac	Aqualis.is. por el vaso del agua
Applicitus.a.um.participium ab applico	Aqualiculus.i.por el bajo dela barriga
Applicatio.onis.por aquel allegamiento	Aqualiculus.i.dornajo do comē los puercos
Applumbo.as.por soldar con plomo	Aquarius.ij.por el aguadero
Appono.is. por añadir una cosa a otra	Aquarius.ij. por cierto signo del cielo
Appositus.us.por aquella añadidura.	Aquarius.a.um. por cosa para agua
Appositio.onis.por aquello mesmo	Aquarium.ij.por el abrevadero de bestias
Appositio.onis.cierta figura de costrucion	Aquaticus.a.um.por cosa de agua
Apporto.as. por traer.actiuum	Aquator.oris.por el aguadero del real
Apprecio.as.por apreciar.actiuum	Aquatio.onis. por el aguage del real
Apprehendo.is.por tomar o prender	Aqueductus.us. por el aguaducho
Apprimo.is. por apretar bazia si	Aquelicium.ij.por sangradera de agua
Apprimus.a.um.por cosa mui principal	Aqueus.a.ū.uel aquatilis.e. por cosa de agua

Aquifolia.ę.arbol es especie de enzina
Aquifolius.a.um. por cosa de aquel arbol
Aquila.ę.por el aguila ave conocida
Aquila.ę.por cierta constelacion del cielo
Aquila.ę.por un pece delos llanos
Aquila.ę.por la seña delos romanos
Aquilifer.ri.por el alferez del aguila.
Aquilex.gis. por el pozero o cogedor de agua
Aquilegium.ij. por el cogimiento del agua
Aquileia.ę.por una ciudad de italia
Aquilo.onis.viento del oriente del estio
Aquilonius.a.um.por cosa de aquel viento
Aquilus.a.um.por cosa un poco negra.pr.
Aquilia lex. por cierta lei de aquilio
Aquilius.ij.tribuno del pueblo que la bizo
Aquimanirium.ij. por el aguamanil
Aquinum.i.ciudad es de italia
Aquinas.atis.por cosa de aquella ciudad.
Aquitania.ę.por la francia cerca de gascueña
Aquitanus.a.um.por cosa de aquitania
Aquitanicus.a.um.por aquello mesmo
Aquor.aris. por ir por agua.d.v
Aquosus.a.um.por cosa llena de agua
Aquula.ę. por pequeña agua
ra.ę.por el ara o altar para sacrificar
Ara.ę. por cierta constelacion del cielo
Arabis.is. por un rio dela region cedrosia
Arabia foelix.la ᵹ esta ᵉtrel mar arabico z psico
Arabia petrea.arabia cerca de judea
Arabia deserta. arabia cerca de siria
Arabs.is. por varon de arabia
Arabissa.ę. por bembra de arabia
Arabus.a.um.por cosa de arabia
Arabus.i.por un bijo de apolo z babylona
Arabarches.ę.por principe delos arabes
Arachne.es.muger fue de lidia buelta ᵉ araña
Arachnea.ę. por la telaraña o araña
Arachneus.i.por el araña.
Arachneolus.i.por el araña pequeña
Arachneosus.a.um.cosa llena de arañas
Aracyntbus.i. monte es de boecia
Arám.bijo de esrom
Arator.oris.por el gañan o arador
Aratio.onis.por el arada
Aratiuncula.ę.por la pequeña arada
Arátrum.i.por el arado para arar
Arátus.i.poeta fue griego de cilicia
Arar.uel araris.rio de francia que cae enel ros

Araxes.ę.por un rio de armenia
Arbacala.ę. por una ciudad de españa
Arbactus.i.primer rei fue delos medos
Arbilla.ę.por la grossura sobre la carne.pr
Arbiter.tri.por el juez arbitro o arbitrario
Arbiter.tri. por el señor soberano
Arbitrator.oris.por el arbitrador
Arbitratio.onis.por el alvedrio z voluntad
Arbitramentum.i.por aquello mesmo
Arbitratus.us.por aquello mesmo
Arbitrium.ij.por aquello mesmo
Arbitrium.ij.por el señorio soberano
Arbitror.aris.por juzgar o pensar.d.iij
Arbitro.as.por aquello mesmo.pr.a.i
Arbor. oris. por el arbol dela nave
Arbor uel arbos.por el arbol o planta
Arbor.oris.por una especie de vallena
Arborarius.a.um.cosa para arbol
Arboreus.a.um.por cosa de arbol
Arboretum.i.por el arboleda
Arboresco.is.por arbolecer.n.v
Arborator.oris. por plantador de arboles
Arbuscula.ę. por arbol pequeña
Arbustum.i.por arbol o arboleda
Arbustiuus.a.um.por cosa de arbol
Arbusto.as.por plantar arboles.n.v
Arbutus.i. por el madroño arbol
Arbutum.i.por el madroño fruto del
Arbuteus.a.um.por cosa de madroño
Arca.ę.por el arca
Arcera.ę.por andas pequeñas
Arcanus.a.um.por cosa secreta
Arcanus.i.por cierto pece
Arcas.arcadis.por un bijo de jupiter z calisto.
Arcadia.ę.por una region de acbaia.
Arcas.arcadis.por varon de arcadia
Arcadicus.a.um.por cosa de arcadia
Arcadius.a.um. por aquello mesmo
Arcadius.ij. por un emperador romano
Arcarius.ij.por el carpintero de arcas
Arcesilas.ę. por un filosofo notable
Arceo.es.por apartar z arredrar de si.a.i
Arcesso.is. idem quod accerso. por llamar.a.i
Arcbe.es.interpretatur principium
Arcbetypó.interpretatur exemplar
Arcbeptolemus.auriga bectoris
Arcbelauus.antenoris filius
Arcbetipus.a.um.por cosa de ᵹ otra se saca

Archia.e.interpretatur principatus
Archias.e.nombre proprio de un poeta
Archidiaconus.i. por el arcediano
Archidiaconatus.us.por el arcedianadgo
Archiepiscopatus.us.por el arçobispado
Archiepiscopus.i.por el arçobispo.
Archigubernius.ij.el principe de marineros
Archimadrita.e.por el principe delos pastores
Archimagirus.i.por el pncipe delos cozineros
Archilochus.i.por un poeta lyrico griego
Archilochius.a.um. por cosa de aquel poeta
Archimedes.is. por un geometra famoso
Archimimus.i.por el principe delos momos
Archemorus.nombre de un niño en estacio
Archipirata.e.por el principe delos cossarios.
Archipresbyter.i.por el pncipe delos clerigos
Archisynagogus.i.por el principe dela sinoga
Architas.e.por un filosofo pythagorico
Architectus.i.por el principal edificador
Architectura.e. por el arte de carpinteria
Architectonica.e.por aquello mesmo
Architector.oris. por principal carpintero
Architriclinus.i.por el principe del combite
Archiuum.i. por la libreria delos originales
Archonium.ij. por la bacina delos manojos
Archo.ontis. interpretatur princeps
Arctos.i.interpretatur ursa animal
Arctos maior.por la costelacion del carro.
Arctos minor.por la costelacion dela bozina.
Arcticus.a.um.por cosa de aquella parte
Arctophylax.acis.por cierta costelacion alli .
Arcturus.i.por otra constelacion septentrional
Arction.i. por una especie de lappa ierva
Arcto.as.por estrechar.a.i
Arctus.a.um.por cosa estrecha
Arcus.us.por el arco en cualquier manera
Arculus.i. por pequeño arco
Arcula.e.por pequeña arca
Arcuarius.ij.por el ballestero que baze arcos
Arcuballista.e. es ballesta de torno
Arculus.i.por el rodeo para cargar la cabeça
Arcitenens.tis.por el arquero o frechero
Ardea.e. por la garza ave conocida
Ardeola.e.por la garçota garça menor
Ardea.e.por una ciudad de italia
Ardeas.atis.por cosa de aquella ciudad.
Ardeatinus.a.um.por aquello mesmo
Ardelio.onis.por ombre perdido z gloton

Ardeo uel ardesco.por arder.n.v
Ardys. rei fue delos lidos hijo de giges
Arduentia.e.bosque en francia cerca tornai
Ardus.a.um. por cosa seca.pr
Arduus.a.um.por cosa enriscada.
Arduitas.atis.por aquel enriscamiento
Arduior. comparatiuum ab arduus.a.um
Area.e.por la era para trillar
Area.e.por la era dela ortaliza
Area.e.por el solar para edificar.
Area.e.por ciertas especies de caluicio
Arelate.es. por una ciudad de francia
Arelatensis.e.por cosa de aquella ciudad
Arena.e.por el arena
Arena.e.por el arena del theatro
Arenarius.a.um.por cosa del arena
Arenareus.a.um.por aquello mesmo
Arenarius.ij.por el que sale a fiera o toro
Areniuagus.a.um.por lo que anda por arena
Arenoides.e. por cierta tunica del ojo
Areo uel aresco.por se secar
Arefacio.is.por secar alguna cosa.a.i.
Areola.e.por era pequeña.
Areopagus.i.lugar del senado delos athen.
Areopagites.e.por uno delos senadores
Ares.interpretatur mars.bellum.ferrum.
Areta.e.por una muger dealcinoo
Aretalogus.i.dulce fingidor de novelas
Arete.es. interpretatur uirtus
Aretium uel arretium. ciudad de italia
Aretinus.a.um.por cosa de aquella ciudad
Arethusa.e.nympha z fuente de sicilia
Arethusius.a.um.por cosa de aquella fuente
Arferia.e.cierto vaso en los sacrificios
Arganthonius.ij.rei fue del andaluzia
Arganthoniacus.a.um.por cosa de aquel rei
Arganthus.i.monte es de prasia
Argathylis.is. ave pequeña es de ribera
Argema.atis.ulcera es delos ojos
Argemonia.e.por la agrimonia ierva.
Argei.orum. ciertas estatuas eran
Argeus.a.um.por cosa dela ciudad argos
Argentum.i.por la plata metal
Argentum pustulatum.por plata cendrada
Argentum uiuum. por el azogue
Argentatus.a.um.por cosa plateada
Argenteus.a.um.por cosa de plata
Argentarius.ij.por el cambiador

Argentarius.a.um. por cosa para plata
Argentosus.a.um.por cosa llena de plata.
Argentifodina.e. por minero de plata
Argia.e. bija de adrasto muger de polinices
Argi.orum.por la ciudad argos
Argilla.e.por el barro o arzilla
Argillaceus.a.um. por cosa de barro
Argillosus.a.um.por cosa de mucho barro
Argilletum.i.por el barrial
Argilletanus.a.um.por cosa de aquel barro.
Argiletum.i. por un barrio de roma
Arginnus.i.por un bijo de agamenon
Arginusse.arum.islas son cerca de mitilena
Argiraspis.idis.escudado de escudo de plata.
Argiritis. por espuma de plata
Argitis uua.cierta especie de uvas es
Argiuus.a.um.por cosa dela ciudad argos
Argo.us.por la primera nave de jason
Argous.a.um. por cosa de aquella nave
Argonauta.e.por marinero de aquella
Argonautica.e.por la obra de aqlla navigació
Argos.i. por una ciudad cerca de athenas
Argos.i.por otra ciudad de thessalia
Argos.i.por otra ciudad de achaia
Argolicus.a.um. por cosa de aqllas ciudades
Argolis.idis.por muger de aquellas ciudas
Argirippa.e. ciudad fue de apulia
Arguo.is.por arguir o reprehender
Argutus.a.u m.por cosa pequeña.
Argutus.a.um.por cosa que suena
Argutus.a.um.por cosa aguda o ingeniosa
Argutulus.a.um.por cosa aguda un poco
Argutie.arum. por sotilezas o malicias
Argutiole.arum.por aquello mesmo
Argumetor.aris. por arguir o argumétar.d.v
Argumentator.oris.por argumentador
Argumentum.i. por el argumento breve
Argumentatio.onis.por el argumento luego.
Argumentum.i. por la suma de alguna obra
Argutor.aris.por mucho hablar.d.v.
Argutator.oris.por mucho hablador.
Argus.i. por aquel pastor de cien ojos
Ariadne.es.bija fue de minos z pasifae
Ariadneus.a.um.por cosa de ariadna
Aricia.e.ciudad es cerca de roma
Aricinus.a.um.por cosa de aquella ciudad
Arideus.i.ermano fue del rei alesandre
Aridus.a.um. por cosa seca

Aridulus.a.um. por cosa seca un poco
Ariditas.atis.por la secura o sequedad
Aritudo.inis.por aquello mesmo.
Aries.etis.por el carnero animal
Aries.etis. por un signo delos doze
Aries.etis.por engeño cierto para combatir
Arietinus.a.um. por cosa de carnero
Arieto.as.por dar vaiven o topetar.n.v
Ariea.e.por la cresta dela grulla
Ariena.e. arbol z fruta no conocidos
Ariminum.i. por arimino ciudad de italia
Ariminensis.e.por cosa de aquella ciudad
Arinca.e. por cierto trigo proprio de galia
Arion.onis.cantor z tañedor fue de lesbo
Arionius.a.um.por cosa de aqueste
Arioneus.a.um.por aquello mesmo
Ariobarzanes.is.por un rei de capadocia
Arimaspi.orum.pueblos de un ojo al septétrió
Arisba.e.por un rei delos molossos
Arisba.e.por una ciudad en lesbo.
Arisba.e.por otra ciudad de frigia
Arisbus.i. por un rio de thracia
Arista.e. por la raspa dela espiga
Aristeus.i.por un bijo de apolo z cirene
Aristalthea.e.idem est quod althea
Aristarchus.i. gramatico fue señalado
Aristide s.is. capitan fue delos athenienses
Aristophanes.is. poeta fue comico griego
Aristophaneus. por cosa de aquel poeta
Aristochius. por un filosofo famoso
Aristomache.es.bija fue de dioniso tirano
Aristippus.i.por un filosofo celebre
Aristippeus.a.um.por cosa de aquel filosofo
Aristolochia.e.por la ierva astrologia
Aristoteles.is.por aquel filosofo señalado
Aristotelicus.a.um.por cosa de aristoteles
Arius.arij.pueblos son de tartaria
Arius.ij.cierto dios delos romanos
Aristoxenus.i.filosofo fue z musico.
Aristophorum.i. por plata de cierta forma
Arithmos. numerus interpretatur
Arithmeticos. interpretatur numeralis
Arithmetica.e.por el arte del arismetica
Arithmeticus.a.um. por cosa de arismetica
Arma.orum.por las armas de armar
Arma.orum.por los instrumentos del arte
Armarium.ij. por el armario
Armatura.e.por el armadura

Armamentum.i.por aquello mesmo
Armamentarium.ij.por almazen de armas
Armenia maior.region es de asia la maior
Armenia minor.region es de asia la maior
Armenius.a.um. por cosa de armenia
Armeniacus.a.um.por aquello mesmo
Armenium.ij.por cierto color natural
Armentum.i.por el ganado maior
Armentarius.ij. por el ganadero de aquel
Armentosus.a.ũ. por cosa llena de tal ganado
Armentalis.e. por cosa de ganado
Armiger.eri. por el page delas armas
Armifer.a.um. por cosa armada
Armilla.e.por la manilla del braço
Armillatus.a.um.por cosa que trae manillas
Armillum.i.por cierto en los sacrificios
Armilustrium.ij.por un sacrificio de armados
Armenticius.a.um.por cosa de ganado maior
Armipotens.tis.por poderoso en armas
Armisonus.a.um.cosa que suena con armas
Armo.as. por armar cualquier cosa.a.i
Armoge.es.por el matiz dela pintura
Armoracia.e.por el ravano silvestre
Armon.i.por aquello mesmo
Arnoglossa.e.por la llanten ierva
Arnos.interpretatur agnus.por cordero
Aro.as.por arar τ labrar la tierra
Aroma.atis.por especias τ olores
Aromaticus.a.um.por cosa de buen olor
Aromatizo.as.por perfumar.n.v
Aromatopola.e.por especiero
Aromatites.e. cierta piedra olorosa
Aros.i.por la barva de aaron o daragontia
Arpi.orum.ciudad es de apulia
Arpinum.i. ciudad de italia
Arpinus.a.um. por cosa de aquella ciudad
Arpinas.atis.por aquello mesmo.
Arquus.i.por el arco del cielo o para tirar
Arquatus morbus. por la itericia
Arquites.um.por frecheros o arqueros
Arquitenens.tis.por aquello mesmo
Arre.arum.por las arras τ señal dela compra
Arrabo.onis.por aquello mesmo
Arrabia.e.por la arabia region.po
Arrabius.a.um.por cosa de aquella region.po
Arrepticius.a.um.cosa arrebatada en espiritu
Arrectus.a.um.participium ab arrigo.is.
Arrigo.is.por alçar o enbestar lo caido.a.i

Arripio.is. por arrebatar.a.i
Arrodo.is. por roer.a.i
Arrogo.as.por adoptar al emancipado.a.iij
Arrogator.oris. por aquel que adopta
Arrogatio.onis.por aquella adopcion
Arrogo.as. por ensobervecer se τ psumir.a.iij
Arrogantia.e.por aquella presumpcion
Arroganter.aduerbium.presumptuosa mente
Arrugia.e.por la mina de donde sacan oro
Arsaces.e.por un rei delos parthos
Arsacide.arum.por los reies delos parthos
Arsacius.a.um.por cosa de parthia region
Arsenicum.i. por el arsenico τ oropimente
Arsinoe.es. bija fue de ptolemeo bijo de lago
Arsis.is.interpretatur eleuatio
Ars.artis.por el arte general mente
Artaba.e.por cierta medida delos egipcios
Artabri.orum.pueblos son de galizia
Artabanus.i.rei fue delos parthos
Artacia.e.rio fue delos lestrigones
Artaxerxes.is.rei delos persas bijo de xerxes
Artaxata.orum.por una ciudad de armenia
Artemis.idis. interpretatur diana
Artemisia.e.por una reina de caria mentada
Artemisia.e.por la artemisia ierva conocida
Artemisius.ij.por el mes de maio en laconia
Artemon.onis.idem est quod antemon
Arteria.e. por el arteria o vena de aire
Arterice.es.por cierta medicina compuesta
Artesum.i.por el tablado de parra
Articulus.i. por el artejo uesso del dedo
Articulus.i.por la señal del genero
Articulus.i. por el momento del tiempo
Articularis.e. por cosa del articulo
Articularius.a.um.por aquello mesmo
Articulatus.a.um.por cosa distinta en partes
Articulatim.aduerbium.por distinta mente
Articula.e.por el arte pequeña
Artifer.icis.por el bazedor de algun arte
Artificiosus.a.um. por cosa artificiosa
Artificium.ij. por el artificio
Artitus.a.um.por cosa fornida de arte
Artylis.is.por una especie de lechuga
Artos.i.interpretatur panis
Artocopos.i.por el panadero diligente
Artocrea.e.por pastel de carne
Artolaganum.i.por pan bojaldado
Artopta.e.por la bornera del pan.

Artoptasius panis. pan cozido en borno
Artotyra.ę. por empanada de pan z queso
Artro.as.por tornar a arar lo sembrado.a.i
Artus.uum. por los miembros del cuerpo
Artuatim.aduerbiũ. por miembro a miembro
Arualis.e. por cosa del campo que se labra
Aruales fratres.cierto colegio era en roma
Aruambale.is.por sacrificio por las miesses
Aruerni.orum.ciudad de galia
Aruina.ę.por la grossura sobre la carne
Aruisium.ij. por un cabo dela isla cbio
Aruisius.a.um. por cosa de aquel lugar
Arula.ę.por ara o altar pequeño.
Aruncus.i.por la barva delas cabras.
Arunca.ę.ciudad antigua fue en italia
Aruncus.a.um.por cosa de aquella ciudad
Aruns.untis.nombre proprio de varon
Arundo.inis. por la caña o cañavera
Arundineus.a.um. por cosa de caña
Arundinaceus.a.um. por aquello mesmo
Arundinetum.i. por el cañaveral
Arungus.i. por el dios del granar del pan
Arupmum.i.por una ciudad de iapidia
Arupmus.a.um. por cosa de aquella ciudad
Aruspex.icis.por el divinador por sacrificio
Aruspicina.ę. por aquel arte de divinar
Aruspicium.ij. por aquella divinacion
Arus.i.por la barva de aaron ierva conocida.
Aruum.i. por el campo que se labra
Aruus.a.um.por cosa de aquel campo
Arx.arcis.por la fortaleza o alcaçar
    s.assis. por la libra de doze onças
    As.assis.por la eredad toda entera
As.assis.moneda fue de valor de una blanca
Asá.rei de judios.bar
Asarum.i. por el assarabacar especie de nardo
Asarus.i. por un rio del monte oeta
Asarotum.i.pavimento de azulejos
Asbestos.i. inextinguibilis
Asbestos.i.piedra de arcadia que no se apaga
Asbestinum linum. lino que no se quema
Ascalaphus.i.bijo de acberon z orne nympba
Ascalaphus.i. ave grande no conocida
Ascalabotes.ę.por la tarantola ponçoñosa
Ascalon.onis. por una ciudad de judea
Ascalonites.ę.por ombre de aquesta ciudad
Ascalonia cepa. por cebolla ascalona
Ascanius.ij.por un rio de frigia

Ascanius ij.por un bijo de eneas z creusa.
Ascaules.ę.por el gaitero
Ascendo.is. por subir
Ascensio.onis.por la subida
Ascensus.us.por aquello mesmo
Ascius.a.um.por cosa sin sombra
Ascia.ę.por la segur para dolar
Asciola.ę. por el açuela para dolar
Ascio.is.uel ascisco.por llamar z traer de lexos
Ascella.ę.por el sobaco
Asclepius.ij. esculapio dios dela medicina.gr
Asclepiades.is.medico fue nombrado
Asclepias.cierta medicina es para los ojos
Ascyte.es.por cierta especie de idropesia.
Asclum.i.pro asculum ciudad de apulia
Ascopa.ę.por el odre o zaque para agua
Ascra.ę.lugar de boecia tierra de esiodo
Ascreus.a.um.por cosa de aquel lugar
Asculum.i.por una ciudad de apulia
Asculeus.a.um.por cosa de aquella ciudad
Asculanus.a.um.por aquello mesmo.
Astua.ę. por ciudad de españa
Ascribo.is.por escrivir persona para algo.a.i
Ascripticius.a.um. por persona assi escripta
Asellus.i.por cierto pescado como raia
Asellus.i. por pequeño asno
Aselli.orum.por dos estrellas enel signo cácer
Asér. bijo de jacob z lia.bar
Asia minor.por asia propria mente dicba
Asia:ę. por asia la tercera parte dela tierra
Asiaticus.i.por el vencedor de asia
Asiaticus.a.um.por cosa de asia
Asianus.a.um.por aquello mesmo
Asis.idis. por cosa bembra de asia
Asius.a.um.por cosa de asia.
Asycbis.is.por un rei de egipto
Asilus.i.por la mosca que abuienta las vacas.
Asylum.i.lugar pvilegiado para malbecbores
Asymbolus.a.um.por la cosa que no escota
Asinus indicus.por el unicornio animal
Asinus.i. por el asno animal conocido
Asina.ę.por el asna bembra
Asinarius.ij. por el asnero que los guarda
Asininus.a.um.por cosa de asno
Asine.uel asina. por una ciudad de acbaia
Asymbonia. interpretatur inconsonantia
Asyntbeton.i.interpretatur incompositum
Asyntbeta crystallus.por el cristal puro

Asio.onis. por el mucbuelo ave naturna
Asistaton.interpretatur instabile
Asmodeus.i. nombre proprio de diablo
Asomatos.interpretatur incorporeus
Asopus.i.rio de acbaia bijo de oceano z tbetis
Asopides.e.por bijo o nieto de asopo
Asopis.idis.por bija o nieta de asopo.
Asos.i.por un lugar de frigia
Asotus.interpretatur luxuriosus et prodigus
Asotia.e.interpretatur luxuria
Aspar.aris. nombre de un varon de africa
Asparagus.i.por el esparrago.gr
Aspectus.us. por el acatamiento de mirar
Aspecto.as.por mirar a menudo
Aspendum.i. por una ciudad de panfilia
Asper.a.um. por cosa aspera al tocar
Asperitas.atis.por aquella aspereza.
Aspero.as.por asperear.a.i
Aspello.is.por ecbar de fuera.a.i
Aspergo.is.por rociar o derramar.a.i
Aspergo.inis.por rociamiento o rocio
Aspersura.e. por aquello mesmo
Aspursus.us.por aquello mesmo
Aspernor.aris.por menospreciar
Aspernabilis.e. por cosa de menospreciar
Aspernatio.onis.por aquel menosprecio
Aspbaltos.i.por el betun judaico o espalde
Aspbaltites lacus.por un lago de judea
Aspbaltnos.ierva bidionda como trebol
Aspbaltros.i. arbol es propria de egipto
Aspbondelus.r. por la gamonita
Aspicio.is.aspexi.por mirar.a.i
Aspiro.as.por dar aliento z favor.n.ij
Aspiratio.onis.por la letra del soplo.i.b.
Aspis.idis.serpiente es propria de africa
Aspis.idis.por una ciudad de africa
Asprenas.atis. renombre de ciertos romanos
Aspredo.inis.por el aspereza
Aspritudo.inis. por aquello mesmo
Assa.e.por ama para criar niños.pr
Assamentum.i.por entabladura
Assatura.e.por pedaço o torrezno para assar
Assecto.as. por acompañar siguiendo.a.i
Assector.aris.por aquello mesmo.d.iij
Assectator.oris.por aquel acompañador
Assectatio.onis.por aquel acompañamiento
Assentor.aris. por lisongear z balagar.d.ij
Assentator.oris.por lisongero.

Assentatio.onis.por aquella lisonja
Assentio.is. por consentir con otro.a.iij
Assentior.iris.por aquello mesmo.d.ij
Assensio.onis.por aquel consentimiento
Assensus.us.por aquello mesmo
Asser asseris. por la tabla o pertiga
Asserculus.i. por la tabla pequeña
Asserculus.i.por palo pequeño
Assero.is.por afirmar o libertar.a.i
Assertio.onis.por aquesta afirmacion
Assertor.oris.por libertador de servidumbre
Assertio.onis. por aquella deliberacion
Assequor.eris.por conseguir z alcançar.d.iij
Assequutio.onis.por aquel alcance
Asseruio.is.por servir en favor de otro.n.ij
Asseruo.as.por guardar para otro.a.iij
Asseuero.as. por affirmar porfiando.a.i
Asseueratio.onis. por aquella affirmacion
Asseuerate.aduerbium.affirmada mente
Assessor.assestrix.por el assessor o assessora
Assessorius.a.um.por cosa de aquestos
Assideo.es.por se assentar cerca de otro.n.ij
Assiduus.a.um.por cosa continua
Assiduitas.atis.por la continuacion
Assiduo.aduerbium.por continua mente
Assidue.aduerbium.por aquello mesmo
Assiduus.a.um.por cosa rica z abonada
Assis.is.por la tabla o ripia
Assidela.e.por cierta mesa en los sacrificios
Assigno.as.por assignar o señalar.a.i
Assignatio.onis.por aquella assignacion
Assilio.is.por saltar bazia otra cosa.n.v
Assimilo.as.por assemejar z comparar.a.iij
Assimilis.e.por cosa semejante a otra
Assimulo.as.por cōtrabazer lo semejāte.a.iij.
Assimulatio.onis.por aquel contrabazer
Assicco.as.por secar mucbo.a.i
Assiculus.i.por pequeña tabla o ripia
Assipondium.ij.por una libra
Assisto.is.por estar cerca de alguna cosa.n.ij
Assinamon uinum.cierto vino contrabecbo
Assitus.a.um.por cosa plantada
Assuer9.idem qui artaxerxes
Assuesco.is.por se acostumbrar.n.v
Assuetus.a.um.por cosa acostumbrada
Assuetudo.inis.por la costumbre
Assuefacio.is.por acostumbrar a otro.a.i
Assula.e. por el astilla de madera

.b.iiij.

Affulatim.aduerbium.por aftilla a aftilla
Affulto.as.por faltar bazia otra cofa.n.v
Affultus.us.por aquel falto
Affuo.is.por cofer una cofa a otra.a.i
Affumentum.i.por aquel remiendo
Affumo.is.por tomar a fu cargo.a.i
Affumptio.onis.por aquel tomar
Affus.a.um.por cofa affada
Affur.por la furia region.bar
Affurgo.is.por fe levantar a otro por onra
Aft.coniunctio aduerfatiua.por mas
Afta.e.colonia fue ð romanos cerca de lebrifa
Aftenfis.e.por cofa de aquefta ciudad.
Aftapa.e.ciudad fue del andaluzia
Aftacus.i.por una efpecie de cangrejo
Aftapbis.is.por una cierta ierva
Aftafia.e.muger fue del rei artaxerxes
After.eris.interpretatur ftella
Afteria.e.por una ermana de latona bija ð ceo
Afteris.is.idem eft quod after ftella
Afterifcus.interpretatur parua ftella
Afterifcos.i.feñal es para alübrar la efcriptura
Aftera.e.efpecie es de tierra famia
Afterion.onis.por un rio de acbaia
Afterope.por una delas pleiades
Afterno.is.por derribar bazia alguua cofa
Aftbma.atis.por acezo z difficile refpiracion
Aftbmaticus.a.ũ.por cofa de aquella dolécia.
Afty.interpretatur urbs. aftyfmos urbanitas
Aftyanax.actis.por un bijo de ector
Aftyages.is.por el ultimo rei delos medos
Aftymone.es.madre fue de capaneo
Aftyocbe.es.madre fue de tlepolemo.
Aftypalea.e.ifla z ciudad del arçapielago.
Aftypaleicus.a.um.por cofa de aquella ifla
Aftipulor.aris.por confentir con otro.d.ij
Aftipulatus.us.por aquel confentimiento
Aftipulatio.onis.por aquello mefmo
Afto.as.por eftar en pie cerca de otro.n.ij
Aftraeus.i.gigante fue bijo de titano
Aftrea.e.bija fue de aftrea z del alva
Aftrape.es.por el relampago.i.fulgur
Aftragalos.interpretatur talus.i.carnicol
Aftragalizontes.los que juegan cõ carnicoles
Aftrifer.a.um.por lo que tiene eftrellas
Aftringo.is.por apretar.a.i
Aftrictorius.a.um.por cofa para apretar
Aftrologus.i.por el aftrologo divino

Aftronomx̃.i.por el aftrologo del movimiéto
Aftrologia*e.por el aftrologia dela divinacion
Aftronomia.e.por el aftrologia ðl movimiéto
Aftronomicus.a.um.por cofa de aftrologia
Aftrologicus.a.um.por aquello mefmo
Aftrolabiũ.ij.por cierto iftruméto ð aftrologia
Aftrõn.interpretatur fidus.fideris
Aftrum.i.por el eftrella o conftelacion
Aftruo.is.por affirmar.a.i.
Aftu.aduerbium.por aftuta mente
Aftus.us.por el aftucia o cautela
Aftutus.a.um.por cofa aftuta z cautelofa
Aftutia.e.por el aftucia z cautela
Aftur.ris.por un regidor del carro de ménon
Aftures.um.pueblos de efpaña afturianos
Afturia.e.por la afturia region de efpaña
Afturica.e.por aftorga ciudad de efpaña
Afturicus.a.um.por cofa de afturias
Afturco.onis.por cavallo de aquella tierra
    t.coniunctio aduerfatiua.por mas
    At.aliquãdo ē prorũpentis i exclamationé
At.aliquando accipitnr pro faltem
At at.particula eft deprebentis aliquem
Ata.e.ligero corredor q̃ no pone pies en tierra
Atabulus.i.por el viento proprio de apulia
Atalanta.e.bija fue de iafio
Atauus.i.por el tercero abuelo
Atauia.e.por la tercera abuela
Atecua.e.ciudad es de efpaña
Ateiae.arum.pueblos de africa o cafas dellos
Atella.e.por una ciudad de cãpania
Atellanus.a.um.por cofa de aquella ciudad
Ater.a.um.por cofa negra
Atbamas.antis.bijo de eolo rei de tbebas
Atbamãtiades.e.por bijo o nieto de atbamas
Atbamãtias.adis.por bija o nieta de atbamas
Atbamas.antis.por un rio de epiro
Atbax.acis.rio es de galia la de narbona
Atbacinus.a.um.por cofa de aquel rio
Atbanatos.interpretatur immotalis
Atbanafia.e.interpretatur immortalitas
Atbanagia.e.ciudad es de efpaña
Atbanafius.ij.nombre celebre fue de mucbos
Atbene.es.interpretatur minerua
Atbene.arum.ciudad dela region atáca
Atbenienfis.e.por cofa de aquefta ciudad
Atbeos.i.el que niega aver dios
Atberina.e.pece es que tbeodoro dize arifta

Athesis.is. por el rio de verona en lombardia
Athos.o. monte entre macedonia τ tracia
Athon.onis.por aquel mesmo monte
Athleta.ę.por el luchador τ corredor
Athleticus.a.um.por cosa de aquestos
Atina.ę.ciudad de italia
Atinia.ę.por el olmo silvestre
Atys.ys. el moço que amo la diosa cibele
Atlas. antis. nombre proprio de tres atlantes
Atlantiades.ę. por hijo o nieto deste atlas
Atlantis.idis. por la hija o nieta de atlas
Atlas.antis.montes son de africa
Atlanticus.a.um.por cosa deste monte
Atlanticum mare.por el oceano occidental
Atlum.i. la significacion delas doze casas
Atnepos.otis. por tercero nieto
Atneptis.is. por la tercera nieta
Atomus.i. por el atomo no partible
Atecius.ij. por cierta especie de araña
Atque.coniunctio.pro et
Atque.coniunctio.pro quam
Atqui.aduerbium.pro certe
Atrabilis.por la colera negra o melancolia
Atramentum.i.por la tinta negra
Atramentum.i. por el azige para la tinta
Atramentum sutorium.por tinta de çapateros
Atramentum tectorium. por tinta de pintores
Atramentarium.ij. por el tintero para tinta
Atrax.acis.por una ciudad de thessalia
Atracides.ę. por varon de aquella ciudad
Atracis.idis.por hembra de aquella ciudad
Atracius.a.um. por cosa de aquella ciudad
Atratites lapis.por cierto genero de piedra
Atratus.a.um.por cosa vestida de negro
Atreus.i.hijo fue de pelope τ ippodamia
Atrebatum.i.ciudad es de alemaña. nunc es ras
Atritas.atis. por la negregura
Atrides.ę.por hijo o nieto de atreo
Atrium.ij. por el portal de casa
Atriarius.ij.por el portero del que se confia
Atriensis.is. por aquello mesmo
Atriolum.i.por pequeño portal de casa
Atricapilla.ę. ave es como tordo
Atriplex.icis.por los armuelles ierva
Atriplexum.i.por aquella mesma ierva
Atrophos. interpretatur sine reditu
Atropos.i. por una delas tres hadas
Atror.oris. por la negregura o negror

Atrox.cis.por cosa cruel τ terrible
Atrocitas.atis. por aquella crueldad
Atrociter.aduerbium.por cruel mente
Attage.es.por el francolin ave preciosa
Attagena.ę.por aquella mesma ave
Attagen.nis. por aquella mesma ave
Attamino.as.por ensuziar.a.i
Attactus.us. por tocamiento
Attacus.i.animal no conocido
Attalus.i.por un rei delos pergamenos
Attalicus.a.um.por cosa de aquel rei
Attalus.i.por un pece proprio del pado
Attendo.is. por estar atento.n.v
Attentio.onis.por aquella atencion
Attenuo.as.por adelgazar.a.i
Attenuatio.onis.por aquel adelgazamiento
Attestor.aris.por denunciar al absente
Attestatio.onis. por aquella denunciacion
Atthis.idis.por una hija del rei cranao
Atthicismus.i.por la imitaciō dela lēgua atica
Atthicisso.as. por imitar ala lengua atica
Attica.ę.por la region donde esta athenas
Atticus.a.um.por cosa de aquella region
Attice loqui. por hablar como en athenas
Attineo.es.por atañer τ pertenecer.n.ij
Attingo.is.por alcançar tocando.a.i
Attollo.is. por alçar τ enhestar.a.i
Attondeo.es.por tresquilar en cerco.a.i
Attrono.as.attonui.attonituz. por atronar.a.i
Attonitus.a.um.por cosa atronada
Attorqueo.es.por torcer sobre otra cosa.a.i
Attraho.is.por traer bazia si.a.i
Attrecto.as.por tratar o sovajar.a.i
Attrectatus.us.por aquel tratamiento
Attrectatio.onis. por aquello mesmo
Attritus.us.por el sovajamiēto τ gastamiento
Attero.is.por sovajar τ gastar.a.i
   uarus.a.um. por cosa avarienta
   Auaricia.ę. por el avaricia
Auaricies.ei. por aquella mesma
Auariter.aduerbium.avarienta mente
Auaricum.i.por una ciudad de francia
Auceps.aucupis. por el caçador de aves
Aucupes.is.por aquello mesmo
Aucupor.aris. por caçar aves.d.iij
Aucupium.ij.por aquesta caça de aves
Aucupatorius.a.um. por cosa para esta caça
Aucto.as.por acrecentar a menudo.a.i

Auctus.us. por el acrecentamiento
Auctio.onis. por el almoneda a quien da mas
Auctionor.aris.por almonedear assi.d.v
Auctionarius.ij.por el que baze el almoneda
Auctarium.ij. por el colmo o sobornal
Auctor.oris.por bazedor o bazedora
Auctor pupilli.por el tutor del menor
Auctoritas.atis.por el autoridad
Auctoro.as. obligar alguno cõ juramento.a.i
Auctoramentum.i.por aquella obligacion
Audax.acis.por cosa osada sin prudencia
Audaculus.i.por cosa osada assi un poco
Audacia.ę.por aquella osadia z atreuimiento.
Audaciter.aduerbium.por osada mente
Audacter.per syncopam.por aquello mesmo
Audeo.es.por osar sin tiento alguno
Audentia.ę.por aquella osadia
Audio.is.audiui.por oir.acti.i
Audio male. por tener mala fama.n.v
Audibilis.e.por cosa que se puede oir
Auditor.oris. por el oidor o dicipulo
Auditorium.ij.por auditorio lugar de oir.
Auditio.onis.por la oida o oimiento
Audituncula.ę.por pequeña oida
Audientia.ę.por el audiencia acion de oir
Auditus.us. por el oido sentido de oir
Aue.boz es delos que saludan o adoran
Auco.es.caret preterito.por codiciar.a.i
Auebo.is. por traer a custas de lugar.a.i
Auectus.a.um. por cosa traida de lugar
Auecticius.a.um. por cosa traediza de lugar
Auectio.onis. por aquel traimiẽto
Auellana nux.por el auellana
Auena.ę. por el auena fertile o esterile
Auenaceus.a.um.por cosa de auena
Auerto.is.por bolver algo de otra cosa.a.i
Auersus.a.um.por cosa buelta de algun lugar
Auersio.onis.por aquel boluimiento
Auertor.eris.por se bolver de algo.d.v
Auersor.aris.por maldezir z abominar.d.iij
Auerrucus.i.por el dios quitador de peligros
Auerrunco.as. idem est quod aberrunco.a.i
Auerruncasso.is.idẽ est quod aberruncasso.a.i
Auernus.i.auerna.oruz.lago es en campania
Auernalis.e. por cosa de aquel lago
Auentinus.i.por un rei delos albanos
Auentinus.i.uno delos siete montes de roma
Aufero.aufers.abstuli.por quitar.a.i

Aufero.aufers.abstuli.por perturbar.a.i
Aufeia.ę por una fuente o agua de roma
Aufidus.k. por un rio de apulia
Augeo.es.auxi.por acrecentar.a.i
Augesco.is.auxi. por ser acrecentado.n.v
Augeo.es.auxi. por aquello mesmo.n.v
Augmentum.i. por el acrecentamiento
Augmento.as.por acrecentar.a.i
Augmentatio.onis.por el acrecentamiento
Augur.uris.por el diuino por aguero
Augurium.ij.por la diuinacion por aguero
Auguralis.e.por cosa del aguero
Auguro.as. por diuinar por instinto.a.i
Auguror.aris. por diuinar por agueros.d.v
Augustus.a.um.cosa consagrada por aguero
Augustus.i.por el mes de agosto
Augustus.i.por el segundo emperador ro.
Augustanus.a.um. por cosa de aqueste
Augusteus.a.um.por aquello mesmo
Augustinus.i. varon santo z enseñado
Auia.ę.por el abuela
Auiarium.ij.por el bivar de aves
Auicula.ę. por el ave pequeña
Auicularius.ij.por el guardador del bivar
Auis.auis.por el ave que pare uevos
Auis tarda.por el abutarda ave conocida
Auitus.a.um. por cosa del abuelo o abuela
Auius.a.um.por cosa descaminada
Aula.ę.por la olla en que cozinamos
Aula.ę. por el palacio delos grandes.gr
Aulula.ę.por la olla pequeña
Aululania.ę.por una comedia de plauto
Auleum.i.por la manta de pared
Aulicus.a.um.por cosa del palacio
Aulis.idis.por una ciudad z puerto de boecia
Aulon.onis.por un monte de calabria
Aulos.i. interpretatur tibia. por flauta
Auleticus.a.um.por cosa de flautas
Auloedus.i.por el tañedor de flautas
Auletes.ę. por aquello mesmo
Auoco.as.por llamar algo de lugar.a.i
Auocatio.onis. por aquel llamamiento
Auocamentum.i.por aquello mesmo
Auidus.a.um. por cosa codiciosa
Auidiusculus.por um poco codicioso
Auiditas.atis. por la codicia
Aura.ę.por el viento o aire sotil.gr
Aura.ę.por el favor del pueblo

Aurarius.ij. por aquel favorecedor
Aurarius.a.um.por cosa de oro.
Auratus.a.um. por cosa dorada de fuera
Auramentum.i. por aquella doradura
Aurata.e.por un pece
Aurelius.ij. por un tio de julio cesar
Aurelia.e.por la madre de julio cesar
Aurelia.e.cierto camino de roma a modana
Aurea.e.por el freno.pr
Aurea.e.por corona de oro
Aureola.e. por corona de oro pequeña
Aureus.a.um.por cosa toda de oro
Aureolus.a.um.por aquello mesmo un poco
Aureus numus.por moneda de oro o pieça
Aureolus.i.por pequeña moneda de oro
Aurichalcum.i.por cosa de alaton
Aurichalceus.a.um.por cosa de alaton
Auricomus.a.um.lo que tiene hojas de oro
Auricula.e.por la ternilla del oreja
Auricularis.e.por cosa del oreja
Auricularius medicus.por medico de orejas
Auricularius.ij.por secretario ala oreja
Aurifer.a.um. por cosa que tiene oro
Aurifex.icis.por el que labra oro
Aurificium.ij. por la obra de oro
Aurificina.e.por la tienda del platero
Aurifodina.por el minero del oro
Aurigo.inis.por la itericia dolencia
Auriginosus.a.um. por doliente de itericia
Auringis.is. por una ciudad de españa
Auripigmentum.i. idem est quod arsenicum
Auriga.e.por el regidor del carro
Aurigarius.ij. por aquello mesmo
Aurigator.oris.por aquello mesmo
Aurigor.aris.por regir el carro.d.v
Aurigo.as. por aquello mesmo.n.ij
Aurigatio.onis.por el regimiento de carro
Auritus.a.um. por cosa de grandes orejas
Auriuitis.is.ave que bive entre las espinas
Auris auris.por la oreja
Auris marina. pienso ques almeja
Auriscalpium.ij.por escarva orejas
Aurugo.inis.por el añublo del pan
Auruginosus.a.um.por cosa añublada
Auro.as.por dorar.acti.i
Aurora.e. por el alva
Aurum.i.por el oro
Aurum obrizum.por oro puro z sin mezcla

Ausetani.orum.pueblos son de españa
Auson.onis. hijo fue de ulixes z calipso
Ausonia.e.por cierta region de italia
Ausoeius.a.um.por cosa de italia
Ausonides.e.por varon de italia
Ausonis.idis.por cosa hembra de italia
Ausonius.a.um.por cosa de italia.
Auspex.icis.por el que divina por aves
Auspicina.e.por aquella arte de divinar
Auspicium.ij. por el aguero
Auspicor.aris.por divinar por agueros.d.v
Auspico.as. por aquello mesmo.n.v
Auspicatus.a.um.por cosa de buen aguero
Auspicato.aduerbium.por con buen aguero
Auspicalis.e. por cosa de buen aguero
Ausitaria uestis. por cierta vestidura
Austerus.a.um. por cosa aspera al gusto
Austeritas.atis.por aquella aspereza
Auster.tri.por el viento de medio dia
Australis.e.por cosa de medio dia
Austrinus.a.um.por cosa de medio dia
Ausculto.as. por escuchar.n.ij
Ausculto.as.por obedecer.n.ij
Auscultatorius.a.um.por cosa para escuchar
Ausim.ausis.ausit. pro audebo.is.it
Ausus.us.por osadia z atrevimiento
Aut.coniunctio disiunctiua.por o
Autem. coniunctio continuatiua.por mas
Autenticus.a.um.por cosa autentica
Autographon.i. por escriptura o propia mano
Autoloes. pueblos son de africa
Autolicus.i. por un hijo de mercurio z chione
Autumnitas.atis.por otoñada
Autopyron.i.por el grano entero del trigo
Autonoe.es.por una hija de cadmo z ermiona
Autonoeius.por cosa de aquesta
Autumedon.onis.regidor del carro o achilles
Autumnus.i. por el otoño
Autumnalis.e.por cosa del otoño
Autumno.as.por otoñar tener el otoño
Auus.i.por el abuelo
Auunculus.i.por el ermano dela madre
Auunculus magnus.el ermano del abuelo
Auxegesis figura.interpretatur augmentum
Auxilium.ij. por el aiuda
Auxiliaris.e.por cosa para aiudar
Auxilior.aris.por aiudar.d.ij
Auxiliarius.a.um.por cosa para aiudar

Aurimon.ciudad cerca de ancona en italia
Aurilla.ę.por olla pequeña
Auruma.ę.por el atun pequeño
	xenos.a.um.por cosa no ospedable
	Axia.ę.interpretatur existimatio
Axilla.ę.por ala pequeña
Axiocbus.i. por un filosofo z libro de platon
Axis.is. por el exe del carro o cielo
Axius.ij.por un rio de mygdonia
Axis.is. por una fiera no conocida
Axionia.atis.interpretatur enunciatio
Axo.as.por nombrar o llamar.pr
Axungia.ę.por el unto añejo
	zarias.ę.nombre ebreo
	Azymus.a.ü. cosa sin levadura o cenzeña
Azotus.i. por una ciudad de palestina
Azotius.a.um. por cosa de alli
Azoticus.a.um. por lo mesmo
Azotis.idis. por bembra de alli
	De incipientibus a.b.
	abylon.onis. ciudad es delos caldeos
	Babylonia.ę.por aquella region toda
	Babylonius.a.ü.por cosa de babilonia
Babylonicus.a.um.por aquello mesmo
Bacca.ę. por el azeituna o oliva
Bacca.ę.por la piedra preciosa
Baccatus.a.um.lleno de olivas o piedras.p.
Baccifer.a.um.por lo que las trae
Baccar.aris.por la assarabacar icrva olorosa
Bacchus.i.por el dios del vino bijo de jupiter
Bacchaeus.i.por cosa de aqueste dios
Bacchicus.a.um.por aquello mesmo
Baccheius.a.um.por aquello mesmo
Baccha.ę.por la sacerdotissa deste dios
Bacchis.idis. por aquella mesma
Bacchis.idis.nombre proprio de una puta
Bacchanal.is.por la fiesta deste dios
Bacchanalia.ium.uel orum.por lo mesmo
Bacchanalis.e.por cosa desta fiesta
Bacchium.ij.por vaso en sus sacrificios
Bacchius.ij.pie de una breve z dos luengas
Bacchor.aris.por se ébriagar o enloqcer.d.v
Bacchatio.onis. por aquella embriaguez
Bacchilides.is.por un poeta griego
Bacchus per metonymiam. por el vino
Bactra.orü.por una ciudad de scytbia en asia
Bactrius.ij. por un rio dela mesma scytbia
Bactrianus.a.um. por cosa de aqlla ciudad

Baenacus.i.por un lago ð italia cerca verona
Bagrada...por un rio de africa
Baię.arunt. por una ciudad de campania
Baianus.a.um.por cosa de aquella ciudad
Baius.ij.por un compañero de ulixes
Baiulo.as.por llevar o traer a cuestas.a.i
Baiul9.i.por el bastage q lleva cargo a cuestas
Baculus.i. por el caiado o caiada o baculo
Baculum.i.por aquello mesmo
Bacillum.i. por caiado pequeño
Balagrus.i.por cierto pece de rio
Balanus.i.arbol es olorosa no conocida
Balaninum olcum. por azeite de balano
Balanatus.a.um.por untado deste azeite
Balausus.i.por una flor como açucena
Balatus.us. por el balido delas ovejas
Balęna.ę.por la vallena dela mar
Balaustium.ij.por la flor del granado
Balbus.a.um.por cosa tartamuda z ceceosa
Balbutio.is.por tartamudear z cecear.n.v
Baleares.son las islas mallorca z mcnorca
Baliaris.e. por cosa de aquellas islas
Balearicus.a.um.por aquello mesmo
Balearicum mare. por el mar de mallorca
Balincum.i. por el baño.grece
Balineę.arum.por aquello mesmo
Balius.ij.por un cavallo de acbilles
Ballista.ę.por el trabuco o engeño
Ballistarius.ij.por el artiller z trabuquero
Ballistarium.ij. por el artilleria lugar
Ballisto.as.por tirar con engaños.n.v
Balneum.i.por el baño
Balneę.arum.por aquello mesmo
Balneolum.i.por pequeño baño
Balnearis.e. por cosa del baño
Balnearius.ij. por el bañador de baño
Balneo.as. por bañar a otro.a.i
Balneator.oris.por el bañador
Balneatrix.icis.por la bañadora
Balneatorius.a.um. por cosa para bañar
Balo.as. por balar las ovejas.n.v
Balsamum.i. por el balsamo
Balsaminum oleum.por azeite de balsamo
Balsamatus.a.um. por cosa untada del
Baltele.is.por armadura de pechos
Balteus.i. por la vanda del cavallero
Baltea.orum.por aquello mesmo
Baluca.ę.por el oro no apurado

Bambalio.onis.por boyo tartamudo
Banausos.a.um.por cosa de arte mecanica
Baphos.i.grece.por el tintor de paños
Bapheus.interpretatur tinctor
Baphis.interpretatur tinctura
Bapto.interpretatur tinguo
Baphium.ij.por la tintoria lugar
Bapta.e.por el ombre mojado o bautizado
Baptizo.as.por bautizar o mojar
Baptista.e.por el que bautiza z moja
Baptisteriu.ij.por el lugar donde esto se baze
Baptismus.i.por el bautismo o lavadura.
Baptismum.i.por aquello mesmo
Baptisma.atis.por aquello mesmo
Barathrum.i.por vaso o cosa sin bondon
Barathrum.i.por el carcavo del estomago
Barathro.onis.por el gloton z garganton
Barba.e.por la barva de ombres z cabras
Barbatus.a.um.por cosa barvada
Barua iouis.por una cierta ierva
Barbarus.a.um.por cosa barbara en lengua
Barbaricus.a.um.por cosa peregrina
Barbaralexis.is.por palabra barbara
Barbarus.a.um.por cosa barbara z cruel
Barbaria.e.por la tierra de barbaros
Barbaries.ei.por la barbaria de lengua
Barbarismus.i.por corrupcion de una dicion
Barbarizo.as.por cometer aqueste vicio.n.v
Barbasculus.a.um.por cosa un poco barbara
Barbaricum.i.por el alarido de barbaros
Barbitos.i.por cierto instrumento musico
Barbiton.i.por aquello mesmo
Barce.es.por una ama de sicheo
Barce.es.por una ciudad de africa
Barcei.orum.pueblos son de africa
Bardi.orum.pueblos fueron de francia
Bardiacus.a.um.por cosa grossera
Bardocuculus.i.cierta vestidura gruessa
Baris.idis.por cierta nave egypcia
Baria.e.por el acento grave
Baria.uel barces.barleta ciudad de apulia
Bargusij.orum.pueblos son de españa
Bargunti.orum.pueblos item de españa
Barjona.i.filius columbe.bar
Barabbas.i.filius abba
Baro.onis.por varon grave
Barrus.i.por el elefante animal
Barrio.is.por el bramar del elefante

Barritus.us.por aquel bramido
Bartholomeus.nombre proprio de apostol
Barsabas iofeph.nombre proprio
Barnabas.nombre proprio
Baruch.notario de jeremias
Basan.lugar fue de palestina
Basanites.e.por cierta pieda preciosa
Basileus.i.interpretatur rex
Basiliscus.i.interpretatur regulus
Basiliscus.i.por el baiarisco serpiente
Basilica.e.por la casa real o lonja
Basilicum.i.por cierto unguento de ojos
Basilicus.a.um.i.regius
Basilico.aduerbium.i.regie
Basis.is.por la basa dela coluna
Basilus.i.orador fue latino
Basilius.ij.theologo fue griego
Basianda.e.por ciertos platos grandes
Basium.ij.por el beso de enamorado
Basio.as.por besar de enamorado
Basiatio.onis.por aquel besamiento
Bassara.e.por vestidura basta pies
Bassareus.i.por el dios baco
Bassaris.idis.por la sacerdotissa de baco
Basterna.e.por cierto genero de carro
Basterne.arum.pueblos son de alemaña
Bathauium.ij.por una isla del reno
Batauus.a.um.por cosa desta isla
Bathyllus.i.moço fue q celebro anacreon.b
Bathys.interpretatur profundus
Bathiul.padre de rebecca
Bathyllum.i.por la pala de bierro o badil
Batrachus.i.interpretatur rana
Batrachus.i.por un puerto dela cirenaica
Batrachomiomachia.pelea de ranas z ratas
Battuo.is.por batir o sovajar.a.i
Battus.i.nombre proprio de un pastor
Batus.i.por cierto genero de medida
Batus.i.por el poblador dela ciudad cyrene
Batiades.e.por varon de aquella ciudad
Batinus saltus.un bosque de apulia
Batulus.i.por una ciudad de italia
Baubo.as.aui.por ladrar.n.v
Baubatus.us.por el ladrido.
Baucis.is.nombre proprio de una vieja
Bauli.orum.lugar cerca de baias
Beatus.a.um.por cosa bien aventurada
Beatulus.a.u.por un poco bie aveturado

Beatitas.atis.por la bien aventurança
Beatitudo.inis. por aquello mesmo
Bebrix.icis.por uno delos croes
Bebrycia.e. por la region de asia bithinia
Bebryces.pueblos son de bithinia
Bebryacum.i. por una aldea cerca de verona
Beccus.i.por el pico del gallo
Bechion.ij. por una ierva señal de agua
Bel.dios delos assirios fue
Belphegor.nombre de diablo
Beelzebub.nombre de diablo
Belial.nombre de diablo.
Belides.por las hijas ò danao nietas de belo
Bdelium.ij.por cierto arbol z goma pegrina.
Bebeis.dis. lago es en thessalia
Bebius.ij.varon que mando matar sila
Belge.arum.pueblos son de francia
Belgicus.a.um.por cosa de aquella tierra
Belgica gallia.por aquella parte de francia
Bellax.acis.por guerreador
Bellator.oris. por aquello mesmo
Bellarium.ij.por frutas sobre mesa
Belle.aduerbium.por bella mente
Belli.aduerbium. por en la guerra
Bellicus.a.um.por cosa de guerra
Bellicosus.a.um. por aquello mesmo
Belliger.a.um. por aquello mesmo
Belligero.as. por guerrear.n.v
Bellicrepa.e.por dança de armados
Bellitudo.inis.por la belleza
Bellerephontes.is.hijo de glauco mui casto
Bellerophonteus.a.um.por cosa de aqueste
Bellona.e.por la diosa dela guerra
Bellosus.a.um.por cosa guerreadora
Bello.as.aui.por guerrear.n.v
Bellor.aris.por guerrear.d.v
Bellus.a.um. por cosa bella
Bellulus.a.um.por cosa un poco bella
Bellatulus.a.um.por aquello mesmo
Bellaria.orum.la fruta como de sarten
Bellua.e.por la bestia de mar o tierra
Belluinus.a.um.por cosa de bestia
Belluosus.a.um.por cosa llena de bestias
Belulcus.i.cierta herramienta de cirugia
Belus.i. rei fue el primero delos assyrios
Belus.i.padre fue de elisa dido
Belides.por las hijas de danao nictas ò belo
Belon.onis.por una ciudad de españa

Belon.or̄s.por un rio cerca desta ciudad
Benadab.rei fue de siria.bar
Bene.aduerbium.por bien o buena mente
Bene.aduerbium. por mui mucho
Benedico.is. por bendezir.no.n.iij
Benedictio.onis. por bendicion.no
Benefacio.is. por bien hazer.n.iij
Benefactor.oris. por bien hechor z franco
Beneficus.a.um.por cosa bien hechora
Beneficentior.comparatiuum a beneficus
Beneficentissimus. superlatiuum a beneficus
Beneficissimus.a.um. superlatiū a benefic9
Beneficiarius.a.um.a quien se da beneficio
Beneficium.ij.por el beneficio o bien hecho.
Benefactum.i.por aquello mesmo
Beneficentia.e. por la liberalidad z frāqueza
Benemereor.eris. por hazer bien
Benjamin. hijo de jacob z rachel.bar
Benignus.a.um. por cosa benigna z liberal
Benignitas.atis. por aquella liberalidad
Benignor.aris. por ser benigno z liberal.d.v
Benigne.aduerbium. por liberal mente
Beniuolus.a.um.por cosa amiga z biē quista
Beniuolentior.comparatiuum a beniuolus
Beniuolentissimus.superlatiuum a beniuolus
Beniuolentia.e.por amistad z bien querencia
Beo.as. por hazer bien aventurado
Berecyntus.i.por un monte de frigia
Berecyntius.a.um. por cosa deste monte
Beryllus.i. por el beril piedra preciosa
Bergomū.i.por bergamo ciudad de lōbardia
Bergomensis.e. por cosa de aquella ciudad
Bero.onis. por el oron de tierra o arena
Bersabee.muger ò urias z despūs de david.b
Bersabée.por una ciudad de palestina.bar
Beronice.es.nōbre proprio ò reinas ò egipto
Beronices crines. constelacion es del cielo
Beroniceus.a.um.por cosa de beroniceus
Berenitis.idis.ciudad es de africa
Berecyntius.e. por la diosa cibele
Beritus.i. por una ciudad de siria
Beritensis.e.por cosa de aquella ciudad
Beroe.es.hija fue de oceano z thetis.
Beroe.es. muger de doriclo enel virgilio
Bessi.orum.por ciertos pueblos de thracia
Bessis.is. por ocho partes de doze
Bessalis.e.por cosa de ocho onças
Bestia.e.por la bestia fiera

Bestiola.ę.por pequeña bestia
Bestialis.e.por cosa bestial
Bestialitas.por la bestialidad.
Bestius.a.um.por cosa bestial
Beta.ę.por la segunda letra delos griegos
Beta.ę.por el acelga ierva conocida
Betaculus.i.por aquella mesma
Betacium.ij.por aquella mesma
Betaceus.a.um.por cosa delas acelgas
Bethys.is.por guadalquevir rio de españa
Bethica.ę.por el andaluzia region de españa
Bethicus.a.um.por cosa del andaluzia
Bethicatus.vestido de vestidura de alli
Bethania.ciui.palestina.
Bethphagé.locus palestine.
Bethsames.locus palestine
Bethsamita.ab eo loco
Betheron.locus palestine
Bethleem.lugar de palestina.bar
Bethleemita.por ombre de alli.bar
Bethlemiticus.a.um.por cosa de alli
Bethsaida.ę.ciudad fue de siria
Beto.betis.por ir en buena ora.pr
Betonica.e.por la ierva betonica
Betulus.i.por cierto rio de españa
    iánor.oris.por el poblador de mantua
    Bianóreus.a.ū.por cosa de aqlla ciudad.
Bias.antis.por uno delos siete sabios
Bianteus.a.um.por cosa deste sabio
Bibo.is.por bever.a.i
Bibax.acis.por el gran bevedor
Bibosus.a.um.por aquello mesmo
Bibulus.a.um.por aquello mesmo
Bibaculus.a.um.por aquello mesmo
Bibesia.ę.por la gran bevida
Bibacitas.atis.por aquello mesmo
Biblis.idis.por una fuente de asia
Biblis.idis.nympha hija de mileto z ciane
Biblos.i.interpretatur liber
Biblia.ę.por la brivia por excelencia
Bibliotheca.ę.por la libreria
Bibliopola.ę.por el vendedor de libros
Biblesia.ę.por una ciudad de asia
Biceps.ipitis.por cosa de dos cabeças
Biclinium.ij.por dos mesas
Bicolor.oris.por cosa de dos colores
Bicornis.e.por cosa de dos cuernos
Bicorpor.oris.por cosa de dos cuerpos

Bidens.tis.por cosa de dos dientes
Bidens.tis.por oveja o hierro de dos dictes
Bidental.alis.por lugar donde caio raio
Biduum.ij.por espacio de dos dias
Bidis.is.por una ciudad de sicilia
Bidensis.e.por cosa de aquella ciudad
Biennis.e.por cosa de dos años
Biennium.ij.por espacio de dos años
Bifariam.aduerbium.por en dos partes
Bifer.a.um.por cosa que dos vezes trae
Bifidus.a.ū.por cosa hendida en dos partes
Bifidatus.a.um.por aquello mesmo
Bifurcus.a.um.por cosa horcajada
Bifurcatus.a.um.por aquello mesmo
Bifera ficus.por breva o biguera breval
Biforis.e.por cosa de dos agugeros
Bifores.por un par de puertas
Biformis.e.por cosa de dos figuras
Bifrons.ontis.por cosa de dos frentes
Bige.arum.por carro de dos cavallos
Biga.ę.por aquello mesmo.rarum
Bigatus nūmus.moneda de aquel carro
Bigamus.i.casado dos vezes o con biuda
Bigamia.ę.por aquel casamiento
Biggerra.ę.por una ciudad de españa
Biiugus.a.um.por cosa de iunta de cavallos
Biiugis.e.por aquello mesmo
Bilanx.ancis.por la valança o peso
Bilibris.e.por cosa de dos libras
Bilinguis.e.por cosa de dos lenguas
Bilbilis.is.por calataiud en españa ciudad
Bilb.litanus.a.um.por cosa desta ciudad
Bilis bilis.por la colera
Bilis atra.por la malenconia
Biliosus.a.um.por cosa malenconica
Bilicis.e.por cosa texida a dos lizos
Bimaris.e.por cosa de dos mares
Bimembris.e.por cosa de dos miembros
Bimestris.e.por cosa de dos meses
Bimus.a.um.por cosa de dos años
Bimulus.a.ū.por cosa pequeña de dos años
Bimatus.us.por espacio de dos años
Bini.ę.a.por cada dos o de dos en dos
Binoctium.ij.por espacio de dos noches
Binominis.e.por cosa de dos nombres
Bion.onis.por un filosofo notable
Bionias.por la nueza o vid blanca
Biothanatos.por el que muere con fuerça

Bipalmis.e.por cosa de dos palmos
Bipalium.ij.instrumento es para cavar
Bipartior.iris.por partir en dos partes
Bipartitus.a.um.cosa partida en dos partes
Bipartito.aduerbium.por en dos partes.
Bipedalis.e.por cosa de dos pies
Bipennis.por segur o hacha de armas
Bipennifer.ri.por el que trae esta hacha
Bipes.edis. por cosa de dos pies
Byrrhus.interpretatur rufus
Byria.e. nombre proprio de siervo
Byrsa.e. interpretatur corium
Byrsa.e. por la ciudad de cartago
Byrseus.a.um.por cosa de aquella ciudad
Bis.aduerbium.por dos vezes
Bisaltia.e.por una region de thracia
Bisalte.arum. pueblos son desta region
Bison. ontis. animal es no conocido a nos
Bissextus.i. por el bissiesto dia cierto.no
Bissextilis.e.por cosa del bissiesto.no
Byssus.i.especie de lino mui delicado
Byssinus.a.um. por cosa de aquel lino
Bistonium.ij.por una laguna de thracia
Bistonia.e. por la region desta tierra
Bistonis.idis.por la hembra desta tierra
Bistonius.a.um. por cosa desta tierra
Bisulcus.a.um.por cosa hendida en dos partes
Bitalassum.i.por concurso de dos mares.
Bithynia.e.por una region dela menor asia
Bithinus.a.um.por cosa desta region
Bithynicus.a.um.por aquello mesmo
Bythrotus.i.por una ciudad de epiro
Biton.onis.hijo de argia sacerdotissa de juno
Biturus.i. gusano que roe las vides
Bituri. orum.por los borgundiones
Bitumen iudaicum.lo mesmo que asphaltos.
Bitumen.inis.por el betun
Bitumineus.a.um. por cosa de betun
Bituminatus.a.um. por cosa betunada
Biuita.e.por la biuda. unde biuitas .pr
Biuium.ij. por dos caminos
Bizantium.ij. ciudad de thracia costantipla
Bizantius.a.um.por cosa desta ciudad
Bizantinus.a.um.por cosa desta ciudad.
        landus.a.um.por cosa balagueña.
      Blandicellus.a.um.por un poco balaguera
Blandicie.arum.por los balagos
Blandicia.e.in singulari.por lo mesmo.ra

Blandimentum.i.por aquello mesmo
Blandior.iris. por balagar z lisongear.d.ij
Blamma.atis.interpretatur detrimentum
Blagula.e. por pliego de papel
Blapsigonia.e.quãdo no enfábran las abejas
Blandusia.e.region es delos sabinos
Blasphemus.i.por el blasfemo
Blasphemia.e. por la blasfemia
Blasphemo.as.por blasfemar.n.v
Blatero.as. por el balar delos carneros
Blatero.as. por mucho parlar z hablar
Blatero.onis. por el parlero z hablador
Blatta.is.idem est quod blato por parlar
Blatta.e.por la polilla
Blattarius.a.um.por cosa de polilla
Blesus.a.um.por cosa ceceosa o tartajosa
Blesillus.a.um. por cosa un poco tal
Blesilla.e.muger fue santa z romana.
Blitum.i.por el bledo ierva conocida.gr.
Bliteus.a.ũ.por cosa dessabrida como bledo.
        oa.e.por cierto genero de serpiente
      Boatus.i. por grave sonido
Boa.e.por cierta hinchazon de piernas
Boaria lappa. por una cierta ierva
Boarius.a.um.por cosa para buei o vaca
Bocas.e. por cierto pece que brama
Bocchus.i.por un rei de mauritania
Boeorix.gis. por un rei delos cimbros
Boebeis.idis.por una laguna de thessalia
Boetia.e.region es cerca de athenas
Boetes.is.por aquellos pueblos de boecia
Boetius.a.um.por cosa desta region
Boetis.idis. por cosa hembra desta region
Boetus.i.platero fue mui nombrado.
Boetius.ij. filosofo fue z senador romano
Bogud.dis.por un rei de africa
Boia.e.por cierto genero de prision
Boica.e.por aquello mesmo
Boij.orum.pueblos son de lombardia
Boicus.a.um.por cosa destos pueblos
Bola.e.por una ciudad antigua de italia.
Bolanus.a.um.por cosa desta ciudad
Bolanus.i. por el uesso del azeituna
Bolis.idis.por una especie de cometa luenga
Bolus.i. por pedaço de alguna cosa
Bombyx.icis. por el gusano dela seda
Bombylis.is.por aquel gusano imprfecto.
Bombycinus.a.um.por cosa de seda.

Bombus.i.por el zumbido o soni o ronco.gr
Bumbilo.as.por el zumbar como oejas.n.v
Bombisonus.a.um.por cosa que assi suena
Bombarda.ę. engeño es para combatir.no
Bomos.i.ara interpretatur
Bomolochos.i. interpretatur scurra
Bomolochia.ę. interpretatur scurrilitas
Bona dea. por una cierta diosa
Bonasus.i.animal es grande no conocido
Bonitas.atis.por la bondad
Bonum.i.por el bien nombre substantivo
Bonus.a.um.por cosa buena
Boo.as.por sonar.gręcum est
Bootes.ę.por una constelacion del cielo
Booz.bijo de salmon z de raab
Boreas.ę.por el mesmo viento que aquilo
Borealis.e.por cosa de aquel viento
Boreus.a.um.por aquello mesmo
Boristhenes.is. por un rio de tartaria
Bonus euentus.por el dios dela buena dicha
Bononia.ę.ciudad es de lombardia
Bononiensis.e.por cosa de aquella ciudad
Bos bouis.por el buei o vaca
Bos marinus.pescado es dela mar
Boscis.idis.por el anade fiera o negreta
Bosca.ę.por aquello mesmo
Bosphorus thraci9.el estrecho de costátinopla
Bosphorus cimmerius. otro estrecho encima
Bosphorani.oz.por los q moran cerca dellos
Botane.es.i.berba
Botulus.i.por morcilla o longaniza
Botellus.i. diminutivo es de botulus
Botryo.onis.interpretatur racemus
Botrysontes.ę. cierta bollin de bornaza
Bouillę.arum.lugar fue cerca de roma
Bouinus.a.um. por cosa de buei o vaca
Bouinator.oris.por maldezidor o maldiziéte
Bouinor.aris.por ser maldiziente.d.v
   rachae.arum. por bragas marineras
     Brachatus.a.tum.por cosa que las calça
Brachylogia.ę.por brevedad de palabras
Brachycatalectos.lo que breve mente acaba
Brachium.ij.por el braço
Brachiolum.i. por el braço pequeño
Brachiu arboris.por el ramo gruesso
Brachium berbę. por la penca
Brachiale.is.por el braçal o manilla
Brachys.interpretatur breuis

Brachmanę.arum.pueblos son delas indias
Bractea.ę. por la chapa o boja de metal
Bracteola.ę. por la chapa o boja pequeña
Bracteatus.a.um.por cosa chapada
Bractearius.ij.por el vatiboja
Bractearia.ę. por el arte de batir oro
Branchia.ę.por el agalla del pece
Branzus.i. especie de romadizo
Brassica.ę.por la verça o col de uerta
Brassica siluestris.por verça silvestre
Brauium.ij.i.agonis pręmium.gr
Brechma.atis. por la mollera dela cabeça.gr
Bresith.ex.bebraico est liber genesis
Breuis.e.por cosa breve o corta
Breuiter.aduerbium. por breve mente
Breuitas.atis. por la brevedad
Breuiloquus.a.ũ.por lo q breve mente babla
Breuiloquium.ij. por la brevedad dela babla
Breuiarium.ij.por el libro abreviado
Bryax.bryaxis.por un estatuario notable
Briareus.i.gigante bijo de titano z ola tierra
Brissa uua.por la uva pisada
Brissus.i. especie es de erizo dela mar
Briseis.idis. enamorada fue de achilles
Brysea.ę. por una ciudad de laconia
Bryseus.i.nóbre ol dios baco sacado o brisea
Brigantes.pueblos son donde nace el reno
Britannia.ę.por la isla inglaterra
Britannus.i.por cosa de aquesta isla
Britannicus.i. por el vencedor desta isla
Britomachus uir. quem marcellus occidit
Britones. pueblos só septétrionales bretones
Brixia.ę. por una ciudad de lombardia
Brixiensis.e. por cosa de aquella ciudad
Brixellum.i.por una ciudad de italia
Brochocéla.ę.por cierta binchazó del cuello
Bromius.ij.nombre proprio del dios bacco
Brochus.i.por el que tiene grandes dientes
Brochitas.atis.por aquella dentadura
Bronchus.i.interpretatur guttur.
Bronte.es.interpretatur tonitrus
Brontes.ę.uno delos cyclopes de vulcano
Brochus.i.por la goma del arbol bdelio
Bruchus.i.por el pulgon delas viñas
Bruma.ę.por el medio del invierno
Brumalis.e.por cosa del invierno
Brundusium.ij.ciudad es de apulia
Brundusinus.a.um.por cosa desta ciudad

Brupeo.es.no tener movimiēto ni sétido.n.v
Bruscus.a.um.por cosa brozna
Bruta.e.por cierto arbol peregrino
Brutus.a.um. por cosa bruta z bestial
Brutus.i.nombre fue de nobles romanos
Brutium.ij.region es en fin de italia
Brutij.orum.pueblos son desta region
Brutius.a.um.por cosa de aquella tierra.
Brutianus.i.nombre es sacado desta tierra
   ubalus.i.por el bufalo animal conocido
     Bubalus.a.um.cosa deste animal
Bu.in compositione. por cosa grande
Bubino.as.por ensuziar con menstruo.a.i
Bubona.e.por la diosa delas vacas z bueies
Bubile.is. por el establo delos bueies
Bubo.onis. por el bubo ave dela noche
Bubonocela.e.por una especie de potra
Bubulcus.i.por el vaquero o boiero
Bubulonicus.a.um.por cosa de aquestos
Bubulcito.as.guardar bueies o vacas.n.v
Bubulus.a.um. por cosa de buei o vaca
Bubulo.as.por el cantar del bubo ave.n.v
Bubalus.i.por el bufalo animal
Bubastis.is. diosa fue delos egiptios
Bubesius sinus.por el mar cerca de rodas
Bubesis.idis. por cosa hembra de alli
Bucca.e.por el buchete o bocado.
Buccea.e. por el bocado que cabe en la boca
Buccella.e. por el pequeño bocado
Bucco.onis. por ombre bocudo
Buccula.e.por el buchete pequeño
Buccula.e.por la bavera armadura.
Buccina.e. por la bozina para tañer
Buccino.as.por tañer con bozina.n.v
Buccinator.oris. por el tañedor de bozina
Buccinum.i.por una especie de purpura.
Buceros.i.por las albolvas legumbre
Bucera.e.por aquello mesmo
Bucerus.a.um.por cosa de bueies z vacas
Bucerius.a.um.por aquello mesmo
Bucentaurus.i.por el gran centauro.
Bucephalus.i.por un cavallo de alexandre
Bucetum.i.por boiada o bato de vacas
Bucolica.orum. obra es que hizo virgilio
Bucolicus.a.um. por cosa de vaqueros
Bucolion.onis.hijo fue del rei laomedon
Bucolos.idem quod bubulcus
Bucula.e. por la pequeña vaca

Bufo.or p̃.por el sapo o escuerço
Buglossj̃.e.por lengua de buei ierva.
Bulbus.i.por cierta especie de ceboll a.gr
Bulbus.i.por cualquier raiz como cebolla.gr
Bulbosus.a.um. por cosa de tal raiz
Bulbaceus.a.um.por cosa desta raiz
Bulbo.inis.por una ierva cierta
Bulbito.as. por ensuziar con estiercol.a.i
Bulapatos.i. idest lapatus boaria
Bulla.e. por la burbuja o ampolla
Bulla.e. por el bollon del cinto
Bulla.e. por la insignia del hijo dalgo
Bullula.e. por pequeña burbuja
Bullatus.a.um.por cosa de bollones llena
Bullo.as.por burbugear o bazer ápollas.n.v
Bulio.is.por bullir z mover se algo.n.v
Bulitio.onis.por aquel bullimiento
Bulima.e.interpretatur magna fames
Bumaste.es.por uva como datil luenga
Bumaste uua. por aquella mesma
Buprestis.is. por un gusano que mata bueies
Bunias.adis. por una especie de nabos
Bupthalmos.i.por el ojo de buei ierva
Bura.e.por una ciudad que fue en achaia
Buris.is.por aquella mesma ciudad
Buris.is. por la encorvadura del arado
Burdegale.ciudad de francia burdeos
Burdegalensis.e.por cosa desta ciudad.
Burdo.onis.por el burdegano
Burgundio.onis.pueblos son de borgoña
Burrbus.a.um.idem quod byrrbus.a.um.
Bus. interpretatur bos
Bustum.i.por la sepultura
Bustuarius.ij. el que los muertos entierra
Bustuaria meretrix. la puta carcavera
Buselinon.i.por cierta especie de apio
Busiris.idis.por un hijo de neptuno z libia
Busiris.idis.por una ciudad de africa
Buseriticus.a.um.por cosa desta ciudad
Buteo.onis.por cierta ave de rapina.
Butes.e.hijo fue de amico rei de bitbinia
Butes.e. por un rio de tartaria
Butbrotum.i.idem est quod bytbrotum
Butyrum.i.por el queso de vacas
Buxus.i.por el box arbol conocido
Buxum.i.por la madera de box
Buxeus.a.um. por cosa de box
Buxetum.i.por el boxedal lugar de boxes

De incipientibus a.c.
ínter puncta defignat cauís
C.in numeris.defignat centum.
Caballus.i. por el cavallo arrocinado
Caballinus.a.um.por cofa defte cavallo
Cabille.es.por una fuente en mefopotamia
Caca.ę.bija de vulcano z ermana de caco
Cácabus.í.por la caldera para cozer
Cácabo.as.auí.por cantar la perdiz.n.v
Cácetbos. interpretatur malus mos
Cacefia.ę.interpretatur uitiofitas
Cacbéfia.ę.por mala difpoficion de cuerpo
Cacbéticus.a.um.por cofa mal difpuefta
Cacbinnus.í. por la rifa carcajada
Cacbinnatio.onis. por aquel reir
Cacbinno.as.auí. por reir affi
Cacbinnor.aris.por aquello mefmo
Cacbinno.onis.por el mucbo rifueño
Cacia.ę. interpretatur uitium
Cacizotecbnos.reprebenfor de fu arte
Cacócbyla.ę.por el mar çumo
Cácodęmon.onis.por el angel malo
Cacóetbe.es. por una efpecie de çaratan
Cacométros.a.um.por cofa mal medida
Cacópbaton.por el mal fon z turpe
Cacos.interpretatur malus
Cacoftomacbos.í. por de mal eftomago
Cacofyntbeton.eft mala compofitio
Cacozélos.í.por el contrario de celofo
Caco.as.cacaui. por purgar el vientre.n.v
Cacaturio.is.por-aver gana dello..n.v
Cácula.ę. por el moço o rapaz de efcudero
Cacumen.inis. por la cumbre o altura
Cacumino.as. por emcumbrar algo.a.i
Cacus.i.por un bijo de vulcano
Cadauer.eris.por el cuerpo muerto
Cadauer domus. por el cafar de cafa
Cadytis.is.por cades ciudad de judea
Cadiuus.a.um.por cofa caediza
Cadmia.ę. por bollin de bornaza de cobre
Cadmus.i.bijo de agenor z rei tbebano
Cadméis.idis.por cofa bembra defte
Cadmeus.a.um.por cofa de aquefte
Cadmeius.a.um. por aquello mefmo
Cado.is.cecidi.por caer.n.v
Cadúceus.i.por la vara del embaxador
Caduceator.oris.por el embaxador
Caducifer.eri.por aquello mefmo
Caducus.a.um.por cofa caediza

Caducum legatum.por manda condicional
Caducarius.por aquel a quien fe manda
Caducor.aris.por defpeñar fe.n.v
Cadula.ę. por la pringue del torrezno
Cadus.i.por vafija pequeña de vino
Cadulus.i.por aquella mefma vafija
Cadurci.orum.pueblos fon de francia
Cadurcum.i. por lino de olanda
Caea.ę.por una ifla del arçapielago
Cębus.i.por el gato paus animal.
Caecubum.i. por cierto vino de campania
Caecilius.ij. nombre proprio de varon
Caecias.ę.viento que atrae a fi nuves.
Cęcitas.atis. por la ceguedad
Caecus.a.um.por cofa ciega
Cęculus.a.um. por cofa ciega un poco
Caeculus.i. por un bijo de vulcano
Caeco.as.aui.por cegar a otro.a.i
Caecutio.is.iui.por cegagear.n.v
Caedes.cędis. por matança a bierro
Cędecula.ę. por tal matança pequeña
Caedo.is.caecidi. por berir o matar.a.i
Cędrus.i. por el cedro efpecie de pino
Cędricum.i.por la tea defte arbol
Cędrea.ę. por la refina defte arbol
Cędréleon.i.por la refina o azeite del
Cędris.idis.por el pimpollo defte arbol
Caelator.oris.por el platero de finzel.
Cęlatura.ę.por la obra del finzel
Cęlamen.inis.por aquello mefmo
Cęlebs.ibis.por varon o muger folteros
Cęlibatus.por aquella foltura de cafar
Cęleftis.e. por cofa celeftial
Cęlifer.a.um.por cofa que tiene cielo
Cęlites.tuz. por los diofes del cielo
Caelitus.aduerbium.por celeftial mente
Cęlo.as.aui.por labrar de buril o finzel.a.i
Cęlum.i.por el buril o finzel.
Cęlum.i. por el cielo foberano
Cęlum.i. por el paladar dela boca
Caelum.i.por el aire elemento
Caeyx.cis.bijo del luzero rei de tracbinia
Cęmentum.i.por la çanja o cimiento
Cęmentarius.ij.por maeftro de çanjas
Cęmentarius.a.um.por cofa de cimiento.
Cęmenticius.a.um. por aquello mefmo
Cęmento.as.aui. por çanjar.a.i
Cęncus.i.varon z muger fue en tbeffalia
Cęnis.idis.por aquel z aquella mefmos

Caenotaphium.ij.por nueva sepultura
Cera.e.por la cera del panal
Caeratum.i.por el cerote de cera
Ceramentum.i.por aquello mesmo
Cacrotum.i.por aquello mesmo
Cereus.a.um.por cosa de cera
Cereus.i.por el cirio de cera
Caeraticum.i.especie de bamapola
Caerete.is.por una ciudad de tuscia
Ceretes.los moradores desta ciudad.
Ceretanus.a.um.por cosa desta ciudad
Caerion.grece interpretatur fauus
Cerosus.a.um.por cosa llena de cera
Ceroma.atis.por uncion de luchadores
Ceromaticus.a.um.por cosa desta uncion
Cerulus.a.um.por cosa negra o azul
Cerulcus.a.um.por aquello mesmo
Cerulum.i.por la mar
Caesar.aris.por julio cesar ditador
Cesar.aris.por cualquier emperador
Caesareus.a.um.por cosa de cesar
Cesarianus.a.um.por del vando de cesar
Cesarea.e.por una ciudad de judea
Cesariensis.e.por cosa desta ciudad
Caesaraugusta.e.por çaragoça en aragon
Cesaraugustanus.a.um.por cosa de alli
Cesaries.ei.por la cabelladura de varon
Caesa.e.por la cuchillada.
Cesena.e.por una ciudad de lombardia
Cesenas.atis.por cosa desta ciudad
Cesim.aduerbium.por a cuchilladas
Cesicius.a.um.por cosa pura
Caeso.onis.por el que nacio abierta la madre.
Cesonia.e.muger fue de caio cesar
Caestus.us.por la correa de venus
Caestus.us.juego era de correas antiguo
Caesticillus.i.por el rodeo de cabeça
Ceter.a.um.por todo lo restante
Cacterum.coniunctio.pro sed mas
Cetero.coniunctio.por aquello mesmo
Caim.hijo de adam z eva primero.b
Caiphas.e.pontifice fue delos judios.b
Caicus.i.por un rio de frigia
Caici.orum.pueblos cerca deste rio
Caister.tri.rio es de asia la menor.
Caius.ij.prenombre es de romanos
Cala.e.por leño o madero.pr.
Calabra curia.cierto lugar en roma

Calabrya.region es de italia
Calaber.rum.por cosa desta region
Calais.is.hijo fue de boreas z orithia.
Calamus.i.por caña como de trigo
Calamus.i.por caña para escrivir.
Calamarium.ij.por caxa de escrivanias
Calamaria theca.por aquello mesmo
Calamithe.es.interpretatur nepita
Calamistrum.i.hierro para encrespar cabellos
Calamistro.as.por encresparlos conel.a.i
Calamitis rana.por rana de cañaveral
Calamitas.atis.por gran daño z perdida
Calamitas.atis.por el desastre
Calamitosus.a.um.por cosa desastrada
Calamus odoratus.arbor es olorosa
Calamochnus.i.interpretatur adarca
Calandrius.ij.ave es no conocida.
Calathus.i.por el canastillo
Calathiscus.i.por el canastillo pequeño
Calata comitia.dias pregonados para eligir
Calatia.e.por una ciudad de italia
Calatinus.a.um.por cosa desta ciudad
Calatinus.i.por un ciudadano romano
Calantica.e.por cierta vestidura de muger
Calax.acis.por cierta ierva
Calagurris.is.por calahorra en españa
Calagurritanus.a.um.por cosa desta ciudad.
Calcar.aris.por la espuela de hierro
Calcar.aris.por el espolon del ave
Calcaneus vel calcaneum.por el calcañar
Calcaria.e.por la calera para cozer cal
Calcarius.ij.por el calero que la haze.
Calceo.as.aui.por calçar los pies.a.iiij
Calcio.as.aui.por aquello mesmo.a.iiij
Calceo.as.aui.por herrar las bestias.a.iiij
Calcio.as.aui.por aquello mesmo.a.iiij
Calceus.calcei.por el çapato
Calceatus.us.por el calçado
Calciatus.us.por aquello mesmo.
Calceamentum.i.por aquello mesmo.
Calceamen.inis.por aquello mesmo.po
Calciamentum.i.por aquello mesmo
Calciamen.inis.por aquello mesmo
Calcearia.orum.por aquello mesmo
Calciaria.orum.por aquello mesmo
Calcitro.as.aui.por acocear.n.v.
Calcitro.onis.por acoceador
Calcitrosus.a.um.por cosa acoceadora

Calcitratus.us.por el acoceamiento
Calcbas.antis.profeta fue delos griegos
Calco.as.aui.por bollar y acocear.a.i
Calculus.i.por la pedrezica
Calculus.i.por el trebejo o estaque
Calculus.i. por el contante para contar
Calculus.i.por la piedra dela bexiga
Calculosus.a.um. por cosa pedregosa
Calculo.as. por contar con tantos.a.i
Calculatio.onis.por aquella cuenta.
Calculator.oris. por aquel contador
Calculatorius.a.um.por cosa para contar
Calcularius.a.um. por aquello mesmo
Caldus.a.um.por cosa caliente
Caldarius.a.um. por cosa para calentar
Caldaria.e. por la caldera de fustera
Caldarium es.por la fustera
Caldor.oris. por la calor o calentura
Caledon.onis.region es de ingla terra
Caledonius.a.um.por cosa desta region
Calende.arum.por el primero dia del mes
Calendarium.ij.el libro de cuentas del logrero
Caleo.es.uel calesco.por escalentarse.
Calefacio.is.por calentar.a.i
Calefacto.as.por aquello mesmo.a.i.
Calefactio.onis. por el calentamiento.a.i
Calefio.is.por calentarse.n.iiij
Cales.ium.ciudad es de campania
Calenus.a.um. por cosa desta ciudad
Calenum.i. por vino desta ciudad
Caleph. judio notable en tiempo de moisen.b
Calfacio.is.calfeci. por calentar.a.i
Calfactio.onis.por el calentamiento
Calfactus.us. por aquello mesmo
Calfactorius.a.um.por cosa para calentar
Calfactorium.ij.por el calentador de cobre
Calydne.es.isla es del arçapielago
Caliculus.i.por vaso pequeño
Caliculatim.aduerbium.de vasito en vasito
Calydonia.e.por una region de grecia
Calydon.onis. por una ciudad de alli
Calydonius.a.um.por cosa desta ciudad.
Calidris.is.por una ave no conocida.
Calidus.a.um. por cosa caliente
Caliditas.atis.por la calentura
Calidarium.ij.por la estufa del b año
Caliendrum.i.por la toca alta de muger
Caliga.e.por armadura de piernas

Caligatus.a.um. por cosa armada della
Caligula.e.por esta armadura pequeña
Caligaris.e.por cosa desta armadura.
Caligula.e. emperador fue de roma
Caligo.as.aui.por escurecerse.n.v
Caligo.inis.por la escuridad
Caliginosus.a.um.por cosa escura
Calipolis.is.por una ciudad de tbracia
Calipolitanus.a.um.por cosa desta ciudad
Calypso.us.bija fue de oceano z tetbis
Calypso.us. por otra bija de atlas
Calyptra.e. por cierta cobijadura de cabeça
Calix.icis.por vaso para bever
Calyx.icis. por erizo como de castaña.
Calitrix.icis. animal es no conocido
Callaicus.a.um.por cosa de galizia
Callibia ostrea.por ostias aparejadas
Callidus.a.um.por cosa astuta
Calliditas.atis. por aquella astucia
Callide.aduerbium. por astuta mente
Calleo uel callesco. por encallecer.n.v
Calleo.es.por tener exercicio.a.i
Calleor.eris. por aquello mesmo.pr
Callimacbus.i. poeta fue griego
Calliope.es.una delas nueve musas
Calliopea.e.por aquella mesma
Calliroc.es.bija fue de acbeloorio
Calliroe.es.fuente es en mucbos lugares
Callicratides. capitan fue delos griegos
Callisto.us.bija fue de licaon rei
Callistbenes.dicipulo fue da aristoteles
Callistratus.i.nombre de mucbos varones
Callis.is.por camino bondo z estrecbo
Callus.i. por una especie de marisco
Callus.i.por el callo del pie o mano
Callum.i.por aquello mesmo
Callosus.a.um. por cosa callosa
Calo.as.aui.por llamar.pr
Calo.onis. por leñador del real
Calon. interpretatur lignum
Calopodium.ij. por la galocba
Calor.oris.por el calor
Calorificus.a.um.por cosa que baze calor
Calpe.es. por el cabo de gibraltar
Calpeianus.a.um.por cosa deste lugar
Calpetanus.a.um.por aquello mesmo
Calpburnius.ij.nombre de varon romano
Calpburnia.e.nombre de muger romana

Caltha.e. por una cierta flor romana
Caluaria.por la calaverna
Caluaster.tri.por calvo un poco
Caluata uinea.viña despojada de cepas
Calueo uel caluesco.por encalvecer.n.v
Caluus.a.um.por cosa calva
Caluicium.ij.por la calvez de cabellos
Caluicies.ei.por aquello mesmo
Caluicium uinee.por desplacion de vides
Caluo.as.aui.por encalvar.a.i
Caluo.is.calui.por engañar.pr.
Caluor.cris.por aquello mesmo.pr
Calumnia.e.por la falsa acusacion
Calumniosus.a.um.lo que assi acusa
Calumnior.aris.por acusar.d.iij.
Calumniatio.onis.por aquella acusacion.
Calumniator.oris.por aquel acusador
Calumniatorius.a.um.cosa para assi acusar
Calx calcis.por la cal
Calx calcis.por el calcañar
Cambyses.is.por un rei delos persas.
Cambyses.is.por un rio de alli
Cambre.es.por un lugar de frigia
Camelus.i.por el camello o dromedario
Camelus bactrianus.por el de una corcoba
Camelus arabicus.por el de dos corcobas
Camelarius.ij.por el camellero dellos
Camelasia.e.por el lugar donde se crian
Camelopardalis.is.animal es no conocido
Camera.e.por la boveda
Cameratus.a.um.por cosa de boveda
Camerarius.a.um.por cosa para boveda
Camertes.ium.pueblos son de umbria
Camerina.e.por un lugar de sicilia
Camerinas.atis.por cosa de alli
Camillus.i.varon fue romano noble
Camilla.e.hija fue del rei metabo.
Caminus.i.por la bornaza o borno.gr
Caminatus.a.um.por cosa de bornaza
Camoena.e.por la musa
Camoenalis.e.por cosa dela musa
Campe.es.interpretatur eruca uermis
Campania.e.region es de italia
Campanus.a.um.por cosa desta region
Camparius.ij.por la guarda del campo
Campestris.e.por cosa del campo
Campus.i.por el campo raso o vega
Campus martius.por campo março

Camus.i.por un genero de prision
Camurus.a.um.por cosa corva o retornada
Canalis.is.por la canal o caño
Canaliculus.i.por la canal pequeña
Canalicula.e.por aquello mesmo.
Canaliculatus.a.um.por cosa acanalada.
Canalicius.a.um.por cosa de canal
Canaliensis.e.por aquello mesmo
Canarie.arum.por las islas de canaria
Cancelli.orum.por las rexas
Cancellatim.aduerbiu.por a manera de rexas
Cancellarius.ij.por el chanciller
Cancellariatus.us.por la chancilleria deste
Cancello.as.por truncar la escriptura.
Cancer.cri.por el cangrejo dela mar
Cancellus.i.por el cangrejo pequeño
Cancer.cri.por un signo del cielo
Cancer.cri.por el cancer o çaratan
Candace.es.por una reina de ethiopia
Candacis.is.por aquella mesma
Candauia.e.monte cerca de esclavonia
Candaules.is.por un tirano de sardis
Candeo.es.candui.por emblanquecerse.n.v
Candesco.is.candui.por aquello mesmo.n.v
Candefacio.is.candefeci.por blanquear.a.i
Candela.e.por el candil o candela
Candelabrum.i.por el candelero.
Candetum.i.por la emelga del arada
Candico.as.aui.por blanquear.n.v
Candidus.a.um.por cosa blanca.
Candidulus.a.um.por cosa blanca un poco
Candidatus.a.um.vestido de veste blanca
Candidatus.i.por competidor de dignidad
Candor.oris.por la blancura
Candor.oris.por la no malicia
Caneo.es.canui.por encanecer.n.v
Canesco.is.canui.por aquello mesmo.n.v
Canens.tis.muger fue de pico rei
Canephore.ciertas mugeres de athenas
Cani.orum.por las canas dela cabeça
Canicia.e.por aquella canez dellos
Canicies.ei.por aquello mesmo
Caniceps.itis.por ombre cabeça de perro
Canis.is.por el can o perro
Canis.is.por el azar enlos dados
Canicula.e.por aquello mesmo
Canicula.e.por un cierto pescado
Canis.is.por una constelacion del cielo

Canicula.e.por una estrella del cielo
Caninus.a.um.por cosa de perro.
Canistrum.tri.por la canasta
Canna.e.por la caña
Cánnabis.is.por el cañamo
Cannabinus.a.um.por cosa de cañamo
Canne.arum.lugar es en la apulia
Cannensis.e.por cosa deste lugar
Cannetum.i.por una aldea cerca de pado rio.
Cano.is.cecini.por cantar.a.i
Cano bellicum.tañer para acometer batalla
Cano receptui.tañer para se retraer
Canor.oris.por el canto dulce
Canorus.a.um.por cosa de tal canto
Canon.onis.interpretatur regula
Canonicus.a.um.por cosa regular
Canopus.i.governador dela nave o menalao
Canopus.i.por dannata ciudad de egipto
Canopeus.a.um.por cosa desta ciudad
Canopicus.a.um.por aquello mesmo
Canópus.i.por una estrella meridional
Cantabria.e.por navarra en españa
Cantaber.a.um.por cosa desta region
Cantabricus.a.um.por aquello mesmo
Cantabri.orum.por los pueblos de alli
Cantabrica.por la ierva centaurea
Cántharos.interpretatur scarabeus
Cántharis.idis.por el abadejo ponçoñoso
Cantharis.idis.por el gusano delas rosas
Cantharus.i.por jarro para vino
Cánthara.e.nombre proprio de muger
Cántharus.i.ñudo so la lengua del buei apis
Cantharoleutros.animal es ponçoñoso
Cantherius.ij.por el cavallo castrado
Cantherinus.a.um.por cosa de tal cavallo
Cantherinum ordeum.cevada cavalluna
Cantherius.ij.por la percha dela parra
Cantheriata uitis.por la parra assi armada
Canticum.i.por la cancion o cantar
Cantilena.e.por aquello mesmo
Cantio.onis.por aquello mesmo
Cantiuncula.e.por cancion pequeña
Canto.as.aui.por cantar a menudo.a.i
Cantito.as.aui.por aquello mesmo
Cantor.oris.por el cantor que canta
Cantus.us.por el canto
Cantus.i.por el cincho dela rueda de carreta
Canus.a.um.por cosa cana o blanca

Canusium.ij.por una ciudad de apulia
Canusinus.a.um.por cosa desta ciudad
Canusinatus.a.um.vestido de paño de alli
Capaneus.i.rei que murio en thebas
Capax.acis.por cosa en que cabe mucho
Capacitas.atis.por aquella capacidad
Capedo.inis.por espacio de tiempo
Capena porta.la puerta de.S.pablo en roma
Capéna.e.lugar fue cerca de roma
Capénas.atis.por cosa deste lugar
Caper.pri.por el cabron o chivo
Capella.e.por la cabrilla pequeña
Capesso.is.iui.por tomar para administrar
Cápetus.i.por un rei delos albanos
Capháreus.i.por un cabo de nagroponte isla
Caphareus.a.um.por cosa de aqueste cabo
Capharnaum.i.ciudad es de palestina
Capidula.e.cierto vasito para bever
Capillus.i.por el cabello dela cabeça
Capillaris.e.por cosa de cabellos
Capillatus.a.um.por cosa de luengos cabellos
Capillamentum.i.por la cabelladura
Capillatura.e.por aquello mesmo
Capio.is.cepi.por tomar.a.i
Capio.is.cepi.por caber.a.i
Capio.is.cepi.por engañar.a.i
Capio.onis.por el tomamiento
Capis.idis.por cierto vaso para bever
Capisterium.ij.por çaranda para abechar
Capys.os.por un rei delos albanos
Capistrum.i.por el cabestro
Capistro.as.aui.por encabestrar.a.i
Capistratus.us.por el cabestrage
Capitalis.e.por cosa caudal
Capitalis homo.ombre que merece muerte
Capitale crimen.por causa criminal
Capitale flumen.por rio caudal
Capitatus.a.um.por cosa de gran cabeça.
Capitecensis.e.empadronado por cabeça
Capitecensus.a.um.por aquello mesmo
Capitellum.i.por el capitel de coluna
Capitellaris.e.por cosa de capitel.
Capito.onis.por ombre de gran cabeça
Capito.onis.por un cierto pescado
Capitosus.a.um.por cosa de muchas cabeças
Capitulum.i.por la cabeça pequeña
Capitulatus.a.um.por de pequeñas cabeças.
Capitulum.i.por el capitulo del libro

Capitulatim.aduerbi.de capitulo en capitulo
Capitulum.i.por el cabildo.no
Capitularis.e. por cofa de cabildo.no
Capnos.interpretatur fumus.
Capnitis cadmia.bollin de bornaza de cobre.
Cappadocia.region cerca de armenia.
Cappador.ocis.por ombre defta region
Cappadocius.a.um.por cofa defta region
Capparis.is.por el alcaparra
Capo.onis. por el capon
Capra.ę.por la cabra
Caprarius.ij.por el cabrerizo.
Capreę.arum.por una ifla contra napoles
Capreęnfis.e.por cofa defta ifla
Caprea.ę.por la cabra montes
Capreolus.i.por el bijo defta cabra
Capreolus.i.el cercillo o tiferetas de vid
Capreolus.i.açada de dos dientes para cavar
Capriceps.itis. por una cierta ave
Capricornus.i.por un figno del cielo
Caprificus.i.por el cabrabigo arbol
Caprificus.i.por el cabrabigo fruto del
Caprifico.as.aui.por cabrabigar
Caprificatio.onis. por el cabrabigar
Caprilis.e. por cofa de cabra o cabron
Caprilus.a.um. por aquello mefmo
Caprile.is. por el aprifco de cabras
Caprigena. ę. por de linage de cabras
Caprimulgus.i.por chotacabras ave
Caprimulgus.i.por ordeñador de cabras
Caprinus.a.um.por cofa de cabras
Capripes.edis.por cofa de pie de cabras
Capronę.arum.cabellos fobre la frente
Capfa.ę.por la cafa o arca
Capfula.ę.por la cafa pequeña
Capfarius.ij.por el que lleva los libros
Capfa.ę. por una ciudad de africa
Capfenfis.e.por cofa defta ciudad
Capfis. por toma fi quieres.pr
Capta.ę.por la facerdotiffa de befta
Captator.oris.por affecbador para tomar
Captatio.onis.por aquel affecbo
Captatorius.a.um.por cofa para tomar affi
Captio.onis. por el engaño
Captiuncula.ę.por pequeño engaño
Captiofus.a.um. por cofa engañofa
Capto.as.aui.por affecbar para tomar.a.i
Captor.aris.por aquello mefmo.d.iij

Captus ulis.por el ciego
Captus amore. por el enamorado
Captus mente. por el loco
Captus.us.por el tomo de alguna cofa
Captura.ę.por aquello mefmo
Capua.ę.por una ciudad de campania
Capulus.i.por cabo o empuñadura
Capulus.i.por las andas del muerto.
Capularis.e. por cercano ala muerte
Capula.ę. por vafo de dos afas
Capulator.oris.facador del azcite del alpechi
Capus.i. por el capon
Caput.itis.por la cabeça
Caput.itis.por el caudal en la ufura
Caput.itis. por el capitulo del libro
Caput fluminis.por la fuente
Carabus.i.por una efpecie de cangrejo
Caralis.is.por una ciudad de cerdeña
Caralitanus.a.um.por cofa defta ciudad.
Carambus.i.por un monte de paflagonia
Caranus.i.por un ermano de alefandre
Carares.is.ermano fue de fafo poetiffa
Carbafus.i.por un genero de lino
Carbafinus.a.um.por cofa defte lino.
Carbo.onis.por el carvon
Carbonarius.ij.por el carvonero
Carbunculus.i. por el carvoncol dolencia
Carbunculus.i.por el carvoncol piedra
Carbunculus.i.por tierra que fe abornaga
Carbunculofus.a.um.lo que fe abornaga
Carbunculo.as.aui.por abornagar.a.i
Carbunculatio.onis.por el abornagamiento.
Carcer.eris.por la carcel.
Carceres.la cuerda que empareja los cavallos
Carcinos.interpretatur cancer
Carcinoma.atis. por cancer o çaratan
Carchedon.onis.interpretatur cartbago.
Carchefium.ij.por la copa grande
Carchefium.ij.por la gavia dela nave
Cardamon.interpretatur nafturcium.
Cardamomum.i.ierva es olorofa
Cardia.interpretatur cor cordis.
Cardialon.i.por coraçon pequeño
Cardiacus.a.um.por doliente del coraçon
Cardo.inis.por el quicio dela puerta
Cardinalis.e.por cofa de quicio de puerta
Cardinalis.is. por el cardenal.no
Cardinalatus.us.por el cardenaladgo.no

Cardo.inis.la linea del norte al medio dia
Carduus.i.por el cardo que se labra
Carduus agrestis.por cardo arracife
Carduelis.is.por el sirguerito ave
Careo.es.carui.por carecer τ no tener.n.i
Careóta.ę.por una especie de datiles
Careótis.idis.por aquello mesmo
Caria.ę.por una region de asia
Cares.uim.por los pueblos desta region.
Caricus.a.um.por cosa desta region
Carex.icis. por el carrizo
Carectum.i.por el carrizal
Caryca.ę.por el higo passado
Caries.ei. por la carcoma dela madera
Cariosus.a.um. por cosa carcomida
Cariosa tera.mezclada seco con umido
Carissa.ę.ciudad fue de españa
Carissanum.i. lugar fue do murio milon
Carina.ę.por la carena dela nave.
Carinatim.aduerbium.a forma de carena
Carino.as.por dar carena ala nave
Carinę.arum.por un barrio de roma
Carynon oleum. por azeite de nuezes
Carystos.i.por una isla del arçapielago
Carystius.a.um.por cosa desta isla
Carithos.i.por otra isla del arçapielago
Caritas.atis.por la careza
Caritudo.inis.por aquello mesmo
Carmania.ę. por una region de asia
Carmanus.a.um.por cosa desta region
Carmelus.i.por un monte de palestina
Carmelita.ę.morador de aquel monte
Carmen.inis. por el cantar o canto
Carmen.inis.por la obra en verso
Carmen.inis.por el verso.
Carmen famosum.por libello diffamatorio
Carmenta.ę.la madre del rei evandro.
Carmentalis.e. por cosa de aquesta
Carmino.as.por carmenar o cardar lana.a.i.
Carmino.as.por espadar o rastrillar lino.a.i
Carnalis.e.por cosa carnal.no
Carnarius.a.um.por cosa amadora de carne.
Carnarium.ij.lugar do se guarda la carne
Carneus.a.um.por cosa de carne.
Carnéades.is.por un notable filosofo
Carnedęus.a.um.por cosa deste filosofo
Carnifex.icis.por el verdugo o saion
Carnificina.ę.el lugar donde atormentan

Carnificus.a.um.por cosa cruel τ carnicera
Carnificor.aris. por encarniçarse.d.v
Carnis priuium.ij.por carnes tollendas.no
Carnosus.a.um.por cosa carnosa.
Carnotum.i.por una ciudad de francia
Carnoti.orum.pueblos son de francia
Caro carnis. por la carne
Carpathus.i.por una isla cerca de egipto
Carpathius.a.um.por cosa desta isla
Carpentania.ę.por una region de españa.
Carpentani.orum.los pueblos desta region
Carpentanus.a.um.por cosa desta region
Carpentum.i.por un genero de carros
Carpentarius.ij.carpintero destos carros
Carpo.is. carpsi. por despedaçar.a.i
Carpo.is.psi.por reprehender
Carpo.is.psi.por coger fruta o flores
Carpo.is.psi.por pacer
Carpo.is.psi.por cardar o carmenar.a.i
Carpinus.i. por cierto arbol silvestre
Carpineus.a.um. por cosa deste arbol
Carpos.i. interpretatur fructus
Carpophorus.i.interpretatur fructifer
Carpobalsamum.i. por el fruto de balsamo
Carptim.aduerbium. por a pedaços
Carptor.oris. por el cardador
Carptor.oris.por el reprehendedor
Carrę.arum. por una ciudad de siria
Carrę.arum. por otra ciudad de arabia
Carreum.i. por una especia olorosa
Carrus.i.uel carrum.i.por el carro
Carruca.ę.por la carreta
Carrucarius.ij.por el carretero
Cártegon.por cierto fruto del box.
Cartéia.ę.por el lugar de gibraltar
Cartheus.a.um.por cosa desta ciudad
Cartha.ę. por una ciudad de fenicia
Carthago.inis.por carthago en africa
Carthaginensis.e.por cosa desta ciudad
Carthago.inis. por cartbagena en españa
Carthago.inis. por otra ciudad de españa
Carthi.orum.pueblos son de españa
Cartilago.inis.por la ternilla.
Cartilagineus.a.um.por cosa de ternillas
Cartilaginosus.a.um. por lleno de ternillas
Cartilaginatus.a.um.por aquello mesmo
Cartima.ę.por cartama lugar de españa
Caruis.is.por el alcaravia

Caruncula.ę. por pequeña carne
Carus.a.um.por cosa cara
Cárulus.i.por una cierta ave
Casa.ę.por la casa pagiza.
Cascus.a.um. por cosa mui antigua
Caseus.i.por el queso
Cascolus.i.por el queso pequeño
Casia.ę. arbol es olorosa de arabia
Casia bumilis.por el cantuesso
Casilmum.i.por una ciudad de italia
Casinum.i.por una ciudad de italia
Casinas.atis.por cosa desta ciudad
Casiteros.i.interpretatur stannum
Casiterides.islas son cerca de galizia
Casito.as.aui.por caer a menudo.n.v
Casius.ij.por un monte de egipto
Casius.a.um.por cosa de aqueste monte
Casius.ij.por otro monte de siria
Casperia.ę. ciudad fue de italia
Caspij.orum.montes son de armenia maior
Caspius.a.um.por cosa destos montes
Caspium mare.por el mar ircano
Cassandra.ę.hija fue del rei priamo
Cassandrus.i.rei fue de caria
Casses.ium.por la red.
Cassiculus.i.por la red pequeña
Cassius.ij.ciudadano fue romano
Cassia.ę.camino es de roma a modana
Cassiope.es. muger fue de cefeo rei
Cassiopea.ę. por aquella mesma reina
Cassiope.es.constelacion es del cielo
Cassis.idis.por armadura de cabeça
Cassida.ę.por aquella mesma.
Cassita.ę.por la cugujada o copada
Cassus.a.um.por cosa vana z vazia
Cassus.a.um.participium est a careo.es
Castanea.ę.por el castaño arbol
Castanea.ę.por la castaña fruto
Castanetum.i.por el castañal
Castalius.ij.fuente es del monte parnaso.
Castalius.a.um.por cosa de aquel monte.
Castalis.idis.por cosa hembra de alli.
Castalides.dum.por las nueve musas
Castellum.i.por la villa cercada
Castellatim.aduerbium.de villa en villa
Castellanus.a.um.por cosa de villa
Castellum.i.por bastida para combatir
Castellum.i.por almazen de agua

Casterium. iij.por el ataraçana.
Castiamira.ę.muger fue de priamo
Castigo.as.aui.por castigar.a.i
Castigatio.onis.por el castigo.
Castitas.atis.por la castidad
Castimonia.ę. por aquello mesmo
Castor.oris. animal es proprio de ponte
Castoreum.i.las turmas deste animal
Castor.oris.hijo de tyndaro z leda
Castoreus.a.um.por cosa de aqueste
Castores.estrellas que parecen en tempestad
Castrum.i. por la villa cercada
Castra.orum. por el real dela ueste
Castrametor.aris.por assentar real
Castrensis.e.por cosa del real o ueste
Castro.as.aui.por castrar animales
Castratio.onis.por la castradura dellos
Castrator.oris. por el castrador dellos
Castratorium.ij. por la castradera para esto
Castro.as.aui.por castrar las colmenas
Castratio.onis.por aquella castrazon
Castratorium.ij.por la castradera.
Castus.a.um.por cosa casta
Castula.ę.por faxa de muger
Castulo.onis.por cazlona cerca de baeça
Castulonensis.e.por cosa deste lugar
Casus.us.por el caso z fortuna
Casus.us. por la caida
Casus.us.por el caso dela declinacion
Catabatbynon.i. profundum z decliue
Catachrésis.interpretatur abusio
Catachresticos.interpretatur abusiue
Cataclysmus.i.por el diluvio. gr
Catacrisis.is.por la condenacion.gr
Catádromus.i.por la corredera. gr
Cataduppa.lugar do el nilo se despeña
Cataglypbon.lo pintado en escorche.
Catágrapbon.i.por el dechado para sacar
Catalepsis.interpretatur comprebensio
Catalogus.i. escriptura como matrícula
Catamitus.i. por el puto que padece
Cataplus.i.por el marinero mercader
Catapulta.ę. por ballesta fuerte
Cataplasma.atis. por el emplastro
Cataplasmo.as.por emplastrar
Catapotium.ij.por la pildora medicinal
Catapbractus miles.por ombre de armas
Catapbractus equus.cavallo encobertado

Cataphractus.i.undique munitus
Cataracta.ę.interpretatur defluxus
Cataracta.ę.por la compuerta
Cataracta.ę.por la cataraña ave
Catarytus.interpretater irriguus
Catarrhus.i.por el romadizo.
Catareo.interpretatur defluo.is
Catasceue.es.interpretatur confirmatio
Catascopium.ij.por un genero de nave
Catastagmos.interpretatur distillatio
Catasta.ę.carcel de esclavos para vender.
Catezizo.as.interpretatur instituo.is
Catecumenos.interpretatur institutus
Cateia.ę.por cierto genero de tiro.bar
Categorizo.as. pro eo quod predico
Categoria.ę.interpretatur predicatio.
Categorema.atis. interpretatur predicamentū
Catena.ę.por la cadena de eslavones.
Catella.ę.por cadena pequeña
Cateno.as.aui.por encadenar.a.i
Catellus.i. por el perro pequeño
Catella.ę. por la perra pequeña
Caterua.ę. por la compaña
Cateruarius.a.um.por cosa de compaña.
Cateruatim.aduer.de compaña en compaña.
Catexoche.interpretatur per excellentiam
Cathareo.interpretatur purgo.as
Catharteca. interpretatur purgatiua
Catharterium.ij.interpretatur purgatorium
Cathedra.ę.por la catedra o silla
Cathedrarius.ij.por el catedratico
Cathedralicius.a.um.por cosa de catedra
Cathecon.interpretatur officium
Catholicus.a.um. interpretatur uniuersalis
Cathorthoma.i.officium rectum
Cathorthosis.interpretatur recta effectio
Catilina.ę.ciudadano de roma notable
Catilinianus.a.um.por cosa de aqueste
Catilinarius.a.um.por aquello mesmo
Catillus.i. por el poblador de tibur
Catillus.i. por la mula de encima para moler.
Catinum.i. por plato o escudilla
Catillum.i. por aquella mesma pequeña
Catillo.onis.por el goloso que la lame
Catina.ę.por cataña en sicilia ciudad.
Catinensis.e.por cosa desta ciudad
Cato.onis.nombre de ciudadanos de roma
Catonianus.a.um.por cosa de aquestos

Catô.prepositio.interpretatur iufra
Catocoelia.ę.por el intestino ciego
Catti.orum.pueblos son septentrionales.
Catta.ę.ave es propria en ungria.
Catus.a.um. por cosa astuta
Catus.i.por el gato animal conocido.no.
Catulus.i.por un ciudadano romano
Catullus.i. poeta fue latino de verona
Catus siluestris.por el buron z marta.
Catulus.i.por el hijo de animal fiero
Catulus canis.por el cachorro
Catulus leonis. por el leoncillo
Catulus serpentis. por el hijo dela sierpe
Catulus leporis.por la lebrastilla
Catulio.is.por estar la perra cachonda.n.v
Catulio.is.por la tra sazonada para sebrar.n v
Catulitio.onis.por aquella sazon.
Cauaticus.a.um.por cosa cavadiza
Caucasus.i.monte por medio de asia.
Caucaseus.a.um.por cosa deste monte
Cauda.ę.por la cola del animal
Caudium.ij. por cierto lugar de italia
Caudinus.a.um. por cosa deste lugar
Cauea.ę.por la jaola para aves
Caueo rem. por huir alguna cosa.a.i
Caueo rei.por proveer a algo.n.ij
Cauerna.ę.por la concavidad
Cauernosus.a.um.por cosa concava
Cauillum.ij.por la malicia o astucia
Cauilla.ę.por aquello mesmo.
Cauillor.aris.por usar de malicias.d.v
Cauillo.as.aui.por aquello mesmo.n.v
Cauillator.is. por el tal malicioso
Cauillatio.onis. por aquella malicia
Cauillatorius.a.um.por cosa para malicia
Caula.ę.por el hato del ganado
Caulis.is. por el tallo dela ierva
Cauliculus.i. por el tallo pequeño
Caulis.is.por la col o verça
Cauliculus.i. por el breton o llanta
Cauliculus.i.por el colino para trasponer
Caulias.adis.por el çumo de assa.
Caulon.onis.monte es de calabria
Caulinus.a.um. por cosa deste monte
Caulinum uinum.por vino de alli
Cauma.atis.interpretatur incendium
Caunus.i. hijo fue de mileto z ciane
Cauo.as.aui. por cavar piedra o leño.a.i

c.iiii

Caupo.onis. por tavernero o ventero
Caupona.ę. por tavernera o ventera
Caupona.ę. por la taverna o venta
Cauponula.ę. por taverna pequeña
Cauponius.a.um.por cofa de taverna
Cauponor.aris.por andar por tavernas.d.v.
Caurus.i. por el viento gallego
Caurio.is.por bramar las onças.n.v.
Causa.ę.por la causa o achaque
Caufarius.a.um.por cofa achacofa
Caufor.aris.por traer caufas z achaques
Caufatio.onis.por aquel achaque.
Caufea.ę.por velo para fombra
Caufidicus.i.por abogado de pleitos.
Caufodes.por el caufon fiebre encendida
Caufticus.a.um.por cofa para encender
Cautabundus.a.um.por cofa mui cautelofa
Cautela.ę.por la caucion o cautela
Cauter.eris.por hierro para quemar
Cauterium.ij.por aquello mefmo.
Cauterizo.as. por herrar de huego.a.i
Cautes.is.por la piedra
Cautio.onis.par la caucion o cautela.
Cautus.a.um.por cofa cautelofa
Cautor formularum. efcrivano de contratos
Cauus.a.um.por cofa concava z hueca
Cauus.i.por el hoio o agugero
Cauum.i.por la tronera o faetera
      ebes.etis.por un dicipulo de focrates
      Cebriones.ę. hijo fue del rei priamo
Cecilia.ę. por una efpecie de culebra
Cecrops.pis.rei fue de athenas
Cecropius.a.um.por cofa defte rei
Cecropides.ę. por el varon de athenas
Cecropis.idis.por cofa hembra de alli
Cedo.pro eo quod eft da uel dic
Cedo.is.ceffi.por dar lugar.n.ij
Cedo locum tibi. por aquello mefmo.a.iiij
Cedar.por un lugar de paleftina.bar
Cedron. lugar cerca de jerufalem.bar
Cedrofij.orum.pueblos fon orientales
Cele.es.interpretatur hernia
Celeber.bris.bre.por cofa famofa
Celebris.bre.por aquello mefmo
Celebritas.atis.por la gloriofa fama
Celebriter.aduerbium.por famofa mente
Celebro.as.aui.por celebrar por fama.a.i
Celenę.arum.por una ciudad de frigia

Celenius a.um. por cofa defta ciudad
Celéna.ę.por otra ciudad de italia
Celéno.us. por una delas tres arpias
Celer.ris.re.por cofa ligera
Celeris.re.por aquello mefmo
Celerrimus.a.um.por cofa mui ligera
Celeriffimus.a.um.por aquello mefmo
Celeriufculus.a.um.por cofa un poco ligera
Celeritas.atis.por la ligereza.
Celeritudo.inis.por aquello mefmo
Celeriter.aduerbium. por ligera mente
Celero.as.aui.por prefto traer.a.i
Celeuma.atis.el canto delos marineros
Celeumaticus.a.um.por cofa de tal canto
Celiacus.a.um. por doliente de camaras.
Cella.ę. por la celda o cillero
Cella uinaria.por la bodega
Cellarium.ij.por aquello mefmo
Cella frumentaria.por la cilla de pan.
Cellarius.ij.por el cillero della
Cellarius.ij.por el botiller o bodeguero
Cellaris.e.por cofa de celda
Cello.is.non eft in ufu fed compofita.
Celo.as.aui.por encubrir.a.iiij.
Celmus.i.niño fue buelto en diamante
Celfus.a.um.por cofa alta
Celfitudo.inis.por el alteza
Celfus.i. orador fue z medico notable
Celtę.arum.pueblos fon de francia
Celticus.a.um. por cofa deftos pueblos
Celtina teftudo. por la centolla pefcado
Celtiberia.ę.por una region de efpaña
Celtiber.a.um.por cofa defta regiou
Celtibericus.a.um.por aquello mefmo
Celtus.a.um.por aquello mefmo
Celtis.is. arbol es no conocido
Cenchramus.i. por una cierta avezita
Cenchros.interpretatur milium
Cenchris.por una cierta fierpe en africa
Cenchris.is.por el puerto de corintho
Cenchreus.a.um.por cofa defte puerto
Cenchris.idis.por una efpecie de halcon.
Cenos. interpretatur inanis z uacuus
Cenodoxia.ę.por la vana gloria.
Cenotaphium.por la vana fepultura
Ceninenfes.pueblos fueron de italia
Cenfeo.es.cenfui.por juzgar o penfar.a.i
Cenfeo.es.por contar el pueblo.a.i

Censius.a.um.participium a censeo.es
Censor.oris.por el juez delas costumbres
Censorius.a.um.por cosa de tal juez
Censura.e. por aquella judicatura
Census.us. por el patrimonio o hazienda
Census.us.por la pecha o cañama
Census.us.por el alarde dela gente
Centauri.orum.pueblos fueron de thessalia
Centauricus.a.um.por cosa de aquestos
Centaureus.a.um.por aquello mesmo
Centaurus.i.por nombre de una nave
Centauréum.i.por la centaurea ierva
Centaurion.ij.por aquella mesma
Centrum.i.por el centro o punta
Centum.in plurali. por ciento
Centeni.e.a.por cada ciento
Centenarius.a.um.por cosa de ciento
Centesimus.a.um.por ciento en orden
Centesima.e.por una parte de ciento
Centies.aduerbium. por cien vezes
Centiceps.itis.por cosa de cien cabeças.
Centipes.edis.por cosa de cien pies
Centipeda.e. por cientopies gusano
Centipedalis.e.por cosa de cien pies
Centipondium.ij. por el quintal
Centimanus gyges.por de cien manos
Centumuiri. cien juezes eran en roma
Centumuiratus.us.por aquella dignidad
Centumuiralis.e. por cosa de aquellos
Centum capita.por mil hojas ierva
Centurio.onis.por el capitan de ciento
Centurionatus.us. por aquella capitania
Centuria.e. por la batalla de ciento
Centuriatim.aduerbium.de batalla en batalla
Centuria.e.por cien uebras de tierra
Centuplum.i.por ciento tanto
Cento.onis. por vestido de remiendos
Cento.onis. por escriptura de remiendos
Centunculus.i.diminutiuo de cento.
Centurupe.es.por una ciudad de sicilia
Centurupinus.a.um.por cosa desta ciudad
Cepa.e.por la cebolla de comer
Cepe.indeclinabile. por aquello mesmo
Cepina.e. por el cebollino
Cepula.e.por aquello mesmo.
Cephale.es. interpretatur caput
Caphaleus.a.um.por cosa de cabeça
Cephalea.e.por ataqueca dolor de cabeça

Cephalagia.e.por aquello mesmo
Cephalagicus.a.um.por doliente della
Cephalicum.i. por emplastro para cabeça
Cephalonia.e.isla es del mar jonio
Cephalones.pueblos son desta isla
Cephalonius.a.um.por cosa desta isla
Cephalus.i. por un varon de athenas
Cephalus.i.interpretatur mugil piscis
Cephaleosis.is.interpretatur recapitulatio
Cephaledum.i.por una ciudad de sicilia
Cephaleditanus.a.um. por cosa de alli
Cephaledias.adis. cosa hembra de alli
Cepheus.i.por un rei de ethiopia.
Cepheius.a.um. por cosa deste rei
Cepheus.a.um. por aquello mesmo
Cephisus.i. por un rio cerca del parnaso
Cephisius.a.um.por cosa deste rio
Cephisias.adis.por cosa hembra del
Cephisis.idis. por aquello mesmo
Cephus.i.animal es proprio de ethiopia
Ceraminos.interpretatur fictilis
Ceramicum.i.lugar era en athenas
Cerasus.i.por una ciudad de ponto
Cerasus.i.por el cerezo arbol
Cerasium.ij. por la cereza fruta
Cerasium acre.por la guinda
Crasta.e.sierpe es con cuernos
Ceratias.e. por cometa con cuernos
Ceratias.e.por cerezo silvestre
Ceration.ij.por la fruta de aquel
Ceraunos. interpretatur fulmen
Ceraunobolos.i. por relampago
Ceraunia.orum. montes son de epiro
Cerberus.i.el can portero del infierno
Cercis.idis.la cañilla menor del braço
Cercira.e.por un genero de nave.
Cercyra.e. nombre fue de corintho
Cercops.interpretatur iacosus
Cercopithecus.i.por gato paus
Cercris.idis.una hija de oceano z tethis
Cerdos.interpretatur lucrum
Cerdo.onis.por official de algun arte.
Cerdonicus.a.um.por cosa desta arte.
Cere.es.por una ciudad de italia
Ceres ceritis.por cosa desta ciudad
Cerebrum.i.por el meollo dela cabeça
Cerebellum.i.por meollo pequeño
Cerebellum.i.por la nuca del meollo.

Cerebrofus.a.um.por defmeollado o loco
Cerebrum palmę.por el palmito
Cerefolium.ij.por una efpecie de apio
Ceres cereris.por la diofa delas mieffes
Cerealis.e.por cofa defta diofa
Ceretaui.orum.pueblos fon del pireneo
Ceretanus.a.um.por cofa de alli
Ceretanum uinum. por vino de alli
Cerimonię.arum.por la cerimonia
Ceritus.a.um.por cofa furiofa
Cerintha.ę.por una cierta ierva
Cerno.is.creui.por ver con los ojos.a.i
Cernuus.a.um. por cofa cabez bafa
Cernulo.as.aui. por abafar la cabeça.a.i
Cernua.ę.por atun de pocos dias
Cerrus.i.por un cierto pefcado
Cerrus.i.por el mefto arbol de bellotas
Cerreus.a.um.por cofa defte arbol
Cerrinus.a.um. por aquello mefmo
Ceróftrotum.i.obra de efcaques de ueffo
Certo.as.aui. por contender z porfiar.a.i
Certamen.inis.por contendon z porfia
Certatim.aduerbium.por a porfia
Certus.a.um.por cofa cierta
Certiorem facio. por certificar z avifar
Certum facio.por aquello mefmo.poe
Certioro.as.aui.por aquello mefmo.ra
Certifico.as.por aquello mefmo.ra
Certo certius.por cofa mui cierta
Certe.aduerbium.por cierta mente
Ceruix.icis.por la cerviz del cuello
Ceruicofus.a.um. por cofa cerviguda
Ceruical.alis.por almobada de cabeça
Ceruchus.i.por el antena dela nave
Ceruus.i.por el ciervo animal conocido
Ceruinus.a.um.por cofa de ciervo
Ceruarius lupus.por lobo cerval
Cefpes.itis. por el cefpede
Cefpito.as.aui.por trompeçar.n.v
Cefpitator.oris. por trompeçador
Ceffo.as.ceffaui. por tardarfe.n.v
Ceffator.oris.por el tardio z efpaciofo
Ceftros.i.por la ierva britanica
Cetho.us.la madre fue delas gorgones
Cetus.i.por grande pece como vallena
Cete.indeclinabile. por lo mefmo
Cetarium.ij.por el almadrava
Cetarius.ij.por el pefcador deftos peces

Cetofus.a.um. por cofa llena dellos
Cethégulfi.varon fue romano notable
Cetra.ę.por el adarga de cuero
Cetratus.a.um.por cofa adargada
Ceu.aduerbium.por affi como
Ceueo.es.ceui.por padecer el puto.n.v
    habrias.ę.capitan fue de athenas
Chaere.interpretatur aue uel falue
Cherreas.eę.nombre proprio de varon
Cherépolus.i.ierva es de muchas hojas.
Chalazia.ę.piedra de efpecie de granizo
Chalazo.interpretatur grandino.as
Chalcanthus.i.por caparrofa o vidriol
Chalcos.i. interpretatur aes
Chálceus.a.um.por cofa de cobre
Chalcógraphus.i.por impreffor de libros
Chalcédon.onis.ciudad del bofphoro
Chalcedonius.a.um.por cofa defta ciudad
Chalcedonicus.a.um.por aquello mefmo
Chalcedonenfis.e.por aquello mefmo
Chalcis.idis.por una ciudad de euboea
Chalcidenfis.e. por cofa defta ciudad
Chalcidicus.a.um.por aquello mefmo
Chalcis.idis.por cierto genero de fierpe
Chalcis.idis.por una efpecie de fardina
Chalepos.interpretatur moleftus z difficilis
Chalepos.i. duro encuentro de letras
Chaldęa.ę.region ea de affiria
Chaldęi. pueblos fon de aquella regió
Chaldęus.a.um. por cofa defta region
Chalybes.um.pueblos fon de ponto
Chalybs.bis.por el azero o buen hierro
Chame.in cópofitione. interpretatur humilis
Chame acte.por fauco bafo z pequeño
Chamecyffos.i.por la iedra raftrera
Chamedaphne.por el laurel bafo.
Chameleon.onis. animal como lagarto
Chameleon.onis.por una cierta ierva
Chamemyrfine. por arraiban filveftre
Chamemelon.por la camamila ierva.
Chamedryis.ierva es que femeja a roble
Camapitis.is.por el pinillo ierva.
Chameplatanus.i.por el platano bafo
Chaon.onis.varon fue troiano
Chaonia.ę.por una region de epiro
Chaonius.a.um.por cofa defta region
Chaos.i.por la confufion delas cofas.
Chara.ę.por una ierva no conocida

Character.eris.interpretatur form●
Charadrius.ij.ave es no conocida
Charax.cis.por el rodrigon dela vid.
Characata uinea.por viña rodrigada
Charybdis.is.peligro de mar cerca de ficilia
Charientismos.interpretatur gratificatio.
Charis.itis.interpretatur gratia
Charites.um.por las tres gracias diofas
Charitoblepharon.ierva es no conocida
Charitas.atis.por el amor onefto
Charus.a.um.por cofa onefta mente amada
Charilaus.i.ermano fue de menandra
Charon.onis.el portero del infierno
Charoneus.a.um.por cofa de aquefte
Charondas.e.dador fue de leies.
Charta.e.por la boja del libro
Charta pergamena.por el pergamino
Charta pannucea.por el papel.no.
Chartaneus.a.um.por cofa de carta
Chartula.e.por boja pequeña
Chafma.atis.interpretatur biatus
Chafine.es.interpretatur ofcitatio
Chaus.i.animal es no conocido
Chedrops.interpretatur legumen
Chela.e.por braço de efcorpion
Chelone.es.por el galapago
Chelonia.e.por el ojo de galapago
Chelonites.e.por la piedra de galapago
Chelonophagus.el que come galapagos
Chelonophagi.pueblos cerca del mar perfico
Chelidon.onis.por la golondrina
Chelidonia.e.por la ierva dela golondrina
Chelydrus.i.por la culebra terreftre
Chelys.ys.inftrumento mufico es
Chen.interpretatur anfer.eris
Chenobofcion.por el anfarera
Chenotrophion.por aquello mefmo
Chenopus.odis.por pie de anfar ierva
Chenalops.pis.por una cierta ave
Cheops.pis.por un rei de egipto
Chephren.enis.por otro rei de egipto
Cherfos.interpretatur terra
Cherfinus.a.um.por cofa de tierra
Cherfoneffus.i.por cafi ifla
Cheroneffus.i.por aquello mefmo
Cherfydrus.i.por culebra dela tierra
Cherub.indeclinabile.por el cherubin
Cherubim.in plurali.por los cherubines.

Chilia.interpretatur milia
Chiliarchus.i.por capitan de mil.
Chylos.interpretatur fapor
Chilo.onis.uno fue delos fiete fabios
Chimera.e.por un monte de licia
Chimereus.um.por cofa defte monte
Chimera.e.por un animal fabulofo
Chimera.e.por la cimera o devifa
Chimerinos.interpretatur byemalis
Chios.ij.por una ifla del arçapielago
Chius.a.um.por cofa de alli
Chion.interpretatur nix niuis
Chione.es.hija de dedalion
Chione.es.puta fue famofa
Chir.interpretatur manus
Chiragra.e.por la gota delas manos
Chiragricus.por el gotofo dellas
Chirodita.e.por veftidura con mangas
Chirographum.i.efcriptura de propria mano
Chirographarius.el que la tiene de otro
Chiromantia.e.por la divinacion por mano
Chiromanticus.i.por aquel adevino
Chironomon.ontis.por el trincbante
Chironomia.e.por geftos de manos
Chiron.onis.hijo de faturno z filira
Chironeus.a.um.por cofa defte centauro
Chironius.a.um.por aquello mefmo
Chironeum ulcus.ulcera de dos orillas
Chirotheca.e.interpretatur manica guante
Chirurgus.i.por el cirugiano.
Chirurgia.e.por la cirugia
Chirurgicus.a.um.por cofa de cirugia
Chytrapus.odis.por las treudes.
Chlamys.ydis.veftidura como manto
Chlamydatus.a.um.por veftido della
Chloris.is.por la diofa delas flores
Chloris.is.muger de neleo rei de pilo
Chloelia.e.muger fue romana noble
Choenis.interpretatur femodium
Chole.es.interpretatur fel
Cholera.e.por camaras con gomito
Cholera.e.interpretatur bilis colera
Cholericus.a.um.por cofa de colera
Cholos.interpretatur claudus
Choliambus.i.por jambo cofo
Choragus.i.por guiador delcoro
Choraules.e.por tañedor de coro.
Chorocytharistria.e.por tañedora de coro

Choralistria.e.por aquella mesma
Chorda.e.interpretatur funus cuerda
Chordapson.i.por colica passion
Chorea.e.por el corro o dança
Chórea.e.por aquello mesmo.
Chore.varon fue judio notable.bar
Chorebus.i.varon fue notable
Chorcus.i.el pie de una luenga z otra breve
Choriambus.i.pie compuesto de coreo z iãbo
Choris.prepositio.interpretatur absq3
Choroides.e.por una delas tunicas del ojo
Chorus.i.por compaña de iguales
Chorus.i.por el viento gallego
Chratis.idis.por un rio de apulia
Chratcis.idis.por bija de aqueste
Chrcstos.interpretatur frugalis
Chrcstos.ierva es especie de cerraja
Chrysaor.bijo fue de medusa con pegaso.
Chrysos.i.interpretatur aurum
Chryseus.a.um.por cosa de oro
Chrysendetum.i.por vaso de oro
Chryses.e.sacerdote fue de apolo
Chryseis.idis.por la bija de aqueste sacerdote
Chrysippus.i.filosofo fue notable
Chrysippeus.a.um.por cosa de aqueste
Chrysitis.idis.por escoria de oro
Chrysitis.idis.por una cierta ierva
Chrysócome.es.por aquella mesma
Chrysógonus.i.nombre de varon
Chrysomelon.i.por membrillo amarillo
Chrysocolla.e.por borrax o atincar.gr
Chrysolytus.i.cierta piedra preciosa
Chrysopassus.i.otra piedra preciosa
Chrystomus.i.nombre de varon santo
Chrysotbemis.idis.bija de agaménon
Christus.i.interpretatur unctus
Chrisma.atis.interpretatur unctio
Christianus.a.um.por cosa cristiana
Christianismus.i.por cristiandad.
Chromis.is.nombre proprio de varon
Chromis.is.por un cierto pescado
Chromius.ij.por un bijo dé priamo
Chromius.ij.por otro bijo de neleo
Chroma.atis.interpretatur color
Chromaticus.a.um.por cosa colorada
Chronos.i.interpretatur tempus
Chronicus.a.um.por cosa temporal
Chronicon.i.por la cronica o istoria

Chronographus.i.por cronista
Chronographia.e.por descripcion de tiempo
Chtbon.interpretatur bumus.
yamos.i.interpretatur faba
Cyane.es.por una fuente de sicilia
Cyane.es.por una bija de meandro
Cyanee cautes.rocas son del bosforo
Cyaraxes.is.rei fue delos medos
Cyatbus.i.por un sorvo de cosa liquida
Cyatbus.i.por diez adaremes de liquido
Cibus.i.por el cevo o manjar.
Cibo.as.aui.por cevar o dar a comer
Cibatus.us.por el cevo o mantenimiento
Cibalis.e.por cosa de mantenimiento
Cibarius.a.um.por aquello mesmo
Cibaria.orum.por el mantenimiento.
Cybele.es.por la madre delos dioses
Cybeleius.a.um.por cosa desta diosa.
Cybium.ij.por un cierto pescado
Cibira.e.por una ciudad de asia menor
Cibiraticus.a.um.por cosa desta ciudad
Cibistra.e.ciudad es de armenia menor
Cybos.i.interpretatur cubus quadratus
Cyborium.ij.cierta fruta de egipto
Cicáda.e.por la cigarra o chicbarro
Cicadastra.e.por una especie de cigarra
Cicatrix.icis.por la señal dela berida
Cicatrícula.e.por aquella señal pequeña
Cicatricosus.a.um.por cosa llena dellas
Cicatrico.as.aui.por cerrarse la berida.n.v
Cicer ciceris.por los garvanços
Cicercula.e.por la cizercba legumbre.
Cicerculum.i.por aquello mesmo
Cicero.onis.por aquel notable orador
Ciceronianus.a.um.por cosa de aqueste.
Ciceromastyx.por reprebansor de aqueste
Cichórium.ij.por la cicorea
Cicindela.e.por la luziernaga
Cyclas.adis.por manto redondo
Cycladatus.a.um.por lo vestido de aquel
Cyclades.por las islas del arçapielago
Cyclus.i.interpretatur circulus
Cyclicus.a.um.interpretatur circularis
Cicnus.i.interpretatur cignus z olor
Ciconia.e.por la cigueña ave conocida
Ciconius.a.um.por cosa de cigueña
Ciconinus pullus.por el cigoñino
Ciconia.e.instrumento de medir bonduras.

Ciconia.ę.por el cigoñal para saca agua
Cicones.um.pueblos son de thracia
Cicum.is por la tela dela granada
Cicur.ris.por cosa duenda z mansa
Cicuro.as.aui.por amansar fieras.a.i
Cicus.i.arbol es no conocido.
Cicuta.ę.por la ceguta arbol
Cictita.ę.por el cañuto cualquiera
Cydarum.i.por una cierta nave
Cydaris.is.por la mitra pontifical
Cydippe.es.ninfa fue notable z eroe
Cydippe.es.por otra ninfa diosa
Cydnus.i.por un rio de cilicia
Cydon.onis.por una ciudad de creta
Cydones.pueblos son desta ciudad
Cydoniatę.por aquellos mesmos
Cydonias.adis.por bembra desta ciudad
Cydoneus.a.um.por cosa de alli
Cydoneum malum.por membrillo
Cydoneum uinum.por vino de membrillo
Cydonites uinum.por aquello mesmo
Cico cies.por mover o llamar.a.i.
Cignus.i.por el cisne ave conocida
Cigneus.a.um.por cosa de cisne
Cignus.i.por un bijo de neptuno
Cignus.i.por un rei de liguria
Cilicia.ę.por una region de asia
Cilix.icis.por varon desta region.
Cilissa.ę.por cosa bembra de alli
Cilicensis.e.por cosa desta region
Cilicium.ij.por el cilicio de cabrones.
Cilicinus.a.um.por cosa de cilicio
Cylydrus.i.por cierta serpiente
Cylindrus.i.por coluna rolliza
Cilium.ij.por la cuenca del ojo
Cyllarus.i.por el cavallo de castor
Cyllene.es.por un monte de arcadia
Cyllenius.ij.por mercurio que nacio alli
Cyllenius.a.um.por cosa deste monte
Cyllenis.idis.por cosa bembra de alli
Cima.atis.por el breton dela verça
Cymba.ę.por la barca de passage
Cimbalum.i.por la campana
Cimbis.is.por un lugar del andaluzia
Cymbium.ij.por la barreña
Cimbri.orum.pueblos de alemaña la bafa
Cimbricus.a.um.por cosa destos pueblos
Cimex cimicis.por la chisme o chinche

Cyminum.i.por los cominos
Cyminum agreste.por cominos rostigos
Cyminus.i.por un monte de italia
Cimindis.is.por ave cierta no conocida
Cimmerium.ij.ciudad es de taurica region
Cimmerij.orum.pueblos desta region
Cimmerium.ij.por un cabo de tartaria
Cimmerius.a.um.por cosa destos lugares
Cymodoce.es.bija de oceano z tethis
Cymolos.i.por una isla del arçapielago
Cymolia creta.por greda para alimpiar
Cimon.onis.varon notable de athenas
Cymothoe.es.bija de nereo z doris
Cyna.ę.arbol es propria dela india
Cinaedus.i.por el puto que padece
Cynapes.ę.por un rio de ponto
Cynara.ę.por el cardo que se labra
Cincinnus.i.por guedeja de cabellos
Cincinnatus.a.um.por guedejudo
Cinclus.i.por una ave no conocida
Cinctus.us.por la ceñidura
Cinctorium.ij.por el ceñidero
Cynegirus.i.varon de athenas notable
Cingo.is.cinxi.por ceñir.a.iij
Cingo.is.xi.por descorchar arboles.a.iij
Cingulum.i.por el cinto
Cingula.ę.por la cincha
Cineas.ę.varon griego notable
Ciner uel cinis.por la ceniza
Cinereus.a.um.por cosa de ceniza
Cinericius.a.um.por aquello mesmo.
Cineracius.a.um.por aquello mesmo
Ciniflo.onis.por encrespador de cabellos
Cinerarius.ij.por aquello mesmo
Cynicus.a.um.interpretatur caninus
Cyniphs.phis.por un rio de africa
Cynipheus.a.um.por cosa de alli.
Cinyras.ę.bijo de pafo z rei de cipro
Cinyreius.a.um.por cosa de aqueste
Cinyreis.idis.por bija de aqueste
Cinna.ę.varon fue romano notable
Cinna.ę.por otro poeta latino
Cinnabaris.is.especie de bermellon
Cinnamum.i.por una especia olorosa
Cinnamomum.i.por otra especia tal
Cinnamulgus.i.ave propria de arabia
Cinnus.i.por mezcla z composicion.ra.
Cynodontes.por dientes de perro

Cynocephali.pueblos de cabeças de perro
Cynocephalia.ierva cabeça de perro
Cynoglossa.ę.por almea ierva
Cynorrhodus.i. por rosal silvestre
Cynosbatos.i. por aquella mesma
Cynomyia.ę. por la mosca canina
Cynosura.ę.por una ama de jupiter
Cynosura.ę.por cierta constelacion
Cynosuris.idis.por aquella mesma
Cynthus.i.por un monte de delos
Cynthius.ij.por el dios apollo
Cynthia.ę.por la diosa diana.
Cynthia.ę.por una enamorada de propercio.
Cinus.i.por una especie de alamo
Cio.cis.por mover z llamar.a.i
Cyon. interpretatur canis
Cyparissus.i.niño fue buelto en cipres
Cyparissus.i. por el mesmo cipres
Cypressus.i.por aquello mesmo
Cyperus.i. por el junco esquinado
Cyperis.idis.por la raiz dela juncia
Cypirus.i. por la juncia olorosa
Cippus.i. por la sepultura
Cippus.i. por un romano notable
Cyprus.i.por cipro isla famosa
Cyprius.a.um.por cosa desta isla.
Cyprigena.ę. por cosa nacida enella
Cyprinum.i.por un cierto unguento
Cyprinus.i. por un cierto pescado
Cyprianus.i.por un varon santo
Cypbus.i.vaso era en los sacrificios
Cypselus.i.padre fue de periandro
Cypselides.ę.por alguno delos decendientes
Cypselus.i.por el arrefaque o vencejo
Circa.prepositio.por en deredor
Circum.prepositio.por aquello mesmo
Circumcirca.por aquello mesmo
Circe.es.bija fue del sol bechizera
Circeus.a.um.por cosa de aquesta
Circeij.orum.lugar en italia do reinó.
Circeiensis.ę.por cosa deste lugar.
Circensis.ę.por cosa del circo
Circinus.i. por el compas
Circino.as. por cercenar con compas.a.i
Circlus.i. idem quod circulus.por cerco
Circumago.is.por traer en cerco.a.i
Circumactus.us. por aquel traimiento
Circulator.oris.el que anda en corrillos

Circulatrix.icis.la que anda en corrillos
Circulatorius.a.um. por cosa ve corrillos
Circulus.i.por el rodeo de cabeça
Circulus.i.por el corrillo de ombres
Circulus.i.por el circo o circulo
Circularis.ę.por cosa de cerco
Circulatim.por de corrillo en corrillo
Circuli.orum.lugar era en athenas
Circulo.as.aui.por bazer circulo.a.i
Circiter.prepositio.por poco mas o menos
Circitor.oris. por el que baze vallado
Circuitor.oris.el que anda en corrillos
Circueo.is.iui.por cercar.a.i
Circuitus.us.por el cerco
Circumcido.is.por cortar en cerco.a.i
Circumcisio.onis.por aquella cortadura
Circumcidaneum uinum.el vino del pie
Circumcisitum.por aquel mesmo vino
Circumcludo.is.por cerrar en cerco.a.i
Circumdo.as.dedi.por cercar z rodear.a.i
Circumduco.is.por traer en cerco.a.i
Circumfero.rs. por traer en cerco.a.i
Circumferentia.ę.por el circulo
Circumfluo.is.correr lo liquido en cerco.n.v.
Circumfluus.a.um. por lo assi corriente
Circumforanus.a.um.por cosa placera
Circumfundo.is. por derramar en cerco.a.i
Circumfusus.us. por aquel derramamiento
Circumsono.as.por sonar en cerco.n.v
Circumsonus.a.um.por cosa que assi suena
Circumsisto.is.por estar en cerco.a.i
Circumsto.as.por aquello mesmo.a.i
Circumstantia.ę.por la circumstancia
Circumspicio.is.por mirar en rededor.a.i
Circumspectus.us.por aquel mirar
Circumpedes.por moço de espuelas
Circumuallo.as. por cercar en cerco.a.i
Circumuenio.is.por saltear.a.i
Circus.i.por el circulo figura
Circus.i.por el circo delos juegos
Cyrene.es. bija de peneo rio
Cyrene.arum.ciudad entre africa z egipto
Cyreneus.a.um. por cosa desta ciudad
Cyrenensis.ę.por cosa de alli
Cyrenaicus.a.um.por aquello mesmo
Cyrenaica.ę.por aquella region
Cirni.orum.pueblos delas indias
Cirnus.i.por corcega isla de nuestro mar

Cirneus.a.um.por cofa defta ifla
Cyrinus.i. romano en tiempo de crifto
Cirrba.ę.por un cerro del monte parnafo
Cirrbeus.a.um. por cofa defte monte
Cirris.is. por la cugujada
Cirrus.i.por el cabello o guedeja
Cirratus.a.um. por cofa de luengos cabellos
Cyrus.i.por un rei delos perfas
Cirfocela.ę.por una efpecie de potra
Cirtbis.is.por guadalquevir rio.pr
Cirtba.ę. por una ciudad de africa
Cirtbenfis.e.por cofa defta ciudad
Cis.prępofitio. por aquende
Ciffeus.i. rei de tbracia padre de ecuba
Ciffeis.idis. por ecuba bija de aquefte
Ciffos.i.interpretatur bedera.
Cifta ciftę.por la cefta
Ciftella.ę.por la ceftilla
Ciftula.ę.por aquello mefmo
Cifterna.ę.por la cifterna o algibe.
Cytis.interpretatur uefica
Cyftcolytos.i.efponja que fana betiga
Citatio.onis.por el movimiento
Citbion.ij.por una cierta medicina
Citra.prępofitio .por aquende
Citra.prępofitio.por fin
Citerior.por mas aquende
Citimus.a.um.por mui mas aquende
Cytbara.ę.por la barpa inftrumento
Citbaroedus.i.por el que la tañe
Citbariftria.ę.por la que la tañe
Citbaroedicus.a.um.por cofa defta arte
Citbarifticus.a.um. por lo mefmo
Citbea.ę.por una ciudad delos colcos
Citbeinus.a.um. por cofa defta ciudad
Cytbgeron.onis.por un monte de tbebas
Citberis.idis.enamorada de gallo poeta.
Cytbera.orum. por una ciudad de cipro
Cytbargeus.a.um.por cofa de alli.
Cytbeniacus.a.um.por cofa de alli
Cytberea uenus.por la diofa venus
Cytbera.ę.una ifla del arçapielago
Cytifus.i. por cierta flor z ierva
Cito.as.aui.por mover a menudo.a.i
Cito.aduerbium.por cedo o prefto
Cytorus.i.monte de afia menor
Cytorius.a.um. por cofa defte monte.
Citrus.i. por el cedro o alerze arbol

Citrum.i.por la madera defte arbol
Citreus.a.um.por cofa defte arbol
Citriago.inis.por el torongil ierva
Citrea mala.por las cidras.z c̃
Ciuis.is. por ciudadano o ciudadana
Ciuilis.e.por cofa de ciudad
Ciuicus.a.um. por aquello mefmo
Ciuiliter.aduerbium. por en forma de ciudad
Ciuica corona. del que guardo ciudadano
Ciuitas.atis.por ciudad los ciudadanos
Cyzicus.i.por una ciudad de afia menor
Cyzicenus.a.um.por cofa defta ciudad
    lades.is.por mortandad a bierro
    Cladecula.ę.por pequeña mortandad
Clemens.tis.por cofa templada z mite
Clementia.ę.por aquella templança
Clementer.aduerbium.templada mente
Clam.prępofitio.por a efcondidas
Clam.aduerbium.por efcondida mente
Clamo.as.aui.pol dar bozes llamando.a.i
Clamito.as.aui.por llamar a menudo.a.i
Clamor.oris.por el clamor z boz grande.
Clamos.oris.por aquello mefmo.pr
Clamofus.a.um.por cofa clamorofa
Clanculum.aduerbium.por a efcondedillas
Clandeftinus.a.um.por cofa a efcondidas
Clango.is.por el cantar las aguilas.n.v
Clangor.oris. por aquel canto
Clango.is.por fonar la bozina o tropeta.n.v.
Clangor.oris.por aquel fonido
Clangularius.ij.por el que canta affi
Clanius.ij.rio es de italia cerca de napol
Claresco uel claresco.por efclarecerfe.n.v
Clarifico.as.aui.por aclarar.a.i
Claro.as.aui.por aquello mefmo.a.i
Clarus.a.um.por cofa efclarecida
Claritudo.inis.por el efclarecimiento
Clarus.a.um. por cofa clara
Claritas.atis.por la clareza
Clarifonus.a.um.por lo que fuena claro
Claros.i. por una ifla del arçapielago
Clarius.a.um. por cofa defta ifla
Clarigo.as. por demandar lo robado.a.i
Clarigatio.onis.por aquella demanda
Claffis.is.por la flota de naves
Claffiarius.ij.el que guarda la flota
Claffis.is. por la cañama orden enel pueblo
Claficus.i.varon dela primera orden

Classicum.i.por el sonido de trompeta
Claterna.e.por una ciudad de italia
Clatro.as.aui.por cerrar con rexas.a.i
Clatrus.i.por aquella rexa
Clatrata feneſtra.ventana enrexada
Claua.e.por la maça porra
Clauiger.ri.por el macero
Claudo.is.clauſi.por cerrar.a.i
Claudus.a.um.por coſa coxa.
Claudius.ij.nombre de un ceſar
Claudianus.a.um.por coſa de aqueſte
Claudianus.i.poeta fue latino
Claudico.as.aui.por coxquear.n.v
Clauis.is.por la llave
Clauiger.cri.por el clavero o llaverizo
Clauicula.e.por la llave pequeña.
Clauicula.e.por cercillo de vid
Clauſula.e.por clauſula de cerradura.
Clauſtrum.i.por la cerradura o llave
Clauſtrum.i.por el clauſtro o encerramiento
Clauſtriditimus.i.portero del clauſtro
Clauus.i.por el clavo de hierro
Clauus.i.por el timon del governallo
Clauus oculi.por el clavo del ojo
Clauus pedis.por el clavo del pie
Clauus eris.por la maſſa de cobre
Clauus latus.veſtidura de hidalgos
Clauus anguſtus.veſtidura deſte genero
Clazomene.arum.por una ciudad de jonia
Clazomenius.a.um.por coſa deſta ciudad
Clearchus.i.por un filoſofo notable
Cleantes.is.por otro filoſofo notable.
Cleobulus.i.por uno delos ſiete ſabios
Cleombrotus.i.varon de lacedemonia
Cleone.arum.por una ciudad de arcadia
Cleoneus.a.um.por coſa deſta ciudad
Cleobis.hijo fue de argia ſacerdotiſſa.
Clepo.is.clepſi.por hurtar.a.i
Clepſydra.e.por relox de agua
Cleros.i.interpretatur ſors
Clericus.i.ſortiens.por clerigo
Clerus.i.enfermedad es enla colmena
Clibanus.i.por el horno o hornaza
Clicia.e.por una eſpoſa del ſol
Cliens.tis.por el encomendado de alguno
Clientela.e.por aquel allegamiento
Clima.atis.por el clima dela tierra
Clima.atis.por ſeſenta pies en torno

Climax.interpretatur ſcale
Climater.eris.peligro enla vida humana
Climatericus.a.um.por coſa de tal peligro
Clymene.es.hija de oceano z tethis
Clymeneius.a.um.por coſa de aqueſta
Clino.as.aui.por inclinar.a.i
Cline.es.interpretatur lectus lecho
Clinice.es.por cierta ſecta en medicina
Clinicus.i.por medico de aquella ſecta
Clinias.e.varon fue notable de athenas
Clinopalis.exercitatio luxurioſa
Clio clius.una delas nueve muſas
Clypea.e.por una ciudad de africa
Clypeus.i.por el paves o eſcudo
Clyſter.eris.por el triſtel aiuda
Clyſterium.ij.por aquello meſmo
Clyſterizo.as.por echar triſtel
Clitella.e.por el albarda
Clitellarius.a.um.por coſa de albarda.
Clitemneſtra.e.hija de tindaro z leda.
Clytius.ij.por un hijo de laomedon
Clitumnus.i.rio de italia
Clitorius.ij.por una fuente de arcadia
Cliuus.i.por la cueſta de cerro
Cliuoſus.a.um.por lleno de cueſtas
Cloaca.e.por el albañar publico
Cloanthus.i.varon compañero de eneas
Clodius.ij.por el meſmo que claudio.
Cloſtrum.i.por la cerradura
Clotho.us.por una delas tres parcas
Cludo.is.cluſi.por cerrar.a.i
Cluo.is.clui.por pelear.pr
Cluacina uenus.templo era en roma
Clupea.e.por la meſma que clypea
Cluſium.ij.por una ciudad de italia
Cluſinus.a.um.por coſa deſta ciudad
   nidos.i.por una ciudad de grecia
Cnoſos.i.por una ciudad de creta
   oaceruo.as.aui.por amontonar.a.i
    Coactus.a.um.participium a cogo.is
Coactus.us.por el coſtreñimiento
Coactor.oris.por cogedor de pecho
Coedifico.as.aui.por edificar.a.i
Coequalis.e.por coſa igual con otro
Coequalitas.atis.por la igualdad
Coequo.as.aui.por igualar.a.i
Coagmento.as.por travar coſas iguales.a.i
Coagmentum.i.por aquella travazon

Coagmentatio.onis.por aquello mesmo
Coagulum.i.por el cuajo
Coagulo.as.aui.por cuajar.a.i
Coagulatio.onis.por aquel cuajamiento
Coangusto.as.aui. por angostar.a.i
Coarguo.is.gui.por redarguir.a.i
Coaspes.e. por un rio delos medos
Coasso.as.aui.por entablar.a.i
Coastre.arum. pueblos son dela india
Coax. por el son τ canto dela rana
Coaxo.as.aui. por cantar la rana.n.v
Cocanicus sal. por cierta sal de sicilia
Coccum.i.por la grana color
Coccinus.a.um. por cosa de grana
Coccineus.a.um.por cosa de grana
Coccinatus.a.um. por vestido de grana
Cochlea.e.por el caracol de comer
Cochlearium.ij.por el lugar do se crian
Cochlea.e.por el caracol por do suben
Cochlear.aris. por la cuchara
Cochlearium.ij. por aquella mesma
Coche.es.por potage de havas
Cocyx.icis.por el cuclillo ave
Cocytus.i. por un rio del infierno
Cocytius.a.um.por cosa deste rio
Cocles.itis.por el tuerto de un ojo
Cocles.itis.ciudadano fue romano
Coctanum.i. por el membrillo
Coctilis. e. por cosa cozediza o cochia
Coctiuus.a.um. por aquello mesmo
Coctus.a.um.participium a coquo.is
Coctura.e.por la cozedura
Cocton. por una ciudad de siria
Coctonum.i.por una especie de higos
Cocula.e.por olla para cozer
Cocus.i.por el cozinero
Coda.e.idem est quod cauda
Codex.icis.por la corcha o corteza
Codex.icis.por el volumen del libro
Codicillus.i. por pequeña corteza
Codicillus.i. por pequeño volumen
Codicilli.orum. por el codicillo de testamento
Codrus.i.varon fue atheniense notable
Coelos.interpretatur cauus
Coelo syria.interpretatur caua syria
Coemiterium. interpretatur dormitorium
Coemiterium.ij.por el cementerio
Coemo.is. por comprar junto.a.i

Coena.e. por la cena
Coenula.e. por cena pequeña
Coenaculum.i.por soberado o sala alta
Coenatio.onis.por sala baxa
Coenatorium.ij. lugar para cenar
Coeno.as.aui.por cenar.a.i
Coenito.as.aui.por cenar a menudo
Coenos. interpretatur communis
Coenobium.ij.por vida comun
Coenum.i.por el cieno
Coeo.is.coiui.por aiuntarse.n.v
Coepio.is.coepi. por começar.pr
Coepi coepisti.por aquello mesmo.a.i
Coeptus.a.um. por cosa começada
Coerceo.es.coercui.por refrenar.a.i
Coertio.onis.por el refrenamiento
Cocus.i. por uno delos gigantes
Cognatus.a.um.por pariente
Cognatio.onis.por el parentesco
Cognomen.inis. por el sobrenombre
Cognomentum.i.por aquello mesmo
Cognominis.e. por del mesmo nôbre
Cognosco.is.cognoui.por conocer.a.i
Cognitio.onis. por el conocimiento
Cognitor.oris.por el conocedor
Cognobilis.e.por cosa conocible
Cogito.as.aui. por pensar.a.i
Cogitatio.onis .por el pensamiento
Cogitabundus.a.um.por pensativo
Cogo.is.coegi. por costreñir.a.i
Cohabito.as.aui. por morar con otro.a.i
Cohabitatio.onis. por aquella morada
Cohereo.es.si.por allegarse con otro.n.v
Cohesus.a.um. por cosa assi allegada
Coherentia.e.por aquel allegamiento
Coheres.edis.por credero con otro
Cohibeo.es.cohibui. por refrenar.a.i
Cohibitio.onis. por aquel refrenamiento
Cohors cohortis. por corral de aves
Cohortalis.e.por cosa de corral
Cohortor.aris. por induzir por razones. d.iij
Cohortatio.onis.por aquel induzimiento
Cohors cohortis.por la escuadra
Coibilis.e.por cosa aiuntable
Coitus.us.por el aiuntamiento
Coitio.onis. por aquello mesmo
Coitus lune.por la conjuncion
Coinquino.as.por ensuziar.a.i

Cólaphus.i. por la bofetada
Colaphizo.as. por abofetear.a.i
Colax.acis.interpretatur adulator
Colchi.orum. pueblos son cerca deponto
Colchus.a.um. por cosa destos pueblos
Colchis.idis.por medea que fue de alli
Coleus.i. por el cojon o turma
Coleatus.i.por el cojudo
Coles.is. por el miembro del varon
Coliculus.i. por breton dela verça
Coliculus.i.por la llanta o colino
Colis.is. por la col o verça
Colymbas.adis.azeituna en conserva
Colias.adis. el lado cavado del carnicol
Colica.ę. por la colica passion
Colicus.i.por el apassionado della
Colicon.i.por medicina para la colica
Colyphium.ij. manjar era de luchadores
Collabor.eris.por caer con otro.d.v
Collachrymor.aris.por llorar con otro.d.v
Collacteus.a.um.por ermano de leche
Collactaneus.a.um.por aquello mesmo
Colla.ę.por la cola o engrudo
Collarium.ij. por el collar
Collateralis.ę.por cosa del lado
Collatia.ę.por un lugar cerca de roma
Collatinus.a.um.por cosa deste lugar
Collactio.onis.por la comparacion
Collatio.onis. por la contribucion
Collaticius.a.um.por cosa contribuida
Collatus.us. a confero.rs.contuli
Collaudo.as.aui. por alabar junta mente.a.i
Collaudatio.onis. por el alabança
Collectaneus.a.um. por cosa cogediza
Collegium.ij. por el colegio
Collega.ę.por el colegial
Collibertus.i. por el liberto con otro
Collibet.impersonale.pro eo quod libet
Collido.is.si. por herir uno con otro.a.i
Collisio.onis.por aquella herida
Collisus.us.por aquello mesmo
Colligo.is.collegi.por coger.a.i
Collimo.as.aui. por limar.a.i
Collino.is.colliui.por untar.a.i
Colliquia.ę.sulco para sangrar el agua
Collyrium.ij. medicina para los ojos
Collirida.ę. por cierta forma de torta
Collyusta.ę. por el banquero cambiador

Collis.is. por el cerro o collado
Collinus.a.um.por cosa de tal lugar
Collina porta.puerta era de roma
Colloquor.eris.por hablar uno con otro.d.iij
Collocutio.onis.por aquella habla
Colloquium.ij.por aquello mesmo
Colluceo.es.colluxi.por luzir.n.v
Colluco.as.por podar los arboles.a.i
Colludo.is.si. por jugar uno con otro.a.i
Colludo.is.si.por hazer colusion en pleito.a.i
Collusio.onis.por aquella colusion
Collusor.oris. por el que haze colusion
Collusorius.a.um.por cosa de colusion
Colluo.is.collui.por lavar.a.i
Colluuies.ei.por suziedad cogida
Colluuio.onis. por aquello mesmo
Collustro.as.aui.por alumbrar.a.i
Collustratio.onis.por el alumbramiento
Colo.is.colui. por labrar como tierra. a.i
Colo.is.colui.por morar.a.i
Colo.is.colui.por onrar ɀ acatar.a.i
Colobium.ij.por vestidura sin mangas
Colo.as.colaui. por colar por coladero.a.i
Colocasia.ę.ierva es propria de egipto
Colocynta.ę.por la coloquintida calabaça
Coloquintis.idis. por aquello mesmo
Colon.interpretatur membrum
Colon.i. por la tripa ancha
Colonus.i. por el labrador ɀ morador
Colonia.ę. por puebla de estrangeros
Colonus.i.por poblador de tal lugar
Colophon.onis.ciudad es de lidia
Colophonius.a.um.por cosa desta ciudad
Colophoniacus.a.um.por aquello mesmo
Colpus.interpretatur sinus seno
Color.oris.uel colos. por la color
Coloro.as.aui. por colorar.a.i
Colorius.a.um. por cosa de color
Colossus.i.por estatua mui grande
Colosseros. por ombre mui grande
Colossicus.a.um.por cosa assi grande
Colosseus.a.um. por aquello mesmo
Colossi.orum.por una ciudad de rodas
Colossensis.ę.por cosa desta ciudad
Colostrum.i.por el calostro de leche
Colostratio.onis. dolencia por calostros
Colota.ę.por una cierta ave
Colotes.is. por la tarantola

Coluber.bri.por la culebra
Colubra.ę.por aquello mesmo
Colubrifer.a.um.lo que trae culebras
Colum.i.por coladero para colar
Colum.i.por el punto enla escriptura
Columba.ę.por la paloma
Columba domestica. paloma duenda
Columba saxatilis. por la palomariegal
Columba miscella.por la mestlada destas
Columbus.i. por el palomo macho
Columbinus.a.um.por ela cosa de palomas
Columbinus pullus.por el palomino.
Columbar.aris.por el palomar
Columbarius accipiter.por neblí
Columbor.aris.besar como palomas.d.v
Columbatim.abuerbuũ.a manera de palomas
Columen.inis.por la cumbre
Collumellaris dens.por el colmillo
Columna.ę. por la coluna
Columnella.por coluna pequeña
Colurio.onis. por una cierta ave
Colurnus.a.um.por cosa de avellano
Coma.ę. por la cabelladura
Comatus.a.um.por cosa encabellada
Comatulus.a.um.por encabellado un poco
Comosus.a.um.por lleno de cabellos
Come.es. interpretatur castellum
Combibo.is.bi. por bever en uno
Combibo.onis. por bevedor con otro
Comedo.is.comédi. por comer.a.i
Comessem.es.pro eo quod comederem
Comesse.pro eo quod comedere
Comesus.a.um.participium a comedo
Comessor.aris. por comer en cofradia.d.v
Comessator.oris.por aquel comedor
Comessabundus.a.um. lo q̃ come mucho assi
Comessatio.onis. por aquella comida
Comes.itis. por compavero menor
Comes.itis. por conde o condessa
Cometes.ę.por la cometa estrella
Comicus.a.um. por cosa de comedia
Comicus.i.por el poeta de comedias
Comis.e. por cortes z umano
Comitas.atis. por aquella cortesia
Comiter.aduerbium.por cortes mente
Comitor.aris. por acópañar al maior.d.iij
Comito.as.aui.por aquello mesmo.a.i
Comitatus.us. por la compañia

Comitatus.us. por el condado
Cominus.aduerbium. por cerca
Comitium.ij.el lugar donde eligen
Comitia.orum.los dias dela elecion
Comitialis.e.por cosa de elecion
Comitiarius.a.um.por cosa para elecion
Comma.atis. interpretatur scissio
Comma.atis. medio punto enla escriptura
Coma.atis.lo que sobra el semitono maior
Comaculo.as.aui.por ensuziar.a.i
Comanduco.as.por mascar o comer.a.i
Comanducatus.us.por la mascadura
Comeo.as. por passar por lugar.n.v
Comeatus.us.por aquel passage
Comeatus.us.por las vituallas de ueste
Comeatus.us. por licencia para ir
Comeio.is.cóminxi.por mear con otro.a.i
Comeditor.aris.por pensar con otro.d.iij
Comendo.as.aui. por encomendar.a.iij
Comendatio.onis. por encomienda
Comendaticius.a.um.por cosa de encomiéda
Comendatarius. por comendador de orden
Comendatum.i. por la encomienda deste
Comemini.isti. por recordarse.a.i
Comemoro.as.aui.por recordar a otro.a.iij
Comemoratio.onis. por esta recordacion
Comentor.aris.por pensar o comunicar.d.iij
Comentor.aris.por fingir o glosar.d.iij
Comentator.oris. por glosador.z c̃
Comentum.i.por la glosa o ficion
Comenticius.a.um. por cosa fingida
Comentarius.ij.por minuta de obra
Comentarinm.ij. por aquello mesmo
Comentariolus.i. por aquello mesmo
Comentariolum.i.por aquello mesmo
Comentariensis.por carcelero
Comercor.cris. por merecer.d.iij
Comercor.aris.por mercar.d.iij
Comercium.ij. por mercaderia
Comigro.as.aui. por mudar casa có otro.n.v
Comiles.itis.ombre armado con otro
Comilito.onis. por aquello mesmo
Comilitium.ij. por compañia enla guerra
Cominiscor.eris. por fingir z pensar.d.iij
Cominor.aris.por amenazar.d.ij
Cominatio.onis.por el amenaza
Cominuo.is.nui.por desmenuzar.a.i
Cominutio.onis.por el desmenuzamiento

d.ii.

Cõmiſeror.aris. por aver miſericordia.d.iij
Cõmiſeratio.onis. por la miſericordia
Cõmitto.is.ſi. por cometer pecado.a.i
Cõmitto.is.ſi.por encomendar.a.iij
Cõmitto.is.ſi. por comparar.a.iij
Cõmitto.is.ſi.por travar.a.i
Cõmiſſura.ę.por la travazon
Cõmiſſura.ę. por la comiſſura
Cõmiſſorius.a.um.por coſa para cometer
Cõmiſceo.es.cui. por mezclar.a.i
Cõmodum.i. por el provecho
Cõmoditas.atis.por aquello meſmo
Cõmodus.a.um. por coſa provechoſa
Cõmodum.aduerbium.provechoſa mente
Cõmodo.as. preſtar lo que ſe buelve.a.iij
Cõmodatum.i.por aquel preſtido
Cõmodatarius.ij.aquien ſe preſta
Cõmoſtro.as.aui. por moſtrar.a.i
Cõmonefacio.is.feci.por amoneſtar.a.i
Cõmoror.aris. por tardarſe.d.v
Cõmoratio.onis.por la tardança
Cõmouco.es.ui.por mover.a.i
Cõmunis.e. por coſa comun
Cõmune.is.por comunidad o comun
Cõmunitas.atis.por aquello meſmo
Cõmunico.as.aui.por comunicar.a.i
Cõmunio.onis. por la comunicacion
Cõmunicatio.onis.por aquello meſmo
Cõmunio.is.iui. por fortalecer.a.i
Cõmunitio.onis.por el fortalecimiento
Cõmurmuro.as.aui. por murmurar.n.v
Cõmurmuratio.onis.por aquel murmurar
Cõmuto.as.aui.por trocar.a.i
Cõmutatio.onis.por el trueco
Como.as.aui. por encabellar.n.v
Como.is.pſi. por afeitar.a.i
Comoédia.ę.por la comedia fabula
Comoedus.i. por repreſentador de comedias
Compar.aris.por coſa igual con otra
Comparo.as.aui.por aparejar.a.i
Comparo.as.aui.por comprar.a.i
Comparo.as.aui. por cotejar.a.iij
Comparatio.onis. por la comparacion
Comparatiuum nomen. para comparar
Compactus.a.um. por coſa aiuntada
Compactilis.e. por coſa aiuntable
Compago.inis. por la iuntura
Compages.is.por aquello meſmo

Compaſc.is.ui.por apacentar con otro.a.t
Compaſcuus.a.um.lo que ſe pace en comun
Cõmpater.tris. por compadre.no
Compaueſco.is. por aver pavor.n.v
Compedio.is.iui.por impedir.a.i
Compello.as.aui. por llamar. a.i
Compello.is.li.por coſtreñir.a.i
Compello.is.li. por echar en uno.a.i
Compendium.ij.por atajo de camino
Compendium.ij. por breviatura de letras
Compendioſus.a.um. por coſa de atajo
Compendiarius.a.um.por aquello meſmo
Compendio.aduerbium. por atajando
Compenſo.as. por recompenſar.a.i
Compenſatio.onis. por la recompenſacion
Comperendinor.aris.por citar a tercer dia
Comperendinatio.onis. por eſta citacion
Comperendinus.a.um.por coſa deſte plazo
Comperio.is.comperi.por hallar. a.i
Comperior.iris. por aquello meſmo.d.iij
Compertus.a.um. por coſa cierta
Compes.edis.por priſion como grillos
Compeſco.is.cui. por apartar del paſto.a.i
Competo.is.iui. por competir.a.i
Competitor.oris. por competidor
Competitio.onis. por la competicion
Competentia.ę.por aquello meſmo
Competenter. aduerbium. conveniente mẽte
Compilo.as.aui. por rebar ſalteando.a.i
Compingo.is. por aiuntar z componer.a.i
Compitum.i.por aquello meſmo
Compes.itis.por la encrucijada
Compitalia.orum.juegos de encruzijadas
Compitalicius. a.um. por coſa de ſtos juegos
Complano.as.aui.por allanar.a.i
Complanatio.onis.por el allanamiento
Complaceo.es.cui.por complazer.n.ij
Compleo.es.cui.por binchir o complir.a.i
Complementum.i. por el binchimiento
Compleraqz. por las mas coſas
Complector.eris. por abraçar.d.iij
Complexus.us. por abraçado
Complexio.onis. por el abraçamiento
Complexio.onis.por la complixion
Complico.as.aui. plegar uno con otro.a.i
Complicatio.onis. por el plegamiento
Complodo.is.ſi.por desfavorecer.a.i
Comploſus.a.um. participium a complodo

Complosio.onis.por el desfavor
Comploro.as.aui. por llorar con on o.a.i
Comploratio.onis. por aquel lloro
Compluo.is.complui. por llover.n.v
Complutus.a.um.participium a compluo.is
Compluuinm.ij. por el patio de casa
Complures.rium. por mucbos juntos
Compluria.pro eo quod complura
Complusculi.por poquillos mas
Compluries.aduerbium.por mucbas vezes
Compluuiata uitis.por parra de patio
Compono.is.sui.por componer.a.i
Compositor.oris.por componedor
Compositio.onis.por composicion
Compositura.e. por aquello mesmo
Compono.is.sui. por componer z cotejar
Compono.as.por acabar.a.i
Compoto.as. por bever uno con otro.n.v
Compotor.oris.por bevedor con otro
Compotrix.icis. por bevedora con otro
Compotatio.onis.por bevida de uno con otro
Compotus.us.por aquello mesmo
Comporto.as.aui. traer junta mente.a.i
Comprebendo.is.di.por prender.a.i
Comprebensio.onis. por prendimiento
Comprebendo.is. por prender la planta.n.v
Comprecor.aris.por rogar.d.iij
Comprecatio.onis. por el ruego
Comprendo.is. por prender.a.i
Comprensio.onis.por el prendimiento
Comprimo.is.si.por apremiar.a.i
Compressio.onis.por aquel apremiar
Comprobo.as.aui. por aprovar.a.i
Comprobatio.onis. por la prueva
Compromitto.is.si.por comprometer.a.i
Compromissio.onis.por el compromisso
Compromissum.i.por aquello mesmo
Compromissarius. en quien se compromete
Compugno.as.aui.por pelear.n.v
Computo.as.aui. por contar.a.i
Computatio.onis.por la cuenta
Computator.oris.por el contador
Computatorius.a.um. por cosa para contar
Computreo uel computresco.por podrirse.n v
Compungo.is.xi.por punçar.a.i.
Con.prepositio in compositione pro simul
Conamen.inis.por fuerça.po
Conatus.us.por aquello mesmo

Concaleo.uel concalesco. por escalentarse.n v
Concalefacio.is.por calentar.a.i
Concaco.as.aui.por ensuziar con estiercol.a.i
Concamero.as.aui. por bazer de boveda.a.i
Concantiuus.i.por cativo con otro
Concedo.is.si. por dar z otorgar.a.iij
Concedere nature.por morir
Concelo.as.aui.por encubrir.a.iiij
Concentus.us.por canto acordado
Conceptio.onis. por el concebimiento
Conceptus.us.por aquello mesmo
Conceptaculum.i. donde algo se recoge
Concerpo.is.psi. por despedaçar.a.i
Concerto.as.aui.por contender con otro.n.v
Concertatio.onis.por aquella contienda
Concertator.oris. por aquel contendedor
Concertatorius.a.um.por cosa para contéder
Concessus.us.por el otorgamiento
Concessio.onis.por aquello mesmo
Concba.e.por la concba pescado
Concbeus.a.um. por cosa de concba
Concbus.i.por la perla de concba
Concba.e.por la cuenca o pila
Concba ferrea.por la cucbara de bierro
Concbe.es.por potage de bavas
Concbyle.is.por concba de carmeso
Concbyliata uestis.por carmesi
Concido.is.concidi. por caer.n.v
Concido.is.concidi.por berir o matar.a.i
Concieo.es.ciui.por mover.a.i
Concio.is.ciui.por aquello mesmo.a.i
Concio.onis.por concejo de ombres
Concio.onis.por el lugar do se auntan
Concio.onis.por el razonamiento alli
Concionor.aris.por razonar alli.d.v
Concionator.oris. por el que razona alli
Concionabundus. el que mucbo razona alli
Concionalis.e. por cosa deste razonamiento
Concionatorius.a.um.cosa para razonar assi
Cociuncula.e.por razonamiento pequeño
Concilium.ij. por concilio o concejo
Conciliabulum. por pequeño concejo
Concilio.as.aui.por enamorar.a.i
Conciliator.oris. por el que enamora
Concino.is.concinui.por cantar con otro.a.i
Concinno.as. por adobar mezclando.a.i
Concinnus.a.um.por cosa assi adobada
Concinnitas.atis. por aquel adobo

d.iii.

Concinnatio.onis. por aquello mesmo
Concinnatorius.a.um.cosa para adobar
Concinniter.aduerbium. por con adobo assi
Concipio.is.concepi.por concebir.a.i
Concipere uota. por bazer voto
Concito.as.aui.por mover a menudo.a.i
Concitatio.onis.por aquel movimiento
Conclamo.as.aui.por llamar a bozes.a.i
Conclamatio.onis.por aquel llamado
Concláue.is.por la recamara
Conclauo.as. por cerrar con llave.a.i
Concludo.is.si.por concluir z cerrar.a.i
Conclusio.onis. por la conclusion
Conclusiuncula.ç. por conclusion pequeña
Concoeno.as.aui.por cenar con otro
Concoenatio.onis.por cena con otro
Concolor.oris. por cosa de color con otro
Concors.dis. por cosa concorde
Concordia.ç.por la concordia
Concorditer. por concorde mente
Concordo.as. por concordar.n.v
Concoquo.is.xi. por desmoler vianda.a.i
Concoctio.onis.por la digestion della
Concrebreo uel cócrebresco.por espessarse.n v
Concredo.is.por confiar el prestido.a.iij.
Concresco.is.ui. por cuajarse.n.v
Concretio.onis.por el cuajamiento
Concubinus.i.por el abarraganado
Concubina.ç. la manceba abarraganada
Concubinatus.us.por el abarraganamiento
Concubia nox. nocbe cuando duermen todos
Concubium noctis. por aquello mesmo
Conculco.as. por bollar z acoccar.a.i
Conculcatio.onis. por aquel bollar
Concupio uel concupisco.por codiciar.a.i
Concurator.oris.por curador con otro
Concurro.is.por encontrar con otro.n.v
Concursus.us.por aquel encuentro
Concutio.is.si. por sacudir uno con otro.a.i
Concussio.onis.por aquel sacudimiento
Concussus.us.por aquello mesmo
Condecóro.as.aui.por bermosear.a.i
Condecórus.a.um. por cosa bermosa
Condecóre.aduerbium. por bermosa mente
Condenseo.es.condensui.por espessar.a.i
Condenso.is. por aquello mesmo. a.i
Condensus.a.um.por cosa espessa
Condepso.as.aui.por sovar la massa.a.i

Condico is.xi.por denunciar en persona.a.iij
Condictio.onis. por aquella denunciacion
Condictum.i. por el pacto z convención
Condicio.onis.por el estado del ombre
Condicio.onis.por la lei z partido
Condicio.onis.por la condicion
Condicionalis.e.por cosa condicional
Condicionaliter.aduerbium. códicional méte
Condignus.a.um.por cosa digna
Condigne.aduerbium.por digna mente
Condylus.i.la juntura delos artejos
Condyloma.atis.por almorrana sin sangre
Condio.is.condiui. por adobar manjar.a.i
Condimentum.i.por aquel adobo
Conditura.ç.por aquello mesmo
Conditiuus.a.um.por cosa adobada
Conditaneus.a.um. por aquello mesmo
Conditorium.ij. por la sepultura
Condisco.is.condidici.por deprender.a.i
Condiscipulus.i.por dicipulo con otro
Condiscipulatus.us.diciplina con otro
Condo.is.condidi.por componer obra.a.i
Conditor.oris. por aquel componedor
Condo.is.condidi.por esconder.a.i
Condocefacio.is. por enseñar.a.iiij
Condoleo uel condolesco.dolerse có otro.n.v
Condono.as.aui. por perdonar.a.iij
Condonatio.onis.por aquel perdon
Conduco.is.xi.por alquilar de otro.a.i
Conduco.is.xi. por llevar o traer.a.i
Conduco.is.xi. por ser provecboso.n.ij
Conducibilis.e.por cosa provecbosa
Conducibiliter.provecbosa mente
Conducenter. por aquello mesmo
Conducticius.a.um. por cosa alquilada
Conduplico.as.aui.por doblar.a.i
Conduplicatio.onis.por la dobladura
Cone.es.por una isla del istro rio
Confabricor.aris. por fabricar.d.iij
Confercio.is.si. por recalcar uno con otroro.j
Confertus.a.um.participium a confercio
Confertim.aduerbium.recalcada mente
Confero.rs.contuli. por contribuir.a.i
Confero.rs.contuli. por comparar.a.i
Confero.rs.contuli.por traer junto.a.i
Confectio.onis. por el acabamiento
Confectura.ç.por la becbura
Conferueo.es.ui.por berver.n.v

Confessus.a.um. por cosa confessada
Confessio.onis.por la confession
Confessorius.a.um.cosa para confessar
Confector.oris.por matador
Confestim.aduerbium. por luego
Conficio.is.eci.por acabar.a.i
Conficio.is.eci.por matar.a.i
Conficio.is.eci.por enflaquecer.a.i
Confido.is.di.por confiar.n.ij
Confidens.tis. por cosa osada
Confidentia.e. por la osadia
Confidenter.aduerbium. por osada mente
Configo.is.confixi. por hincar.a.i
Configuro.as.aui.por figurar.a.i
Confinis.e.por cosa vezina en terminos
Confinium.ij.por aquello vezindad
Confio.is.por ser hecho con otro
Confirmo.as.aui.por confirmar.a.iij
Confirmatio.onis.por la confirmacion
Confisio.onis.por la confiança
Confisco.as.aui. por confiscar bienes.a.i
Confiscatio.onis.por la confiscacion
Confiteor.eris. por confessar por fuerça. d.iij
Conflacceo uel conflaccesco. por enflaquecerse
Conflagito.as.aui.demandar iportunado.a.i.
Conflo.as.aui.por hundir metales.a.i
Conflatilis.e.por cosa fundible
Conflatura.e.por la fundicion
Conflare inuidiam.por enemistarse
Conflare es alienum.por adeudarse
Confligo.is.xi.pelear rompiendo pelea.n.v
Conflictio.onis.por aquel rompimiento
Conflictus.us.por aquello mesmo
Conflictatio.onis. por aquello mesmo
Conflicto.as.aui. por pelear. n.v
Conflictor.aris.por aquello mesmo.d.v
Confluo.is.xi. por correr lo liquido.n.v
Confluus.a.um.por cosa assi corriente
Confluens.ti.por junta de dos rios
Confodio.is.di. por herir de estocada.a.i
Conforio.is.iui.por ensuziar con estiercol.a.i
Conformis.e.por cosa conforme
Conformitas.atis.por la conformidad
Conformo.as.aui.por conformar.a.i
Conformatio.onis.por la conformacion
Confoueo.es. por abrigar z abraçar.a.i
Confragus.a.um.cosa aspera con arboles
Confragosus.a.um. por aquello mesmo

Confrater.tris.por cofrade.no
Confremo.is.mui. por bazer roido.n.v
Confrico.as.cui.por fregar uno con otro
Confricatus.a.um. participium a confrico
Confringo.is.confregi. por quebrar
Confuga.e.por el tornadizo o cleon
Confugium.ij.por lugar a do huimos
Confugio.is.gi. por huir a este lugar.a.i
Confundo.is.di.por confundir.a.i
Confusio.onis.por la confusion
Confusaneus.a.um. por cosa confusa
Confuto.as.aui. desbaratar argumentos.a.i
Confutatio.onis.por aquella respuesta
Conger.gri.por el congrio pescado
Congero.is.si.por amontonar.a.i
Congeries.ei.por el amontonamiento
Congestio.onis. por aquello mesmo
Congestus.us. por aquello mesmo
Congesticius.a.um. por cosa allegadiza
Congemino.as.aui.por doblar.a.i
Congermino.as. por echar los arboles.n.v
Cogelo.as.aui.por elar z enfriar.a.i
Conglacio.as.aui.por aquello mesmo.a.i
Congelo.as.aui.por elarse.n.v
Congelasco.is.por aquello mesmo.n.v
Congius.ij.medida de vino o cangilon
Congiarius.a.um. por cosa desta medida
Congiarium.ij.por la racion de palacio
Congilis.is.por una especie de nabo
Conglutino.as.aui.por engrudar.a.i
Conglutinatio.onis. por engrudamiento
Congradus.a.um.lo que anda con otro
Congredior.eris. por andar con otro.d.v
Congredior.eris.por encontrarse con otro.d.v
Congressus.us.por aquel encuentro
Congressio.onis. por aquello mesmo
Congrego.as.aui.por aiuntar.a.i
Congregatio.onis. por el aiuntamiento
Congrus.i. por el congrio
Congruus.a.um.por cosa conveniente
Congruo.is.grui.por convenir
Congruitas.atis. por la conveniencia
Congruentia.e.por aquello mesmo
Coherco.es.si.por allegarse.n.v
Cohesio.onis.por el allegamiento
Coherentia.e. por aquello mesmo
Cohabito.as.aui.por morar con otro.
Cohabitatio.onis. por aquella morada

Coniecto.as.aui. por conjecturar.a.iij
Coniector.aris.por aquello mesmo.d.iij
Coniecturo.as. por aquello mesmo.a.i
Coniectura.ę.por la conjectura
Coniectatio.onis. por aquello mesmo
Coniectus.us.por aquello mesmo
Coniectorius.a.um.por cosa de conjectura
Coniectorius.a.um. por aquello mesmo
Coniecturalis.e. por aquello mesmo
Conijcio.is.conieci.por conjecturar.a.i
Conijcio.is.conieci. por echar lance.a.i
Conifera cupressus.cipres con agallas
Coniugus.a.um. lo aiuntado por casamiento
Coniugalis.e.por aquello mesmo
Coniunx.gis.por marido o muger
Coniugium.ij.por el casamiento
Coniungo.is.xi. por aiuntar.a.i
Coniugo.as.aui.por aiuntar.a.i
Coniunctio.onis.por el aiuntamiento
Coniunctim.aduerbium. aiuntada mente
Coniza.ę.por ojo de buei ierva
Coniuro.as.aui.por cojurar cospirando.n.v.
Coniuratus.us. por aquella conspiracion
Coniuratio.onis.por aquello mesmo
Connecto.is.xui.por travar en uno.a.i
Connexio.onis. por esta travazon
Conno.as.aui.por nadar con otro.n.v
Connato.as.aui. por aquello mesmo.n.v
Connatio.onis.por aquel nadar
Coniueo.es.xi.pestañear có los parpados.n v
Connixa.la hembra que pario.
Connubium.ii.por el casamiento.
Connubialis.e. por cosa de casamiento
Conoides.figura abusada como de cipres
Conon.onis. varon notable de athenas
Conon.onis.astrologo fue notable
Conops.pis. interpretatur culex
Conopeum.i. pavellon contra mosquitos
Conor.aris. por se esforçar.d.iij
Conquasso.as.aui. por sacudir a menudo.a.i
Conquassatio.onis.por aquel sacudir.
Conqueror.eris.por se quexar.d.iij
Conquestio.onis.por la quexa
Conquinisco.is.por inclinar la cabeça.pr.
Conquiro.is.siui. por buscar.a.i
Conquisitio.onis. por la busca
Consa.ę.por una ciudad de italia
Consanus.a.um. por cosa desta ciudad

Consalur.s.as.aui.por saludar uno a otro.a.i.
Consalutatio.onis.por aquel saludar
Consanguineus.a.um.por pariente
Consanguinitas.atis.por el parentesco
Consano.as.aui.por sanar.a.i
Consaneo uel consanesco. por sanar.n.v
Consarcino.as.aui.por cargar sarcia.a.i
Consaucio.as.aui.por herir llagando.a.i
Conscelero.as.aui.por ensuziar pecando.a.i.
Consciscere mortem.por matarse
Conscio.is.consciui. por saber en mal.a.i
Conscientia.ę.por aquel saber.
Conscius.a.um. por cosa assi sabidora
Conscribo.is.psi.por escrivir en uno.a.i
Conscribillo.as. por escrivir a menudo.ra
Conscriptio.onis.por aquella escriptura
Conscripti patres.por los senadores
Conseco.as.aui.por cortar en uno.a.i
Consecro.as.aui.por consagrar.a.i
Consecratio.onis. por la consagracion
Consectarius.a.um.por cosa consiguiente
Consemineus.a.um. por dela mesma simiéte
Consentio.is.consensi. por consentir.n.ij
Consensus.us.por el consentimiento.
Consensio.onis. por aquello mesmo
Consentaneus.a.um.cosa cócorde en sentécia
Consentes dei.dioses comunes de todos
Conseneo uel consenesco.por envegecer.n.v
Consepio.is.psi. por cercar de seto.a.i
Consequor.eris. por alcançar lo que huie.d.iij
Cósequor.eris.por cóseguirse a otra cosa.d.uj
Consequentia.ę.por el conseguimiento.
Consequenter.aduerbium.cósiguiente mente
Consero.is.conseui.por enxerir en uno.a.i
Consero.is.conserui.por travar en uno.a.i
Confessor.oris.por el que se assienta con otro
Confessio.onis.por aquel assentamiento
Confessus.us. por aquello mesmo
Consermonor.aris. por razonar en uno.d.v
Conseruo.as.aui.por guardar en uno.a.i
Conseruatio.onis.por aquella guarda
Conseruus.i. por siervo con otro
Conserua.ę. por sierva con otro
Consideo.es.cósedi.por assentarse en uno.n v
Consido.is.confidi.por hazer assiento.n.v
Considero.as.aui.por considerar.a.i
Consideratus.a.um. por el que considera
Consideratio.onis. por la consideracion

Consigno.as.aui. por consigna xa.i

Consignatio.onis.por la consignacion

Consignate.aduerbiuz.por significativa mẽte

Consuleo uel consulesco.por callar en uno.a.i

Consilium.ij.por el consejo

Consiliarius.ij. por el consegero

Consiliosus.a.um.por lleno de consejo

Consiligo.inis.por una cierta ierva

Consilium.ij.por la consolacion

Consimilis.e.por cosa semejante con otra

Consimiliter.aduerbium.por semejante mẽte

Consisto.is.constiti.por pararse.n.v

Consistorium.ij.por el consistorio.

Consitus.a.um. por cosa enxerida

Consitio.onis.por el enxerimiento

Consobrinus. primo hijo de ermana

Consobrina.e.prima hija de ermana.

Consolido.as.aui.por fortalecer.a.i

Consolor.aris.por consolar con palabras.d iij

Consolatio.onis. por aquella consolacion

Consolabilis.e.por cosa consolable

Consolabiliter.por consolando

Consocer.ceri.por consuegro

Consocrus.us. por consuegra

Consocius.ij.por compañero con otro

Consocietas.atis.por aquella compañia

Consocio.as.aui.por acompañar.a.i

Consonus.a.um. lo que suena en uno

Consono.as.aui.por sonar en uno.n.v

Consonantia.e. por la consonancia

Consonans.tis.por la letra consonante

Consors.tis.por compañero igual

Consortio.onis. por aquella compañia

Consortium.ij.por aquello mesmo

Consopio.is.consopiui.por adormecer.a.i

Conspergo.is.si.por esparzir.a.i

Conspectus.us.por el acatamiento

Conspicio.is.conspexi.por mirar.a.i

Conspicor.aris.por aquello mesmo.d.iij.

Conspicuus.a.um.por cosa clara

Conspicuitas.atis.por la clareza

Conspicilium.ij.por los antojos

Conspiro.as.por conjurar en uno.n.v

Conspiratio.onis.por aquella conspiracion

Conspiratus. us. por aquello mesmo.

Conspuo.is.pui.por escupir a otro.a.i

Conspurco.as.aui. por ensuziar.a.i

Constabilio.is.iui.por establecer.a.i

Constans.tis. por cosa constante

Constantia.e.por la constancia

Constanter. aduerbium. por constante menre

Constellatio.onis.por la constellacion

Consterno.as.aui.por espantar.a.i

Consternatio.onis. por el espanto

Constipo.as.por costribar z recalcar.a.i

Constituo.is.constitui.por establecer.a.i

Constitutio.onis. por el establecimiento

Consto.as.constiti. por costar en precio.n.v

Consto.as.constiti.por ser constante.n.v

Consto.as.cõstiti.por pararse lo que anda.n.v

Constrepo.is.pui.por bazer estruendo.n.v

Constringo.is.xi.por apretar.a.i.

Constupro.as.por forçar donzella.a.i

Construo.is.xi.por edificar.a.i

Constructio.onis. por aquel edificar

Consuesco.is.eui. por acostumbrarse.n.v

Consuefacio.is.eci.por acostumbrar.a.i

Consuetudo.inis.por la costumbre

Consuetio.onis.por aquello mesmo.pr

Consul.lis.por el consul romano

Consularis.e.por cosa del consul

Consularis.is.por el que fue consul

Consulatus.us.por el consulado

Consulere aliquem. por demandar cõsejo. a.i

Consulere alicui.por dar consejo.n.ij.

Consulo alicui. por proveer.n.ij

Consulto.as.aui.por deliberar con otros.a.i.

Consultor.oris. por el demandador de cõsejo

Consultor.oris.por el dador de consejo

Consultus.i. por aquello mesmo

Consulto.aduerbium.por a sabiẽdas z adrede

Consultatio. onis. por la deliberacion

Consumo.as.aui.acabar en buena parte.a.i

Consumatio.onis.por aquel acabar

Consumo.is.psi.por gastar en mal.a.i

Consumptio.onis.por aquel gasto

Consuo.is.consui.por coser en uno.a.i

Consutilis.e.lo cosido uno con otro

Contabeo uel contabesco.por podrirse.n.v

Contabulo.as.aui. por entablar.a.i

Contactus.us.el tocamiento en uno

Contagio.onis.la dolencia que se pega

Contagium.ij.por aquello mesmo

Contagiosus.a.um.lo que assi se pega

Contamino.as.aui.por ensuziar.a.i

Contaminatio.onis.por el ensuziamiento

d.v.

Contego.is.xi.por cobrir.a.i
Contemno.is.pfi.por menospreciar.a.i
Contemptio.onis.por el menosprecio
Contemptus.us.por aquello mesmo
Contemptim.aduerbium.por menospreciado
Contemplor.aris. por contemplar.d.iij
Contemplo.as.aui.por aquello mesmo.a.i
Contemplatio.onis.por la contemplacion
Contemplatus.us.por aquello mesmo
Contemplator.oris. por el contemplador
Contemplatrix.icis. por la contempladora
Contemplatiuus.a.um.lo que contempla
Contemporaneus.a.um. cosa de un tiempo
Contendo.is.di. por entesar o frecbar.a.i
Contentio.onis.por el entesamiento
Contendo.is. por demandar con porfia.a.i
Contentio.onis.por aquella demanda
Contendo.is.por contender z porfiar.n.v
Contentio.onis. por aquella porfia
Contentiosus.a.um. por cosa porfiada
Contentus.a.um. por cosa contenta
Conterminus.a.um. lo vezino en terminos
Contero.is.contriui. por gastar z quebrar.a.i
Conterraneus.a.um.lo de una mesma tierra
Conterreo.es.rui. por espantar.a.i
Contestor.aris.por contestar el pleito.d.iij
Contestatio.onis.por esta contestacion
Contexo.is.xui. por texer en uno.a.i
Contextus.us.por aquella texedura
Contextim.aduerbium . por texendo
Conticeo.es.conticui.por callar en uno.a.i
Conticesco.is. por aquello mesmo.a.i
Conticinium.ij.por la media nocbe.
Contigno.as.por soberadar con tablas.a.i
Contignatio.onis.por el soberado
Contiguus.a.um.lo que se toca con otro
Contiguitas.atis.por esta iuntura
Contineo.es. por contenerse de deleites.a.i
Continens.tis.por el que se contiene
Continentia.ę. por la continencia
Continenter. por continente mente
Continenter.aduerbium.por continua mente
Continens.tis.por cosa continua.
Continens.tis. por tierra firme
Contingo.is.gi.por tocar en uno.a.i
Contingo.is.gi.por acontecer.n.ij
Contingit.impersonale.por acontecer
Continuus.a.um. por cosa continua

Continuita .atis.por la continuacion
Continuo.as.aui. por continuar.a.i
Continuo.aduerbium.por luego sin medio
Contor.aris.por tardar.d.iij
Contorqueo.es.si.por tirar lance.a.i
Contortulus.a.um.por cosa torcida un poco
Contrabo.is.xi.por estrecbar z encoger.a.i
Contractio.onis.por el enco gimiento
Contractiuncula.ę.encogimiento pequeño
Contrabo.is.xi. por bazer contrato.n.v
Contractus.us.por aquel contrato
Contracto.as.aui.por tratar con otro.a.i
Contractator.oris. por aquel tratador
Contractatio.onis.por la contratacion
Contrarius.a.um.por cosa contraria
Contrarietas.atis.por la contrariedad
Contrecto.as.aui.por tratar entre manos.a.f
Contrectatio.onis. por aquel tratar
Contremo uel contremisco.por temblar.n.v
Contribuo.is.bui.por contribuir.a.i
Contributor.oris. por el que contribuie
Contributio.onis.por la contribucion
Contribulis.e.por del mesmo linage
Contristo.as.por entristecer.a.i
Contristatio.onis.por esta tristeza.
Contristor.aris.por entristecerse
Contritus.a.um.participium a contero
Contritio.onis.por el quebrantamiento
Controuerto.is.ti.por questionar.n.v
Controuersia.ę. por la question
Controuersim.aduerbium. por questionando
Contrucido.as.aui.matar despedaçando.a.i
Contubernium.ij.compañia de casa z mesa
Contubernio.onis. por aquel compañero
Contubernalis.is.por aquello mesmo
Contueor.eris.por ver z mirar.d.iij
Cóntuor.eris.por aquello mesmo.d.iij
Contueor.eris.por defender.d.iij
Contumax.acis.por porfiado z rebelde
Contumacia.ę.por porfia z rebeldia
Contumaciter.aduerbium.porfiada mente
Contumelia.ę.por injuria enla persona
Contumeliosus.a.um.lo que assi injuria
Contumulo.as.aui.por enterrar.a.i
Conturbo.as.aui. por romper el credito.a.f
Conturbo.as.aui.por enturviar.a.i
Conturbatio.onis. por el enturviamiento
Contundo.is.di. por majar o berir.a.i

Contus.i.por el cuento o tiento
Contutor.oris.por el tutor con otro
Conualeo vel conualesco.por convalecer.n.v
Conualescentia.ç.por la convalecencia
Conuallis.is.por valle sin salida
Conuallo.as.aui.por cercar de vallado.a.i
Conuello.is.si.por arrancar en uno.a.i
Conuenio.is.ni.por citar a juizio.a.i.
Conuenio.is.ni.por convenir.n.ij
Conuentio.onis.por la conveniencia.
Conuentionalis.e.por cosa de conveniencia
Cónuena.ç.por advenedizo con otros
Conuenienter.aduer.por conveniente mente
Conuentus.us.por lugar ado convienen.
Conuenticulum.i.por convento pequeño.
Conuecto.as.aui.por traer en uno.a.i
Conuescor.eris.por comer en uno.d.iiij
Conuerto.is.ti.por convertir.a.i
Conuersio.onis.por la conversion
Conuersor.aris.por conversar.o.v
Conuersatio.onis.por la conversacion
Conuexus.a.um.cosa redonda por defuera
Conuexitas.atis.por aquella redondez
Conuexio.onis.por aquello mesmo
Conuexo.as.aui.por fatigar.a.i
Conuicinus.a.um.por vezino con otro
Conuicinium.ij.por aquella vezindad
Conuicium.ij.por denuesto con bozes
Conuicior.aris.por injuriar assi.d.iij.
Conuiuo.is.xi.por bivir en uno
Conuictor.oris.por el que assi bive
Conuictus.us.por aquella bivienda
Conuiuium.ij.por el combite.
Conuiua.ç.por combidado o combidada
Conuiuator.oris.por el combidado
Conuiuialis.e.por cosa de combite
Conuiuor.aris.por combidado ser
Conuolo.as.aui.por bolar en uno
Conuoluo.is.ui.por rebolver en uno.
Conuoluolus.i.por rebolton gusano
Conuoluolus.i.por una cierta ierva
Conuomo.is.mui.por gomitar a otro.a.i
Conuulnero.as.aui.por berir en uno.
Conus.i.por el agalla del cipres
Conus.i.por la cresta del capacete
Coons.ontis.bijo fue de antenor.
Cooperor.aris.por obrar en uno
Cooperio.is.rui.por cobrir

Coopertorium.ij.por cobertor
Coopinor.aris.por pensar en uno
Coorior.iris.por nacer en uno
Coopto.as.aui.por eligir en su collegio.a.i
Cooptatio.onis.por aquella elecion
Cepa.ç.nombre de una famosa puta
Cophinus.i.por cuevano o canastillo
Cophos.interpretatur mutus
Copiae.arum.por la ueste de gentes
Copia.ç.por la licencia o facultad.
Copia.ç.por la abundancia
Copiosus.a.um.por cosa abundante
Copos.interpretatur labor
Copo.onis.idem est quod caupo
Copona.ç.idem est quod caupona
Copta.ç.por el pan vizcocho
Copta.ç.por una ciudad de egipto
Copros.interpretatur stercus
Coprotinus.a.um.por cosa de estiercol
Copula.ç.por la tralla de canes
Copula.ç.por el aiuntamiento
Copulatio.onis.por aquello mesmo
Copulo.as.aui.por aiuntar.a.i
Coquo.is.coxi.por cozer.a.i
Coquina.ç.por la cozina lugar
Coquina.ç.por la cozina caldo
Coquinarius.a.um.por cosa para cozina
Coquinatorius.a.um.por aquello mesmo
Cor cordis.por el coraçon.
Cor cordis.por la sabiduria
Cora.ç.por una ciudad de italia
Coranus.a.um.por cosa desta ciudad
Coracinus.i.pescado proprio de nilo
Coragium.ij.por el corage
Coralum.i.por el coral
Coraliticus.a.um.por cosa de coral
Coralli.orum.pueblos son de ponto
Coramble.es.ierva que quita la vista
Coram.prepositio.por en presencia
Coram.aduerbium.por aquello mesmo
Cora.ç.interpretatur pupula
Corax.cis.interpretatur cornus
Corax.cis.orador fue antiguo
Corax.acis.por otro ermano de tiburto
Corbana.i.gazophylacium.syriscum est
Corbis.bis.por cesto para vendimiar.
Corbis messoria.por goja para miesses
Corbicula.ç.por cestilla.

Corbula.e.por aquello mesmo
Corbulo.onis. por el ganapan
Corbulo.onis. varon fue romano.
Corbita.e. por un genero de nave
Corbula.e. por copano o barqueta
Corculum.i. por coraçon pequeño
Corcyra.e. por una isla del mar jonio
Corcyreus.a.um. por cosa desta isla
Corcyrensis.e. por aquello mesmo
Cordatus.a.um. por cosa sabia
Cordyla.e. por atun pequeño
Cordulus.i. por el ranacuajo
Corduba.e. por cordova ciudad de españa
Cordubensis.e. por cosa desta ciudad
Cordum foenum. por feno del otoño
Cordus.i. por el cordero de redrojo
Coriarius.ij. por curtidor de cueros
Coriago.inis. pegadura del cuero ala carne
Coriandrum.i. por el culanto.
Corycus.i. por una ciudad de cilicia.
Corycius.a.um. por cosa desta ciudad
Corydon.onis. nombre proprio de pastor
Corydalis.is. interpretatur cassita
Corybantes.ium. pueblos fueron de creta
Corybantius.a.um. por cosa de aquestos.
Corylus.i. por el avellano
Corylum.i. por el avellana
Coryletum.i. por el avellanedo
Corymbus.i. por el razimo dela iedra
Corinthus.i. por una ciudad de acaia.
Corinthius.a.um. por cosa desta ciudad
Corinthiensis.e. por aquello mesmo
Corinthiacus.a.um. por aquello mesmo
Corinthia uasa. vasos preciosos de alli
Corinthiarius. amador o aqllos vasos.
Coritus.i. por el carcax o linjavera
Corynna.e. poeta fue muger griega
Corynna.e. por otra enamorada de ovidio
Corithus.i. padre de dardano rei de etruria
Corithus.i. por una ciudad de etruria
Corithius.a.um. por cosa de alli
Corium.ij. por el cuero o corteza
Coriza.e. por el romadizo mui grave.
Corneus.a.um. por cosa de cuerno
Corneus.a.um. por cosa de cerezo bravo.
Cornelius.ij. nombre proprio de romano
Cornicen.inis. por el trompeta bastardo
Cornix.icis. por la corneja ave

Cornicula.e. por aquella mesma ave
Cornicor.aris. por bazer como corneja.d.iij
Corniculum.i. por el cuerno pequeño
Corniculum.i. por un lugar de italia
Corniculanus.a.um. por cosa deste lugar
Corniculator.oris. por el trompeta bastardo
Cornificius.ij. por un poeta latino
Corniger.a.um. lo que tiene cuernos
Cornipeta.e. por lo que acornea
Cornigenum. lo de linage de cuernos
Cornu. por el cuerno del animal
Cornu. por el cuerno dela batalla
Cornus.us. por aquello mesmo
Cornu. por la trompeta bastarda
Cornuarius.ij. por el que baze trompetas
Cornutus.a.um. por cosa con cuernos
Cornus.i. por el cerezo silvestre
Cornum.i. por la cereza silvestre
Corolla.e. por la corona pequeña
Corollarium.ij. por el corolario dela fin
Corona.e. por la corona
Coronarium es. por la fustera.
Coronarium aurum. oro para coronas
Corono.as.aui. por coronar.a.i
Coronamentum.i. por lo que corona
Corone.es. por una ciudad de acaia
Coronis.idis. por cosa bembra de alli
Coronis.idis. por el fin del libro
Corpus.oris. por el cuerpo
Corporalis.e. por cosa de cuerpo
Corporeus.a.um. por aquello mesmo
Corpusculum.i. por pequeño cuerpo
Corporo.as.aui. por encorporar
Corporatio.onis. por la encorporadura
Corporatura.e. por aquello mesmo
Corpus.oris. por la carne en lo que bive
Corpulentus.a.um. por cosa carnosa assi
Corpulentia.e. por esta carnosidad
Corrado.is.si. por raer junta mente.a.i
Corrector.oris. por el castigador
Correctio.onis. por la emienda
Corrideo.es.si. por reir en uno.
Corrigia.e. por la correa
Corrigo.is.xi. por corregir.a.i
Corripio.is.pui. por arrebatar.a.t
Corriuo.as.aui. por arroiar.a.i
Corriualis.e. lo que beve de un rio
Corroboro.as.aui. por fortalecer.a.i.

Corrodo.is.si.por roer en uno.a.i
Corruda.e. por esparrado silvestre
Corrugo.as.aui.por arrugar en uno.a.i
Corruo.is.corrui.por caer en uno.n.v
Corrumpo.is.pi.por corromper.a.i
Corruptor.oris. por corrompedor
Corruptio.onis.por la corrupcion
Corruptela.e.por aquello mesmo
Cortex.icis. por la corteza
Corticula.e.por la corteza pequeña
Cortina.e. por el velo o corredor
Cortina.e.la tina o caldera del tintor
Cortinale.is. por el lugar desta caldera
Corusco.as.aui.por resplandecer o teblar.n.v
Coruscus.a.um.por cosa que tiembla assi.
Coruscatio.onis.por aquel temblar
Coruus.i.por el cuervo ave conocida.
Coruiculus.i.por pequeño cuervo
Coruinus.a.um.por cosa de cuervo
Cos cotis. por el aguzadera
Cosmos.i.interpretatur mundus
Cosmographia.e. pintura del mundo
Cosmographus.i.pintor del mundo
Cosmometria.e.por medida del mundo
Cosmometres.e.por medidor del mundo
Cosmicus.a.um. por cosa mundana
Cosinus.i. unguentario fue en roma
Cossus.i. por gusano dela madera
Costa.e.por la costilla
Costus.i.por una especia olorosa
Cothurnus.i.por el borzegui.
Cothurnus.i.por el estilo tragico
Cothurnatus.a.um. calçado de borzeguies
Coxa.e.por la concavidad del anca
Coticula.e.por el toque del oro
Coticula.e.por la piedra de moler colores
Coxinos.i. interpretatur oleaster
Cotinus.i.por el brasil arbol
Coton.onis.por puerto hecho a mano
Cotoncum.ei.por el membrillo
Cotoria.e.por la canteria de aguzaderas
Coturnix.icis. por la codorniz
Cous.i.por una isla del arçapielago
Cous.a.um.por cosa desta isla
Couinus.i.por un genero de carro
Coxa.e.por la nalgada
Corendix.icis.por el anca do juega
ra.por la boz del cuervo

Craca.por una especie de legumbre
Crada.e.ramo de arbol para plantar
Crabro.onis.por el tavarro
Crango.inis.por cierto pescado
Crancus.i.por un rei de athenas
Craneus.i.por la calaverna
Crantor.oris.por un filosofo
Crantorcus.a.um.por cosa de aqueste
Crapula.e. por la embriaguez
Crapulor.aris.por embriagarse
Cras.aduerbium. por mañana otro dia
Crastino.aduerbium.por lo mesmo
Crastinus.a.um.por cosa de otro dia
Crastino.as.por dilatar de dia en dia
Crassus.a.um. por cosa gruessa
Crassitudo.inis.por la grossura
Crassamentum.i.por lo mesmo
Crassesco.is.por engrassarse.n.v
Crater.eris.por gran copa.
Crater.eris.por pila do cae agua
Crates.is.por un filosofo thebano
Crates.is. por un gramatico
Crates.is. por el çarzo
Cranicus.a.um. por cosa de çarzo
Crancula.e.por las parrillas
Crano.is.por igualar con çarzo
Craibis.idis.por un rio de acaia
Cratinus.i. por un filosofo
Cratippus.i.por otro filosofo
Creagra.e.por cuchara de hierro
Crcasso.is.por criar.priscum
Creber.a.um.por cosa espessa
Crebritas.atis. por espessura
Crebro.aduerbium.por espessa mente
Crebrico uel crebresco.por espessarse.n.v
Credo.is.didi.por creer.a.iij
Credo.is.didi.por prestar.a.iij
Credibilis.e. por cosa creible
Credibiliter.aduerbium.por creible mente
Creditor.oris.por el prestador
Creditum.i. por el prestido
Credulus.a.um.por el que cree ligero
Credulitas.atis.por aquel creer
Cremaster.eris.nervio del cojon
Crementum.i.por acrecentamiento
Cremium.ij.por tizon o tueron
Cremor.oris.por la talvina o cuajo
Creo.as.aui. por engendrar.a.i

Creator.oris.por engendrador
Creatrix.icis. por engendradora
Creatio.onis. por el engendramiento
Creontes.is. rei fue de corintho
Creperus.a.um.por cosa dudosa
Crepida.ę. por el alcorque o chinela
Crepidula.ę. por aquella pequeña
Crepido.inis. por coboça en peña
Crepito.as.aui. por sonar a menudo.n.v
Crepotaculum.i.por castillejo de niños
Crepo.as.crepui.por rebentar.n.v
Crepo.as.crepui. por sonar.n.v
Crépulus.a.um.por cosa que assi suena
Crepusculum matutinum. por la mañana
Crepusculum uespertinum.por la tarde
Crepundia.orum.por los pañales del niño
Cres cretis.por varon de creta
Cressa.ę. por muger de creta
Cresco.is.creui. por crecer
Creta.ę. por la greda especie de barro
Creta figularis.por el barro de olleros
Creta cymolia. por greda de paños
Cretatus.a.um. por cosa con greda
Cretaceus.a.um.por.cosa de greda
Cretosus.a.um. por cosa llena de greda
Cretefodina.ę.por minero de greda
Creta.ę.por candia isla del arçapielago
Cretensis.e.por cosa de creta
Creteus.a.um. por aquello mesmo
Creticus.i.pie de luenga breve z luenga
Creusa.ę. muger fue de eneas hija de priamo
Creusa.ę. hija fue de creonte
Cribrum.i.por cedaço o çaranda
Cribro.as. por cernir o çarandar
Crimen.inis.por gran pecado
Criminosus.a.um. por cosa criminosa
Criminor.aris. por acusar criminando
Criminator.oris.por acusador assi
Criminatio.onis.por aquella acusacion
Crinis.is. por el cabello o crines
Crinitus.a.um. por cosa de luengos cabellos
Crinalis.e.por cosa de cabellos
Crinale.is. por partidor para cabellos
Criniger.a.um.por lo que tiene cabellos
Crios. interpretatur aries
Crypta.ę. por gruta cueva soterraña
Cryptoporticus.i. por portal soterraño
Crispus.a.um.por cosa crespa

Crispulu.a.um.por cosa crespa un poco
Crispitudo.inis.por la crespa
Crispo.as.por encrespar.a.i
Crisso.as. por amblar la muger.n.v
Crista.ę.por la crica dela muger
Crista.ę. por la cresta
Cristatus.a.um. por cosa con cresta
Crystallus.i. por cristal o agua congelada
Crystallinus.a.um. por cosa de cristal
Crystalloides.ę. por una tunica del ojo
Crisis. interpretatur iudicium
Crites.ę. interpretatur iudex
Criticus.a.um.interpretatur iudicialis
Crithe.es.por el orçuelo delojo
Crito.onis. filosofo dicipulo de socrates
Critóbulus.i.hijo fue de socrates
Critodémus.i. istoriador fue griego
Crocus.i.por la flor del açafran
Crocus.i.por un niño buelto enesta flor
Crocum.i. por el mesmo açafran
Croceus.a.um.por cosa de açafran
Crocinum.i.por unguento de açafran
Crocomigma.atis. por aquello mesmo
Crocito.as.aui. por graznar el cuervo.n.v
Crocodilus.i.por la cocatriz del nilo
Crocomaga.ę.por una cierta ierva
Crocofuscia.ę. cierto atavio de mugeres
Crócuta.ę. por un animal no conocido
Croesus.i. rei fue delos lidos ultimo
Cronos.i.interpretatur saturnus
Crótalum.i.por chapas o sonajas
Crotalium.ij.por aquel sonido
Croteo.interpretatur crepito.as
Croton.onis. ciudad fue de calabria
Croton.onis. arbol es cino
Crucio.as.aui.por atormentar.a.i
Cruciatus.us. por el tormento
Cruciamentum.i. por aquello mesmo
Crucifer.a.um.por cosa con cruz
Crudus.a.um. por cosa cruda
Cruditas.atis. por la crudeza
Crudeo uel crudesco.por encrudecerse.n.v
Crudus. a.um. por cosa abita
Cruditas.atis.por el mesmo abito
Crudelis.e. por cosa crual
Crudelitas.atis. por la crueldad
Crudeliter.aduerbium. por cruel mente
Cruor.oris.por la sangre

Cruento.as.por enfangrentar.a.i ł.
Cruentus.a.um.por cofa fangrienta
Crumena.e.por la bolfa
Crus cruris.por la pierna
Crufculum.i.por pierna pequeña
Crufma.atis.por efgambete enel baile
Crufta.e. por corteza no de comer
Cruftula.e.por efta corteza pequeña
Cruftofus.a.um.por lleno deftas cortezas
Crufto.as.aui. por fobre poner cortezas.a.i
Cruftum.i.por la corteza de comer
Cruftulum.i. por efta corteza pequeña
Crux crucis. por la cruz
   tefias.e.por un orador de ficilia
   Ctefiphon.ontis.varon fue de athenas
Ctefippus.i. hijo fue de focrates
Cteticon.interpretatur poffeffiuum
   ubatio.onis. por el eftar enla cama
   Cubiculum.i.por la camara do dormimos
Cubicularius.a.um.por cofa para efta camara
Cubicularis.e. por aquello mefmo
Cubicularius.ij.por el camarero
Cubile.is.por el cubil delas fieras.
Cubitus.us.el eftar enla cama o tazija
Cubitus.i.por el codo del braço
Cubitum.i.por el codo de medir
Cubitalis.e. por cofa del codo
Cubitale.is. por armadura de codo
Cubo.as.cubui.por echarfe enla cama.n.v
Cubito.as.aui.por echarfe a menudo.n.v
Cubus.i.por la figura del dado
Cubicus.a.um.por cofa defta figura
Cucullus.i.por el alcartaz de papel
Cucullus.i.por capirote o papahigo
Cucullus.i. por la capilla o cugulla
Cucullio.onis.por aquello mefmo
Cuculla.e.por aquello mefmo
Cuculus.i.por el cuchillo ave
Cuculus.i.denuefto delos negligentes
Cuculo.as.aui. por cantar el cuchillo.n.v
Cucubo.as.aui.por cantar la lechuza.n.v
Cucumis cucumer.eris. el cohombro
Cucumis filueftris. por cohombrillo
Cucumis.eris.por un cierto pefcado
Cucumerarium.ij.por el cohombral
Cucurbita.e.por la calabaça
Cucurbita filueftris.por la filveftre
Cucurbita.e. por la ventofa

Cucurbitula.e.por aquello mefmo
Cucurbitinum pirum. por pera calabaçana
Cucurrio.is.por cantar el gallo.n.v
Cudo.onis. por carquete de cuero
Cudo.is.cuffi.por herir enla iunque.a.i
Cui.datiuus ab eo quod quis uel qui
Cuias.atis. por de que tierra
Cuius.a.um.por de quien
Culcitra.e.por el colchon o colcha
Culex.icis.por el mofquito
Culex mulio.por mofquito de mulas
Culicilega.e. por una avezita
Culigna.e.por cierta vafija de vino
Culleus.i.por la odrina de buei
Culleus.i.por la odrinada
Cullearis.e. por cofa de odrina
Culina.e.por la cozina
Culmen.inis. por la cumbre
Culmus.i. por la caña del trigo
Culpa.e.por la culpa
Culpo.as.aui.por culpar.a.i
Culpatio.onis. por aquel culpar
Culter.tri. por el cuchillo
Cultellus.i. por el cuchillejo
Cultellatus.a.um.por cofa con cuchillos
Cultratus.a.um.por aquello mefmo
Cultura.e. por la labrança
Cultio.onis. por aquello mefmo
Cultus.us.por aquello mefmo
Cultus.us. por la onra z acatamiento
Culus.i.por el falvonor
Cum.prepofitio.por con
Cumprimum coniunctio.por luego que.
Cum.coniunctio.por cuando
Cumprimis.por enlos primeros
Cumprime.por aquello mefmo
Cumq3.coniunctio. por como quiera que
Cume.arum. por una ciudad de campania
Cumeus.a.um. por cofa defta ciudad
Cumanus.a.um.por aquello mefmo
Cumera.e. por la panera
Cuminum.i. por los cominos
Cuminum filueftre. por cominos roftigos
Cuminum ethiopicum.ideft ami
Cumulo.as.aui.por colmar.a.i
Cumulus.i.por el colmo
Cumulate.aduerbium. por conel colmo
Cumulatim.aduerbium. por lo mefmo

Cunae.arum.por la cuna
Cunabulum.i. por lo mesmo
Cunctus.a.um. por todo junto
Cunctipotens.tis. por todo poderoso
Cunctor.aris. por tardar a otri.d.iij
Cunctatio.onis. por la tardança
Cunctamen.inis.por aquello mesmo.poe
Cunctator.oris. por el retardador
Cunctabundus.a.um. lo que mucho retarda
Cuneus.i. por el cuño o la cuña
Cuneolus.i.por la cuña pequeña
Cuneo.as.aui. por acuñar.a.i
Cuneus.i. por orden de assentados
Cuneus.i.por batalla para bender
Cuneatim.aduerbium. de batalla en batalla
Cuniculus.i.por la mina
Cuniculus.i. por el conejo
Cuniculatim.aduerbium. por minando
Cunila.e.por el axedrea
Cunilago.inis.por una cierta ierva
Cunila bubula. por ojo de buei ierva
Cunnus.i.por el coño miembro genital
Cunnilingus.i. por el que lo lambe
Cupauo. onis. hijo fue de cigno rei
Cupedia.e. por codicia de golosinas
Cupedinarius.ij. por vendedor de golosinas
Cupidus.a.um.por cosa codiciosa
Cupiditas.atis.por aquella codicia
Cupido.inis.por aquello mesmo
Cupido.inis.por el dios delos amores
Cupidineus.a.um.por cosa deste dios
Cupio.is.cupiui. por codiciar. a.i
Cuppa.e. por la cuba o copa
Cuppula.e.por cuba o copa pequeña
Cupre.arum.por una ciudad de italia
Cupressus.i.por el cipres arbol
Cupressifer.a.um. lo que cria cipreses
Cupresseus.a.um.por cosa de cipres
Cupressinus.a.um.por aquello mesmo
Cupressetum.i.por el cipresal
Cuprum.i.por el cobre metal
Cupreus.a.um. por cosa de cobre
Cur.por por que preguntando
Cura.e.por el cuidado o cura
Curaculus. a.um. por cosa cuidadosa
Curax.cis. por aquello mesmo
Curator.oris. por el curador
Curatio.onis.por la curadoria

Curature.e.por la cura para adobar
Cures cu:ium.ciudad es delos sabinos
Curetes.tum.pueblos son de creta
Cureticus.a.um.por cosa destos pueblos
Curetis.idis.por cosa bembra de alli
Curgulio.onis.por el gorgojo
Curia.e.por la corte de gente
Curia.e.por el lugar del consejo
Curialis.e.por cosa de corte
Curiosus.a.um.por cosa diligente
Curiosus.a.um. por cosa curiosa
Curiositas,atis.por la curiosidad
Curius.ij.ciudadano fue romano
Curianus.a.um. por cosa de curio
Curio.onis. ciudadano fue romano
Curio.onis. denunciador delos sacrificios
Curo.as.aui.por tener cuidado.a.i
Curo.as.aui.por curar el medico.a.i
Curro.is.cucurri.por correr.n.v
Curriculum.i. por el carro pequeño
Curriculum.i.por la corrida
Curriculum.i. por la carrera lugar
Curribulum.i. pro eo quod curriculum
Currus.us. por el carro para correr
Currus falcatus.por carro con boces
Cursor.oris.por el correo o trotero
Cursor.oris.por cierto pescado
Cursorius.a.um.por cosa para correr
Cursim.aduerbium.por corriendo
Curso.as.por correr a menudo.n.v
Cursito.as.aui. por aquello mesmo.n.v
Cursus.us. por la corrida
Curtus.a.um.por cosa escassa z corta
Curtus.a.um. por cosa mellada o menguada
Curtius.ij.por un capitan delos sabinos
Curtius lacus.lago fue en roma
Curto.as.aui.por mellar o menguar.a.i
Curulis.e.por cosa de carro
Curuca.e.ave que cria los hijos del cuclillo
Coruo.as.aui.por encorvar.a.i
Curuamen.inis.por la encorvadura
Curuatura.e.por aquello mesmo
Curuus.a.um.por cosa corva
Cuspis.idis. por la punta
Cuspidatus.a.um.por cosa con punta
Cuspidatim.aduerbium.por de punta
Cuspido.as. por hazer punta.a.i
Cuso.as.aui.non extat sed ab eo composita

Cuſtos cuſtodis.por la guarda perſona
Cuſtodia.ę.por la guarda obra   iů
Cuſtodela.ę.por pequeña guarda
Cuſtodio.is.por guardar.a.i
Cutis cutis.por el cuero ſotil
Cuticula.ę.por aquel cuero pequeño
Cutilię aquę.aguas ſon en italia

     De incipientibus a.d.

        inter puncta ſignificat decius
        D. in numeris ſignat quingentos
        Dabar.aris.varõ fue ṗncipal en africa
Dabreiamim.i.uerba dierum.liber eſt.bar
Dabula.ę.por una eſpecie de datiles
Dacae.arum.pueblos ſon de dacia region
Daci.orum.por aquellos meſmos pueblos
Dacia.ę.region es encima de tracia
Dacicus.i.renombre del que gano a dacia
Dacius.ij.rio es de dacia region
Dacius.a.um.por coſa de dacia region
Dacryon.interpretatur lacbrima
Dacróna.ę.por lagrima.gr
Dactylos.i.ɡrece.interpretatur digytus
Dactylus.i.por anillo del dedo
Dactylotbeca.ę.por caſa de anilloȝ
Dactylus.i.por el datil fruta de palma
Dactylides uuę.por uvas prolongadas
Dactylus.i.pie es de una luęga ɀ dos breves
Dactylicus.a.um.por coſa deſte pie
Dactylion.i.eſt ipſe culi circulus
Daedalion.onis.filius fuit luciferi
Daedalus.i.bijo de eupalamo atbenienſe
Daedalęus.a.um.por coſa de aqueſte
Dędalius.a.um.por coſa del meſmo
Dędalus.a.um.por coſa del meſmo
Dędalus.a.um.por coſa ingenioſa
Dacmon.onis.interpretatur ſciens
Dęmonium.ij.idem eſt quod dęmon
Dęmon bonus.por el angel bueno
Dęmon malus.por el angel malo
Dęmoniacus.a.um.por demoniada coſa
Dęmonium.ij.por deſdicba
Dęmogorgon.onis.antiquiſſimus deorum
Dalida.ę.muger de ſanſon juez delos judios
Daliuus.a.um.oſcum.por coſa loca
Dalmatia.ę.region es de ungria
Dalmata.e.varon o muger de dalmacia
Dalmaticus.a.um.por coſa de dalmatia.
Dalmatica ueſtis.por el almatica

Dama.ę.por la gama o corça
Damaſcus.i.damaſco ciudad de ſiria
Damaſcénus.a.um.por coſa deſta ciudad
Damaſcena pruna.por ciruelas paſſas
Damaſcena ueſtis.por la ſeda de damaſco
Damaſénus ager.por un campo en cbipre
Damaſiton.onis.n.p.celebratum ab ouidio
Damaſippus.i.interpretatur domitor equorũ
Damaſitbymus.i.por un capitan de xerxes
Dámaſus.i.pontifex fuit ex biſpania
Damen.inis.n.p.de un iſtoriador
Damoetas.ę.n.p.de un paſtor
Damon.ónis.n.p.de un paſtor
Damon.onis.amigo ſingular de ficias
Dámocles.is.liſongero de dioniſio tirano
Damnas.mendum eſt ubiqȝ pro damnatus
Damnatio.onis.por condenacion
Damnatio.onis.por obligacion
Damnifico.as.por baȝer daño.a.i
Damnificatio.onis.por aquel dañar
Damnificus.a.um.por coſa dañoſa
Damno.as.por dañar o condenar.a.iiij
Damno.as.por obligar a otro.a.i
Damnoſus.a.um.por coſa dañoſa
Damnum.i.por el daño o menoſcabo
Damula.ę.por la gama o corça pequeña
Dan.indeclinabile.bar.bijo de jacob ɀ balã
Daniel.is.uel danielus.i.profeta fue judio.b
Daniſtes.ę.interpretatur foenerator
Daniſta.ę.por el logrero o renovero
Danae.es.triſyllabum.bija fue de acriſio
Danaeius.a.um.por coſa de aqueſta
Danaus.i.por un rei delos argivos
Danais.idis.por la bija de danao
Danaus.a.um.por coſa de argos ciudad
Dano.is.priſcum.por dar
Danubius.ij.rio es de ungria
Dapalis.e.priſcum.por coſa de manjar
Dapes.ium.por manjares coſtoſos
Daphne.es.bija fue de peneo rio de teſſalia
Daphne.es.el laurel en que eſta ſe bolvio
Daphnon.onis.por el lauredal
Daphnis.idis.bijo fue de mercurio
Daphnis.idis.n.p.de un paſtor
Daphnoides.por una eſpecie de canela
Daps dapis.por el manjar coſtoſo
Dapſilis.e.por coſa coſtoſa ɀ manifica
Dapſile.aduerbium.por larga mente

Dapſiliter.aduerbium.por lo meſmo.pr
Dardanus.i. hijo de jupiter z electa
Dardanides.e. por hijo o nieto de dardano
Dardanis.idis. por hija o nieta de dardano
Dardania.e. por troia region o ciudad
Dardanius.a.um.por coſa de troia
Dardanarius.ij. por eſcalador de caſa
Dares.ris.uel retis.n.p. de un varon
Darideus.i. por un rei delos perſas
Derion.i. por una tunica delos teſticulos
Darius.ij.rei delos perſas hijo de hyſtaſpis
Darius.ij.nombre de reies de perſia
Daſipus.odis.animal no conocido
Daſcilus.i. por un pece no conocido
Dathiatum.i. por una eſpecie de encenſio
Datatim. aduerbium. por dando a vezes
Datio.onis. por la dadiva
Datiuus.a.um. por coſa que ſe da
Datiuus.i.por el tercero caſo
Dato.as.priſcum.por dar a menudo
Daucum.i.por chirivia ierva
Daulia.e.region es cerca de parnaſo
Daulias.adis. hembra de aquella region
Daulius.a.um. por coſa de aquella region
Daunus.i. rei fue de apulia en italia
Daunus.i.por un rio deſta region
Daunias.adis.hembra deſta region
Daunius.a.um. por coſa de apulia
David.indeclinabile.bar.rei fue delos judios
Dauiticus.a.um.por coſa de david
Dauus.i. nombre proprio de ſiervo
  e.prepoſitio ablatiui. por de
  De.in compoſitione auget ut deamo
De.in compoſitione minuit. ut demens
Dea.e.por la deeſa o dioſa
Decacino.as.aui.por vaziar burujo.a.i
Dealbo.as. por blanquear.a.i
Dealbatio.onis.por blanqueadura
Deambulo.as.por paſſearſe eſpaciando.n.v.
Deambulatio.onis. por aquel paſſear
Deambulatiuſcula. e. por aql pequeño paſſear
Deambulatorium.ij. por el paſſeadero
Deamo.as. por amar mucho
Deauro.as.por dorar de fuera
Deauratio.onis. por aquella doradura
Deartuo.as. por deſmembrar.a.i
Debacchor.aris. por enſañarſe.d.v
Debacchatio.onis.por la ſaña

Debello.as.por ganar conquiſtando.a.i.
Debellatio.onis.por aquella conquiſta
Debeo.es.por dever.a.iij
Debeo.es.por ſer deudor. abſolutum
Debitor.oris.por el deudor
Debitrix.icis.por la deudora
Debitio.onis. por la deuda
Debitum.i.por aquello meſmo
Debilis.e. por coſa feble z flaca
Debilitas.atis. por aquella flaqueza
Debiliter.aduerbium.por flaca mente
Debilito.as.por enflaquecer a otro.a.i
Deblactero.as. por hablar loca mente
Decachordum.i. inſtrumēto de diez cuerdas
Decalcio.as.por deſcalçar.a.itij
Decalogus.i.por diez mandamientos de lei
Decacumino.as. por deſcumbrar.a.i
Decaluo.as.por calvo hazer.a.i
Decalico.as. por encalar con cal.a.i.
Decanus.i.por el dean dela igleſia.no
Decanatus.us. por el deanado dignidad
Decanus.i. por la dezena de diez
Decanium.ij. por aquello meſmo
Decanto.as.por mucho cantar
Decuprótos.interpretatur decurio
Decaprotia.e.interpretatur decurionatus
Decapolis.eos.ciudad metropole de diez
Decapolites uel decapolitanus.a.ū.coſa ò alli
Decas decadis. por dezena
Decauleſco.is.por entalleſcer.n.v
Decedo.is.por partirſe de lugar.n.v
Deceſſio.onis. por partida de lugar
Decedo.is.por morir.n.v
Decedo.is.por dar lugar al ſuceſſor.n.v
Deceſſor.oris.por el q̄ da lugar al ſuceſſor
Deceſſio.onis. por aquel dar de lugar
Decem in plurali indeclinabile.por diez
Decem mille. por diez mil
Decem milia.por diez millares
December.bris.por deziembre mes
Decembris.e.por coſa de aqueſte mes
Decēmpeda.e. por medida de diez pies
Decempedator.oris. el que mide con ella
Decempedalis.e.por coſa de diez pies
Decemprimus.i.el principal de diez
Decemprimatus.us.por el primado de diez
Decemuiri.por uno delos diez varones
Decemuiratus.us. por aqueſta dignidad

Decemuiralis.e.por cofa de aquefta dignidad
Decennalis.e.por cofa de diez años
Decennis.e.por aquello mefmo
Decennium.ij. por efpacio de diez años
Decceo.es. por convenir lo onefto.a.i
Deceptio.onis.por engaño
Deceptorius.a.um. por cofa engañofa
Decet.decebat.imperfonale.por lo mefmo
Decerno.is.por contender o pelear.n.v
Decerno.is.por deliberar.a.i
Decerno.is. por librar dineros.a.i
Decerpo.is.pfi.por coger rompiendo
Decerto.as. por debatir z contender.n.v
Deçetero.aduerbium. por de aqui adelante
Decido.is. por caer de lugar.n.v
Decido.is.por atajar pleito.n.v
Decifio.onis.por atajo de pleito
Deciduus.a.um.por cofa caediza
Decies.aduerbium.por diez vezes
Decies milies. por diez mil vezes
Decies centum mile.por un cuento
Decies centum milia. por aquello mefmo
Decies.muchas vezes.por aquello mefmo
Decimus.a.um.por decimo en orden
Decimus.a.um.por uno de diez
Decimae.arum. por los diezmos
Decimatio.onis.por los diezmos
Decimo.as.por dezmar uno de diez.a.i
Decimus fluctus. por la maior onda
Decimum ouum. por el maior uevo
Decimeftris.e. por cofa de diez mefes
Decipio.is. por engañar
Decipula.e. por orzuelo o cepo para caer
Decius.ij.n.p.de varones romanos
Declamo.as. por orar caufas fingidas.a.i
Declamito.as.por orar affi a menudo.a.i
Declamator.oris. por aquefte orador
Declamatorius.a.um. cofa para affi orar
Declamatio.onis.por aquella oracion
Declamatiuncula.e. por pequeña oracion affi
Declaro.as.por declarar por obra.a.i
Declaro.as. por fignificar.a.i
Declino.as. por apartar de lugar.a.i
Declinatio.onis.por aquel apartamiento
Declino.as.por declinar nombre o verbo.a.i
Declinatio.onis. por la declinacion
Declinabilis.e. por lo que fe puede declinar
Decliuis.e. por cofa cuefta aiufo

Decliuus.a.um. por aquello mefmo
Decliuitas.atis. por aquel acoftamiento
Decocta.e. por agua cozida
Decollo.as.aui.por degollar.n.v
Decollatio.onis.por la degolladura
Decollo.as.por engañar.pr.a.i
Decolor.oris.por cofa negra
Decoloro.as.por defcolorar.a.i
Decoquo.is.por cozer mucho.a.i
Decoquo.is. por cendrar el metal.a.i
Decoquo.is.por quebrar el credito o réta.a.i
Decor.oris.por gracia enla hermofura
Decoramen.inis. por efto mefmo.po
Decórus.a.um. por cofa graciofa affi
Decóro.as.por hermofear con gracia
Decortico.as.por defcortezar.a.i
Decorticatio.onis. por defcortezamiento
Decretum.i. por el decreto o deliberacion
Decretalis.e.por cofa de decreto.no
Decretorius.a.um.por cofa para dicernir
Decrepitus.a.ü.por viejo cercano ala muerte
Decrefco.is.ui.por defcrecer.n.v
Decubo.as. por eftar enfermo en cama.n.v
Decumbo.is.por aquello mefmo.n.v
Decumbo.is.por morir.n.v
Deculco.as.por bollar mucho.a.i
Deculpo.as.por culpar mucho.a.i
Decumus.a.um. pro decimus.a.um.pr
Decumanus limes. linde de oriente a ocidéte
Decumana porta.la puerta del fol
Decuns.cis. por diez onças
Decuns.cis.por diez partes de doze
Decuplus.a.um.por cofa diez tanto
Decuplum.i. por el diez tanto
Decuplo.as. por cótar multiplicando.no.a.i
Decuplator.oris. por contador affi.no
Decuplatorius.a.um.cofa para contar affi.no
Decuplatio.onis.por aquella cuenta
Decurio.onis. por regidor de ciudad
Decurionatus.us.por aquel regimiento
Decurio.onis.por principe dela decuria
Decurionatus.us.por aquella capitania
Decuria.e.por la decima parte dela ciudad
Decuriatus.us. por el lugar dela decuria
Decuriatus equés.cavallero fo el decurion
Decurro.is.por correr de arriba abaxo.n.v
Decurfus.us. por aquella corrida
Decurto.as.aui.por acortar delo largo.a.i

Decurtatio.onis. por aquel acortamiento
Decus.oris.por la onra ganada con trabajo
Decussis.is.por diez asses de cobre
Decusso.as.por ordenar en partes.a.i
Decussatim.aduerbium.por en tajadas
Decussio.onis. por sacudimiento bazia aiuso
Decussus.us. por aquello mesmo
Dedecus.oris. desonra por lo que beziste
Dedecoro.as. por desonrar assi.a.i
Dedecet.impersonale.por no ser cosa onesta
Dedignor.aris.por desdeñar.d.v
Dedignatio.onis. por el desden
Dedignabundus.a.um. por desdeñoso
Dedico.as.por consagrar a dios.a.iij
Dedicatio.onis.por aquella consagracion
Deditio.onis.por la rendicion del vencido
Dediticius seruus.el siervo que se rindio
Dedisco.is. por olvidar lo deprendido.a.i
Dedo.is.dedidi.por rendirse al vecedor.a.iij
Dedocco.es. por desenseñar lo enseñado.a iiij
Dedolo.as. por concertar lo desencasado. a.i
Deduco.is. por sacar una cosa de otra.a.i
Deductio.onis.por aquel sacar
Deduco.is. por traer de arriba aiuso.a.i
Deductio.onis. por aquella traedura
Deduco.as. por adelgazar lo gruesso.a.i
Deductio.onis.por aquel adelgazamiento
Deduco.is. por acopañar a otro de su casa.a.i
Deductio.onis.por aquel acompañamiento
Deduco.is. por ecbar las naves en agua.a.i
Deductio.onis.por aquella ecbadura
Deerro.as.aui. por errar de lugar.n.v
Defamo.as.por desenfamar o infamar.a.i
Defamatio.onis. por la difamacion
Defeco.as. por apartar las bezes.a.i
Defaccatio.onis.por aquel apartamiento
Defaccatus.a.um. cosa limpia de bezes
Defatigo.as.por cansar a otro mucbo.a.i
Defatigatio.onis.por aquel cansancio
Defatisco.is. por benderse.n.v
Defectus.us.por la falta o mengua
Defectus.a.um. aliquano pro deficiens
Defector.oris.por el rebelador
Defectio.onis.por la rebelion
Defectiuus.a.um. por cosa que suele faltar
Defendo.dis.por defender.a.i
Defensio.onis. por la defension
Defensor.oris. por el defendedor

Defenstrix.icis.por la defendedora
Defensso.as.por defender a menudo.a.i
Defensorius.a.um.por cosa para defender
Defenso.as.por defender a menudo.a.i
Defero.rs.por traer de arriba aiuso.a.i
Defero.rs. por acusar.a.i
Deferueo.es.por defar de berver.n.v
Deferuesco.is.por aquello mesmo.n.v
Defessus.a.um.por cosa cansada
Defetisco.is. por cansar o benderse.n.v
Deficio.is.por faltar o desfallecer.n.v
Deficio.is.por defar o desamparar.a.i
Deficio.is.por faltar.a.i
Defio.is. por faltar o desfallecer.n.v
Defioculus.i.por tuerto de un ojo
Defigo.is. por bincar mucbo.a.i
Definio.is.por determinar.a.i
Definitio.onis. por la determinacion
Deflagro.as.por mucbo arder.n.v
Deflagratio.onis. por aquel ardimiento
Deflagro.as.por defar de arder.n.v
Deflecto.is.xi. por doblegar.a.i
Deflexio.onis. por la doblegadura
Deflexus.us. por aquello mesmo
Defleo.es. por llorar mucbo.a.i
Defloco.as.por perder el flueco.n.v
Defloreo.es. por defar de florecer.n.v
Defloro.as.por quitar la flor.a.i
Defluo.is.por correr caiendo a iuso.n.v
Defluxus.us. por aquel correr caiendo
Defluus.a.um. por lo que assi cae
Defluuium capillorum. caida de cabellos
Defodio.is.por enterrar en boio.a.i
Defore.pro defuturum esse
Deformis.e.por cosa fea o desfigurada
Deformitas.atis. por aquella fealdad
Deformo.as.por desfigurar.a.i
Deformicatus.a.um. roido de bormigas. pr
Defraudo.as.por engañar.a.i
Defraudo.as.por amenguar.a.i
Defraudatio.onis. por el engaño
Defraudator.oris.por el engañador
Defraudatio.onis.por el amenguamiento
Defraudator.oris. por el menguador
Defrico.as.cui.por fregar mucbo.a.i
Defringo.is. por quebrar de algo.a.i
Defrondo.as.por desbojar.a.i
Defrudo.is.por menguar.a.i.

Defruto.as.por aquello mesmo.a.i
Defrutum.i.por vino cozido ala mei.ad
Defrutuaria cella. bodega para tal vino
Defugio.is.por buir mucho.a.i
Defundo.is.di. por derramar aiuso.a.i
Defungor.eris.por dexar de usar.d.v
Defunctus.a.um. por el finado o muerto
Defunctio.onis. por el finamiento
Degener.eris.lo que no responde a su casta
Degenero.as.no responder a su casta.n.v
Deglabro.as. por pelar. actiuum.i.
Deglabrare arbores.por las descortezar
Deglabrator.oris.aquel descortezador
Deglabratio.onis.aquel descortezamiento
Deglubo.is.bi.por quitar el cuero.a.i
Deglutio.is.por tragar mucho.a.i
Dego.is.degi.por bivir.n.v
Dego.is. degi. pr. por quitar.a.i
Degrassor.aris. por saltear mucho.d.iij
Degrassator.oris. por aquel salteador
Degrassatio.onis. por aquel salto
Degrauo.as.por apesgar.actiuum.i
Degusto.as.por gustar baziendo salva.a.i
Degustatio. onis. por la salva
Degustator.oris.por el que baze salva
Degulo.as. por tragar.pr.acti.i
Debisco.is.por se bender.n.v
Debonesto.as.por denostar o desonestar.a.i.
Debonestatio. por aquel denuesto
Debonestamentum.i. por aquello mesmo
Debonestus.a.um.por cosa desonesta
Debortor.aris. por desviar por razones.d.iij
Debortatio.onis.por aquel desvio
Debortamentum.i. por aquello mesmo
Debortator.oris.por aquel desviador
Debortatorius.a.um.cosa para desviar assi
Deianira.e. bija de eneo z de altea
Deidamia.e. bija de licomedes rei de sciros
Deiectio.onis. por ecbamiento abaxo
Deiextus.us.por aquello mesmo.
Deiero.as.por jurar mucho.n.v
Deierator.oris.por el que jura mucho
Deieratio.onis.por aquel mucho jurar
Deijcio.is.deieci.por ecbar aiuso.a.i
Deimprouiso.aduerbium.por adesoras
Dein.coniunctio.por despues o dende
Deinde.coniunctio. por aquello mesmo
Deinceps. por dende en adelante

Deinsuper.aduerbium.de arriba.
Deintegro.aduerbium. por de comienço
Deintegro.as. por amenguar.a.i
Deioces.e.por un rei delos medos
Deiopéia.e.por una ninfa de juno
Deiótarus.i.por un rei de gallogrecia
Deiphyle.es. bija de adrasto rei de argos
Deiphobus.i. bijo fue de priamo z ecuba
Deiphobe.es. bija fue de glauco z sibila
Deiphylus.i.bijo fue de steleno
Deiurium.ij.por grande juramento
Delabor.eris. por deslizarse aiuso
Delapsus.us.por aquel deslizamiento
Delacto.as.por quesear las ovejas.a.i
Delactatio.onis.por aquel quesear
Delactator.oris. por el queseador
Delachrymo.as.por derrocar lagrimas.n.v
Delachrymatio.onis.por aquel llorar
Delamentor.aris.por llorar con gritos.d.iij.
Delamentatio.onis.por aquel llorar
Delargior.iris.por dar z ser dado
Delasso.as.por fatigar o cansar.a.i
Delassatio.onis. por la fatiga o cansancio
Delator.oris. por el acusador
Delatorius.a.um.por cosa para acusar
Delatio.onis.por el acusacion
Delbora.e.muger fue juez delos judios
Delectabilis.e.por cosa deleitosa
Delectabiliter.aduerbiu.por deleitosa mente.
Delecto.as.por deleitar a otro.a.i
Delector.aris. por deleitarse.d.v
Delectat.impersonale. por deleitar
Delectatio.onis.por el deleite
Delectamentum.i. por aquello mesmo
Delectio.onis.por elecion delo mejor
Delectus.us. por aquello mesmo
Delego.as.por embiar a otro en su lugar.a.i
Delegatio.onis.por aquella embaxada
Delegatus.i.por aquel embaxador
Deleo.es.por quitar o raer.a.i
Deleticius.a.um.por cosa que se quita assi
Deletilis.e. por cosa que quita assi
Deletio. onis. por aquel quitar
Delia.e.por diana que nacio en delos
Delius.ij.por apollo que nacio en delos
Deliacus.a.um.por cosa de delos isla
Delibero.as.por deliberar.actiuum.i
Deliberatio.onis. por la deliberacion

Deliberabundus. a.ū. lo que mucho delibera
Deliberatiuum genus. es enla retorica
Delibo.as.por guftar como falva.a.i.
Delibatio.onis.por aquella guftadura
Delibro.as. por defcortezar arboles.a.i
Delibratio. onis. por aquel defcortezamiento
Delibutus.a.om.por cofa untada
Delicatus.a.um.por cofa delicada
Delicia.ę.el madero dela canal maeftra
Deliciaris tegula.por la teja maeftra
Delicia.ę. por el deleite o delicadez.pr
Delicię.arum.por los deleites
Delicium.ij.por el deleite
Deliciolum.i.por el deleite pequeño
Deliciofus.a.um. por cofa deleitofa
Deliciofe.aduerbium.por deleitofa mente
Delicio.is.por atraer balagando.pr
Delictum.i.por el pecado por omiffion
Delicui. preteritum a deliquco.es
Deligo.as.aui. por atar.actiuum.i
Deligatio.onis.por el atadura
Deligo.is.por efcoger lo mejor
Delimo.as.por limando quitar algo.a.i
Delimatio. onis. por lamber
Delinguo.is.por lamber.a.i.
Delinio.as.por traçar o debuxar.a.i
Delinio.is.por balagando engañar.a.i
Delinimentum.i.por aquel balago
Delinquo.is. por pecar por omiffion.n.v
Deliquium folis.por el eclipfe del fol
Deliquium.ij.por menos.pr
Deliqueo uel deliquefco.por derretirfe.n.v
Deliquo.as. por declarar.pr.a.i
Deliro.as.aui. por defvariar.n.v
Deliratio.onis. por el defvario
Deliramentum.i. por aquello mefmo
Deliritas.atis.por aquello mefmo
Delirium.ij.por aquello mefmo
Delitco uel delitefco.por efconderfe.n.v
Delos.i.por una ifla del arçapielago
Delphi.orum. ciudad del monte parnafo
Delphicus.a.um.por cofa defta ciudad
Delphiticus.a.um.por aquello mefmo
Delphicus apollo. cuia es aquefta ciudad
Delphis.idis.por la facerdotiffa de apollo
Delphin.inis.por el delfin o golfin
Delphis.inis. por aquello mefmo
Delphinus.i. por aquello mefmo

Delta.por la.d.delos griegos
Deltoton. por una conftellacion
Delucror.aris. por ganar mucho.d.iij
Delucro.as.aui. por aquello mefmo.pr.a.i
Deludo.is. por efcarnecer.a.i
Delufor.oris. por efcarnecedor
Deluforius.a.um.por cofa efcarnecedora
Delufio.onis.por el efcarnio
Delumbis.e.por cofa derrengada
Delumbo.as.por derrengar.a.i
Demadeo uel demadefco.por mojarfe.n.v
Demarchus.i. interpretatur tribunus pl.
Demaratus.i. padre fue de tarquino rei
Demens.tis.por cofa loca fin confejo
Dementia.ę. por aquella locura
Demento.as.por enloquecer a otro.a.i
Demetior.iris.por medir raiendo.d.uj
Demenfum.i.por la medida raida
Demergo.is.por çabullir fo el agua.a.i
Demerfio.onis. por la çabullidura
Demereo.es. por ganar fueldo.a.i
Demereor amicos.ganarlos cō benificios.d iij
Demeritum.i. por benificio grande
Demeto.is.por fegar bafta el cabo.a.i
Demetrius.ij. bijo fue del rei antiocho
Demetrij.muchos fueron defte nombre
Demiror.aris.por maravillarfe mucho.d.iij.
Demitto.is.por embiar aiufo.a.i
Demo.is.pfi.por facar de otra cofa.a.i
Democoon.ontis.bijo baftardo de priamo
Democritus.i.filofofo famofo de abdera.
Democritius.a.um.por cofa defte filofofo
Demolior.iris. por derribar edificio.d.uj
Demolitio.onis.por aquel derribamiento
Demolitor.oris. por derribador affi
Demoror.aris. por tardar o detener.d.iij
Demorator.oris.por el tardador
Demoratio.onis.por el tardamiento.
Demonftro.as.por demoftrar.a.uj
Demonftratio.onis. por la demoftracion
Demonftratiuus.a.um. cofa que demueftra
Demortuus.a.um.por muerto del todo
Demophoon.ontis. bijo de teffeo z fedra
Demofthenes.is.por aquel famofo orador
Demugio.is. por bramar mucho.n.v
Demulceo.es. por balagar mucho.a.i
Demum.aduerbium. por final mente
Demurmuro.as.por murmurar mucho.n.v.

Denarius.ij. moneda que valia diez asses
Denarro.as.por contar hablando.a
Dendros. interpretatur arbor
Denicales ferie.ferias por causa del defunto
Denigro.as.por ennegrecer otra cosa.a.i
Denigratio.onis.por el ennegrecimiento
Denigrator.oris.por el ennegrecedor
Deniq3.aduerbium.por final mente
Denomino.as.por nombrar uno de otro.a.i.
Denominatiuum.nombre sacado de otro
Denominatio.onis.figura es de gramatica
Denormo.as.por desordenar.a.i
Denormis.e.por cosa desordenada
Denoto.as.por señalar.a.i
Dens dentis.por el diente
Dens molaris.por la muela para comer
Dens maxillaris.por lo mesmo
Dens genuinus.por la muela cordal.
Dens columellaris.por el colmillo
Dens caninus.por aquello mesmo
Dens brocbus.por diente pala
Denseo.es.ui.por espessar.a.i
Densitas.atis.por el espessura
Denso.as.aui.por aquello mesmo.a.i
Denso.is.si.por aquello mesmo.pr
Densus.a.um.por cosa espessa
Dentatus.a.um.por cosa dentada
Dentale.is.por dental de arado
Dentex.icis.por cierto pece
Dentio.is.iui.por dentecer.n.v
Dentitio.onis.por el dentecimiento
Denticulus.i.por pequeño diente
Denticulatus.a.um.dentado de tales dientes
Dentifricium.ij.por fregadientes polvos
Dentiscalpium.ij.por escarvadientes
Denubo.is.por casarse la muger.n.iiij
Denudo.as.por desnudar.a.iiij
Denudatio.onis.por el desnudamiento
Denuncio.as.por denunciar.a.iij
Denunciatio.onis.por la denunciacion
Denuo.aduerbium.por de nuevo
Deocles.is.por un rei delos medos
Deorsum.aduerbium.por bazia iuso
Deorsum uersum.por aquello mesmo
Depalmo.as.por abofetear.a.i
Depango.is.xi.por plantar.a.i.
Depasco.is.ui.por pacer con ganado.a.i
Depascor.eris.por pacer el ganado.d.iij

Depeciscor.eris.por pactear.d.iij
Depecto.is.por peinar sacando algo.a.i
Depeculor.aris.por hurtar lo publico.d.iij.
Depeculator.oris.por ladron delo publico
Depello.is.por empuxar de lugar.a.i
Depello.is.por destetar.a.i
Dependo.is.por pagar pena.a.i.
Deperdo.is.por perder.a.i
Depereo.is.por perecer mucbo.n.v
Depereo.is.por amar perdida mente.a.i
Depesco.is.por apartar del pasto.a.i
Depexus.a.um.por cosa mui peinada
Depygis.e.por cosa sin nalgas
Depilis.e.por cosa lampiña sin pelos
Depilo.as.aui.por pelar.a.i
Depilatio.onis.por la peladura
Depingo.is.xi.por pintar.a.i
Deplango.is.por plañir llorando.a.i
Depleo.es.por vaziar lo lleno.a.ij
Deploro.as.por llorar mucbo.a.i
Deplorabundus.a.um.por lloroso mucbo
Deploro.as.por desesperar algo.a.i
Depluo.is.por llover de arriba aiuso.n.v
Depono.is.por quitar de lugar.a.i
Depono.is.por apostar.a.i
Depono.is.por poner en deposito.a.i
Depopulor.aris.por robar despoblando.d.iij
Depopulatio.onis.por este robo
Depopulator.oris.por aquel robador
Depopulabundus.a.um.lo q̃ mucbo assi roba
Deponens uerbum.por verbo deponente
Deponentale uerbum.por lo mesmo
Deposco.is.por demandar mucbo.a.iiij.
Deportatus.a.um.el desterrado confinado
Deporto.as.por traer de lugar.a.i
Depositio.onis.por quitamiento de lugar
Depositio.onis.por la depositacion
Depositum.i.por el deposito
Depositor.oris.por el depositador
Depositarius.ij.por de quien se cófia depósito
Deprauo.as.por torcer lo derecbo.a.i
Deprauatio.onis.por esta torcedura
Deprecor.aris.por mucbo rogar.d.iij
Deprecatio.onis.por el ruego
Deprecator.oris.por el rogador
Deprecor.aris.por abominar ó testamto.d.iij
Deprecatio.onis.por aquesta abominacion
Depredor.aris.por robar.a.i

Depredatio.onis.por el robar
Depredator.oris.por el robador
Deprehendo.is. por tomar en maleficio.a.i
Deprehensio.onis. por este tomar
Depromo.is. por sacar lo guardado.a.i
Depropero.as.por apressurarse mucho.n.v
Depso.is.por sovar o amassar.pr.a.i
Depsiticus.a.um.por cosa sovada
Depudet.impersonale.por aver verguença
Depudito.as.por forçar virgen.pr.a.i
Depugno.as. por pelear mucho.n.v
Depugnatio.onis.por esta pelea
Depugnator.oris.por el que assi pelea
Deputo.as.por mucho pensar.a.i
Depuo.is.por herir.pr.actiuum.i
Derado.is.si.por raer de algo.a.i
Deraptim.aduerbium.arrebatada mente
Dercyllus.i.rei fue delos assyrios
Derepente.aduerbium.por subita mente.
Derideo.es.por escarnecer riendo.a.i
Deridiculus.a.um. por cosa de escarnio
Derisio.onis. por el escarnio
Derisus.us. por aquello mesmo
Derisor.oris.por el escarnecedor
Derisorius.a.um. cosa escarnecedora
Deripio.is.por arrebatar de lugar.a.i
Derino.as.por apartar agua del rio.a.f
Derinatio.onis. por aquel apartamiento
Derino.as.por traer una cosa de otra.a.i
Derinatio.onis.por aquella traedura
Derinatiuus.a.um.lo que assi se trae
Derogo.as.por quitar la lei en parte.a.i
Derogatio.onis.por este quitamiento
Derogator.oris.por quitador de lei
Derogatorius.a.um.cosa quitadora de lei
Desacuio.is.por encruelecerse mucho.n.v
Desacuio.is.por dexar de encruelecerse.n.v
Descendo.is. por decender.n.v
Descensus.us. por decendimiento
Descisco.is.desciui.por rebellar.n.v
Descobino.as.aui.pr.por raer.a.i
Describo.is. por traçar o debuxar.a.i
Descriptio.onis.por esta traçadura
Descriptor.oris.por aquel traçador
Deseco.as.cui. por cortar.a.i
Desectio.onis.por la cortadura
Desequor.eris. por seguir hasta el cabo
Desequutio.onis.por este seguimiento

Desero.is.rui.por desamparar.a.i
Desertio.onis.por el desamparo
Desertor.oris.por el desamparador
Deses.idis.por cosa perezosa.
Desidiosus.a.um.por aquello mesmo
Desidiose.aduerbium. perezosa mente
Desideo.es.desedi.por emperezar.n.v
Desidia.e.por la pereza
Desidero.as. por dessear.a.i
Desideratio.onis.por el dessear
Desiderium.ij.por el desseo
Desiderius.ij.nombre de varon
Desideror.aris.por faltar.passiuum.i
Designo.as. por señalar.a.i
Designatus consul.elegido para consul
Designatus pretor. elegido para corregidor
Designatus presul.elegido para perlado
Designatio.onis. por el señalamiento
Designare.por hazer novedad.a.i
Designatio.onis. por este hazer de novedad
Designator.oris. por hazedor de novedad
Desilio.is. por saltar aiuso.n.v
Desino.is.desiui.por dexar.a.i
Desipio.is. por enloquecer el cuerdo.n.v
Desipisco.is. por aquello mesmo.n.v
Desisto.is.destiti.por dexarse.n.v
Destituo.is.destitui por desamparar.a.i
Destitutio.onis. por aquel desamparo
Destitutor.oris. por el desamparador
Desolo.as.aui.por desolar o ermar.a.i
Desolatio.onis. por aquella desolacion
Desolator.oris. por el ermador
Desolatorius.a.um.por cosa ermadora
Despectio.onis.por el menosprecio
Despectus.us.por aquello mesmo
Despector.oris.por el menospreciador
Despero.as.aui.por desesperar.a.i
Desperatio.onis. por la desesperacion
Desperabilis.e.por cosa desesperable
Despicio.is. por mirar de arriba aiuso.a.i
Despicientia.e. por el menosprecio
Despicio.is.por menospreciar.a.i
Despicor.aris.por menospreciar.d.iij
Despicatio.onis.por el menosprecio
Despicus.a.um.por atento z recatado
Despolio.as. por despojar.a.iiij
Despondeo.es. por prometer.a.i
Desponsor.oris.por prometedor.

Desponso.as.aui.por desposar.a.i
Despondeo animum.morir de cora/2
Despotia.interpretatur dominiu3
Despumo.as.por quitar el espuma.a.i
Despuo.is.pui.por escupir.n.v
Desquamo.as.por escamar quitar escamas.a.i
Desquamator.oris.por escamador
Desquamatrix.icis.por escamadora
Desquamatio.onis.por el escamadura
Desterno.is.destraui.por derribar.a.i
Destico.as.aui.por cbillar el raton.neu
Destino.as.por deliberar determinando.a.i
Destinatio.onis.por aquella deliberacion
Destino.as.aui.por comprar.ra
Destruo.is.xi.por destruir.a.i
Destructio.onis.por la destrucion
Destructor.oris.por el destruidor
Desudo.as.aui.por sudar mucbo.n.v
Desuesco.is.desueui.por desacostubrarse.n.v
Desuesco.is.sueui.desacostubrar a otro.pr.a i
Desuefacio.is.por aquello mesmo.a.i
Desuetus.a.um.por cosa desacostumbrada
Desuetudo.inis.por descostumbre
Desulto.as.por saltar mucbo.n.v
Desultor equus.cavallo saltador
Desultorius equus.por lo mesmo
Desumo.is.psi.por tomar a su cargo.a.i
Desum.dees.por faltar o fallecer.n.v
Detego.i.xi.por descobrir.a.i
Detentio.onis.por detenimiento
Detentor.oris.por detenedor
Detergeo.es.si.por alimpiar fregando.a.i
Detergo.is.si.por aquello mesmo.a.i
Detersio.onis.por aquel alimpiamiento
Detero.is.detriui.por gastar usando.a.i
Deterior.oris.por peor menos bueno
Deterius.aduerbium.por peor mas
Deterrimus.a.um.por cosa mui peor
Determino.as.aui.por determinar.a.i
Determinatio.onis.por la determinacion
Deterreo.es.rui.por espantar mucbo.a.i
Detestor.aris.por abominar.d.iij
Detestatio.onis.por el abominacion
Detestator.oris.por el abominador
Detestabilis.e.por abominable cosa
Detestabiliter.aduer.por abominable mente
Detestor.aris.por denunciar có testigos.d.iij
Detestatio.onis.por aquella denunciacion

Detestatum.i.lo denunciado assi
Detexo.is.xui.por mucbo texer.a.i
Detineo.es.nui.por detener.a.i
Detondeo.es.di.por tresquilar mucbo.a.i
Detonsio.onis.por la tresquiladura
Detonso.as.por tresquilar a menudo.a.i
Detono.as.nui.por tronar mucbo.n.v
Detorno.as.aui.por tornear en torno.a.i
Detorqueo.es.si.por torcer delo derecbo.a.i
Detrabo.is.xi.por quitar por fuerça.a.i
Detrabo.is.xi.por detraer de alguno.a.i
Detracto.as.aui.por detraer a menudo.a.i
Detrecto.as.aui.por aquello mesmo.a.i
Detractio.onis.por la detracion de alguno
Detratactio.onis.por aquello mesmo
Detrectatio.onis.por aquello mesmo
Detractor.oris.por el detrator de onra
Detractator.oris.por aquello mesmo
Detrectator.oris.por aquello mesmo
Detrimentum.i.por el daño o mengua
Detrimentosus.a.um.por cosa dañosa
Detrudo.is.si.por empuxar de lugar.a.i
Detrusio.onis.por aquel empuxon
Detrusor.oris.por el empuxador assi
Detrunco.as.por descabeçar.a.i
Detruncatio.onis.por descabeçamiento
Detruncator.oris.por descabeçador
Deturbo.as.aui.por derribar ombre.a.i
Deturbatio.onis.por aquel derribar
Deturbator.oris.por derribador assi
Deturpo.as.aui.por afear.a.i
Deturpatio.onis.por afeamiento
Deturpator.oris.por el afeador
Deturgeo.es.si.por desbincbarse.n.v
Deuasto.as.aui.por destruir ermando.a.i
Deuastatio.onis.por esta destrucion
Deuastator.oris.por este destruidor
Deucalion.onis.bijo de prometeo z perinoe
Deucalides.e.por bijo de deucalion
Deocalioneus.a.um.por cosa de deucalió
Deuebo.is.por sacar a cuestas de lugar.a.i
Deuelo.as.por descubrir.a.i
Deuelatio.onis.por el descubrimiento
Deuenusto.as.aui.por afear.a.i
Deuenustatio.onis.por el afeamiento
Deuenustator.oris.por el afeador
Deuenio.is.ni.por venir de arriba aiuso.n.v
Deuerto.is.ti.por bolver de algo.a.i

Deuerbium.ij. por el refran.ra
Deuergo.is. por trastornar vaso.a.i
Deuergentia.ę.por aquel trastornamiento
Deuexus.a.um. por cosa acostada a iuso
Deuexitas.atis. por aquel acostamiento
Deuincio.is.xi.por atar mucho.a.i
Deuinco.is.ci. por vencer mucho.a.i
Deuio.as.aui.por desviar.a.i
Deuirgino.as.aui. por desvirgar.a.i
Deuius.a.um. por cosa desviada
Deuito.as.aui.por buir.a.i
Deuns.cis. por onze onças
Deuns.cis.por onze partes de doze
Deuoco.as.aui. por llamar aiuso.a.i
Deuolo.as.aui. por bolar aiuso.n.v
Deuoluo.is.ui. por derribar.a.i
Deuolutio.onis.por aquel derribamiento
Deuomo.is.mui.por gomitar.a.i
Deuoto.as.aui.por se ofrecer assi mesmo.a.i.
Deuoueo.es.ui. por aquello mesmo.a.i
Deuotio.onis.por aquel ofrecimiento
Deuotatio.onis. por aquello mesmo
Deuotus.a.um.cosa ofrecida a muerte
Deuro.is.por quemar mucho.a.i
Deustio.onis. por aquella quemazon
Deus.dei.dei uel dij.por dios
Deuterion uinum. por el agua pie
Deuteronomium.ij.interpretatur secunda lex
Dextans.tis. por diez onças o partes de doze
Dexter dextera dexterum. cosa diestra
Dexteritas.atis. por la destreza
Dextera.ę.por la mano derecha
Dextimus.a.um.por cosa mui diestra
Dextra.ę. por la mano derecha
Dextrocherium.ij.por manilla diestra
Dextrale.is.por aquello mesmo
Dextrorsum.aduerbiuz.hazia la mano diestra
Dextrouorsum.aduerbium.por lo mesmo
   ia.interpretatur.ob.per.dis
     Dia.ę. isla es del arçapielago
Diabalanum. i. medicina cõpuesta de balano
Diabolus.i. interpretatur calumniator
Diabolicus.a.um.por cosa endiablada
Diabrosis.interpretatur mador
Diaceratos. medicina compuesta con cuerno
Diaconus.i. interpretatur minister
Diaconus.i.uel diacon.onis.por diacono
Diaconia.ę. interpretatur ministerium

Diaconium.ij.por diaconado dignidad
Diacrocum.i.medicina compuesta con açafrã
Diadema.atis.por corona real
Diadematus.a.um.por cosa coronada
Diadaphnidon.medicina cõpuesta con laurel
Diaeresis.interpretatur diuisio.figura est
Diacta.ę. interpretatur uictus.us
Diaeta.ę.por el retraimiento dela casa
Diaetarius.ij.por el escalador de casa
Diaetice.es.por la medicina de dieta
Diaetita.ę.interpretatur arbiter
Diagoras.ę.filosofo fue notable
Diagoras.ę.vencedor en olympia fue
Dialectica.ę.interpretatur disputatiua
Dialecticus.a.um.por cosa disputatiua
Dialexis.is.interpretatur disputatio
Dialis.e.por cosa del sereno
Dialis.is.por el sacerdote de jupiter
Diale flaminium.por el sacerdocio deste
Dialyton.i.interpretatur dissolutum.fig
Dialogus.i.disputa es de diuersas personas
Diametros.i.interpretatur dimensio
Diane.ę. hija fue de jupiter z latona
Dianium.ij.por lugar dedicado a diana
Dianium.ij. por denia ciudad de españa
Dianoea.ę.interpretatur intellectus
Diapason. es enla musica proporcion doble
Diapente. es proporcion sesquialtera
Diaphanus.a.um.interpretatur pellucens
Diaplasma.atis. por olores de cosas secas
Diaphragma.atis.por las telas del coraçon
Diapsalma.atis.i. psalmorum finis
Diarium.ij.por la dieta comida de un dia
Diarium.ij. por la istoria de un dia
Diarrhia.e.por camaras de algun umor
Diaricus hippo. ciudad es de africa
Diasyntaxis.is. interpretatur constructio
Diasyrmos.i. interpretatur distractio.fig
Diastasis.is.interpretatur distantia
Diastole.es. interpretatur dilatatio.fig
Diatessaron. en musica proporció sesquitertia
Diatheti. interpretatur testamentum
Diatonicuz genus musicę.la musica de agora
Diatriba. ę. interpretatur exercitatio
Diazecaumene.es.la region so el equinocial
Dibaphus.a.um.por cosa dos vezes teñida
Dicaearchus.i.filosofo notable fue
Dicaearchia.ę.interpretatur iustus pncipatus

Dicaearchia.e.ciudad de italia pozoli
Dica.e.por la demanda en juizio.p
Dicax.acis. por dezidor z parlero
Dicacitas.atis. por aquella parleria
Dicaculus.a.um. por aquel parleruelo
Dicacule. aduerbium. por parlera mente
Dicatura.e.por la dedicacion o consagracion
Dicatio.onis. por aquello mesmo
Diceo.es. por dezir. priscum est
Dichoreus.i.pie es compuesto de dos coreos
Dico.as. por dedicar o consagrar.a.i
Dico.is.por dezir artificiosa mente.a.i
Dicolos. interpretatur bimembris.e
Dictamus.i. por el dictamo ierva
Dictator. oris. por el emperador romano
Dictatura.e. por el imperio de uno
Dictatorius.a.um.por cosa del dictador
Dictatum.i.la lecion que torna el dicipulo
Dicte.es. por una ninfa de creta isla
Dictaeus.a.um.por cosa de creta isla
Dicterium.ij.por donaire motejando
Dictynna.e. por diana diosa
Dictito.as.por dezir a menudo.a.i
Dictiotecton. edificio con redes
Dictio.onis.por una palabra o dicion
Dictio.onis. por el razonamiento
Dicto.as. por dezir lo que otro escriva.a.i
Dicto.as. por dezir lo q̃ otro torne a dezir. a.i
Dictum.i. substantiuum. por el dicho
Didascalos.i.interpretatur doctor
Didascalicus.a.um. por cosa doctrinal
Didascalia.e.por doctrina
Didactos. interpretatur docilis.e
Didymaon. onis. artifice fue notable
Didyme.es.por una isla cerca de sicilia
Didymus.i. interpretatur geminus
Didymus.i. nombre fue de thomas apostol
Didymus.i.escriptor fue de nuestra fe
Dido.is.per syncopam pro diuido.is
Dimo didus.renombre fue de elisa
Didrachma.e.por dos adaremes de peso
Didrachma.e. por dos dramas monedas
Diduco.is.xi.por traer en diversas partes.a.i
Diductio.onis.por aquel traimiento
Diecula.e.por el dia pequeño o tiempo
Dierectus.a.um.crucificado un dia.pr
Dies.declinatum cum hic.por el dia
Dies.cum hec absq̃ plurali.por el tiempo

Dies.natalis.por el dia del nacimiento
Dies lustricus. por el dia de bautismo
Dies emortualis. por el dia dela muerte
Diesis.is.por la meitad de medio tono
Diespiter.tris. por jupiter
Diezeugmenon.interpretatur disiunctum
Diezeuxis.is.interpretatur disiunctio
Diffamo.as.aui. por enfamar.a.i
Diffamatio.onis.por enfamacion
Diffamator.oris. por enfamador
Diffamatorius.a.um. por cosa enfamadora
Diffarreatio.onis.quitamiento de casados
Differtio.is. por recalcar en diversas partes.a.i
Differo.rs.por traer en diversas partes.a.i
Differo.rs.por dilatar en tiempo.a.i
Differo.rs.por diferir una cosa de otra.a.i
Differentia.e. por la diferencia
Differitas.atis. por aquello mesmo.pr
Difficilis.e.por cosa dificile
Difficiliter.aduerbium.por dificile mente
Difficulter.aduerbium.por aquello mesmo
Difficultas.atis.por la dificultad
Diffido.is.por desconfiar.n.ij
Diffindo.is.di. por hender en partes.a.i
Diffingo.is. por desfigurar lo figurado.a.i
Diffinio.is.por difinir o determinar.a.i
Diffinitio.onis. por la difinicion
Diffiteor.eris. por confessar.d.iij
Difflo.as. por soplar en diversas partes.a.i
Diffluo.is.por correr lo liquido en partes.n v
Diffluus.a.um.por lo que assi corre
Diffringo.is.egi. por quebrar en partes.a.i
Diffulmino.as.por herir con raio del cielo.a.i
Diffundo.is. por derramar en partes.a.i
Digama aeolicum. por la.u.consonante
Digentia.e.por un rio de italia
Digero.is.por repartir en partes.a.i
Digeries.ei.por aqueste repartimiento
Digestio.onis. por aquello mesmo
Digestus. us. por aquello mesmo
Digestorum quinquaginta libri. los digestos
Digenero.as.por engendar en partes.a.i
Digytale.is.por el dedal del dedo
Digytus.i.por el dedo dela mano
Digytus impudicus.por el dedo de medio
Digytus infamis. por aquel mesmo
Digytus impudicus et infamis.la biga
Digytus polles. por el pulgar

Digytus index.por el dedo para mostrar
Digytus minimus. por el dedo menor
Digytus salutaris. por el que esta cerca deste
Digytus proximus aminimo. por este mesmo
Digytus.i.por dedo medida al traves
Digytus aque. por blanca de aguaducho
Digytus.i. por cierta especie de marisco
Digytulus.i.por pequeño dedo
Digytellus.i. por la yerva puntera
Digladior.aris.por se acochillar con otro.d v
Digladiator.oris. por aquel acochillador
Digladiatio.onis. por aquel acochillar
Dignatio.onis.por dignidad o señoria
Dignitas.atis. por aquesto mesmo
Dignor.aris.por deñarse. commune.d.iij
Digno.as.por aquello mesmo.a.i
Dignus.a.um.por cosa digna
Dignosco.is.conocer entre divsas cosas.a.i
Digredior.eris. por partirse de lugar.d.v
Digressio.onis. por aquella partida
Digressus.us. por aquesto mesmo
Dijambus.i.pie es compuesto de dos jambos
Diiouis.por el dios jupiter.pr
Diiudico.as. por juzgar etre cosas divsas.a.i
Diiudicatio.onis.por aquel juizio
Dilabor.eris.por deslizarse en partes.d.v
Dilapsus.us.por aquel deslizamiento
Dilacero.as.por despedaçar en partes.a.i
Dilaceratio.onis. por aqueste despedaçar
Dilacerator.oris.por aquel despedaçador
Dilanio.as. por despedaçar en partes.a.i
Dilaniatio.as.por aqueste despedaçar
Dilaniator.oris. por aquel despedaçador
Dilapido.as.por ostruir como apedreado.a.i
Dilapidator.oris.por el destruidor assi
Dilapidatio.onis.por aquel destruimiento
Dilatro.as.por ladrar en partes divsas.n.v
Dilatio.onis.por la dilacion de tiempo
Dilatorius.a.um. por cosa de dilacion
Dilato.as.aui. por ensanchar o estender.a.i
Dilatatio.onis.por aqueste ensanchamiento
Dilemma.atis.por argumeto de dos cabeças
Dilectio.onis. por el amor con razon
Diligo.is.xi. por amar con razon.a.i
Dilorico.as.aui. por desmallar.a.i
Diloricatio.onis. por esta desmalladura
Diloricator.oris.por el desmallador
Diluceo uel dilucesco. por amanecer.n.v

Diluculum.i.por el alva o mañana
Dilucul..as.por amanecer.n.v
Dilucurius.a.um. por cosa del alva
Diludium.ij.por la cessacion del juego
Diluo.is.dilui.por desleir.a.i
Diluo.is.dilui.por destruir con avenida.a.i
Diluuio.as.aui. por aquesto mesmo.a.i
Diluuium.ij. por el diluvio o avenida
Diluuio.onis. por aquesto mesmo
Diluuies.ei. por aquello mesmo
Dimadeo.es.dui.por mojarse lo elado
Dimano.as.por manar por diversas partes
Dymas.antis.padre fue dela reina ecuba
Dymantis.idis.por la hija de dimante
Dimensum.i. el trigo que se da cada mes
Dimensio.onis. por la medida en partes
Dimetior.iris.por medir e divsas partes.d.iij
Dimetros.a.um. lo que tiene dos medidas
Dimico.as.aui.por pelear.n.v
Dimicator.oris.por el que pelea
Dimicatio.onis.por aquella pelea
Dimidium.ij.por la meitad del entero
Dimidiatum.i.por lo entero demediado
Dimidio.as.aui. por demediar lo entero.a.i
Diminuo.is.diminui.por menguar.a.i
Diminutio.onis.por aquella mengua
Diminutiuum nomen. que significa menos
Diminutus capite. por el desterrado
Diminutio capitis. por el destierro
Dimitto.is.si. por embiar a divsas partes.a.i
Dimissio.onis.por esta embiada
Dimitto sanguinem.por sangrar.a.i
Dimissio sanguinis.por la sangria
Dimitto.is.si. por despedir o dexar.a.i
Dimissio.onis.por aquel despedimiento
Dimissorie littere.letras del que despide
Dimoueo.es.por mover en divsas partes.a.i
Dynamis.eos.interpretatur potentia
Dynasta.e.interpretatur potens
Dynastia.e.interpretatur potentia
Dina.e. hija fue de jacob z de lia
Dindymus.i.por un monte de frigia
Dindyma.orum. por este mesmo monte
Dindymene.es.por la sacerdotissa de cibele
Dinocrates.is.carpintero fue de alexandre
Diocesis.is. por la juridicion.gr
Diocesis. interpretatur administratio
Diocles.is. hijo fue de orsiloco

Dioclecianus.i.emperador fue de roma
Diodórus.i. varon fue istoriador
Dioboláris meretrix. de dos maravedis
Diógenes.is. filofofo fue notable
Diogénetus.i.capitan fue de athenas
Dioméda.e. brifeis hija de forbas
Diomédes.is.rei de thracia fue
Diomédes.is.hijo de tideo z deifila
Diomedaeus.a.um.por cofa de diomedes
Dioméropus.i. padre de adaftro rei
Dióne.es. hija de oceano z tethis
Dióne.es.por la diofa venus hija de dione
Dioneus.a.um.por cofa de dione
Dionyfius.ij.tirano fue en ficilia
Dionyfius.ij.efcriptor fue criftiano
Dionyfius.ij. por el dios bacco
Dionyfia.e.isla es que llamaron naxos
Dionyfia.orum. por las fieftas de bacco
Dionyfeus.a.um. por cofa defte dios
Dionyfiacus.a.um. por aquello mefmo
Dios.interpretatur iupiter.tris
Dios balanos. interpretatur caftanea
Dyóta.e.por tinaja de dos orejas
Diphtheria.e.por çamarra de paftor
Diphtbita.e. por cierta efpecie de rana
Diphthongus.i.por aiuntamiento de vocales
Dipbryges. medicina compuefta para fecar
Diplois.idis. veftidura enforrada.gr
Diploma.atis.por dos tablas para efcrivir
Dipondius.ij. moneda como maravedi
Dipondium.ij.por aquello mefmo
Dipondiarius.a.um.por cofa defta moneda
Dipfas.adis.por cierta ferpiente en africa
Diptoton. nombre de dos cafos
Dira.e. por la ira delos diofes
Dirce.es.muger de lico rei thebano
Dirce.es.fuente en que aquella fe mudo
Dircaeus.a.um. por cofa de thebas
Directio.onis.por endereçamiento
Dirigo.is.direxi. por endereçar.a.i
Dirimo.is.diremi. por apartar.a.i
Diripio.is.pui. por robar o arrebatar.a.i
Diritas.atis.por la ira de dios
Dirus.a.um. por cofa de dios airado
Diruo.is.rui.por derribar edificio.a.i
Dyrrbachium. ij. por duraço ciudad de epiro
Dis. interpretatur bis
Dis ditis.por cofa rica

Dis ditis. por pluton dios del infierno
Difcalceo uel difcalcio.as. por defcalçar.a.iiij
Difcedo.is.fi. por partirfe de lugar.n.v
Difcepto.as. por contender difputando.a.i
Difceptatio.onis.por aquella contienda
Difceptator.oris. por contendedor affi
Difceptatrix.icis. por contendedora affi
Difceptatorius.a.um.por cofa contendedora
Difcerno.is.difcreui. por apartar.a.i
Difcerniculum.i.por partidor de cabellos
Difceffio.onis. por partida de lugar
Difceffus.us. por aquello mefmo
Difcerpo.is.pfi.por defpedaçar en partes.a.i
Difcerptio.onis.por efte defpedaçamiento
Difcindo.is.di. por cortar en partes.a.i
Difcingo.is.xi. por defceñir.a.iiij
Difcinctus.us. por la defceñidura
Difcinctus.a.um.por cofa negligente
Difciplina.e. por la doctrina
Difciplinatus.a.um. por cofa doctrinada
Difciplinofus.a.um. por aquello mefmo
Difcipulus.i. por el dicipulo macho
Difcipula.e. por la dicipula hembra
Dyfcholus.a.um. por defobediente cofa.gr
Difchreftema.atis.interpretatur incómodum
Difcludo.is.fi. por echar de fuera.a.i
Difclufio.onis.por aquefte echar de fuera
Difco.is.didici.por deprender.a.i
Difcolor.oris.por cofa de diverfos colores
Difconuenio.is.ni.por defconvenir.n.ij
Difconuentio.onis. por defconveniencia
Difcophorus.i.por el page del plato
Difcooperio.is.rui. por defcubrir
Difcoquo.is. por defcozer.actiuum.i
Difcordo.as.aui. por difcordar.n.v
Difcordis.e. por cofa difcorde.pr
Difcors.dis.por aquello mefmo
Difcorditer.aduerbium.por difcorde mente
Difcordiofus.a.um.cofa de difcordia llena
Difcordia.e. por la difcordia
Difcorditas.atis.por aquello mefmo.pr
Difcrepo.as.aui. por difcordar en fon.n.v
Difcrepantia.e. por aquella difcordia
Difcretio.onis. por apartamiento
Difcrimen.inis. por aquello mefmo
Difcrimen.inis. por diferencia
Difcrimen.inis.por el peligro
Difcrimino.as.por apartar en diferencia.a.i

e.v.

Discriminale.is. por partidor de cabellos
Discumbo.is.bui.por assentarse a mesa.n.v
Discubitus.us. por aquel assentamiento
Discuneo.as.aui.por bender con cuñas.a.i
Discuneatio.onis.por aquel bender
Discurro.is.ri.correr por divsas partes.n.v
Discurso.as.por correr a menudo.n.v
Discursus.us. por aquella corrida
Discus.i. por el plato del manjar
Discus.i. pella era de cobre z juego antiguo
Discutio.is.si. sacudir en partes diversas. a.i
Discussio.onis.por aquel sacudimiento
Discussus.us. por aquello mesmo
Discussiuus.a.um.por cosa purgatiua
Discussorius.a.um. por esto mesmo
Disertus.a.um. por esparzido enla lengua
Disertitudo.inis.por aquel esparzimiento
Disertatio.onis. por aquello mesmo
Dysentéria.e.camaras de tripas llagadas
Dysentéricus. el paciente destas camaras
Disertim.aduerbium.por esparzida mente.pr
Diserapotbus. interpretatur iucundus
Disijcio.is.ieci. ecbar por diversas partes.a.i
Disiungo.is.por apartar z desuñir.a.i
Disiunctio.onis. por aquel apartamiento
Disiunctiuus.a.um.cosa para desuñir
Dispalo.as.aui.por derramar en partes.a.i
Dispando.is.di.por tender en partes.a.i
Dispar.aris. por cosa desigual
Disparilis.e.por aquello mesmo
Disparilitas.atis.por la desigualdad
Dispariliter.aduerbium.por desigual mente
Dispartio.is.iui.por partir en partes.a.i
Dispartior.iris.por aquello mesmo.d.iij
Dispartitio.onis. por aquella particion
Dispendo.is.di. por espender.a.i
Dispendium.ij.por el rodeo de camino
Dispenso.as.aui. por espender.a.i
Dispensatio.onis. por el espender
Dispensator.oris.por el despensero
Dispépsia.e.por mala digestion.gr
Disperdo.is.didi. por desperdiciar.a.i
Disperditio.onis.por el desperdiciamiento
Dispergo.is.si. por esparzir en partes.a.i
Dispersio.onis.por aquel esparzimiento
Dispersim.aduerbium. esparzida mente
Dispertio.is.iui.por partir en partes.a.i
Dispesco.is.cui. por apartar del pasto.a.i

Dispessus.a.um. por cosa tendida en partes
Disphios.i. por mal amigo.gr
Dispicio.is.ri.por mirar a divsas partes.a.i
Displiceo.es.cui.por desagradar.n.ij
Displicentia.e.por eldesagradamiento
Displico.as.aui.uel cui.por desplegar.a.i
Displicatio.onis. por la desplegadura
Displodo.is.si.por desfavorecer.a.i
Displosio.onis. por aquel desfavor
Dyspnóea.e.por la respiracion dificile.gr
Dyspnóicus.i.por el que assi respira.gr
Dispolio.as.aui. por despojar.a.iiij
Dispoliatio.onis.por el despojamiento
Dispoliator.oris.por el despojador
Dispondéus.i.pie es cópuesto de dos spódeos
Dispono.is.sui.por poner en partes.a.i
Dispositio.onis. por aquella disposicion
Dispositor.oris.por aquel disponedor
Dispulcbro.as.aui.por desbaratar.pr.a.i
Dispungo.is.ri.por cassar la cuenta.a.i
Dispunctio.onis. por aquella cassacion
Dispunctor.oris. por aquel cassador
Disputo.as.aui.por disputar.a.i
Disputatio.onis. por la disputacion
Disputatiuncula.e.por disputacion pequeña.
Disputator.oris.por el disputador
Disputatiuus.a.um.por cosa disputadora
Disquiro.is.iui.por buscar en partes.a.i
Disquisitio.onis.por aquella busca
Disseco.as.cui. por cortar en partes.a.i
Dissemino.as. por sembrar en partes.a.i
Disseminatio.por aquella sembradura
Dissentio.is.si. por discordar en sentécia.n.v
Dissentior.iris.por aquello mesmo
Dissensio.onis.por aquella discordia
Dissentaneus.a.um.por cosa discorde assi
Dissereno.as.por serenar en partes.a.i
Dissero.is.rui.por declarar con palabras.a.i.
Disserto.as. por bazer aquello mesmo.a.i
Dissertatio.onis. por aquella declaracion
Dissertabundus.a.ũ. lo que mucbo assi declara
Dissideo.es.edi. por discordar en sétécia.n.v
Dissidium.ij.por aquella discordia
Dissilio.is.lui.por saltar en divsas partes.n.v
Dissyllabus.a.um.por cosa de dos silabas
Dissimilis.e.por cosa dessemejante
Dissimiliter.aduerbiuz.por dessemejáte mëte
Dissimilo.as.aui. por dessemejar.a.iij

Dissimilatio.onis. por la dessemejança
Dissimulo.as.aui. por dissimular.aP
Dissimulatio.onis. por la dissimulacion
Dissimulator.oris. por el dissimulador
Dissimulanter.aduerbium. por dissimulando
Dissipo.as. por dissipar z destruir.a.i
Dissipatio.onis. por la dissipacion
Dissipator. oris. por el dissipador
Dissocio.as.aui. por desacompañar.a.i
Dissoluo.is.ui.por pagar z desatar.a.i
Dissolutio.onis. por la paga z desatadura
Dissonus.a.um. por cosa discorde en son
Dissono.as.nui.por discordar en son.n.v
Dissonantia.ę. por la discordia en son
Dissulto.as. resurtir en diversas partes.n.v
Dissultatio.onis.por el resurtir
Dissuo.is.sui.por descoser.a.i
Dissuauior.aris. por mucho besar
Distabeo uel distabesco. por deretirse.n.v
Distendo.is.di. por tender en partes.a.i
Distentio.onis.por aquel estendimiento
Distendo.is.di. por retesar las tetas.a.i
Distentio.onis.por aquel retesamiento
Distendo.is. por recalcarlo lleno. a.i
Distentio.onis. por esta recalcadura
Distermino.as.aui. por deslindar.a.i
Disterminatio.onis.por el deslindar
Distero.is.triui.por majar mucho.a.i
Distillo.as.por destellar o gotear.n.v
Distillatio.onis. por aquel gotear
Distineo.es.nui.por detener en partes.a.i
Distinguo.is. por apartar uno de otro.a.i
Distinctio.onis.por aquel apartamiento
Distincte.aduerbium. por apartada mente
Distichum.i.por dos versos.gr
Disto.as.por alexarse o alongarse.n.v
Distorqueo.es.si. torcer al contrario.a.i
Distortio.onis. por aquella torcedura
Distorsio.onis.por aquello mesmo
Distraho.is.ri.por arrastrar en partes.a.i
Distractio.onis. por aquella arrastradura
Distraho.is.ri.por vender.a.i
Distractio.onis.por aquella venta
Distribuo.is.bui.por repartir.a.iij
Distributio.onis.por el repartimiento
Distributor.oris.por el repartidor
Distributiuus.a.um. cosa repartidora
Distringo.is.ri. por liviana mente tocar.a.i

Distringo.is.ri. por desenvainar arma.a.i
Distrophos.ei verso que torna despues de dos
Disturbo.as.aui.por desbaratar.a.i
Disturbatio.onis.por el desbarato
Disurrhia. por la stranguria dela urina
Ditesco.is.por enriquecerse.n.v
Dithyrambus.i.nombre es del dios bacco
Dithyrambus.i. por cierto pie del verso
Dithyrambicus.a.um.por cosa de aquel pie
Ditior.oris. comparatiuum a dis ditis
Dito.as.aui.por enriquecer a otro.a.i
Ditrocheus.i.pie compuesto de dos trocheos
Diu ablatiuus a die.por de dia
Diu.aduerbium. por luengo tiempo
Diua.ę.por la diosa hecha de muger
Diuarico.as.por tender en partes.a.i.
Diuaricatio.onis. por aquel tendimiento
Diuello.is.si.por apartar arrancando.a.i
Diuendo.is.didi.por vender a diverso.a.iij
Diuerbero.as.açotar en diversas partes.a.i
Diuerberatio.onis. por aquel açotar
Diuersus.a.um.por cosa diversa
Diuersiclinium.ij.por diversa declinacion
Diuersitas.atis. por la diversidad
Diuersito.as.apartarse ól camino amenudo.n v
Diuersor.aris.por tomar posada o meson.d v
Diuersorium.ij.por meson o posada
Diuerto.is.por aposentarse en posada.n.v
Diuerto.is.por apartarse del camino.n.v
Diuertor.eris.por aquello mesmo
Diuerticulum.i.por apartamiento de camino
Diuerticulum fluminis.remanso de rio
Diues.itis. por cosa rica
Diuexo.as.por fatigar en muchas maneras
Diuidiculum.i.por almazen de agua.pr
Diuidia. e. por discordia o dissension.pr
Diuidium.ij. por division.pr
Diuiduus.a.um.por cosa partible
Diuido.is.diuisi.por partir en partes.a.i
Diuino.as.aui.por divinar o adevinar.a.i
Diuinatio.onis.por la divinacion
Diuinator.oris.por el divinador
Diuinacio. oracion para dar acusador
Diuinitas.atis.por la divinidad
Diuinitus.aduerbium. por divina mente
Diuinus.a.um.por cosa divina o adevina
Diuisio.onis.por el partimiento o particion
Diuisura.ę.por aquello mesmo

Diuisim.aduerbium.por partida mente
Diuito.as. por enriquecer a otro.pr.a.i
Diuitior.oris. comparatiuum a diues
Diuolaris meretrix.la que se ecba so el cielo
Diuolare lupanar. puteria no tejada
Dium.ij.por el cielo o sereno
Dium fulgur.el relampago de dia
Diuortium.ij. por el apartamiento
Diuortium.ij. por la vereda que se aparta
Diuortia aquraum. por aguas vertientes
Diuortium.ij.por quitamiento de casados
Diurnus.a.um. por cosa de un dia
Diurno.as.por durar mucbo tiempo.pr.n.v
Dius.a.um. por cosa divina z generosa
Diutius.aduerbium.por mas tiempo
Diutule.aduerbium.por por poco tiempo
Diurtinus.a.um. por cosa de mucbo tiempo
Diuturnus.a.um.por aquello mesmo
Diuturnitas.atis. por longura de tiempo
Diuulgo.as. por diuulgar o publicar. a.i
Diuulgatio.onis.por aquella publicacion
Diuulsio.onis.por apartamiento arrancando
Diuus.i.por el dios becbo de ombre
Diuus.i. por dios algunas vezes
　　o.das.dedi.por dar.actiuum.iij
　　Do.as.dedi.por dezir.actiuum.iij
Do copiam. por dar liceneia.a.iij
Do fidem. por obligar la fe.a.iij
Do.das.dedi. por dar lo suio la muger.n.v
Doceo.es.cui.por enseñar.a.iiij
Docibilis.e.por cosa que presto se enseña
Docilis.e.por cosa abile para doctrina
Docilitas.atis. por aquella abilidad
Docis.idis.uel docus. por la viga.pr
Docos.i.interpretatur trabs
Docbimus.i.por cierto pie de cinco silabas
Doctor.oris.por enseñador
Doctrina.e.por la enseñança
Doctrinalis.e.por cosa de dotrina
Doctus.a.um.por cosa enseñada.
Doctiusculus.a.um.por un poco enseñado
Docte.aduerbium. por enseñada mente
Documentum.i. por la enseñança
Dodóna.e.por un bosque de epiro
Dodóne.es. por aquello mesmo
Dodónis.idis. por cosa bembra de alli
Dodonaeus.a.um.por cosa de aquel lugar
Dodrans.antis.por nueve onças

Dodrans.antis. por nueve partes de doze
Dodrantalis.e.por cosa de nueve onças
Dogma.atis. interpretatur decretum
Dogma.e. por aquello mesmo.pr
Dogmaticus.a.um.por cosa de aquel decreto
Dolabra.e. por segur para dolár
Dolabella.e.por aquela o segureja
Doleo.es.dolui.por doler o dolerse.n.v
Dolendus.a.um.participium a doleo.es
Dolentia.e. por el dolor. priscum
Dolenter.aduerbium. por dolendose
Dolito.as.aui. por doler a menudo.n.v
Dolium.ij. por tinaja grande o cuba
Doliolum.i.por tinaja pequeña o cubeta
Doliarius.a.um.por cosa de cuba o tinaja
Doliaris.e.por aquello mesmo
Dolo.as.aui.por dolar como madera.a.i
Dolo.is.lui.por aquello mesmo.a.i
Dolobella.e.n.p. de varones romanos
Dolon.onis.bijo fue de eumenides troiano
Dolon.onis.por el dalle especie de lança.
Dolor.oris.por el dolor
Dolorosus.a.um. por cosa dolorosa.bar
Dolops.is.pueblos son de tessalia
Dolosus.a.um.por cosa engañosa
Dolositas.atis. por el engaño
Dolus.i.por astucia o engaño.pr
Dolus malus. por el engaño
Doma.atis.por la morada de casa
Domator.oris.por domador delo fiero
Domatio.onis. por la domadura
Domesticus.a.um. por cosa casera
Domesticatim.aduerbium.por de casa en casa
Domi.aduerbialiter. por en casa
Domicilium.ij. por la morada
Domicoenium.ij.por cena en casa propria
Dominus.i.por señor como de siervos
Domina.e.por señora como de siervos
Dominus.i.por enamorado de alguna
Domina.e. por enamorada de alguno
Dominus.a.um.por cosa señora
Dominium.ij. por aquel señorio
Dominicus.a.um.por cosa de señor
Dominicus dies. por el domingo dia
Dominicus.i. por domingo nombre proprio
Dominor.aris. por se enseñorear.d.ij
Dominatio.onis.por aquel señorio.
Dominatus.us.por aquello mesmo

Dominator.oris. por el enseñoreador
Domis.is. idem quod dominus.pa
Domitius.ij. nombre de varones romanos
Domitianus.i.emperador fue de roma
Domito.as.aui.por domar a menudo.a i
Domitura.e.por la domadura
Domitor.oris. por el domador
Domnus.i. cortado nombre de dominus
Domo.as.domui. por domar.a.i
Domus.us.por la casa que se mora
Domus.us. por la familia de casa
Domuncula.e.por la casa pequeña
Domuncio.onis.por lo mesmo
Donarium. ij. lugar donde ponen los dones
Donatiuum.i. el don que se prometio
Donatica corona. por la corona del vencedor
Donatio.onis. por la donacion al bivo
Donator.oris. por el que baze la donacion
Donatum.i. por la cosa assi endonada
Donatarius.ij.por a quien se baze donacion
Donatus.i.gramatico fue notable
Donatus.i. por un erege cristiano
Donatianus.i.por el erege desta seta
Donysa.e. por una isla del arçapielago
Donum.i.por el don que se da
Dorcas.adis. por la corça o gama
Dorcas.adis.nombre de una muger
Dorcium.ij. nombre de muger.po
Dorica.e.region cerca de atbenas
Doricus.a.um.por cosa desta region
Doryclus.i.bijo fue bastardo de priamo
Dorica coluña.especie es de marmol
Doriensis.e.por cosa dela region dorica
Dorion. ciudad fue de magnesia
Doriscus.i.ciudad fue de tbracia
Doris.idis. bija de oceano z tetbis
Dory.interpretatur basta
Doryphorus.i.el que trae lança
Dorix.icis. rio es enla sacra escriptura
Dormio.is.iui. por dormir.n.v
Dormito.as.por dormir z velar.n.v
Dormitor.oris.por dormidor
Dormitio.onis.por la dormidura
Dormitorium.ij. por el dormitorio
Doron. interpretatur palmus
Doron.interpretatur donum uel munus
Dorsum.i. por el espinazo o lomo
Dorsenius.ij. por un cierto poeta

Dorus.i. por un bijo del dios neptuno
Dos dotis. por la dote o casamiento
Dosis. interpretatur datio
Dossum.i.por.el espinazo o lomo
Dossuarius.a.um.por lo que lleva a cuestas
Dotalis.e.por cosa que se da en dote
Doto.as.por dotar la muger.a.i
Doxa.e. interpretatur opinio.gr
Doxa.e.interpretatur gloria
raco.onis.por el dragon sierpe
Dracena.e. por la dragona
Draco.onis. por la serpa dela vid
Draco.onis. por cierto pescado de mar
Draconteus.a.um. por cosa de drago
Dracontea.e. por la dragontia ierva
Dracunculus.i. por el drago pequeño
Drachma.e.por el adareme peso conocido
Drachma.e.por cierta moneda
Drachmon.i.por cierta moneda attica
Dragma.atis. interpretatur manipulus
Drama.atis. la obra que se escrive en dialogo
Dramaticus.a.um. por cosa de tal estilo
Draucus.i. el moço cuando ronquece
Drenso.as. por cautar los cisnes.n.v
Drepanon.interpretatur falx.cis
Drepanum.i. por trapana ciudad de sicilia
Drepanitanus.a.um.por cosa desta ciudad
Dryades.diosas delos arboles
Drimys.interpretatur acidus.a.um
Drymo.us.nombre de una ninfa
Dryope.es.por una bija de eurito
Dryopeius.a.um. por cosa desta driope
Dryopeis.idis.por bija o nieta desta
Dryopes.pueblos son cerca de parnaso
Drys.interpretatur quercus
Dryude.pueblos z filosofos fueron en francia
Dromos. interpretatur cursus
Dromo.onis. nombre es de siervo
Dromedarius.ij.por camello o dromedario
Druentia.e.rio es de francia cerca las alpes
Druppa.e.por el azeituna verde
Drusus.i.nombre de varones romanos
Drusilla.e.muger fue de cesar octaviano
ualis.e.por cosa de dos
Dubenus.i.pro eo quod dominus.pr
Dubis.is. por un rio de francia
Dubito.as.aui.por dudar.a.i
Dubitatio.onis.por la duda

Dubitatiuncula.ę. por pequeña duda
Dubitatiuus.a.um.cosa para dudar
Dubiosus.a.um. por cosa dudosa
Dubius.a.um. por aquello mesmo
Dubium.ij. por aquella duda
Dubitanter.aduerbium.por dudosa mente
Dubie.aduerbium. por lo mesmo
Ducalis.e.por cosa de duque.no
Ducalis nummus. por ducado.no
Ducatus.us.por ducado dignidad.no
Ducatus.us. por guia o acaudillamiento
Duceni.ę.a.por cada dozientos
Ducenteni.ę.a.por aquello mesmo
Duceni.ę.a. por de dozientos en dozientos
Ducenteni.ę.a.por aquello mesmo
Ducenarius.a.um.por cosa de dozientos
Ducenties. aduerbium. por dozientas vezes
Ducenti.ę.a.por dozientos
Ducenties centum mille.veinte cuentos
Duco.is.duxi.por guiar o llevar de diestro
Duco.is.duxi. por capitanear gente
Duco.is.duxi. por pensar
Duco uxorem.por casar o tomar muger
Ductarius funis. cuerda para alçar
Ductilis.e. por cosa que se puede bolver
Ductile ęs.por cobre que se labra.
Ductim. aduerbium. por poco a poco
Ductio.onis.por la guia acion
Ductor.oris.por la guia guiador
Ducto.as. por guiar a menudo.a.i
Ductus.us.por la guia o capitania
Dudum.aduerbium. por agora poco a
Dudum.aduerbium.por de aqui a poco
Duella.ę.por la tercia parte dela onça
Duellator.oris. por guerreador.pr
Duellona.ę.por bellona diosa dela guerra.pr
Duellum.i. por la guerra.pr
Dulcis dulce. por cosa dulce al gusto
Dulciculus.a.um.por cosa un poco dulce
Dulciorloquus.a.um.lo que dulce habla
Dulciter.aduerbium. por dulce mente
Dulciarius pistor. por confitero et cętera
Dulcedo.inis. por la dulçura al gusto
Dulcitudo.inis.por aquello mesmo.pr
Dulcitas.atis. por aquello mesmo.pr
Dulcor.oris.por aquello mesmo.no
Dulceo uel dulcesco. por endulcecerse.n.v
Dulcoro.as.por endulçar otra cosa.a.i

Dulichium.ij.por una isla delas echinades
Dulichius.a.um.por cosa de aquella isla
Dulos interpretatur seruus.gr
Dulia.ę.interpretatur seruitus.gr
Dum.coniunctio. por mientras que
Dum.coniunctio.por hasta que
Dumtaxat.aduerbium. por sola mente
Dumus.i.por el espino o breña aspera
Dumosus.a.um.por cosa espinosa assi
Dumetum.i.por el espinal o bosque
Dumesco.is.por hazerse espinal z bosque.n.v
Duo.duae.duo. por dos en numero
Duodecim.por doze en numero
Duodecies.aduerbium. por doze vezes
Duodecimus.a.um. por dozeno en orden
Duodecima pars. por la dozena parte
Duodeuiginti.por diez z ocho
Duodeuigesimus. a.um. diez z ocho en ordē
Duodeuigesima pars. por diez z ocho ē parte
Duodetriginta. por veinte z ocho
Duodequadraginta. por treinta z ocho
Duodequinquaginta. por cuarenta z ocho
Duodesexaginta. por cincuenta z ocho
Duodeseptuaginta. por sesenta z ocho
Duodeoctoginta. por sesenta z ocho
Duodenonaginta. por ochenta z ocho
Duodecentum. por noventa z ocho
Duodecentesimus.por novēta z ocho en ordē
Duodecatemorion.cuenta es en astrologia
Duotanta. por dos tantos
Dupla.ę.por la pena del doblo
Duplex.icis.por cosa doblada
Duplex.icis.por cosa doblada en grossura
Duplicitas.atis.por la dobladura
Dupliciter.aduerbium. por doblada mente
Duplico.as.aui.por doblar.a.i
Duplicatio.onis. por la dobladura
Duplo.as.aui.por doblar.a.i
Duploma.atis.idem est quod diploma
Dupodius.ij. idem est quod dipondius
Dupondium.ij.idem est quod dipondium
Duracinę uuę.uvas son de guarda
Duracinum pomum.por el durazno
Duramentum.i. por el braço dela vid
Duratio. onis. por la duracion de tiempo
Dureo uel duresco. por endurecerse.n.v
Dureta.ę.por silla.hispanum fuit
Duricia.ę.por dureza.

Duricies.ei. por aquello mesmo
Duritas.atis. por aquello mesmo a
Durituedo.inis.por aquello mesmo
Duriter.aduerbium.por dura mente
Durius.ij.por duero rio de españa
Duriusculus.a.um.cosa dura un poco
Durius.aduerbium.por mas dura mente
Duro.as.aui. por endurecer otra cosa.a.i
Duro.as.aui.por durar en tiempo.n.v
Durus.a.um.por cosa dura
Duum uir.i. por uno de dos varones
Duum uiralis.e.por cosa de aquella dignidad
Duum uiratus.us. por aquella dignidad
Dux.cis.por el guiador z guiadora
Dux.cis. por el capitan z capitana
Dux.cis. por el duque z duquesa

     De incipientibus ab,e.
       prepositio ablatiui construitur
       cum dictione incipienti a consonáte.
       Eabus.in datiuo et ablatiuo pro eis.pr
Eale.es.por cierto animal no conocido
Earinos.a.um.por cosa del verano
Eatenus.aduerbium.por en tanto
       benus.i.por el abenuz arbol peregrino
Ebenum.i.por aquella madera
Eblandior.iris.por mucho balagar.d.ij
Eblanditus.a.um.por cosa balagada
Ebibo.is.ebibi. por bever mucho.a.i
Ebora.e.ciudad de españa
Eboreus.a.um.por cosa de marfil
Eboratus.a.um.por cosa cubierta de marfil
Ebrius.a.um.por cosa embriaga
Ebriosus.a.um. por aquello mesmo
Ebriacus.a.um.por aquello mesmo.pr
Ebrietas.atis.por la embriaguez
Ebriositas.atis.por aquello mesmo
Ebrio.as.aui.por embriagar a otro.a.i
Ebriulo.as.aui.por aquello mesmo.pr
Ebrón. monte es de palestina.bar
Ebulio.is,iui.por bullir.n.v
Ebulus.i.por el iezgo ierva conocida
Ebur.oris. por marfil dientes de elefante
Eburneus.a.um.por cosa de marfil
Eburnus.a.um. por aquello mesmo
Eburnculus.a.um.por aquello pequeño
Ebura.e.por una ciudad de españa
Eburones. pueblos son de francia
Ebusus.i.por iviça isla contra valencia

caméda.e. hija de arsinoo muger de nestor
Ecbasis. interpretatur excursus.fig
Ecce. semper de re improuisa. por heos aqui
Eccum. pro ecce illic eum.pr
Eccam.pro ecce illic eam.pr
Ecclesia. interpretatur concio.gr
Ecclesiasticus.a.um.por cosa de iglesia.gr
Ecclesiastes.interpretatur concionator.gr
Ecclesiasticus liber.libro es dela biblia.gr
Ecclesiastes.e. libro es tan bien dela biblia.gr
Echémon.onis.por un hijo de priamo
Echeneis.idis. pece que tiene las naves
Echeta.e. por la chicarra cigarra que canta
Echidna.e. por la sierpe que mato ercules
Echidneus.a.um.por cosa de aquella
Echis.interpretatur uipera.gr
Echinus.i. por el erizo dela mar
Echinus.i. por el erizo dela castaña
Echinatus.a.um.cosa cubierta de tal erizo
Echinometra.e.por erizo grande dela mar
Echinus.i.por cierto vaso de cobre
Echinas.adis.por una delas islas echinas
Echina.e.por aquella mesma isla.
Echinades.islas son enel mar maliaco
Echion.onis.varon tebano
Echionides.e. por hijo o nieto de aqueste
Echionis.idis. por hija o nieta de aqueste
Echo.us.por la boz que resurte z resuena
Echo.us.por una ninfa convertida enella
Echos.i.interpretatur sonitus
Ecyros.interpretatur socer
Ecyra.e.interpretatur socrus
Ecyra.e. por una comedia de terencio
Eclipsis.is. interpretatur defectio
Eclipticus.a.um. por cosa que fallece
Ecnephias.e. interpretatur procella
Econtrario.aduerbium. por el contrario
Ecquis.ecqua.ecquod.por ea quien?
Ecquid substantiuum. por ea que?
Ectapelos. el que no crece sino enla niñez
Ectasis.is.interpretatur productio.fig
Ecthlipsis.is.interpretatur expressio.fig
Ectypum.i. lo sacado por debuxo.gr
Ectropium.ij.por una cierta medicina
Ecubi.aduerbium. por ea donde?
      dax.acis. por comedor mucho
Edax.cis. por gastador consumiendo
Edacitas.atis.por la gargantez

Edéntulus.a.um.por defdentado

Edíco.is.ri. por poner edicto el principe.a.i

Edico.is.ri. por poner edicto el juez.a.i

Edictum.i. por el edicto de aqueftos

Edictalis.e. por cofa de edicto

Edyia.g.por una bija de oceano z tetbis

Editicius iudex.el que la parte elige

Editus.us. por el eftiercol o bienda

Editus bouis. por la boñiga del buei

Edifco.is.dici. por deprender de coro.a.i

Ediffero.is.rui. por declarar lo efcuro.a.i

Editio.onis.por la publicacion de efcriptura

Edo.is.edidi. por publicar efcriptura

Edo.is.edidi. por parir.a.i

Edo.is.uel.es. por comer.a.i

Edoceo.es.cui. por enfeñar.a.iiij

Edolo.as.aui. por dolar.a.i

Edormio.is.iui.por acabar de dormir.n.v

Edomo.as.oui. por domar mucbo.a.i

Educo.as.aui. por criar enfeñando niños.a,i

Educatio.onis. por aquella criança

Educator.oris.por el aio que los cria

Educo.is.ri.por alçar arriba.a.i

Educo.is.ri. por facar a fuera guiando.a,i

Eductio.onis.por aquefte alçar o facar

Edulco.as.aui.por endulçar.a.i

Edulium.ij.por el manjar o comida

Edulis.e. por cofa de comer

Edurus.a.um.por cofa dura

Edure.aduerbium.por dura mente

Eduro.as.aui.por durar bafta el cabo.n.v

Edúfa.g. por la diofa delos manjares

   Eetió.onis. padre de ádromaca rei ð cilicia

   ffabilis.e.por lo que fe puede bablar

   Effabilitas.atis.por aquel bablar

Effabiliter. aduerbium.bablando

Effafcino.as.aui. por quitar el ojo.a.i

Effafcinatio.onis. por aquel quitar de ojo

Effafcinator.oris. por el quitador de ojo

Effafcinatrir. icis. por la quitadora de ojo

Effafcinatorius.a.um.por cofa que lo quita

Efferueo.es.uel efferuefco. por berver.n.v

Efferbeo ul'efferbefco.por aquello mefmo.n.v

Efferuefcencia.g.por el bervor

Effero.as.aui. por embravecer.a.i

Efferus.a.um. por cofa mui brava

Efferatus.a.um.por aquello mefmo

Efferate.aduerbium.por brava mente

Effero.rs.ertuli.por enfalçar.a.i

Effero.rs.ertuli. por pronunciar.a.i

Effero.rs.ertuli. por facar a fuera.attiuum

Effero.rs.ertuli.por llevar a enterrar.a.i

Effector.oris.por acabador de obra

Effectrir.icis.por acabadora de obra

Effectio.onis.por acabamiento de obra

Effectus.us.por aquello mefmo

Efficio.is.effeci. por acabar obra.a.i

Efficacia.g.por la efficacia

Efficacitas.atis. por efficacia

Efficaciter.aduerbium.por efficace mente

Efficar.acis.por cofa eficace

Effigies.ei. por la imagen de alguna cofa

Effigia.g. por aquello mefmo.pr

Effiguro.as.por deburar del natural.a.i

Effingo.is.ri. por aquello mefmo.a.i

Efflagito.as.aui.demandar importunádo.a i

Effligo.is.ri.por affligir mucbo.a.i

Efflictim.aduerbium.por mui mucbo

Efflo.as.efflaui.por foplar a fuera.a.i

Efflorefco.is. por florecer mucbo.n.v

Effluo.is.ri. por correr fuera lo liquido.n.v

Effluus.a.um.por cofa que affi corre

Effluuium.ij. por aquel correr

Effodio.is.di.por cavar facando.a.i

Effoemino.as. por enflaquecer a otro. a.i

Effoeminatio.onis.por aquel enflaquecimiéto

Effoetus.a.um. por cofa efterile por edad

Effor effaris. por bablar.d.iij

Effrenis.e. por cofa defenfrenada

Effrenus.a.um. por aquello mefmo

Effreno.as.aui. por defenfrenar.a.i

Effrenatus.a.um.por cofa defenfrenada

Effrenate.aduerbiuz.por defenfrenada méte.

Effrico.as.cui.por fregar mucbo.a.i

Effringo.is.egi. por quebrantar puertas.a.i

Effractor.oris.por quebrantador de puertas

Effractio.onis.por aquel quebrantamiento

Effugo.as.aui.por abuientar de lugar.a.i

Effugio.is.gi. por buida de lugar.a.i

Effugium.ij.por la buida de lugar

Effulgeo.es.fi. por refplandecer mucbo. n.v

Effulgo.is.fi.por aquello mefmo.n.v

Effumo.as.aui.por bumear de fuera.n.v

Effundo.is.di.por derramar a fuera.a.i

Effufio.onis.por aquel derramamiento

Effufor.oris.por aquel derramador

Effuse.aduerbium. por derramada mente
Effutio.is.iui.por hablar vanedadez.a.i.
Effutitio.onis.por aquella habla
Efula.e. por un lugar de italia
	gelidus.a.um.por cosa tibia
	Egenus.a.um. por cosa pobre
Egeo.es.egui.por aver menester.n.ij
Egero.is.si. por sacar afuera.a.i
Egestus.us.por aquel sacar a fuera
Egestas.atis. por pobreza o menester
Egelaste.por cierto genero de piedra
Egestha.e. hija de ippotes madre de acestes
Egithus.i.por una cierta ave
Egregius.a.um.por cosa señalada
Egregior.oris.comparatiuum ab egregius
Egregius.aduerbium.por mas señalada mête
Egregissimus.a.um.superlatiuû ab egregius
Egregie.aduerbium. por señalada mente
Egredior.eris.por salir de fuera.d.v
Egressio.onis.por aquella salida
Egressus.us. por aquello mesmo
Egula.e. piedra sufre para adobar lana
Egua.e. por una ciudad de españa
Egurgito.as.por desembuchar.pr.a.i
	Eheie.i.qui est.nombre de dios
	ia.interiectio.para incitar.gr
	Eiaage.interiectio.por lo mesmo.
Eiaculor.aris.por tirar o lançar.d.iij.
Eiaculo.as.por aquello mesmo.a.i
Eiaculatio.onis.por aquel tirar
Eiaculator.oris.por el tirador
Eiecticius.a.um.por cosa que se echa fuera
Eiecto.as. por echar a menudo.a.i
Eiectio.onis.por el echar a fuera
Eijcio.is.cieci. por echar a fuera.a.i
Eioneus.i.padre de reso rei de thracia
Eiulor.aris. por gritar gimiendo.d.v
Eiulatio.onis.por aquel gemido
Eiulatus.us.por aquello mesmo
Eiuro.as.aui. por negar con juramento.a.i
Eiuratio.onis. por aquel negar
Eiusmodi.por cosa desta manera
Eiuscemodi.por aquello mesmo
	l. por uno delos diez nombres de dios
	Elabor.eris.por se escabullir.d.v
Elaboro.as.aui.por trabajar.a.i
Elaboratio.onis. por aquel trabajo
Elaborator.oris. por trabajador

Elaeus.a.um.por cosa de elis region.
Eleon.interpretatur oleum
Elea.interpretatur oliua.
Elam.region es de
Elamita.e.varon de aquella region
Elangueo uel elanguesco.por enflaquecer.n v
Elapido.as.aui.por despedregar.a.i.
Elaphos.interpretatur ceruus
Elassesco.is.por cansar.n.v
Elate.es. interpretatur abies arbor
Elatites.e.por cierto genero de piedra
Elaterium.ij.goma de cohombrillo amargo
Elatio.onis.por la sobervia
Elatus.a.um.por cosa sobervia
Elatus.a.um.participium ab effero
Elatum flumen. por un rio de arcadia
Elateius.a.um. por cosa de alli
Eleates zeno.por un filosofo notable
Eleazar.principe fue delos judios.bar
Eleazarus.i.sacerdote fue delos judios
Electio.onis. por la elecion
Electrum.i.por el ambar goma
Electrum.i.por el oro de veinte quilates
Electrinus.a.um.por cosa deste oro
Electra.e.por la hija de oceano z tethis
Electra.e. por una hija de atlas
Electra.e.por una ermana de orestes
Electryon.onis.ermano de anfitrion
Eleemosina.e. interpretatur misericordia
Elegans.tis.por cosa galana z gentil
Elegantia.e.por la gala z gentileza
Eleganter. por galana z gentil mente
Elegans.tis.por cosa elegante en dezir
Elegantia.e. por aquella elegancia
Eleganter.aduerbium.por elegante mente
Elegeia.e. por diosa de tristes cantares
Elegeia.e. por el mesmo cantar
Elegeius.a.um.por cosa de elegia
Elegidion.ij. por elegia pequeña
Elegius.a.um.por cosa de elegia
Elegus.i.por el verso elego
Elegiacus.a.um.por cosa de tal verso
Eleison.interpretatur miserere
Elementum.i. por la letra o elemento
Elementum.i. por el principio
Eleos.interpretatur misericordia.
Elenchus.i.por el argumento sofistico
Elenchus.i. por la perla prolongada

Elencho.interpretatur reprehendo
Elephas.antis. por el elefante
Elephantus.i. por aquello mesmo
Elephantius color.color de marfil quemado
Elephantinus.a.um. por cosa de elefante
Elephantia.e. por una especie de lepra
Elephantiasis.is.por aquello mesmo.
Elephantina.e. por una ciudad de egipto
Elephantus.i.por cierto pescado grande
Eleusis.is.por una ciudad dela isla thera
Eleusin.inis.por aquella mesma ciudad
Eleusina.e. por aquella mesma ciudad
Eleusinus.a.um.por cosa de aquella ciudad
Eliachim.principe fue delos judios.bar
Elice.es. por una ciudad de peloponesso
Elice.es.por la constellacion del carro
Elicio.is.elicui. por atraer por fuerça.a.i.
Elicius iupiter. por que lo traian con palabras
Elido.is.si.por quebrar o lisiar.a.i
Eligo.is.elegi.por eligir o escoger.a.i
Eligma.atis.por lamedor de medicina
Elimo.as.aui. por limar mucho.a.i
Elimino.as.aui. por desterrar.a.i
Eliminatio.onis. por el destierro
Elinguis.e. por cosa deslenguada
Elion.uno delos diez nombres de dios
Elis.idis. ciudad o region de arcadia
Eliensis.e.por cosa deste lugar
Eliquo.as.aui. por colar lo liquido.a.i
Eliquatio.onis.por la coladura
Elisus.a.um.participium ab elido.is.
Elisa.e.por el nombre proprio de dido
Elisacus.a.um. por cosa de dido
Elisus.i.por un rio de atica region
Elysium.ij.lugar delos buenos enel infierno.
Elysius.a.um. por cosa de aqueste lugar
Elix.icis. por el sulco para sangradera
Elixus.a.um.por cosa cozida en agua
Elleborus.i. por el vedegambre ierva
Elleborum.i.por aquesta ierva deballestero
Elleborites uinum. vino adobado conella
Ellipsis.interpretatur detractio
Ellum ellam.por belo bela alli
Eloco.as.por arrendar a otro algo.a.iiij
Elohim.uno es delos nombres de dios.bar
Eloha.nombre esso mesmo de dios.bar
Elogium.ij.por testimonio de loor
Elogium.por testimonio de vituperacion.

Eloquor.eris. por hablar lo q queremos.d.iij
Eloquens.tis.por cosa que assi habla
Eloquetia.e.por aquella habla
Eloquium.ij.por aquello mesmo
Eloquenter.aduerbium.eloquente mente
Elorus.i.por un rio de sicilia
Elpenor.oris.por un compañero de ulixes
Eluceo uel elucesco. por luzir mucho.n.v
Elucido.as.por aclarar z sacar a luz.a.i
Elucifico.as.aui.por aquello mesmo.a.i
Eludo.is.por burlar z escarnecer
Elugeo.es.xi. por quitar luto.n.v
Eluo.is.elui. por deslavar.a.i
Elusco.as.aui. por entortar a otro.a.i
Eluscatio.onis.por el entortamiento
Elumbis.e.por cosa deslomada
Elumbus.a.um.por aquello mesmo
Eluvies.ei.por el avenida de rio
Eluvio.onis.por aquello mesmo
    macitas.atis.por vicio de comprar
    Emaculo.as.por desmanzillar.a.i
Emaculatus.a.um.por cosa sin macula
Emaceo uel emacesco.por emmagrecer.n.v
Emacio.as.aui.por emmagrecer a otro.a.i
Emacreo uel emacresco.emmagrecer.n.v
Emano.as.por manar de lugar.n.v
Emanatio.onis. por aquel manar
Emancipo.as.por sacar al hijo de su poder.a i
Emancipatio. por aquella delibracion
Emancipator.por el padre que esto haze
Emancipatus.por el hijo assi delibrado
Emanco.es.si. por tardarse el ido.n.v
Emansio.onis.por aquella tardança
Emansor.oris. por el tardio que viene
Emathia.e. por macedonia region
Emathion.onis.por un rei de alli
Emathius.a.um. por cosa de macedonia
Emathis.idis.por la hembra de alli.
Emarceo uel emarcesco.emmarchitarse.n.v
Ematureo uel ematuresco. madurarse.n.v
Embama.atis. por mojadura
Emblema.atis. por el esmalte
Embolismus.i.cierta cuenta dela luna
Embryo.onis. interpretatur intus germe
Emendico.as.por mendigar mucho.n.v
Emendicatio.onis.por aquel mendigar
Emendicator.oris.por el mendigo
Emendo.as.aui.por emendar.a.i.

Emendatio.onis.por aquella emienda
Emendator.oris. por el emendador.
Emendatrix.icis.por la emendadora
Emensus.a.um.por cosa medida z passada
Ementior.iris.por mucho mentir.d.iij
Emereor.eris.por acabar de merecer.d.v
Emera. interpretatur dies
Emergo.is.si.por salir del agua.n.v
Emeritus.a.um.por el que acabo oficio
Emerita.ę.por merida ciudad despaña
Emeritensis.e. por cosa desta ciudad
Emetior.iris. por medir z passar.d.iij
Emeto.is.sui. por mucho segar.a.i
Emico.as.caui.por saltar fuera.n.v
Emigro.as.por mudar casa.n.v
Emigratio.onis.por mudança de casa
Emineo.es. por estar encima.n.v
Eminentia.ę.por aquella estança
Eminenter.por eminente mente
Eminulus.a.um. por cosa eminente
Eminus.aduerbium.por de lexos
Emio.is.iui.i.orno. non est in usu
Emiror.aris. por mucho maravillarse.d.iij
Emissarius caper.por el cabron garañon
Emissarius aries.por el morueco
Emissarius equus. por el garañon
Emissarius miles.escudero para mandados
Emissarius puer.moço para mandar
Emissarium.ij. por la sangradera de agua
Emissenoruz colonia. ciudad fue privilegiada
Emissicius.a.um. por cosa salediza
Emo.is.emi.por comprar.a.i
Emoderor.aris.por regir z templar
Emoderator.oris.por aquel regidor
Emoderatio.onis.por aquel regimiento
Emollesco.is.por se amollentar.n.v
Emollidus.a.um.por cosa muelle
Emollio.is.iui. por amollentar.a.i
Emolo.is.emolui.por moler.a.i
Emolumentum.i.por el provecho
Emorior.eris.por morir del todo.d.v
Emortuus.a.um.por cosa assi muerta
Emortualis dies. por el dia dela muerte
Emoueo.es.emoui.por mover de lugar.a.i.
Empédocles.is.por un filosofo notable
Empendocleus.a.um.por cosa de aqueste
Emphasis. interpretatur expressio
Emphaticos.aduerbium.por espressa mente

Emphyteosis.interpretatur in plantationem
Emphyteotarius.a quien se da la plantacion
Empima.atis. apostema en lo ueco
Empimacus.i.el doliente della
Empiria.ę.interpretatur experientia
Empiricus.a.um. cosa experimentadora
Empirice.es.medicina de esperimentos
Empyreum.interpretatur igneum
Emplastrum.i.por el emplastro o uncion
Emplastro.as. por enxerir de escudete.a.i
Emplastratio.onis. por aquel enxerto
Emporium.ij. por lugar de feria
Emporia.ę.por fermo ciudad de italia
Emporia.interpretatur mercatura
Emporię. arum. por una ciudad de catalueña
Emporitanus.a.um. por cosa desta ciudad
Empracticum.i. genero es de dormideras
Emprosthotonon.encogimiento de nervios
Emprosthotonicus.el que tiene tal dolencia
Emptio.onis.por la compra
Empticius.a.um.por cosa compradiza
Emptor.oris.por el comprador
Empturio.is.por aver gana de comprar
Emucidus.a.um. por cosa mohosa mucho
Emugio.is.iui. por bramar dar bozes.n.v
Emundo.as.aui.por alimpiar mucho
Emungo.is.xi. por limpiar como narizes.a.i
Emunctorium.ij.por el alimpiadero
n.prepositio greca. pro in
En.aduerbium monstrantis.por en
Enarro.as.por declarar contando.a.i
Enarratio.onis.por aquella declaracion
Enarrator.oris.por declarador assi
Enatiosis.is.interpretatur refragatio.
Enato.as.aui. por salir a nado.n.v
Enatatio.onis.por la salida nadando.
Enauigo.as. por navegar hasta el cabo. n.v
Enauigatio.onis. por la navigacion assi
Encaustes.ę.por el pintor de fuego
Encaustice.es. por aquella arte
Encaustus.a.um.por cosa assi pintada
Encausticus.a.um.por cosa de tal pintura
Encaenia.orum.fiesta dela renovacion
Enceladus.i. por uno delos gigantes
Enchiridion.i. interpretatur manuale
Enchiridion.i. por el puñal arma
Enchriston. interpretatur humidum
Encitum.i. por cierta forma de manjar

Encyclopędia.ę.interpretatur eruditio
Endeca. interpretatur undecim
Endecasyllabus.cosa de onze silabas
Endecachordon. instruméto de onze cuerdas
Endiadis.por cierta figura de gramatica
Endymion. onis. enamorado fue dela luna
Endromys. idis. vestidura como bernia
Eneco.as. por matar.actiuum.i
Enectus.a.um. por cosa muerta casi
Energia.ę..interpretatur actio.onis.gr
Energúmenos. interpretatur actiuus
Eneruis.e.por cosa desnerviada z flaca
Eneruus.a.um.por aquello mesmo
Eneruo.as.por desnerviar z enflaquecer.a.i
Eneruatio.onis. por aquella flaqueza
Engaddi. por un lugar de palestina.bar
Engonasis.is. interpretatur genuflexus
Enbarmonicum. gerᵒ de musica perdido
Enbemon.i. por cierta goma de olivas
Enbydrus.i. por la culebra del agua
Enim.conjuncion para dar causa.
Enimuero.partezilla para afirmar
Enyo.interpretatur bellona soror martis
Enipbeus.i. por un rio de tessalia
Enipeus.i.regidor del carro de ector
Eniteo.es.enitui.por resplandecer.n.v
Enitor.eris. por estribar mucho.d.v
Enitor.eris.por parir la muger.d.iij
Enixa.ę. por la muger parida
Enixus.a.um.participium ab enitor
Ennoea.ę. interpretatur intelligentia
Ennosigęus.i.por neptuno dios dela mar
Ennea.interpretatur nouem
Enneachordon.instruméto de nueve cuerdas
Enneapbarmacon. purga de nueve cosas
Ennius.ij.poeta latino antiguo
Ennianus.a.um. por cosa deste poeta
Ennianista.ę. por estudioso deste poeta
Eno.as.enaui.por salir nadando.n.v
Enodis.e. por cosa sin ñudo
Enodo.as.aui.por desañudar.a.i
Enodatio.onis.por el desañudamiento
Enormis.e.por cosa irregular
Enormitas.atis. por la irregularidad
Ensis.is.por el cuchillo o espada
Ensiculus.i.por el espada pequeña
Ensiculus.i. por aquello mesmo
Ensifer.a.um.por lo que trae espada

Ens.entis. participium a sum inusitatum
Entelechia.ę. por la furma dela materia
Enterozęla.ę. por la potra
Enterocoelarius.ij.por el sana potras
Enterocoelicus.a.um.por el potroso
Entella.ę.por una ciudad de sicilia
Entellenus.a.um. por cosa desta ciudad
Entellus.i.por uno delos eroes de alli
Entbęus.a.um.i.diuino furore percitus
Entbęatus.a.um. por aquello mesmo
Entbeon.i.medicina de bivora
Entbymema,atis.argumento oratorio
Entbymematicus.a.um.cosa de talarguméto
Entos. interpretatur intra prepositio
Enucleo.as.aui.por sacar el meollo.a.i.
Enucleatio.onis. por aquel desmeollar
Enudo.as.aui.por desnudar.a.iiij
Enudatio.onis.aquel desnudamiento
Enuncio.as.aui.por pronunciar.a.i
Enunciatio.onis.por la pronunciacion
Enunciatiuus.a.um.por lo que pronuncia
Enumero.as.aui.por contar.a.i
Enumeratio.onis. por la cuenta
Enumerosus.a.um.lo que tiene cuenta
  o.is.iui.por ir por sus pies.n.v
Eó.aduerbium.por alla a lugar
Eódem.aduarbium.por al mesmo lugar
Eos.interpretatur aurora.ę.
Eous.a.um. por cosa del alva
Eone.es.por el arbol dela nave argo
  pacta. ę. por cierta cuenta dela luna.
  Epagóge.es.interpretatur deductio.fig
Epaminundas.ę.por un capitan de tebanos
Epanalepsis. interpretatur repetitio. fig
Epánodos.interpretatur regressio.fig
Epapbaręsis.compostura de cabellos.gr
Epauxesis. interpretatur incrementum.fig
Epapbus.i.por un bijo de jupiter z isis
Epapbroditus.i. familiar fue de neron
Eparchia.e. interpretatur prouincia
Epectasis.i.interpretatur porrectio.fig
Epentbesis. interpretatur interpositio
Epéus.i. el carpintero del cavallo troiano
Epbébus.i. por moço desbarvado.gr
Epbebia.ę.por aquella mocedad.gr
Epbelis.idis.por mal color enel ombre
Epbémeris.idis. por istoria de un dia
Epbemeris.idis.por el almanach z astrologia

Ephémeris.idis.animal es que bive vn dia.
Ephesus.i.ciudad es en asia la mene
Ephesius.a.um.por cosa desta ciudad
Ephesinus.a.um. por aquello mesmo
Epheftion.onis.amigo fue de alexandro
Ephialtes.e. gigante hijo de aloeo
Ephippium.ij. por paramentos de cavallo
Ephippiatus.a.um.cosa emparamentada assi
Ephyre.es.hija de oceano z tethis
Ephyre.es.ciudad corintho en acaia
Ephyreus.a.um. por cosa desta ciudad
Ephyreius.a.um. por aquello mesmo
Ephyreis.idis.cosa hembra desta ciudad.
Ephód.vestidura sacerdotal fue.barbarum
Ephorus.i. por tribuno en lacedemonia
Ephoria.e.por el tribunado desta ciudad
Ephraim.hijo fue de joseph.barbarum
Ephrata.ciudad de juda o bethlem.bar
Ephrateus.a.um. por cosa de alli
Ephrem. ciudad es de palestina.bar
Epy. ciudad es enel estacio poeta
Epi.prepositio greca.pro supra
Epibata.e.por la fusta genero de nave
Epibatum.i.por aquella mesma nave.
Epicactis.is.por cierto arbol en asia
Epicharmus.i.poeta fue griego de sicilia.
Epicharmus.i.por un filosofo notable
Epicharis.interpretatur gatiosus.
Epichemasis.por la señal delo passado
Epicherema.atis.argumentum ratiocinatiuũ
Epicoenus.a.um.interpretatur promiscuus
Epicoedion.i. endecha sobre el muerto
Epicyclus.i. circulo en que anda el planeta
Epictetus.i. por un filosofo señalado
Epicúrus.i. filosofo fue de
Epicureus.a.um.por cosa de aquel filosofo
Epidannos.i. por duraço ciudad de epiro
Epidaurus.i. isla fue cerca de ungria
Epidaurus.i. ciudad es de acaia
Epidaurius.a.um.por cosa desta ciudad
Epidimia.e.por pestilencia universal
Epigramma.atis. por mote en verso
Epigrammatum.i. por aquello mesmo
Epiglottis.idis. por la nuez del cuello
Epigraphe.es.interpretatur titulus
Epilepticus. interpretatur arrepticius
Epilepsia.e.por la gota coral.gr
Epilepticus.a.um. por el enfermo della

Epilogus.i.interpretatur peroratio
Epimenidum.i. por cierta especie de cebolla
Epimenides.is.filosofo notable de creta
Epimetheus.i. hijo de japeto z asia
Epimethis.idis.por la hija de aqueste
Epimone.es.interpretatur perseuerantia.
Epinicium.ij.por cancion de vencimiento
Epinythion.i.la moralidad dela fabula
Epinyctis.idis.botor que nace de noche
Epiphanes.is.interpretatur illustris
Epiphania.e. interpretatur superficies
Epiphania.e. interpretatur manifestatio
Epiphania.e. fiesta delos reies magos
Epiphanius.ij.nombre de varon aparicio
Epiphonema.i.rei probate acclamatio
Epiphora.e.por lagaña dolencia de ojos.
Epiplocoela.e.por una especie de porra
Epirhedium.ij. por un genero de carro
Epirus.i.por albania region de europa
Epirota.e.por ombre desta region
Epirensis.e.por cosa desta region
Epireus.a.um. por aquello mesmo
Epiroticus.a.um.por cosa desta region
Epistates.e.por el aperador dela labrança
Episcopus.i. por el mirador delas cosas
Episcopus.i.por el obispo perlado
Episcopium.ij.por la morada del obispo
Episcopatus.us. por el obispado
Epistylium.i.por el capitel de coluna
Epistates.e.interpretatur prefectus
Epistola.e.por carta mensagera
Epistolium.ij. por aquello mesmo
Epistolicium.ij. por carta pequeña assi
Epistolicus.a.um.por cosa de tal carta
Epistolaris.e.por aquello mesmo.
Epistomion.i. agugero por do brota el agua
Epitaphium.ij.por el petafio de sepultura
Epitasis. interpretatur intentio
Epithalamium.ij. por cantar de bodas
Epitheton.i.interpretatur adiectiuum
Epithima.e. por la bilma
Epityrum.i.manjar de azeitunas majadas
Epitoma.e.interpretatur breuiarium.gr
Epitome.es.por aquello mesmo.gr
Epitogium.ij.por manto sobre la toga
Epitragus.i.por cierto pece q no engédra.gr.
Epitritus.i.pie de tres luengas z una breve
Epitritus.a.um. proporcion sesquitercia

Epitetrarta. proporcion sesquiquarta
Epizeusis.interpretatur combinatio.fig.
Epoche.es. interpretatur assensionis retentio
Epodos.interpretatur carminis cantus
Epogdoos.i.proporcion sesquioctaua
Epops.pis. por el abubilla ave conocida. gr
Epos.interpretatur carmen
Epoto.as.aui.por bever mucho.a.i
Epotus.a.um. por cosa bevida o borracha
Epula.e. por el manjar o comida.pr
Epule.arum. por aquello mesmo
Epularis.e. por cosa de comer
Epulor.aris.por comer.d.iij
Epulo.onis. por el grande comedor
Epulatio.onis.por aquel comer
Epulo.as.aui. por comer.pr
Epulum.i.por sala real o combite.
   qua.e.por la iegua
    Equaria.e. por hato de ieguas
Eques.itis.por el cavallero a cavallo
Eques auratus. cavallero ō espuelas doradas
Equester.tris.tre.por cosa de cavalleria
Equestris.e. por aquello mesmo
Equidem.coniunctio.por io ala verdad
Equile.is.por cavalleriza lugar
Equitium.ij.por hato de ieguas o cavallos
Equio.is.estar la iegua caliente para concebir
Equinus.a.um.por cosa de cavallo
Equiria.orum. fiestas en que corrian cavallos
Equiselis.est piscis: qui grece hippurus
Equiso.onis.por el cavallerizo
Equito.as.aui. por cavalgar a cavallo.n.v
Equitatus.us. por la cavalleria
Equula.e. por la iegua pequeña
Equuleus.i.por el cavallo pequeño
Equulus.i.por aquello mesmo
Equus.i.por el cavallo bien hecho
Equus.i.por cierto engeño para combatir
   radico.as.por desarraigar.a.i.
    Eradicatio.onis.por el desarraigar
Era.e. interpretatur iuno dea.
Erate.es.por una hija de oceano z tethis
Erato.us.por una delas nueve musas
Erasinus.i.por un rio de acaia region.
Erce.es.por una ermana de eetas rei
Ercinia.e.por un bosque de alemaña
Erebus.i. por el infierno o lugar del
Eremos.interpretatur solitudo.gr

Eremus.i.por el iermo o desierto.gr
Eremus uel eremita.por ermitaño
Eremiticus.a.um. por cosa de ermitaño
Eretria.e.por una ciudad de negroponte.
Eregione.aduerbium.por enfrente
Eremigo.as.por navegar remando.n.v
Eremigatio.onis.por aquella navigacion
Erga.prepositio.por cerca en amor
Ergasylus.i. nombre de un truhan
Ergasia.e.interpretatur opera
Ergasterion. interpretatur officina
Ergastulum.i.por carcel de siervos enel cápo.
Ergasterium.ij.por aquello mesmo
Ergastulus.i.por el siervo de tal carcel
Ergastulus.i.por el carcelero de tal carcel
Ergasterium.ij.por aquello mesmo
Ergo.coniunctio. por assique o pues
Ergó.ultima acuta.por causa
Ergon.interpretatur opus
Eriboea per oe.por la diosa iuno.
Erica. ierva que florece enel otoño
Ericeum mel.por la miel de aquesta flor
Erichthonius.ij.hijo de vulcano z de la tierra
Erichtheus.i. por este mesmo rei de athenas
Erichtheus.a.um.por cosa deste rei
Erichthides.e.por hijo o nieto deste rei
Erichthis.idis. por hija o nieta de aquel
Erichtho.us.nombre de una bechizera
Erycina.e.por la diosa venus de erix monte
Erycinus.a.um.por cosa de aqueste monte
Eridanus.i. por el po rio de lombardia
Eridanus.i.por una constelacion del cielo
Eridanus.i.por otro rio de thessalia
Erigone.es.por una hija de icaro.
Erigone.es.por el signo de virgo.
Erillus.i.por un filosofo notable
Erimanthus.i.monte de arcadia
Erimantheus.a.um.por cosa deste monte
Erimanthis.idis.por cosa hembra de alli.
Erinnys.ys. por la furia del infierno
Eriphysa.e.por una isla cerca de sicilia
Eriphyle.es. hija de talaon muger ō anfiarao
Erisimum.i.por una especie de panizo
Erisipila.e.por una especie de cancer
Eris. interpretatur litigium
Erythros. interpretatur rubeus.a.um
Erythrocomis.por granado bermejo.
Erythrodamus.i. por la ruvia raiz

Erytbrotaon.onis.por cierta ave grande.
Erytbron.onis. bijo de perseo z andi vneda
Erytbrea.es.por la isla de calez
Erytbreum mare. por el mar bermejo
Erytbrea sibylla.por que fue cerca de alli
Eritina.e. por cierto pescado
Erys.cis. por un bijo de venus
Erys.cis.por un monte de sicilia
Erodius.ij.por la garça ave conocida.
Erodio.onis.por aquello mesmo
Erodo.is.si. por roer mucbo.a.i
Erogo.as.aui.por dar al que ruega.a.i
Erogito.as.aui.por rogar a menudo.a.i
Erogatio.onis.por el dar al que ruega
Eros. interpretatur amor grecum
Eroticus.a.um.interpretatur amatorius
Erotima.atis.interpretatur interrogatio
Erratum.i.por el ierro o errada o error
Erratio.onis.por aquello mesmo
Erraticus.a.um. por cosa silvestre.
Erratica stella. por la planeta
Errabundus.a.um.por lo que mucbo ierra
Erro.as.aui.por errar de lugar.n.v
Erro.as.aui.por pacer el ganado.n.v
Erro.onis.por el siervo vagabundo.
Erro.onis.por el planeta
Error.oris. por el error o ierro
Erubeo uel erubesco.por envergonçarse.n.v
Eruca.e.por la oruga ierva conocida
Eruca.e.por el oruga gusano.
Eructo.as.aui. por ecbar regoldando.a.i
Eructatio.onis.por aquel regueldo
Erudero.as.por limpiar de vassura.a.i
Erudio.is.iui.por enseñar dotrina.a.i
Eruditio.onis. por aquella enseñança
Erugo.as.aui. por desarrugar.a.i
Erugatio.onis. por aquel desarrugar.
Erumpo.is.pi. por salir arrebatada méte.n.v
Eruptio. onis. por aquella salida
Eruo.is.erui.por sacar lo escondido.a.i.
Eruilia.e.por la arveja legumbre.
Eruum.i.por el iervo legumbre
   salus.i.especie es de balcon
    Esaias.e.non isaias.profeta fue judio.ba.
Esaú. bijo fue de isaac z de rebeca.ba
Esar.aris.por un rio de italia
Esca.e.por el manjar o comida
Escalis.e.por cosa de comer

Escarius.a.um.por aquello mesmo
Escarium uas. por vaso para manjar
Esculentus.a.um. por cosa de comer
Escatocolicon.i.por el fin del libro
Escbara.e. por la rasura de cubas de vino.
Esdras.e.judio escriptor dela lei.bar
Esito.as.aui. por comer a menudo
Esicazin.interpretatur quiescere
Esópus.i. por una especie delecbuga fiera
Esopus.i.por el isopo umido medicina
Esos.i.por un cierto pescado
Esróm.bijo de phares.bar
Essedum.i. por cierto genero de carro
Essedarius.ij.por el carretero del.
Esse.infinitiui presens. a sum.es.fui
Esse.infinitiui presens ab.edo.is.uel.es
Essentia.e. por el ser mesmo.no
Essentialis.e. por cosa de aquel ser.no
Estur. indicatiui presens passiue uocis
Esurio.is.esuriui.por aver bambre.n.v
Esuritor.oris. por el bambriento
Esuritio.onis.por la bambre
Esurigo.ginis. por aquello mesmo.pr
Esuries.ei. por aquello mesmo.pr
Esus.i.por el dios mars.
   t.coniunctio.por i.
   Et.coniunctio. por por que
Etenim.coniunctio. por aquello mesmo
Eteocles.is.bijo de edipo z iocasta
Etbesiae.arum. vientos son del estio
Etbesius.ij.por cierta piedra
Etbesium.ij.por cierto emplastro.
Etbicus.a.um. interpretatur moralis
Etbire.es.interpretatur gens.
Etbincus.a.um. por gentil
Etbos.interpretatur mos et ritus
Etbopoeia. interpretatur morum imitatio
Etbologia.e. interpretatur sermo moralis
Etymon.interpretatur ueriloquium
Etymologia.e.por aquella origen de palabras
Etymologicus.a.um.por cosa desta origen
Etiam.coniunctio. por tan bien o aun
Etiam.por si otorgando
Etiam atqz etiam. por mas z mas
Etiam nunc.por aun agora
Etolius.ij.por una especie de milano.
Etsi.coniunctio.por aun que
Etos. interpretatur annus

ua.ę.por nuestra primera madre.
Eua.euae.por sacerdotissa de bacco
Euado.is.si.por escapar.n.v
Euado.is.si. por salir becba alguna cosa
Euagino.as.aui. por desuainar cucbillo.a.i
Euaginatio.onis.por el desuainamiento
Euagor.aris. por andar vagando.d.v
Euagatio.onis. por aquella vagacion
Eualeo.es.eualui.por mucbo poder.n.v.
Euan. por uno delos nombres de bacco
Euantes.por los que ba3en las fiestas del
Euantba.ę. aue3ita es pequeña
Euander.dri. bijo de palas z nicostrata
Euandrus.dri.por aqueste mesmo
Euandrius.a.um.por cosa deste rei
Euangelium.ij. por buenas nueuas
Euangelistes.ę. por el albriciador
Euangeli3o.as.por albriciar.a.i.
Euanco uel euanesco.por desuanecerse.n.v
Euanidus.a.um. por cosa desuanecida
Euanne.es.bija de mars muger de capaneo
Euaporo.as.aui.por ababar.a.i
Euaporatio.onis.por el ababar
Euasus.a.um. por cosa que escapo
Euasio.onis.por el escapar
Euasto.as.aui.por destruir mucbo.a.i
Euastatio.onis. por aquella destrucion
Euax.intericctio.por uab
Euboia.ę. por negroponte isla de grecia
Euboicus.a.um.por cosa desta isla
Euboicum mare.por el mar desta isla
Eucaeros.interpretatur opportunus
Euceria.ę.interpretatur opportunitas
Eucbaris.interpretatur bona gratia
Eucbaristia.ę.interpretatur bona gratia
Eucbyla.ę.por buen umor o çumo
Eucbion. uno es delos nombres de bacco
Eucbrestema.interpretatur cómodum
Eucbopborum. idem quod leucopborum
Eudoria.ę.interpretatur bona fama.
Eudorion.ij.por aquello mesmo
Eudoxus.i.filosofo z astrologo de gnido
Eudora.e.por una bija de oceano z tetbis
Eucbo.is.eucxi.por subir arriba.a.i.
Euectio.onis.por aquel subimiento
Euello.is.euulsi. por arrancar.a.i
Euclo.as.aui.por reuelar z descubrir.a.i
Euclatio.onis.por aquel descubrir

Euenio.is.eueni. por acontecer en bien.n.ij
Euentus.us.por aquel acontecimiento
Euenta.orum.in plurali.por lo mesmo
Euentilo.as.por auentar el pan.a.i
Euentilatio.onis. por aquel auentar
Euerbero.as.aui.por açotar mucbo.a.i.
Euergetes.e. interpretatur benefactor
Euerto.is.ti.por trastornar z destruir.a.i
Euersio.onis.por aquel trastorno.
Euerso.as.por trastornar a menudo.a.i.
Euerriculum.i.por la red barredera
Euestigio.aduerbium.por luego sin medio
Euganeus.i.por un monte de padua ciudad
Euganeus.a.um.por cosa de aquel monte
Euge.aduerbium congratulantis.
Eugenia.ę. interpretatur nobilitas
Eugion.i.por el virgo dela virgen
Euidens.tis. por cosa clara z visible
Euidentia.ę. por claridad o clare3a
Euidenter.aduerbium.por clara mente
Euigilo.as.aui. por mucbo velar.n.v
Euigilatio.onis.por aquella velada.
Euileo uel euilesco.por valer poco.n.v
Euinco.is.euici.por vencer mucbo.a.i
Euincio.is.euinxi.por atar.a.i
Euireo uel euiresco.por reuerdecer.n.v
Euiro.as.aui. por castrar o enflaquecer.a.i
Euiratus.a.um.por castrado z flaco
Euiratio.onis.por aquel castrar
Euiscero.as. por desollar o desbucbar.a.i
Euisceratio.onis.por aquel dessollar
Euito.as.aui.por se esquiuar z guardar.a.i
Euitatio.onis.por aquel esquiuar.
Eulogus.i. por buen pregonero
Eulogium.ij.idem quod elogium in bonum
Eumenis.idis.por furia del infierno
Eumenes.is. rei fue de capadocia
Eumolpus.i.eroe fue de atbenas.
Eumetes.ę.por una especie de balsamo
Euneus.i.bijo fue de jason z isifila
Eunucbus.i.por el castrado o capado.
Euoco.as.aui.por apercebir para guerra.a.i.
Euoco.as.aui.por atraer a fuera.a.i
Euocatio.onis. por aquel atraimiento
Euocatus miles.apercebido para guerra
Euolo.as.aui. por bolar de lugar.n.v
Euolatio.onis.por aquel buelo
Euoluo.is.euolui. por sacar bolviendo.a.i

Euolutio.onis.por aquel sacar

Euomo.is.euomui.por gomitar.a.i

Euomitio.onis. por aquel gomito

Euonymus.i. por una isla cerca de sicilia

Eupatoria.ę.ierva es no conocida

Euphonia.ę.interpretatur sonoritas

Euphorbus.i. por un hijo de pantho

Euphorbium.ij. por una cierta ierva

Euphrates.ę. por el rio de babilonia

Euphranor.oris. estatuario fue notable

Euphrosyne.es.por una delas tres gracias

Euphrosyne.es.interpretatur leticia

Euprepia.ę. interpretatur decentia

Euryalus.i. varon notable que fue a troia

Euryalus.i.otro mancebo en virgilio

Eurybates.ę.pregonero fue griego

Eurybia.ę. la madre del luzero z estrellas

Euryale.es.una fue delas tres gorgones.

Eurydamas.antis.varon fue troiano.

Eurydice.es.por la muger de orfeo

Eurydea.ę. por el ama que crio a ulixes

Eurylochus.i.por un compañero de ulixes

Eurymone.es.por una hija de occano z tethis

Euripides.is.poeta fue griego

Eurypilus.i.hijo de ercules z cassiopa

Euripus.i.por un mar cerca de negroponte

Euripus.i.por lugar donde bulle agua

Eurystheus.i.rei de micenas hijo de steleno

Eurytion.onis. platero fue notable

Eurytus.i. uno fue delos centauros

Eurytus.i. rei fue de ecalia padre de iole

Eurytis.idis. iole hija de eurito

Europa.ę.por una hija de occano z tethis

Europa.ę.por otra hija de agenor rei.

Europa.ę. por la tercera parte del mundo

Europęus.a.um. por cosa de europa

Eurotas.ę. rio es de lacedemonia

Eurus.i.por el viento del oriente del invierno

Euronotus.i.por el viento entre este z noto

Eustathius.ij. nombre proprio de un eroe

Eustratius.ij.filosofo fue griego

Eustochium.ij.nombre de hembra

Eustochia.ę.por aquella mesma.

Eutaxia.ę. interpretatur bonus ordo

Euterpe.es.por una delas nueve musas

Euthymia.ę.est animi tranquillitas

Eutyces.ę. por un ereje cristiano

Eutrapelos. interpretatur comis.e.gr

Eutrapelia.ę.interpretatur comitas.atis

Euxinus pontus. por el mar de latana

Euzonos.interpretatur precinctus

x.prepositio ablatiui.por de

Ex.in compositione. pro extra

Ex.in compositione aliquando auget

Ex urbe ex agro.por de dentro.

Ex.in compositione aliquando perficit.

Exacerbo.as.aui. por molestar.acti.i

Exacerbatio.onis.por la molestia.

Exactus.a.um.por cosa perfecta

Exacte.aduerbium. por perfecta mente

Exactus.a.um.por cosa apassada

Exactor.oris.por el cogedor de pechos

Exactio.onis.por el coger delos pechos

Exactor operarum. el que demáda las uebras

Exacuo.is.exacui. por mucho aguzar.a.i

Exaduersum.aduerbium.por en frente

Exędifico.as.aui.por edificar basta el cabo.a i

Exędificatio.onis.por aquel edificar

Exęquo.as.aui.por igualar mucho.a.i

Exęquatio.onis. por aquel igualamiento

Exaestuo.as.aui.por herver.n.v

Exagóge.interpretatur euectio

Exaggero.as.aui. por amontonar.a.i

Exaggeratio.onis.por el amontonamiento

Exalbeo uel exalbesco.por embláquecerse.n.v

Exalburno.as.por desbastar la madera.a.i

Exalto.as.aui.por abondar el hoio.a.i

Exalto.as.aui.por ensalçar.acti.i

Exaltatio.onis. por ensalçamiento

Exaluminatus.a.um.por sin alumbre

Examen.inis. por el enxambre de abejas

Examen.inis.por el fiel del peso

Examen.inis.por el examen

Examino.as.por examinar z pesar.acti.i

Examinatio.onis.por el examen.

Examussim.aduerbium.por diligente mente

Exanclo.as.aui. por acabar z padecer.pr

Exanimis. e. por cosa muerta del todo

Exanimus.a.um.por aquello mesmo

Exanimo. as.aui. por desmaiar a otro.pr

Exanimatio.onis. por el desmaio

Exanimatus.a.um.por desmaiado

Exanio.as.aui.por sacar la sanguaza.a.i

Exanthema.ę.por la roncha o postilla

Exardeo uel exardesco.por arder mucho.n.v.

Exareo uel exaresco.por secarse mucho.n.v

Exarmo.as.aui. por desarmar.a.i
Exaro.as.aui.por arar mucho.a.i
Exaspero.as.aui.por asperear a otro.a.i
Exasperatio.onis.por claspereamiento
Exaudio.is.iui.por oir z hazer lo oido.a.i
Exauguro.as.por tomar aguero por algo.a.i.
Exauctoro.as.por soltar del juramento.a.i
Exauctoratus.a.um.por suelto del juramento
Excaeco.as.aui. por cegar a otro
Excaecatio.onis.por aquel cegamiento
Excalceo uel excalcio.por descalçar.a.iiij
Excalceor.aris.por aquello mesmo.pr
Excalfacio.is. por calentar a otro.a.i
Excalfactorius.a.um. cosa para calentar
Excandeo uel excandesco.por encenderse.n.v
Excandescentia.e. por encendimiento assi
Excanto.as.aui.por escantar.a.i
Excantatio.onis.por el encantamiento
Excauo.as.por cavar piedra o madera.a.i
Excauatio.onis.por aquel cavamiento
Excastro.as.aui.por castrar mucho.a.i
Excedo.is.excessi.por sobrepujar.a.i
Excedo a loco.por partir de lugar.n.v
Excedo a uita. por morir
Excedra.e.la sierpe que mato ercules
Excello.is.excellui.por sobrepujar.a.i
Excellentia.e.por sobrepujança
Excelsus.a.um. por cosa alta
Excelsitas.atis.por el altura
Excepto.as. por recebir a menudo.a.i
Exceptio.onis. por la excepcion de regla
Exceptio.onis.por la excepcion de derecho
Exceptorius.a.um.por cosa de excepcion.
Exceptorium.ij.por recogedero
Excerebro.as.aui.por descalabrar.a.i
Excerno.is.por apartar lo limpio.a.i.
Excerpo.is.psi. por coger rompiendo.a.i
Excerptio.onis. por aquella cogedura
Excerptum.i.por aquello mesmo
Excessis.pro eo qued excedas.pr
Excido.is.excidi.por cortar z herir.a.i
Excido.is.excidi.por caer o escaecer.n.v
Excidium.ij. por la destrucion z caida
Excidio.onis.por aquello mesmo.pr
Excindo.is.di.por cortar z romper.a.i
Excio.is.exciui.por despertar a otro.a.i
Excipio.is.excepi. por sacar de regla.a.i
Excipio.is.por recebir z acoger.a.i

Excipio.is. por tomar assechando.a.i
Excipio.is.por responder a otro.a.i
Excipuus.a.um.por lo que se recoge
Excipula.e.por cepo para caer
Excisio.onis.por destrucion z caida.pr
Excisatus.a.um. por cosa despedaçada.pr
Excisorius.a.um. por cosa para cortar
Excito.as.aui.por despertar a otro.a.i
Exclamo.as.aui. por dar bozes.n.v
Exclamatio.onis. por aquel bozear
Excludo.is.si.por echar a fuera.a.i
Exclusio.onis.por aquel echar assi
Exclusorius.a.um.por cosa para echar
Excludo.is.si.por sacar los pollos el ave.a.i
Exclusio.onis. por aquel sacar de pollos
Excodico.as.aui.por escavar los arboles.a.i.
Excogito.as.aui.por hallar pensando.a.i
Excogitatio.onis. por aquel hallar
Excolo.is.excolui.por labrar la tierra.a.i.
Exconsul.is.por el que fue consul. no.
Excoquo.is.xi. por cozer mucho.a.i
Excontinenti.aduerbium. por luego
Excorio.as.aui.por desollar.a.i
Excoriatio.onis. por la dessolladura
Excors.dis.por cosa sin seso
Excreo.as.aui. por escupir tossiendo.a.i
Excreatio.onis.por aquel escupir
Excreabilis.e. por lo que assi se escupe
Excresco.is.cui. por crecer hasta el cabo.n.v
Excretus.a.um.por cosa crecida
Excrementum.i.por el crecimiento
Excrementum.i.por la superfluidad del cuerpo
Excubie.arum. por las escuchas del campo
Excubo.as.bui.por escuchar assi.n.v
Excubitor.oris.por el escuchador assi.
Excubitus.us.por aquel escuchar
Excudo.is.excudi. por hallar hiriendo
Exculco.as.aui.por acocear o hollar.a.i
Exculcatio.onis.por aquel hollar.
Exculpo.is.psi. por sacar atormentando.a.i
Exculpo.is.psi.por esculpir dolando.a.i
Exculptor.oris.por el esculpidor
Exculptura.e.por la escultura.
Excurio.as.aui.por echar de corte.pr.
Excurro.is.ri.por correr a fuera.n.v
Excurso.as.aui.por correr los enemigos.n.v
Excursio.onis.por aquel correr del campo
Excursus.us.por aquello mesmo

Excuso.as.aui.por escusar.a.i
Excusatio.onis. por la escusa
Excusabilis.e. por cosa escusable
Excusatorius.a.um.por cosa para escusar.
Excussor.oris. por el cantero de escoda
Excussoria ars. por la canteria
Excussio.onis. por el sacudimiento
Excussorius.a.um. por cosa para sacudir
Excussorium.ij.por el cedaço para cernir.
Excutio.is.excussi. por sacudir.a.i
Exdorsuo.as.por quebrar el espinazo.pr
Execco.as.cui.por cortar mucho.a.i.
Execror.aris. por maldezir z abominar.d.iij.
Execro.as.aui. por aquello mesmo.pr
Execratio.onis.por aquella maldicion
Execramentum.i. por aquello mesmo
Execrabilis.e. por cosa abominable
Exectio.onis. por la cortadura
Executio.onis.por la execucion
Executor.oris. por el executor
Executorius.a.um.por cosa para executar
Exedo.is.exedi. por gastar comiendo.a.i
Exedra.e.an bexbedra. por la silla
Exemplum.i.por el exemplo que se toma.
Exemplum.i. por el original de do se toma
Exemplar.aris.por aquel original
Exemplaris.e.por cosa del original
Exemplifico.as.por poner exemplo.a.i.
Exemplare.is.por el original de donde
Exemplarium.ij.por aquello mesmo
Exemptus.a.um. participium ab eximo.is
Exemptio.onis. por el sacar de fuera
Exemptilis.e.por cosa que se puede sacar.
Exentero.as.aui.por dessollar.a.i
Exenteratio.onis.por el dessollamiento
Exeo.is.exiui. por salir a fuera.n.v
Exeo.is.exiui. por esquivar algo.a.i
Exequor.eris.por executar.d.iij
Exequie.arum.por las esequias
Exequialis.e.por cosa de esequias
Exequior.aris.por comer enlas exequias.d.v
Exerceo.es.exercui. por fatigar.a.i
Exerceo.es.exercui.por exercitar.a.i
Exercitus.a.um.participium ab utroq3
Exercitus.us. por la ueste de gentes
Exercitor.oris. por el negociador
Exercitorius.a.um. por cosa para negociar
Exercito.as.por exercitar.a.i

Exercitatio.onis. por el exercicio
Exercitamentum.i.por aquello mesmo
Exercitium.ij. por aquello mesmo
Exercitio.onis.por aquello mesmo.pr.
Exercio.is.si.por coser mucho.pr.a.i.
Exero.is.exerui.por sacar a fuera.a.i
Exerto.as.aui.por amenudo sacar assi.a.i
Exesus.a.um. participium ab exedo.is
Exferueo ul'exferuesco.por berver mucho.n.v
Exfio.is.por alimpiar.pr.
Exfir.iris. por el alimpiadura.pr
Exfundo.as.aui.destruir de cimiento.pr.a.i.
Exfungo.as.por despavesar candela.a.i
Exgrumino.as. por andar errando.n.v
Exgurgito.as.por desbuchar.a.i.
Exballo.as.aui.por babear echar babo.a.i
Exballatio.onis. por aquel babear
Exbaurio.is.si.por sacando vaziar
Exbaurio.is.si. por acabar.a.i
Exbaustus.a.um. participium ab utroq3
Exberes.dis. por deseredado z deseredada
Exberedo.as.aui. por deseredar.a.i
Exberedatio.onis. por el deseredamiento
Exbibeo.es.bui.negotium.por molestar.a.i
Exbibeo.es.bui. por presentar la persona.a.i.
Exbibitio.onis.por aquella presentacion
Exbibitorius. a.um. por cosa para presentar
Exbylaro.as.aui.por alegrar a otro.a.i
Exbylaratio.onis.por el alegramiento
Exborreo.es.rui.por temer.a.i
Exbortor.aris.por induzir por razones.d.iij.
Exbortatio.onis. por el induzimiento assi
Exbortator.oris. por aquel induzidor
Exbortatorius.a.um.cosa para induzir assi
Exibilo. as. aui. por silvar a otro.a.i
Exibilatio.onis.por aquel silvar
Exicco.as.aui. por secar.a.i
Exiccatio. onis. por el secamiento
Exigo.is. exegi. por echar a fuera.a.i
Exigo uitam. por bivir.a.i
Exigo debitum. por demandar deuda.a.i
Exiguus.a.um. por cosa pequeña
Exiguior.comparatiuum ab exiguus
Exiguitas.atis.por la pequeñeza
Exilio.is.exiliui.por saltar a fuera.n.v
Exilis.e.por cosa feble o delgada
Exilitas.atis. por aquella delgadez
Exiliter.aduerbium.por delgada mente

Exilium.ij.por el destierro
Exilicus.a.um.por cosa de destierro.pr
Exímo.is.exemi.por sacar a fuera.a.i
Eximius.a.um.por cosa escogida z señalada
Eximie.aduerbium.por señalada mente
Erin.coniunctio.por despues.po
Erinde.coniunctio.por aquello mesmo
Erinanio.is.erinaniui.por vaziar
Erinanitio.onis.por el vaziamiento
Erinuo.as.aui.por desensenar.a.i
Erinuatio.onis.por el desensenadura
Eristimo.as.aui.por pensar.a.i
Eristimatio.onis.por el pensamiento
Eristo.is.extiti.estar encima moviedose.n.v
Eristentia.e.por aquel estar encima assi
Eritus.us.por la salida o fin
Eritium.ij.por la salida en mala parte
Eritium.ij.por la muerte desastrada
Eritialis.e.por cosa mortal assi
Eritiabilis.e.por aquello mesmo
Eritialiter.aduerbium.por mortal mente
Eriuro.as.aui.por mucho jurar.n.v
Erlex.gis.por cosa fuera de lei
Exo.interpretatur extra prepositio
Erocetus.i.por cierto animal no conocido
Eroche.es.interpretatur eminentia
Erodium.ij.por dexo o fin
Erodus.i.interpretatur exitus.libro es
Erolco uel erolesco.por desacostumbrarse.n v
Erolctus.a.um.por lo que dexo de crecer
Eroluo.is.erolui.por desatar z pagar.a.i
Erolutio.onis.por el desatadura o paga
Eromnis.e.por cosa desvelada sin sueño
Eroncro.as.por descargar la carga.a.i
Eroncratio.onis.por el descargo
Eropto.as.aui.por desear mucho.a.i
Eroro.as.por alcançar rogando.a.i
Eroratio.onis.por aquel alcançar
Erorabilis.e.por aquel de quien se alcança
Erordior.iris.por començar o ordir.d.iij
Erorsus.a.um.por cosa començada
Erordium.ij.por el comienço
Erordine.por sin entreposicion
Erordeo uel erordesco.por ensuziarse.n.v
Erorno.as.por componer z afeitar.a.i
Erornatio.onis.por aquella compostura
Erorbeo.es.bui.por acabar de sorver.a.i.
Eroror.iris.por nacer a fuera.d.v

Erortus.us.por aquel nacimiento
Erortiuus.a.um.por cosa oriental
Erorcismus.i.interpretatur coniuratio
Erorcizo.as.interpretatur coniuro.as
Erorcista.e.interpretatur coniuratio
Eros.erossis.por cosa sin uessos
Erosso.as.aui.por desossar.a.i
Erosus.a.um.por cosa aborrecida.ra
Erosus.a.um.por cosa que aborrece
Erosculor.aris.por besar mucho.d.iij
Erosculatio.onis.por aquel besar
Eroticus.a.um.por cosa peregrina
Erpacior.aris.por espaciarse.d.v
Erpalleo uel erpallesco.por amarillecerse.n.v
Erpalpo.as.por sacar con lisonjas.pr
Erpalpor.aris.por aquello mesmo.d.iij
Erpando.is.di.por abrir z tender a fuera.a.i.
Erpassus.a.um.participium ab erpando
Erpapillo.as.aui.por despechugar.a.i
Erpapillatus.a.um.por cosa despechugada
Erpaueo uel erpauesco.por temer con pavor
Erpauidus.a.um.por cosa temerosa assi
Erpatro.as.aui.por destruir patrimonio.a.i
Erpecto.as.aui.esperar lo cierto.a.i
Erpectatio.onis.por aquella esperança
Erpectatus.a.um.por cosa aprovada.
Erpectoro.as.aui.por echar del coraçon.pr
Erpedio.is.iui.desembaraçar z despachar.a.i
Erpeditio.onis.por el desembaraço
Erpeditio.onis.por el aparato dela guerra
Erpedit.impersonale.por ser provechoso.
Erpello.is.pulli.por empuxar a fuera.a.i
Erpendo.is.por espender o pesar.a.i.
Erpenso.as.por aquello mesmo.a.i.
Erpergiscor.eris.por despertar de sueño.d.v
Erpergisco.is.por aquello mesmo.n.v
Erpergifico.as.por despertar a otro.a.i
Erpergefacio.is.por aquello mesmo.a.i
Erpergo.is.por aquello mesmo.pr
Erpergitus.a.um.participium ab erpergo
Erperior.iris.por esperimentar.d.iij.
Erperientia.e.por la esperiencia
Erperimentum.i.por aquello mesmo
Erperitus.a.um.por cosa no esperta
Erperior.iris.por contender con otro.d.iij
Erpers.tis.por cosa sin parte
Erpes.o erpes.por cosa sin esperança.
Erpessus.a.um.participium ab erpando.

Expilo.as.aui. por robar falteando.a.i

Expilator.oris. por aquel robador

Expilatio.onis.por aquel robar

Expio.as. por alimpiar por facrificio.a.i

Expiatio.onis. por aquella purgacion

Expiro.as.aui.por efpirar muriendo.n.v

Expiratio.onis.por aquel efpirar

Expifcor.aris.por bufcar peces.d.iij

Explano.as.por declarar z allanar.a.i

Explanatio. onis. por la declaracion z llanura

Expleo.es.expleui. por mucho hincHir.a.i

Expleo.es.expleui. por amenguar.rarum

Explico explicui uf explicaui.por defplegar.a.i

Explicatio.onis. por defplegadura

Explicatus.us. por aquello mefmo

Explicitus liber dicimus.non explicit

Explodo.is.fi. por patear en deffavor.a.

Explofio.onis.por aquel defavor

Exploro.as.aui. por bufcar a tiento.a.i

Exploro.as.aui. por efpiar enemigos.a.i

Exploratus.a.um. por cofa cierta

Exploratio.onis. por el bufcar a tiento

Explorator.oris.por la efpia

Exploratorius.a.um. por cofa de efpia

Expolio.as.aui.por defpojar.a.iiij

Expoliatio.onis.por el defpojamiento

Expolio.is.liui.por polir mucho.a.i

Expolitio.onis.por la polidura

Expono.is.expofui. por poner a fuera.a.i

Expofitio.onis.por aquella poftura

Expono.is.expofui. por declarar.a.i

Expofitio.onis.por la declaracion

Expono.is.expofui. por enechar niños.a.i

Expofitus infans. por enechado

Expofitio.onis. por aquel enechar

Exporto.as. por llevar a fuera.a.i

Exporrigo.is.exi.por eftender.a.i

Exporrectio.onis.por el eftendimiento

Exportatio.onis.por aquella llevadura

Expofco.is.expopofci.por demandar.a.i

Exprimo.as.expreffi. por efprimir.a.i

Expreffio.onis.por el efpreffamiento

Expreffim.aduerbium.por efpreffa mente

Exprobro.as.aui.por çaherir.a.iij

Exprobratio.onis. por el çaherimiento

Exprobrator.oris.por el çaheridor

Expulfo.as. por botar la pelota.a.i

Expulfor.oris.por el empuxador

Expultrix.icis. por la empuxadora

Expulfim.aduerbium. por empuxando

Expumo.as.aui. efpumar.actiuum.i

Expumatio.onis.por el efpumadura

Expugno.as.aui.por tomar combatiendo.a.i

Expugnatio.onis. por aquel tomar

Expugnator.oris. por el combatidor affi

Expungo.is.xi. por caffar la cuenta.a.i

Expunctio.onis. por la caffacion de cuenta

Expuo.is.pui.por efcupir.actiuum.i

Expurgo.as.aui. por alimpiar.a.i

Expurgatio. onis. por aquel alimpiar

Exquestor.oris. por el que fue queftor

Exquiliæ. arum. uno de fiete montes de roma

Exquilinus.a.um. por cofa defte monte

Exquiro.is.fiui. por bufcar con diligencia

Exquifitio.onis.por aquella bufca

Exquifite.aduerbium. por diligente mente

Exquifitim.aduerbium.por aquello mefmo

Exrogo legem.por quitar lei en parte.a.i

Exrogatio.onis.por equel quitar de lei

Exfenfus.a.um.por cofa fin fefo

Exta.orum.por el affadura del animal

Extalis.ium. por aquello mefmo

Extabeo uel extabefco.por defleirfe.n.v

Extantia.e. por eftança encima

Extafis. interpretatur exceffus mentis

Extempore.aduerbium. por fubita mente

Extemporalis.e.por cofa fubita para dezir

Extemporalitas. por aquel fubito dezir

Extemplo.aduerbium.por luego

Extendo.is.extendi.por eftender.a.i

Extenfio.onis.por aquel eftendimiento

Extenfiuus.a.um.por cofa para eftender

Extenuo.as.aui. por adelgazar.a.i

Extenuatio.onis.por adelgazamiento

Exter.a.um.por cofa eftraña z de fuera

Exterior.comparatiuum ab extra

Exterius.aduerbium.por mas de fuera

Exterebro.as.aui.por barrenar mucho.a.i

Extergo.gis.fi. por alimpiar.a.i

Extermino.as. por echar del termino.a.i

Exterminatio.onis.por aquel echar

Exterminium.ij.por aquello mefmo

Externus.a.um. por cofa eftrangera

Exterraneus.a.um. por aquello mefmo.pr

Exterricineus.a.um.por mal parida cofa.

Exterreo.es.rui.por efpantar.a.i

Externo.as.aui.por espantar.a.i
Extero.is.triui. por gastar usando.a.i
Extimo.as.aui.por pensar.a.i
Extimatio.onis. por el pensamiento
Extimeo uel extimesco.por mucho temer.a.i
Extimulo.as.aui.por aguijonear.a.i
Extimus.a.um. por cosa mui de fuera
Extinguo.is.xi.por apagar buego.a.i
Extinctus.us.por aquel apagamiento
Extinctio.onis. por aquello mesmo
Extinxem.pro extinxissem ab extinguo
Extirpo.as.por arrancar de raiz.a.i
Extirpatio.onis.por aquel arrancar
Extirpitus.aduerbium.por de raiz
Extispex.icis.por el adivino por assaduras
Extispicium.ij.por aquella divinacion
Extoturus.a.um. participium ab exto
Exto.as.extiti.por estar de fuera.n.v
Extollo.is.extuli. por ensalçar.a.i
Extollentia.e.por el ensalçamiento
Extorris.e.por cosa desterrada
Extra.prepositio.por de fuera
Extraho.is.extraxi.por sacar a fuera.a.i
Extractio.onis.por aquel sacar a fuera
Extraneus.a.um. por cosa estraña
Extrarius.a.um. por aquello mesmo
Extraordinarius.a.um. por cosa sin orden
Extraordinarie.aduerbium.por fuera de orde
Extremus.a.um.por cosa postrera
Extreme.aduerbium. por final mente
Extremitas.atis.por el fin z cabo
Extrico. as.aui. por desenbetrar.a.i
Extricabilis.e.por lo que se desenbetra
Extricatio.onis.por el desenbetramiento
Extringo.is.xi. por estreñir z apretar.a.i
Extrinsecus.aduerbium. por de fuera
Extro.as.aui.por salir.priscum
Extrudo.is.si.por ecbar fuera por fuerça.a.i
Extrusio.onis.por aquel ecbar fuera
Extruo.is.extruxi. por edificar.a.i
Extubero.as.aui.por bincbarse.n.v
Extumeo uel extumesco.bincbarse mucbo.n v
Extumidus.a.um. por cosa bincbada assi
Exturbo.as.aui. por ecbar confundiendo.a.i
Exturbatio.onis.por aquel ecbar
Extundo.is.di.por ballar biriendo.a.i
Extussio.is.iui.por ecbar tossiendo.a.i
Exubero.as.aui. por rebossar mucbo.n.v

Exuberantia.e.por aquella abundancia
Exucito.as.aui.por despertar a otro.a.i
Exucitatio.onis. por aquel despertar
Exudo.as.aui.por sudando ecbar o salir.n.v.
Exufflo.as.aui.por soplar a fuera.a.i
Exugo.is.xi. por cbupar o mamar.a.i
Exul.is.por cosa desterrada
Exulo.as.aui.por ser desterrado.n.iiij
Exulans.tis. participium ab exulo.as
Exulaturus.a.um. participium ab exulo
Exulcero.as.aui. por enconar la llaga.a.i
Exulceratio. onis. por aquel enconadura
Exulto.as.aui.por alegrarse saltando.n.v
Exultantia.e.por aquella alegria
Exultabundus.a.um.por cosa assi alegre
Exultim.aduerbiu. por alegrádose assi
Exululo.as.aui.por aullar mucbo.n.v
Exululatio.onis.por aquel aullido
Exuo.is.exui. por desnudar.a.iiij
Exupero.as.aui.por sobrar o pujar
Exuperantia.e. por la sobra o puja
Exuperabilis.e. por lo que sobrar se puede
Exurdo.as.aui. por ensordar a otro.a.i
Exurdatio.onis.por aquel ensordamiento
Exuro.is.exussi. por mucbo quemar.a.i
Exustio.onis. por la quemadura
Exuvie.arum.por los despojos
zecbias.e.por un rei delos judios
Ezechiel.is.por un profeta judio
    De incipientibus ab.f.
      aba.e.por la bava legumbre
      Faba greca. por cierta legumbre
      Fabacia.e.por májar o potaje ó bavas
Fabaceus.a.um. por cosa de bavas
Fabaginus.e.um.por aquello mesmo
Fabale.is. por el bavar lugar de bavas
Fabarium.ij.por aquello mesmo
Fabarius.a.um.por cosa para bavas
Fabar.aris.por un rio de italia
Fabaris.is. por aquel mesmo rio
Faber.bri. por el official de algun arte
Faber lignarius. por el carpintero
Faber ferrarius. por el berrero
Faber erarius.por el calderero
Faber argentarius.por el platero
Faber tignarius. por el carpintero
Fabella.e. por la bablilla o novela
Fabitor.oris. por favorecedor.pr

Fabius.ij.nombre de varones romanos
Fabia tribus. por un linaje en roma
Fabrateria.e. por un luga de italia
Fabraternus.a.um. por cosa deste lugar
Fabre.aduerbium. por artificiosa mente
Fabrefacio.is. por obrar por arte.a.i
Fabrico uel fabricor. por aquello mesmo
Fabrica.e.por la obra o fabrica
Fabricatio.onis. por aquello mesmo
Fabricator.oris.por el que assi obra
Fabrilis.e. por cosa de tal obra
Fabricius.ij. varon romano fue notable
Fabula.e.por la conseja o novela o ficion
Fabulosus.a.um. por cosa fingida
Fabulositas.atis. por aquel fingimiento
Fabulose.aduerbium.por fingida mente
Fabulor.aris.por dezir novelas.d.v
Fabulatio.onis.por aquella novela
Fabulator.oris.por dezidor de novelas
Fabulus.i.por la bava.priscum
Face.pro fac in imperatiuo a facio.is.
Facesso.is. por bazer molestia o enojo.a.i
Facesso.is.por partirse de lugar.pr
Facetus.a.um. por cosa donosa
Facetia.e.por el donaire en palabras
Facetosus.a.um. por cosa donosa
Facete.aduerbium.por donosa mente
Facies.ei.por baz o cara del ombre
Facies.ei. por la baz contraria de enves
Facilis.e. por cosa ligera de bazerse
Facilitas.atis.por aquella ligereza
Facile.aduerbium.por ligera mente assi
Faciliter.aduerbium.por aquello mesmo.
Facinus.oris.por la bazaña
Facinus preclarum.por buena bazaña
Facinus pessimum.por mala bazaña
Facinorosus. por cosa bazañosa en mal
Facio.is.feci.por bazer obra de fuera.a.i.
Facio.is.feci. por estimar.actiuum.ij
Facio rem diuinam. por sacrificar
Facio certiorem quempiam.por avisar
Factito.as.aui. por bazer a menudo.a.i
Factio.onis. por el vando de ciudad
Factiosus.a.um.por cosa vandejadora
Factiose.aduerbium.por vandera mente
Factor.oris.non dicitur sz auctor.el bazedor
Factor.oris. por el molinero de azeite
Factum.i.por el becbo substantiue

Factus olei.por una cabeça de azcituna
Facul.aduerbiu.por ligera mente de bazer.pr
Faculter.aduerbium.por aquello mesmo.pr
Facultas.atis.por bazienda o possibilidad
Facula.e.por raja pequeña de madera
Facundia.e. por elegancia enla lengua
Facundus.a.um. por cosa elegante assi
Facundiosus.a.um.por aquello mesmo.pr
Facunde.aduerbium. por elegante mente
Faex faccis.por la bez o borras
Fecula.e. por la bez pequeña
Feculentus.a.um. por cosa llena de bezes
Fagus.i.por la baia arbol.
Fageus.a.um.por cosa deste arbol
Faginus.a.um.por aquello mesmo
Fagutal.is.por el baial lugar de baias
Fala.e.por bastida o torre de madera
Falarica.e.por cierto tiro delos saguntinos
Falcatus.a.um. por cosa corva como boz
Falcatus currus.por carro con bozes
Falcastrum.i.por casi boze
Falcicula.e. por boze pequeña
Falco.onis. el que tiene los dedos corvos
Falcula.e. por el balcon general mente
Falisci.orum.pueblos son de italia
Faliscus. a.um. por cosa de aquellos pueblos
Fallacie. por el engaño.priscum
Fallacia.e.por aquello mesmo
Fallaciter.aduerbium.por engañosa mente
Fallax.acis.por cosa engañosa
Fallaciosus.a.um.por aquello mesmo
Fallo.is.fefelli. por engañar.a.i
Falsus.a.um. por el que engaña
Falsus.a.um. por el que es engañado
Falso.aduerbium. por falsa mente
Falso.as.aui.por falsar moneda o llave.a.i
Falsarius.a.um. por el falsario
Falsidicus.a.um. por lo que dize falsedad
Falsigraphus.a.u. por el que escrive falsia. no
Falx.falcis.por la boz cualquiera
Falx putatoria.por la podadera
Falx messoria.por boz para segar
Falx foenaria aut lumaria.la guddaña
Fama.e.por la fama buena o mala
Famella.e. por pequeña fama
Famelicus.a.um. por cosa bambrienta
Famen.inis. p or la babla.po
Fames.is. por la bambre

Famosus.a.um.por cosa infame
Famose.aduerbium.por infame mente
Familia.e.por la familia de casa
Familiaris.e.por cosa familiar
Familiater.por familiar mente
Famul.lis.por servidor o servidora.pr
Famulus.famula.por aquello mesmo
Famularis.e.por cosa de tal servicio
Famulariter.aduerbium.por servil mente
Famulosus.a.um.por cosa servil
Famulor.aris.por servir el libre.d.ij
Famulatus.us.por el servicio del libre
Famulitium.ij.por los mesmos servidores
Fanum.i.por el templo sagrado
Fanaticus.a.um.por cosa sagrada
Fandus.a.um.por cosa de hablar
Far farris.por la escanda o escandia
Farcio.is.farsi.por recalcar o embutir.a.i
Farcimen.inis.por longaniza o morcilla
Farcino.as.a quo est suffarcino.as.pr
Farina.e.por la harina
Farinula.e.por poca harina
Farrago.ginis.por el herren
Farrago ordeacea.por el alcacer
Farratus.a.um.por cosa de escandia
Farrarius.a.um.por cosa para escandia
Fartile.is.por el manjar de relleno
Fartilis.e.por cosa rellena assi
Fartor.oris.por el que haze rellenos
Fartura.e.por aquel relleno de aves
Fartus.a.um.participium a fartio.is
Fas.indeclinabile.por lo licito en religion
Fasces duodecim.las insignias del consul
Fasces sex.por las insignias del pretor
Fascia.e.por la faxa o faisa
Fascia.e.por la funda del colchon
Fasciola.e.por la faxa o faisa pequeña
Fascio.as.aui.por faxar o faisar.a.i
Fascis.is.por el haze o carga
Fasciculus.i.por el haze pequeño
Fascinum.i.por el miembro del varon
Fascinum.i.por el ojo del aojado
Fascino.as.aui.por aojar con mal ojo.a.i
Fascinatio.onis.por aquel aojar
Fascinator.oris.por el que aoja assi
Fascinatrix.icis.por la que aoja assi
Fasiolum.i.por los fasoles legumbre
Fassus.a.um.participium a fateor.eris

Fassio.onis.por la confession voluntaria
Fastidio.as.iui.por aver hastio.a.i
Fastidium.ij.por el mesmo hastio
Fastidiosus.a.um.por hastioso que a hastio
Fastidiliter.aduerbium.hastiosa mente.pr
Fastigium.ij.por la sobervia
Fastigium.ij.por la cumbre o altura
Fastigo.as.aui.por enbestar o empinar.a.i
Fastigatio.onis.por el altura o hondura
Fastus.us.por la sobervia z fausto
Fastus.a.um.por cosa licita para hablar
Fasti.orum.por las fiestas del año
Fatalis.e.por cosa de hado o hadada
Fataliter.aduerbium.hadada mente
Fateor.eris.por confessar por su voluntad.d.ij
Fatidicus.a.um.por lo que dize los hados
Faticen.inis.por el que canta los hados
Faticanus.a.um.por aquello mesmo
Fatifer.a.um.lo que trae muerte hadada
Fatigo.as.aui.por acossar o cansar a otro.a.i.
Fatigatus.a.um.por cosa cansada assi
Fatigatio.onis.por aquel cansancio
Fatilegus.a.um.lo que coge iervas mortales
Fatiloquus.a.um.por lo que habla hados
Fatisco.is.caret preterito.por henderse.n.v
Fatiscor.eris.por aquello mesmo.d.v
Fatum.i.por el hado o voluntad de dios
Fatum.i.por la muerte hadada
Fatuus.a.um.por cosa dessabrida
Fatua.e.por la muger de fauno
Fatuus.a.um.por cosa loca z sin saber
Fatuitas.atis.por la locura
Fatuor.aris.por enloquecerse
Faueo.es.favor por favorecer.n.ij
Fauentia.e.por el buen aguero.pr
Fauentia.e.por una ciudad de lombardia
Fauentinus.a.um.por cosa desta ciudad
Fauilla.e.por la moncella o ceniza
Fauonius.ij.por el viento ocidental
Fauor.oris.por el favor
Fauorabilis.e.por cosa digna de favor
Fauorabilis.e.por cosa favorable
Fauorabiliter.por favorable mente
Faustus.a.um.por cosa dichosa
Faustitas.atis.por aquella buena dicha
Fauste.aduerbium.por dichosa mente
Faustulus.i.por el aio del rei romulo
Faunus.i.por un dios hijo de pico

Fautor.oris. por el favorecedor
Fautrix.icis.por la favorecedora
Fauus.i.por el panal dela miel
Faux.icis.por la garganta z boz
Fax.cis. por la bacba de cera
Fax.cis.por la raja de madera
Faxim.faxis.faxit.faxim. pro faciam. pr
Faxo.faxis.faxit.faxint.pro faciam.pr
ebris.is.por la fiebre calentura
Febricula.ę.por calentura pequeña
Febriculosus.a.um. por calenturoso
Febrio.is.febriui.per tener calentura.n.v
Febricito.as.aui. por aquello mesmo.n.v
Febricitor.aris. por aquello mesmo.d.v
Februus.a.um.por cosa purgatoria.os
Februo.as. por alimpiar por sacrificio.os.
Februarius.ij. por el mes bebrero
Februarius. a.um. per cosa deste mes
Fecialis.i. por el sacerdote delas pazes
Fecialis.e.por cosa de confederacion
Fetio.is.por el bramar del pardo
Felitus.a.um. por cosa que abelca
Fel fellis.por la biel negra
Felis.is.por la comadreja o gato
Fello.as.aui. mentulam ore excipere.n.v
Fellatio.onis. illa mentulle excepto
Fellator.oris. is qui mentulam ore excipit
Fellatrix.icis.ea quę mentulam ore excipit
Femen.inis.por el muslo por de détro
Feminalia.ium.por las bragas
Femur.oris. por el muslo por de fuera
Femor.oris. por aquello mesmo
Femoralia.ium.por las bragas
Fenestra.ę.por la biniestra o ventana.
Fenestella.ę.por la biniestra pequeña.
Fenestella.ę. por la ventanilla
Fenestra clatrata.por ventana enrexada
Fenestella.ę. istoriador fue antiguo
Fera.ę.bestia brava z fiera
Ferax.acis.por cosa fertile
Feracitas.atis. por la fertilidad
Feraculum.i.instrumento para llevar
Ferbeo.es.bui. por berver.n.v
Ferculum.i. por el manjar
Ferculum.i.por las andas
Ferens.tis.aliquando pro spirans
Ferentum.i.lugar es de italia
Ferentinas.atis. por ombre de aquel lugar

Ferentinus.a.um. por cosa de aquel lugar
Ferentinum.i.por eredad cerca deste lugar
Ferentarius.ij.el que pelea con tiros
Feretrius jupiter. por que trae paz
Fere.aduerbium.por poco mas o menos.
Feriae.arum.por las fiestas
Feriatus.atum.por cosa de fiesta
Ferior.aris.por ser de fiesta.n.v.
Ferio.is.percussi.por berir.a.i
Ferinus.a.um. por cosa de fiera
Ferina.ę.por la carne dela fiera
Feritas.atis. por la fiereza
Ferme.aduerbium. por casi
Fermentum.i. por la levadura
Fermento.as.aui.por leudar.a.i
Fermentesco.is. por leudarse.n.v
Fero.rs.tuli. por traer o llevar.a.i
Fero.rs.tuli.por padecer.a.i
Fero.rs.tuli. por engendrar.a.i
Fero legem.por promulgar lei.a.i
Ferox.ocis. por bravo z fuerte
Ferocia.ę. por aquella braveza
Ferocitas.atis.por aquello mesmo
Ferocio.is.ciui. por embravecerse.n.v
Ferociter.aduerbium.por brava mente
Feroculus.a.um.por cosa un poco brava.
Feronia.ę.por una ninfa de italia.
Feronia.ę. por un lugar de italia
Ferrarius.a.um. por cosa para bierro
Ferraria.ę.por la berreria do bazen bierro
Ferratus.a.um.por cosa berrada de fuera
Ferramentum.por la berramienta
Ferreus.a.um.por cosa toda de bierro
Ferrum.i.por el bierro metal
Ferrugo.inis. por el color morado escuro
Ferrumen.inis.por aquello mesmo
Ferrugineus.a.um.por cosa morada assi
Ferrumino.as.aui. por soldar.a.i
Ferruminatio.onis.por la soldadura.
Fertilis.e.por cosa fertile z viciosa.
Fertilitas.atis.por aquello fertilidad.
Fertiliter.aduerbium. por fertile mente.
Fertum.i.por el sacrificio z ofrenda
Fert animus.por codiciar
Fert opinio.por pensar
Feruceo.es.uel feruesco.por berver.n.v
Feruentia.ę. por el bervor
Feruidus.a.um.por cosa berviente

Feruide.aduerbium.por beruiente mente

Feruo.is.ferui.por beruer.n.v

Feruor.oris.por aquello mefmo.pr

Feruor.oris. por el bervor

Ferula.e.por la cañabera ierva

Ferulaccus.a.um. por cofa de cañabera

Ferus.a.um.por cofa fiera

Fefcennium.ij.ciudad fue de campania

Fefceninus.a.um.por cofa defta ciudad

Fefceninum carmen. por cantar de bodas

Feffus.a.um.por cofa canfada

Feftinus.a.um. por cofa preffurofa

Feftinatim.aduerbium. por apriefla

Feftinanter.aderbium. por aquello mefmo

Feftino.as.aui.por apreffurarfe.n.v

Feftinatio.onis. por aquella prieffa

Feftiuus.a.um. por cofa donofa

Feftiuitas.atis.por el donaire.

Feftiuiter.aduerbium. por donofa mente.

Feftra.e. por la ventana o biniestra.pr

Feftum.i.por la fiesta de guardar

Feftus.a.um.por cofa de tal fiesta.

Feftatus.a.um.por aquello mefmo

Feftuca.e. por la paja o palillo

Feftucarius.a.um.por cofa de paja

Feftuco.as.aui.por mezclar pajas.a.i

Fefula.e. por monte z lugar de florencia

Fefulanus.a.um.por cofa de alli

iber.bri.por una efpecie de abifpa

Fiber.bri. por el caftor animal

Fibrinus.a.um. por cofa defte animal

Fibra.e. por la bebra como dela raiz

Fibra.e.por la vena mui fotil

Fibra.e.por la cabeça delas venas

Fibrenus.i.rio que fe mezcla con liris

Fibula.e.por la bevilla delas venas

Fibula.e. por el candado pequeño

Fibulo.as.aui.por echar candado.a.i

Ficarius.a.um. por cofa de bigo

Ficedula.e.por el tordo ave

Ficetum.i.por el bigueral lugar de bigueras

Ficclie.arum.por un lugar de italia

Ficofus.a.um. por cofa de muchos bigos

Ficofus.a.um.por lo que tiene la dolencia

Ficitas.atis.por la cofecha de bigos

Ficitor.oris.el que coge los bigos

Fictus.a.um.participium a fingo.is

Fictor.oris. por el que baze de barro

Ficticius.a.um.por cofa fingida

Fictilis.e.por cofa de barro

Ficus x. uel ficus.por la biguera arbol

Ficulnus.a.um. por cofa de biguera

Ficulneus.a.um.por aquello mefmo

Ficus.i.uel ficus.por el bigo fruta

Ficus.i. por el bigo dolencia

Ficus bifera.por la biguera breval

Ficus fatua.por la biguera loca

Ficus egyptia.por la biguera de egipto

Fides.is.por la cuerda

Fides.ei.por la fe

Fides publica. por el falvo conducto

Fides.is. por una coftelacion

Fideiubeo.es. por fiar enla bazienda.n.v

Fideiuffio.onis.por aquella fiança

Fideiuffor.oris.por aquel fiador

Fideiufforius.a.um.por cofa de tal fiança

Fidei cómitto.por cometer el teftamento,a.iij

Fidei cómiffor. por el que affi lo confia

Fidei cómiffio.onis.por aquella confiança

Fidei cómiffum.i. por lo affi confiado

Fidei cómiffarius.a quien affi fe confia

Fidelis.e. por cofa fiel

Fidelitas.atis. por lv fieldad

Fideliter.aduerbium. por fiel mente

Fidentia.e.por la confiança.

Fidentia.e.por un lugar de italia

Fidentinus.a.um. por cofa defte lugar

Fidene.arum.por una ciudad de italia

Fidena.e.por aquella mefma ciudad

Fidenas.atis.por cofa defta ciudad

Fidefragus.a.ũ.por cofa quebrantadora de fe

Fidenter.aduerbium.por confiando

Fidicula.e.por pequeña cuerda

Fidiculae.arum.por tormento de cuerda

Fidicula.e.por un cierto pefcado

Fido.is.fidi.por confiar.n.ij.

Fiducia.e.por la fuzia a confiança

Fiducialis.e. por cofa de fuzia

Fiducialiter.aduerbium.por con fuzia

Fiduciarius.a.um.por de fuzia

Fidus.a.um.por cofa fiel

Fiere pro fieri. infinitiuus a fio fis

Figlina.e.por la tienda de ollero

Figlinus.a.um.por cofa becha de barro

Figmentum.i. por cofa de barro o ficion

Figo.is.fixi.por bincar.actiuum.i.

Figulus.i.por el ollero de barro
Figularis.e.por cosa para vasos de baço.
Figura.e.por la figura o imagen
Figura.e.por la figura enla gramatica
Figuro.as.aui.por figurar.acti.i.
Filius.ij.por el hijo natural
Filius spiritalis.por el ahijado
Filiolus.i.por el hijo pequeño
Filiaster.tri.por el semejante a hijo
Filia.e.por la hija natural
Filia spiritalis.por elahijada.
Filiola.e.por la hija pequeña
Filiastra.e.por la semejante a hija
Filir.icis.por el belecho ierva conocida
Filum.i.por el hilo que se hila.
Fimus.i.por la hienda o estiercol
Fimbria.e.por la bordadura dela veste
Fimbriatus.a.um.por cosa bordada
Fimbria.e.ciudadano fue romano
Fimetum.i.por el muladar de estiercol
Findo.is.fidi.por hender.acti.i.
Fingo.is.finxi.por hazer de barro.a.i
Fingo.is.finxi.por fingir lo falso.a.i
Finio.is.finiui.por fenecer.acti.i.
Finitor.oris.por el medidor de tierras.pr
Finitio.onis.por la difinicion o fin
Finis.is.por el fin o cabo de obra
Finitimus.a.um.por cosa comarcana
Fio.is.factus sum.por ser hecho.n.iiij
Fior.eris.factus sum.por lo mesmo.pr
Firmum.i.por una ciudad de italia
Firmanus.a.um.por cosa desta ciudad
Firmo.as.aui.por firmar z fundar.a.i
Firmatio.onis.por la firmeza o cimiento
Firmamentum.i.por aquello mesmo.
Firmamen.inis.por aquello mesmo.poe
Firmus.a.um.por cosa firme.
Firmitas.atis.por la firmeza de animo
Firmitudo.inis.por aquello mesmo
Firmitas.atis.por la firmeza de edificio
Firmitudo.inis.por aquello mesmo
Firmiter.aduerbium.por firme mente
Fiscus.i.por el capacho de molino de azeite
Fisculus.i.por aquel capacho pequeño
Fiscus.i.por el biscal cuerda de esparto
Fiscus.i.por espuerta de esparto
Fiscina.e.por la espuerta pequeña
Fiscella.e.por la esportilla o encella

Fiscus.i.por el fisco publico o del rei
Fiscalis.e.por lo que pertenece al fisco
Fiscina.e.por la empleita o emplenta.
Fissus.a.um.participium a findo.is
Fissilis.e.por cosa hendible
Fissura.e.por la hendedura
Fistula.e.por la flauta para tañer
Fistulator.oris.por el que tañe flautas
Fistula.e.por la fistola dolencia
Fistula.e.por el caño del aqueducto
Fistulosus.a.um.por cosa afistolada.
Fistulosus.a.um.por cosa ueca assi
Fisus.a.um.participium a fido.is
Fixus.a.um.participium a figo.is
Fixura.e.por la hincadura
   labrum.i.por el soplo
Flabrum.i.por el aventadero
Flabellum.i.por el moscadero
Flabilis.e.por cosa soplable
Flacceo uel flaccesco.por emarchitarse.n.v
Flaccus.a.um.por cosa encapotada en orejas
Flaccidus.a.um.por aquello mesmo
Flacceo uel flaccesco.avellanarse la fruta.n.v
Flagellum.i.por el açote para açotar
Flagellum.i.por el pie del pulpo
Flagellum.i.por el ramo alto del arbol
Flagello.as.aui.por açotar o herir.a.i
Flagitium.ij.por el pecado de luxuria
Flagitiosus.a.um.por el luxurioso
Flagito.as.aui.por demandar importunado.
Flagitatio.onis.por aquella demanda
Flagrum.i.por el açote para açotar
Flagro.onis.por el açotadizo.pr
Flagro.as.aui.por arder.n.v
Flagrantia.e.por el ardor.
Flamma inis.por el soplo.po.
Flamen dialis.por el sacerdote de jupiter.
Flamen quirinalis.por el sacerdote de romulo
Flamen martialis.por el sacerdote de mars
Flaminius.ij.por el ministro enlos sacrificios
Flaminia.e.por la ministra enlos sacrificios
Flaminium.ij.por el sacerdocio.
Flaminium.ij.por la casa del sacerdote
Flaminius.ij.ciudadano fue romano
Flaminia uia.la que lleva de arimino a roma
Flamma.e.por la llama de huego
Flammaris toga.de color de llama
Flammeus.a.um.por cosa de llama

Flammeo uel flamesco. por encenderse.n.v
Flammifer.a.um.por lo que trae llamas
Flammiger.a.um.por aquello mesmo
Flammigo.as. por cebar llamas.n.v
Flammo.as.aui. por encender.acti.i
Flammeum.i.por antifaz dela novia
Flammeolum.i.por aquel mesmo pequeño
Flauco uel flauesco. por enruviarse.n.v
Flauus.a.um.por cosa ruvia o roja
Flauedo.dinis.por la ruviura o rojedad
Flauia gens. por la familia delos flauios
Flauius.a.um.por cosa de aquella familia
Flauius uespasianus.por el emperador
Flauius titus.por el hijo maior de aqueste
Flauius domitianus.por el hijo menor
Flauisse.arum.por el tesoro de oro.pr.
Flatilis.e.por cosa que se puede soplar
Flatus.us..por el soplo
Flebilis.e.por cosa llorosa z triste
Flebiliter.aduerbium.por llorosa mente
Flecto.is.por doblegar o torcer.a.i
Fleo.es.fleui. por llorar con lagrimas.n.v
Flexus.a.um.participium a flecto.is
Flexus.us.por el doblegamiento z buelta
Flexura.e. por aquello mesmo
Flexio.onis. por aquello mesmo
Flexuosus.a.um.por cosa reboltosa
Flexilis.e.por cosa que se puede rebolver
Flexibilis.e.por aquello mesmo
Flexipes.dis. por lo que tuerce los pies
Flexumines. equites erant romani
Fligo.as.aui.a quo est profligo.as
Fligo.is.xi.a quo est affligo.confligo
Floccus.i.por el flueco dal paño.
Floccifacio.is.por estimar en un pelo.a.i
Floccipendo.is.por aquello mesmo.a.i
Floces.um.por las hezes del vino
Florco uel floresco.por florecer.n.v
Floreus.a.um. por cosa florida
Floridus.a.um.por aquello mesmo
Floridulus.a.um.por cosa florida un poco
Floricomus.a.um.por cosa florida.po
Florifer.a.um. por cosa que trae flores
Floriger.a.um. por aquello mesmo
Florilegus.a.um.por cosa que coge flores
Florus.i.por cierta avezita que las come
Florus.i.nombre proprio de un istoriador
Flora.e.por la diosa delas flores.

Floralis.e.por cosa de aquella diosa
Flora...orum. por los juegos de aquella
Floralicius.a.um. por cosa destos juegos
Flos floris.por la flor enla color
Flos floris. por la flor z lapa del vino
Flos floris.por la flor del arbol o ierva
Flosculus.i. por la flor pequeña
Fluctus.us.por la onda del agua
Fluctigena.e.por lo engendrado en ondas
Fluctiuagus.a.um.por lo que anda en ondas
Fluctio.onis. por el corrimiento del agua
Fluctuo.as.aui.por ondear.n.v
Fluctuosus.a.um.por lo lleno de ondas
Fluctuatio.onis.por el ondear
Fluentum.i.por el chorro del agua
Fluentisonus.a.um.por que assi suena
Fluidus.a.um.por lo que corre como agua
Fluito.as.aui. por assi correr a menudo.n.v
Flumen.inis.por el chorro del rio
Flumen.inis.por el mesmo rio
Flumineus.a.um.por cosa de rio.
Fluor.oris. por el correr del agua
Fluo.is.fluxi. por correr lo liquido o rio.n.v
Fluuior.aris.por aquello mesmo.ra.d.v
Fluuius.ij. por el rio perenal
Fluuialis.e. por cosa del rio
Fluuiatilis.e.por aquello mesmo
Fluuiaticus.a.um. por aquello mesmo
Fluta.e.por la morena o lamprea.
Fluxus.us.por el corrimiento delo liquido
Fluxus.a.um.por cosa floxa z cadda
Fluxio.onis.por el fluxo de sangre
   ocale.is.por la beca para el cuello
   Focaneus palmes. por el sopeton de vid
Focarius.ij.por el que haze el buego
Focaria.e. por la que haze el buego
Focillo.as.aui.por recrear otra cosa.a.ij
Focillor.aris. por aquello mesmo.d.iij
Focillatio.onis.por la recreacion
Focus.i.por el bogar del buego.
Foculus.i. por el bogar pequeño
Foculum.i.por aquello mesmo.pr
Fodio.is.fodi.por cavar.a.i
Fodico.as.aui.por punçar.a.i
Foecundus.a.um.por cosa fertile
Foecunditas.atis.por la fertilidad
Foecunde.aduerbium.por fertile mente
Foecundo.as.aui.por empreñar.a.i

Foedo.as.aui. por enfuziar.a.i
Foedatio.onis.por el enfuziamiento.
Foedus.eris. por la confederacion z aliança
Foederatus.a.um.por cosa confederada
Foedifragus.a.ū.por quebrantador de pazes
Foedero.as.aui. por confederar z aliar.a.i
Foederatio.onis.por aquella aliança
Foelix.icis.por cosa bien aventurada
Foelicitas.atis.por la bien aventurança
Foeliciter.aduerbium.por biē avēturnda mēte
Foelix.icis.por cosa dichosa
Foelix.icis.por cosa fertile
Foemina.e.por la bembra en cada especie
Foemineus.a.um.por cosa de bembra
Foemininus.a.um.por aquello mesmo
Foemella.e.por bembra pequeña
Foenum.i. por el feno ierva que se siega
Foenile.is.por el almear de feno
Foeniseca.e.por el segador del feno
Foenificium.ij. por la segazon del feno
Foenarius.a.um.por cosa para beno.
Foenugrecum.i. por las albolvas
Foenero.as.aui.por dar a logro.a.iij.
Foeneror.aris. por tomar a renuevo.d.iij
Foenerator.oris.por el renovero a logro
Foenerarius.ij. por aquello mesmo
Foeneraticius.a.um. por cosa de logro
Foeneratio.onis.por aquel dar a usura
Foenus.oris. por el usura z renuevo
Foenus.oris. por el fruto dela tierra proprie
Foeteo.es.foetui. por beder.n.v
Foetidus.a.um.por cosa bedionda
Foetudinus.a.um. por aquello mesmo
Foeta.e.por bembra preñada.
Foetans.antis. por aquello mesmo
Foeto.as.aui.por empreñarse.n.v
Foetus.a.um.por cosa preñada
Foetura.e. por la parizion
Folium.ij.por la boja cualquera
Foliaceus.a.um.por cosa bojosa
Foliosus.a.um.por aquello mesmo
Foliatum.i.por unguento de nardo
Follis.is.por la fuelle para soplar.
Follis.is.por la bala para jugar
Follis.is. por la bolsa o correo de dineros
Folliculus.i. por la madre dela muger
Folliculus.i.por el fardel o talega.
Folliculus.i. por el bollejo

Folliculum.i.por aquello mesmo
Folliculosus.a.um. por cosa bollejosa
Fomes.itis.por la iesca o astillas para encēder
Fomentum.i. por el emplastro
Fomentatio.onis.por el emplastrar
Fomento.as.aui.por emplastrar.a.i
Fons fontis.por la fuente.
Fontanalis.fiestas delas fuentes
Fontanalis.e. por cosa de fuente
Fontanus.a.um.por aquello mesmo
Fonticulus.i.por fuente pequeña.
Fonticellus.i.por la fuente pequeña
Fontigetes.is. por la saxifragua ierva
For faris fatus.por bablar.d.iij.
Forabilis.e. por lo que se puede boradar
Foras.aduerbium.por afuera.
Foramen.inis. por el borado o agugero
Foratio.onis. por el boradamiento
Forceps.cipis.por las tenazas
Forcipatus.a.um. por cosa atenazada
Forda.e.por vaca preñada.pr.
Fordicidium.ij. por sacrificio de tal vaca
Fore.futurum infinitiui.por lo que a de ser
Forem fores foret. nec amplius babet
Fores forium. por las puertas
Forensis.e.por cosa de fuero o juizio
Forfex.icis.por las tiseras.
Forficula.e.por tiseras pequeñas
Fori.orum. por la tilla dela nave
Forium.ei.por estiercol liquido
Forica.e.por la privada o latrina
Foricula.e. por la puerta pequeña
Foris.aduerbium.por fuera
Forinsecus. aduerbium. por lo mesmo
Forma.e.por la forma de cada cosa
Forma.e. por la bermosura
Forma.e.por la forma del çapatero
Formalis.e. por cosa de forma
Formella.e.por el queso o formaje
Formago.inis. por el formaje o queso
Formatio.onis.por la formacion
Formo.as.aui.por formar.a.i
Formula.e.por la nota del notario
Formularium.ij.por aquel formulario
Formica.e.por la bormiga
Formicinus.a.um. por cosa de bormiga
Formico.as.aui.por bormiguear.n.v
Formicatio.onis.por aquel bormiguear

Formido.inis. por el miedo o temor
Formidolosus.a.um.por cosa medrosa
Formido.as.aui. por teme.ra.i.
Formidatio.onis.por aquel temer
Formidabilis.e.por cosa de temer
Formie.arum. ciudad de italia fue
Formianus.a.um.por cosa desta ciudad
Formianum.i.por la eredad cerca della
Fornax.acis.por la hornaza.
Fornacula.e.por la hornaza pequeña
Fornacalia.orum.fiestas eran delos hornos
Fornacarius.ij.por el hornero
Fornacaria.e.por la hornera
Fornaceus.i. por la tapia de tierra
Fornix.icis. por el arco de boveda
Fornicatus.a.um. por cosa de boveda
Fornix.icis.por la puteria o burdel
Fornicarius.a.um.por cosa del burdel
Fornicor.aris.por putear o fornicar.d.v
Fornicatio.onis. por la fornicacion
Fornicator.oris.por el fornicador
Fornicatrix.icis.por la fornicadora
Foro.as.foraui.por boradar.a.i
Forpex.icis. por las tenazas
Fors forte. por la fortuna
Fors.aduerbium.por por aventura
Forsan.aduerbium.por aquello mesmo
Forsitan.aduerbium.por aquello mesmo.
Forsit.aduerbium. por aquello mesmo.pr
Forte.aduerbium.por aquello mesmo
Fortasse.aduerbium.por aquello mesmo
Fortassis.aduerbium. por aquello mesmo
Fortesco.is. por fortalecerse.n.v
Fortis.e.por cosa fuerte
Forticulus.a.um. por cosa un poco fuerte
Fortiter.aduerbium. por fuerte mente
Fortitudo.inis. por la fortaleza
Fortuitus.a.um. por cosa de aventura
Fortuito.aduerbium. por por aventura
Fortunatus.a.um.por bien aventurado
Fortunate.aduer.por bien aventurada mente
Fortunate insule.por las canarias islas
Fortuna.e. por la fortuna buena o mala
Fortune.arum.por los bienes de fortuna.
Fortuno.as.aui.por hazer bié aventurado.a.i
Fortunatim.adū. por bien avēturada mēte.pr
Forum.i.por el mercado lugar
Forum boarium. por la carniceria

Forum piscarium. por la pescaderia
Forum .i.por el fuero o juridicion.
Forum cornelij.por imola ciudad de italia
Forum liuij. por forlivio ciudad de italia
Forum iulij. ciudad es cerca de italia
Forus.i.por el cavallillo entre tierra z tierra
Forus.i.por la tilla dela nave.
Forulus.i.por la caxa delos libros
Fossa.e.por la cava boio o uessa
Fossatum.i. por la cava descubierta
Fossio.onis.por la cavadura o cavazon
Fossilis.e.por cosa cavadiza
Fossicius.a.um.por aquello mesmo
Fossus.a.um. participium a fodio.is
Fossula.e.por la cava pequeña
Fossura.e.por la cavadura o cavazon.
Fotus.a.um. participium a foueo es
Fotus.us. por callentamiento o abraçado
Foueo.es.foui.por callentar o abraçar.a.i
Fouea.e.por el boio o la bossa.
　　races. por las borras del azeite
　Fracesco.is.por hazer borras.n.v
Fracidus.a.um.por cosa ranciosa assi
Fracesco.is.por curtirse el barro o tierra.n.v
Fractus.a.um.participium a frango.is
Fractio.onis.por la quebradura
Fractura.e.por aquello mesmo
Fragilis.e.por cosa flaca z quebradera
Fragilitas.atis. por aquella flaqueza
Fragiliter.aduerbium.por flaca mente
Fragmen.inis. por el pedaço.pr
Fragmentum.i.por aquello mesmo
Fragor.oris.por roido de cosas quebradas
Fragor.aris.aquo est refragor suffragor
Fragro.as. aui.por oler echando olor
Fragrantia.e.por aquel olor
Fragrum.i.por la maiueta
Frangesco.is.por quebrarse.pr
Frango.is.fregi.por quebrantar.a.i
Frangibilis.e.por cosa quebrantable
Frater.tris.por el ermano.
Fraterculus.i.por ermano pequeño
Frater patruelis.por primo hijo de ermano
Fraternus.a.um.por cosa de ermano.
Fraternitas.atis.por la ermandad
Fratria.e.por la muger del ermano
Fratricida.e.por matador de su ermano
Fraus fraudis. por la mengua

Fraus fraudis.por el engaño
Fraudulens.tis.por cosa engañosa
Fraudulentus. a.um. por aquello mesmo
Fraudulosus.a.um.por aquello mesmo.
Fraudulentia.e. por el engaño
Fraudulenter. por engañosa mente
Fraudo.as.aui.por engañar.a.i
Fraudatio.onis.por el engaño
Frausus.a.um.por cosa engañada
Fraudator.oris. por el engañador
Fraxinus.i.por el fresno arbol.
Fraxineus.a.um. por cosa de fresno
Fregelle.arum.lugar cerca de roma.
Fregellanus.a.um. por cosa deste lugar.
Fremeo.es.fremui.por bramar.n.v
Fremo.is.fremui.por lo mesmo.n.v
Fremebundus.a.um.lo que mucho brama
Fremitus.us.por el bramido
Fremor.oris.por aquello mesmo
Frendeo.es.por fresar con los dientes.n.v
Frendo.is.por aquello mesmo.n.v
Frenum.i. por el freno del cavallo
Freno.as.aui. por enfrenar. acti.i
Frequens.tis. lo que espessas vezes baze algo
Frequens.tis.por lo q espessas vezes es becho
Frequentia.e. por aquella espessura
Frequenter.aduerbium.por espessas vezes
Frequento.as.por espessas vezes bazer.a.i
Frequentatio.onis.por aquella espessura
Frequentamentum.i. por aquello mesmo
Frequentatiuum uerbum.como lectito.as
Frequentarius.a.um.idem est quod frequens
Fresus.a.um. por cosa fresada
Fretus.a.um. pro eo quod est confisus
Fretum.i. por el estrecho dela mar
Fretus.us. por aquello mesmo.pr
Friabilis.e. por lo que se desmenuza
Fricatio.onis.por el fregamiento.
Frictus.us.por aquello mesmo
Frico.as.fricui.por fregar.a.i
Frictus. a.um. participiu̅ a frico.as
Fricatus.a.um.participium ab eodem
Frictus.a.um.participium a frigo.is.
Frigeo uel frigesco. por enfriarse.n.v.
Frigero.as.aui. por resfriar.a.i
Frigidus.a.um.por cosa fria
Frigidulus.a.um. por cosa fria un poco
Fridiusculus.a.um.cosa un poco mas fria

Frigide.aduerbium.por fria mente
Frigidaria cella.por camara fresca
Frigor.oris.por el frio o frescor
Frigorificus.a.um.por lo que baze frio
Frigo.is.frixi.por freir en sarten.a.i.
Frigus.oris. por el frio o frescor
Friguilla.e. una ave delas querellosas
Frigutio.is.frigutiui. por gorgear.n.v
Frigulo.as.aui. por el cantar la graja.n.v
Frit.por el grano pequeño del trigo
Fritilla puls. puebas eran en los sacrificios
Fritillus.i. por el tablero para jugar
Fritinio.is. por cantar la cigarra.a.i
Friuolus.a.um.por cosa de poco precio
Friuola.por los vasos de barro
Friuolaria.e.por una comedia de plauto
Frixus.a.um. participium a frigo.is.xi
Frixorium.ij. por la sarten
Frondeo uel frondesco. por echar bojas.n.v
Frondo.as.aui.por desbojar el arbol.n.v
Frondator.oris.por el desbojador assi
Frondatio.onis.por el desojar assi
Frons frondis.por la boja del arbol
Frondis frondis.por aquello mesmo.pr
Frondeus.a.um.por cosa de tales bojas
Frondifer.a.um. por cosa que las trae
Frondosus.a.um. por cosa llena de bojas
Frons frontis.por la frente dela cara
Frons frontis.por la baz de cada cosa.
Frontale.is.por el frontal dela frente
Fructus.us.por el fruto dela tierra
Fructuosus.a.um.por cosa frutuosa
Fructifer.a.um.por aquello mesmo
Fructuarius.a.um.alo que pertenece el fruto
Fructifico.as.aui.por frutificar.n.v
Fructificatio.onis.por aquel frutificar
Fruges.is.por el fruto dela tierra.
Frugalis.e.por cosa buena z modesta.
Frugalitas.atis.por la bondad z modestia
Frugaliter.por bien z modesta mente
Frugiperda salix. salze que pierde la grana
Frugifer.a.um.por cosa que trae fruto
Frugilegus.a.um.por cosa que coge fruto
Frugilega.ave es que bive de granos
Frugi.datiuus est ab eo quod est fruges
Fruiscor.eris. por gozar delo desseado.pr
Fruitus.a.um.participium a fruiscor
Frumentum.i. por trigo cevada z cetera

Frumentarius.a.um.por cosa de pan z c̃
Frumentor.aris.por ir a buscar pan z c̃.d.v
Frumentator.oris. por el que lo va a buscar
Frumentatio.onis.por aquel ir a buscar
Frunitus.a.um. interpretatur prudens
Fruor frueris.por gozar delo desseado.d.v
Frusino.onis.por una ciudad de italia
Frustra.aduerbium. por en vano
Frustror.aris.por engañar enlo esperado.d iij
Frustro.as.aui. por aquello mesmo.a.i
Frustratio.onis.por aquel engaño
Frustrator.oris. por aquel engañador
Frustratorius.a.uz.por cosa para assi engañar
Frustum.i.por el pedaço delo entero
Frustatim.aduerbium. por pedaço a pedaço
Frutex.icis.por la mata baxo arbol
Frutetum.i.por la maleza o breña.
Fruticetum.i.por aquello mesmo
Fruticosus.a.um. por cosa llena de matas
Frutctosus.a.um. por aquello mesmo
Frutico.as.por nacer el pimpollo.n.v
Fruticor.aris.por aquello mesmo.d.v
Frux frugis.por el fruto dela tierra
   ucus.i.por el afeite dela muger
      Fucus.i.por el engaño
Fuco.as.aui. por afeitar la muger. a.i
Fucatio.onis.por el afeitadura de muger.
Fuca.e.por un cierto pescado
Fucinus lacus.por un lago de italia
Fuga.e.por la huida o corrida
Fugax.cis. por lo que mucho huie
Fugacitas.atis.por la tal huida
Fugio.is.fugi.por huir.actiuum.i
Fugito.as. por huir a menudo.actiuum.i
Fugitiuus.a.um. por cosa que huie
Fugitiuus seruus.por siervo huidizo
Fugituarius.ij.por el encubridor de aquel
Fugituarius locus.lugar para guarecer
Fugo.as.aui. por ahuientar hazer huir.a.i
Fugatio.onis.por aquel ahuientar
Fulcio.is.si.uel ciui.por sostentar.a.i.
Fulcimentum.i. por el sostenimiento
Fulcrum.i. por el armadura dela cama
Fulcro.onis.por el que mucho duerme
Fulgeo.es.fulsi.por resplandecer
Fulginia.e.por una ciudad de italia
Fulginas.atis.por cosa desta ciudad
Fulgo.is.fulsi. por aquello mesmo

Fulgetrum.i. por el relampago
Fulgur.uris. por aquello mesmo
Fulgus.oris. por aquello mesmo. pr
Fulgor.oris. por aquel resplandor
Fulguro.as.aui. por relampaguear.n.v
Fulgurio.is.fulguriui. por aquello mesmo.pr
Fulgurator.oris.por el que cura relampagos.
Fulica.e.por la cerceta ave
Fulix.icis.por aquella mesma ave.
Fuligo.inis.por el hollin del hogar
Fuliginosus.a.um. por cosa llena de hollin
Fullo.onis. por lavador de paños
Fullona uel fullo.por lavandera de paños
Fullonius.a.um.por cosa de aquestos
Fullonicus.a.um. por aquello mesmo
Fullo.onis.por una especie de escaravajo.
Fulmen.inis. por el raio del cielo
Fulmen.inis.por la navaja del javali.
Fulmineus.a.um.por cosa de raio
Fulmino.as.aui. por herir con raio.a.i
Fulminatio.onis.por aquella herida
Fultura.e.por el sostentamiento
Fuluus.a.um. por el color leonado
Fuluedo.inis.por aquel color.
Fuluius fuluia. nombres son de romanos
Fuluiaster.tri. por el semejante de fuluio
Fuluus.i.por cierta moneda de oro
Fumarium.ij. por el humero del hogar
Fumarium.ij. lugar para secar leña
Fumeus.a.um. por cosa de humo
Fumidus.a.um.por cosa humosa.
Fumifer.a.um. por aquello mesmo
Fumigo.as.aui. por humear.n.v
Fumigatio.onis.por aquel humear
Fumigabundus.a.ũ. por lo que mucho humea
Fumificus.a.um. por lo que haze humo
Fumus.i.por el humo.caret plurali
Fumi.orum.in plurali.por las ahumadas
Funale.is.por la hacha o antorcha
Funambulus.i. por el trepador de cuerda
Functus.a.um. participium a fungor.eris
Functio.onis.por el uso de oficio
Funda.e. por la red barredera para pescar
Funda.e.por la honda para tirar
Fundamentum.i.por el fundamento.
Fundatio.onis. por la fundacion de edificio
Fundi.orum. ciudad es de italia
Fundanus.a.um.por cosa desta ciudad

Fundanum.i. por la eredad cerca della
Fundibulus.i. por la honda para tirar
Fundibularius.ij. por el hondero que tira
Funditor.oris. por aquello mesmo
Fundo.as.aui. por fundar.actiuum.i
Fundo.is.fudi.por derramar.acti.i
Fundolus.i. por la tripa ciega
Fundus.i.por la eredad dela tierra
Fundus.i. por el pie dela copa
Fundus.i. por el hondon de cada cosa
Funditus.aduerbium.por de hondon
Funebris.bre.por cosa de mortuorio
Funereus.a.um.por aquello mesmo
Funerarius.a.um.por cosa para mortuorio
Funero.as.aui.por enterrar.acti.i
Funeratio.onis. por el entierro
Funerator.oris. por el enterrador
Funesto.as.aui.por ensuziar con muerte.a.i
Funestus.a.um. por cosa assi suzia
Fungor.eris. por usar de oficio.d
Fungus.i.por el hongo dela tierra
Fungosus.a.um. por cosa hongosa
Fungus pratensis.por hongo praderolo
Fungus suillus. por el hongo ponçoñoso.
Fungus aridus. por hongo para iesca
Fungus.i.por la pavesa dela candela.
Funis.is.por la cuerda para atar
Funiculus.i.por la cuerda pequeña
Funus.eris. por el cuerpo muerto
Funus.eris.por la mesma muerte
Funus.eris. por las esequias z mortuorio
Fuo.is.fui.pro eo quod sum.es.fui.pr
Fur furis.por el ladron o ladrona
Furax.cis.por el que mucho hurta
Furacitas.atis. por aquel mucho hurtar
Furca.e.por la horca de dos gajos
Furcula.e. por la tal horca pequeña
Furcilla.e.por la horqueta pequeña
Furcifer seruus. que traso horca o corma
Furculus.i.por el ladroncillo
Fur.furfuris. por el salvado de harina
Furfureus.a.um. por cosa de salvados
Furfurosus.a.um.por cosa llena de salvados.
Furfures.um.por la caspa dela cabeça
Furia.e. por la furia del infierno
Furibundus.a.um. por el furioso
Furiosus.a.um.por cosa furiosa
Furio.is.insaniui.por enloquecer assi.n.v

Furio.as.aui. por hazer a otro furioso.a.i
Furnus.i. por el horno de pan cozer
Furnarius.rij. por el hornero deste horno
Furnaria.e. por la hornera deste horno
Furnaria.e. por el oficio dela horneria
Furnarius.a.um.por cosa para el horno
Furor.oris. por la ira con furia
Furor.oris.por el amor furioso
Furor.aris.furatus sum.por hurtar.d.iij.
Furatus.a.um.por cosa hurtada
Furtum.i. por el hurto
Furtum.i. por el coito hurtible
Furtiuus.a.um.por cosa hurtible
Furtim.aduerbium. por hurtible mente
Furuus.a.um.por cosa negra.
Furunculus.i. por ladron pequeño
Furunculus.i. por la bura dela cabeça
Furunculus.i. por cierto sarmiento enla vid
Fuscina.e.por el arresaque de tres puntas
Fuscinula.e.por las molletas para atizar.
Fusco.as.aui.por embaçar a otro.a.i
Fuscatio.onis. por aquel embaçamiento
Fuscator.oris. por el embaçador
Fuscus.a.um.por cosa de baço color
Fusilis.e.por cosa que se puede hundir
Fustis.is.por vara como para hostigar
Fusticulus.i. por aquella vara pequeña
Fustigo.as.aui. por hostigar con vara.a.i
Fustigatio.onis. por el hostigamiento
Fustuarium.ij.por aquello mesmo
Fusus.i. por el huso para hilar
Fusus.a.um.participium a fundo.is.
Fusio.onis. por el hundimiento
Fusura.e.por aquello mesmo
Fusorius.a.um. por cosa para hundir
Fusoria ars.por el arte delos moldes
Futio.is.futiui. por derramar en vano.pr
Futilis.e. por cosa vana z inutile
Futo.as. a quo est confuto z refuto.as
Futuo.is.futui.por hazerlo ala muger.a.i
Fututor.oris.por el que lo haze
Fututrix.icis. la que lo haze a otra
Fututio.onis.por aquel hazer
Futurus.a.um.por cosa venidera.
De incipientibus a.g.
ábalum.i.por la horca.priscum
Gabaá. lugar fue de palestina.bar
Gabaon.lugar fue de palestina.bar

.g.i.

Gabaonita.e.por varon deste lugar
Gabalium.ij.olor es peregrino
Gabata.e.por plato grande
Gabatha. interpretatur lytboftroton.b.
Gabéius.i.varon judio fue.barba
Gabij.orum. ciudad fue cerca de roma
Gabinus.a.um.por cosa desta ciudad
Gabinenfis.e. por cosa desta mesma ciudad
Gabriél.is.nombre de angel.bar.
Gad. bijo fue de jacob z de celfá.bar
Gades.ium. por calez isla de españa
Gaditanus.a.um.por cosa desta isla
Gaddir.iris.por la ciudad desta isla
Gaddira.e. por esta mesma ciudad
Gaditanum mare. por el mar de calez
Gaetulia.e.por una region de africa
Gaetulus.a.um.por cosa desta region
Gaetulicus.i. por el vencedor desta region
Gágates.e.por el azavaje piedra negra.
Galactopota.e.el que bive con sola lecbe.
Gala.interpretatur lac
Galada.e.por una especie de concba
Galantis.idis.moça fue buelta en comadreja
Galatia.e.por una region de asia la menor
Galate.arum.pueblos son desta region
Galaad. lugar fue dela palestina
Galaadites.e.varon deste lugar
Galaticum ordeum.cevada de dos ordenes
Galatbéa.e. bija de nereo z doris
Galaxaura.e.bija de oceano z tetbis
Galaxias.e. el camino de santiago enel cielo.
Galba.e. por un gusano que nace onel enzina
Galba.e. emperador fue de roma
Galbanum.i.por el galbano goma
Galbanum.i.por vestidura de color verde
Galbanatus.a.um.lo vestido desta veste
Galbinus.a.um.por cosa deste color
Galbaneus.a.um.por cosa de galbano
Galbula.e.por la oropendola ave
Galbulus.i.por el agalla del cipres
Gale.es.interpretatur mustela
Galea.e. por el capacete o armadura d cabeça
Galearius.ij. por el moço que lo lleva
Galeatus.a.um. por cosa encapacetada
Galeo.as.aui.por encapotarse cõ capacete.a i
Galéna.e.por la marquesita o minero de plata
Galéna.interpretatur tranquillitas
Galénus.i.medico fue notable

Galérus.i.por el sombrero
Galericulum.i.por el sombrero pequeño.
Galertica.e.por el escaravajo que verdeguea.
Galeritus.i.por la cugujada o copada
Galerita.e. por aquella mesma ave
Galeritus.a.um. por ensombrerado
Gáleos.i.por un cierto pescado
Galésus.i.por un rio de tarento en italia
Galgalá.lugar fue de palestina.bar
Galgulus.i.por una cierta ave
Galilea.e.por una region de palestina
Galileus.a.um. por cosa desta region
Galla.e.por el agalla para tinta
Galla.e.nombre es proprio de muger
Gallaicus.a.um. por cosa de galicia
Gallecia.e. por galizia region de españa
Gallia comata.por alemaña.
Gallia togata.por la lombardia
Gallia bracbata.por la francia propria
Gallia lugdunensis.por francia la de leon
Gallia narbonensis.por francia la de narbona
Gallia celtica.por toda la otra francia.
Gallicus.a.um.por cosa de francia
Gallicanus.a.um.por cosa de francia
Gallicinium.ij.por el canto del gallo.
Gallina.e.por la gallina ave con ocida
Gallinula.e.por la gallina pequeña
Gallinaceus.a.um.por cosa de gallina
Gallinaceus pullus. por el pollo
Gallinaceus gallus. por el gallo
Gallinacea oua. por los uevos de gallina
Gallinago.inis.ave especie de gallina
Gallinarium.ij.por el gallinero do duermen.
Gallinarius.ij. por el que las cura
Gallinaria silua.un bosque cerca de napol
Gallogrecia. region es de asia menor
Gallo.onis.pregonero fue antiguo
Gallus.i.por un rio de frigia
Gallus.i.por el sacerdote de cibele
Gallus gallinaceus.por el gallo.
Gallus.a.um.por frances o francesa
Gallulare. pro eo quod est pubescere.n.v
Gama.letra es griega nuestra.g.
Gamala.e.ciudad es de judea
Gamaliél.is.maestro fue de.S.pablo.barba
Gammarus.i. por el camaron o gámbaro
Ganea.e.por el bodegon secreto
Ganeum.i.por aquello mesmo

Ganeo.onis.por el bodegonero
Gangaridae.arum.pueblos delas indias
Ganges.ę.por un rio delas indias
Gangetis.idis.por la mesma india
Gangeticus.a.um.por cosa de ganges
Gangilium.i.por lobanillo enla cabeça
Gangrena.ę.por una especie de cancer
Ganymedes.is.hijo fue de tros rei de troia
Ganymedeus.a.um.por cosa de aqueste
Gannio.is.iui.por gañir perro o raposa.v.v
Gannitus.us.por aquel gañido
Gannitio.onis.por aquello mesmo
Garamantes.pueblos en fin de africa
Garamantis.idis.ninfa fue de alli
Garamanticus.a.um.por cosa de alli
Garganus.i.por un monte de apulia
Gargarus.i.por un monte de frigia
Gargara.orum.por aquel mesmo monte.
Gargarus.i.por una ciudad cerca de alli
Gargares.los moradores desta ciudad
Gargarizo.as.por gargarizar
Gargarizatio.onis.por el gargarismo
Gargitius.ij.por un can de geriones.
Gargoris.is.rei fue antiguo en españa
Gariophillum.i.por el clavo de girofe
Gariophillatus filos.por la clavellina
Garrio.is.iui.por gorgear las aves.n.v
Garritus.us.por aquel gorgear
Garrulo.as.aui.por gorgear a menudo.n.v
Garrulus.a.um.por cosa gorgeadora
Garrulitas.atis.por aquel gorgear
Garumna.ę.rio es de francia.
Garum.i.por salmuera de alaches
Gauda.ę.varon fue señalado de africa
Gaudeo.es.gauisus sum.por gozarse.n.v
Gaudeo.es.gauisi.por lo mesmo.pr
Gaudium.ij.por el gozo onesto
Gaudimonium.ij.por lo mesmo.rarum
Gaurus.i.por un monte de campania
Gauranus.a.um.por cosa deste monte
Gauranum uinum.por vino de alli
Gauia.ę.por la gaviota ave conocida
Gausapa.ę.por vestidura vellosa
Gausapum.i.por aquello mesmo
Gausape.is.por aquello mesmo
Gausapinus.a.um.por cosa de tal texido.
Gaza.ę.por una ciudad de siria
Gaza.ę.por la riqueza grande.syrum est

Gazophylacium.ij.por el tesoro.gr
Gazophylax.cis.por el tesorero
ebenna.ę.monte es de francia.
   Gebennę.arum.por una ciudad alli
Gebethon.ciudad de palestina fue.ba
Gedeon.onis.juez fue delos judios.ba
Gelboe.monte.es.dela palestina.ba
Gela.ę.por un rio de sicilia
Gela.ę.por una ciudad de alli
Gelasmus.i.interpretatur risus
Gelastes.ę.interpretatur risor
Gelon.onis.por un tirano de sicilia
Gelonus.i.por un hijo de ercules
Geloni.orum.pueblos son de scithia
Gelones.um.por aquellos mesmos
Gelo.as.gelaui.por elarse o elar
Gelidus.a.um.por cosa fria
Gelicidium.ij.por el ielo o elada
Gelu gelu.indeclinabile.lo mesmo
Gelus gelus.por aquello mesmo
Gemebundus.a.um.por el que mucho gime
Gemellus.i.por el mellizo con otro
Gemellipara.ę.por la que pario mellizos
Geminus.i.por el mellizo con otro
Geminus.a.um.por cosa mui semejante.
Geminitudo.inis.por aquella semejança.
Gemino.as.aui.por doblar.a.i
Geminatio.onis.por aquella dobladura
Gemma.ę.por la piedra preciosa.
Gemma.ę.por la iema dela vid
Gemmatus.a.um.por cosa lleno de piedras
Gemmarius.ij.por el lapidario dellas
Gemmeus.a.um.por cosa destas piedras
Gemmo.as.aui.por resplandecer.n.v
Gemmo.as.aui.por echar iemas.n.v
Gemmula.ę.por pequeña piedra preciosa
Gemo.is.gemui.por gemir.n.v
Gemitus.us.por el gemido
Gemonę scalę.lugar do echavā los dañados
Gemursa.ę.apostema entre los dedos
Gena.ę.por el parpado del ojo
Gena.ę.por la mexilla del rostro.priscum
Genauni.pueblos son alpinos
Genealogia.ę.por el linaje del parentesco
Genea.interpretatur stirps.pis
Gener.generi.por el ierno de hija o nieta
Generals.e.por cosa general
Generaliter.aduerbium.por general mente

Generatim.aduerbiū.por en partes z generos
Genero.as.aui.por engendrar.a.i
Generatio.onis.por la generacion
Generosus.a.um.por cosa de buen linaie
Generositas.atis.por aquella bidalguia
Genesis.is.uel cos.interpretatur generatio
Genesis.is.por el genesi libro sagrado
Genesus.i.por un rio de epiro
Genesareth.lago es del rio jordan
Genesara.e.por aquel mesmo lago
Genethlion.interpretatur natalis dies
Genethliacus.a.um.cosa del nacimiento
Genethliacon.i.por canto del nacimiento
Geniculum.i.por el ñudo dela caña
Geniculo.as.aui.por enñudecer la pláta.n.v
Geniculor.aris.por arrodillar.d.v
Geniculatio.onis.por aquel arrodillar
Genimen.inis.por la generacion
Genialis.e.por cosa delcitosa z plazentera
Genialiter.aduerbium.por con deleite
Genista.e.por la iniesta o retama
Genitabilis.e.por cosa para generacion
Genitalis.e.por aquello mesmo
Genitale.is.por el miembro para engendrar
Genitura.e.por el engendramiento
Genitiuus.a.um.por cosa para engendrar
Genitiuus.i.por el segūdo caso en gramatica.
Genitor.oris.por el padre.poeticum.
Genitrix.icis.por la madre.poeticum
Genius.ij.por el dios de cada cosa
Genius.ij.por el angel bueno
Geno.is.genui.por engendrar.pr
Gens gentis.por la gente o nacion
Gens gentis.por la familia z parentesco
Gentiana.e.ierva es conocida a muchos.
Gentianus.i.rei de esclavonia que la ballo
Gentilis.e.por cosa del mesmo nombre
Gentilis.e.por cosa dela mesma familia
Gentilis.e.por gentil no cristiano ni judio
Gentilitas.atis.por la gentilidad
Gentiliciis.a.um.por cosa dela familia
Genu genu.indeclinabile.por la rodilla
Genus.us.genui.por aquello mesmo
Genus.e.por genova ciudad de italia
Genuensis.e.por genoves cosa de alli
Genualia.um.por los inogiles
Genuinus.i.por la muela cordal
Genuinus.a.um.por cosa natural

Genus.eris.por el linaje de cada cosa
Genus.eris.por la generosidad z bidalguia
Genus.eris.por el genero partido en especies
Genus.eris.por el genero en gramatica
Geodes.e.por cierta piedra
Geographus.i.por el que pinta la tierra
Geographia.e.por aquella descripcion
Geomantia.e.por la divinacion sobre tierra
Geomanticus.a.um.por cosa desta arte
Geometres.e.por el geometrico
Geometria.e.por la geometria arte
Geometricus.a.um.por cosa desta arte
Georgica.orum.por libros de agricultura
Georgius.ij.nombre es de varon
Geriones.is.rei de españa que mato ercules
Germania.e.por alemaña region de europa
Germanus.a.um.por cosa de alemaña
Germanicus.a.um.por aquello mesmo
Germanicus.i.por el vencedor de alemaña
Germanicus.i.por el mes setiembre.no
Germanus.i.por ermano de padre z madre
Germana.e.por ermana de padre z madre
Germanitas.atis.por aquella ermandad
Germanus.a.um.por cosa mui semejante
Germen.inis.por el renuevo dela planta
Germino.as.por brotar las plantas.n.v
Germinatio.onis.por aquel brotar
Germinalis.e.por lo que assi brota
Gero.is.gessi.por traer a cuestas.a.i
Gero.is.gessi.por administrar.a.i
Geron.interpretatur senex
Geronticus.i.por cierto juego de dados
Gerrba.e.por cieto marisco pescado
Gerrba.e.por çarzo de vimbres
Gerrbe.arum.por desvarios z nadas
Gerrbo.onis.por el que desvaria.
Gerulus.i.por el ganapan que lleva a cuestas
Gerula.e.por la que assi lleva a cuestas
Gerundium.ij.por cierta parte dela oracion
Gerusium opus.por obra de ladrillos
Gerus.i.por un rio de tartaria
Gerunda.e.por girona en catalueña
Gessata.e.por soldado en armas.gallice
Gessoriacum.i.por un cabo de francia
Gessum.i.por lança francesa
Gesta.orum.por los bechos de principes
Gestamen.inis.por la divisa o insignias
Gestar.aris.varon principal de africa

Gestatio.onis. por el traimiento a cuestas
Gestatorius.a.um.por cosa para traer
Gesticulor.aris. por bazer gestos.d.ſ.
Gesticulatio.onis. por aquel bazer gestos
Gesticulator.oris.por bazedor de gestos
Gesticulatrix.icis. por bazedora de gestos
Gesticulatorius.a.um. cosa para bazer gestos
Gesticularius.a.um.por aquello mesmo
Gestio.is.gestiui.bazer gestos cõ codicia.n.v
Gesto.as.aui.por traer a cuestas.a.i.
Gestito.as.aui. por traer assi a menudo.a.i
Gestus.us.por el gesto torciendo la cara
Gestuosus.a.um.cosa con tales gestos
Geta.ę.pueblos son de tbracia godos
Getes.ę. por aquellos mesmos pueblos
Geticus.a.um.por cosa de aquellos pueblos.
Getb.region es dela palestina.bar
Getbei. pueblos fueron de palestina
Getbsemani. acerca de jerusalem fue casa.bar
Getium.ij. por una cierta ierva
 yas.ę.por un compañero de eneas
 Gyarus.i.por una isla del arçapielago
Gibba.ę.por la corcoba
Gibbus.i. por aquello mesmo
Gibber.a.um. por cosa corcobada
Gibbus.a.um. por aquello mesmo
Gibberosus.a.um.por aquello mesmo
Gibba.ę. por una especie de cangrejo
Giezi.moço fue de eliseo profeta.bar
Gigas gigãtis. por el gigante bijo dela tierra
Giganteus.a.um.por cosa de gigante
Gigantomacbia.ę. por pelea de gigantes
Gyges.ę. por un gigante bijo de cielo z tierra
Gyges.ę.por un pastor rei de lidia
Gyges.ę. por un rio de lidia
Gygeus.a.um.por cosa de aquestos
Gilippus.i.por un varon lacedemonio
Giluus.a.um.por cosa de color vaio
Signo.is.genui.por engendrar.a.i
Gymnos. interpretatur nudus.a.um
Gymnicus.a.um.por cosa de desnudos
Gymnasium.ij.por lucba de desnudos
Gymnasiarcba. ę. por el pncipe ð lucbadores
Gymnas.adis. por aquella lucba
Gymnasium.ij. por el lugar do se exercitan
Gymnesia.ę. por las mallorcas islas ð españa
Gymnosopbistę.filosofos eran enlas indias
Gynęcium.ij.por el retraimiento de mugeres

Gynęconitis.idis. por aquello mesmo
Gyndes.ę. por un rio que cae enel tigre
Gingiueris.is.por el gingibre
Gingiuae.arum.por las enzias
Gingiua.ę. por la enzia.poeticum
Ginnus.i.por mulo o mula enana
Gion. por el nilo rio de egipto
Gypsum.i.por el iesso especie de cal
Gypso.as.aui.por enessar cubrir de iesso.a.i
Gypsatus.a.um. por cosa enessada
Gyrus.i.por la buelta en deredor.
Gyro.as.aui. por bolver en deredor.a.i
Git.indeclinabile. por el arenuz
 laber.a.um.por cosa lampiña
 Glabrio.onis. por el varon lampiño
Glabellus.a.um. por cosa lampiña un poco
Glabresco.is.por azerse lampiño.n.v.
Glabro.as.aui.por bazer lampiño.a.i.
Glacies.ei.por el ielo.o el elada
Glacialis.e.por la cosa que se iela
Glacio.as.aui.por elarse algo.n.v.
Glacio.as.aui.por elar a otra cosa.a.i.
Gladius.ij.por el cucbillo o espada.
Gladium.ij.por aquello mesmo.rarum
Gladiolus.i.por el cucbillo pequeño
Glacbior.aris.por esgremir.d.v
Gladiator.oris.por el esgremidor
Gladiatorius.a.um. por cosa para esgremir
Gladiatio.onis.por el esgremir
Gladius.ij. por el espadarte pescado
Gladiolus.i. por aquel mesmo pescado
Glans.dis.por la pelota para tirar
Glans.dis. por la rezmilla dela verga
Glans.dis. por cierta especie de marisco
Glans.dis.por la bellota de ciertos arboles.
Glandis glandis. por esto mesmo
Glandarius.a.um. por cosa que las trae
Glandifer.a.um.por aquello mesmo.
Glandium.ij.por la papada del puerco
Glandula.ę.por aquello mesmo
Glandula.ę. por la landre del cuello
Glandulosus.a.um.cosa llena de landres
Glanis.is.por el pece glauco.
Glapbyrus.i.nombre de varon musico
Glapbyra.ę.por una muger romana.
Glarea.ę.por el cascajo
Glarcosus.a.um.por cosa cascajosa
Glastum.i. por el pastel ierva z color

Glaucus.a.um.por cosa verde

Glaucus.a.um.por cosa de ojos garços

Glaucopis.is. por muger de ojos garços

Glaucoma.atis.por catarata de ojos.

Glaucoma.e.por aquello mesmo.

Glaucopbthalmos.por aquello mesmo

Glaucosus. el que tiene esta dolencia

Glaucium.ij.por una especie de dormideras.

Glaucinus.a.um.por cosa verde

Glaucus.i.por el pece que dise glanis

Glaucus.i.por un dios dela mar

Glaucus.i.por uno que entrevino en troia

Glaucito.as.por ladrar el cacborro.n.v

Glauco.onis.filosofo fue de atbenas

Gleba.e. por el terron de tierra

Glebula.e.por un terron pequeño

Glebosus.a.um.por cosa llena de terrones

Gleucos.interpretatur mustum

Gleucinum uinum. por vino mosto

Gleucinum oleum.por azeite de mosto

Glycerium.ij.nombre de muger.po

Glycera.e. por aquella mesma

Glycis.interpretatur dulcis.gr

Glycirrbiza.e.por la regaliza o orosuz

Glypbo.interpretatur sculpo

Glirarium.ij. por lugar de lirones

Glis gliris.por el liron animal de comer

Glisco.is.por crecer. caret preterito.n.v

Gliscor.eris.por aquello mesmo.d.v

Gliscomargon.idem quod marga

Globo.as.aui. por redondear.acti.i

Globosus.a.um.por lo redondo en cuerpo

Globus.i.por el pomo redondo.

Globus.i. por el ovillo del bilado

Globulus.i. por el pomo pequeño

Globulus.i. por el almojava con queso

Glocio.is. por cloquear la gallina clueca.n.v

Glocito.as.aui. por bramar el ciervo.n.v

Glomero.as.por embolver o devanar.a.i

Glomerabilis.e.por lo que assi se embuelve

Glomerosus.a.ũ.por cosa de mucbas bueltas

Glomeramẽ.inis.por aquel embolvedura.po

Glomeratio.onis.por aquello mesmo

Glomus.i.por el ovillo del bilado

Gloria.e.por la gloria o fama celebre.

Gloriosus.a.um.por cosa assi famosa.

Gloriose.aduerbium.por gloriosa mente

Glorior.aris.por se gloriar.d.v

Gloriatio.onis.por la glorificacion

Gloriabundus. a.ũ. el que mucbo se glorifica

Glorirτο.as.aui. por bazer glorioso.a.i

Glossοris. por la muger del ermano.gr

Glossa.e. interpretatur lingua

Glossema.atis.por la glosa de libro

Glossus.i. por bigo temprano

Glotoro.as.aui. por cantar la cigueña.n.v

Glubeo.es.por despojarse del bollejo.n.v

Glubo.is.glubi. por desbollejar.a.i

Gluma.e.por el bollejo del grano

Gluten.inis.por la cola o engrudo

Glutinum.i. por aquello mesmo

Glutinosus.a.um.por cosa engrudosa

Glutino.as.aui.por engrudar.a.i

Glutinatio.onis. por el engrudamiento

Glutinamentum.i. por aquello mesmo

Glutio.is.glutiui.por tragar.a.i.

Glutos.onis. por el gloton z tragon

　natbo.onis. nombre de un truban

　　Gnatus.i.por el bijo.poeticum.

Gnata.e.por la bija.poeticum

Gnauus.a.um.por cosa industriosa

Gnauia.e.por aquella industria.

Gnauiter.aduerbium.por industriosa mente.

Gnomon.onis.por el quadrante o astrolabio

Gnomon.onis. por el cartabon de carpintero

Gnomonicus.a.um.por cosa de cartabon

Gnidos.i.por una isla del arçapielago

Gnidius.a.um. por cosa desta isla

Gnosos.i.ciudad real fue de creta isla.

Gnosius.a.um.por cosa desta ciudad.

Gnosiacus.a.um. por aquello mesmo

Gnosias.dis.por bembra de aquella ciudad

Gnosis.dis. por aquello mesmo

　obio.onis.por un cierto pece

　　Gobius.ij.por aquel mesmo pece.

Godolias.e.capitan delos babilonios.barba.

Gog et magog.pueblos incognitos.bar

Golgotbá.el lugar dela calaverna.bar

Goliatb.el filisteo que mato david

Gomór.por cierta medida.bar

Gomorrba.e. por una ciudad de judea

Gomorrbum.i.por la mesma ciudad.

Gónia.e.interpretatur angulus.

Gony.interpretatur genu.

Gonos. interpretatur semen

Gonorrbea.e.interpretatur seminis fluxus

Gorge.es.hija fue de eneo z althea
Gorgias.e.orador fue de ficilia
Gorgycion.onis.hijo de priamo z caftianira
Gorgones.hijas fueron de forco
Gorgoneus.a.um. por cofa de aquellas
Gortyna.e.ciudad de creta uide cortyna.
Goffipion.arbol es que cria algodon.
Goffampinus.a.um.por cofa defta materia
Gotthi.orum.pueblos fueron de thracia
Gotthia.e.por aquella region dellos.
  rabattum.i.por la cama pobre.gr
    Gracchus.i.por el grajo ave conocida
Gracchi.orum.ciudadanos de roma.
Gracchanus.a.um.por cofa de aquellos
Gracchulus.i.por el grajo pequeño
Gracchulus.i. por un cierto pece
Gracens.tis.por cofa magra z delgada
Gracilens.tis.por aquello mefmo
Gracilentus.a.um.por aquello mefmo
Gracilis.e. por aquello mefmo
Gracilitas.atis.por aquella magreza.
Gracilitudo.inis. por aquello mefmo
Gracilum.i.por aquello mefmo.pr
Gracilefco.is. por emmagrecerfe.n.v
Gracillo.as.aui.por cantar la gallina.n.v
Gradarius.ij. por cavallo amblador
Gradator.oris.por andador de tranco
Gradatio.onis. por aquel andar
Gradatim aduerbium.por de grado en grado
Gradior.eris.por andador a paffo.d.v
Graduus.i.por el dios dela guerra mars
Gradus.dus.por el paffo o paffada
Gradus.dus.por el efcalon de efcalera
Gradus.dus.por la grada para fubir.
Grecus.i.por un rei de grecia.
Grecia.e.por grecia region de europa
Grecus.a.um.por cofa griega
Grecanicus.a.um.por cofa de grecia.
Greciensis.e.por aquello mefmo.
Greculus.a.um. por cofa griega pequeña
Grecoftafis.is.lugar era en roma.
Grece.aduerbium.en lengua griega.
Greceitas.atis.por la lengua griega
Grecor.aris.por bivir como griego
Graius.a.um.por cofa griega
Grauigena.e. por griego o griega.po
Gramen.inis. por la grama ierva
Gramineus.a.um. por cofa de grama

Gramen.inis. por cualquier ierva
Graminofus.a.um.por cofa llena de ierva
Gramme.es. interpretatur linea
Gramma.atis. interpretatur littera
Grammaticus.a.um. por cofa de letras
Grammatice.es.por el arte de letras
Grammatica.e.por aquella mefma arte.
Grammaticus.i.por el gramatico
Grammatiftes.e.por el falfo gramatico
Grammatophorus.i.por correo de letras
Gramatophylaciu.ij.lugar do fe guarda lets.
Grandeuus.a.um.cofa de grande edad
Grandeuitas.atis.por grande edad
Grandeo uel grandefco. por engradecerfe.d.v
Grandio.is.grandiui.engrandecer a otro.a.i
Grandiloquus.a.um.hablador de grandezas
Grandiloquentia.e. por grádeza de palabras
Grandis.e.por cofa grande
Granditas.atis.por la grandeza
Granditer.aduerbium.por grande mente
Grandino.as.aui.por granizar.n.v
Grando.inis.por el granizo
Granicus.i.por un rio de frigia
Granatum.i. por la granada fruta
Granata.e.por granada ciudad defpaña.no
Granarium.ij.por la panera o alboli o troxe
Granum.i. por el grano de fimiente
Granifer.a.um. por lo que trae granos
Graphia.e.interpretatur defcriptio
Graphicus.a.um.interpretatur defcriptus
Graphice.aduerbium. debuxada mente
Graphium.ij.por el punçon para debuxar
Graphiarium.ij.por caxa de punçones
Graphiaria theca. por aquello mefmo
Graffor.aris.por robar falteando.d.v
Graffatio.onis.por aquel robo
Graffatura.e.por aquello mefmo.
Graffator.oris. por aquel falteador
Grates.ium.por las gracias.poeticum
Gratiae.arum. por las diofas delas gracias
Gratia.e.por la gracia o graciofidad
Gratias agere. por dar gracias en dichos.
Gratiam refero. por pagar en hech os
Gratiam habeo.por tener en la memoria
Gratias habeo. por aquello mefmo
Gratiofus.a.um.por el que da gracias
Gratiofus.a.um.por el que recibe gracias
Gratificor.aris.por gratificar al menor.d.ij

Gratificatio.onis. por la gratificacion affi
Gratum facere.por gratificar al maior
Gratis. aduerbium. por debalde z de gracia
Grator.aris.alegrarse a otro de su bie.po.d iij
Gratulor.aris.por aquello mesmo.d.ij
Gratulatio.onis.por aquella alegria
Gratuitus.a.um. por cosa graciosa z debalde
Gratuito.aduerbium.por debalde
Gratus.a.um.por cosa agradecida
Gratitudo.inis. por el agradecimiento
Gratus.a.um.por cosa grata
Grauesco.is.por bazerse pesado.n.v.
Grauate.aduerbium.por agraviada mente
Grauatim.aduerbium.por aquello mesmo
Grauedo.inis. por el romadizo
Grauedinosus.a.um.por cosa romadizada
Grauida.e.por la muger preñada
Grauido.as.aui.por empreñar.a.i
Grauis.e. por cosa pesada z grave
Grauiusculus.a.ũ.por cosa un poco mas affi
Grauitas.atis.por la pesadumbre
Grauis.e. por cosa de autoridad
Grauitas.atis.por el autoridad
Grauiter.aduerbium.por autorizada mente
Grauo.as.aui.por agraviar.a.i.
Grauiolentia. por bedor de boca
Grauisce.arum. ciudad fue de italia
Grego.as.por aiuntar z rebañar.a.i
Gregarius.a.um. por cosa rebañiega
Gregalis.e.por aquello mesmo
Gregatim.por a rebaños z manadas.
Gremium.ij.por el regaço
Gressibilis.e.por lo que puede andar
Gressilis.e.por aquello mesmo
Gressus.us.por el andar o passo
Grex.gis.por el rebaño o manada
Gryllus.i.por el grillo animal conocido
Gryllo.as. por cantar el grillo
Gryllus.i.varon bijo de renofon.
Grynia.e. ciudad de ionia en grecia
Gryneus.a.um.por cosa desta ciudad
Grypbs.grypbis. por el grifo animal.
Grypbus.i.por aquello mesmo
Grypbus.i. por nariz corva o aguileña
Grippus.i.por ñudo o lazada
Grompbena.ave propria de cerdeña
Grossus.i.por el bigo no maduro.
Grossulus.i.por aquel bigo pequeño

Grumus.i.por el cerro o mota
Grumulus.i. por altura pequeña de tierra
Grumus.i. por pedaço o pieça
Gruma.e. por instrumento para medir tierra.
Grumo.as.por medir tierras por cuadra.a.i.
Gruma.e.por la brujula para affestar.
Grunda.e. por la teja o tejado
Grundio.is.grũdiui.por gruñir el puerco.pr.
Grunio.is.grunnui.por aquello mesmo.n.v
Grunitus.us.por el gruñido del puerco
Gruo. is.grui. aquo sunt congruo et ingruo
Gruo.is.gruit. por cantar la grulla.n.v
Grus.is.por la grulla ave conocida
   ubernator.oris. por el governador
   Gubernatrix.icis.por la governadora
Gubernatio.onis.por la governacion
Gubernatus.us.por aquello mesmo
Gubernaculum.i. por el governalle de nave
Gubernium.i.por aquello mesmo
Gula.e.por la gula o cruera
Gulosus.a.um. por cosa golosa
Gummi.indeclinabile.por la goma
Gummis.is.por aquello mesmo
Gummosus.a.um. por cosa gomosa
Gummo.as.aui. por gomar o ecbar goma
Gummitio.onis.por aquel ecbar goma
Gurgito.as.aui. por embucbar.a.i
Gurges.itis. por el pielago de agua
Gurges.itis.por un ciudadano de roma
Gurgulio.onis.por el gorgojo
Gurguliunculus.i.por pequeño gorgojo
Gurgulio.onis. por el gargavero.
Gurgulio. onis.por un albardan.
Gurgustium.por casa pobre z cbica
Gurgustiolum.i.por aquello mesmo
Gusto.as.gustaui.por gustar.a.i
Gustatus.us.por el gusto sentido.
Gustus.us. por aquello mesmo
Gustatorium.ij.lugar donde cenavan
Gutta.e. por la gota do licor
Guttur.ris. por el papo o garguero
Gutturosus.a.um.por cosa papuda
Guttus.i.por vaso de angosta boca
Guttus uitreus.por el almarraxa.
   De incipientibus ab.b.
     a.interiectio dolentis
      Habena.e. por la rienda del freno
      Habesso.is. por tener. priscum

Habeo.es.habui. por tener o aver.a.i
Habeo fidem.por creer.actiuum..i
Habeo gratiam.por agradecer.actiu.
Habeo gratias.por aquello mesmo.acti.i.
Habeo orationem.por hazer oracion.a.i
Habeo iter.por aver de caminar.a.i.
Habentia.e.por la tenencia.priscum
Habilis.e.por cosa abile de tener
Habilitas.atis.por aquella abilidad
Habiliter.aduerbium. por abile mente
Habitio.onis.por el tenimiento
Habitudo.inis.por la disposicion.
Habitus.us. por aquello mesmo
Habitus.a.um.por cosa bien dispuesta
Habito.as.aui.por morar.acti.i
Habitatio.onis.por la morada
Habitaculum.i.por aquello mesmo
Habitabilis.e. por cosa de morar
Habidis.rei fue de españa mui antiguo
Hac.aduerbium. por aqui do esto io
Hactenus.aduerbium. por basta aqui
Hadrianus.i. emperador fue de roma
Hadrobalum.i.por una especie de bdelio
Hec.pronomen ab eo quod hic hec
Hedera.e. por la iedra mata conocida
Hederaceus.a.um.por cosa de iedra
Hedus.i.por el cabrito
Hedulus.i.por el cabrito pequeño
Hedinus.a.um.por cosa de cabrito
Hedile.is. por el chibital o chibitero
Hedi.orum.por una constelacion del cielo
Haema.interpretatur sanguis
Hematites.e. por una piedra sanguinea
Hemorrois.idis.por una sierpe en africa.
Hemorrois.idis.por el almorrana
Hemorrogia.e.fluxo de sangre por la nariz
Hemus.i. por un hijo de boreas z orithia
Hemus.i.por un monte de thracia
Hereo.es.hesi. por allegarse.n.v
Hereo.es.hesi.por dudar.n.v
Heresis.is.por la eregia enla dotrina.
Heresiarcha.e.por el principal erege
Hereticus.a.um.por cosa de eregia
Heres.dis.por el eredero o eredera
Hereditas.atis.por la eredad erencia.
Heredium.ij.por la eredad de tierra
Herediolum.i. por la eredad pequeña
Heredito.as.por eredar erencia.a.i.

Heredipeta.e. por el que codicia erencia
Hesito.as.aui.por dudar a menudo.n.v.
Hesitatio.onis.por aquella duda.
Hesitantia.e.por aquello mesmo
Hesitabundus.a.um. lo que mucho duda
Hagios.a.on. interpretatur sanctus
Hagiographos.interpretatur sacra scriptura
Hagesilaus.i.por un rei de lacedemonia
Halcyone.es. muger de ceice hija de menolo
Halcyon.onis.por ave en que se bolvio
Halcyonides.dias son en que cria esta ave
Halcyonia.orum. por aquello mesmo
Halcyoneum.i. medicina del nido desta ave
Halecis.is.por alache especie de sardina
Halex.cis.por aquello mesmo
Halecula.e.por aquello mesmo
Halec.cis.por salmuera de alaches
Halicacabus.i.por la ierva mora
Halicalios.i. por aquello mesmo
Haliphloeos.i.por el alcornoque arbol
Halicarnasus.i. por una ciudad de caria
Halicarnaseus.a.um.por cosa desta ciudad
Halyetus.i.por el esmerejon ave
Halitus.us.por el huelgo o aliento
Halys.ys.por un rio de capadocia
Halizones.pueblos son de paflagoma
Halma.interpretatur salsugo
Halmygarum.i. especie es de salitre
Halmyros. interpretatur salsus.a.um
Halmyris.idis. cosa hembra dela mar.gr
Halo.as. por babear o alentar.n.v
Halophanta.e.por el malsin
Hallux.cis.por el dedo que cavalga sobre otro
Halteres.is. por contrapeso para saltar
Hals. interpretatur salum.i.mare
Halucinor.aris.por mirar ala visumbre.d.v
Halucinatio.onis.por aquel mirar
Hamatus.a.um.por cosa con anzuelos
Hamatrabo.onis.por pescador de anzuelo.pr
Hamadrias.adis.por diosa delos arboles
Hamia.e.por un pescado no conocido
Hamiota.e.por pescador de anzuelo.
Hamonium.ij.por un color bermejo
Hamo.as.aui.por tomar con anzuelo.a.i
Hamus.i.por el anzuelo
Hamulus.i. por anzuelo pequeño
Hamilcar.aris.hijo fue de anibal el primero
Hannibal.is.hijo fue deste amilcar

Hanno.onis. por un varon de cartbago
Haphe.es.interpretatur tactus
Hariolus.i.por el divino por sacrificios.
Hariolor.aris.por divinar assi.d.v
Hariolatio.onis.por aquesta divinacion
Harmodius.ij. varon fue notable
Harmonides.el que bizo las naves a paris
Hara.e. por la pocilga delos puercos
Harmonia.e.por la consonancia musica
Harmonicus.a.um.cosa desta consonancia
Harpa.e.por cierta ave marina
Harpago.onis.por el cloque dela nave
Harpalice.es.muger de fineo rei
Harpalice.es. por una bija de arpalo.
Harpalus.i.rei fue de thracia.
Harpastum.i. instrumento para arrebatar
Harpaticon.medicina para presto atraer
Harpe.es.cucbillo ó mercurio como guadaña
Harpyia.e. por el arpia ave poetica
Haruspex.icis.por el divino en sacrificios
Haruspicina.e. por aquesta arte
Haruspicium.por esta divinacion.
Hasta.e.por la vara dela lança
Hasta pura. por cierta especie de lança
Hastatus.a.um.por cosa enastada
Hastile.is. por astil asta pequeña
Hastrubal.is.ermano fue de anibal
Haud.aduerbium.pro non
Haurio.is. por sacar como agua. a.i
Haurio.is.si. por berir.a.i
Haurio.is.si. por recebir por sentido.a.i
Haustrum.i.por el arcaduz de añoria.
Haustus.us.por la sacadura como de agua
Haustor.oris.por el sacador como de agua
    eauton timerumenos.i.seipsum crucians
    Heautõ timerumenos.comedia de terecio
Hebdoas.dis.por la semana
Hebdomas.dis. por aquello mesmo
Hebdomada.e.por aquello mesmo
Hebe.es.bija de juno muger de ercules
Hebeo uel bebesco.por embotarse
Hebeto.as.aui.por embotar.acti.i
Hebetator.oris. por el embotador
Hebetatrix.icis.por la embotadora.
Hebetatio.onis.por el embotamiento.
Hebes.etis.por cosa bota
Hebreus.a.um.por cosa judia
Hebraicus.a.um. por cosa judiega

Hebraice. por en lengua judiega
Hebrus.i. por un rio de thracia
Hecaton, interpretatur centum
Hecaton,phyllon. interpretatur millefolium
Hecatonpylon. por de cien puertas
Hecate.es.por diana enlos becbizos.
Hecateius.a.um.por cosa de diana
Hecateis.idis.por cosa bembra de diana
Hecatombe.es sacrificio de cien bueies
Hecatebeletes.e.i. alonge feriens
Hector.oris.por el bijo de priamo z ecuba
Hectoreus.a.um.por cosa de ector
Hecuba.e.por la muger de priamo
Hedysma. atis. por lo liquido del unguento
Hedone.es.interpretatur uoluptas
Hegesippus.i.istoriador fue notable
Hegesias.e.por un filosofo cirenaico
Hei.interiectio dolentis cum datiuo.por ai
Heu.interiectio dolentis.por lo mesmo
Helcysma.atis.por la escoria dela plata
Helcos.interpretatur bulcus.eris
Helcodes.por una especie de deviesso
Helena.e.bija de jupiter z leda
Helenium.ij. por ala o enula campana
Heletani.orum. pueblos son de españa
Heli. sacerdote fue delos judios.bar
Helias.e.por un profeta judio
Helicon.onis.por un monte de boecia
Heliconius.a.um.por cosa deste monte
Heliconias.adis.por cosa bembra de alli.
Helios.i.interpretatur sol.
Heliades.dum.por las bijas del sol.
Heliacus.a.um.por cosa del sol
Heliodorus. nombre proprio de varon
Heliogabalus.i.emperador fue de roma
Heliopolis.is.por una ciudad de egipto
Heliopolitanus.a.um.por cosa desta ciudad
Helioscopium.ij.berba pentadactylon
Heliochrysos.i.ierva de flor amarilla.
Helioselinum.i. por una especie de apio
Heliotropium.i.por la ierva tornasol.
Helisabeth.indeclinabile.por isabel.bar
Helisabetha.e.por aquesta mesma
Heliseus.i. por un profeta judio.bar
Heliu.uno delos amigos de job.bar
Helorus.i.por un rio de sicilia
Helops.pis.interpretatur acipenser
Helle.es.bija fue de atbamas z neifile

Hellen.is.por un hijo de deucalion
Hellenes.propria mente son los griegos
Hellas.dis. por la grecia propria mente
Hellespontus.i. por el estrecho de bizãcio
Hellespontiacus.a.um.por cosa deste mar
Hellespontios.i.por viento que corre de alli
Hellesmoth.ex hebraico est exodus.bar
Helleadabarim.ex hebraico.deuteronomiũ.b
Hellix.icis.por una especie de iedra
Helluo.onis.por el goloso
Helluor.aris.por golosear
Helueolus.a.um. por entre blanco z bermejo
Heluolus.a.um. por aquello mesmo
Heluecij.orum.pueblos son de francia
Helxine.es.por la cañaroia ierva
Hem.interiectio est admirantis
Hemera.e.interpretatur dies.
Hemeris.idis.por una especie de enzina
Hemeresios.por pintura de un dia
Hemerobion.por un gusano que bive un dia
Hemis.interpretatur semis
Hemicyclus.i.por medio circulo
Hemicranion. la media calaverna
Hemina.e. por la media hanega
Hemispherion.i.por media espera
Hemistichum.i.por medio verso
Hemitheus.i. por medio dios
Hemitriteus.i. por terciana doble
Hemolius.a.um.por tanto z medio.
Heniochus.i. por el regidor del carro
Hepar.tis.interpretatur iecur.gr.
Hepatites.e.por una piedra color de higado.
Hepatizon.i. por cierto cobre deste color
Hepsema.atis.por el arrope.gr
Hepta.interpretatur septem
Heptachordum. instrumento de siete cuerdas
Heptagonus.i. figura de siete angulos
Heptaphonos.a.on.cosa de siete sones
Heptemeris.diuisio semiseptenaria
Hera.e. por la señora
Hera.e.por la diosa juno
Heracleus.i.interpretatur hercules
Heraclea.e.ciudad es en muchos lugares
Heracleotes.e.por varon de tal ciudad
Heraclides.e. filosofo fue de eraclea
Heraclitus.i.filosofo fue de efeso
Herba.e. por la ierva general mente
Herba muralis.por la cañaroia

Herba sanguinalis.por la sanguinaria
Herbarius.ij. por el ervolario
Herbarius.a.um.por cosa para ierva.
Herbaceus.a.um.por cosa de ierva
Herbesco.is. por ervolecer hazerse ierva
Herbidus.a.um.por cosa ervosa
Herbifer.a.um.por aquello mesmo
Herbosus.a.um.por aquello mesmo
Hecules.is.por ercules hijo de jupiter
Hercle.adverbio es para jurar
Herculeus.a.um.por cosa de ercules.
Here.aduerbium.por aier
Heri.aduerbium.por lo mesmo
Herinacius.ij. por el erizo animal
Herix.icis. por aquel mesmo animal
Hericius.ij.por aquello mesmo
Hermagoras.e. por un orador notable
Hermaphroditus. hijo de venus z mercurio
Hermes.e.uel hermetis.por mercurio
Hermes.interpretatur interpres
Herminia.e. interpretatur interpretatio
Hermione.es. hija de menalao z elena
Hermocidium.ij. est desertio litis.
Hermus.i.por un rio de lidia region
Hernicus.i.por un monte de italia
Hernicus.a.um. por cosa deste monte
Herodotus.i.por un istoriador griego
Herodes.is.nombre de reies judios
Herodias.adis.nombre de muger judia
Herodianus.a.um.por cosa destos
Heros herois.por el medio dios z ombre.
Heroicus.a.um.por cosa de aqueste
Herous.a.um. por aquesto mesmo
Herois.idis.por la medio diosa z muger
Heroine.es.por hija de algun eroe
Heróstratus.i.el q encédio el templo de diana
Hersilia.e.por la muger de romulo rei
Herus.i. por el señor de siervos
Herilis.e. por cosa de señor o señora
Hesiodus.i. poeta fue griego
Hesiona.e.hija de laomedon rei de troia
Hesperus.i.ermano fue de atlas gigante.
Hesperus.i. por el luzero dela tarde
Hesperis.idis.por cierta ierva
Hesperides.hijas fueron de espero o atlas
Hesperia magna.por italia region
Hesperia minor. por españa region
Hesperius.a.um. por cosa destas regiones

Hestér.muger fue notable judia.bar
Hesternus.a.um.por cosa de aier.
Heteron.interpretatur alterum.gr
Heteroclitum.i.alterne declinatum.gr
Heterogeneus.i.alterius generis.gr.
Hetruria.e.por una region de italia.
Hetruscus.a.um.por cosa de alli
Heus.aduerbium.para llamar o bao.
Heu.aduerbium.para dolerse ai
Heuoe.boz eran delos sacerdotes de bacco
Hex.interpretatur sex.grecum
Hexameron.interpretatur sex dierum.
Hexametros.interpretatur sex mensurarum
Hexaphorum.i.andas que llevan seis
Hexaptotus.a.um.por cosa de seis casos.
Hexapli.orum.i.sexcuplices
Hexastichos.a.um.por de seis ordenes
Hexhedra.e.por escaño en que caben seis
 yacintbus.i.niño fue de lacedemonia
 Hyacintbus.i.por el lirio cardeno
Hyacintbus.i.por el jacinto piedra pre.
Hyacintbinus.a.um.por cosa de tal color
Hyacintbia.oru.por las fiestas de aquel niño
Hyena.e.por un animal en africa
Hyalon.i.interpretatur uitrum
Hyalois.i.por la tunica uitrea del ojo
Hyantbinus.a.u.por cosa de color de violetas
Hyale.es.nombre de una ninfa
Hyantbis.idis.ninfa fue tbebana.
Hyantbeus.a.um.por cosa de tbebas.
Hyantbius.a.um.por aquello mesmo.
Hiarbas.e.bijo fue de jupiter z garamatis
Hiarbita.e.por un poeta griego.
Hyasius.ij.padre fue de scheneo
Hyasis.idis.por la bija o nieta de aquel
Hyaspis.dis.por el jaspe piedra pre.
Hiatus.us.por el abertura como de boca.
Hiasco.is.por abrirse o benderse assi.n.v
Hyas.dis.bijo fue de atlas z etbra
Hyades.um.bijas de atlas z etbra
Hiatula.e.por un cierto pece
Hibernus.a.um.por cosa del invierno
Hibernalis.e.por aquello mesmo
Hiberna.orum.envernadero de ganado.
Hiberna.orum.por envernadero de gente
Hibernaculum.i.por aquello mesmo.
Hiberno.as.aui.por envernar.n.v
Hiberno.as.aui.por bazer frio

Hibiscum.i.por el malvauisco ierva
Hibiscus.i.por aquella mesma ierva
Hibicus.i.poeta fue lirico griego.
Hybla.e.por una ciudad de sicilia.
Hybleus.a.um.por cosa desta ciudad.
Hyblensis.e.por aquello mesmo.
Hybris.interpretatur contumelia.
Hybris.bijo de peregrino z ciudadano.
Hybrida.e.por bijo de fiero z manso.
Hibus.in plurali ab bic bec boc.pro bis.pr
Hic bec boc.pronomen.por este.esta.esto.
Hic bec boc.pronomen.por tal.
Hic.aduerbium loci.por agora.
Hic.aduerbium temporis.por entonces
Hydaspes.is.por un rio de media region
Hydaspes.is.por un rei delos medos.
Hydymeles.is.por tañedor suaue.
Hydys interpretatur suauis.
Hicetaon.onis.por un varon troiano.
Hydor.interpretatur aqua.
Hydra.e.por la serpiente que mato ercules.
Hydraules.e.tañedor de instrumeto de agua.
Hydraula.e.por aquel mesmo tañedor.
Hydraulicus.a.um.por cosa de aqueste.
Hydria.e.por cantaro o tinaja de agua.
Hydrós.interpretatur sudor.oris.
Hydrargyron.i.por el azogue.
Hydrocephalos.i.por umidad de cabeça.
Hydrocrion.interpretatur aqua rigens.
Hydrocoos.i.por el signo de aquario
Hidrocoela.e.por una especie de potra
Hydromeli.por la aloxa de agua z miel
Hydrops.pis.por la idropesia dolençia.
Hidropisis.is.por aquello mesmo.
Hydropicus.a.um.por el idropico.
Hydrolapatos.i.spicies est lapati.
Hydrophobus.i.por el que rauia
Hydrus.i.por la culebra del agua
Hydrus.untis.por otranto ciudad de italia
Hydruntius.a.u.por cosa desta ciudad
Hyems.is.por el invierno
Hyemalis.e.por cosa del invierno
Hyemo.as.aui.por envernar.n.v
Hiera.e.una isla cerca de sicilia
Hieros.a.on.interpretatur sacer.a.um.
Hieracia.e.por cierta lecbuga silvestre
Hierax.acis.por el alcon sacre
Hierannosos.i.por el buego de san marçal.

Hierarcha.ę.interpretatur princeps sacrorum
Hierarchia.ę.interpretatur sacer principatus
Hieracium.ij.por cierta medicina de ojos
Hieremias.ę.profeta delos judios
Hiericus.untis.por ierico en judea
Hiericuntius.a.um.por cosa desta ciudad
Hieroboám.rei fue delos judios
Hierobotane.es.por la verbena
Hierobotane.interpretatur sacra berba
Hieronimus.i.nombre de varon
Hiero.onis.por un tirano de sicilia
Hieron.i.por el cabo de.S.vicente en españa
Hierosolymę.arum.por jerusalem
Hierosolyma.ę.por aquella mesma ciudad
Hierosolymita.ę.por morador desta ciudad
Hierosolymitanus.a.um.cosa desta ciudad.
Hierosolymus.a.um.por aquello mesmo
Hierusalem.por aquella ciudad de judea.bar.
Hieronica.ę.el vencedor en juegos sagrados
Hygia.por una bija de esculapio
Hygia.ę.interpretatur bona ualitudo
Hygros.interpretatur bumidus
Higrocela.ę.por una especie de potra
Hileus.i.nombre fue de un centauro
Hilaris.e.por cosa alegre.gr
Hilarus.a.um.por aquello mesmo
Hilaritas.atis.por el alegria
Hilaritudo.inis.por aquello mesmo.pr
Hilariter.aduerbium.por alegre mente
Hilaro.as.aui.por alegrar a otro.a.i
Hilaria.orum.fiestas eran a.xxv.de março
Hilarius.ij.nombre proprio de varon santo
Hilarion.onis.nombre de otro santo.
Hilas.ę.moço compañero de ercules fue
Hilax.nombre de can es enel virgilio
Hilactor.nombre es de can enel ovidio.
Hyle.es.interpretatur materia aut silua
Hyllus.i.por un bijo de ercules z iole
Hilla.ę.por la tripa aiuna.
Hilum.i.por cosa de poco precio
Hymera.ę.por un rio de sicilia
Hymella.ę.por un rio de italia
Hymetus.i.por un monte cerca de atbenas
Hymetius.a.um.por cosa deste monte
Himeridion.interpretatur diurnale
Hymen.nis.por la red en que nace el niño
Hymen.nis.por el dios delas bodas.
Hymeneus.i.por aquel mesmo dios.

Hymnus.i.por cantar en loor de dios
Hymnifer.a.um.por cosa que lo canta
Hymnifon.i.por cierta vasija de vino
Hinc.aduerbium.de aqui donde io esto
Hinnio.is.binniui.por relincbar cavallo
Hinnitus.us.por aquel relincbido
Hintus.us.per syncopen.por lo mesmo
Hinnibundus.a.um.lo que mucbo relincba
Hinnibunde.aduerbium.por relincbando
Hinnus.i.por mulo de cavallo z asna
Hinnulus.i.por aqueste mesmo romo
Hinnulus.i.por enodio bijo de ciervo
Hio.as.biaui.por abrir la boca.n.v
Hyo.interpretatur pluo.is.
Hio.as.biaui.por benderse algo.n.v
Hyoscyamos.i.por el veleño ierva
Hyoscyaminum oleum.azeite de veleño
Hypalage.es.interpretatur submutatio.fig
Hypate.es.por cierta cuerda enla musica.
Hypate bypaton.por otra cuerda.
Hypatos.i.interpretatur consul
Hypanis.is.por un rio de tartaria
Hipepi.orum.lugar fue de frigia
Hypenor.oris.por un varon troiano
Hypenemium ouum.por uevo sin mcaja.
Hypercatalecticus uersus.i.superabundans
Hypercatalesis.illa superabundantia
Hyper.interpretatur super prepositio.gr
Hyperbaton.interpratatur transgressio.fig
Hyperbole.es.interpretatur superlatio.fig
Hyperborei.montes son de tartaria
Hyperboricus.a.um.cosa destos montes
Hypericles.is.por un orador griego
Hyperiphania.ę.interpretatur superbia
Hyperionius.a.um.por cosa de iperion
Hyperbypate.por cierta cuerda en musica
Hyperion.onis.bijo de titano z la tierra
Hyperiochus.i.por un varon troiano
Hypermeter uersus.al que sobra silaba.
Hypermestra.ę.por una bija de danao
Hyperaspites.interpretatur prefectus
Hyphear.por cierto fruto del box
Hypnus.i.interpretatur somnus.i.
Hyphen.interpretatur sub uno.fig
Hypo.prepositio.interpretatur sub
Hypochysis.is.est oculorum suffusio
Hypochyma.atis.por aquello mesmo
Hypocondrion.ij.las telas del coraçõ o ijares

Hypocaustum.i.lugar para sudar en baño
Hypocistis.is.por los ipoquistidos
Hypocrisis.is.interpretatur simulatio
Hypocrita.e.interpretatur simulator
Hypocrisis.is. por la caratula o mascara
Hypocrita.e.por el que trae caratula
Hypomnema. atis.i.commentarius.ij.
Hypopyrgium.ij.lugar so la torre
Hypopheta. minister prophete
Hypostasis.is. interpretatur subsistentia
Hyposarca.e.por una especie de potra
Hypotheca.e. por la prenda de raizes
Hypothecarius.al que se da la tal prenda
Hypothesis.interpretatur suppositio
Hypotecticus.a.u.interpretatur supposititius
Hypozeusis.is. interpretatur subiunctio
Hippago.inis.por la tafurea nave
Hippagium.ij.por aquel passaje de cavallos.
Hipparchus.i.por un astrologo famoso
Hipparchia.e.i. equorum principatus
Hippardius.ij. animal cavallo pardo
Hippasus.i. filosofo fue notable
Hippacus.i.por una especie de cometa
Hippelaphus.animal cavallo ciervo
Hippoa.e. por un cierto pescado
Hippocoon.ontis.primo fue del rei reso
Hippocampus.i.por un cierto pece
Hippocrates.is.medico fue notable
Hippocentaurus.i. por el mesmo centauro
Hippocrine.es.fuente es de boecia
Hippo.us. hija de oceano z tethis
Hippodiaricus.i.por una ciudad de africa
Hippo regius.por otra ciudad de africa
Hipponensis.e.por cosa destas ciudades.
Hippodromum.i.por corredera de cavallos
Hippodamus.i.por domador de cavallos
Hippodame.es. por una hija de enomao
Hippodamia.e.por la mesma hija deste rei
Hippodame.es.por la muger de pirithoo
Hippodamia.e.por aquella mesma
Hippodes.pueblos son dela tartaria
Hippolapatum.i.species est lapati
Hyppolyta.e.reina fue delas amazonas
Hippolyta.e.es la mesma que antiopa
Hippolytus.i.hijo de aquesta z de theseo
Hippolochus.i. hijo fue de belerofon
Hippomanes.sudor es dela ingle dela iegua
Hippomanes. ierva es que nace de alli

Hippomanes. la carne dela frente del potrico
Hippomanes.sudor dela ingle dela iegua
Hippomarathrum.i. por hinojo silvestre.
Hipponax.actis. por un poeta griego
Hipponacticus.a.um. por cosa deste poeta
Hippotes.e.padre de eolo rei delos vientos
Hippotades.e.por eolo hijo de aqueste
Hippos.i.interpretatur equus
Hippopotamus.i.equus fluuiatilis
Hippotoxota.e. ballestero a cavallo
Hippurus.i.por cola de cavallo pece
Hipsicratea.e.muger fue de mithridates.
Hysipyle.es.hija de troas reina de thracia
Hir.indeclinabile.por la palma dela mano
Hircania.e.por una region de asia
Hircanus.a.um.por cosa desta region
Hircus.i.por el cabron no castrado
Hirculus.i. por pequeño cabron
Hircinus.a.um.por cosa de cabron
Hircosus.a.um.por lo que hiede a cabron
Hircoceruus.i.por cabron ciervo.
Hircus.i.por hedor de cobron
Hirculus.i. por la ierva hedionda
Hirie.es.por una ciudad de boecia
Hirnea.e.por vasija de barro
Hyrmos. interpretatur tractus fig.
Hirpi.orum.pueblos son de italia
Hirpinus.a.um. por cosa destos pueblos
Hirpia familia.familia fue en roma
Hirquus.i. por el lagrimal del ojo
Hirquitalus.i.el moço que muda la boz
Hirsutus.a.um.por cosa vellosa z aspera
Hyrtacus.i. varon fue troiano
Hyrtacides.e.por el hijo de aqueste
Hirtus.a.um.por aquello mesmo
Hirudo.inis.por la sanguisuela
Hirundo.inis.por el pece golondrino
Hirundo.inis.por la golondrina
Hirundininus.a.um. por cosa de golondrina
Hirundininus pullus.por el golondrino.
Hyrus.i.por un pobre que vino a troia
Hisco.is.por boquear z abrir la boca
Hysopus.i.por el culantrillo de pozo.
Hysopites uinum. por vino con esta ierva
Hispalis.is.por sevilla ciudad de españa
Hispalensis.e.por cosa de sevilla
Hispalitanus.a.um.por aquesto mesmo.ra
Hispania.e.por españa region de europa.

Hispania citerior.por aragon z navarra
Hispania ulterior. por todo lo otro
Hispanus.a.um. por cosa de españa enella
Hispaniensis.e. por cosa della fuera quella
Hispanicus.i.por el que vencio a españa
Hispane.aduerbium.por en lengua de españa
Hispidus.a.um. por cosa vellosa de sedas
Hispiditas.atis.por aquella vellosidad
Hystapes.is.padre de dario rei delos persas
Hysterice.es.por la madre dela muger
Hystera.e.por las pares dela muger
Hister.tri.rio es de ungria
Histeron.interpretatur ultimum
Histerologia.interpretatur ordo preposterus.
Histeron proteron. por aquella mesma figura
Histiaea.e. por una ciudad de euboea
Histopus.i.por cierta nave para passaje
Historia.e. por la istoria
Historicus.a.um. por cosa de istoria
Historicus.i.por el istoriador
Historiographus.i. por aquello mesmo
Histrio.onis. por el truban representador
Histrionicus.a.um.por cosa de aqueste
Histrionia.e.por aquesta trubaneria.
Histrix.icis.por el puerco espin
Hiulcus.a.um.por cosa que se hiende
　odie.aduerbium temporis.por oi
　Hodiernus.a.um. por cosa de oi
Hodos.interpretatur uia
Holocaustum.i. por el sacrificio encendido
Holocaustoma.atis. por aquello mesmo
Holographum.i.por testamento de su mano.
Hololampus.interpretatur totus flameus
Holophanta.e. interpretatur totum comedes
Holos.interpretatur totus.a.um.
Holoschoenos.i.por una especie de junco
Holosphyraton.i.por todo maciço
Homerus.i. por aquel noble poeta griego
Homericus.a.um.por cosa deste poeta
Homeromastyr.gis.açotador de omero
Homelia.e.interpretatur expositio
Homoesis.is.interpretatur similitudo
Homo hominis.por ombre o muger
Homo marinus.por ombre marino
Homicida.e. por el omiziano z omiziana.
Homicidium.ij.por el omezillo
Homoeos. interpretatur similis
Homoeos,aduerbium.interpretatur similiter

Homographia.e.interpre.similis descriptio
Homologia.e.interpretatur conuenientia
Homolus.i.por un monte de thessalia
Homoeoptoton.interpre.similiter cadens
Homoeoteleuton. interpre.similiter desinens
Homonymum.interpretatur equiuocum.
Homonoea. interpretatur concordia
Homulus.i.por ombre pequeño
Homuncio.onis.por aquello mesmo.
Homunculus.i. por aquello mesmo.
Honor.oris.por la onra o hermosura.
Honos.oris.por aquello mesmo
Honesto.as.aui.por onrar.a.i
Honestamentum.i.por aquella onra.ra.
Honestas.atis.por aquello mesmo
Honestitudo.inis.por aquello mesmo.pr.
Honorarius.a.um. por cosa de onra
Honorificus.a.um. por cosa onrosa
Honorifice.aduerbium.por onrosa mente
Honorificentior.coparatiuum ab honorificus
Honorificentissimus.superlatiuum ab eodem
Honorificentissime.aduerbium.ab eodem
Honorifico.as.aui. por onrar.a.i
Honoro.as.aui. por aquello mesmo.a.i
Honorabilis.e.por cosa onorable.
Honustus.a.um.por cosa cargada de onra
Hopla.interpretatur arma
Hoplomachus.i.armatus pugnans
Hora.e. por la ora parte.xxiiij.del dia
Hora equalis.por la ora del relox.
Hora inequalis.por la ora no igual
Horatius.ij. por un poeta latino
Horatianus.a.um.por cosa deste poeta
Horatius cocles.ciudadano fue romano.
Horatij.orum.tres ermanos fueron mellizos
Horatius.a.um. por cosa de aquestos
Horda.e. idem est quod forda
Hordicalia.orum.idem quod fordicalia
Horcum mel.por la miel del estio.
Horizon.ontis. circulo termino dela justa
Horizo.interpretatur termino.as.
Horos.interpretatur terminus.i.
Horme.es.interpretatur appetitus
Horminium.ij.esparrago es siluestre.
Horodes.e.varon es enel virgilio
Horologium.ij.por el relox
Horontes.is. por un varon enel virgilio
Horoscopus.i. por el relox

Horoscopa u.sa. por reloz de arena
Horreum.i. por la panera o alboli
Horreus.i.por aduana de mercaderia
Horrearius.ij.borrei utriusq3 custos
Horreo.es.borrui.por enerizarse.n.v
Horreo.es.rui.por aver asco.a.i
Horreo.es.rui.por temer.a.i
Horresco.is.idem est quod borreo.es.n.v
Horridus.a.um.cosa enerizada z espantable.
Horridulus.a.um. por cosa assi un poco
Horribilis.e. por cosa terrible z espantable
Horribiliter.aduerbium. por orible mente
Horrificus.a.um.por cosa que baze terror
Horrendus.a.um. por aquello mesmo
Horrendum.aduerbium. por terrible mente
Horrifico.as.aui. por espantar.a.i
Horrisonus.a.um.por espantable con roido
Horripilium.ij. por espeluzamiento
Horror.oris.por aquello mesmo
Horror.oris.por el miedo terrible
Horror.oris.por la religion con temor
Hortator.oris.por induzidor con razones
Hortamen.inis. por aquel induzimiento.poe
Hortamentum.i.por equello mesmo
Hortatio.onis. por aquello mesmo
Hortatus.us.por aquello mesmo.
Hortor.aris.por induzir por razones.d.iij
Hortensius.ij. orador fue latino
Hortus.i.por el uerto de ortaliza.
Hortulus.i.por el uerto pequeño
Horti.orum. por el jardin para plazer
Hospes.itis.por el uesped por amistad
Hospita.ę. por la uespeda assi
Hospitalis.e.por cosa de tal uesped
Hospitalitas.atis.por aquel ospedamiento
Hospitaliter.aduerbiũ.por amigable mẽte assi
Hospitor.aris.por ospedar por amistad.d.iij.
Hospitator.oris. por aquel ospedador
Hospitatio.onis.por aquel ospedamiento
Hospitatura.ę.por aquello mesmo
Hospitium.ij.por aquella posada por amor
Hospitiolum.i.por posada pequeña assi
Hostis.is.por enemigo publico
Hostilis.e. por cosa de tal enemigo
Hostilicus.a.um. por aquello mesmo
Hosticus.a.um. por aquello mesmo
Hostiliter.aduerbium.enemigable mente assi
Hostia.ę.por el sacrificio contra los enemigos

Hostia.ę. por una ciudad de italia
Hostiensis.e. por cosa de aquella ciudad
Hostilius.ij.rei fue delos romanos
Hostil̃inus.a.um.por cosa de aqueste
Hostilo.as.aui.por sacrificar.a.i
Hostio.is.bostiui. por igualar z arrasar.a.i
Hostimentum.i.por el arrasamiento
Hostorium.ij.por el rasero dela medida
　　uber.is.por cosa fertile o la fertilidad
　　Huber.is.por la teta con lecħe
Hubertas.atis.por la fertilidad z copia
Hubertim.aduerbium. por larga mente
Hubero.as.aui. a quo est erubero.as.n.v
Huc.aduerbium loci.por aca donde io esto
Hucusq3.aduerbium. por basta aqui
Huiusmodi. por desta manera
Huiuscemodi.por aquello mesmo
Hulcus.eris. por el botor o ulcera
Hulcero.as.por bazer ulcerarse otra cosa.a.i
Hulceratio.onis.por aquella ulceracion'
Hulcerosus.a.um.por cosa ulcerada
Humanus.a.um.por cosa de ombre
Humanitas.atis. por la umanidad
Humanitatis artes. la poesia z oratoria
Humanitas.atis.por la benignidad
Humaniter.aduerbium.por benigna mente
Humanitus.aduerbium.por aquello mesmo.
Humeo uel bumesco.por umedecerse.n.v
Humectus.a.um. por cosa umida
Humeus.a.um.por aquello mesmo.ra
Humidus.a.um.por aquello mesmo
Humidulus.a.um. por cosa umida un poco
Humecto.as.aui.por umedecer.a.i
Humectatio.onis. por aquel umedecimiento
Humerus.i.por el ombro.
Humerale.is.por vestido del ombro
Humilis.e.por cosa baxa por el suelo.
Humillimus.a.um.superlatiuum ab bumilis
Humiliter.aduerbium. por baxa mente assi
Humilitas.atis.por aquella baxeza.
Humilio.as.aui.por abaxar.a.i
Humiliatio.onis.por aquel abaxamiento.
Humor.oris. por el umor o umidad
Humo.as.aui.por enterrar.a.i
Humatio.onis.por el enterramiento
Humator.oris.por el enterrador
Humus.i.por la tierra
　　De incipientibus ab.i.

i littera.inter duo puncta. est unum.
Iá.por uno dlos diez nõbres de dios.b
Ia.iæ. por una hija de atlas.
Iabolenus.i.por un jurisconsulto.
Iacca.e. por una ciudad de gascueña.
Iaccetani.pueblos son de aquella ciudad.
Iacchus.i. por uno delos nombres de bacco.
Iacchius.a.um. por cosa deste dios.
Iaceo.es.iacui.por estar acostado z iazer.n.v.
Iaceo.es.iacui. por estar derribado.n.v.
Iacio.is.ieci.por echar tiro.acti.i.
Iacio.is. por poner z fundar. acti.i.
Iacób.hijo de isaac z rebeca. bar.
Iacóbus.i.nombre de varon es.
Iacobita.æ. por varon de aqueste.
Iacto.as.avi.por alabarse en vano.acti.i.
Iactantia.æ. por aquella vana gloria.
Iactabundus.a.um.por cosa vanagloriosa.
Iactatus.a.um. por aquello mesmo.ra.
Iactânter.adverbium.por vanagloriosa mẽte
Iactuose.adverbium.por aquello mesmo.
Iactito.as.aui.por se jactar a menudo.a.i.
Iacto.as.aui. por echar en la mar. acti.i.
Iactura.æ.por la perdida enesta manera
Iactura.æ.por qualquier perdida.
Iactus.us. por el lance de fortuna.
Iactus. us. por el lançar ala mar.
Iaculus.i. por cierta serpiente en africa.
Iaculus.i.por una especie de cometa.
Iaculum.i.por el tiro lo que tiramos
Iaculor.aris.por echar tiro.d.iij.
Iaculator.oris.por el echador de tiro.
Iaculatrix.icis. por echadora de tiro.
Iaculacio.onis.por aquel tirar.
Iaculatorius.a.um. por cosa para tirar.
Iaculabilis.e. por cosa que se puede tirar.
Iader.eris.por un rio de esclavonia.
Iadra.æ. por una ciudad cerca deste rio.
Iam.aduerbium temporis.por.iá.
Iam. aduerbium. por agora.
Iamdiu. aduerbium. por mucho tiempo á
Iamdudum.aduerbium.por poco tiẽpo á.
Iambus.i.por el pie de silabas breve z luenga
Iambicus. a.um. por cosa deste pie.
Iambæus.a.um. por aquello mesmo.
Ianira.æ.por una hija de oceano z tethis.
Ianiculum.i. por un monte de roma.
Iantha.æ. por una hija de oceano z tethis.
Ianthinus.a.um. por cosa de violado color
Ianua.æ.por la puerta dela morada.
Ianuarius.ij.por el mes de enero.
Ianuarius.a. um. por cosa deste mes
Ianitor.oris.por el portero dela casa
Ianitrix.icis.por la portera dela casa
Iapetus.i.hijo fue de titano z asia
Iapetiades.æ.por el hijo o nieto de japeto
Iapheth.hijo fue de noe amigo de dios.b.
Iapis.idis.poblador fue de japidia.
Iapidia.æ.ciudad es en venecia region
Iapyx. ygis. por un hijo de dedalo
Iapix.ygis.por un viento que corre de apulia
Iapygia.æ. por calabria region de italia
Iapygium.ij. por un cabo de mar alli
Iasion. uno delos eroes enamorado de ceres
Iasius.ij.por aquel mesmo eroe.
Iasius.ij. por un rei de arcadia
Iasides.æ.por hijo o nieto de aqueste.
Iasis.idis.por hija o nieta de aqueste.
Iason.onis.por jason hijo de eson
Iasonius.a.um.por cosa de aqueste.
Iatría.interpretatur medicina.
Iatraleptice.es. medicina arte de prodico
Iatronices.æ. por vencedor enesta arte
Iaziges. pueblos son septentrionales
berus .i. por ebro rio de españa
Iber.a.um.por cosa de españa.
Ibera.æ. por una ciudad cerca deste rio
Iberia.æ.por la españa region de europa
Ibericus.a.um.por cosa de españa
Ibericum mare.por el mar de españa.
Iberia.æ.por otra region de asia.
Iber.eris.por el pueblo desta region
Ibi aduerbium loci. por ai o alli
Ibidem.aduerbiũ loci. por enel mesmo lugar
Ibis.idis. por una ave propria de egypto
Ibix.icis. por una especie de cabra montes
carus.i.por icaro padre de erigone
Icarus.i.por la costelacion bootes
Icarus.i.por un hijo de dedalo
Icaria.æ.por una isla cerca de samo
Icarium mare.por el mar cerca della.
Icarius.ij.hijo de ebalio z padre de penelope
Icariotis.idis. por la hija de aqueste
Ichneumon.onis.animal es peregrino
Ichneumon.onis. especie es de abispa
Ichnobates.æ.nombre es de can en ovidio

Ichnusa.ę.la isla que agora es cerdeña
Ico.icis.ici.por herir.acti.i.ra.
Iconium.ij.ciudad de capadocia.
Iconia.ę.por esta mesma ciudad
Icos.uel icon.interpretatur imago
Icon.is.por cierta figura en la oratoria
Iconicus.a.um. cosa debuxada delo natural.
Iconium.ij. por una ciudad de lycaonia
Ichthis.is. interpretatur piscis.
Ichthiocolla.ę. por el caçon pescado
Ichthiocola.ę. por la colaper.
Ichthiophagi.pueblos que biven de peces
Ichthiotrophium.ij.por estanque de peces
Icterus.i.por la oropendola ave conocida
Icterus.i. por la itericia dolencia deste color
Ictericia.ę. por esta mesma dolencia
Ictericus morbus.por aquello mesmo
Ictericus.a.um.por cosa doliente della
Ictis.idis. interpretatur mustela siluestris
Ictus.a.um.participium ab ico.is.
Ictus.us. por el golpe o herida
    Ida.ę.por un bosque de creta isla
    Ida.ę.por otro bosque de troia
Ideus.a.um. por cosa destos bosques
Idas.ę. eroe fue enamorado de marpisa
Idalium.ij. monte z lugar de cipro isla
Idalius.a.um.por cosa deste lugar
Idalia.ę. por la diosa venus deste lugar
Idalis.idis. por la mesma diosa venus
Idcirco.coniunctio.por porende
Idea.ę.interpretatur forma z species.
Idem.in masculino.por el mesmo.
Idem. in neutro genero.por lo mesmo
Identidem.aduerbium. por una z otra vez
Idios.interpretatur proprius.
Idioma.atis.por propriedad de lenguaje
Idiographon.escriptura de propria mano
Idiota.ę.el que no sabe sino lo suio
Idoetion.interpretatur naturę accomodatum
Idos.interpretatur species uel forma.
Idolum.i.por el idolo o estatua.gr.
Idolopoeia.ę.por ficion de idolo
Idolatra.ę. por el servidor de idolos
Idolatria.ę. por el servicio de idolos
Idolium.ij.por el sacrificio de idolos.
Idolotitum.i.por aquello mesmo.
Idomeneus.i.por un rei de creta
Idoneus.a.um. por cosa idonea

Idoneior. comparatiuum ab idoneus
Idos. interpretatur species
Idume.es. region es de palestina judea
Idumęa.ę. por aquella mesma region
Idumeus.a.um. por cosa desta region
Idus.uum.por las idus del mes
    Iebus. la que se llamo despues ierusalę.b.
    Iebusęus.principe fue de aquella tierra
Ieci.iecisti. pręteritum est a iacio.is.
Ieconias.ę. principe fue delos judios.b.
Iecorinus.i. por un cierto pescado
Iecinus. oris. por aquello mesmo
Iecur.oris.por el higado.
Iehenna.ę.huego del infierno.b.
Iebu. rei fue delos judios. b.
Ieiuna.ę.por la tripa aiuna
Ieiunium.ij.por el aiuno.
Ieiunitas.atis.por aquello mesmo
Ieiuno.as.iciunaui. por aiunar. n.v.
Ieiunus.a.um.por cosa aiuna
Ieiunus.a.um.por cosa dessabrida
Iens.euntis. participium ab eo is.
Iento.as.ientaui.por almorzar.
Ientaculum.i.por el almuerzo.
Iepte.juez fue delos judios.b.
Iesse.padre fue del rei david z hijo de obeth.b
Ies.ietis.ciudad de acaia tierra de omero
Iesus.trisyllabum. por nuestro salvador
Iesuites.ę.por el jesuato fraile de jesu.
Ietro.suegro fue de moisen profeta.b.
    Igitur.coniunctio. por assique
    Iginus.i. istoriador fue latino
Ignarus.a.um.por cosa no sabidora
Ignauus.a.um.por cosa perezosa mucho
Ignauia.ę.por aquella grande pereza
Ignauitas.atis. por aquello mesmo.pr.
Ignauiter.aduerbium.por perezosa mente
Ignis.ignis. por el huego
Igniculus.i. por el huego pequeño
Igniarium.ij.por encendedero de leña
Igneo.uel ignesco. por encender se. n.v.
Ignescor.eris.por aquello mesmo.pr.
Igneus.a.um. por cosa de fuego
Ignis sacer.por el fuego de.S.marçal
Ignicomans.tis.por lo q tiene raios de fuego
Ignifer.a.um.por cosa que trae fuego
Ignigena.ę.por cosa engendrada de fuego
Ignispicium.ij.por la divinacion en fuego

Ignisper.icis.por el que aſſi es divino
Ignitus.a.um.por coſa encendida de fuego
Ignuomus.a.um. por coſa que echa fuego
Ignobilis.e.por coſa no conocida z eſcura
Ignoſcibilis.e.por aquello meſmo
Ignobilitas.atis.por aquella no nobleza.
Ignobiliter.aduerbium.por eſcura mente
Ignominia.ę.por la infamia
Ignominioſus.a.um. por coſa infame
Ignoro.as.aui. por no ſaber.a.i.
Ignoranter.adver.a no ſabiendas
Ignorantia.ę.por el no ſaber
Ignoratio.onis. por aquello meſmo
Ignoſco.is.ignoui.por perdonar.n.ij.
Ignoſco.is.ignoui.por lo meſmo. acti.iij
Ignoſcibilis.e.por coſa de perdonar
Ignoſcentia.ę.por el perdon
Ignotus.a.um.por coſa no conocida.
   Ibeſus. a quibuſdam per.b.ſcribitur
    laira.ę.bija fue de leucipo
    Ile.ilis.ilia.iliũ.por las tripas delgadas.
Ilcon.i.por el dolor dela ijada
Ilergetes. pueblos ſon de cataluena
Ilergetius.a.um.por coſa deſtos pueblos
Ilerda.ę. por lerida ciudad de eſpaña
Ilex.icis. por enzina de bellotas chicas
Ilia.ę.por la madre de romulo z remo
Iliades.ę. por romulo bijo de ilia
Iliacus.a.um. por doliente del ijada.
Ilioſus.a.um. por aquello meſmo
Iliacus.a.um.por coſa de troia
Ilias.adis. por la obra dela guerra troiana
Iliccus.a.um.por coſa de aquella enzina.
Iligneus.a.um. por aquello meſmo
Ilignus.a.um.por aquello meſmo
Ilicetum.i.por el enzinal de enzinas
Ilicet.aduerbium.por luego ala ora
Ilico.aduerbium. por aquello meſmo
Ilicrines. interpretatur ſincerus
Ilios.ij. por la ciudad de troia
Ilium.ij. por aquella meſma ciudad
Iliensis.e.por coſa de aquella ciudad.
Ilione.es.por una bija del rei priamo
Ilioneus.i. por un troiano varon.
Iliturgi.orum. pueblos ſon de eſpaña
Iliturgitanus.a.um. por coſa deſtos pueblos
Ilitbyia.ę. interpretatur lucina dea
Illabor.eris.por ſe deſlizar o delez31ar. d.v.

Illabilis.e.por coſa deleznable
Illac.aduerbium loci.por do alguno eſtá
Illachrymabilis.e.por coſa de no llorar
Illachrymabiliter.por no llorádo.
Illacerabilis.e. por no deſpedaçable
Illaeſus.a.um. por coſa no liſiada
Illetabilis.ę.por coſa no alegre
Illetabiliter.aduerbiom.por no alegre mente
Illaqueo.as.aui. por enlazar.a.i.
Illatebro.as.aui.por eſconder.actiuu5.i.
Illatenus.aduerbium. por baſta alli
Illatro.as.aui. por ladrar contra otro
Illaudatus.a.um. por coſa no alabada
Ille.illa.illud.por aquel.
Illecebre.arum.por los balagos
Illecto.as.aui.por atraer por balagos
Illectatio.onis.por aquel atraimiento
Illectus.us. por aquello meſmo
Illectus.a.um.participium ab illicio.
Illepidus.a.um.por coſa deſgraciada
Illepiditas.atis. por aquella deſgracia
Illepide.aduerbium.por deſgraciada mente.
Illex.icis.por el añagaza
Illex.gis.por coſa ſin lei z orden
Illibatus.a.um.por coſa no tocada
Illiberalis.e.por coſa no liberal ni libre
Illiberaliter.aduerbium.por no libre mente
Illiberri.orum. por granada en eſpaña
Illiberritanus.a.um.por coſa deſta ciudad
Illic.aduerbium.alli donde eſta alguno.
Illicio.is.illexi. por atraer por balagos.a.i.
Illicitus.a.um. por coſa no licita
Illicite.aduerbium.por no licita mente
Illido.is.illiſi.por qbrar una coſa en otra.a.iij
Illigo.as.aui. por atar mucho.a.i.
Illimis.e.por coſa ſin cieno z limo
Illino.is.illeui.uel illiui. por untar.a.i.
Illinc.aduerbium. de alli donde eſta alguno.
Illiquefacio.is.feci.por derretir.acti.i.
Illyria.ę.por la eſclavonia region de europa.
Illyris.idis.por eſta meſma region
Illyricus.a.um. por coſa deſta region
Illiſus.a.um.participium ab illido.is.
Illiſus.us.por quebrantamiento aſſi
Illiſio.onis.por aquello meſmo.
Illitus.a.um.por coſa untada ab illino
Illitus.us. por la uncion o untadura
Illó.aduerbium. por aculla do alguno eſta

Jllotus.a.um. por cosa no lavada
Jllúc.aduerbium. por aquello mesmo
Jllucco.es.illuxi. por luzir mucho. n.v.
Jlludo tibi uel te. por escarnecer.a.i.
Jllusio.onis.por el escarnio o burla
Jllusor. oris. por el escarnecedor o burlador
Jllusorius.a.um. por cosa para burlar
Jllustris.e.por cosa luzida z clara
Jllustro.as. por luzir z ennoblecer.a.i.
Jllustratio.onis.por aquel luzimiento
Jlluuies.ei. por la suzidad por no lavar se
Jlua.e. isla es que pertenece a italia
Jluas.atis.por cosa desta isla
    mago.inis.por la imagen
    Jmagnicula.e.por pequeña imagen
Jmaginor.aris. por imaginar vision
Jmagino.as. por bazer imagines.a.i.
Jmaginatio.onis. por vision de imagenes
Jmaginarius.a.um.cosa de imaginacion
Jmarméne.es.interpretatur fatum
Jmbecillis.e.por cosa flaca
Jmbecillus.a.um.por aquello mesmo
Jmbecillitas. atis. por la flaqueza
Jmbecilliter. aduerbium. por flaca mente
Jmbellis.e.por cosa flaca para pelear
Jmbellia.e. por aquella flaqueza
Jmberbis.e.por cosa desbarvada
Jmberbus.a.um. por aquello mesmo
Jmber. imbris. por la lluvia agua
Jmbibo.is.imbibi.por embever ensi
Jmbrex.icis.por la canal dela carne
Jmbrex.icis.por la teja o canal
Jmbricium.ij.por aquello mesmo
Jmbricatus.a.um. por cosa acanalada
Jmbricatim.aduerbium.por acanales
Jmbuo.is.por embever en otra cosa.a.i.
Jmitor. aris. por remedar
Jmitatus.a.um. por cosa remedada
Jmito.as. por remedar.pr. acti.i.
Jmitatio.onis.por aquel remedar
Jmitamentum.i.por aquello mesmo
Jmitamen.inis.por aquello mesmo.
Jmitabilis.e. por cosa que se puede remedar
Jmitabundus.a.um. por lo q mucho remeda
Jmmaculatus.a.um. por cosa sin manzilla
Jmmadeo.es.dui. por mojar se mucho
Jmmanis.e.por cosa grande en su especie
Jmmanis.e. por cosa contra natura

Jmmanitas.atis.el pecado contra natura
Jmmaniter.aduerbium.por contra natura
Jmmaneo.es.si. por quedar adentro
Jmmansuetus.a.um.por cosa no mansa
Jmmemor.oris.por cosa olvidadiza
Jmmensus.a.um. por cosa sin medida
Jmmergo.is.si.por çabullir o anegar.a.i.
Jmmersio.onis.por aquel çabullir
Jmmersabilis.e.por lo que no se anega
Jmmetatus.a.um.por cosa no medida
Jmmeio.is.imminxi.por mear en otra cosa.
Jmmigro.as.aui. por mudar casa
Jmminço.es.nui.por estar encima
Jmminentia.e.por aquel estar encima
Jmminuo.is.nui.por amenguar.a.i.
Jmminutio.onis. por el amenguamiento
Jmmisceo.es.immiscui.por mezclar
Jmmisericors.dis.por cosa no misericordiosa
Jmmisericorditer.no misericordiosa mente
Jmmiserabilis.e.por cosa sin misericordia
Jmmiserabiliter.por sin misericordia
Jmmitis. e. por cosa cruel
Jmmito.is.si.por meter adentro
Jmmissio.onis.por aquella metida
Jmmitto.is.si.por ecbar en luengo
Jmmissio. onis. por aquel ecbar
Jmmo particula aduersatiua.por antes no
Jmmoderatus.a.um. por cosa no templada
Jmmodestus.a.um. por aquello mesmo
Jmmodicus.a.um. por cosa grande
Jmmodice.aduerbium.por grande mente
Jmmobilis.e.por cosa no movible
Jmmobilitas.atis.por aquella firmeza
Jmmobiliter.aduerbium.por firme mente
Jmmolo.as.aui. por sacrificar con mola
Jmmolatio. onis. por aquel sacrificar
Jmmorior.eris.por morir sobre otro
Jmmortuus.a.um. por cosa muerta mucbo
Jmmortalis.e. por cosa que nunca muere
Jmmortalitas.atis.por esta immortalidad
Jmmortaliter.aduerbium. immortal mente
Jmmortalitus.aduerbium.por lo mesmo.pr.
Jmmotus.a.um. por cosa firme
Jmmundus.a.um.por cosa suzia.
Jmmundicia.e.por la suzidad
Jmmunis.e.por cosa esenta de lei
Jmmunitas.atis. por aquella esencion
Jmmunis.e. por cosa sin oficio z perezosa

Jmmulgeo.es.ſi.por ordeñar en otra coſa.a.i
Jmmunitus.a.um. por coſa no guarnida
Jmmuto.as.aui. por mucho mudar. a.i.
Jmmutatio.onis. por aquella mudan, ¶
Jmmutabilis.e.por lo que no ſe puede mudar
Jmmutabiliter.aduerbiū. no mudable mente
Jmmurmuro.as.por murmurar en algo.
Jmpacatus.a.um.por no apaziguado
Jmpactus.a.ū.participiū ab impinguo.is.
Jmpar.aris.por nones no pares
Jmpar.aris. por coſa deſigual
Jmparilis.e. por aquello meſmo
Jmparilitas. atis. por la deſigualdad
Jmpariter.aduerbium.por deſigual mente
Jmparatus.a.um.por coſa deſaparejada
Jmpartio.is.impartiui.por dar parte.a.i.
Jmpartior.iris.por aquello meſmo
Jmpartibilis.e.por coſa no partible
Jmpaſtus.a.um. por coſa no cevada
Jmpatiens.tis.por coſa no ſufrida
Jmpatientia.e.por el no ſufrimiento
Jmpatienter.aduerbium.por ſin ſufrimiento.
Jmpatibilis.e.por lo que no puede padecer
Jmpauidus.a.um.por coſa no pavoroſa
Jmpedio.is.diui.por empachar o embargar.
Jmpedimentum.i.por aquel embargo
Jmpeccabilis.e.por coſa que no peca
Jmpegi.preteritum. ab eo quod impingo.is.
Jmpello.is.por empuxar z forçar.a.i.
Jmpendeo.es.di. eſtar encima colgado
Jmpendo.is.di.por dar gaſtando
Jmpendo.is.di. por eſpender
Jmpendium.ij. por el gaſto o eſpenſa
Jmpendium.ij.por la ganácia ſobre el caudal
Jmpendio.aduerbium. por mui mucho
Jmpenſe.adverbium. por aquello meſmo
Jmpenſa.e.por el gaſto o eſpenſa
Jmpenetrabilis.e. por coſa no trapaſſable
Jmpero.as.aui. por mandar. a.i.
Jmpcraſſo.is. por aquello meſmo.pr.
Jmperatiuus modus.por el modo para mádar
Jmperator.oris.por el capitan o emperador
Jmperatorius.a.um. por coſa de aqueſtos
Jmperiuz.ij.por la capitania principal
Jmperium.ij. por el imperio z ſeñorio
Jmperium.ij.por el mando z mandamiento.
Jmperioſus.a.um. por lo que mucho manda
Jmperioſus.a.um.por coſa violenta

Jmperioſe.aduerbium. por violenta mente
Jmperialis.e.por coſa del imperio
Jmperito.as.aui. por mandar a menudo.
Jmperfoſus.a. um. por coſa no boradada
Jmperitus.a.um. por coſa no ſabia z necia
Jmpericia.e.por la no eſperiencia z necedad
Jmperite.aduerbium. por necia mente
Jmpertio.is. impertiui. por dar parte
Jmpertior.iris. por aquello meſmo
Jmperterritus.a.um.por coſa no eſpantada
Jmperuius.a.um.por coſa no paſſadera
Jmpes.impetis.por el arrebatamiento
Jmpetix.gis.por el empeine
Jmpetigo.inis.por aquello meſino
Jmpetiginoſus.a.um.por lleno de empeines
Jmpetro.as.aui.por alcançar rogando.a.i.
Jmpetrabilis.e.por coſa alcançable aſſi
Jmpetratio.onis.por aquel alcançar
Jmpeto.is.impetiui.por arremeter con furia.
Jmpetus.us.por el arrebatamiento aſſi
Jmpetuoſus.a.um.por coſa arrebatada aſſi.
Jmpexus.a.um.por coſa no peinada.
Jmpiger.a.um.por coſa no perezoſa
Jmpigritas.atis. por aquella acucia
Jmpigritia.e.por aquello meſmo.
Jmpigre.aduerbium. por acucioſa mente
Jmpius.a.um.por coſa no religioſa.
Jmpietas.atis. por aquella eregia
Jmpie.abuerbium.por no religioſa mente
Jmpio.as.aui. por enſuziar lo ſagrado
Jmpingo.is.xi.por empuxar
Jmpinguo.as.aui.por engraſſar
Jmplacabilis.e.por coſa no amanſable
Jmplacidus.a.um.por coſa no aſoſegada
Jmplano.as.aui.por allanar.
Jmpleo.es.impleui.por hinchir
Jmplexus.a.um.por coſa enhetrada
Jmplexitas.atis.por la enhetradura
Jmplexe.aduerbium.por intricada mente
Jmplico.as.implicui.uel aui.por embaraçar.
Jmplicitus.a.um. participium ab implico
Jmplicatus.a.um. participium ab implico
Jmplicatio.onis. por el embaraço
Jmploro.as.aui. por rogar caſi llorando
Jmploratio.onis.por aquel ruego
Jmplumis.e. por coſa ſin plumas
Jmpluuium.ij.por el patin de caſa
Jmpluuiatus color. por color de bollin

Impolitus.a.um.por cosa no polida
Impollutus.a.um. por cosa no suzia
Impono.is. imposui. por poner encima
Impositio.onis. por aquella postura
Impositus.us.por aquella mesma postura
Imposititius. a.um.por cosa postiza assi
Impono oculos. por enxerir de escudete
Impositio oculorum.por aquel enxerto
Impono.is.por engañar.neutrum
Impostor.oris.por el engañador
Impostura.ę.por el engaño
Imporco.as.aui.por aporcar tierra.
Imporco.as.aui.por traer adentro
Importatio.onis. por aquella traedura
Importunus.a.um.por cosa importuna
Importunitas.atis.por la importunidad.
Importune.aduerbium. por importuna mēte
Importuosus.a.um.por costa sin puertos
Impos.otis.por cosa no poderosa de si
Impossibilis.e. por cosa no possible
Impossibilitas.atis.por no possibilidad.
Imposterum.aduerbium. por de aqui adelāte
Impositus.a.um. participium ab impono
Impotens.tis.por cosa no poderosa de si
Impotentia.ę.por aquel no poder
Impotenter.aduerbium.por no podiēdo assi.
Imprecor.aris. por rogar mal a otro
Imprecatio.onis.por aquella maldicion
Impresentiarum.aduerbium.por al presente.
Imprane.uel imprimis. por primera mente
Impressio.onis. por la impression
Impressor.oris. por el impressor
Imprimo. is.si. por imprimir
Improbus.a.um.por lo que nose harta
Improbus.a.ū.por cosa mala z sin verguença
Improbulus.a.um. por cosa tal un poco
Improbe.aduerbium. por mala mente
Improbitas.atis.por la maldad
Improbo.as.aui. por no aprovar
Improbatio.onis. por aquella reprebension
Improcerus.a.ū. por no grande en su especie
Improcinctu.aduerbium.por presta mente.
Impromptu.aduerbium.por ala mano
Impropero.as.aui.por apressurar se
Impropero.as.aui.por reprebender.
Improperium.ij.por la reprebension.
Improspectus.a.um.por cosa no mirada.
Improuidus.a.um.por cosa no proveida

Improuide.aduerbium.por no provida mēte
Improuisus.a.ū. por cosa subita
Imprudens.tis.por cosa no prudente
Imprudentia.ę.por la no prudencia
Imprudenter.aduerbiū. por no prudēte mēte
Impudens.tis.por cosa sin verguença
Impudo.onis. por el desvergonçado.pr.
Impudentia.ę.por el desvergonçamiento
Impudenter.aduer.por desvergōçada mente
Impudicus.a.um.por cosa no casta.
Impudicicia.ę.por la no castidad.
Impudice.aduerbium.por no casta mente
Impugno. as.aui. por combatir
Impugnatio.onis.por el combate
Impulsus.a.um.participium ab impello.
Impulsus.us. por el empuxon z fuerça
Impunis.e.por cosa no punida ni castigada
Impunitas.atis. por aquel no castigo
Impune.aduerbium. por sin pena
Impune.aduerbium.por sin causa
Impunitus.a.um.por cosa no punida
Impurus.a.um. por cosa suzia con pecado
Impuritas.atis. por aquella suzidad
Impure.aduerbium.por suzia mente assi.
Imputo.as.aui.por çaberir.acti.iij.
Imputatio.onis.por aquel çaberimiento.
Imputatus.a.um. por cosa no podada
Imputribilis.e. por cosa que no se se pudre
Imus.a.um. por cosa baxa
In.prepositio accusatiui.por contra
In.prepositio ablatiui.por en.
In in compositione auget.ut insignis.
In in compositione minuit.ut indoctus
In in compositione pro intus.ut innatus.
In locum uenire.por venir adentro
Inaccessibilis.e.por cosa do ninguno llega
Inaccessus.a.um.por aquello mesmo
Inachus.i. por el primero rei delos argiuos
Inachus.i. por un rio de argos ciudad
Inachius.a.um.por cosa de aquestos.
Inachis.idis.por hija o nieta de aquestos
Inadulabilis.e.por cosa no lisonjera
Inędifico.as.aui. por edificar en lugar
Inędificatio.onis.por aquel edificar
Inęqualis.e. por cosa no igual
Inęqualitas.atis.por la desigualdad
Inęqualiter.aduerbium.desigual mente.
Inalbeo.uel inalbesco. por emblanquecer

Jnalto.as.aui.por enfalçar.acti.
Jnamarefco.is.por amargar
Jnambitiofus. a.ū.cofa no codiciofa de onra.
Jnambulo.as.por andar en lugar
Jnambulatio.onis. por aquel andar
Jnamoenus. a.um. por cofa no deletable
Jnamoenitas.atis. por no deletacion
Jnanimis.e.por cofa muerta
Jnanimus.a.um. por aquello mefmo
Jnanis.e. por cofa vana o vazia o ueca
Jnanitas.atis. por aquella oquedad
Jnaniter.aduerbium.por vana mente
Jnaquofus.a.um.por cofa fin agua.
Jnaratus.a.um.por cofa no arada
Jnardeo.uel inardefco.por arder
Jnarco.uel marefco.por fecar fe.
Jnargutus.a.um.por cofa que no fuena
Jnargutus.a.um. por cofa no argullofa
Jnarime.es.por una ifla cerca de napol
Jnaro.as.aui.por arar mucho
Jnarticulatus.a.um.por cofa no diftinta
Jnattenuatus.a.um. por cofa no adelgazada
Jnaudio.is.iui.por oir mucho
Jnauditus.a.um. por cofa no oida
Jnauguro.as. por tomar aguero.a.i.
Jnauris.is.por el cercillo delas orejas
Jnauritus.a.um. por cofa fin orejas
Jnauro.as.aui.por dorar.a.i.
Jnauratio.onis.por la doradura
Jnaurator.oris. por el dorador
Jnaufpicatus.a.um. por cofa defdichada
Jnaufpicato.aduerbium.por en mal ora
Jncalco.uel incalefco.por efcalentar fe
Jncalfacio.is.feci.por efcalentar.a.i.
Jncallidus.a.um. por cofa no aftuta
Jncalliditas.atis.por la no aftucia
Jncallide.aduerbium.por no aftuta mente
Jncaneo.uel incanefco. por encanecer
Jncanus.a.um. por cofa cana mucho
Jncandeo.uel incandefco.por enfañar fe
Jncandefcentia.ę.por la ira o faña
Jncanto.as.aui. por encantar.a.i
Jncantatio.onis.por la encantacion
Jncantator.oris.por el encantador
Jncaffum. aduerbium.por en vano
Jncaftratura.ę. por la encaçadura
Jncautus.a.um.por cofa no proveida
Jncaute.aduerbium.por no cauta mente

Jncedo.is.inceffi.por andar con pompa
Jncelebris.e.por cofa no famofa z efcura.
Jncelebritas.atis. por la obfcuridad affi
Jncelebriter.aduerbium.por obfcura mente
Jncendo.is.incendi.por encender
Jncendium.ij.por fuego de boguera.
Jncendiarius.ij.por el que pufo buego
Jncendiarius.a.um. por cofa de boguera
Jncenfiarius aurum.por teforo publico
Jncentor.oris. por el cantor.ra.
Jncentio.onis. por el canto.ra.
Jncentiuus.a.um. cofa para canto.ra.
Jncerno.is.increui.por cernir.a.i.
Jncerniculum.i.por cedaço o çaranda
Jncero.as.aui.por encerar.a.i.
Jnceffo.is.inceffi. por defafiar.a.i.
Jnceffo.is.inceffi.por incitar.a.i.
Jnceffus.us. por el andar con pompa
Jnceftus.a.um. por cofa no cafta
Jnceftus.us.por coito con parienta
Jncefto.as.aui.por enfuziar la parienta
Jnchoo.as.aui.por començar.a.i.
Jnchoatio.onis.por el comienço
Jnchoatiuum uerbum.verbo de cierta forma.
Jncido.is.incidi.por cortar.a.i.
Jncido.is.incidi. por caer.neutrum
Jncile.is.por el cauze de molino.
Jnciles foffę. por acequias para regar
Jncino.is.incinui.por cantar.a.i.
Jncipio.is.incoepi.por començar.a.i.
Jncircumfcriptus.a.um. cofa indeterminada
Jncifus.us. por la cortadura
Jncifura.ę. por aquello mefmo
Jncifim.aduerbium. por acortaduras
Jncifiuus.a.um.por cofa para cortar
Jncito.as.aui. por defpertar.a.i.
Jncitabulum.i. por defpertamiento
Jncitatio.onis.por aquello mefmo
Jncitamentum.i.por aquello mefmo
Jnciuilis.e.por cofa defcortes z villana
Jnciuilitas.atis.por aquella defcortefia.
Jnciuiliter.aduerbium.por villana mente
Jnclamo.as.aui. por dar bozes.
Jnclamito.as.aui.por llamar amenudo
Jnclemens.tis. por cofa no mifericordiofa
Jnclementia.ę. por la no mifericordia
Jnclementer.aduer. por no mifericorde mēte
Jnclino.as.aui. por inclinar. acti.i.

Jnclinatio.onis.por la inclinacion
Jnclinamentum.i.por aquello mesmo
Jnclinatus.us. por aquello mesmo
Jnclytus.a.um.por cosa famosa
Jncludo.is.inclusi. por encerrar. acti.i.
Jnclusio.onis. por el encerramiento
Jncoenatus.a.um.el que no a cenado
Jncogito.as.aui. por pensar mucho. a.i.
Jncoibilis.e.por cosa no aiuntable
Jncolo.is. por morar en lugar. acti.i.
Jncola.e.por morador o moradora en lugar
Jncolatus.us. por aquella morada
Jncolumis.e.por cosa sana z entera
Jncolumitas.atis.por aquella sanidad
Jncomitatus.a.um. por cosa no acompañada
Jncommodo. as.aui. por dañar
Jncommodum.i.por el daño.
Jncommoditas.atis.por lo mesmo
Jncommodus.a.um.por cosa dañosa
Jncommode.aduerbium.por dañosa mente
Jncommunicabilis.e.lo no comunicable
Jncommutatus.a.um. por no mudado
Jncommutabilis.e.por cosa no mudable
Jncommutabiliter.no mudable mente
Jncomptus.a.um.por cosa no afeitada
Jncompositus.a.um.por cosa no compuesta
Jncomprehensibilis.e. por no comprehēsible
Jmcomprehensibiliter.no comprehēndiendo
Jncompletus.a.um. por cosa no compuesta
Jncompletio.onis.por la no composicion
Jnconcussus.a.um.por cosa no sacudida.
Jnconditus.a.um. por cosa no escondida
Jnconditus.a.um.por cosa mal compuesta
Jncongelabilis.e. por cosa que no se iela
Jnconniuens. por cosa que no consiente
Jnconstans.tis. por cosa no constante
Jnconstantia.e. por la no constancia
Jnconstanter.aduerbiū. por no cōstante mēte
Jnconsideratus.a.um.por no considerado
Jnconsiderate.aduer. por no cōsiderada mēte
Jnconsideranter.aduerbium.por lo mesmo.
Jnconsultus.a.um. por el que no conseja.
Jnconsultus. a. um. por el no aconsejado
Jnconsulto.aduerbium.por sin consejo
Jnconsutilis. e. por cosa que no se cose
Jncontaminatus.a.um.por no ensuziado
Jncontinens.tis.por cosa no continente
Jncontinentia.e.por la no continencia

Jncontinenter.aduer.por no cōtinente mente
Jnconueniens.tis.por cosa no conviniente
Jnconuenientia.e.por la no conueniencia
Jncōueienter.aduer.por no cōveniēte mēte.
Jncoquo.is.incoxi.por cozer mucho
Jncorruptibilis.e.lo que no se puede corróper
Jncorruptibilitas.atis.aquel no corrōpimiēto
Jncorruptibiliter.aduerbiuz.no corrōpiēdo se
Jncorruptio.onis.por la no corrupcion
Jncrebreo.uel increbresco.por espessar se.
Jncredibilis.e. por cosa no creible
Jncredibiliter.aduerbiū.por no creible mente
Jncredulus.a.um.por cosa que no cree
Jncredulus.a.um.por cosa que no es creida
Jncredulitas.atis.por la no creencia
Jncrementum.i.por el acrecentamiento
Jncrepo.as.pui. por reprehender.a.i.
Jncrepito.as.aui.por reprehender a menudo
Jncrepatio.onis. por la reprehēssion
Jncresco.is.increui.por crecer mucho
Jncretus.a.um.por cosa crecida
Jncrusto.as.aui. por poner costras
Jncrustatio.onis.por aquella postura.
Jncubo.as.bui.por estar sobre uevos.
Jncubo.is.bui.por se acostar sobre algo
Jncumbo.is.bui.por aquello mesmo.
Jncubatio.onis.por el estar sobre uevos
Jncubitus.us.por aquello mesmo
Jncubus.i.por el duen de casa
Jnculco.as. por recalcar sobre otra cosa.a.i.
Jnculcatio.onis.por aquel recalcar
Jncultus.a.ū.por cosa no labrada o afeitada.
Jnculte.aduerbium.por no afeitada mente.
Jnculpatus.a.um.por cosa no culpada
Jnculpabilis.e.lo que no se puede culpar
Jncunabulum.i.por la criança dela nuñez
Jncunctanter.aduerbium.por sin tardança
Jncuria.e.por el descuido z negligencia
Jncuriosus.a.um. por cosa descuidada
Jncurro.is.incurri. por encontrar
Jncurso.as.aui. por encontrar á menudo
Jncursito.as.aui.por aquello mesmo.
Jncursio. onis. por el encuentro
Jncursus.us.por aquello mesmo
Jncuruo.as.aui. por encorvar.acti.i.
Jncuruatio.onis.por el encorvadura.
Jncuruus.a.um.cosa corva o corcobada
Jncuruesco.is.por encorvar se.

Incuso.as.por se querellar acusando
Incusatio.onis.por aquella querella
Incussus lapis.por muela picada.
Incutio.is. incussi. sacudir contra algo.a.iij.
Incustoditus.a.um.cosa no guardada
Incus.dis. por la iunque o vigornia
Indago.inis. por la busca por rastro
Indages.is. por aquello mesmo.pr.
Indago.as.aui.por buscar por el rastro.a.i.
Indagatio.onis. por aquel buscar
Indagator.oris. por el buscador assi
Indagatrix.icis.por la buscadora assi.
Inde.aduerbium. por dende o de alli
Indeceptus.a.um.por cosa no engañada
Indecor.oris. por cosa desonrada
Indecoris.e. por aquello mesmo
Indebitus.a.um.por cosa no devida.
Indeclinatus.a.um. por cosa no apartada
Indeclinabilis.e. por cosa no apartable
Indeclinabilis.e. por dicion que no se declina
Indecens.tis.por cosa fea con desgracia
Indecenter.aduerbium.por fea mente assi
Indefinitus.a.um.por cosa no determinada.
Indefinite.aducr.por no determinada mente
Indebilis.e.por cosa que no se puede raer.
Indoclibatus.a.um. por cosa no tocada
Indemnis.e.por cosa sin daño
Indemnitas.atis.por aquel no daño
Indemnatus.a.um.por cosa no condenada
Indeploratus.a.um.por cosa no llorada.
Indespectus.a.um.por cosa no mirada
Indeses.idis.por cosa no perezosa
Indetonsus.a.um.por cosa no tresquilada
Index.icis.por el descubridor del secreto
Index.icis.por el dedo con que mostramos
Index.icis.por el titulo del libro
Index.icis.por el toque del oro
Indicium.ij. por el descubrimiento de secreto
Indicium.ij.por la demostracion conel dedo.
Indico.as.aui. por demostrar.acti.iij.
Indicatio.onis. por demostracion
Indicatiuus modus.modo para mostrar
India.e.por la india region oriental
Indicus.a.um.por cosa dela india
Indico.is.indixi. por denunciar.a.iij.
Indictio.onis.por la denunciacion
Indicticius.a.um. por cosa denunciada
Indictus.a.um.por cosa no dicha

Indidem.aduerbium. por del mesmo lugar
Indiem uiuere. por bivir a dia z victo
Indies. por cada dia mas z mas
Indifferens.tis. por cosa sin diferencia
Indifferenter.aduerbium.por sin diferencia
Indifficilis.e.por cosa no dificultosa
Indifficuiter.aduer.por no dificultosa mente
Indigena.e.por el natural de alli
Indigenitalis.e. por aquello mesmo
Indigeo.es.indigui.por aver menester.n.
Indigentia.e. por aquel menester
Indiges.etis. por el ombre canonizado
Indigetare aliquem.por canonizar.pr.
Indigetamentum.i.por la canonizacion
Indigetameta.oru.libros delos canonizados
Indigestus.a.um.por cosa no repartida
Indignor.aris.por se ensañar con razon.d.v.
Indignatio.onis.por aquella saña
Indignatiuncula.e. por pequeña saña
Indignabundus.a.um. por mucho sañudo
Indignus.a.um.por cosa no digna.
Indignitas.atis. por aquella indignidad
Indigus.a.um. por cosa menesterosa
Indiligens.tis. por cosa no diligente
Indiligeter.aduerbium.por no diligete mete
Indipiscor.eris.por alcançar lo desseado
Indiscriminatim.aduerbiuz.por sin difrecia
Indiscretus.a.um.por cosa no apartada
Indiscrete.aduerbium. por no apartada mete
Indisertus.a.um. por cosa no elegante
Indissimulabilis.e.por cosa de no dissimular.
Indissimulanter.aduerbium. no dissimulado
Indistinctus.a.um.por cosa no apartada.
Indistincte.aduerbium.por no apartada mete
Indistrictus.a.um.por cosa no tocada
Indiuiduus.a.um.por cosa no partible.
Indo nomen. por poner nombre.a.i.
Indo.is.indidi. por meter adentro
Indocilis.e.por el que no se puede enseñar
Indoctus.a.um.por el no enseñado
Indocte.aduerbium.por no enseñada mente.
Indolentia.e.por el no dolor
Indolesco.is.indolui.por dolerse.n.v.
Indoles.is.por la señal de virtud enlos niños
Indomabilis.e.lo que no se puede domar
Indomitus.a.um.por cosa no domada.
Indormio.is.iui.por dormir mucho.n.v.
Indotatus.a.um.por cosa no dotada.

Inducie.arum.por las treguas
Induco.is.induxi. por induzir.a.i.
Induco.is.induxi. por meter adentro.a.i
Inductio.onis. por el induzimiento
Inducator.oris. por el piloto de naves
Indulco.as.aui. por adulçar. a.i.
Indulgeo.es.indulsi. por regalar. n.ij.
Indulgentia.ę. por el regalo delos hijos.
Indulgenter.aduerbiū. por regalada mēte.
Indulgitas.atis. por el regalo.pr.
Indulgeo.es. por dar obra a algo.a.iij.
Indulgentia.ę. por la clemencia
Induo.is.indui. por vestir. a.iiij.
Induperator.oris. por el capitan. pr.
Indureo.uel indur co.por endurecerse.n.v.
Induro.as.induri xi. por endurecer. a.i.
Induratio.onis. por el endurecimiento
Indus.i. por un caudal de india
Indus.a.um. por cosa de india
Industrius.a.um. por cosa industriosa
Industrior.comparatiuum ab industrius.
Industria.ę. por la industria
Indumentum.i. por la vestidura
Indutus.us. por aquello mesmo
Induuię.arum. por aquello mesmo
Inebrio.as.aui. por embriagar.a.i.
Inebriatio.onis. por el embriaguez
Inefficax.cis. por cosa no eficace
Inefficaciter.aduer. por no eficace mente
Ineffabilis.e. por lo q̃ no se puede hablar
Ineffabiliter.aduerbium. por sin habla
Inelegans.tis. por cosa no elegante
Ineleganter.aduerbium.por no elegāte mēte
Ineluctabilis.ę.lo que no se fuerça
Inemptus.a.um.por cosa no comprada
Inenarrabilis.e. por cosa no de contar.
Inenarrabiliter.aduerbium.por sin cuento
Ineo.is.iniui. por començar.a.i.
Ineo.is.iniui. por cavalgar hembra. a.i.
Ineptio.is.ineptiui. por bovear.n.v.
Ineptia.ę.por aquella bovería
Ineptitudo.inis.por aquello mesmo.
Ineptus.a.um.por cosa no abile
Inepte.aduerbium.por no abile mente
Inermus.a.um.por cosa desarmada
Inermis.e.por aquello mesmo
Iners.inertis.por cosa baragana z floxa
Inertia.ę.por la baragania z floxura

Inerticula uitis.por la vid esterile.
Ineruditus.a.um.por cosa no enseñada
Ineruditio.onis. por la no enseñança
Inerudite.aduerbium. por no enseñada mēte
Inesco.as.inescaui.por cevar para tomar.a.ij
Inescatio.onis. por aquel cevo
Inexcitus.a.um.por cosa no movida.
Inexcultus.a.um.por cosa no labrada
Inexcusabilis.e. por cosa no escusable.
Inexcusabiliter.por no escusable mente
Inexorabilis.e. por cosa que no recibe ruego
Inexorabiliter.aduerbium.por sin ruego.
Inexplicabilis.e.por cosa no desplegable.
Inexplicabiliter.aduerbium.sin desplegadura
Inexpletus.a.um.por cosa no llena
Inexpectatus.a.um. por cosa no esperada
Inexpugnabilis.e. por cosa no combatidera
Inexpiabilis.e.lo que no se puede limpiar
Inexploratus.a.um. por cosa no buscada
Inexputabilis.e.por cosa no estimable
Inextinguibilis.e. por cosa no apagable
Inextinctus.a.um.por cosa no apagada
Inextirpabilis.e.por cosa no desarraigable
Inextricabilis.e. por cosa no desenhetrable
Infabre.aduerbium.por no artificiosa mente.
Infabricatus.a.um.por cosa no fabricada
Infacundus.a.um.por cosa no elegante.
Infacundia.ę. por la no elegancia
Infamis.e. por cosa desenfamada
Infamia.ę.por aquella mala fama
Infamo.as.aui. por.desenfamar.a.i.
Infamatio.onis.por aquel desenfamar
Infamaror.oris.por el desenfamador
Infans.tis. por cosa que no habla
Infantia.ę.por aquel no hablar
Infandus.a.um.por cosa no de hablar
Infandum.aduerbium. por aquello mesmo
Infans.antis. por niño o niña
Infantia.ę.por la niñez edad de niño.
Infantulus.i. por pequeño niño
Infantilis.e. por cosa de niño o niña
Infantarius.a.um.por cosa niñera
Infaustus.a.um. por cosa desdichada
Infauste.aduerbium.por desdichada mente
Infector.oris.por el tintorero
Infectio.onis.por la tintura.
Infectus.us.por aquello mesmo
Infectus.a.um.por cosa no hecha

Infercio.is.si.por enbutir z recalcar.a.i.
Inferior. comparatiuum est ab infra
Inferius.aduerbium.por mas abaxo.
Inferie.arum. por la ofrenda de muertos
Inferi.orum. por el infierno
Infernus.a.um. por cosa de abaxo
Inferus.a.um.por aquello mesmo
Infero.infers.por meter adentro.a.i.
Infestus.a.um.por cosa dañosa de enemigo
Infeste. aduerbium. por con daño assi
Infesto.as.aui.por epecer los enemigos.a.i.
Infestatio.onis.por aquel empecer
Infibulo.as.aui.por ecba candadillo.a.i.
Inficias.co. inficias.is. por negar lo becbo
Inficiator.aris.por aquello mesmo
Inficiator.oris.por el negador assi
Inficiatio.onis.por la negacion assi
Inficio.is.infeci. por teñir de color. a.i.
Infidelis.e.por cosa no fiel
Infidelitas.atis. por la no fialdad
Infidus.a.um.por de quien no se a de fiar
Infigo.is.xi.por bincar en algo.a.i.
Infimus.a.um.por cosa mui baxa
Infimates.um.por los baxos del pueblo.
Infundo.is.infidi. por bender mucbo.a.i
Infinitus.a.um.por cosa sin fin.
Infinitas.atis.por aquella infinidad.
Infinitio.onis. por aquello mesmo
Infinitiuus modus.por el modo infinito.
Infirmus.a.um.por cosa no firme
Infirmitas.atis. por aquella no firmeza
Infirmiter.aduerbium. por no firme mente
Infirmo.as. por enflaquecer a otro.a.i.
Infirmatio.onis.por aquel enflaquecer
Infit. defectiuum. est pro incipit
Inflammo.as. por encender. a.i.
Inflammatio.onis.por el encendimiento
Inflammanter.aduerbium.encendida mente
Inflatio.onis.por la binchazon
Inflatus.us. por aquello mesmo
Inflecto.is.inflexi. por doblegar mucbo. a.i.
Inflexus.a.um.por cosa doblegada mucbo.
Inflexio.onis.por aquel doblegamiento
Infligo.is.inflixi. por impremir apretado.a.i
Inflo.as.aui.por soplar o binchar.a.i.
Infodio.is.infodi.por enterrar.a.i.
Infoecundus.a.um.por cosa esterile
Infoecunditas.atis. por la esterilidad

Infoelix.icis. por cosa desdicbada
Infoelicitas.atis.por la desdicba
Infoelicito.as.aui.por bazer desdicba.a.i.
Infoeliciter.aduerbium.desdicbada mente
Infoelix.icis.por cosa esterile
Infoelicitas.atis. por la esterilidad
Infoeliciter.aduerbium. por esterile mente
Inforo.as.aui.por boradar.a.i.
Informo.as.aui.por informar.a.i.
Informatio. onis. por la informacion
Infortunatus.a.um. por cosa desdicbada
Infortunium.ij.por la desdicba
Infortunitas.atis.por aquello mesmo
Infortunate.aduerbiu.por desdicbada mente
Infra.prepositio.por abaxo
Infractus.a.um.por cosa mucbo quebrada.
Infractio.onis. por aquel quebrantamiento
Infragilis.e.por cosa no flaca
Infragilitas.atis. por la no flaqueza
Infragiliter.aduerbium. no flaca mente
Infremo.is.mui.por bramar mucbo.n.v
Infrenis.e.por cosa desenfrenada
Infreno.as.aui.por enfrenar.a.i.
Infrequens.tis. por cosa no espessa
Infrequenter.aduerbium.no espessa mente.
Infrico.as.cui.por refregar.a.i.
Infricatio.onis.por aquel refregamiento.
Infrigero.as.aui. por resfriar.a.i.
Infrigeratio.onis.por el resfriamiento.
Infringo.is. por quebrar mucbo.a.i.
Infrio.as.aui. por quebrar desmenuzado.a.i
Infrimitus. a.um.interpretatur.imprudens.
Infructuosus.a.um.por cosa sin fruto
Infucatus.a.um.por cosa no afeitada
Infula.e.por el velo sagrado
Infundo.is.infudi.por derramar.a.i.
Infundibulum.i. por vaso para trasegar
Infusorium.i.por aquel mesmo vaso
Infusio.onis. por aquel derramar
Infusco.as.aui. por embaçar a otro.a.i.
Infuscatio.onis.por el embaçamiento
 ngauni. pueblos son de liguria
  Ingemino.as.aui. por doblar.a.i.
Ingeminatio.onis.por la dobladura
Ingemisco.is.ingemui.por gemir.n.v.
Ingenium.ij.por la naturaleza
Ingenium.ij.por el ingenio natural
Ingenium. ij.por la condicion natural

Ingeniosus.a.um.por cosa ingeniosa
Ingeniatus.a.um. por bien acondicionado
Ingenitus.a.um. por cosa no engendrada
Ingenitus.a.um.por cosa dentro nacida.
Ingenero.as.aui.por engendrar dentro.a.i.
Ingeneratio.onis. por aquel engendrar
Ingenuus.a.um. por cosa libre
Ingenuitas. atis. por la libertad
Ingenue. aduerbium.por liberal mente
Ingeniculo.as.aui. por arrodillar.n.v.
Ingens.tis.por cosa mui grande
Ingero.is.ingessi.por meter adentro.a.i.
Ingestus.us. por aquel meter
Ingestabilis.e. por cosa no traible encima
Inglorius.a.um. por cosa no gloriosa
Ingluuies. ei.por la garganta
Ingluuies. ei. por la gargantez
Ingrandesco.is. por hazer se grande.n.v.
Ingratus.a.um.por cosa desagradecida
Ingratitudo.por el desagradecimiento
Ingrate.aduerbium.por desagradecida mête
Ingratis.aduerbium.por contra voluntad
Ingrauesco.is.por se hazer pesado.n.v.
Ingrauo.as.aui.por hazer pesado.a.i.
Ingrauescentia.e.por aquella pesadumbre
Ingredior.eris.por entrar.d.v.
Ingressio.onis. por la entrada
Ingressus.us. por aquello mesmo
Ingredior.eris.por andar.d.iij.
Ingressus.us. por aquel andar
Ingruo.is.ui. por discordar.n.v.
Ingruentia.e. por la disconveniencia
Ingruo.is.ui. por hazer impetu.n.v.
Inguen.iguis. por la ingle
Inguen.inis. por el miembro genital
Ingustatus.a.um.por cosa no gustada
Inhabito.as.aui.por morar en lugar.a.i.
Inhabitator.onis. por morador assi
Inhabitatio.onis.por aquel morar
Inhabitabilis.e. lo que no se puede morar
Inhereo.uel inheresco.por allegar se.n.v.
Inherentia.e.por aquel allegamiento
Inhibeo.es. inhibui. por vedar.a.iij.
Inhibitio.onis. por aquel vedar
Inhio.as.aui.por mucho desear.n.ij.
Inhonestus.a.um. por cosa desonesta
Inhonesto.aduerbium.por desonesta mente
Inhonestus.a.um. por cosa fea

Inhoneste.aduerbium. por fea mente
Inhonesto.as.aui.por denostar.a.i.
Inhonesto.as. aui. por afear.a.i.
Inhonoro.as.aui.por desonrar.a.i.
Inhonorus.a.um. por cosa sin onra
Inhonoratus.a.um.por aquello mesmo
Inhorreo.uel inhorresco.por espeluzar se.n.v
Inhospitalis.e. por el no acogedor en posada
Inhospitalitas.atis. por aquel no acogimiêto
Inhospitaliter. aduerbium. por no acogendo
Inhumanus.a.um. por cosa inumana
Inhumanitas.atis.por la inhumanidad.
Inhumaniter.aduerbium.por inumana mête
Inhumatus.a.um. por cosa no enterrada
Inibi.aduerbium loci. por ai en esse lugar
Iniectio.onis.por echamiento en algo
Iniectus.us.por aquello mesmo
Inijcio.is.inieci. por echar en algo.a.i.
Inimicus.a.um.por cosa enemiga
Inimicicie.arum.por el enemistad
Inimicicia.e. por aquello mesmo. pr.
Inimiciter.aduerbium.por enemiga mente
Inimico.as.aui. por enemistar. a.i.
Iniquus.a.um.por cosa no igual.
Iniquitas.atis. por la no igualdad
Inique.aduerbium.por no igual mente.
Iniquo.as.aui. por desigualar.pr.
Inirascencia.e.por la no ira ni saña
Initium.ij. por el comienço notable
Initia.orum.por la orden sacra
Initio.as.aui.por côsagrar a orden sacra.a.i.
Initiatio.onis. por aquella consagracion.
Initus.us.por el coito de macho z hembra
Iniuges.e.por cosa no domada.
Iniungo.is.xi.por añadir encima.a.i.
Iniuratus.a.um.por cosa no juramentada
Iniuria.e.por la injuria o injusticia
Iniurius.a.um. por cosa que injuria
Iniuriosus.a.um. por aquello mesmo.ra.
Iniussus.a.um.por cosa no mandada
Iniussus.us.por el no mandado
Iniustus.a.um.por cosa no justa
Iniusticia.e.por la no justicia
Iniuste.aduerbium.por no justa mente
In manu mea.por en mi poder
In medium.por en comun
In mentem uenit. por a la memoria viene
Innatus.a.um. por cosa dentro nacida

Innecto.is.innexui. por enlazir.a.i.
Innexus.a.um.participium ab innecto.
Innexio.onis.por aquel enlizamiento
Innitor.eris.innixus. por estribar.n.v.
Innocens.tis.por cosa que no empece
Innocentia.e. por aquel no empecer
Innocenter.aduerbium.por innocente mente
Innocuus.a.um. por cosa que no empece
Innoxius.a.um. por aquello mesmo
Innotesco.is.innotui. por ser conocido.n.v
Innotitia.e. por el no conocimiento
Innouo.as.aui. por renovar.a.i.
Innouatio.onis.por la renovacion
Innuba.e. por la muger no casada
Innumerum.por en orden z medida
Innumerus.a.um. por cosa sin cuento
Innumerabilis.e. por aquello mesmo
Innutrio.is.innutriui.por criar.a.i.
Innuo.is.por ojear baziendo señas.n.ii.
Innupta.e.por muger no casada
Ino.inus.bija fue de cadmo z ermiona
Inous.a.um.por cosa de aquesta
Inobediēs.tis. por cosa desobediente
Inobedientia.e. por la desobediencia
Inobrutus.a.um. por cosa no sumida
Inobseruabilis.e. lo que no se guarde
Inocciduus.a.um.por lo que no cae
Inoculo.as.aui. por enxerir de escudete. a.i.
Inoculatio. onis. por aquel enxerimiento
Inoculator.oris. por aquel enxeridor
Inodorus.a.um. por cosa que no uele
Inoleo.uel inolesco.is.por crecer.n.v.
Inominabilis.e.por cosa de mal aguero
Inopinus.a.um. por cosa no pensada
Inopinabilis.e.por aquello mesmo
Inopinatus.a.um.por aquello mesmo
Inops.pis. por cosa pobre z menguada
Inopia.e. por aquella pobreza z mengua
Inordinatus.a.um. por cosa desordenada
Inordinate.aduerbi.por desordenada mente
Inornatus.a.um.por cosa no afeitada
Inornate.aduerbium. por no afeitada mente
Inorus.a.um.por cosa sin boca
Inquies.etis.por cosa sin bolgura
Inquietus.a.um. por aquello mesmo
Inquieto.as.aui.por molestar.a.i.
Inquietatio.onis. por aquella molestia
Inquietudo.inis.por lo mesmo

Inquino.as.aui.por ensuziar.a.i.
Inquinatio.onis. por el ensuziamiento
Inquinamentum.i.por aquello mesmo
Inquio.inquam.por dezir
Inquiro.is. inquisiui. por buscar.a.i.
Inquisitio.onis.por la busca
Inrestinctus.a.um.por cosa no apagada
Insalubris.e.por cosa no saludable
Insalubriter.por no saludable mente
Insanabilis.e.por lo que no puede sanar
Insanus.a.um. por cosa grande. po.
Insanus.a.um.por cosa loca
Insane.aduerbium.por loca mente
Insania.e.por la locura
Insanitas.atis.por aquello mesmo
Insaniter.aduerbium.por loca mente
Insanio.is.insaniui.por enloquecer.n.v.
Insana berba.por el veleño ierva
Insatiabilis.e. lo que no se puede bartar
Insatiabiliter.aduerbium.no bartando se
Inscendo.is.inscendi.por subir.a.i.
Inscicia.e. por la no sabiduria
Inscius. a.um. por cosa no sabidora
Inscienter.aduerbium. por no sabia mente
Inscribo.is.inscripsi.por intitular.a.i.
Inscriptio.onis.por el titulo
Inscrutabilis.e.lo que no se escudruña
Insculpo.is.insculpsi. por esculpir.a.i.
Insectio.onis.por la cortadura
Insector.aris. por perseguir enemigo
Insectator.oris. por aquel perseguidor
Insectatio.onis. por aquella persecucion
Insectanter.aduerbium.por persiguiendo
Insecabilis.e.por cosa no cortable
Insequor.eris.por seguir mucho.d.iij.
Insequutio.onis. por aquel seguimiento
Insequenter.aduerbium.por no siguiendo se.
Inseneo.uel insenesco.por envejecer se.n.v.
Insensatus.a.um. por cosa sin seso
Insepultus.a.um. por no enterrado
Inseruio. is.iui. por dar obra a algo
Insero.is.inseui.insitus. por enxerir. a.i.
Insero.is.inserui.por meter dentro.a.i.
Insertus.a.um.participium ab inserui
Insibilo.as.aui.por silvar mucho.n.v.
Insideo.es.insedi.por estar en celada.n.ij
Insido.is.insidi.por ir alo bondo.n.v.
Insidior.aris. por assecbar.d.ij.

Insidio.as.aui.por aquello mesmo.pr.
Insidiator.oris.por el assechador
Insidie.arum.por las assechanças
Insidiosus.a.um. por cosa assechadora
Insignis.e.por cosa señalada
Insignio.is.iui. por señalar.acti.i.
Insignia.orum. por las insignias
Insigniter.aduerbium.por señalada mente.
Insilio.is. insilui. por saltar en algo.n.v.
Insimulo.as.aui.por acusar falso.a.i.
Insimulatio.onis. por la acusacion falsa
Insinuo.as.aui. por meter enel seno.a.i.
Insinuatio.onis. por aquel encubrir
Insyncerus.a.um. por cosa no limpia
Insipidus.a.um. por cosa dessabrida
Insipide.aduerbium.por dessabrida mête
Insipiens.tis. por cosa no sabia
Insipientia.ę.por aquel no saber
Insipienter.aduerbium. por no sabia mente
Insisto.is.institi.por estar en lugar.n.v.
Insisto uiam.por appressurar el camino
Insitia.ę.por la longaniza o salcicia
Insitus.a.um. por cosa enferida
Insitio.onis.por el enferimiento
Insitiuus.a.um.por cosa enferida
Insiticius.a.um.por aquello mesmo
Insociabilis.e.por cosa no acompañable
Insocialis.e. por aquello mesmo
Insolens.tis.por cosa sobervia
Insolentia.ę. por aquella sobervia
Insolenter.aduerbium.por sobervia mente
Insolens.tis.por cosa no acostumbrada.
Insolentia.ę.por la descostumbre.
Insoleo.uel insolesco.por desacostúbrarse.n.v
Insolabilis.e. por cosa no consolable
Insolabiliter. aduerbium. por sin consolacion
Insolidus.a.um. por cosa no maciça
Insolitus.a.um. por cosa no costumbrada
Insolito.adverbium.por no costúbrada mête.
Insolo.as.insolaui.por assolear.acti.i.
Insolatio.onis.por el assolear.
Insolus.a.um.por cosa no acostumbrada.pr.
Insomnis.e.por cosa desvelada sin sueño.
Insomniosus.a.um.por aquello mesmo
Insomnium.ij.por el sueño vision
Insomnia.ę.por la vela o no sueño
Insono.as.insonui.por sonar mucho.n.v.
Insons.tis. por cosa innocente

Insors.insortis. por cosa sin suerte
Inspectio.onis.por el mirar adentro
Insperabilis.e.por cosa no esperable
Inspicio.is. inspexi. por mirar adentro.a.i.
Inspico.as.aui.por espigar boz.a.i.
Inspiro.as.aui.por inspirar.a.i.
Inspiratio.onis.por la inspiracion
Instabilis.e. por cosa no estable.
Instabiliter.aduerbium. por no estable mente
Instans.tis.por cosa presente.
Instantia.ę.por la priessa o quesura
Instanter.aduerbium.por pressurada mente.
Instar instar. por semejança
Instatio.onis. por la priessa o quesura
Instauro.as.aui.por renovar.a.i.
Instauratio.onis. por la renovacion
Insterno.is.instraui.por igualar lo aspero.a.i
Instigo.as.instigaui. por hostigar.a.i.
Instigatus.us.por el hostigamianto
Instinctus.a.um.por cosa hostigada
Instinctus.us.por el instinto
Instita.ę.por vestidura de muger casta
Institor.oris.por el negociador por otro
Institorius.a.um.por cosa deste factor
Institrix.icis.por negociadora por otro
Instimulo.as.aui.por aguijar o acuciar
Instimulatio.onis.por aquel aguijar.a.i.
Instituo.is.institui.por deliberar.a.i.
Instituo.is.institui.por enseñar pncipios.a.i.
Institutio.onis. por aquel enseñar
Institutum.i. por lo deliberado
Insto.as.institi.por appressurar.n.ij.
Instragulum.i. por el repostero
Instrator.oris.por el hazedor de estrado
Instratus.a.um.participium ab insterno.
Instrepo.is.instrepui.por hazer estruêdo.n.ij
Instrepito.as.aui. por aquello mesmo.n.ij.
Instruo.is.xi. por fornecer de aparejos.a.i.
Instructus.a.um.por cosa fornida assi
Instructio.onis.por el fornecimiento.
Instrumentû.i.por el instrumêto en cada arte.
Insuauis.e.por cosa no suave.
Insuauiter.aduerbium. por no suave mente
Insubidus.a.um. por cosa descuidada.pr.
Insubres galli.por los milanes,es en italia
Insucco.as.aui. por empapar en çumo.a.i.
Insudo.as.aui. por sudar para algo.n.ij.
Insudatio. onis. por aquel sudar.

Insuesco.is.insucui.por acostumbrar se.n.v.
Insuetus.a.um.por cosa desacostumbrada
Insufflo.as.aui.por soplar en algo.a.i.
Insula.ę.por la isla dela mar o rio
Insularis.e.por la cosa dela isla
Insula.ę.por la casa que no alinda con otra
Insularius.ij.por el morador o guarda della.
Insulę fortunatę.por las canarias
Insulsus.a.um.por cosa sosa z sin sal
Insulsitas.atis.por aquella desgracia.
Insulto.as.aui.por saltar para mal bazer.n.ij
Insultatio.onis.por aquel saltar
Insumo.is.isumpsi.por gastar ē lo q perece.a.i.
Insuo.is.insui.insutum.por coser.a.i.
Insuper aduerbium.por allende desto.
Insuspicabilis.e.lo que no se sospecha
Insuperabilis.e.por cosa no vencible
Insusurro.as.aui.por zumbar.n.v.
Intabeo.uel intabesco.por corromper se.n.v.
Intactus.a.um.por cosa no tocada
Integer.a.um.por cosa entera
Integellus.a.um.por cosa entera un poco
Integritas.atis.por la entereza
Integro.as.aui.por enterar z renovar.a.i.
Integratio.onis.por aquel enteramiento
Integrasco.is.por se enterar.neutrum.v.
Integumentum.i.por la cobijadura
Intelligo.is.intellexi.por entender.a.i.
Intellegi.pręteritum ab intelligo.pr.
Intellectus.us.por el entendimiento potécia
Intelligencia.ę.por el entendimiento acion
Intelligenter aduerbium.entendido se
Intemperans.tis.por cosa destemplada
Intemperantia.ę.por la destemplança
Intemperies.ei.por aquello mesmo
Intemperia.ę.por aquello mesmo.pr
Intemperáter aduerbium.destēplada mente.
Intemeratus.a.um.por cosa no corrompida.
Intempesta nox.por la media nocbe
Intempestiuus.a.um.por cosa antes de tiépo
Intempestiuitas.atis.por aquel anticipar
Intempestiue aduerbium.por antes de tiépo.
Intendo.is.intendi.por tender adelante.a.i.
Intendo.is.intendi.por estirar o entesar.a.i.
Intendo.is.intendi.por estar atento.n.ij
Intentio.onis.por aquella atencion
Intensio.onis.por aquel entesadura
Intento.as.intentaui.por amenazar.a.iij.

Intentatio.onis.por las amenazas
Inter.prepositio.por entre dos cosas
Interaneus.a.um.por cosa de dentro
Intercacia.ę.ciudad de aragon
Intercalo.as.aui.por entreponer die.a.i.
Intercalatio.onis.por aquella entreposicion
Intercalaris dies.por el bissiesto
Intercalarius.a.um.por cosa del bissiesto.
Intercapedo.inis.por espacio de tiempo.
Intercarpo.is.psi.por entreromper.a.i.
Intercedo.is.itercessi.por rogar entreviniēdo
Intercessio.onis.por aquel entrevenimiento
Intercedo.is.si.por estorvar al que baze algo
Intercessio.onis.por aquel estorvo
Intercido.is.intercidi.por el entrecortar.a.i.
Intercido.is.intercidi.por entrecaer.n.v.
Intercipio.is.intercepi.por entresacar.a.i.
Interceptus.a.um.participium ab intercipio.
Interciput.itis.non dicitur latine.
Intercisus dies.dia de bolgar que no es fiesta
Intercludo.is.si.por aislar o atajar.a.i.
Interclusio.onis.por aquel encerramiento
Intercus aqua.por la idropesia
Intercutaneus.a.um.cosa entre cuero z carne
Intercolumnium.ij.por patio entre colunas.
Interdico.is.xi.por poner entredicbo
Interdictio.onis.por aquel entredezir
Interdictum.i.por el mesmo o entredicbo
Interdiu.aduerbium.por entredia
Interdum.aduerbium.por alas vezes
Interductus.us.por el espacio
Interea.aduerbium.por entretanto
Interea loci.por aquello mesmo
Intereo.is.interij.por perecer del todo.n.v.
Interficio.is.interfeci.por matar.a.i.
Interficio uita.por aquello mesmo.a.i.
Interfectio.onis.por aquel matar
Interfundo.is.di.por entrederramar.a.i.
Interiectus.a.um.por cosa entrepuesta
Interiectus.us.por la entreposicion
Interiectio.onis.por la interjecion
Interior.oris.comparatiuum est ab intra
Interibi aduerbium.por alli entretanto.
Interitus.us.por la muerte sin remedio.
Interijcio.is.interieci.por entreponer.a.i.
Interlego.is.gi.por entrecoger.a.i.
Interlino.is.por entreuntar.acti.i.
Interlinio.is.por aquello mesmo.a.i.

Interlunium.ij.por entreluna z luna.
Intermenstruum.i.por aquello mesmo
Intermaneo.es.si. por entrequedar.n.v.
Intermisceo.es.cui.por entremezclar.a.i
Intermitto.is.si. por entremeter. a.i.
Intermissio.onis.por la entreposicion
Interminor.aris. por amenazar.d.iij.
Interminatio.onis.aquel amenazar
Interminatus.a.um.por cosa amenazada
Intermundium.ij.por entre mundo i mundo
Intermorior.eris. por entretanto morir.d.v.
Intermortuus.a.um.por cosa assi muerta
Intermoriturus.a.um.lo que assi morira.
Internecio.onis.por la muerte violenta
Internicio.onis.por aquello mesmo
Internecinus. a.um. por cosa que mata
Internodium.ij.por cañuto entre ñudos.
Internosco.is.por conocer entre diversos.a.i
Internus.a.um.por cosa de dentro
Internuncius.ij. por mensajero entredos
Interordinium.ij. por espacio entre rencles
Interpello.as.por estorvar lo q̃ otro baze.a.i.
Interpellatio.onis.por aquel estorvo.
Interpolo.as.por afeitar z renovar.a.i.
Interpollator.oris.por el renovador assi
Interpolium.ij.por aquella afeitadura
Interpolatio.onis. por aquello mesmo
Interpono.is.interposui por entreponer.a.i.
Interpositio.onis.por aquella entreposicion.
Interpositus.us. por aquello mesmo.
Interpres.etis.por el faraute o trujaman
Interpretor.aris. por trujamanear
Interpres.etis.por trasladador de lengua
Interpretor.aris.por bazer traslacion.d.iij.
Interpretatio.onis. por la mesma traslacion
Interpretamentum.i. por aquello mesmo
Interpres.etis. por declarador en la lengua
Interpretor.aris.por declarar lo escuro.d.iij.
Interpretatio.onis.por la declaracion assi
Interpretamentum.i. por aquello mesmo
Interpungo.is. por puntar escriptura.a.i.
Interrasilis.e.por cosa entre raida
Interrex.gis. el que rige entre rei z rei.
Interregnum.i. por aquella vacació de reino
Interrogo.as.aui.por preguntar.a.iiij.
Interrogasso.is.por aquello mesmo.pr.
Interrogatio.onis.por la pregunta
Interrogatiuncula.e.pregunta pequeña

Interrumpo.is.interrupi. por entreróper.a.i
Interruptio.onis. por la interrupcion.
Interscapilium.ij.el cerro entre las espaldas.
Intersero.is. por entreponer.acti.i.
Interscindo.is.di. por entrecortar.a.i.
Interscissio.onis.por el entrecortadura
Interseco.as.intersecui.por entrecortar.a.i.
Intersectio.onis.por la entrecortadura
Interspiro.as.aui. por espirar z respirar.n.v.
Interspiratio.onis.por la respiracion.
Interstitium.ij.por espacio entre dos cosas
Interstitio.onis.por la vacacion de obra
Intertexo.is.xui.por entreteẋer.a.i.
Intertero.is.iui. por gastar usando.a.i.
Intertrigo.inis. por el saborno del sudor.
Intertritura.e.por la merma en peso i medida
Intertrimentum.i. por aquello mesmo
Interuallum.i. por espacio en tiempo o lugar
Intersum.interes.por entreuenir.n.ij.
Interest impersonale.por aver diferéncia.
Interuenio.is.interueni. por entrevenir.n.ij
Interuentio.onis.por el entrevenimiento
Interuentus.us. por aquello mesmo.
Interuerto.is.ti. por perturbar.a.i.
Interula.e.por vestidura interior.
Intestabilis. el que no vale por testigo
Intestatus.a.um. el que no bizo testamento
Intestinus.a.um.por cosa de dentro
Intestina.orum.por las tripas.
Intestinum cecum. por la tripa ciega.
Intestinum ieiunum.la tripa aiuna.
Intestinum laẋum.la tripa ancba.
Intestinum tenue.la tripa angosta
Intexo.is.interui.por teẋer.a.i.
Intybus.i.idem est quod intubus.i.
Intimus.a.um.por cosa mui adentro
Intinguo.is.intinẋi.por mojar en algo.a.i.
Intolerans.tis. por cosa no sufrida
Intolerantia.e. por aquel no sufrimiento.
Intoleranter aduerbium. por sin paciencia.
Intolerandus.a.um.por cosa no de sufrir
Intolerabilis.e.por aquello mesmo.
Intolerabiliter aduerbium.por sin sufrimiéto.
Intono.as.intonui. por tronar mucbo. n.v.
Intonatio.onis. por aquel tronar.
Intonatns.a.um.participium ab intono.
Intonsus.a.um. por cosa no tresquilada
Intorqueo.es.intorsi. por torcer mucbo. a.i.

Intra prepositio. por dentro de si
Intractabilis.e.por cosa no tratable.
Intractabiliter.aduer.por no tratable mente
Intramuranus.a.um.cosa dentro de ciudad
Intraneus.a.um.por cosa de dentro
Intrarius.a.um.por aquello mesmo
Intremo.is.intremui.por temblar.n.v.
Intremisco.is.intremui. por lo mesmo. n.v.
Intrepidus.a.um. por cosa no temerosa
Intrepide.aduerbium. por sin temor
Intrico.as.aui. por enbetrar.a.i.
Intricatio.onis.por la enbetradura
Intrinsecus.aduerbium.por bazia dentro
Intrita.e.por la majadura para comer
Intritum.i.por pecina de tierra o barro
Intró.aduerbium loci.por adentro
Intro.as.aui. por entrar.n.v.
Introduco.is.ri.por guiado meter adetro.a.i
Introductio.onis.por aquel meter
Introductorius.a.um.cosa para introduzir
Introeo.is.introui. por lo mesmo.n.v.
Introitus.us. por la entrada.
Introgredior.eris. por entrar andando. d.v.
Introgressio.onis.por aquella entrada
Intromitto.is.si.por meter adentro.a.i.
Introrsum.aduerbium.por bazia dentro.
Introspicio.is.ri.por mirar adentro.a.i.
Intubus.i.por la cicorea ierva
Intueor.eris.intuitus.por mirar.d.iij.
Intumeo.uel intumesco.por bincharse.n.v.
Intumulatus.a.um.por cosa no enterrada
Intus.aduerbium loci.por dentro
Inuado.is.si. por acometer en mal.a.i.
Inuasio.onis. por aquel acometimiento
Inuasor.oris. por aquel acometedor
Inualeo.uel inualesco.por poder mucho.n.v
Inualidus.a.um.por cosa flaca.
Inualentia.e.por aquella flaqueza
Inualitudo.inis.por aquello mesmo
Inuebo.is.inueri. por traer adentro.a.i.
Inuaebor.eris. por bazer impetu contra otro
Inuectus.a.um. por el que baze impetu
Inuectitius. a.um.por cosa traediza
Inuectiua.e.por la inuectiva contra otro
Inuenio.is.inueni. por ballar.a.i.
Inuentor.oris.por el inventor de algo
Inuentrix.icis. por la inventora de algo
Inuentio.onis.por la invencion

Inuentus.us. por aquello mesmo
Inuentum.i.por aquello mesmo
Inuentio.onis.por el balladgo
Inuentarium.ij. por el inventario
Inuergo.is.si.por trastornar en otra cosa.a.iij
Inuerto.is.ti.bolver lo de dentro a fuera.a.i.
Inuersio.onis.por aquella bolvedura
Inuerto.is. por bolver lo detras adelate.a.i.
Inuersio.onis. por aquella bolvedura
Inuerto.is.por bolver lo de arriba abaco.a.i.
Inuersio.onis. por aquella bolvedura
Inuerto.is. por mudar uno en otro.a.i.
Inuersio.onis.por aquella mudança
Inuestigo.as.por buscar.por el rastro.a.i.
Inuestigatio.onis. por aquella busca
Inuetero.as.aui. por envegecerse.n.v.
Inueterasco.is. por aquello mesmo. n.v.
Inueteratus.a.um.por cosa envejecida.
Inueteralis.e. lo que no es para añejar
Inuicem.aduerbium.por avezes.
Inuictus.a.um.por cosa no vencida
Inuideo.es.inuidi. por aver embidia.a.iij.
Inuidia.e.por el odio z aborrecimiento
Inuidia.e. por la embidia.
Inuidentia.e. por aquello mesmo
Inuidiola.e.por pequeña embidia
Inuidus.a.um.por cosa embidiosa
Inuidiosus.a.um.por cosa odiosa
Inuigilo.as.aui. por velar mucho.n.v.
Inuiolabilis.e. por cosa no corrompible
Inuiolatus.a.um.por cosa no corrompida
Inuisus.a.um.por cosa odiosa
Inuisibilis.e.lo que no se puede ver
Inuisibiliter.aduerbium.por no visible mente
Inuiso.is.inuisi.por ir a ver.a.i.
Inuito.as.aui.por combidar.a.i.
Inuitabilis.e. por cosa para combidar
Inuitatio.onis.por el combite
Inuitamentum.i.por aquello mesmo.
Inuitatorius.a.um. por cosa para combidar
Inuitus.a.um. por contra su voluntad
Inungo.is.inunri.por untar
Inunctio.onis.por la uncion
Inuius.a.um.por cosa sin camino
Inultus.a.um.por cosa no vengada
Inula.e.por la enula campana ierva
Inumbro.as.aui.por bazer sombra.a.i.
Inumbratio.onis. por aquel bazer sombra

Jnundo.as.aui.por rebofar.n.v.
Jnundatio.onis.por el diluvio de agua
Jnuoco.as.aui.por llamar.a.i.
Jnuocatio.onis.por el llamamiento
Jnuro.is.inuffi.por berrar con fuego.a.i.
Jnuftio.onis.por aquel berrar
Jnuolo.as.aui.por bolar contra otra cofa.n.v
Jnuoluo.is.inuolui.por embolver.a.i.
Jnuolucrum.i.por el embolvedero
Jnuolumentum.i.por aquello mefmo
Jnuoluolus.i. por el gufano rebolton
Jnuolucris.e.por cofa que no buela
Jnurbanus.a. um. por cofa defcortes
Jnurbanitas.atis.por la defcortefia
Jnutilis.e.por cofa defaprovecbada
Jnutilitas.atis.por el no provecbo
Jnutiliter.aduerbium.por no provecbado
Jnuulgo.as.aui.por diuulgar.a.i.
Jnuulgatio.onis.por la diuulgacion
Jnufitatus.a.um. por cofa defufada
Jnufitate.aduerbium. por defufada mente
Jnuus.i. por el dios pan
    o.aduerbium eft uocantis.por.o.
    Jo.bija fue de inaco rei de argos
Joab. capitan fue del rei dauid.bar.
Joacbin.rei fue delos judios.bar.
Joacbin.marido fue de fufaña.bar
Joannes.is.nombre es de varon.bar.
Joanna.e.nombre de muger.bar.
Joas.por un rei delos judios.bar.
Joatban.rei fue delos judios.bar.
Job.varon mentado por paciencia.bar.
Jocafta.e.bija de creonte rei de tbebas
Jocus.i.por el juego oburla de palabra
Jocofus..a.um.por cofa de burla affi.
Jocularis.e. por aquello mefmo
Joculariter.aduerbium.por burlando
Jocofe.aduerbium.por aquello mefmo
Jocor.aris.por burlar de palabra
Jocator.oris.por burlador affi
Jocinus.oris.por el bigado
Joel. uno delos profetas menores.bar.
Jolaus.i. por un eroe tbebano bijo deificlo
Jolcbos.i.por una ciudad de tbeffalia
Jolcbiacus.a.um. por cofa defta ciudad
Jole.es.bija fue de eurito rei de ecalia
Jollas.e.nombre proprio de varon
Jon.interpretatur uiola.e.

Jonas.e.profeta fue delos judios.bar
Jonadab. varon fue judio.bar.
Jonatban.bijo fue de faul rei.bar.
Jonus.i.bijo de apolo z rei de tbeffalia
Jofia.e. por una region de grecia
Jones. pueblos fon de aquefta region
Jonius.a.um.por cofa defta region
Jonicus.a.um.por aquello mefmo
Jonium mare.por el mar dela morea.
Jonica lingua.por una dela cinco griegas
Jonica columna. por coluna de cierta forma
Jopas.e.cantor celebre enel virgilio
Jope.es.por iafa ciudad de paleftina
Jopita.e. por el de aquella ciudad
Joram. principe fue delos judios.bar.
Jordanis.is.por un rio de judea
Jofapbat.rei fue de judios.bar.
Jofepb.bijo fue de jacob z racbel
Jofepbus.i.iftoriador fue judio.
Jofias.e.por un rei delos judios.bar.
Jofue.capitan delos judios fue.bar.
Jota indeclinabile.por la.i.efpeffa
Jotacifmus.i. por el vicio en la. i.
Jouis.jouis. por jupiter dios. pr.
    pbianaffa.e.por una bija de agamemnon.
    Jpbigenia.e.por aquella mefma
Jpbiclus.i.bijo de anfitrion z almena
Jpbicrates.is. capitan fue delos atbenienfes
Jpbias.adi.por euanne bija de ifio
Jpbidamas.antis.por un bijo de antenor
Jpbimedra.e.por la muger de aloeo
Jpbis.idis.nombre proprio es de varon
Jpbitus.i.por un varon enel virgilio
Jpfe.a.um.pronomen.por el mefmo
Jpfus.a.um. por aquello mefmo. pr.
    ra.e.por la faña que no dura
    Jracundus.a.um.lo que dura enla ira
Jracundia.e. por la faña que permanece
Jracunde.aduerbium.por fañofa mente
Jracunditer.aduerbium.por lo mefmo
Jram.rei fue de tiro ciudad de fenicia. bar
Jrafcor.eris.por enfañarfe.d.ij.
Jrafco.is. por aquello mefmo.pr.
Jrafcibilis.e.cofa que fe enfaña prefto.
Jrafcibilitas.atis.por aquefta paffion.
Jrenicos.interpretatur pacificus
Jrenarcba.e.por apaziguador de roidos

Iria flauia.por el padron en galizia
Iris.iridis.por el arco del cielo
Iris.iridis.por el lirio cardeno
Irinum.i.por azeite deste lirio
Irio.onis.por una especie de panizo
Irion.por la flor del alamo blanco
Ironia.ę.interpretatur diffimulatio
Ironicus.interpretatur diffimulator
Ironice.interpretatur diffimulanter
Irpices.fon raftros de bierro.
Irrationabilis.e.por cofa fin razon
Irradio.as.aui.por ecbar raios de luz
Irradiatio.por el ecbar deftos raios
Irraucio.is.fi.por enronquecer.n.v.
Irreducis.e.por lo que no torna de peligro
Irremeabilis.e.lo que no torna atras.
Irremediabilis.e.cofa fin remedio
Irrefolutus.a.um.por cofa no defatada.
Irrepo.is.pfi.por entrar a efcondidas.n.v.
Irreparabilis.e.lo que no fe puede reparar
Irreparabiliter.aduerbium.por fin reparo
Irreligatus.a.um.por cofa no atada
Irreprebenfibilis.e.por fin reprebenfion.
Irrequietus.a.um.por cofa fin bolgança
Irrefectus.a.um.por cofa no cortada.
Irretio.is.irretiui.por enredar.a.i.
Irretitus.a.um.por cofa enredada
Irreuerens.tis.por cofa fin reuerencia
Irreuerencia.ę.por la no reuerencia
Irreuerenter.aduerbium.por fin reuerencia
Irrideo.es.irrifi.por efcarnecer.a.i.
Irrifor.oris.por el efcarniador
Irrifio.onis.por aquel efcarnio
Irrigo.as.irrigaui.por regar.acti.i.
Irrigatus.us.por aquefte regar.
Irriguus.a.um.por cofa que riega
Irriguus.a.um.por cofa que fe riega.
Irritus.a.um.pro irritatus
Irrito.as.irritaui.por prouocar a ira
Irritus.a.um.por cofa vana fin efecto
Irritabilis.e.por cofa prouocable a ira
Irritatio.onis.por aquella prouocacion.
Irritamentum.i.por aquello mefmo
Irritamen.inis.por aquello mefmo.po.
Irroboro.as.aui.por fortalecerfe.n.v.
Irroboratio.oniſ.por aquel fortalecer
Irrogo poenam.por penar a otro.
Irrogatio.onis.por aquel penar

Irroro.as.aui.por rociar.a.i.
Irroratio.onis.por aquel rociar
Irrugo.as.irrugaui.por arrugar.a.i.
Irrugatio.onis.por aquel arrugar
Irrumo.as.aui.eft mentulam ori inferere
Irrumatio.onis.eft irrumandi actio
Irrumator.oris.eft qui mentulam ori inferit
Irrumpo.is.irrupi.por entrar con ira
Irruptio.onis.por aquella entrada
Irus.i.griego fue mui pobre en troia
   s.ea.id.pronomen.por el o aquel.
   Ifaac.bijo fue de abrabam.bar.
Ifacár.bijo fue de jacob z lia.bar.
Ifai.bijo de obetb.z.padre de dauid.bar.
Ifaeus.i.por un orador famofo
Ifagóga.ę.interpretatur introductio.
Ifagogicus.a.ū.interpretatur introductorius
Ifáder.dri.por un bijo de belerofon
Ifatis.is.por una efpecie de lecbuga fiera
Ifaurus.i.por un rio de italia.
Ifauri.orum.ciudad es de cilicia
Ifauricus.i.por el que vencio efta ciudad.
Ifara.ę.por un rio de francia
Ifapis.is.por un rio de italia
Ifcbion.ij.interpretatur uertebrum
Ifcbia.ę.por el ueffo del anca redondo
Ifcbia.ę.por la ciatica dolor del anca
Ifcbiadicus.a.um.por el doliente della.
Ifcbiacus.a.um.por aquello mefmo
Ifcbiros.interpretatur fortis
Ifcbnos.interpretatur macer et fubtilis
Ifcomacbe.es.eadem eft bippodamia
Ifidórus.i.nombre proprio de varon
Ifis.idis.por una diofa de egipto.
Ifiacus.a.um.por cofa defta diofa
Ifmaél.is.por un bijo de abrabam.bar.
Ifmaelita.ę.por moro de fu linaje
Ifmaeliticus.a.um.por cofa de moro
Ifmarus.i.por un monte de tracia
Ifmarius.a.um.por cofa de alli
Ifmaricus.a.um.por aquello mefmo
Ifmenus.por un rio de boecia
Ifmenius.a.um.por cofa de alli
Ifmenis.idis.por cofa bembra de alli
Ifocinnamum.i.por cierto unguento.
Ifocbeles.interpretatur ęquilaterus
Ifocrates.is.por un orador griego
Ifocraticus.a.um.por cofa defte orador

Iſopleuros. por coſa de iguales lados
Iſon yctios. por el equinocial circulo. gr.
Iſomeria. ę. por el meſmo circulo
Iſotomus. i. por el almazen del agua. gr.
Iſos interpretatur ęqualis.
Iſraél. is. por jacob bijo de iſaac. bar.
Iſraelita. ę. por judio deſte linaje
Iſraelíticus. a. um. por coſa deſte linaje
Iſſa. ę. por una bija de macareo
Iſſa. ę. por una perra enel marcial
Iſſus. i. ciudad de ſiria antiocbia
Iſſicus. a. um. por coſa deſte lugar
Iſtbinus. i. por tierra entre dos mares
Iſtbinius. a. um. por coſa deſte lugar
Iſtbiniacus. a. um. por aquello meſmo
Iſtbinij ludi. juegos que ſe bazian allí.
Iſte. iſta. iſtud pronomen. por eſſe.
Iſtbic. aduerbium. por ai do tu eſtas
Iſtbinc. aduerbium. por de ai do tu eſtas
Iſtbac. aduerbium. por ai do tu eſtas
Iſtbuc. aduerbium. por allá do tu eſtas
Iſtiuſmodi. por de eſſa manera
Iſtriatus. a. um. por coſa acicalada
Iſus. i. por un bijo baſtardo de priamo
    ta coniunctio. por aſſi.
      Itaqʒ coniunctio. por aſſique.
Italus. i. por un principe de italia
Italia. ę. por italia region de europa.
Italus. a. um. por coſa de italia
Italicus. a. um. por coſa de italiano
Italides. ę. por varon de italia. po.
Italis. idis. por bembra de italia. po.
Italica. ę. por cierta ciudad cerca de ſevilla
Italicenſis. e. por coſa deſta ciudad
Italicus ſilius. por un poeta deſta ciudad.
Item coniunctio. por eſſo meſmo
Iter itineris. por el camino para andar
Iterum. aduerbium. por otra vez.
Iterum atqʒ iterum. por unaʒ otra vez.
Itero. as. aui. por repetir ʒ doblar. a. i.
Iteratio. onis. por aquella repeticion
Itero. as. iteraui. por vinar barvecbo. a. i.
Iteratio. onis. por la vinaʒon
Itbaca. ę. por una iſla de acaia
Itbacus. i. por ulires rei deſta iſla.
Itbacus. a. um. por coſa deſta iſla
Itbacenſis. e. por aquello meſmo.
Itbaceius. a. um. por aquello meſmo.

Itbypballus. i. por priapo dios delos uertos
Itbyreus. a. um. interpretatur directiuus.
Itidem coniunctio. por item eſſo meſmo
Itys ys. bijo fue de tereo ʒ de progne
Itylus. i. por aqueſte meſmo niño.
Itiner itineris. por el camino. pr.
Itinero. as. itineraui. non eſt latinum.
Itinerarium. ij. por libro delos caminos
Ito. as. itaui. por ir amenudo
Itus. itus. itui. por la ida.
    uba. ę. por un rei de africa
    Juba. ę. por las crines del animal.
Jubar. aris. por la claridad o luzero.
Jubatus. a. um. por coſa crinada
Jubeo. es. iuſſi. iuſſum. por mandar. a. i.
Jubeo. es. iuſſi. por querer o deſſear. a. i. ra.
Jubilo. as. aui. por bazer alborbolas. n. iij.
Jubilum. i. por las meſmas alborbolas
Jubileus. i. por el jubileo de judios
Jucundus. a. um. por coſa alegre a otro
Jucunditas. atis. por aquella alegria
Jucunde. aduerbium. por alegre mente.
Jucundor. aris. por alegrarſe. d. v.
Judas. ę. bijo fue de jacob ʒ lia. barbarum.
Judá indeclinabile. por el reino de judea. bar.
Judea. ę. por la meſma region
Judęus. a. um. por coſa de judea
Judaicus. a. um. por coſa de judio
Judaice. aduerbium. por en judiego
Judaiſmus. i. por la juderia
Judaizo. as. aui. por ſemejar a judio. n. v.
Judas. ę. dicipulo fue de nueſtro ſalvador
Judas aſcariotbes. por el otro mal dicipulo
Judex. icis. por el juez general mente.
Judicium. ij. por el juizio aſſi
Judicialis. ę. por coſa de juizio
Judiciarius. a. um. por aquello meſmo
Judico. as. iudicaui. por juzgar. a. i.
Judicaſſo. is. por aquello meſmo. pr.
Judicatio. onis. por la judicatura.
Judicatus. us. por aquello meſmo
Juditb. nombre de muger judia. bar.
Jugalis. e. por coſa de iugo o domada
Jugabilis. e. por coſa ſiuntable
Jugalis. e. por coſa de caſamiento
Jugamenium. i. por la travaʒon de edificio
Jugarius. ij. por el carretero.
Jugata uitis. por la vid ſobre rodrigones.

Jugerum.i.por una obrada de tierra
Jugeratim.aduerbium.por cada obrada
Jugis.e.por cosa manantial o perenal
Jugiter.aduerbium.por perenal mente
Jugis.e.por cosa continua z perpetua
Jugiter.aduerbium.por perpetua mente.
Juglans.dis.por la nuez de nogal.
Jugo.as.iugaui.por auntar.a.i.
Jugula.e.por los astilejos costelacion
Jugulus.i.por las varillas del cuello
Jugulus.i.por la mesma olla
Jugulo.as.aui.por degollar.a.i.
Jugulatio.onis.por la degolladura
Jugum.i.por el iugo para uñir
Jugum.i.por el enrullo del telar
Jugum.i.por la cumbre del monte
Jugum.i.por el banco dela galea.
Jugum.i.por el rodrigon dela vid
Jugurtba.por un rei de numidia en africa
Jugurtbinus.a.um.por cosa deste rei
Julos.interpretatur lanugo.inis.
Julus.i.bijo fue de eneas z creusa
Julius.ij.por el primero emperador de roma.
Julius.ij.por el mes de julio
Julius.a.um.por cosa deste mes
Julius.a.um.por cosa de julio cesar
Juleus.a.um.por aquello mesmo
Julianus.i.por un emperador de roma
Julus.i.por un animal ceñido
Jumentum.i.por la bestia de cargo
Jumentum.por la iunta de dos cosas.
Jumentarius.a.um.por cosa destas bestias
Juncus.i.por el junco general mente
Juncus marinus.por el junco marino
Juncus odoratus.por la juncia
Junceus.a.um.por cosa de juncos
Juncosus.a.um.por cosa llena de juncos
Juncinum oleum.por azeite de juncos
Junco.onis.por una cierta ave
Jungo.is.iunxi.por auntar.acti.i.
Junctio.onis.porel aiuntamiento
Junctura.e.por aquello mesmo
Junius.ij.nombre de varon romano
Junius.ij.por el mes de junio
Junius.a.um.por cosa deste mes.
Junices.cum.por las vacas novillas.
Juniculus.i.por la serpa dela vid
Juniperus.i.por el enebro arbol

Junior.oris.por el mas mancebo
Juno.iunonis.por la diosa juno
Junonius.a.um.por cosa desta diosa.
Junonigena.e.por lo engendrado della
Jupiter.iupitris.uel iupiteris.por el dios
Juramentum.i.por el juramento.
Juratus.a.um.por el que juro
Juratio.onis.por el jurar.
Jurgium.ij.por reñilla entre amigos.
Jurgiosus.a.um.por cosa renzillosa
Jurgo.as.aui.por reñir con amigos.a.i.
Jurgatio.onis.por aquel reñir
Jurgator.oris.por el reñidor assi
Jurgatorius.a.um.por cosa para reñir
Juridicus.a.um.por cosa del derecbo
Juridice.aduerbium.por justa mente por lei
Jurisconsultus.i.por el letrado en derecbo
Jureconsultus.i.por aquello mesmo
Jurisdictio.onis.por la juridicion
Juro.as.iuraui.por jurar.n.iij.
Jus iuris.por el derecbo dela lei
Jus iuris.por el caldo dela cozina
Jurulentus.a.um.por cosa con tal caldo
Jussulentus.a.um.por aquello mesmo
Jusiurandum.i.por el juramento.
Justa.orum.por las exequias de muertos
Jussus.a.um.participium a iubeo.es.
Jussus.iussus.iussa.orum.por el mando
Jussio.onis.por aquello mesmo
Justus.a.um.por cosa justa
Juste.aduerbium.por justa mente
Justicia.e.por la justicia virtud moral.
Justicium.ij.por la vacacion de juizios
Justifico.as.aui.por justificar.a.i.
Justificatio.onis.por la justificacion
Juuamen.inis.por el aiuda.
Juuencus.i.por el novillo buei.
Juuenca.e.por la novilla vaca
Juuencus.ci.por el mancebo varon
Juuenca.e.por la muger manceba
Juuenis.is.por el mancebo o manceba
Juuenculus.i.por el mancebillo moço
Juuencula.e.por la mancebilla moça.
Juuenilis.e.por cosa de mancebos
Juueniliter.aduerbium.por como mancebo
Juuenilitas.atis.por la mancebia edad
Juuentus.utis.por la mesma edad.
Juuenta.e.por aquello mesmo

B.iij.

Juuentas.atis.por la diosa de mancebia
Juuentus.utis.por los mesmos mancebos.
Juuenalia.orum.fiestas eran en roma
Juuerna.ę.por irlanda isla ocidental
Juuenesco.is.por remocecer a esta edad.n.v.
Juuo.as.iuuaui.por aiudar.a.i.
Juuo.as.iuuaui.por deleitar a otro
Juuat impersonale.por lo mesmo.
Jurta.aduerbium.por semejante mente
Jurta prępositio.por cerca en lugar
Jurtim prępositio. por aquello mesmo .pr.
  rion.onis. bijo de flegias fue
  Jrioneus.a.um. por cosa deste
Jrionides.ę.por el bijo o nieto deste
Jrionius.ia.um. por cosa de irion.
  De incipientibus ab.l.
  designat in numeris quinquaginta
  L. inter duo puncta signat lucius.
Laban.ermano fue de rebeca.bar.
Labda.indeclinabile.por la.l.griega.
Labdacismus.i. vicio en la.l.letra
Labdacus.i.bijo de polidoro nieto de cadmo.
Labasco.is.por caer subita mente.n.v.
Labascor.eris.por aquello mesmo.pr.
Labefacio.is.labefeci.por bazer caer.a.i.
Labefacto.as.aui. por aquello mesmo.a.i.
Labellum.i. por el beço pequeño
Labellum.i.por el lebrillo pequeño
Labeo.onis.por el beçudo
Labeo.onis. por un cierto pescado
Laberius.ij. poeta fue latino
Laberianus.a.um.por cosa deste poeta
Labes.is.por la corrupcion
Labes.is. por la manzilla
Labina.ę. por el resbaladero.
Labinosus.a.um. por cosa resbalosa
Labina.e.por un aldea cerca de cremona.
Labilis.e.por cosa deleznable
Labiliter.aduerbium. por deleznable mente
Labicanum. por un lugar cerca de roma
Labicana uia.camino de roma a este lugar
Labicanus.a.um.por cosa deste lugar
Labyrinthus.i.por aquel noble edificio
Labyrintheus.a.um.por cosa deste edificio
Labium.ij. por el beço
Labia.ę.por aquello mesmo.pr.
Labo.as.labaui. por caer subito. n.v.
Labor.eris. por deslizarse o deleznarse.d.v.

Labor.oris. por la labor o bosladura
Labor. oris. por el trabajo
Laboro.as.aui.por trabajar.a.i.
Laboro.as.aui. por labrar o boslar.a.i.
Laboriosus.a.um.por cosa trabajosa.
Laboriose.aduerbium.por trabajosa mente
Labosus.a.um.por cosa trabajosa.pr.
Laborioristus.i.por cierto atavio de muger
Labrum.i.por el beço gruesso.
Labrum.i.por el lebrillo de barro.
Labrosus.a.um.por cosa beçuda
Labrusca.ę.por la uva silvestre
Laburnum.i.por el borne arbol
Lac.lactis.uel lacte.por la lecbe
Lacęna.ę. por cierta vestidura
Lacedaemon.onis. bijo fue de jupiter
Lacedemonia.ę.ciudad dela morea.
Lacedęmonius.a.um. por cosa de alli
Lacedęmon.onis.por la mesma ciudad.
Lacęna.ę.por muger de alli
Lacerna.ę.por vestidura trepada
Lacernatus.a.um.por vestido della
Lacer.a.um.por cosa despedaçada
Lacero.as.aui.por despedaçar.a.i.
Laceratio.onis.por el despedaçamiento.
Lacertus.i.por el lagarto reptile.
Lacerta.ę.por la lagartixa reptile
Lacertus.i.por el morezillo del braço.
Lacertosus.a.um.por cosa morezilluda.
Lacesso.is.lacessi. por desafiar.a.i.
Lachesis.is.por una de tres parcas
Lacbryma.ę.por la lagrima
Lacbrymula.ę.por lagrima pequeña
Lacbrymosus.a.um. por cosa llorosa
Lacbrymo.as.aui.por llorar.n.v.
Lacbrymor.aris.por aquello mesmo.n.v.
Lacbrymabilis.e.por cosa llorosa.
Lacydes.ę.por un notable filosofo
Lacinia.ę.por la trepa en la orilla.
Laciniosus.a.um. por cosa trepada
Laciniatus.a.um.por aquello mesmo
Lacinium.ij. por un cabo de italia
Lacinia iuno.por que tenia templo alli
Lacinius.ij.ladron que mato ercules alli
Laconismon.por el breve dezir
Laconia.ę.por una region dela morea
Lacon.onis.por varon desta region
Laconicus.a.um.por cosa desta region

Laconicum.i.lugar enel baño para sudar.
Lacoon.ontis.por un bijo de priamo
Lacte.is.por la lecbe.priscum.
Lacteo.uel lactesco.por estar de lecbe.n.v.
Lacteus.a.um.por cosa de lecbe
Lactes piscium.por las lecbes de peces.
Lactes bominum.por las tripas
Lacteolus.a.um.por cosa de lecbe un poco
Lactens.tis.por el lecbon o cosa de lecbe
Lactatus.us.por el amamantar.
Lacto.a.aui.por amamantar.a.i.
Lacto.as.aui.por engañar con balagos.a.i.
Lactuca.e.por la lecbuga ierva
Lactuca.erratica.por lecbuga montesina
Lactuca marina.especie de lecbetrezna
Lactucula.e.por el lecbuguino
Lactucula.e.por cierta ierva lecbetrezna
Lacuna.e.por laguna de agua muerta
Lacunar.aris.por el çaquiçami de casa
Lacunarium.ij.por aquello mesmo
Lacus.us.por aquello mesmo
Lacuno.as.aui.por bazer de çaquiçami.a.i.
Lacus.us.por el lago de agua biva
Lacusculus.i.por lago pequeño
Lacustris.e.por cosa de tal lago
Lada.e.varon fue mui ligero
Lada.e.por una especie de balsamo
Ladanum.i.por el laudano olor.
Ladon.onis.por un rio de
Laedo.is.lesi.por lisiar o dañar.a.i.
Laedus.i.por una cierta ave.
Laemargia.e.interpretatur ingluuies
Laena.e.por cierta vestidura rica
Laelaps.pis.interpretatur turbo
Laertes.e.bijo de acrisio padre de ulixes
Laertiades.e.por el bijo o nieto de laertes
Laertius.a.nm.por cosa de aquel
Laertius diogenes.auctor fue griego.
Laestrigones.pueblos de italia fueron
Laestrigonius.a.um.por cosa de aquellos
Laesus.a.um.participium a ledo.is.
Laesio.onis.por la lision
Laesura.e.por aquello mesmo
Laetabilis.e.por cosa de alegria
Laetamen.inis.por estiercol para estercolar
Laetamen.inis.por alegria.poeticum
Laeticia.e.por aquello mesmo
Laetitudo.inis.por aquello mesmo.pr.

Laetificus.a.um.por cosa que alegra
Laetor.aris.por alegrarse.
Laetus.a.um.por cosa alegre.
Laeua.e.por la mano siniestra
Laeuus.a.um.por cosa siniestra.
Laeuis.e.por cosa lisa o sin pelos
Laeuigo.as.aui.por alisar o acepillar.a.i.
Laeuigatio.onis.por aquel acepillar
Laeuigatorium.ij.por el cepillo
Laeuiraia.por la raia lisa pescado
Laeuor.oris.por la lisura
Laeuo.as.aui.por alisar.a.i.
Laganum.i.por la lasaña de massa
Lagoos.interpretatur lepus.oris.
Lageos.por uvas de cierta especie
Lagena.e.por el barril de vino
Lagoos.interpretatur ericius.
Lagois.is.por un cierto pescado
Lagotropbium.ij.por bivar de liebres
Lagooper.cis.por cierto animal orejudo.
Lagona.e.por barril para vino
Laguncula.e.por barril pequeño
Laicus.a.um.interpretatur plebeius.
Laius.ij.padre fue de edipo rei de thebas
Lais.idis.por una famosa puta
Lalage.es.nombre celebre de muger.
Laletania.e.por una region en aragon
Laletanus.a.um.por cosa desta region
Lalisio.onis.por el pollo del asno salvaje.
Lallo.as.aui.por mamar lecbe.n.v.
Lambo.is.bi.por lamber o lamer.a.i.
Lambo.is.bi.por liviana mente tocar.a.i.
Lamentor.aris.por llorar con bozes.d.v.
Lamento.as.por aquello mesmo.pr.
Lamentatio.onis.por aquel lloro.
Lamentum.i.por aquello mesmo
Lamie.arum.ciudadanos fueron de roma
Lamia.e.por la brusa que come niños
Lamia.e.por un cierto pescado
Lamina.e.por la lama de metal
Lamma.e.por aquello mesmo
Lamma.e.por la lama de lodo
Lampas.adis.por la luz o claridad
Lampada.e.por aquello mesmo
Lampyris.idis.por la luziernega.gr.
Lampetie.es.por una bija del sol
Lampia.e.por un rio de arcadia.
Lampsacus.i.por una ciudad del elesponto

Lampsacum.i.por aquello mesmo
Lampsacius.a.um.por cosa desta ciuda
Lampsacenus.a.um.por aquello mesmo.
Lampedo.us.reina fue delas amazonas.
Lana.e.por la lana de ovejas z cabras
Lanatus.a.um.por cosa lanuda.
Laneus.a.um.por cosa de lana
Lancea.e.por la lança para tirar
Lanceola.e.por la lanceta
Lanceatus.a.um.cosa con bierro de lança
Lancino.as.aui.por despedaçar.a.i.
Langia.e.por una fuente en nemea
Langor.oris.por la flaqueza o dolencia
Languidus.a.um.por cosa flaca assi
Languidulus.a.um.por cosa un poco flaca
Langueo.uel languesco.por enflaquecerse.n.iij.
Languefacio.is.por enflaquecer a otro.a.i.
Lanicium.ij.por la obra dela lana
Lanificium.ij.por aquello mesmo
Lanifica.e.por la muger que obra lana
Laniger.a.um.por cosa que trae lana.
Lanipendium.ij.por peso de lana
Lanio.as.aui.por despadaçar.a.i.
Lanio.onis.por el carnicero
Lanius.ij.por aquello mesmo
Laniarius.ij.por aquello mesmo
Laniatus.us.por el despedaçamiento
Lanista.e.por el esgremidor maestro
Lanugo.inis.por el boço z flor de barua
Lanugo.inis.por el vello o flueco.
Lanuginosus.a.um.por cosa vellosa
Lanuuium.ij.por un lugar cerca de roma
Lanuuinus.a.um.por cosa deste lugar
Lanula.e.por lana pequeña
Laodomia.e.bija de belerofon fue
Laodomia.e.muger de protesilao
Laodice.es.por una bija del rei priamo
Laodicus.i.por un bijo de antenor
Laodicea.e.por una ciudad de galacia
Laodicensis.e.por cosa desta ciudad
Laomedon.ontis.padre de priamo bijo de ilo
Laomedontiades.por bijo de laomedon
Laomedonteus.a.um.por cosa deste
Lapathus.i.interpretatur rumex.
Lapatium.i.por el ravano
Lapates.is.por manjar de ortaliza
Lapis.lapidis.por la piedra.
Lapillus.i.por la piedra pequeña.

Lapicida.e.por el cantero
Lapidarius.ij.por aquello mesmo
Lapidarius.ij.por el lapidario
Lapideus.a.um.por cosa de piedra.
Lapicidina.e.por la cantera minero
Lapidosus.a.um.por cosa pedregosa.
Lapidesco.is.por bazerse piedra.n.v.
Lapio.is.por aquello mesmo.pr.
Lapido.as.aui.por apedrear.a.i.
Lapidicina.e.por la canteria arte
Lapis.lapidis.por la milla
Lapithe.arum.pueblos fueron de thessalia
Lapitheus.a.um.por cosa destos pueblos
Lapitheius.a.um.por aquello mesmo
Lappa.e.por amores de ortelano ierva
Lapsanum.i.por verça silvestre
Lapso.as.aui.por deslizarse amenudo.n.v.
Lapsus.a.um.participium a labor.cris.
Lapsio.onis.por la caida o deslizadero
Lapsus.us.por aquello mesmo
Laqueus.i.por el lazo.
Laqueo.as.por enlazar.a.i.
Laqueo.as.por obrar de çaquiçami.a.i.
Laqueatus.a.um.por cosa assi obrada
Laquear.aris.por el mesmo çaquiçami
Laquearium.ij.por aquello mesmo
Lar.laris.por el dios familiar de casa
Lar.laris.por la mesma casa
Lardum.i.por el lardo de puerco
Laridum.i.por aquello mesmo
Largior.iris.por dar larga mente.d.iij.
Largio.is.por aquello mesmo.pr.
Largitio.onis.por la largueza
Largitas.atis.por aquello mesmo
Largitudo.inis.por aquello mesmo.pr.
Large.aduerbium.por larga mente
Largiter.aduerbium.por aquello mesmo.
Largitus.aduerbium.por aquello mesmo
Largus.a.um.por cosa larga
Larius.ij.por un lago de italia
Larinas.atis.cosa cerca deste lapo
Larissa.e.por una ciudad de thessalia
Larisseus.a.um.por cosa desta ciudad
Larissensis.e.por aquello mesmo
Larix.icis.arbol es de especie de pino
Lartes.lartis.rei fue delos veientes
Larua.e.por la fantasma noturna
Laruatus.a.um.por cosa furiosa

Larualis.e.por cosa de tal fantasma
Larus.i.ave de rapina es no conocida
Lasciuus.a.um.por cosa loçana z burlona
Lasciue.aduerbium.por loçana mente
Lasciuia.e. por la loçania o retoço
Lasciuio.is.lasciuiui.por retoçar.n.v.
Laser.lasseris.por el assa
Lasserpicium.ij.por aquello mesmo.
Lasserpiciatus.a.um.cosa de assa
Lasserpicifer.a.um.lo que trae assa
Lassus.a.um.por cosa cansada
Lassitudo.inis.por el cansancio
Lassesco.is. por cansarse assi mesmo. n.v.
Lasso.as.aui.por aquello mesmo.a.i.
Lassatio.onis. por aquel cansar
Latax. acis. por un cierto animal
Latebra.e.por el escondedijo
Latebrosus.a.um.por cosa llena dellos
Latebro.as.aui. por esconder.pr.a.i.
Lateo.es.latui. por esconderse.n.v.
Latenter.aduerbium.por escondida mente
Laterani.ciudadanos fueron de roma
Lateranum.i.por una casa destos en roma
Lateranensis.e.por cosa desta casa
Latesco.is.por se dilatar z ensanchar.n.v.
Later.lateris.por el ladrillo
Laterculus.i.por el ladrillo pequeño
Latericius.a.um.por cosa de ladrillo.
Lateraria.e. lugar do se bazen ladrillos
Lateres crudi.por los adobes.
Lateralis.e.por cosa del lado
Lrterna. e. por la lanterna
Latex.icis.por el vino o el agua
Latibulum.i. por escondedijo de fieras
Latibulo.as.aui. por esconderse.pr.n.v.
Latibulor.aris.por aquello mesmo.pr
Latifolia.e.por el robre arbol
Latifundium.ij.por grande eredad
Laticlauius.ij.por bidalgo romano.
Latinus.i.rei fue delos latinos
Latium.ij.por la propria italia
Latini.orum. pueblos son de alli
Latinus.a.um.por cosa desta region
Latialis.e.por aquello mesmo
Latus.a.um.por aquello mesmo.
Latine.aduerbium.por en latin
Latinitas.atis. por la latinidad
Latinus.a.um.por cosa ladina.

Latine.aduerbium.por en ladino
Latipes.edis.por cosa de pies anchos
Latito.as.aui.por esconderse a menudo.n.v.
Latitudo.inis.por el anchura.
Latio.onis.por el traimiento
Latinus.i.por un monte de caria
Latinius.a.um.por cosa deste monte.
Latomus.i. por el cantero.gr.
Latomia.e.por la cantera minero.gr.
Latomia.e.por la canteria arte
Latona.e.bija fue de ceo titano
Latonigena.e.por bijo o bija de latona
Latonius.ij.por apolo bijo de latona.
Latonia.e.por diana bija de latona
Latois.idis. por la mesma diana
Latonius.a.um. por cosa de latona
Latoius.a.um. por aquello mesmo
Latous.a.um.por aquello mesmo
Latopeas.e.un judio fue mago
Lato.as.aui.por dilatar.pr.a.i.
Latro.as.aui. por ladrar.n.v.
Latratus.us. por el ladrido
Latria.e. interpretatur cultus uel obsequium.
Latrina.e. por la privada particular
Latro.onis.por el ladron publico.
Latro.onis. por el escudero de sueldo.pr.
Latrunculus.i.por el ladroncillo
Latrunculator. por el juez de ladrones
Latruncularia tabula.por el tablero
Latronum ludus.por el juego de aredrez.
Latrocinor.aris. por robar z burtar.d.v.
Latrocinium.ij.por el robo z burto
Latus.a.um.por cosa ancha.
Latus.a.um. participium a fero.rs.
Latus.eris.por el lado
Latusculum.i.por el lado pequeño
Latus clauus.vestidura es de bidalgos
Latus claudo.por acompañar a otro.
Latus cingo. por aquello mesmo
Lauacrum.i. por el lugar do se lavan
Lauandrium.ij.por cosa para lavarse.
Lauatio.onis. por la lavadura
Laudabilis.e.por cosa loable
Laudabiliter.aduerbium.por loable mente
Laudatio.onis.por loor que se dize
Laudo.as.por loar o alabar.a.i.
Lauerna.e.por la diosa delos ladrones
Lauernalis.e.por cosa desta diosa.

Lauernio.onis.por el ladron
Lauina.ę.bija fue del rei latino
Lauinium.ij.ciudad antigua de italia
Lauinus.a.um.por cosa desta ciudad.
Lauinensis.e.por aquello mesmo.
Lauo.as.laui.por lavar.a.i.
Lauo.is.laui.por aquello mesmo.a.i.
Laurex.icis.por el gaçapo de conejo
Laurea.ę.uel laurus.por el laurel.
Laurea.ę.por la corona de laurel
Laureola.ę.por corona pequeña de laurel
Laureatus.a.um.por cosa coronada assi
Laureus.a.um.por cosa de laurel
Lauretum.i.por el lauredal lugar de laureles
Laurifer.a.um.por cosa que trae laurel
Laurinus.a.um.por aquello mesmo
Laurinus.a.um.por cosa de laurel
Laurentum.i.ciudad fue de italia.
Laurens.tis.por cosa desta ciudad
Laurentis.e.por aquello mesmo.pr.
Laurentius.a.um.por aquello mesmo
Laurentinus.a.um.por aquello mesmo.
Laurentalia.orum.fiestas eran en roma.
Laurentius.ij.por laurencio.n.p.de varon
Laureolus.i.por cierto juego antiguo
Laus.laudis.por el alabança
Laus.laudis.por la virtud.poe.
Lautus.a.um.por delicado en manjares
Lauticia.ę.por aquella delicadeza
Lauticus.a.um.por cosa de afeites
Lautus.a.um.por cosa afeitada
Larus.a.um.por cosa floxa z ancha
Laritas.atis.por aquella floxura
Laritudo.inis.por aquello mesmo
Laramentum.i.por aquello mesmo
Laro.as.aui.por aflorar z ensanchar.a.i.
Lazarus.i.nombre de varon.bar.
　Ea.leę.por la leona
　Leęna.ę.por la mesma leona.gr.
Leander.dri.nombre de varou
Leandros.dri.por este mesmo varon
Leandrius.a.um.por cosa deste mesmo
Learchus.i.bijo fue de athamas z ino
Learchus.i.rei fue de licia z panfilia
Lebes.etis.por calderon de cobre.gr.
Lebéta.ę.por aquello mesmo
Lebedus.i.por una ciudad de boecia.
Lebedius.a.um.por cosa desta ciudad

Lebynthus.i.por una isla del arçapielago
Lecheus.puerto es de corintho
Lecytus.i.por el azeitera
Lectus.a.um.participium a lego.is.
Lectus.i.por el lecho o cama
Lectisternium.por estrado enel templo
Lectica.ę.por las andas.
Lecticula.ę.por andas pequeñas.
Lecticarius.ij.por el que lleva las andas
Lecticariola.ę.amadora de aquellos
Lectito.as.aui.por leer a menudo
Lector.oris.por el lectór
Leda.ę.muger fue de tindaro.
Ledęus.a.um.por cosa de aquesta
Ledus.i.por un rio de francia.
Legatum.i.por la manda del testamento
Legatarius.ij.por aquien se manda
Legator.oris.por el que la manda
Legatus.i.por el embaxador.
Legatio.onis.por el embaxada
Legalis.e.por cosa dela lei o leal
Legaliter.aduerbium.por leal mente.
Legatiuum.i.por el gasto del embaxador.
Legibilis.e.por cosa leible.
Iegifer.a.um.por cosa que da leies
Legio.onis.por la legion dela ueste
Legionarius miles.por el dela legion.
Legio germanica.por leon ciudad nuestra
Legitimus.a.um.por cosa de lei
Legitime.aduerbium.por legitima mente
Legitimo.as.aui.por legitimar.no.
Legitimatio.onis.por la legitimacion.no.
Lego.is.legi.por leer letras.a.i.
Lego.is.legi.por coger lo derramado.a.i.
Lego.is.legi.por burtar.ra.a.i.
Lego.is.legi.por passar z navegar.ra.a.i.
Legulus.i.por el cogedor de azeitunas.
Leguleus.i.por el mal letrado en leies
Legumen.inis.por la legumbre.
Legumentum.i.por aquello mesmo
Lelius.i.ciudadano fue romano
Lelex.gis.por uno delos eroes
Leleges.pueblos fueron de thessalia
Lelegius.a.um.por cosa destos pueblos
Leleps lelapis.nombre fue de perro
Leliphagus.i.por una cierta ierva.
Lembus.i.por leño especie de nave.gr
Lemma.atis.por argumento de obra.

Lemniscus.i.por venda de lienço.
Lemnos.i.por una isla de alçapielago
Lemnias.adis.por bembra de alli
Lemniacus.a.um. por cosa desta isla
Lemures.por fantasmas de noche
Lemuria.por fiestas delos muertos
Lena.ę.por el alcaueta
Lenaeus.i.nombre es de bacco dios
Lenás.atis.nombre proprio de varon
Lenio.is.iui. por balagar z amansar.a.i.
Lenis.e.por cosa blanda al tocar.
Lenitas.atis. por aquella blandura
Lenitudo.inis.por aquello mesmo
Lenimen.inis. por aquello mesmo.po.
Lenimentum.i. por aquello mesmo
Leniter.aduerbium. por blanda mente
Leno.onis. por el alcauete o rofian
Lenocinor.aris.por alcauetar.d.iij.
Lenocinium. por el alcauteria
Lenulus.i.por el alcautejo.
Lenunculus.por aquello mesmo
Lens.tis. por las lentejas legumbre
Lens.lendis.por la liendre
Lens.lendis.por la ladilla
Lendinosus.a.um.por cosa lendrosa.
Lenticula.ę.por el azeitera
Lenticula.ę.por la mancha del rostro.
Lentigo.inis.por aquella mesma.
Lentiginosus.a.um.por cosa assi manchada
Lenticulosus.a.um.por aquello mesmo
Lenticula.ę. por las lentejas
Lenticies.ei.por la lentura delo liento
Lentitudo.inis.por aquello mesmo
Lenteo.uel lentesco.por relentecerse.n.v.
Lentiscus.i.por lentisco arbol de almaciga.
Lentiscinus.a.um. por cosa deste arbol
Lentiscifer.a.um. por tierra destos arboles
Lentor.oris.por la lentura delo liento
Lento.as.aui. por retardar. a.i.
Lento.as.aui.por doblegar.a.i.
Lentus.a.um.por cosa que se doblega
Lentus.a.um. por cosa perezosa
Lentus.a.um.por cosa lienta engrudosa
Lentus in compositione.i. plenus
Lentulus.nombre proprio de romanos.
Leo.les.non extat.a quo sunt alia.
Leo.leonis.por el leon animal
Leo.leonis.por cierta costelacion.

Leo.leonis.por cierta especie de cangrejo
Leoninus.a.um. por cosa de leon
Leonina herba.por boca de leon ierva
Leontophonos.por un animal no conocido.
Leonatus.i.por un rei de frigia la menor.
Leonardus.i.nombre de varon
Leonides.e. aio fue de alejandro rei
Leonidas.ę. capitan fue delos lacedemonios
Leontini.orum.por una ciudad de sicilia.
Leontinus.a.um.por cosa desta ciudad.
Leontes.ę.por un tirano delos sicionios
Leopardus.i.por el pardo animal
Lepidium.ij.por cierta ierva
Lepidochalcos.i. por escama de cobre
Lepidus.a.um. por cosa graciosa en dezir
Lepiditas.atis. por aquella gracia
Lepos.oris.por aquello mesmo.
Lepidus.i. nombre de varon romano
Lepus. oris. por la liebre.
Lepusculus.i. por el conejo
Leporinus.a.um.por cosa de liebre
Leporarium.ij.por bivar de liebres
Lepus.oris. por un cierto pescado
Lepra.ę.interpretatur uitiligo.gr.
Leprosus. a.um. por cosa leprosa. gr.
Leptis.is. por una ciudad de africa
Leptitanus.a.um. por cosa desta ciudad
Lerna.ę.por una region de arcadia
Lernęus.a.um.por cosa desta region
Lernus.i.por un rei de arcadia
Lesbos.i. por una isla del alçapielago
Lesbius.a.um.por cosa desta ciudad.
Lesbiacus.a.um. por cosa de alli.
Lesbous.a.um. por aquello mesmo
Lesbis.idis.por cosa bembra de alli
Lesbia.ę.amiga fue de catulo poeta.
Lessum.i. por endecha sobre muerto
Letania.ę. interpretatur rogatio
Lethargus.i. dolencia que mata dormiendo
Lethargia.ę. por aquello mesmo
Lethargicus.i.por el doliente della
Lethe.interpretatur obliuio
Lethes.ę.por un rio del infierno
Letheus.a.um.por cosa del infierno
Lethes.ę.por un rio de españa
Lethum.i. por la muerte
Lethifer.a.um. por cosa mortal
Lethificus.a.um.por aquello mesmo.

Lethalis.e. por aquello mesmo
Letho.as.aui.por matar.acti.i.
Leuamentum.i. por el alivio
Leuamen.inis.por aquello mesmo.po.
Leuatio.onis. por aquello mesmo
Leucargilion. por arzilla blanca.gr.
Leucanthos.i. por cierto color violado.gr.
Leuca.ę. por una ciudad de apulia
Leucas.dis.por un cabo de epiro
Leucadius.a.um. por cosa deste cabo
Leucate.es. por aquel mesmo cabo
Leucelepra.por la lepra blanca.gr.
Leucippus.i. por un notable filosofo
Leucos.interpretatur albus.a.um.
Leucocomis.por granada blanca.
Leucocruta.ę. por un animal no conocido
Leucochron. especie de vino contrahecho
Leucoporon.i. por sisa para dorar.
Leuconicum.i. por la lana del colchon
Leucophlegmatia.ę. especie de idropesia
Leucophos.i.por paño blanco
Leucopheatus.a.um. por vestido de blanco.
Leucostyctus.i. especie es de porfido
Leucosyria. interpretatur alba syria
Leucothea.ę.por ino hija de cadmo.
Leucothoe.es.hija de oceano z tethis.
Leucopetra.ę. por un cabo de sicilia
Leuio.as.aui.por aliviar.actiuum.i.
Leuiathan. por cierto pece monstruoso. bar.
Leui.hijo fue de jacob z lia su muger. bar.
Leuita.ę.por varon de su linaje deste
Leuites.ę. por aquello mesmo
Leuiticus.a.um.por cosa deste linaje
Leuiticus.i.por uno delos cinco libros
Leuir.ri. por marido del ermana
Leuis.e. por cosa liviana
Leuitas.atis. por la liviandad.
Leuitudo.inis.por aquello mesmo
Leuiter.aduerbium.por liviana mente
Leuiculus.i.por un poco liviano
Leutra.orum.por una ciudad de boecia
Leutricus.a.um.por cosa desta ciudad
Leuo.as.aui.por aliviar.a.i.
Lexicon.interpretatur dictionarium
Lexis.is. interpretatur dictio
Lexiua.ę.por la lexia para colar.
Lexiuus cinis.por la cernada.
Lex.legis.por la lei general mente.

iaeus.i.por el dios bacco.
Lia.ę.muger fue de jacob.bar.
Libamentum.i. por la salva enel sacrificio
Libamen.inis.por aquello mesmo.po.
Libatorium.ij. por vaso para sacrificar
Libatio.onis.por el sacrificar
Libanos.interpretatur tus turis.
Libanotis herba.i.ros marinus.
Libanotus.i. viento es meridional un poco
Libanus.i.monte entre arabia z fenicia
Libanus.i.por un cierto arbol.
Libanum.i.por el encenso.
Libella.ę. por pequeña libra
Libella.ę. por un cierto pescado
Libellus.i. por el libro pequeño
Libens.tis.por cosa aplazible.
Libentia.ę.por la gana z plazer
Libenter.aduerbium.por de buena gana.
Liber.liberi. por el dios bacco
Libera.ę. por ariadna su muger
Liberalia.orum.por las fiestas de bacco.
Liber.a.um. por cosa libre.
Liberalis.e.por cosa liberal
Liberalitas.atis.por la liberalidad
Liberaliter.por liberal mente
Liber.liberi.por hijo o nieto.raro.
Liberi.orum. por hijo o nieto.
Libero.as. aui. por delibrar.
Liberatio.onis.por aquella deliberacion
Liber.libri. por el libro parcial
Liber.libri.por la corteza del arbol
Libertas.atis.por la libertad.
Libertinus.i. por el libre que sirvio
Libertinitas.atis. por el estado deste
Libertus.i. por el libre que sirvio a otro
Libet impersonale.por antojarse.imper.ij.
Libethra.ę.monte de macedonia
Libethrides. las musas aquien es sagrado
Libya.ę.uel libye.es.por africa
Libycus.a.um.por cosa de africa
Libys.ys.por el macho de africa.
Libyssa.ę.por la hembra de africa.
Libyes in plurali. por los pueblos de africa
Libyssinus.a.um.por cosa de africa.ra.
Libystinus.a.um. por lo mesmo. ra.
Libystis.idis.por la hembra de africa.
Libido.inis. por la gana o antojo.
Libido.inis.por la luxuria.

Libidinitas.atis.por aquello mesmo.pr.
Libidinosus.a.um. por cosa luxuriosa
Libidinose.por luxuriosa mente
Libitina uenus.templo era en roma.
Libitina.e.por todas las mortajas
Libitinarius.ij. el que amortaja al muerto
Libitus.a.um.por cosa plazentera
Libyus.ij.por una cierta ave
Libo.as.aui. por hazer la salva. a.i.
Libo.onis.por un ciudadano de roma
Libonianus.a.um.por cosa de aqueste
Libra.e.por libra signo del cielo.
Libra.e.por la libra de doze onças
Libralis.e.por cosa de una libra.
Librarius.ij.por el despensero por libras
Libraria.e. por la despensera por libras.
Librarius.ij.por el escrivano de libros
Libraria.e.por la libreria de libros
Librariolus.i. por el escrivano pequeño.
Libramentum.i.por el nivel del peso
Librile.is. por aquello mesmo
Libripens.dis.por el que pesa la moneda.
Libro.as.aui.por pesar por nivel.a.i.
Libs.libys. por el viento abrigo
Libum.i.por la oblada para ofrecer
Liburnia.e. region es cerca de ungria
Liburnus.a.um.por cosa de alli.
Liburnus.i. por cierta especie de nave
Liburnica.e. por aquello mesmo
Liburnus.i.por el que llama o cita
Lycaeus.i.por un monte de arcadia.
Lycambes.e. suegro de archiloco poeta
Lycambeus.a.um.por cosa de aqueste
Licanos.i. por cierta cuerda enla musica
Lycaon.onis.hija dela tierra z titano
Lycaonius.a.um.por cosa deste
Lycaon.onis.animal proprio dela india
Lycaonia.e.region es de capadocia.
Lycaonita.e.por varon desta region.
Lycaonius.a.um.por cosa de alli.
Lycas.e.el que llevo a ercules la camisa.
Licentia.e. por soltura en mala parte
Licentia.e. por la licencia.rarum.
Licenter.aduerbium.por suelta mente
Licentior.oris. por un poco mas suelto
Liceo.es.licui. por ser puesto en precio.n.iiij.
Liceor.eris.por poner en precio.d.iij.
Liceo.pro licet coniunctione.priscum.

Licet impersonale.por convenir z poder.iij.
Licet per aliquem.por tener licencia del
Licet coniunctio.por aunque.
Licebit coniunctio.por aunque.po.
Lichen.enis. por el usagre.
Lychnos.i.interpretatur lucerna
Lychnobius.ij.el que bive al candil.
Lychnites.e.piedra que sacan al candil
Lycia.e.por cierta region de asia menor
Lycius.a.um.por cosa desta region
Lycione.es.por una cierta medicina
Lycium.ij.por cierto lugar en athenas
Licinius.ij.nombre de varon romano
Licium.ij. por el lizo del telar.
Liciatorium.ij. por enxullo de telar
Licio.is.non extat. a quo allicio.is.z c̃.
Lycisca.e.por hijo de lobo z can.
Lycisca.e.nombre de una mala muger
Licitor.aris.por poner en precio.d.iiij.
Licitatio.onis.por aquella postura
Lycino.onis.nombre proprio de varon.
Lycomedes.is.rei fue de sciro isla.
Lycon.onis.por un notable filosofo.
Lycopolis.eos.por una ciudad de egipto.
Lycophron.onis.hijo fue de periandro.
Lycophron.onis. poeta fue griego
Lycoris.nombre proprio de una ninfa
Lycormas.e. el mesmo rio que eueno.
Lycos.i. interpretatur lupus.
Lyctos.i.por una ciudad de creta.
Lyctius.a.um. por cosa desta ciudad
Lictor.oris.por el macero real.
Lictorius.a.um.por cosa de aqueste.
Lycurgus.i. por un rei de thracia.
Lycurgus.i. por el legislator de lacedemonia.
Lycus.i. por un rei de thebas.
Lycus.i. hijo de pandion rei de athenas
Lycus.i.por un rio que cae enel tigre
Lidda.e.ciudad de judea cerca de iafa
Lydia.e. por una region de asia menor
Lydius.a.um.por cosa desta region.
Lydius.a.um. pro tirrhenus.a.um.
Lidoria interpretatur conuicium.
Lydus.i.por un hijo de ercules z iole.
Lydus.i.hijo fue de atis rei de lidia
Lyen.enis. por el baço.grecum.
Lyenis.is. por el baço. priscum.
Lyenosus.a.um. por el que cria baço.

Lyenicus.a.um. por el que cria baço
Lyenteria. interpretatur inteſtinorum fluxus.
Lyentericus.i.el que tiene eſte fluxo
Lygdamus.i. nombre proprio de varon
Lygdus.i.nombre proprio de varon
Ligellum. i. por cboça o caſa pagiza .pr.
Liger.ligeri. nombre de varon en virgilio
Liger.ligeris.por un rio en francia
Lina.orum. por la leña para quemar
Lignum.i. por el madero
Lignum.i.por el arbol
Ligneus.a.um.por coſa de madera.
Lignoſus.a.um.coſa que tiene madera
Lignor.aris.por ir por madera o leña.
Lignator.oris.por el leñador.
Lignarius.ij. por el cortador de madera
Lignarius.a.um.por coſa de madera.
Lignatio.onis.por el oficio de leñador
Lignatio.onis.por lugar de bazer leña
Ligo.onis.por açada o açadon
Ligo.as.aui. por atar.a.i.
Ligamen.inis.por el atadura.po.
Ligatura.ę. por el atadura meſma
Ligula.ę. por la lengua del çapato
Ligula.ę. por paleta de boticario
Liguſtrus.i.por un bijo de faetonte
Liguria.ę. region de italia do eſta genova
Ligur.uel ligus. coſa deſta region
Liguſticus.a.um. por coſa deſta region
Liguſtinus.a.um.por coſa deſta region
Liguſticum.i. por ierva que nace alli
Liguſticum mare. por el mar de genova
Ligurinus.i. por una avezilla
Ligurio.is.iui.por comer coſas delicadas.a.i
Liguritio.onis. por el comer delicado
Liguſtrum.i.por arbol de paraiſo
Liguſtrum.i.por la flor deſte arbol
Lilium.ij.por el açucena lirio blanco
Lilinum.i.por azeite de açucenas.
Lilybęum.por el cabo ocidental de ſicilia
Lilybęum.i.por una ciudad alli
Lilybęus.a.um. por coſa deſte lugar
Lilybeius.a.um.por aquello meſmo
Lima.ę.por la lima de bierro
Limatura. ę. por la limadura
Limaria.ę. por el atun de un año
Limax.acis.por la limaga guſano
Limax.acis.por el caracol

Limen.liminis.por el lumbral de puer
Limes.limitis. por la linde o termino
Limbus.i. por el borde dela veſtidura
Limborarius.ij. por el bordador
Liminarius.a.um.coſa para lumbral.
Limis.e.por coſa al traves z tuerta
Limus.a.um.por aquello meſmo.
Limito.as.aui.por deſlindar.a.i.
Limo.as.aui. por limar con lima.a.i.
Limoſus.a.um.por coſa llena de limo
Limoſa.ę.por un cierto peſcado.
Lympha.ę.por el agua.gr.
Lymphatus.a.um.por lo que ravia
Lymphaticus.a.um.por aquello meſmo
Lymphor.aris. por raviar.d.v.
Lymira.ę. por un rio de licia
Lymira.ę.por una ciudad de licia.
Limpidus.a.um. por coſa limpia.ra.
Limpitudo.inis.por la limpieza
Limus.i. por el limo dela tierra
Linamentum.i.por paño de lino
Linamentum.i.por las bilazas de lino
Linamentum. por la mecba o paveſa de lino
Lyncus.i. por un rei de ſcitbia
Lynceus.a.um.por coſa de lince animal
Lyncurium.ij.piedra dela urina del lince.
Linctus.a.um.participium a linguo.is.
Linctus.us.por la lamedura
Lyndus.i.por una ciudad de rodas
Lyndius.a.um. por coſa deſta ciudad
Linea.ę.por la raia o traço.
Lineola.ę. por aqueſta raia pequeña
Linearis.e.por coſa de raia.
Linea.ę.por el ſedal de peſcador.
Lineus.a.um.por coſa de lino
Lingua.ę. por la lengua dela boca
Lingua bouis.por la borraja ierva
Lingua canis. por el almea ierva
Lingua agni. por la llanten ierva
Lingua.ę.por el lenguaje.
Lingula.ę.por lengua pequeña
Linguatus.a.um.por coſa parlera
Lingula.ę. por el gallillo dela garganta
Lingula.ę. por cucbillo como lengua.
Lingulata.ę.por cierta ave de luenga lengua.
Lingulaca.ę.por un peſcado
Lingulaca.ę. por parlero z deslenguado
Linguax.acis.por aquello meſmo.

Linguosus. a. um. por aquello mesmo
Lingones. pueblos son de francia
Lingonicus. a. um. por cosa de aquestos
Lingon. onis. una estatua fue notable.
Linguo. is. linxi. por lamber. a. i.
Lingo. is. linxi. por aquello mesmo. a. i.
Liniger. ri. sacerdote era en egipto
Linio. is. liniui. por untar. a. i.
Linimentum. i. por la uncion
Linio. as. aui. por traçar. a. i.
Liniamentum. i. por el traço.
Lino. is. liui. uel leui. por untar. a. i.
Linquo. is. liqui. por desar. a. i.
Linteum. i. por el lienço de lino
Linteum. i. por la savana de lino
Linteolum. i. por el lençuelo.
Lintearius. a. um. por cosa para lienço
Lintearius. ij. por el lencero
Linteus. a. um. por cosa de lienço.
Linter. linteis. nave cavada de un madero
Linternum. i. ciudad es de campania.
Linternus. i. por un rio deste lugar
Linum. i. por el lino ierva z materia
Linus. i. bijo fue de apolo z urania
Lynx. cis. rei de scythia el que arriba
Lynx. cis. animal es de vista aguda
Lynx. cis. por el pito verde ave
Lipara. e. por emplastro para ablandar
Lipeleon. i. por azeite gruesso
Lipara. e. por una isla cerca de sicilia
Lipareus. a. um. por cosa desta isla
Liparensis. e. por cosa desta isla mesma
Liparidum alumen. por alumbre de alli
Lipio. is. lipiui. por cantar el milano. n. v.
Lippio. is. iui. por ser cegajoso. n. v.
Lippus. a. um. por cosa cegajosa
Lippitudo. inis. por aquella dolencia
Lipsote. es. interpretatur defectua
Liquamen. ignis. por manteca derretida
Liquefacio. is. feci. por derretir. a. i.
Liqueo. uel liquesco. por derretirse. n. iiij.
Liquet impersonale. por manifiesto ser. iiij.
Liquentia. e. por un rio de lombardia
Liquidus. a. um. por cosa umida
Liquidus. a. um. por cosa pura sin bez.
Liquidus. a. um. por cosa clara
Liquido. aduerbium. por clara mente.
Liqui. liquisti. preteritum a linquo. is

Liquo. as. liquaui. por colar. a. i.
Liquor. cris. por derretirse. d. iiij..
Liquor. cris. por el liquor delo que se derrite
Lyra. e. instromento musico de cuerdas
Lyra. e. por una costelacion desta figura
Lyra. e. por un cierto pescado
Lira. e. por tierra entre dos sulcos
Liratim. aduerbium. por amielgas arando
Liro. as. aui. por amelgar lo arado. a. i.
Liris. is. por un rio de campania
Lyricen. enis. por el tañedor de lira
Lyricena. e. por la que tañe aquella lira
Lyristes. e. por aquel mesmo tañedor
Lyricus. a. um. por cosa deste instrumento
Lyriope. es. ninfa madre de narciso
Lyrnesos. i. por una ciudad de thessalia
Lyrnesos. por otra ciudad de frigia
Lyrnesis. idis. por bembra de alli
Lyrnesius. a. um. por cosa destas ciudades
Lysander. dri. capitan delos lacedemonios
Lysanias. e. por un notable orador griego
Lis. litis. por el pleito lid z contencion
Lysias. e. por un notable orador griego
Lysias. e. compañero fue de bacco
Lysippus. i. estatuario en tiempo de alefandre
Lysippe. es. por una delas bijas de preto.
Lysimacbus. i. rei fue de thracia
Lysimachia. e. ciudad que poblo este rei
Lysitania. e. region de españa lusitania
Lysius. ij. por un rio de arcadia
Lyssum. i. por una ciudad de epiro
Lysus. i. por un rio de thracia
Lytenia. e. interpretatur rogatio
Lytbos. i. interpretatur lapis
Litbiasis. por la piedra dolencia
Lytbostroton. por pavimiento de losas
Lytbargyron. i. por espuma de plata
Liticen cinis. por el tañedor de trompeta
Litigo. as. aui. por pleitear. n. v.
Litigator. oris. por pleiteador.
Lito. as. aui. por sacrificando impetrar. n. ij.
Litta. e. por el gusano enla lengua del can
Littera. e. por la letra del a b c.
Littere. arum. por la letra mensajera.
Litterula. e. por pequeña letra.
Litteratus. a. um. por el letrado
Litterasus. a. um. por aquello mesmo. ra
Litterator. oris. por el mal letrado

Litteratorius.a.um.por cosa de letras
Litterarius.a.um. por cosa de letras
Litteralis.e.por aquello mesmo
Litteratura.ę.por el letrero
Littus.oris.por la ribera dela mar
Littus.oris.por la mar cerca de tierra.
Littus.oris.por la tierra cerca de mar.
Littoreus.a.um.por cosa de ribera
Littoralis.e. por aquello mesmo
Liturgia.ę. por la missa
Liturgion.i.'negotiolum interpretatur
Litura.ę.por el borron o raedura
Litus.a.um.participium a lino.is.
Lituus.i.por la trompeta corva
Lituus.i.por la vara del augur
Liueo.es. por aver embidia. n.ij.
Liueo.uel liuesco. por bazerse cardeno.n.v.
Liuidus.a.um.por cosa embidiosa
Liuidulus.a.um. por cosa embidiosa un poco
Liuidus.a.um. por cosa cardena
Liuius salmator. ciudadano fue romano
Liuius.ij. poeta fue latino antiguo
Liuius.ij.istoriador fue de padua
Liuianus.a.um.por cosa de aquestos.
Liuia drusilla.muger de octauiano
Liuia.ę. por paloma çurana
Liuor.oris. por el embidia
Liuor.oris.por el cardenal de berida
Lix.cis.por la ceniza del bogar
Lixiuia.ę.por la lexia de ceniza
Lixiuius cinis.por la cernada
Lyra.ę.por el aguadero del real
Lyrus.a.um. por cosa cozida en agua
  Ocabilis mulier.la muger casadera
  Locasso.is. por arrédar dar por renta. pr.
Locator.oris.por el que arrienda a otro
Locatio.onis.por aquel arrendamiento.
Locatum.i.por lo assi arrendado
Locarium precium.la paga del meson
Locellus.i. por el bolsico pequeño
Loci locorum. por la madre de muger
Loco.as.locaui.por poner en lugar.a.i.
Loco.as.locaui.por casar bija o criada.a.i.
Locri.orum.por una ciudad de brucia
Locrensis.e. por cosa desta ciudad
Loculus.i.por la bolsa.
Loculosus.a.um.cosa llena de bolsas.
Locuples.etis.por cosa rica

Locupleto.as.aui. por enriquecerse. n.v.
Locupleto.as.por enriquecer a otro.a.i.
Loculamentum.i.lugar de mucbas casillas.
Locus.i.loci.orum.uel loca.por el lugar
Locus.i.por el assiento del argumento
Locusta.ę.por la lagosta o lagostin
Locutus.a.um.participium a loquor
Locutio.onis.por la babla
Locutuleuis.por parlero.
Lodix.icis.por la manta de cama
Lodicula.ę.por manta pequeña
Logos.interpretatur uerbum uel sermo
Logicus.a.um. interpretatur sermocinalis
Logica.ę.por la logica arte
Logodędalus.i.engañador con palabras
Logotbeta.por protonotario
Lolliuz.ij. por el joio o vallico ierva.
Loliacus.a.um.por cosa de vallico
Lolligo.inis.por el calamar pescado
Lolliguncula.e. por el calamar pequeño
Lollius.ij.por el calamar grande
Lomentum.i.por barina de bavas
Longanimis.e. por cosa sufrida z paciente
Longanimitas.atis.por la paciencia
Longanimiter. por paciente mente
Longanus.i.por la tripa longaon.
Longęuus.a.um. por de luenga edad
Longęuitas.atis. por longura de edad
Longe.aduerbium.por lexos
Longe.aduerbium.por mui mucbo
Longinquus.a.um. cosa de lexos
Longinquitas.atis.por aquella lexura
Longisco.is. por bazerse luengo.n.v.
Longitudo.inis.por la longura.
Longiturnitas.atis.longura de tiempo
Longurio.onis.por ombre luengo.pr.
Longurius.ij. por pertiga luenga
Longus.a.um.por cosa luenga
Lopas.dis. por una especie de concba
Loquax.acis.por mucbo babladr
Loquacitas.atis. por aquel mucbo bablar
Loquaciter.aduerbium.por parleramente
Loquella.ę.por la babla natural
Loquentia.ę.por aquello mesmo
Loquor.eris. por bablar natural mente. d.iij.
Loquitor.aris. por bablar assi amenudo.d.iij
Lora.ę. por el vino aguapie.
Loramentum.i. por atadura de cuerdas

Lorarius.ij.por el que ata alguno.
Loratus.a.um.por cosa con cuerdas
Lorico.as.aui.por armar con malla.a.i.
Loricatio.onis.por aquella armadura
Lorica.ę.por la malla para armar.
Loricula.ę.por la malla pequeña
Loricula uiminea.por la emprenta
Loricatus.a.um.armado de malla
Lorum.i.por la cuerda o coiunda.
Lotio.onis.por la lavadura
Lotium.ij.por la urina
Lotiolentus.a.um.por suzio de urina.
Lotos.i.por una ninfa buelta en arbol
Lotos.is.por una ierva no conocida
Lotos.i.por un arbol propria de africa
Lotis.idis.por aquestas mesmas cosas
Lotophagi.pueblos son de africa.
Lotus.a.um.por cosa lavada.
Lotura.ę.por la lavadura.
    ubet impersonale.pro libet.iij.
    Lubentia.ę.por la diosa de plazer.
Lubricus.a.um.por cosa para caer
Lubricus.a.um.por cosa luxuriosa
Lubricus.a.um.por cosa que se desliza
Lubrico.as.aui.por bazer deslizar.a.i.
Lubricitas.atis.por el deslizar
Luca.ę.por una ciudad de tuscia
Lucensis.e.por cosa desta ciudad.
Lucania.ę.region cerca de apulia
Lucani.pueblos son desta region
Lucanus.i.poeta fue latino
Lucanica.ę.por la longaniza
Lucar.aris.por la renta del bosque sagrado
Lucaria.fiestas eran delos bosques
Lucaris pecunia.por el dinero de alli cogido
Lucas.ę.nombre proprio de varon.S.
Luccecius.ij.jupiter en lengua osca.
Luceius.ij.nombre de un ciudadano de roma
Lucellum.i.por ganancia pequeña
Luceres.eran la tercera parte delos romanos.
Lucerenses.por aquellos mesmos armados.
Lucerna.ę.por el candil.
Lucerna polymixos.cadil de mucbas mecbas
Lucerna enneamixos.por de nueve mecbas
Lucernarium.lugar donde se pone candil
Lucidus.a.um.por cosa luzia z clara
Lucido.as.aui.por aclarar.a.i.
Lucifer.ri.por el luzero del alva.

Lucifer.ri.por lucifer diablo
Lucifugus.a.um.por lo que buie la luz
Lucius.ij.prenombre de romanos
Lucij.son los que nacen al alva
Lucina.ę.por la diosa del parto
Lucillius.ij.poeta fue latino
Lucinus.i.por el que vee poco
Luciosus.i.el que vee al candil
Lucratiuus.a.um.por cosa para ganar
Lucretius.ij.poeta fue notable latino.
Lucretia.ę.matrona fue romana
Lucretilis.is.monte es delos sabinos
Lucrifacio.is.lucrifeci.por ganar.a.i.
Lucror.aris.por aquello mesmo.d.iij.
Lucrosus.a.um.por cosa gananciosa
Lucrinus.i.por un lago de campania.
Lucrum.i.por la ganancia
Lucta.ę.por la lucba.
Luctatio.onis.por aquello mesmo
Luctamen.inis.por aquello mesmo.po.
Luctor.aris.por lucbar.d.v.
Lucto.as.por aquello mesmo.pr.n.v.
Luctus.us.por el lloro o luto.
Luctificus.a.um.por lo que baze llorar
Luctuosus.a.um.por cosa llorosa.
Luctisonus.a.um.por lo que suena lloro
Lucubro.as.aui.por trabajar ala candela.a.i.
Lucubratio.onis.por aquella velada
Lucubratiuncula.ę.por la vela pequeña.
Lucubratoria cella.camara para velar.
Luculentus.a.um.por cosa luzia z clara.
Luculenter.aduerbium.por luzia mente
Luculentitas.atis.por la claridad assi.pr.
Lucus.i.por el bosque consagrado
Lucus augusti.por lugo ciudad de galizia
Lucus.lucus.por la luz.priscum.
Lucullus.i.ciudadano fue de roma
Lucumones.pueblos fueron de tuscia
Ludibrium.ij.por la burla z escarnio
Ludibriosus.a.um.por cosa de escarnio
Ludibundus.a.ū.por cosa que mucbo juega.
Ludicrus.a.um.por cosa de burla
Ludius.ij.por el esgremidor.
Ludia.ę.por la muger del esgremidor
Ludifico.as.aui.por burlar z escarnecer.a.i.
Ludificatio.onis.por aquella burla
Ludio.onis.por el truban o albardan.
Ludo.is.lusi.por jugar z burlar.a.i.
                   L.i.

Ludo.is.lusi. por escrivir burlas.a.i.
Ludus.i.por el juego z burla de hecho
Ludus.i. por la burla de palabras.ra.
Ludus.i.por el escuela de niños.
Ludus.i. por el esgremidor
Lues.luis.por la pestilencia
Lugdunum.i.por leon ciudad de francia.
Lugdunensis.e. por cosa desta ciudad
Lugeo.es.luxi. por llorar z traer luto.a.i.
Lugubris.e.por cosa llorosa z enlutada
Lugubriter.aduerbium.por llorosa mente
Luma.e.por cierta espina de prados
Lumaria falx.por la guadaña
Lumbare.is. ceñidero de lomos
Lumbricus.i.por la lombriz gusano
Lumbricus.i.por un cierto pescado
Lumbus.i.por el lomo
Lumbifragium. por la deslomadura
Lumbifragus.a.um.por cosa deslomada.
Lumbago.inis.por dolor de lomos
Lumen.inis. por la lumbre
Lumen.inis.por el matiz enla pintura
Luminosus.a.um.por cosa lumbrosa.
Luminare.is.por la lumbrera
Lumino.as.aui.por alumbrar.a.i.
Luna.e.por la luna planeta
Lunaris.e. por cosa de luna
Lunatus.a.um. por cosa redonda
Lunaticus.a.um.por cosa alunada
Luna.e. por la luna delos çapatos
Lunula.e.por lunezilla de plata
Luo.is.lui.por lastar z pagar pena.a.i.
Lupa.e.por la loba animal conocido
Lupa.e. por la puta del burdel
Lupanar.aris.por la puteria burdel
Lupanarium.ij.por aquello mesmo
Lupatum.i.por el freno dela brida
Lupercal.is.lugar fue en roma
Lupercalia.orum. por las fiestas de pan
Lupercus.i.por el sacerdote de pan
Lupinus.i.por el altramuz legumbre.
Lupinarius.a.um.por cosa para altramuzes
Lupor.aris.por putear con putas.d.v.
Lupus.i. por el lobo animal conocido
Lupus.i. por el freno rezio z de cozcoja
Lupus.i.por el sollo pece conocido
Lupus.i.por lope nombre de varon
Lurcho.onis. por el goloso z garganton

Luridus.a.um.por cosa mucho amarilla
Luscinia.e. por el ruiseñor avezica
Lusciola.e.por aquella mesma ave
Lusciniola. por aquella mesma ave
Luscinus.i. por el visojo que vee poco
Lusciosus.i.por aquel mesmo
Luscus.i.por el tuerto de un ojo
Lusito.as.aui. por jugar amenudo.n.v.
Lusio.onis.por aquel jugar
Lusorius.a.um.por cosa para jugar
Lustralis.e.cosa para limpiar sacrificando
Lustratio.onis.por aquella purgacion
Lustramentum.i.por aquello mesmo.
Lustricus dies. el dia del baptismo
Lustro.as.aui.por limpiar por sacrificio.a.i.
Lustro.as.aui.por rodear.a.i.
Lustro.as.aui. por alumbrar. a.i.
Lustror.aris. idem quod lustro.pr.d.iij.
Lustrum.i. por espacio de cuatro años
Lustrum.i.por la puteria o burdel.
Lustrum.i.por la maleza de fieras
Lusus.us.por el juego de plazer
Lutatus.a.um.por cosa enlodada.
Lutamentum.i.por la enlodadura.
Luter.eris. por un cierto vaso
Lutesco.is.por enlodarse.n.v.
Luteus.a.um.por cosa de lodo
Luteus.a.um.por cosa morada escura
Luteolus.a.um.por cosa morada un poco
Luteum.i. por la iema del uevo
Lutea et luteola.por una cierta ave
Luto.as.aui. por enlodar.a.i.
Lutra uel lutris. por la nutria
Lutum.i. por el lodo.
Lutosus.a.um.por cosa lodosa
Lutulentus.a.um. por aquello mesmo
Lux lucis.por la luz o por el dia
Luxi.preteritum est a luceo.es.
Luxi.preteritum est a lugeo.es.
Luxo.as.aui. por desencasar uesso.a.i.
Luxatus.a.um.por cosa desencasada
Luxus.a.um.por aquello mesmo.
Luxus.us.por la superfluidad z vicio
Luxuria.e.por aquello mesmo
Luxuries.ei. por aquello mesmo
Luxuriosus.a.um. por cosa viciosa
Luxuriose.aduerbium.por viciosa mente.
Luxurio.as.aui. por enviciarse. n.iij.

Luxurior.aris. por darse a luxuria. d.v.

ĐDe incipientibus ab.m.

inter duo puncta est ĐDarcus

ĐD.in numeris designat mille.

ĐDachabeus.i.judio bijo de matatias.b

ĐDacários.interpretatur beatus

ĐDacáreus.i.por un compañero de ulixes

ĐDacáreus.i.por un bijo de eolo

ĐDacaréis.idis.por bija o nieta de macareo

ĐDacárius.ij.nombre proprio de varon

ĐDacas.e.mace.arum.pueblos son de africa.

ĐDaceda.e.lugar es dela palestina.bar.

ĐDacedonia.e.region es de europa

ĐDacedo.onis.por varon de macedonia

ĐDacedonis.idis.por cosa bembra de alli

ĐDacedoniacus.a.um.por cosa desta region.

ĐDacedonicus.a.um.por aquello mesmo

ĐDacedonicus.i.por el vencedor della

ĐDácedum in plurali.pro macedonum

ĐDacellum.i.por la carniceria

ĐDacellum.i.por la pescaderia

ĐDacellator.oris.por el carnicero

ĐDacellator.oris.por el pescadero

ĐDaceo uel macesco.por emmagrecerse.n.iij.

ĐDacer.cri.nombre de un poeta latino

ĐDacer.cra.crum.por cosa magra

ĐDacellus.a.um.por cosa magra un poco

ĐDaceria.e.por el albarrada de piedras secas

ĐDaccries.ei.por aquello mesmo.

ĐDacero.as.aui.por curtir z remojar.a.i.

ĐDacero.as.aui.por afligir.a.i.

ĐDaceratio.onis.por el curtido o aflicion

ĐDácetes.um.por los macedones

ĐDacbera.e.por el espada o cucbillo.gr.

ĐDacberópborus.i.por el que lo trae.

ĐDacbaon.onis.bijo de esculapio z medico

ĐDacbaonius.a.um.por cosa de aqueste

ĐDacbe.es.interpretatur pugna

ĐDacbina.e.por la invencion sotil.gr.

ĐDacbina.e.engeño para combatir

ĐDácbina.e.por otro cualquier engeño

ĐDácbina.e.por edificio grande

ĐDacbinarius.ij.por el inventor destas cosas

ĐDacbinamentum.i.por aquella invencion

ĐDacbinatio.onis.por aquello mesmo

ĐDácbinor.aris.por buscar engenándo.d.iij

ĐDacbinator.oris.por el engeñero

ĐDacbinalis.e.por cosa para engeño.

ĐDacbinarius.a.um.por aquello mesmo.

ĐDacbinosus.a.um.por cosa engeñosa

ĐDacbir.ris.por gengibre maqui

ĐDacies.ei.por la magreza

ĐDacilentus.a.um.por cosa magra.

ĐDaclis.animal es no conocido

ĐDacor.oris.por la magreza

ĐDacra.e.por un rio de italia

ĐDacreo uel macresco.por emmagrecer.n.iij.

ĐDacredo.inis.por la magreza

ĐDacritudo.inis.por aquello mesmo.

ĐDacros grece interpretatur longus

ĐDacrobius.ij.proprio nóbre de autor latino.

ĐDacróbios interpretatur longeuus

ĐDacrocbir.interpretatur longimanus

ĐDacrocosmus.interpretatur longus múdus

ĐDacrologia.e.interpretatur longus sermo.

ĐDacte semper in uocatiuo.por acrecentado

ĐDacti in uocatiuo plurali.por lo mesmo

ĐDacticus.a.um.por cosa de grádes mexillas

ĐDacto.as.por sacrificar o matar.a.i.

ĐDactra.e.por arcaz de guardar pan

ĐDacula.e.por la mancba o manzilla.

ĐDaculosus.a.um.por cosa mancbada assi

ĐDacula.e.por el ojo dela red.

ĐDaculosus.a.um.cosa llena de tales ojos

ĐDaculo.as.aui.por manzillar.a.i.

ĐDaculonus.i.nombre proprio de romano

ĐDadefacio.is.feci.por mojar otra cosa.a.i.

ĐDadefio.is.por mojarse.n.iij.

ĐDadeo uel madesco.por aquello mesmo.n.iij

ĐDadián.region es de palestina.bar.

ĐDadianita.por varon desta region

ĐDadidus.a.um.por cosa mojada

ĐDadidulus.a.um.por cosa mojada un poco

ĐDador.oris.por la mojadura

ĐDadulsa.e.por embriago.pr.

ĐDaeander.dri.por un rio de frigia

ĐDaeandrius.a.um.por cosa deste rio

ĐDaeandrum.i.por pintura de lazos.

ĐDaenalus.i.por un monte de arcadia

ĐDaenala.orum.por aquel mesmo monte

ĐDaenalius.a.um.por cosa deste monte

ĐDaenalis.idis.por bembra deste monte

ĐDaenas.adis.por la sacerdotissa de bacco

ĐDaeotis.idis.por una laguna de scytbia

ĐDaeoticus.a.um.por cosa desta laguna

ĐDaera.e.por una bija de preto z ancia

Maereo.es.maestus sū. por entristecerse.n.v
Maestus.a.um.por cosa triste
Maestulus.a.um.por cosá triste un poco.
Maesticia.e. por la tristeza
Maestitudo.inis.por aquello mesmo.pr.
Maestiter. aduerbium. por triste mente.pr.
Maestifico.as.aui. por entristecer a otro. a.i.
Maesto.as.aui.por aquello mesmo.a.i.
Magar lingua punica est uilla latine.bar.
Magalia.ium. por majadas del ganado.bar
Magas.por cierto instrumento musico.bar.
Magdalon. interpretatur turris.bar.
Magdalum.i.lugar es de palestina.bar
Magdalenus.a.um. por cosa deste lugar
Magdalena maria.por que de alli fue
Mage.aduerbium.pro eo quod est magis
Magia.e.por el arte magica
Magica.e. por aquella mesma arte
Magicus.a.um. por cosa desta arte
Magi.orum.pueblos son orientales
Magida.e.por cierto plato grande
Magydaris.is.por el assa fetida ierva
Magini.orum.pueblos son setentrionales
Maginas.lugar fue de palestina.bar.
Magiros.i. interpretatur coquus
Magiresios.a.um. cosa dela cozina
Magis. aduerbium. por mas
Magister.tri.por el maestro general mente
Magistellus.i.por pequeño maestro
Magister populi. por el dictador romano
Magister equitum. por el capitan deste
Magister ludi. por maestro de escuela
Magister nauis.por patron de nave
Magister pecoris.por maioral de ganado
Magister militie. por el maestre de orden
Magisterium.ij.por la doctrina de maestro
Magistralis.e.por cosa de maestro
Magistro.as.aui.por amaestrar z enseñar.a.i
Magistratus.us.por la dignidad de maestro.
Magistratus.us.por el oficio publico
Magis.idis.por el tablero para jugar
Magma.atis. por la hez del unguento
Magnanimus.a.um.cosa de grande animo.
Magnanimitas.atis.por esta grandeza
Magnates. um. por los grādes en dignidad
Magnalia.ium.por cosas grandes
Magnesia.e.por una region de thessalia.
Magnes.etis. por ombre desta region

Magnesius.a.um.por cosa desta region.
Magnesium.por un cabo de macedonia
Magnesia.e. por una ciudad de asia menor
Magnes.etis. por la piedra iman
Magnificus.a.um.por cosa magnifica.
Magnificentior. comparatiuū a magnificus.
Magnificētissimus.superlatiuū ab eodem
Magnificissimus.a.um.superlatiuū ab eodē.
Magnifice.aduerbium.magnifica mente
Magnificentia.e.por la magnificencia
Magnifico.as.aui.por engrandecer.a.i.
Magniloquus.a.um.lo que habla grandezas
Magniloquentior.comparatiuum ab eodem.
Magniloquentissimus.superlatiuū ab eodem
Magniloquentia.e. por grandeza de habla
Magnitodo.inis.por la grandeza
Magnitas.atis.por aquello mesmo.pr.
Magnopere.aduerbiū. por en grāde manera
Magnus.a.um. por cosa grande
Magnus.sobrenombre de alexandro rei.
Magnus.i.renombre de pompeio
Magnus.i. renombre de carlos emperador
Magus.i.por el sabio de arte magica.
Magus.a.um.por cosa desta arte
Magudaris.is. idem est quod magydaris
Mahumetes.is.el autor dela lei morisca.
Mahumeteus.a.um.por cosa de mahoma
Maia.e.por una especie de cangrejo.
Maia.e.por hija de atlas z pleione
Maiades.e. por mercurio hijo de maia
Maialis.is.por el marrano de un año
Maiestas.atis.por la majestad z onra
Maiestas.atis.por la diosa dela reverencia
Maiestatis reus.por el traidor al rei
Maior.comparatiuum a magnus
Maiores nostri.por nuestros padres.
Maius.ij. por el mes maio
Maius.a.um.por cosa de maio
Maiusculus.a.um.por maiostillo
Mala.e.por la massilla dela cara
Malaca.e.por malaga ciudad despaña
Malachon grece. interpretatur molle
Malache.es. por malva silvestre. gr.
Malachisso.as.aui.por amollentar.gr.
Malachia.e.por abonança enla mar
Malachias.e. por un profeta judio. bar
Malagma.atis.emplastro para ablandar
Malebra.e.por una especie de bdelio

Malcbinus. interpretatur molliculus
Malcbin.inis.por un animal no conocido
Male.aduerbium.por mala mente
Male.por no.ut male fanus.no fano.
Malea.ę.por un cabo de lacedemonia
Malaca.ę.por aquel mefmo cabo
Male audio.is.por fer infamado.n.v.
Maledico.is.ri.por maldezir.n.ij.
Maledictum.i.por el maldicbo
Maledicus.a.um.por cofa maldiziente
Maledicentior.comparatiuum a maledicus.
Maledicentiffimus.fuperlatiuum ab eodem.
Maledicentia.ę.por aquel maldezir
Malefacio.is.por mal bazer.n.ij.
Malefactor.oris.por el malbecbor
Malefactum.i.por el mal becbo
Maleficus.a.um.por cofa mal becbora
Maleficentior.comparatiuum a maleficus.
Maleficentiffimus.a.um.fuperlatiuũ ab eodẽ
Maleficentia.ę.por el maleficio
Maleficium.ij.por aquello mefmo
Male babeo.es.por eftar doliente.n.v.
Malemereor de aliquo.por bazer mal
Malemeritum.i.por el defmerecimiento
Maleuentum.i.que poft bencuentũ dicta eft.
Maleuerto.is.ri.por tener mala pro.n.ij.
Maleus.i.por un rei delos argivos
Malicia.ę.por la malicia aftucia en mal
Maliciofus.a.um.por cofa maliciofa
Maliciofe.aduerbium.por maliciofa mente
Malica.ę.por una ciudad de thelfalia
Maliacus finus.por el mar defta ciudad
Malifer.a.um.por tierra de frutas
Malignus.a.um.por cofa maligna
Malignus.a.um.por cofa cfterile
Malignus.a.um.por cofa angofta
Maligne.aduerbium.mala mente
Malignitas.atis.por la malicia
Maliuolus.a.um.por cofa mal quifta
Maliuolus.a.um.por cofa malqueriente
Maliuolentior.comparatiuum a maliuolus
Maliuolentiffimus.fuperlatiuum ab eodem.
Maliuolentia.ę.por la malquerencia.
Maliuole.aduerbium.por mal quifta mente.
Malleus.i.por el maço o maça
Malleolus.i.por el maço pequeño
Malleolus.i.por el tovillo del pie
Malleolus.i.por el farmiento para plantar

Malleus ferreus.por el martillo
Malleo.as.aui.por majar con maça.a.i.
Malleator.oris.por el majador
Malleo.as.aui.por encuadernar libros.a.i.
Malleator.oris.por el encuadernador
Mallo.mauis.por mas querer.a.i.
Mallos.i.por una ciudad de cilicia
Mallotes.ę.por varon defta ciudad
Malluuię.arum.por agua manos
Malluuium.ij.por plato para aguamanos.
Malobatbrum.i.unguento peregrino es
Malocorium.ij.por corteza de granada
Malope.es.por la malva loca
Maltba.ę.por el maçacote para folar
Maltbo.as.aui.por folar de maçacote.a.i
Malus.i.por el mançano arbol.
Malum.i.por la mançana fruto del
Malus cydonea.por el membrillo arbol
Malum cydoneum.por el membrillo fruta
Malus punica.por el granado arbol
Malus granata.por aquello mefmo
Malum punicum.por la granada fruta
Malum granatum.por lo mefmo
Malus.i.por el maftel dela nave.
Malus.a.um.por cofa mala
Malum fubftantiuum.por el mal
Malum.aduerbium.por en mal punto
Malua.ę.por la malva ierva.
Maluaceus.a.um.por cofa de malva
Mambré.lugar fue de paleftina.bar.
Mamma.ę.interpretatur auia
Mamma.ę.por madre como dizen los niños
Mamma.ę.por la teta de muger
Mammilla.ę.por la teta pequeña
Mammeata mulier.por muger tetuda
Mammofa mulier.por aquello mefmo
Mammillare.is.por faxa de pecbos
Mammula.ę.por teta pequeña
Mamers.tis.por el dios mars.ofcum.
Mamerca.ę.por la madre.ofcum.
Mamercus.i.prenombre es de romanos
Mamertini.pueblos fon de italia.
Mamertinum uinum.por vino de alli
Man et manná.por la mana delos judios.b.
Manaim.lugar es de idumea.bar
Manafifterna.ę.por jarro para agua.pr.
Manaffes.ę.por un bijo de jofepb.bar.
Manalis.ę.por cofa que fiempre mana

Manaſtabal.is.bijo fue de maſſaniſſa rei.b.
Manceps.cipis.el que compra en almoneda
Mancipo.as.aui.por comprar aſſi.a.i.
Mancipo.as.aui.por appropriar.a.i.
Mancipatio.onis.la compra z propriedad
Mancipium.ij.ſiervo o ſierva comprados
Mancia tburis.por grano de encienſo
Mancus.a.um.por coſa manca de manos
Mancinus.i.nombre de varon romano
Manciola.ę.por la mano pequeña
Mandane.es.la madre fue de ciro rei
Mandatum.i.por el mandado de palabra
Mandatela.ę.por el mandado pequeño
Mandatarius.ij.por el mandadero
Mando.as.aui.por mandar de palabra
Mando.is.mandi.por maſcar o comer.a.i.
Mandela.ę.por una aldea de apulia.
Mandibula.ę.por la quiſada
Mando.onis.por el comilon
Manduco.onis.por aquello meſmo
Manducus.i.por aquello meſmo
Manducus.i.por el entremes dela taraſca
Manduco.as.aui.por comer.a.i.
Manducor.aris.por aquello meſmo.pr.
Mandra.ę.por cobre de beſtias
Mandragora.ę.por la mandragora ierva
Mane nomen.por la mañana
Mane.aduerbium.por demañana
Maneo.es.manſi.por eſperar.a.i.
Maneo.es.manſi.por quedar.n.v.
Manes.ium.por el anima del muerto
Mango.onis.por el vendedor de ſiervos
Mangonicus.a.um.por coſa de aqueſte
Mangonizo.as.por afeitar para vender.a.i.
Mangonium.ij.por aquel afeite.
Mania.ę.interpretatur furor.
Mania.ę.por la madre delos lares
Maniacus.a.um.por coſa furioſa
Mania.ę.por paxarito de maſſa
Manica.ę.por el guante dela mano
Manicatus.a.um.por calçado de guantes
Manica.ę.por la manga de veſtidura
Manicatus.a.um.coſa de luengas mangas.
Manica.ę.por las eſpoſas priſion de manos.
Manico.as.aui.por madrugar.n.v.no.
Manicheus.i.por un ereje criſtiano.
Manifeſtus.a.um.por coſa manifieſta
Manifeſtarius.a.um.por aquello meſmo

Manifeſte.aduerbium.manifieſta mente
Manifeſto.as.aui.por manifeſtar.a.i.
Manifeſtatio.onis.por la manifeſtacion
Manipulus.i.por el manojo.
Manipulatim.aduerbium.por a manojos
Manipulus.i.por la ſeña dela batalla
Manipularius.a.ū.por coſa de aquella ſeña.
Manipularis.e.por aquello meſmo
Maniplus.i.cortado es de manipulus
Manlius.ij.nombre de ciudadano romano
Manlianus.a.um.por coſa de aqueſte
Manná.por la mana delos judios.bar.
Mannus.i.por el cavallo enano
Mannulus.i.por aquello meſmo
Mano.as.aui.por manar.n.iij.
Manſueſco.is.manſueui.por amanſarſe.n.v
Manſuefacio.is.feci.por amanſar.a.i.
Manſuefactus.a.um.por amanſada coſa
Manſuetus.a.um.por coſa manſa
Manſues.etis.por aquello meſmo
Manſuetudo.inis.por la manſedumbre.
Manſio.onis.por la jornada
Manſio.onis.por la eſtança
Manſus.a.um.participium a mando.is.
Manſus.a.um.participium a maneo.es.
Manſucius.ij.por el comilon
Mantia.ę.interiecta.t.quaſi mania.
Mantia.ę.interpretatur diuinatio
Mantice.es.por el arte de divinacion
Mantica.ę.por las arguenas o alforjas
Manticula.ę.por aquello meſmo
Manticulor.aris.por deſalforjar.d.iij.
Manticora.ę.animal es no conocido
Montile.is.por pañezuelo de manos
Mantius.ij.bijo de melampo z ifianaſſa.
Manto.us.por una bija de tireſias tbebano
Mantua.ę.por una ciudad de lombardia
Mantuanus.a.um.por coſa deſta ciudad
Mantiſſa.ę.por al peſo juſto añadidura
Manualis.e.por coſa manual
Manuarius.a.um.por aquello meſmo
Manubię.arū.por el dinero cogido del botin
Manubialis.e.por coſa de aquel dinero
Manubrium.ij.por el cabo o mango.
Manubriatus.a.um.por coſa con cabo tal
Manuleatus.a.um.coſa de mangas luengas
Manumitto.is.ſi.por aborrar al ſiervo.a.i.
Manumiſſio.onis.por aquel aborramiento

Manuor.aris.por burtar. priscum.d.iij.
Manus.us.manui.por la mano.
Manus.us.por la gente o ueste.
Manus ferrea. por el cloque para asir
Mapalia.ium.por las majadas de ganado.b
Mappum.i. por los manteles.rarum.
Mappa.ę.por aquello mesmo
Mappula.ę. por manteles pequeños
Marach. lugar es de arabia la desierta.bar.
Maranatha.i. dominus uenit.bar.
Márathon.onis.ciudad cerca de athenas
Marathonius.a.um.por cosa desta ciudad
Márathron.i. por el hinojo.gr.
Marathrites uinū. vino con hinojo adobado
Marcellus.i.nombre de varon romano
Marcellinus.i.nombre de varon romano
Marcellianus.a.um.cosa de aquestos
Marceo uel marcesco. por emarchitarse.n.iij
Marcessibilis.e.por cosa merchitable
Marcidus.a.um.por cosa marchita
Marcor.oris.por la marchitura
Marcus.i. prenombre es de romanos
Marculus.i. por el martillo de hierro
Mare.maris. por la mar general mente
Mare britanicum.el mar de inglaterra
Mare atlanticum.por el oceano ocidental
Mare gaditanum.por el mar de calez
Mare ethiopicum.el mar de guinea
Mare nostrum.el mar mediterraneo.
Mare ibericum.por el mar de españa.
Mare balearicum.el mar de mallorcas
Mare gallicum. el golfo de leon
Mare sardoum.por el mar de cerdeña
Mare ligusticum.el mar de genova
Mare tirrhenum. el mar de pisa
Mare adriaticum.el mar de venecia
Mare ionium.el mar entre grecia z italia.
Mare egeum. por el arçapielago mar
Mare bellespontiacū.el mar de costantinopla
Mare euxinum.por el mar de latana
Mare carpathium. el mar de chipre
Mare creticum.el mar de candia
Mare egiptium.el mar de egipto.
Mare libycum.el mar de berveria
Mare indicum.el mar delas indias
Mare rubrum.por el mar bermejo
Mare erithreum.por aquel mesmo
Mare arabicum.por aquel mesmo

Mare persicum.por el mar de persia
Mare caspium.por el mar caspio
Mare hircanum. por aquel mesmo mar
Mare mortuum.lago es de judea
Mare scythicum.por el mar de tartaria
Mare sarmaticum.por aquel mesmo
Mare glaciale.por aquel mesmo
Mare oceanum. el que rodea la tierra
Mareotis.idis.por una laguna de egipto
Mareoticus.a.um. por cosa de alli
Marga.ę. tierra para estercolar otra
Margarites.ę. por el aljofar o perla
Margarita.ę. por aquello mesmo
Margaritum.i.por aquello mesmo
Margaritifer.a.um.lo que cria aljofar
Margaris.idis.por el datil de palma
Margiana.ę.por una region de asia
Margus.i.por un rio desta region
Margo.inis.por la margen o cabo
Marginatus.a.um.por lo que tiene margen.
Marica.ę.por un bosque de italia.
Marica.ę.por una ninfa deste bosque
Marinus.a.um.por cosa dela mar
Maritimus.a.um.por cosa cerca de mar.
Marisca.ę.por una especie de higo
Marisca.ę.por el higo delos putos
Maritus.i.por el marido de muger
Marita.ę. por la muger de marido
Maritalis.e. por cosa de marido z muger
Maritus.a.um. por aquello mesmo
Marito.as. por aiuntar marido z muger.a.i.
Marius.ij.por nombre de varon romano
Marianus. a.um. por cosa de aqueste
Mária.ę.por nombre de muger romana.
Maria.ę. por nuestra señora
Marmáride. pueblos son debaxo de egipto
Marmaricus.a.um. por cosa de aquestos
Marmor.oris.por la piedra marmol.
Marmoreus.a.um.por cosa de marmol
Marmorosus.a.um.por cosa marmoleña
Marmor.oris.por la mar.poeticum
Marmoreus.a.um.por cosa de mar.po.
Maro.onis. sobrenombre de virgilio
Maronianus.a.um.por cosa de aqueste
Maroneum uinum.cierto vino de thracia
Márpasa.orum. ciudad es de asia menor
Marpésus.i.por un monte de paros isla
Marpesius.a.um. por cosa deste monte

.C.iiij.

Marpissa.e.hija de eveno muger de idas

Marre.arum. por el almadana o marra

Marrubij.orum.pueblos son de italia

Marrubius.a.um.por cosa destos pueblos.

Marrubium.ij.por el marruvio ierva

Marrucini.orum.pueblos son de italia

Marrucinus.a.um.por cosa destos pueblos.

Marsya.e.por un rio de asia menor.

Marsya.e.por el satyro que vencio apolo.

Marsupium.ij. por la bolsa.gr.

Mars.martis.por el dios dela guerra

Marsi.orum.pueblos son de italia

Marsus.a.um.por cosa de aquestos

Marsicus.a.um.por cosa de aquestos

Marsus.i.por un poeta latino

Marspiter.tris. por el dios mars.

Martes.is. por la marta animal

Martha.e.nombre proprio de hembra

Martyr uel martys.testis interpretatur

Martyrium.ij.interpretatur testimonium

Martius.a.um. por cosa del dios mars

Martialis.e. por cosa de aqueste dios

Martialis. is. poeta fue de españa

Martius.ij.por el mes março

Martius.a.um.por cosa deste mes

Martia.e.nombre es de muger romana

Martiaticus.a.um.por cosa de guerra

Martia.e.por una fuente de roma

Marticola.e.por onrador del dios mars.

Mas maris. por el macho en cada especie

Masanissa.e.rei de africa hijo de gala.bar

Masculus.a.um.por cosa machorra

Masculinum genus. el genero de machos

Masculesco.is.por hazerse macho.n.v.

Masculetum.i. por majuelo de vides

Masphath.lugar es de palestina.bar.

Massa.e. por la barra de hierro

Massagete.arum.pueblos de tartaria

Massaris.is.agraz que traian de africa

Massessuli.orum.pueblos son de africa.

Massylia.e.por una region de africa

Massyleus. a. um. por cosa desta region

Massylus.a.um.por aquello mesmo.

Massilia.e.por marsella ciudad de proença.

Massiliensis.e.por cosa desta ciudad

Massilitanus.a.um.por aquello mesmo

Mastiche.ichis.por el almaciga

Mastiche. es. por aquello mesmo

Mastygia.e. interpretatur uerbero.onis.

Mastigóo. interpretatur flagello.as.

Mastruca.e.vestidura propria de cerdeña

Mastrucatus.a.um.por cosa vestida della

Masturbor.aris.por hazerlo enlas manos

Masturbator.oris.por el que lo haze

Masturbatio.onis.por el hazer assi

Mateola.e.por la maça o maço

Mater matris. por la madre

Matercula.e. por madre pequeña

Materfamilias.por muger casada

Maternus.a.um.por cosa de madre.

Materia.e.por la madera o materia

Materies.ei.por aquello mesmo

Materia.e.por el material de cada cosa

Materiatus.a.um.por cosa maderada

Materior.aris. por ir a buscar madera.d.v.

Materiatio.onis.por aquel buscar

Matertera.e. la ermana dela madre

Matertera magna.la ermana del abuela.

Matella.e.por el orinal cualquiera

Matellio.onis.por aquello mesmo

Matella fictilis.por el potro para urinar

Mathathias.e.capitan fue de judios.bar

Mathema.atis. por la sciencia propria

Mathematica.e.por la mesma sciencia

Mathematicus.i.por el astrologo

Mathesis.cos.por el astrologia

Matinum.i.por un cabo de apulia

Matinus.a.um.por cosa de aquel cabo

Matresco.is. por semejar a madre.pr.

Matricula.e. por la matricula

Matrimus.i.el padre que tiene madre

Matrima.e.la madre que tiene madre

Matrimonium.ij. por el matrimonio

Matrix.icis.por la cosa madriz

Matrona.e.por un rio de francia

Matrona.e.por muger onrada

Matronalis.e.por cosa de tal muger.

Matruelis.por prima hija de ermana

Matta.e. por la estera

Mattheus.i.nombre proprio de varon

Maturus.a.um.por cosa madura

Maturrimus.a.um.superlatiuum a maturus

Mature.aduerbium.por madura mente

Maturitas.atis. por la madureza

Maturo.as.aui.por madurar otra cosa.a.i.

Matureo uel maturesco. por madurarse.n.v.

Maturio.is.riui.por aquello mesmo.n.v.
Maturo.as.aui.por ir con tiento.
Matuta.ę.por la diosa del alva
Matutinus.a.um.por cosa deste tiempo
Mauors.mauortis.por el dios mars.
Mauortius.a.um.por cosa deste dios
Mauritania.ę.la africa ocidental
Maurus.a.um.por cosa desta region
Mausolus.i.rei de caria fue
Mausolcum.i.por la sepultura real
Mausolum.i.por aquello mesmo
Maxilla.ę.por la quixada o mexilla.
Maxillaris dens.por la muela
Maximus.a.um.por cosa mui grande
Maximates.um.por los principes varones
Mazara.ę.por una especie de lança.
Mazonomum.i.por el plato grande.
　cabilis.e.por cosa passadera por lugar
　Meatus.us.por el passaje por lugar
Me castor.por el dios castor
Me cessa bereditas.i.que mibi cessit
Mecbane.interpretatur inuentio
Mecbanicus.a.um.por cosa inventiva
Mecum.aduerbium.por comigo
Medea.ę.bija de eta rei delos colcos
Medeis.idis.por cosa bembra de medea
Medela.ę.por la medicina
Medeor.ris.por amelezinar.d.iij.
Medesicaste.bija fue bastarda de priamo
Media.ę.por una region de asia
Mediastinus seruus.siervo de ciudad
Mediator.óris.por el medianero.no.
Medica.ę.por el alfalfa ierva
Medica.ę.por cierto arbol de media
Medicamen.inis.por la medicina.poe.
Medicamentum.i.por aquello mesmo
Medicatus.us.por aquello mesmo
Medicamentaria.ę.el arte de medicina
Medicabilis.e.por cosa amelezinable
Medicina.ę.por la medicina arte
Medicina.ę.por la medicina que se da
Medicor.aris.por amelezinar.d.iij.
Medico.as.aui.por aquello mesmo.a.i.
Medicus.ci.por el medico o fisico
Medicus.a.um.por cosa medicinal
Medicus.a.um.por cosa de media region
Medimnum.i.por el celemin o almud
Medietas.atis.por el medio de dos cabos

Mediocris.e.por cosa mediana.
Mediocritas.atis.por la mediania
Mediocriter.aduerbium.mediana mente
Mediolanuz.i.por milan ciudad de lôbardia
Mediolanensis.e.por cosa de milan
Medipontus.i.cierto instrumêto de cuerdas
Medioximus.a.um.por cosa cerca del medio
Medioxime.aduerbium.por cerca del medio
Meditor.aris.por cantar.d.iij.
Meditor.aris.por aparejarse ala guerra.d.iij
Meditor.aris.por pensar.d.iij.
Medito.as.por aquello mesmo.pr.a.i.
Meditatio.onis.por el pensamiento
Meditatus.us.por aquello mesmo
Meditabundus.a.um.por pensativo
Meditatiuum uerbum.por verbo tal
Mediterraneus.a.um.por cosa lexos de mar
Meditullium.ij.por el medio de dos cabos
Medius.a.um.por cosa de medio
Mediusculus.a.um.por cosa media un poco
Medium.ij.por el medio de dos cabos
Medius fidius.por el bijo de dios
Medon.ontis.proco fue de penelope
Medula.ę.por el tutano del uesso
Medulatus.a.um.por cosa gruessa
Medulitus.aduerbium.por del tutano
Medus.a.um.por cosa de media region.
Medusa.ę.bija de forco z cetho
Meduseus.a.um.por cosa de medusa
Mega.interpretatur magnus.a.um.
Megera.ę.una delas furias infernales
Megalesia.orum.juegos eran de cibele diosa
Megalensis.e.por cosa destos juegos
Megalesiacus.a.um.por aquello mesmo
Megalium.ij.por un cierto unguento
Megara.ę.por una ciudad de sicilia
Megáreus.a.um.por cosa desta ciudad
Megaris.idis.por una region de acaia.
Megara.ę.por una ciudad desta region
Megera.ę.por una muger de ercules
Megistos.interpratatur maximus
Me bercule me bercle.por ercules
Meio.is.minxi.por mear
Mel mellis.por la miel
Mel secundarium.por la melora
Melas grece.interpretatur niger.
Melampus.odis.bijo fue de amitbaon
Melampodion.una ierva que ballo este

Melancholia.ę.por colera negra
Melancholicus.a.um. cosa melanconica
Melancranis.junco de simiente negra
Mela.ę. interpretatur ouis
Melandrium.ij.por pedaço de atun
Melas.ę.por un rio de tbracia
Melas.ę.por otro rio de migdonia
Melas.ę.por otro rio de boecia.
Melas.ę.por otro rio de sicilia.
Melas.por una especie de lepra negra
Melantbium.ij.por el axenuz
Melantbo.us. moça que forço neptuno
Melantbus.i. por un rio de grecia
Melantbia.ę.bija de deucalion z pirra
Melanspermon.i.por el axenuz
Melantbius.ij. pinctor fue de ulixes.
Melantripbus auis. interpretatur atricapilla
Melanurium.ij.cierto pece de cola negra
Melciades.is.por un capitan de atbenienses
Melcbisedecb. rei de salem en palestina.bar
Meleáger.gri.bijo de eneo z altbea.
Meleagreus.a.um. por cosa de aqueste
Meleagris.idis.ave es de especie de gallina.
Melénis.idis. enamorada fue ö marso poeta
Meles.is.por el texon animal conocido
Meletbes.ę. por un rio de asia la menor
Meletbeus.a.um. por cosa deste rio
Meli gręce. interpretatur mel.
Meliboea.ę. ciudad cerca de tbessalia
Meliboeus.a.um.por cosa desta ciudad
Meliboensis.ę.por aquello mesmo
Melibocus.i.nombre proprio de pastor
Malicerta.ę.bijo de atbamas z ino
Melicera.ę.por una especie de lepra.
Meliceris.idis. por aquello mesmo
Melicratum.i.medicina compuesta de miel
Melilotus.i. por corona de rei ierva
Melicus.a.um.por cosa dulce en canto
Melimelum.i.por mançana temprana
Melinum.i. por unguento de membrillos
Melinum.i.por cosa blanca de alumbre
Melior.oris. comparatiuum a bonus.a.um.
Melioresco. is. por mejorarse. n.v.
Melissus.i.por un rei de creta
Melissa.ę.bija deste rei ama de jupiter
Melissa gręce.interpretatur apis
Melissopbyllon. i. por el torongil ierva
Melispbyllon.i.por aquello mesmo

Melisso.onis.por el colmenar
Melitto.onis.por aquello mesmo
Melita.ę.por una isla cerca de sicilia
Meliteus.a.um.por cosa desta isla
Melitensis.e. por aquello mesmo
Melitensis catellus.por el blancbete
Melites.ę.piedra es de sabor de miel
Melius.aduerbium.por mejor mente
Meliusculus.a.um.por cosa mejor un poco
Meliuscule.aduerbium.mejostilla mente
Mella.ę.por un rio de gallia
Mellarius.ij.por el colmenero
Mellarium.ij. por el colmenar
Mellatio.onis. por la castrazon de colmenas
Melleus.a.um.por cosa de miel
Mellifico.as.aui.por bazer miel.n.v.
Mellificatio.onis.por aquel bazer de miel
Mellificium.ij.por aquello mesmo
Mellificus.a.um. por cosa que baze miel
Mellifer.a.um.por cosa que trae miel
Mellifluus.a.um.por cosa que corre miel
Melligo.inis.por el rocio dela flor
Mellitus.a.um.por cosa dulce
Mellona.ę. por la diosa dela miel
Melló. por un edificio de salomon. bar.
Melo.onis.por el melon o papon
Melopepo. onis. por aquello mesmo
Melota.ę. por pelleja de ovejas
Melos.i. por el canto dulce
Melodia.ę.por aquello mesmo
Melpomene.es.una delas nueve musas
Membrana.ę.por el pergamino.
Membranula.ę.por pergamino pequeño
Membranaceus.a.ū. por cosa de pergamino
Membraneus.a.um.por aquello mesmo
Membratim.aduerbium. miembro a miébro
Membrum.i.por el miembro
Membrosus.a.um.por cosa membruda
Membrada. ę. por sardina pequeña
Memerylus.i.interpretatur arbutus.
Memento ab eo quod memini imperatiuus.
Memor.oris.par cosa que se recuerda
Memoro.as.aui. por recordar a otro.a.iij.
Memoratus.us. por la recordacion
Memini isti. por recordarse. a.i.a.ij.
Memoria.ę. por la memoria.
Memoriale.is.por el memorial
Memoriter.aduerbium. por decoro

Memphis.eos.por una ciudad de egipto
Memphiticus.a.um. por cosa desta ciudad
Memphitis.idis. cosa hembra desta ciudad
Memnon.onis.hijo de titono z el alva
Memnonius.a.um. por cosa de aqueste
Memnonides. aves son no conocidas
Mena.e.interpretatur luna
Menalcas.e.nombre es de un pastor
Menalippe.es. ermana de antiopa amazona
Menandrus.i.poeta fue comico griego
Menandreus. a.um. por cosa de aqueste
Menapi.orum.pueblos son de francia
Mena.e.por un cierto pescado
Menda.e. por la tacha o mentira
Mendacium.ij.por la mentira
Mendaculum.i. por la mentira pequeña.
Mendaciunculum.i.por aquello mesmo.
Mendax.acis.por cosa mentirosa
Mendaciter.aduerbium.mentirosa mente
Mendicus.a.um.por cosa mendiga.
Mendicitas.atis.por la mendiguez
Mendico.as.aui.por mendigar
Mendosus.a.um.por cosa mentirosa
Mendose.aduerbium.por mentirosa mente
Mendum.i.por la mentira
Menestho.us. una hija de oceano z tethis
Menecheus.i.thebano q murio por su tierra.
Menedemus.i. dicipulo fue de platon
Menestheus.i.regidor del carro de diomedes
Menestheus.i. hijo de theseo z de fedra
Menianum.i. por corredor sobre canes
Menigmenon.i.cierto unguento de ojos
Menippus.i. un filosofo fue cinico
Menoccius.ij.hijo fue de actor.
Monoeciades.e.patroclo hijo de aqueste
Mens.mentis. por el anima racional
Mens.mentis.por la memoria
Mensa.e. por la mesa o banco de cambio
Mensa secunda. por la mesa dela fruta
Mensarius.ij. por el banquero cambiador
Mensis mensis.por el mes del año
Menses.ium.por el menstruo de muger
Menstruum.i.por aquello mesmo
Menstruus.a.um. por cosa del mes
Menstrualis.e.por cosa del menstruo
Mensurnus.a.um.por cosa del mes
Mensio.onis.por la medida
Mensura.e.por aquello mesmo

Mensor.oris.por el medidor.
Mensuro. as.aui. por medir.a.i.
Mensurarius.a.um.por cosa para medir.
Mensuratio.onis.por aquel medir
Mensula.e.por la mesa pequeña
Mensularius.ij. por el cambiadorcillo
Mentagra.e.por el usagre dela barva
Mentesa.e.por jaen ciudad de españa
Mentesanus.a.um.por cosa desta ciudad
Mentha.e.por la ierva buena
Menthastrum.i.por el mastranto ierva
Mentis.is. idem quod mens.pr.
Mentio.onis.por la mencion
Mentior.iris.por mentir.d.iij.
Mentitus.a.um.por cosa mentida
Mentor.oris. platero fue notable
Mentoreus.a.um.por cosa de aqueste
Mentula.e.por el miembro del varon
Mentulatus.bien armado del
Mentum.i.la barva de varon o muger
Meo.as.aui. por passar por lugar
Meonia.e. por lidia region de asia
Meonius.a.um.por cosa desta region
Meonis.idis.por cosa hembra desta region
Meonides.e. por varon desta region
Mephitis.is. por hedor de piedra sufre
Meracus.a.um. por cosa pura
Mercator.oris. por el mercadero
Mercatio.onis.por la mercaderia.
Mercatura.e. por aquello mesmo
Mercatus.us. por aquello mesmo
Mercatus.i.por el mercado lugar
Mercatus.a.um.por cosa mercada
Merces mercedis. por el jornal
Mercedula.e.por el jornal pequeño
Mercenarius.ij.por el jornalero.
Mercenarius.a.um.por cosa de jornal
Mercimonium.ij.por la mercaderia.
Merx mercis. por aquello mesmo
Mercor.aris.mercatus. por mercar
Mercurius. ij. por mercurio dios
Mercurialis.e.por cosa deste dios
Merda.e. por la mierda rala
Merdo.as.aui.por emmerdar
Merenda.e.por la merienda a medio dia
Merendo.as.por merendar a este tiempo
Mereor.eris.meritus.por merecer.d.iij.
Mereo.es.merui.por ganar sueldo.a.i.

Meretrix.icis.por la puta onesta un poco.
Meretricula.ę.por la tal puta pequeña
Mereticius.a.um.por cosa de puta
Meretricium.ij.por la puteria
Meretricor.aris.por putear.d.v.
Merga.ę.por la horca para los manojos
Merges mergitis. por el manojo
Mergo.is.mersi.por cabullir.a.i.
Mergus.i.por la messoria para sega
Mergus.i.por el cuervo marino.
Mergulus.i.por aquel mesmo cuervo
Mergulus.i.la vid echada de cabeça
Mergulus.i.por la nariz del candil.
Meridies.ei.por el medio dia
Meridionalis.ę.por cosa de medio dia
Meridianus.i. por el circulo de medio dia
Meridior.aris. por dormir a medio dia.d.v.
Meridior.aris.por comer a medio dia.d.v.
Meritum.i.por el merecimiento
Merito.as.aui. por ganar sueldo. a.i
Meritorius.a.um.por cosa alquilada
Meritorium.ij.por el meson
Meriones.is. regidor del carro de idomeneo
Merops.pis.por el abejaruco ave
Merops.pis. por el padre putativo de faeton
Merope.es. muger fue del rei atreo
Merope.es.por una delas pliades
Meros. interpretatur pars
Meroe.es.por una isla de nilo rio
Merso.as.aui.por cabullir a menudo.a.i.
Merto.as.aui.por aquello mesmo.pr.a.i.
Merula.ę.por la mierla ave
Merulus.i. por la mesma ave
Merula.ę.por un cierto pece
Merus.a.um.por cosa pura
Merum.i.por el vino puro
Merx.mercis.por la mercaderia.
Mesana.ę. por mecina ciudad de sicilia
Mesanensis.ę.por cosa desta ciudad
Mese chorda. por la cuerda de medio
Mesochorus.i.por el principe del coro
Mesonyction por media noche
Mesopotamia.ę. region es de caldeos
Méspilus.i.por el niespero arbol.
Mespilum.i. por la fruta deste arbol
Messala.ę.por un ciudadano de roma
Messalina.ę.muger de claudio cesar.
Messena.ę. por una ciudad de grecia

Messenius.a.um.por cosa desta ciudad
Messias.ę.interpretatur unctus.bar.
Messis.messis. por la miesse
Messor.oris.por el segador
Mistre.es.hija fue de erisiton
Met particula.por mesmo
Meta.ę. por el termino dela corrida
Meta.ę.por la muela de abaxo para moler
Meta.ę.por el cipres hembra
Metacismus.i. por vicio enla letra.m.
Metallum.i.por el minero o vena
Metallicus.a.um.por cosa mineral
Metallifer.a.um.por lo que trae metal
Metamorphosis.is.est transmutatio.
Metaphysica.orū. por un libro de aristoteles.
Metaphora.ę. interpretatur translatio
Metaplasmus. interpretatur transformatio
Metalepsis.interpretatur transsumptio.
Metapontus.i. ciudad es de apulia
Metapontinus.a.um.por cosa desta ciudad
Metathesis.interpretatur transpositio
Metatus.i.por mariscal o aposentador
Metator.oris.por aquello mesmo
Metellus.i. nombre de ciudadano romano
Metaurus.i.por un rio de umbria
Methystes.ę. interpretatur temulentus
Methe.es. interpretatur ebrietas
Methodus.i.interpretatur doctrina
Methodicus.a.um.interpretatur doctrinalis
Methodium.ij. por la corredera lugar
Methymna.ę.ciudad de lesbo isla
Methymnęus. a.um. por cosa desta ciudad
Meteoros.interpretatur sublimis
Meteorologia.ę.i.sermo de sublimibus
Meteorologicus.a.um.cosa de alturas
Meticulosus.a.um.por cosa medrosa
Metys.ys. por la hez dela cera
Metis.is. una hija de oceano z tethis
Meto.is.messui.messum.por segar.a.i.
Metor.aris. por aposentar en real
Meto.as.aui. por aquello mesmo
Metonymia.e.interpretatur denominatio
Metopon.interpretatur frons
Metoposcopus.i.el divino por la cara
Metopius.ij.por un arbol no conocido
Metra.ę.interpretatur matrix
Metreta.ę. por la medida
Metricus.a.um.por cosa de metro

Metrica ars.por el arte de metro
Metrocles.is.por un filosofo notable
Metrodórus.i.por otro filosofo notable
Metron.interpretatur menfura
Metropolis.eos.por ciudad madriz
Metropolites.e.por ciudadano della
Metropolitanus.a.um.por cofa de tal ciudad
Metuo.is.metui.por temer.actiuum.i.
Metus.us.por el miedo
Meuania.e.por una region de tbufcia
Meuanas.atis.por cofa defta region
Meuius.ij.poeta fue emulo de virgilio.
Meus.a.um.pronomen por cofa mia
Mezentius.ij.rei fue delos etbrufcos
Mi.datiuus.ab eo quod eft ego.pr
Mi.uocatiuus.ab eo quod eft ego
Mibe.arum.pueblos fon de africa
Mica.e.por la miga o migaja
Mica falis.por grano de fal
Mycale.es.nombre proprio de muger
Mycale.es.por una ciudad de ionia
Mycaleffus.i.por una ciudad de boecia
Mycene.arum.ciudad es de grecia
Mycene.es.por aquella mefma ciudad.
Mycena.e.por aquella mefma ciudad
Myceneus.a.um.por cofa defta ciudad
Mycenenfis.e.por cofa defta ciudad.
Mycenis.idis.por cofa bembra de alli
Michael.nombre proprio de angel.bar.
Michaelus.i.por aquefte mefmo
Michás.varon fue judio.barbarum
Micheas.e.nombre proprio de profeta.bar.
Michól.bija de faul z muger de dauid.bar.
Mycerinus.i.rei de egipto bijo de cleopis
Micilus.i.bijo fue de alemon
Micipfa.e.rei de africa bijo de mafaniffa.
Mycone.es.por una ifla del arçapielago.
Myconius.a.um.por cofa defta ifla
Myconus.i.por aquella mefma ifla
Myconis.idis.por una efpecie de lecbuga
Mico.as.micui.por refplandecer.n.v.
Mico.as.micui.por temblar.n.v.
Mico.as.micui.por pelear.pr.n.v.
Micon.interpretatur papauer
Micros.interpretatur paruus
Microcofmus.i.paruus mundus
Micropfycos.i.interpretatur pufillanimis
Microfpberon.i.por una efpecie de nardo

Micturio.is.por aver gana de mear.n.v.
Mictus.us.por la meada.
Midas.e.rei de frigia bijo de gordia
Mydriafis.is.por perlefia de ojos
Migale.animal es no conocido
Mygdonia.e.region es de afia menor
Mygdonides.e.por varon defta region
Mygdonis.idis.por bembra defta region
Mygdonius.a.um.por cofa defta region
Migro.as.aui.por mudarfe de cafa.n.v.
Migraffo.is.por aquello mefmo.pr.n.v.
Migro.as.aui.por mudar algo de cafa.a.i.
Mibi.datiuus eft ab eo quod ego.
Myria.e.interpretatur mufca
Miles.itis.por el ombre de guerra
Miles leuis.por el peon lancero.
Miletus.i.por un bijo de apolo
Miletus.i.por una ciudad de ionia
Miletis.idis.por cofa bembra defta ciudad
Milefius.a.um.por cofa defta ciudad
Miliarium.ij.por caldera para cozer mijo
Miliaria auis.avezita que come mijo
Miliarius aper.por javali de mil libras
Miliarius grex.por bato de mil cabeças
Miliarium.ij.por la milla mil paffadas
Miliare.is.por aquello mefmo
Milies.aduerbium.por mil vezes
Milies nomen.por cien cuentos.
Milito.as.aui.por eftar enla guerra
Militia.e.por la guerra.
Militaris.e.por cofa de guerra
Militie.aduerbium.por enla guerra.
Milton.i.grece.por el bermellon
Mylitta fyrifce.por la diofa venus
Milium.ij.por el mijo legumbre
Mille fubftantiuum.por un millar
Mille adiectiuum in plurali.por mil.
Mille folium.por coraçoncillo ierva
Milleni.e.a.por cada uno mil
Millefimus.a.um.por mil en orden.
Millefima pars.por una parte de mil
Millepeda.e.por ciento pies gufano
Millus.i.por collar con carranças
Milo.onis.varon fue dela ciudad croton
Milo.onis.por otro ciudadano de roma.
Milonius.a.um.por cofa de aquefte.
Milonianus.a.um.por efto mefmo
Mylocbon.i.por una cierta polilla

Miluus.i.por el milano ave conocida
Miluius.ij.por aquella mesma ave
Miluus.i. por un cierto pescado
Miluinus pes.ierva pie de milano
Mimas.antis. monte es de asia menor
Mimalion. onis. caçador fue notable
Mimalloncus.a.um. por cosa deste môte
Mimallonis.idis.por la sacerdotissa de bacco
Mimus.i.por el momo contrahazedor.
Mima.ę.por la muger assi contrahazedora
Mimula.ę. por aquella muger pequeña
Mimographus.i.por escriptor de momos
Mina.ę.por cierta moneda
Minę.arum. por las amenazas
Minę.arum. por lo que quiere caer
Minax.acis. por cosa mucho amenazadora
Minaciter.aduerbium. por amenazando
Minanter.aduerbium. por lo mesmo
Mincius.ij.por uu rio de lombardia
Mineus.i. padre fue de alcithoe
Mineias.adis. por hija de aqueste
Mineis.idis. por aquello mesmo
Minerua.ę.por la diosa palas
Mingo.is.minxi.non est in usu latino
Minime.aduerbium negandi.por no
Minime gentium. por no al juizio de todos
Minimus.a.um.por cosa mui pequeña
Minimum.aduerbium. por alo menos
Minyę.arum. pueblos son de thessalia
Minyęus.i.por un rio de thessalia
Minya.ę. por una isla enel mar mirtoo
Minium.ij.por el bermellon.
Miniarius.a.um.por cosa de bermellon.
Miniculator.oris. por luminador de libros
Minius.ij.por miñorio de galizia
Minister.tri.por el servidor ala mesa.
Ministra.ę.por la servidora ala mesa
Ministerium.ij.por aquel servicio
Ministeria.orum.por los mesmos servidores
Ministro.as.aui.por servir ala mesa.a.iij.
Ministratorius.a.um.por cosa para servir alli
Minio.onis.por un rio de tuscia
Minitor.aris.por amenazar amenudo.d.iij.
Minito.as.aui.por aquello mesmo.pr.
Minitabundus.a.ū.por mucho amenazador.
Minitabiliter.aduerbiū. por amenazádo.pr.
Minor.aris.minatus. por amenazar.d.iij.
Minor.oris. por cosa menor

Minus.aduerbium. por menos
Minores.por los nietos z decendientes.
Minusculus.a.um.por cosa un poco menor
Minusculę.arū. fiestas erã de mediado junio
Mixtro.as.aui.por chillar el raton
Minturnę. arum. lugar fue en campania
Minuo.is.minui.por amenguar.a.i.
Minutus.a.um.por cosa desmenuzada
Minutim.aduerbium. por desmenuzádo
Minutatim. aduerbium. por aquello mesmo
Minutal. alis. por manjar desmenuzado
Minutius.ij. ciudadano fue de roma
Minutia porta. por una puerta de roma
Minos.minois.rei de creta hijo de jupiter
Minois.idis. por hija o nieta de minos
Minouus.a.um. por cosa de minos.
Minotaurus.i.hijo del toro z pasifae.
Myoparo.onis. por nave de cossario.
Miphibosèth.hijo de jonathan fue.bar.
Myophonos.i. por el rejalgar ponçoña
Myra.ę.por una ciudad de licia
Myręus.a.um. por cosa desta ciudad
Mirabilis. e. por cosa maravillosa
Mirabilitas.atis. por la maravilla.pr.
Mirabiliter.aduerbium.maravillosa mente
Mirabundus.a.um.por maravillado mucho
Miraculum.i.por milagro o maravilla
Miratio.onis.por aquello mesmo
Myrapium.ij.por pera olorosa.
Myrias.adis.por diez mil.gr.
Myrica.ę.por la xara o iniesta
Mirificus.a.um.por hazedor de maravillas.
Mirificentior. comparatiuum a mirificus
Mirificentissimus superlatiuum a mirificus
Mirificissimus.superlatiuum a mirificus.pr.
Mirificentia.ę.por aquella marauilla
Mirifice.aduerbium. por maravillosa mente
Mirifico.as.aui. por hazer maravilloso. a.i.
Myrinus.i. por la lamprea macho
Myristica nux.por nuez moscada.
Myrmix.interpretatur formica
Myrmecion.i. por una especie de berruga
Myrmecion. por cierta especie de araña
Myrmicides.ę.estatuario fue notable
Myrmidones. pueblos de thessalia
Myrmillo.onis.por cierto esgremidor
Myron.interpretatur unguentum
Myrobalanum.i.unguento peregrino es

Myron.onis. por un platero de sinzel
Myropola.e. por el unguentario.
Myropolium.ij. por la tienda de unguentos.
Myrrha.e. bija de cinara rei de cipro
Myrrha.e. por la mirra arbol z unguento
Myrrheus.a.um. por cosa de mirra
Myrrhatus.a.um. por cosa con mirra.
Myrrha.e. por cierta piedra preciosa.
Myrrhina uasa. por vasos desta piedra
Myrrhina.e. por cierta pocion confacionada
Myrsine.es. interpretatur myrtus
Myrseneus.a.um. por cosa de arraiban
Myrtus.i. por el arraiban morisco
Myrtus siluestris. por el arraiban fiero
Myrtus bagia. por aquello mesmo
Myrteus.a.um. por cosa de arraiban
Myrtinus.a.um. por aquello mesmo
Myrtetum.i. por el arraibanal
Myrteta.e. por aquello mesmo
Myrtum.i. por el grano de arraiban
Myrtidanu.i. por vino adobado con arraiba.
Myrtites uinum. por aquello mesmo
Myrtatum.i. por manjar adobado conel.
Myrtulus.i. por el regidor del carro o enomao
Myrtoum mare. por parte del alçapielago
Myrtous.a.um. por cosa de aquestos
Mis. genitiuus ab eo quod est ego
Misantbropos.i. por aborrecedor de ombres
Mys. myos. por un platero notable
Misceo.es. miscui. por mezclar.a.i.
Misceo.es. miscui. por enturviar.a.i.
Miscellus.a.um. por cosa mezclada un poco.
Miscelli ludi. juegos que bazian en leon.
Miscellanium.ij. el premio del vencedor
Miser.a.um. por cosa mezquina
Misellus.a.um. por cosa mezquinita.
Misere.aduerbium. por mezquina mente
Miseriter.aduerbium. por aquello mesmo
Miseor.misereris. por aver merced.d.i.
Misereo.es. por aquello mesmo. pr.n.i.
Miseresco.is. por aquello mesmo. n.
Miseret impersonale. por aquello mesmo.iiij
Miseretur impersonale. por aquello mesmo
Miserescit impersonale. por aquello mesmo
Miseror.aris. por aquello mesmo.d.iij.
Misero.as. por aquello mesmo. pr.d.iij.
Miseratio.onis. por la misericordia
Misericordia.e. por lo mesmo

Miscritudo.inis. por aquello mesmo.pr.
Misericor.dis. por misericordioso
Misericorditer. por misericordiosa mente
Miseranter. por aquello mesmo
Misenus.i. compañero fue de eneas.
Misenus.i. por un monte de campania
Mysi. especie es de turma de tierra
Misis.misis. por un rei de egipto
Mysia.e. por una region de asia menor
Mysius.a.um. por cosa desta region
Misos. interpretatur odium
Mison.onis. por un sabio griego notable
Missa.e. por la missa oficio divino.no.
Missilis.e. por cosa que se lança
Missile.is. por el tiro que tiramos
Missilis.e. por aquello que tira
Missio.onis. por la embiada.
Missito.as. por embiar amenudo.a.i.
Mystagogus.i. por mostrador delo sagrado
Mistes.e. por sacerdote enel secreto sacro
Mysterium.ij. por lo secreto enel sacrificio
Mysticus.a.u. por cosa secreta en lo sagrado.
Mystrum.i. por medida de un sorvo
Mysus.a.um. por cosa de misia region
Misumenos. interpretatur odiosus
Mitella.e. por la cofia pequeña de muger
Mitesco.is. por amansarse.n.v.
Mithos.i. interpretatur fabula
Mithologia.e. interpretatur fabulositas
Mithicus.a.um. interpretatur fabulosus
Mithridates.is. por un rei de ponto
Mithridaticus.a.um. por cosa deste rei
Mithridaticum.i. por el mitridato medicina.
Mitifico.as.aui. por amansar.a.i.
Mitis.e. por cosa mansa o madura
Mitylene.es.ciudad es de lesbo isla
Mitylengus.a.um. por cosa desta ciudad
Mytilus.i. por un cierto pece
Mitilo.as.aui. por cantar el alondra.n.v.
Mitra.e. por la cofia de muger
Mitos.i. interpretatur licium.
Mitto.is. misi. por embiar
Myxa.e. interpretatur mucus.i.
Myxos.i. por la mecha o mechero de candil
Mixtus.a.um. por cosa mezclada
Mixtura.e. por la mezcla.
Mixtim.aduerbium. mezclada mente
Mna.e. grece idem est quod mina

Mneme.es. interpretatur memoria
Mnemosyne.es. madre fue delas musas
Mnemosynon. interpretatur monumentum.
Mnestheus.i. por un varon troiano
Mnesthei portus.por el puerto de barrameda
Mniosius.ij.por nereo dios delas ovas
Moab.hijo de loth z su hija la maior.bar.
Moab.region es dela palestina
Moabita.e. por varon desta region
Moabitis.idis.por hembra desta region.
Mobilis.e. por cosa movible z mudable
Mobilitas.atis.par el movimiento
Mobiliter.aduerbium.movible mente
Modela.e.el gusano de verça.
Moderor.aris. por regir z templar.d.iij.
Moderatus.a.um. participium ab eo passiue
Moderator.oris.por aquel regidor.
Moderatio.onis. por aquel regimiento
Moderamentum.i. por aquello mesmo
Moderamen.inis. por aquello mesmo.po
Modero.as.aui.por regir z templar.a.i.
Moderatus.a.um.por cosa templada
Modestus.a.um. por aquello mesmo
Modestia.e.por la templança en todo
Modeste.aduerbium.por templada mente.
Modicus.a.um. por cosa pequeña z poca
Modicellus.a.um.por cosa pequeña un poco
Modice.aduerbium.por mediana mente
Modificor.aris.por reduzir al medio.d.iij.
Modificatus.a.um.participium ab eo passiue
Modificatio.onis.por la reducion al medio
Modiperator.oris.el mandador teplado.pr.
Modius.ij.por el almudo celemin
Modius.ij. por el moio medida
Modiolus.i.por el alcaduz
Modiolus.i.por vaso para bever.
Modiolus.i.por cuarta parte del moio
Modiolus.i.por cierta herramiéta de cirugia
Modiolus.i. por la maça de carreta
Modo.aduerbium.por agora presente
Modo.aduerbium. por agora passado
Modo.aduerbium.por agora venidero
Modus.i.por manera z medida
Modulus.i.por aquello mesmo
Modulor.aris.por cantar suave.d.iij.
Modulo.as.aui. por aquello mesmo.pr.a.i.
Modulatus.a.um. participium ab eo passiue
Modulator.oris.por aquel cantor

Modulatio.onis.por el cantar
Modulamentum.i. por aquello mesmo
Modulamen.inis.por lo mesmo.po.
Moechus.i.por el adultero
Moecha.e.por la adultera
Moechalium.ij.por adultera pequeña
Moechia.e. por el adulterio
Moechor.aris.por adulterar.d.v.
Moechator.oris.por el adulterador
Moeris. is. por un rei de egipto.
Moeris.is.nombre de un pastor.
Moerus.i. pro eo quod est murus. i.
Moenia.orum.por los muros dela ciudad
Moenia.um. por los edificios della
Moesia.e. region de europa cerca ungria
Moesia.e.por una ciudad cerca de troia
Moises immo moses.is.por moisen profeta.
Mola.e.por las puchas del sacrificio.
Mola.e.por la carne mola de muger.
Mola aquaria.por molino o aceña
Mola asinaria.por el atabona
Mola trusatilis.por muela de mano
Mola manuaria.por aquello mesmo.
Mola manualis.por aquello mesmo
Mola.e.por la muela para moler.
Molaris lapis. por aquello mesmo
Molaris dens.por la muela dela boca
Molendinarius.a.um. cosa para moler
Molendinum.i.non est latinum
Moles.is.por la muela o mota
Moles.is.por el edificio grande
Moles.is.por la pesadumbre
Molestus.a.um.por cosa enojosa z pesada
Molestia.e.por aquella pesadumbre.
Molesto.as.aui.por enojar assi.a.i.
Moly.por una cierta flor z ierva
Molybdos.i.interpretatur plumbum
Molybdenus.a.um.por cosa de plomo
Molybditis. cosa hembra de plomo
Molior.iris.por edificar.d.iij.
Molior.iris. por aparejar.d.iij.
Molitor.oris. por edificador z aparejador
Molitio.onis.por el edificar z aparejar
Molimen.inis. por el aparato mesmo.po.
Molimentum.i. por aquello mesmo
Molitura.e.por la moledura
Mollestra pellis. por pelleja de oveja
Mollesco.is.por amollentarse.n.v.

Mollio.is.iui.por amollentar.a.i.
Mollifico.as.aui.por aquello mesmo
Mollis.e.por cosa muelle al tocar
Mollicellus.a.um.por cosa muelle un poco
Molliculus.a.um.por aquello mesmo
Mollicinus.a.um.por aquello mesmo
Mollitudo.inis.por la mollidura
Molliter.aduerbium.por muelle mente
Mollis.e.por cosa luxuriosa
Mollicia.e.por la luxuria.
Mollicies.ei.por aquello mesmo.
Mollis.e.por cosa de arte perfecta
Molo.is.molui.molitum.por moler.a.i.
Molo.is.molui.por amolar.a.i.
Molo.is.molui.por cavalgar ala bembra.a.i
Moloch.idolo fue delos amonitas.bar.
Molossus.i.por pie de tres luengas
Molossis.idis.por cosa bembra de epiro.
Molossus.a.um.por cosa de epiro
Molossia.e.por una region de epiro
Molorchus.i.pastor z uesped de ercules.
Molorcheus.a.um.por cosa de aqueste
Molucrum.i.por binchazon del vientre.pr.
Molus.i.regidor del carro de meriones
Momen.inis.por el momento de tiempo.po
Momentum.i.por aquello mesmo
Momentum.i.por mudança o peso
Momentaneus.a.um.por cosa de momento
Momentarius.a.um.por aquello mesmo
Monachordum.i.por el monacordio
Monastes.interpretatur solitarius
Monacus.i.por el monge solitario
Monastes.e.por aquello mesmo
Monaca.e.por la monja solitaria
Monaste.es.por aquella mesma.
Monasterium.ij.por el monesterio en iermo
Monasticus.a.um.por cosa de monesterio
Monas.adis.interpretatur unitas
Monarcha.e.por el solo principe del mundo
Monarchia.e.por principado de uno
Monaulos.i.por una sola flauta
Monedula.e.por la graja ave conocida
Monedula.e.por un cierto pescado
Moneo.es.por amonestar actiuum.iiij.
Monesis.is.por un rei delos parthos
Moneta.e.sobrenombre fue de juno.
Moneta.e.por la moneda
Monialis.is.por la monja.nounm

Monycha.e.madre fue de.S.augustin
Monychus.i.nombre de un centauro
Monile.is.por cadena o collar de oro
Monymus.i.filosofo dicipulo de diogenes
Monito.as.aui.por amonestar a menudo
Monitus.us.por el amonestamiento
Monitio.onis.por aquello mesmo
Monoceros.otis.por el unicornio animal
Monochroma.atis.por pintura de un color
Monochromatheus.a.um.cosa de un color.
Monochromaticus.a.um.por lo mesmo
Monocolos.por cosa de um miembro
Monocolon carmen.por de una manera.
Monoculus.i.por tuerto de un ojo.no.
Monoecus.i.nombre es del dios ercules
Monoecus.i.puerto es cerca de genova
Monogamus.i.por casado con virgen
Monogamia.e.por aquel casamiento
Monogramus.a.um.deburado de un color.
Monogramus homo.por flaco z desfigurado
Monomachia.e.desafio de uno por uno.
Monometros.por cosa de una medida
Monomeri.pueblos son de una pierna
Monosceli.por aquellos mesmos pueblos
Monopodium.ij.por mesa de un pie
Monopolium.ij.por el monipodio
Monoptoton nomen.por de un solo caso
Monos.interpretatur solus
Monosyllabus.a.um.por cosa de una silaba
Monostbicum.i.por un solo verso
Monoxylon.i.por navezita de un madero
Mons montis.por el monte
Monstro.as.aui.por demostrar.a.i.
Monstrum.i.milagro que significa mal
Monstrifer.a.um.por cosa milagrosa assi
Monstrificus.a.um.por aquello mesmo.
Monstrosus.a.um.por aquello mesmo
Monstruus.a.um.por aquello mesmo
Montanus.a.um.por cosa de montaña
Monticulus.i.por el monte pequeño
Monticellus.i.por el mesmo montezillo.
Montosus.a.um.por cosa montosa
Montuosus.a.um.por aquello mesmo
Monticola.e.por morador del monte
Montiuagus.a.ũ.por lo que anda por môtes
Monumentum.i.por la memoria de algo
Monumentum.i.por la sepultura
Mopsus.i.por un pastor enel virgilio
.M.i.

Mopsus.i.por uno delos argonautas
Mopsopius.a.um.por cosa de aqueste
Mora morę. por la tardança
Moralis.e.por cosa de costumbres
Moraliter.aduerbium.por moral mente.
Moratus.a.um. por cosa bien acostumbrada
Moratorius.a.um.por cosa para tardar
Morbus.i. por la dolencia z enfermedad
Morbus regius.por ictericia.
Morbidus.a.um.por cosa doliente
Morbosus.a.um.por aquello mesmo
Mordar.acis. por maldiziente
Mordacitas.atis. por aquel maldezir
Mordaciter.aduerbium. por maldiziendo
Mordicus.aduerbium.por abocados
Mordicitus.aduerbium.por lo mesmo
Mordeo.es.momordi.por morder.a.i.
Moretum.i. por el almodrote salsa
Moribundus.a.um. por cosa mucho muerta
Morior.eris.mortuus. por morir.d.v.
Mori uel moriri. infinitiuus a morior
Morini.orum.pueblos en fin de francia
Morigerus.a.um.por cosa obediente
Morio.onis.por el bovo
Moros.interpretatur stultus
Móror.aris.por bovear.d.v.
Moror.aris.por tardarse.d.v.
Moror.aris.por tardar a otro.d.iij.
Moro.as.aui.por aquello mesmo.pr.
Morosus.a.ũ.por desamorado z no tratable.
Morositas.atis.por aquel dessabrimiento
Morphosis.interpretatur mutatio
Morphea.ę.por el alvarazo.
Morpheus.i. por un ministro del sueño
Mors mortis. por la muerte
Morsicatim.aduerbium.por abocadoʒ
Morsus.us. por bocado o mordedura
Morsum.i. por aquello mesmo
Mortalis.e.por cosa que puede morir
Mortalis mortalis.por el ombre
Mortalitas.atis.por muerte o mortandad
Mortarium.ij. por el mortero
Morta.ę.por la bada que mata
Morticinus.a.um.por cosa mortezina
Morticinium.i. por lo mortezino
Mortifico.as.aui. por amortiguar.a.i.
Mortificatio.onis.por amortiguamiento
Mortifer.a.um. por cosa que mata

Mortuus. a.um. por cosa muerta
Morus.i.por el moral arbol conocido
Morum.i. por la mora fruto del
Mos moris. por la costumbre
Moses mosis. profeta z capitan delos judios
Mosaicus.a.um.por cosa de moisen
Motabilis.e.por cosa movible
Motacilla.ę. por la pezpita o chirivia ave
Motio.onis.por el movimiento
Motiuncula.ę.por movimiento pequeño
Motito.as.aui.por mover a menudo.a.i.
Moto. as.motaui. por aquello mesmo.a.i.
Motus motus. por el movimiento
Motorius.a.um. por cosa para mover
Moueo.es.moui.por mover a otro.a.i.
Moueo.es.moui. por ser movido. n.v.
Mox.aduerbium. por luego z despues
　uceo.uel mucesco. emmobecerse.n.v.
Mucidus.a.um.por cosa mohosa
Mucosus.a.um.por aquello mesmo
Mucor.oris.por el moho
Mucus.i.por el moco dela nariz
Mucosus.a.um. por cosa mocosa
Mucro.onis. por la punta aguda
Mucronatus.a.um. por cosa con punta
Mugil mugilis. por un cierto pece
Mugilis mugilis.por aquello mesmo
Muginor.aris.por devanear.d.v.
Mugio.is.mugiui.por bramar el buei.n.v.
Mugitus.us.por aquel bramido.
Mula.ę.por la mula domestico animal
Mularis.e.por cosa mular de mulo o mula
Mula syria.por lazebra animal fiero
Mulceo.es.mulsi.por balagar.a.i..
Mulcedo.inis.por el balago.
Mulciber.bris.por el dios vulcano
Mulcto.as.aui. por penar en dinero.a.i.
Mulcta.ę.por la pena de dinero
Mulctaticia pecunia.por el dinero tal
Mulctra.ę.por el tarro o berrada.
Mulctrare. is.por el mesmo vaso
Mulctrarium.ij.por aquello mesmo
Mulctrum.i.por aquello mesmo
Mulgare.is.por aquello mesmo
Mulgeo.es.mulxi.por ordeñar.a.i.
Mulier mulieris.por la muger
Muliercula.ę.por la muger pequeña.
Muliebris.e.por cosa de muger

Muliebritas.atis. por condicion mugeril
Muliebriter.aduerbium.mugeril mente.
Mulierofus.a.um.por dado a mugeres
Mulierofitas.atis. por el vicio defte
Muliero.as.aui. por bazer mugeril.a.i.
Mulium.ij.por el azemilero z mulatero
Mulio.onis.por aquello mefmo
Mulionicus.a.um. por cofa de azemilero
Mulio.onis.el mofquito mular
Mullei calcei.por los çapatos reales
Mullus.i.por el barvo pece conocido
Multefima pars. por mucba parte
Mulfum.i. por la clarea de vino z miel
Mulfa aqua.por la aloxa de moros
Mulfa aqua.por la meloxa dela miel
Multicauus.a.um.por cavado en partes
Multicolor.cofa de mucbos colores
Multicium.ij.veftidura era delicada.
Multifacio.is.feci.por tener en mucbo.a.i.
Multifariam.aduer.por en mucbas maneras
Multifidus.a.um.cofa bendida en partes
Multiforus.a.um.cofa boradada en partes
Multiforis.e. por aquello mefmo
Multiformis.e.por cofa de mucbas formas
Multicolorius.a.u.cofa de mucbos colores
Multigena.e.por de mucbos generos
Multigrunius.a.um.por de mucbos motes.
Multiugus.a.um. por aiuntado co mucbos
Multiiugis.e.por aquello mefmo
Multiplex.icis. plegado en mucbas partes
Multipliciter.aduerbiu.en mucbas maneras
Multiplico.as.por multiplicar.a.i.
Multiplicatio.onis.por la multiplicacion
Multipeda.e.por el ciento pies gufano
Multifonus.a.um.lo que fuena por partes
Multiuagus.a.um.lo que anda por partes
Multiuolus.a.um.por lo q buela por partes.
Multitudo.inis.por la mucbedumbre
Multo.aduerbium.por mucbo mas
Multus.a.um. por cofa mucbo
Mulus.i.por el mulo animal domeftico
Mulucba.e.por un rio de africa.
Mummius.ij.ciudadano fue de roma
Muracius plancus.ciudadano romano
Munda.e.por moda lugar del andaluzia
Mundenfis.e.por cofa defta ciudad
Munda.e. por un rio de portogal
Mundicia.e.por la limpieza

Mundicies.ei. por aquello mefmo
Mundicie.arum.por los afeites
Mundo.as.por alimpiar.actiuum.i.
Mundus.a.um.por cofa limpia
Munditer.aduerbium.limpia mente
Mundanus.a.um.por cofa de mundo
Mundus.i.por el cielo propria mente
Mundus.i.por todo el mundo
Mundus muliebris.por las joias de muger
Mundum muliebre.por lo mefmo
Muneror. aris. por dar don z prefente.d.iij.
Munero.as.aui.por aquello mefmo.a.i.
Munerarius.ij. el que da efgremidores
Mungo.is.munxi. por limpiar mocos.a.i.
Mungor.eris.por aquello mefmo.pr.d.iij.
Municipium.ciudad que tiene juridicion
Municipatim. de ciudad en ciudad
Municeps.cipis. por ciudadano della
Municipalis.e.por cofa de tal ciudad
Munychium.ij.fieftas eran de minerva
Munychius portus. puerto de atbenas
Munificus.a.um.por franco z liberal
Munificentior.comparatiuum a munificus
Munificior.comparatiuum ab eodem.pr.
Munificentiffimus.fuperlatiuum ab eodem
Munificiffimus.a.um.pro eodem.pr.
Munificentia.e. por la franqueza
Munio.onis.por un cierto canto.
Munio.is.muniui. por fortalecer.a.i.
Munitio.onis.por el fortalecimiento
Munimentum.i.por aquello mefmo.
Munimen.inis. por aquello mefmo.po
Munire uiam.por bazer calçada
Munium.ij.por el oficio.
Munus.eris.por aquello mefmo.
Munus.eris.por el don z beneficio
Munufculum.i.por don pequeño
Munus. eris. por el juego de efgremidores
Murena.e.por la morena pefcado
Murena.e.por la lamprea pefcado
Murenula.e.por la lamprea pequeña
Murenula.e.por joiel de oro efmaltado
Murex.icis.por el abrojo de bierro
Murex.icis.por la roca o peña afpera.
Murex.icis.por la purpura
Muriceus.a.um.por cofa de purpura.
Muricatus.a.u.por cofa abrojada co abrojos
Muria.e. por la falmuera o falmorejo

M.ii.

Muria dura. falmuera es adobada
Muricida.ę.por matador de ratones.
Murinus.a.um. por cofa de raton
Murmur.ris. por el roido z mormullo
Murmurillum.i.por roido pequeño
Murmuro.as.aui.por murmurar.n.v.
Murmuror.aris.por aquello mefmo.d.v
Murmurillo.as. por aquello mefmo. pr.
Murrba.ę.por la mirra unguento
Murrbatus.a.um. cofa adobada con mirra
Murrbatum uinum.vino affi adobado
Murrbina. ę. por aquello mefmo
Murrbinum.i.lapis idem qui myrrbinum
Murus.i.por el muro de ciudad o villa
Muralis corona.la que fe da al efcalador.
Muratus.a.um.por cofa cercada de muro
Mus muris. por el raton animal terreftre
Mus marinius. por el raton pefcado
Mus arachneus.gufano que mata los bueies
Mus ponticus.animal pequeño no conocido
Mufae.nueve bijas de jupiter z memoria
Mufeus.i.por un poeta griego antiguo
Mufca.ę. por la mofca animal ceñido
Mufcarius.a.um. por cofa de mofcas
Mufcarium.ij.por el mofcadero
Mufca canina.por mofca de perro
Mufca ruffa. por mofca de beftias
Mufcetum.i.por una efpecie de rofa
Mufcbus.i.por el almizquera animal
Mufcerda.ę.por eftiercol de raton
Mufcipula.ę.por la ratonera
Mufculus.i. por el ratoncillo.
Mufculus.i.por un cierto pefcado
Mufculus.i. por coracba entre dos muros
Mufculus.i. por el morezillo de braço
Mufculofus.a.ũ. cofa de mucbos morezillos
Mufcus.i.por el mobo del arbol.
Mufcidus. a.um. por cofa affi mobofa
Mufcofus.a.um.por aquello mefmo
Mufeum.i.por obra de arte mofaica
Mufeacus.a.um.por cofa defta arte
Muficus.i.por el mufico del canto
Muficus.i.por el poeta por que canta
Mufica.ę. por el arte dela mufica
Muficus.a.um. por cofa defta arte
Mu▬▬▬us.ij. por una efpecie de cabra
Mutmo.onis.por cavallo enano
Mufio. onis. por el gato.no.

Muffo.as.aui.por bablar como entre dientes
Muffo.as.aui.por murmurar
Muffito.as.aui. por aquello mefmo
Muftacius panis.cierto pan con mofto
Muftacium libum.por aquel pan.
Muftax.acis.por el boço o bigot de barva
Muftax.acis.por una efpecie de laurel
Muftarius.a.um. por cofa para mofto
Muftella.ę.por la comadreja animal
Muftella filueftris.el buron o la marta
Muftellus.i. por un cierto pefcado
Muftellinus.a.um.por cofa de tal color
Mufteus.a.um.por cofa temprana z frefca
Muftea poma. por frutas tempranas
Muftefco.is. por remoftecerfe el vino
Muftum.i.por el mofto de uvas
Muftulentus.a.um.por cofa emmoftada
Mutabilis.e. por cofa mudable
Mutabilitas.atis.por la mudança
Mutabiliter.aduerbium.por mudable mente
Mutatio.onis.por la mudança.
Mutatorius.a.um.por cofa para mudar
Mutatorium.ij.por veftidura para remudar.
Mutefco.is.por emmudecerfe.n.v.
Mutilo.as.aui. por cortar miembro. a.i.
Mutilatio.onis.por aquella cortadura
Mutilus.a.um.por cofa mocba
Mutilus.i.por un cierto pefcado
Mutina.ę.por modana ciudad de lombardia
Mutinenfis.e.por cofa defta ciudad
Mutifcę.arum.ciudad fue en italia
Mutbul.is.por un rio de africa
Mutio.is.mutiui.por bablar entre dientes
Muto.as.aui.por mudar.
Muto.onis.por el miembro genital
Mutoniatus.a.um.por armado del
Mutunus.i.por el mefmo miembro
Mutus.a.um.por cofa muda
Mutuus.a.um. por cofa preftada
Mutuus.a.um. por cofa reciproca
Mutuo.aduerbium.por en empreftido
Mutuiter.aduerbium. por aquello mefmo
Mutuor.aris. por empreftado tomar
Mutuo.as.aui.por empreftar
Mutuatio.onis.por el empreftido
Mutuaticus.a.um.por cofa preftadiza
Mutulus.i.por eftaca o palo para bincar.

De incipientibus ab.n.

aafón.principe fue delos judios.bar.
Nabaótb.primogenito de ifmael.bar
Nabatbea.ę.region cerca de arabia.
Nabatbęus.a.ū.por cofa defta region
Nabilis.e.por cofa que fe puede nadar
Nablion.ij.por el falterio inftrumento
Nabotb.judio fue nombrado.
Nabucbdonofor.rei fue de babilonia.
Nabuzardán.capitan fue delos caldeos
Nacbór.bijo de tbaré padre de abrabā.bar
Nactus.a.um.participium a nancifcor
Nacta.ę.nombre proprio de varon romano
Nadalfa.ę.varon notable fue en africa
Nae.aduerbium.por cierta mente
Naeuus.i.por el lunar feñal.
Naeuulus.i.por el lunar pequeño
Naeuius.ij.por un poeta latino
Naeuianus.a.um.por cofa defte poeta
Naeuia.ę.nombre de muger romana
Naias.naiadis.por la diofa delas fuentes
Nais.naidis.por aquella mefma.
Naim.ciudad es de paleftina.
Naicus.a.um.por aquello mefmo
Nancifcor.eris.por alcançar.d.iij.
Nancio.is.nanciui.por aquello mefmo.pr
Nanus.a.um.por cofa enana.gr.
Napea.ę.por diofa delos bofques
Nape.es.nombre de perra enel ouidio
Napina.ę.por la fimiente de nabos
Napus.i.por el nabo luengo
Naptba.ę.por buego de alquitran.
Narbo.onis.por narbona ciudad de francia
Narbonenfis.e.por cofa defta ciudad
Narbonenfis prouincia.por proença.
Narciffus.i.bijo de cefifo z liriope
Narciffus.i.por el lirio morado
Narciffinus.a.um.por cofa defte lirio
Nardus.i.por el nardo arbol olorofo.
Nardum.i.por el unguento del.
Nardinum.i.por aquello mefmo.
Narduſ ruftica.por la affarabacar ierva
Naricia.ę.por una ifla del mar jonio
Naricius.a.um.por cofa defta ifla
Naris naris.por la nariz.
Nar naris.por un rio de umbria en italia
Narnia.ę.por una ciudad por do paffa
Narnienfis.e.por cofa defta ciudad
Narro.as.aui.por contar razones.a.i.

Narratio.onis.por aquel contar
Narratiuncula.ę.por aquel cuento pequeño
Narrabilis.e.por cofa contable affi
Nartbeum.ij.por la cañabeja ierva
Nartbecium.ij.por la cañaberra ierva
Narus.a.um.por diligente z folícito.
Nafamones.pueblos fon de africa
Nafamonius.a.um.por cofa deftos pueblos
Nafamoniacus.a.um.por lo mefmo.
Nafcor.eris.natus.por nacer.d.v.
Nafcendus.a.um.participium a nafcor
Nafciturus.a.um.participium a nafcor
Nafo.onis.fobre nombre de ouidio
Nafo.onis.por ombre narigudo.
Naffa.ę.por la naffa para pefcar
Nafturcium.ij.por el maftuerço ierva
Nafus.i.por la nariz.
Nafutus.a.um.por cofa nariguda
Nafus.i.por el pico del vafo
Natalis.is.por el dia del nacimiento.
Natalis.e.por cofa de tal dia
Natalicius.a.um.por aquello mefmo
Natales.ium.por el eftado en que nacemos
Natator.oris.por nadador
Natatorius.a.um.por cofa para nadar
Natatorium.ij.por el nadadero
Natban.profeta en tiempo de dauid rei
Natbanaél.principal varon judio.bar.
Nates.is.por la nalga
Nater.icis.por una efpecie de oftia
Natio.onis.por la nacion
Natiuus.a.um.por cofa natural
Natiuitas.atis.por el nacimiento.no.
Nato.as.aui.por nadar a menudo.n.v.
Natrix.icis.por cierta ferpiente de agua
Natura.ę.por la naturaleza
Naturalis.e.por cofa natural.
Naturaliter.aduerbium.natural mente
Naturá.por aquello mefmo
Naturalia.ium.por natura de ombre z muger
Natus.a.um.participium a nafcor
Natus.i.por el bijo.poeticum
Nata.ę.por la bija.poeticum.
Naualis.e.por cofa de nave
Naualis corona.la del vencedor por mar.
Nauale.is.por el ataraçana
Nauarcbus.i.por el principe de naves
Nauci indeclinabile.por cafcara de nuez
.D.iii.

Naucipendo.is.por tener en poco
Naufragus.a.um.al que se le quebro nave
Naufragium.ij.por aquella quebradura.
Nauclerus.i.por el nauchel o piloto
Nauia.e.por la diligencia z industria.
Nauiter.aduerbium.por diligente mente
Nauis nauis.por la nave.
Nauicularius.ij.por el navegador
Nauiculor.aris.por navegar a plazer.d.v
Nauigo.as.aui.por navegar.n.v.
Nauigatio.onis.por la navigacion
Nauigabilis.e.por cosa que se navega
Nauigium.ij.por nave o navio
Nauita.e.por el marinero
Naulum.i.por el nolit o frete de nave
Naum.uno delos profetas menores.bar
Naumachia.e.por la pelea de naves.
Naumachia.e.por el lugar do pelean
Naumachiarius.a.um.por cosa desta pelea
Nauo operam.por dar obra
Nauplius.ij.rei de negroponte fue.
Naupliades.e.por palamedes hijo deste.
Nauplius.ij.por un cierto pescado
Naus.interpretatur nauis.
Nausicaa.e.hija de alcino rei de feacia
Nausithous.ii.el padre deste hijo de neptuno
Nautes.e.interpretatur nauta
Nauta.e.por el marinero.
Nauticus.a.um.por cosa de marinero
Nausea.e.por el gomito.
Nautea.e.por aquello mesmo
Nausea.e.por la sentina dela nave
Nautea.e.por aquello mesmo
Nautea.e.por el cumaque ierva
Nauseo.as.aui.por gomitar
Nauseabundus.a.um.el que gomita mucho.
Nauus.a.um.por cosa diligente.
Naxos.i.por una isla del arçapielago
Naxius.a.um.por cosa desta isla
Naxicus.a.um.por aquello mesmo
Nazareth.ciudad de galilea.bar.
Nazarenus.a.um.por cosa desta ciudad
Nazareus.judio de cierta profession
   e.aduerbium.por no.
    Ne.coniunctio.por que no.
Nebris.idis.por pellejas de ciervos
Nebrissa.e.lugar es de españa antiguo
Nebrissensis.e.por cosa deste lugar

Neaera.e.dela cual el sol ovo hijas
Neaera.e.nombre proprio de muger
Neapolis.is.por napoles en italia ciudad
Neapolites.e.por ombre desta ciudad
Neapolitanus.a.um.por cosa desta ciudad.
Neapolitanum.i.por eredad cerca de alli
Nearchus.i.nombre de varon
Nebrophonos.i.nombre de can en ovidio
Nebula.e.por la niebla.
Nebulosus.a.um.por cosa llena de niebla
Nebulo.onis.por el passa frio.
Nec.coniunctio.por ni.ó i no.
Necessus.a.um.por cosa necessaria
Necessis.e.por aquello mesmo
Necessarius.a.um.por cosa necessaria
Necessarius.ij.por el amigo.
Necessitas.atis.por la necessidad
Necessitudo.inis.por aquello mesmo
Necessitas.atis.por el amistad
Necessitudo.inis.por aquello mesmo
Necesse.aduerbium.por necessaria mente
Necessario.aduerbium.por lo mesmo
Nechao.por un rei de egipto
Necidalus.i.por el gusano dela seda
Necis necis.por la muerte
Necos.i.por un rei de egipto.
Neco necas necui.uel necaui.por matar
Nectus.a.um.participium a neco.as.
Nectar.aris.por lo que beven los dioses
Nectareus.a.um.por cosa desta pocion
Nectarites uinum.por vino divinal.
Necros.interpretatur mortuus
Necromantia.e.por la nigromantia
Necromanticus.a.um.cosa de nigromantico
Necto.is.neui.uel nexi.por travar.a.i.
Necubi.aduerbium.por en ningun lugar
Nedum.coniunctio.por cuanto mas.
Nefas indeclinabile.por lo no licito
Nefarius.a.um.por cosa no licita por religió.
Nefans.antis.por aquello mesmo.pr.
Nefandus.a.um.por aquello mesmo
Nefastus.a.um.por aquello mesmo
Nefrens.nefrendis.por el cochino
Negabundus.a.um.lo que mucho niega
Negatio.onis.por la negacion
Negatiua dictio.para negar.
Negligo.is.neglexi.por no curar.a.i.
Negligens.tis.por cosa negligente

Negligenter.aduerbium. negligente mente.
Negligentia.e.por la negligencia
Nego.as.negaui. por negar.a.i.
Negotium.ij.por el negocio
Negotiolum.i.por el negocio pequeño
Negotiosus.a.um.por cosa negociada
Negotialis.e.por cosa de negocio
Negotior.aris.por negociar.d.v.
Negotiator.oris. por negociador
Negotiatio.onis.por la negociacion
Negumeno.as.aui.por negar.a.i.
Neleus.i.por un rei de pilo
Nelides.e.por el bijo de neleo
Neleius.a.um. por cosa de aqueste
Neleus.a.um.por cosa de aqueste
Nolo.ncuis. por no querer.pr.
Nembrotb. bijo de cbus gigante.bar
Nemeeus.a.um. por cosa deste lugar
Nemeei ludi. juegos que se bazian alli
Nemausum.si. por nimis ciudad de francia
Nemausensis.e.por cosa desta ciudad
Nemetes. pueblos son de alemaña
Nemesis. interpretatur indignatio
Nemo.neminis.por ninguno o ninguna
Nempe.aduerbium. por cierta mente
Nemus.oris.por mobeda o montaña.gr
Nemoralis.e.por cosa de tal lugar
Nemorosus.a.um.por aquello mesmo
Nemorensis.e.por aquello mesmo
Nenia.e. por endecba sobre muerto
Nenia.e. por la niñeria.
Neo nes neui.netum.por bilar.a.i.
Neocesarea.e.ciudad de ponto
N-comenia.e.por la luna nueva.
Neopbytus.i. por el converso
Neopum.i.por azeite de almendras.
Neos. interpretatur nouus.a.um.
Neotericus.interpretatur iunior
Neoptolemus.interpretatur nouus miles
Nepa nepe.por el escorpion o alacran
Nepbele. interpretatur nubes
Nepbele.es. madre de frixo z elles
Nepbeleis.idis. por bija de nefele
Nepbelcias.adis.por la mesma
Nepbeleius.a.um.por cosa de aquesta
Nepbros. interpretatur ren renis
Nepbresis.is. por dolor de riñones
Nepbreticus.a.um.por doliente de riñones

Nepita.e. por la nebeda ierva
Nepos.otis. por el goloso z luxurioso
Nepos.otis.por el nieto de bijos.
Nepos.otis. por el sobrino de ermanos
Nepotulus.i. por el nieto pequeño
Neptis neptis.por la nieta de bijos
Neptis neptis.por la sobrina de ermanas
Neptalim.bijo de jacob z de balá.
Neptunus.i.por el dios dela mar
Neptunius.a.um. por cosa deste dios
Neptunine. es. por bija de neptuno
Neptunalia.orum.por fiestas de neptuno
Neptunicola.e. por onrador de neptuno
Nequam indeclinabile. por cosa mala.
Nequam. por cosa luxuriosa
Nequaquam.por en ninguna manera
Neque coniunctio. por i no.
Nequeo.is.nequiui. por no poder.n.v.
Nequis. por que ninguno
Nequid.por que ninguna cosa
Nequicia.e.por la maldad o luxuria
Nequicies.ei. por aquello mesmo
Nequitas.atis.por aquello mesmo
Nequiter.aduerbium.por mala mente
Nequicquam. por en vano
Nercus.i. por un dios dela mar
Nereis.idis.por la bija de aqueste
Nerine.es. por aquella mesma
Nereius.a.um. por cosa de nereo
Nereis.idis.por cierto pescado
Nerita.e. por una especie de concba
Nerio nerienis. muger del dios mars
Neria.e. por aquella mesma
Neritos.i.por un monte de itbaca
Neriton.i.ciudad fue en epiro
Nerius.ij.por el adelpba mata conocida.
Nero.onis.por ombre valiente.oscum
Nero.onis.emperador de roma
Neronianus.a.um.por cosa de neron
Neruia.e.por la cuerda de nervio
Neruaceus.a.um.por cosa de nervios
Neruosus.a.um.por cosa nerviosa
Neruositas.atis.por la nervosidad
Neruus.i.por el nervio
Neruus.i.por la cuerda para tañer
Neruus.i.por el cepo prision.
Neruij.orum. pueblos son de francia
Nescio.is.nesciui. por no saber.a.i.

.D.iiii.

Nescius.a.um.por cosa no sabidora
Nesee.es.por una delas ninfas.
Nesis.is.por una isla de campania
Nesos.interpretatur insula
Nessa.ę.interpretatur anas.atis.
Nessotrophium.lugar do se crian anades
Nessus.i.por un rio de thracia
Nessus.i.por uno delos centauros
Nestor.oris.hijo de neleo z cloris
Nestoreus.a.um.por cosa deste rei
Nestorides.dę.por hijo de aqueste
Nete.es.por la prima enel laud o viuela
Netus.a.um.participium a neo nes
Neurodes.es.por acelga siluestre
Neuter.a.um.por ni uno ni otro
Neutró.aduerbiū.por ni a una perte ni otra
Neutrobi.aduer.por ni en un lugar ni otro
Neutiquam.aduer.por en ninguna manera
Nex.necis.por la muerte.
Nexilis.e.por cosa que se enlaza
Nexo.as.xui.por enlazar.a.i.
Nexo.is.nexui.por aquello mesmo.a.i.
Nexus.a.um.participium ab utroq3
Nexus.a.um.por ombre adeudado
Nexus.us.por la obligacion dela deuda
Nexus.us.por el enlazamiento
    i.coniunctio.por mas sino.
    Nicander.dri.poeta fue griego
Nicanor.oris.nombre de varon
Nice.es.interpretatur uictoria
Niceas.ę.capitan delos athenienses
Nicea.ę.por niça ciudad de proença
Nicea.ę.por otra ciudad de ponto
Nicenus.a.um.por cosa destas ciudades
Nicensis.e.por aquello mesmo
Niceros.otis.por un unguentario
Nicerotianus.a.um.por cosa deste
Niceterium.ij.por insignia de vitoria
Nicodémus.i.nombre de varon.
Nicolaus.i.nombre proprio de varon
Nicolaita.ę.por seguidor de nicolao
Nicomachus.i.padre de aristoteles
Nicomachus.i.otro hijo de aristoteles
Nicomachus.i.por un pintor notable
Nicomachus.i.por un musico notable
Nicopolis.is.por una ciudad de epiro
Nicopolitanus.a.um.por cosa de alli
Nicomedes.is.por un rei de bithinia

Nycterinos.interpretatur nocturnus
Nycticorax.cis.por la lechuza ave
Nyctileus.i.por el dios bacco.
Nyctimene.es.moça fue de lesbo isla.
Nyctilops.pis.dolencia del q̄ no vee ala luna
Nyctilopicus.i.el que no vee ala luna
Nyctoris.is.por una reina de egipto.
Nicteus.i.padre fue de antiopa la de jupiter.
Nicteis.idis.por la hija de nicteo
Nicto.is.por gañir el can tras el rastro.n.v.
Nictor.aris.parpadear con la tela del ojo.d.v
Nictatio.onis.por aquel parpadear
Nideo.es.aquo renideo resplandecer.n.v.
Nideo.es.aquo renideo.por oler.n.v.
Nidor.oris.por el olor del manjar
Nidus.nidi.por el nido del ave
Nidulus.i.por el nido pequeño
Nidifico.as.por anidar hazer nido.n.v.
Nidulor.aris.por aquello mesmo.d.v.
Niger.gra.grum.por cosa negra.
Nigellus.a.um.por cosa negra un poco
Nigella.ę.por el axenuz simiente negra
Nigreo.uel nigresco.por ennegrecerse.n.v.
Nigredo.inis.por la negrura o negror
Negricia.ę.por aquello mesmo
Nigricies.ei.por aquello mesmo
Nigritudo.inis.por aquello mesmo
Nigror.oris.por aquello mesmo.
Nigro.as.nigraui.por ennegrar.a.i.
Nigrico.as.aui.por negrear por defuera.n.v
Nihil indeclinabile.por nada.
Nihilum.i.por aquello mesmo
Nil indeclinabile.por aquello mesmo
Nilus.i.por un rio de egipto
Nilus.i.hijo fue de vulcano
Niligena.ę.por engendrado en egipto
Nilotis.idis.por cosa hembra de alli.
Niloticus.a.um.por cosa de egipto
Nymbus.i.por nuvada de agua
Nymbus.i.por el viento o tempestad
Nymbus uitreus.por redoma de vidro
Nymbus.i.por corona de santo con raios
Nymbosus.a.um.por cosa ventosa con lluvia
Nimis.aduerbium.por mucho o mui.
Nimium.aduerbium.por aquello mesmo
Nimietas.atis.por aquella muchedumbre
Nimirum.aduerbium.por cierta mente
Nympha.ę.interpretatur sponsa.

Nympha.ę.por la diofa del agua.
Nympha.ę. por la mefma agua
Nymphea.ę.por la ierva nenufar
Nymphius.ij.interpretatur fponfus
Nymphęum.ij.lugar cerca de apolonia
Ningo.is.ninxi.por nevar.n.v.
Ningo.is.ninxi.por aquello mefmo
Ningis.ningis. por la nieve.prifcum
Ninus.i. rei fue delos affirios
Ninias.ę.por un bijo defte z de femiramis
Ninos.nini. por la ciudad de ninive
Niniue.por aquella mefma ciudad
Niniuita.ę.por ombre defta ciudad
Niobe.es.bija de tantalo muger de anfion.
Niphates.ę.por un rio de armenia
Niphates.ę.por un monte de armenia
Nireus.i.el mas bermofo delos griegos.
Nifa.ę.nombre de bembra en virgilio
Nyfa.ę. ciudad de arabia.
Nyfa.ę. por otra ciudad dela india
Nyfęus.i.nombre es del dios bacco
Nyfęus.a.um.por cofa deftas ciudades
Nyfeius.a.um.por aquello mefmo
Nyfeis.idis.por cofa bembra de alli
Nifus.i.por un rei de megara
Nifus.i.por el efmerejon ave.po.
Nifeius.a.um. por cofa de nifo.
Nifus.i.por un varon enel virgilio
Nifi.coniunctio. por fino.
Nifus.us. por el eftribamiento
Nitela.ę.por el turon raton del campo
Nitedula.ę. por la luziernaga
Nitibundus.a.um.por el que mucbo eftriba.
Nitidus.a.um.por cofa refplandeciente
Nititidas.atis.por el refplandor
Nitido.as.aui.por alimpiar.pr.a.i.
Niteo.es.nitui.por refplandecer.n.v.
Nitor.nitoris. por el refplandor
Nitor niteris.por eftribar.d.v.
Nitrum.i.por el falitre.
Nitratus.a.um.por cofa enfalitrada.
Nitraria.ę.por minero de falitre
Nitrofus. a.um. cofa llena de falitre
Niualis. e. por cofa de nieve.
Niuatus.a.um.por cofa nevada
Niuarium colum. por coladero de nieve
Niueus.a.um.por cofa de nieve.
Niuofus.a.um.por cofa llena de nieve

Nix niuis.por la nieve.
Nixus.us. por dolor de parto
Nixus.us. por el eftribadero
Nixurio.is.por aver gana de eftribar
o.nas.naui.por nadar.n.v.
Nobilis.e.por cofa notable
Nobilitas.atis. por aquella nobleza
Nobiliter.aduerbium. notable mente
Nobilito.as.aui. por ennoblecer.a.i.
Nobilitatio.onis.por el noblecimiento
Nobifcum.aduerbium.por con nos otros
Noceo.es.nocui.por empecer.n.ij.
Nociuus.a.um.por cofa empeciente
Noctefco.is. por anocbecer. n.v.
Nocticolor.oris.por cofa de color de nocbe
Noctiluca.ę.por la luziernaga
Noctilucus.a.um.por lo que luze de nocbe.
Noctiuagus.a.um. por lo que anda de nocbe
Noctu.aduerbium. por de nocbe
Noctua.ę. por la lecbuza ave.
Nocturnus.a.um.por cofa de nocbe
Nodo.as.nodaui.por añudar.a.i.
Nodus. i.por el ñudo.
Nodulus.i. por el ñudo pequeño
Nodofus.a.um.por cofa ñudofa.
Noé.varon jufto bijo de lamecb.bar.
Noemi. muger fue judia.bar.
Nola.ę. por una ciudad de campania
Nolanus.a.um.por cofa defta ciudad
Nolo nonuis.por no querer.n.v.
Nomades.pueblos fon de africa.
Noma.ę.por una efpecie de cancer
Noma.ę.interpretatur paftio
Nomen.inis. por el nombre.
Nomen.inis. por la fama
Nomen.inis.por el deudor.
Nomenclator.oris. el que llama nombrando
Nomenclatura.ę.por aquel llamar
Nomenclatio.onis.por aquello mefmo
Nomentum.i.ciudad cerca de roma
Nomentanus.a.um.por cofa defta ciudad
Nomentanũ.i. por eredad cerca defta ciudad
Nomentana uia.la que lleva a efta ciudad
Nomino. as.aui. por nombrar.a.i.
Nominatiuus.i. por el cafo primero
Nominatim.aduerbium. nombrada mente
Nomius apollo.por apolo paftoral
Nomos. interpretatur lex uel regio.

Nomophylax.interpretatur legis custos
Non.aduerbium negandi.por no
Nonae.arum. por las nonas del mes
Nonacria.e.por una region de arcadia
Nonacris.idis. por hembra de alli
Nonacrius.a.um. por cosa de alli
Nonacrinus.a.um. por aquello mesmo
Nonaginta.por noventa.
Nonagesimus.a.um.por noventa en orden.
Nonagesima pars.por uno de noventa.
Nonagenarius.a.um.por de noventa años
Nonageni.e.a.por cada novecientos
Nonagies.aduerbium.por noventa vezes
Nonaria meretrix.por la puta del burdel.
Nondum.aduerbium.por aun no
Nongenti.e.a.por novecientos
Nongentesimus.a.um. novecientos en orde
Nongentesima pars.por uno de novecientos
Nongenties.aduerbium.nuevecientas vezes
Nongeni.e.a.por cada novecientos.
Nongenteni.e.a. por aquello mesmo
Nonne?por por aventura no
Nonnullus.a.um.por alguno
Nonnunquam.aduerbium. por alguna vez
Nonus.a.um.por noveno en orden
Norcia.e.diosa propria dela toscana
Noricum.i.por una region cerca dalmacia
Noricus.a.um. por cosa desta region
Norma.e.por la regla
Normalis.e.por cosa regular.
Nosco noscis noui. por conocer.a.i.
Noscito.as.aui.por conocer a menudo.a.i
Noscitabundus.a.um.el que mucho conoce.
Nosima.atis. interpretatur morbus
Noster.a.um.por cosa nuestra
Nostras.atis.por cosa de noestra tierra
Nostras.atis.por cosa de nuestro vando
Nostratis.e.por aquello mesmo.pr.
Nota.note. por la señal
Nota.e. por la señal de infamia
Nota.e.por la letra escripta
Notarius.ij.el que escrive lo que otro dize
Notesco.is.notui. por ser conocido. n.v.
Noticia.e.por el conocimiento
Noticies.ei. por aquello mesmo
Notifico.as.por hazer noto.a.iij.
Notio.onis.por el conocimiento.
Notis gree.interpretatur humor.

Notus.i. por el viento de medio dia
Notus.a.um.por cosa de aquel viento
Notus.a.um.participium a noui.
Notilis.e.por cosa conocible
Noto.as. notaui. por señalar.a.i.
Noto.as.aui.por señalar de infamia
Nouale.noualis.por la sembrada en baruecho.
Noualis.e. por cosa de aquel barvecho
Nouacula.e.por la navaja de raer
Nouanupta.e.por la novia
Nouaria.e. ciudad es de lombardia
Nouariensis.e.por cosa de alli
Nouatio.onis.por la innouacion.
Nouatus.us.por aquello mesmo.
Nouellus.a.um.por cosa nueva un poco.
Nouelle uites.por el majuelo.
Nouello.as.aui.por poner majuelo.n.v.
Nouem in plurali.por nueve.
Noueni.e.a.por cada nueve
Nouendialis.e.por cosa de novenas.
Nouerca.e.por la madrastra
Nouercalis.e.por cosa de madrastra
Noui.nouisti.por conocer.a.i.
Nouicius.a.um.por nuevo en arte
Nouies.aduerbium.por nueve vezes
Nouilunium.ij. por luna nueva
Nouissimus.a.um.por cosa postrera
Nouitas.atis. por la novedad
Nouo.as.nouaui.por renovar.a.i.
Nouus.a.um. por cosa nueva
Nouum comu.por una ciudad de lombardia.
Nouocomensis.e.por cosa desta ciudad
Noxa.e. por el pecado.
Noxa.e.por el daño.
Noxia.e.por aquello mesmo
Noxa.e. por la pena
Noxia.e.por aquello mesmo
Noxitudo.inis.por el daño.
Noxalis.e.por cosa del daño
Noxius.a.um. por cosa dañosa
   ubes.nubis. por la nuve.
   Nubecula.e. por la nuve pequeña
Nubifer.a.um.por cosa que trae nuves
Nubilus.a.um.por cosa ñublosa
Nubilum.i. por el ñublado
Nubilarium.ij.por cosa dela era
Nubilar.aris.por aquello mesmo
Nubilo.as.nubilaui.por añublar.n.v.

Nubiuagus.a.um. lo que anda por nuves
Nubs nubis. por la nuve.
Nubo.is.nupsi.por casarse la muger.n.iiij.
Nubor.eris.por aquello mesmo.pr.
Nubilis.e. por cosa casadera
Nucamentum.i.por la piña de pino
Nuceria.g.por una ciudad de italia
Nucerinus.a.um. por cosa desta ciudad
Nucleus.i. por el meollo de fruta seca
Nucula.g.por pequeña nuez
Nudius tercius.por antier
Nudius quartus.por antes de antier.
Nudius septimus. oi a siete dias
Nudius tertiusdecimus.oi a treze dias
Nudipedalia.por el aiuno maior de judios
Nuditas nuditatis.por la desnudez.
Nudo. as.aui. por desnudar.a.i.
Nudatus.a.um. por cosa a vezes desnuda
Nudus.a.um.por cosa siempre desnuda.
Nugae.arum. por la vanidad de palabras
Nugatorius. a.um. por cosa vana assi
Nugalis.e. por aquello mesmo
Nugax.acis.por aquello mesmo
Nugator.oris.por vano en palabras.
Nugaciter.aduerbium.por vana mente
Nugigerulus.i.acarreador de nuevas vanas
Nugiuendus.i.por joiero de cosillas
Nugor.aris. por devanear en palabras.d.v.
Nullatenus.por en ninguna manera.
Nullibi.aduerbium.por en ningun lugar
Nullus. a.um.por ninguno
Num.aduerbium.por por aventura
Numa.g.por el segundo rei de roma
Numella.g.por cierta prision.
Numen.inis.por dios o poder divino
Numen.inis.por la voluntad de dios
Numerus.i.por numero z cuento
Numerus par.por pares en numero
Numerus impar. por nones en numero
Numerosus.a.um. por cosa de numero
Numero. as.aui. por contar. a.i.
Numerabilis.e. por cosa contable
Numeralis.e.por cosa de numero
Numicus.i.por un rio de italia
Numidia.g.por una region de africa.
Numida.g.por ombre desta region
Numidicus.a.nm.por cosa desta region.
Numidica.g.por gallina morisca.

Numisma.atis.por momo o moneda
Numitor. oris. rei de alba bijo de proca
Nummus.i.por el dinero
Nummatus.a.um. por cosa dinerosa
Nummosus.a.um.por aquello mesmo
Nammarius. a.um. por cosa para dinero
Nummularius.ij. por el cambiador
Nunc.aduerbium. por agora
Nuncius.ij.por el mensajero.
Nuncius.ij.por el mesmo mensaje
Nuncium.ij. por aquello mesmo.po.
Nuncio.as.aui.por traer mensaje
Nuncubi.aduer.por por aventura en lugar.
Nuncupo.as.aui.por nombrar.a.i.
Nuncupatio.onis. por el nombrar
Nunding.arũ. ferias de nueve en nueve dias
Nundinarius.a.um.cosa destas ferias
Nundinor.aris. por vender alli.d.v.
Nundinatio.onis.por aquella venta.
Nunquis?por por aventura alguno.
Nunquid?por por aventura
Nunquam.por en ningun tiempo
Nuo.is.nui.por guiñar z bazer de ojo.n.ij.
Nuper.aduerbium.por poco a
Nuperus. a.um. por cosa de poco tiempo
Nuperrimus. a.um. cosa de poco tiempo
Nuperrime.aducrbium.por mui poco a
Nupta.g.por la muger casada
Nuptig.arum.por las bodas.
Nuptialis.g.por cosa de bodas
Nurus nurus. por la nuera
Nusquam.aduerbium.por en ningun lugar
Nuto.as.aui.por mover la cabeça.n.v.
Nutamen.inis.por aquel movimiento
Nutrico.as.aui.por criar.a.i.
Nutricor.aris. por aquello mesmo.d.iij
Nutricatio.onis.por aquella criança.
Nutricius.ij.por el aio que cria o amo
Nutrio.is.nutriui.por criar.a.i.
Nutrior.iris.por aquello mesmo.d.iij.
Nutritio.onis.por la criança
Nutrimen.inis. por el mantenimiento.po
Nutrimentum.i.por aquello mesmo
Nutritor.oris.por el amo que cria
Nutrix.icis. por el ama
Nutricula.g.por el ama pequeña
Nutus nutus. por las señas del ojo
Nutus. us. por el consentimiento

Nux nucis.por fruta de corteza dura
Nux nucis. por el nogal arbol
Nuxnucis.por la nuez fruta deste arbol
Nux iuglans.por la mesma nuez
Nux longa. por el almendra
Nux plurima.por aquella mesma
Nux abellina.por el avellana
Nux auellana.por aquello mesmo
Nux prenestina. por aquello mesmo
Nux pinea. por el piñon no mondado
Nux castanea.por la castoña
Nux myristica.por nuez moscada.

   De incipientibus ab.o.

     pro utinam. por osi
       O .aduerbium uocatiui.por o.
       O .cum accusatiuo.para marauillarse.
O .cum accusatiuo.para aver misericordia
O axes.e.por un rio de mesopotamia
O axus.i.por una ciudad de creta.
   b prepositio.por para dar causa
   O b prepositio. por en deredor
O b prepositio. por en contrario
O bacerbo.as. por asperear a otro.a.i.
O bacero.as.aui.por empajar ensuziando
O beratus.a.um.por adeudado
O bero.as.aui.por obligar a otro asi.a.iij.
O bambulo.as.por andar en deredor.
O barmo.as.aui.por armar en deredor.a.i
O baudio.is.iui. por oir en contrario.a.i.
O bba.e. por vasija como tinaja
O bbibo.is. por bever en contrario.a.i.
O bbruteo uel obbrutesco. embrutecerse. n.v.
O bceco.as.aui.por cegar a otro.a.i.
O bcalleo.es. bazer callo en cerco.n.v.
O bdo.is.obdidi. por poner en controrio.a.i.
O bdo.is.obdidi.por cerrar.a.i.
O bdormio.is.iui.por dormir.n.v.
O bdormisco.is.por adormecerse.n.v.
O bduco.is.obduxi. por cubrir en cerco.a.i
O bductio.onis.por aquel cubrimiento
O bdulcoro.as.aui.por endulçar.
O bduro.as.aui.por endurecerse.n.v.
O bdureo uel obduresco.por lo mesmo.n.v
O bedio.is.iui.por obedecer.n.ij.
O bedientia. e. por la obediencia
O beditio.onis. por aquello mesmo
O bedienter.aduerbium.por obediente mente
O betb.judio fue bijo de booz z de rutb.b.

O belus.i. interpretatur ueru assadero
O beliscus.i. interpretatur paruum ueru
O beliscus.i.por coluna piramidal
O beo.obis.obiui.por morir.n.v.
O beo mortem. por aquello mesmo. a.i.
O beo munus. por bazer su oficio.a.i.
O beo prouinciam.por regir la provincia.a.i.
O beo magistratum.por regir su dignidad.a.i
O besus.a.um.por cosa gruessa
O besitas.atis. por aquella grossura
O bex obijcis.por estorvo z obstaculo
O bfirmo.as.aui.por confirmar en bien.a.i.
O bfirmatio.onis.por aquella confirmacion
O bfui.isti.preteritum ab obsum.es.
O bfusco.as.aui. por escurecer.a.i.
O bfuscatio.onis.por el escurecimiento
O bberbesco.is.por crecer en ierva.n.v.
O biectus.us.por la contraposicion
O biecto.as.aui.por contraponer.a.i.
O bijcio.is.obieci.por aquello mesmo.a.i
O bitus.us.por la muerte.
O biter.aduerbium.por entre tanto
O biurgo.as.aui.por reñir con pariente.a.i
O biurgatio.onis.por aquella renzilla
O biurgator.oris. por el que riñe assi
O biurgatorius.a.um. cosa para reñir
O biuro.as.aui. por obligar por juraméto.a.i
O biuratio.onis. por aquella obligacion
O blatus.a.um. participium ab offero
O blatio.onis. por el ofrecimiento
O blecto.as.aui.por alegrar a otro.a.i.
O blectatio.onis.por aquel deleitar
O blectamen.inis. por aquello mesmo.po
O blectamentum.i. por aquello mesmo
O bligo.as.aui.por atar en deredor.a.i.
O bligo. as.aui. por obligar.a.i.
O bligatio.onis.por la obligacion
O bligatorius. a.um. por cosa para obligar
O blittero.as.aui.por bazer escuro algo.a.i.
O blitteratio.onis. por aquel escurecimiento
O blitterus.a.um. por cosa escurecida assi.
O blitteratus.a.um.por aquello mesmo.
O blimo.as.aui. por limar en cerco.a.i.
O blimo.as.aui.por ensuziar con cieno.a.i.
O blino.is. por untar en deredor. a.i.
O blitus.a.um.por cosa assi untada
O blitus.a.um.participium ab obliuiscor.
O bliquus. a.um. por cosa tuerta.

Obliquitas.atis.por la torcedura
Obliquo .as.aui.por entortar torciendo.a.
Obliquatio.onis.por el entortamiento
Oblitesco.is.oblitui.por encubrirse.n.v.
Obliuiscor.eris.oblitus.por olvidarse.d.ij.
Obliuio.onis.por la olvidança
Obliuium.ij.por aquello mesmo
Obliuius.a.um.por cosa olvidada
Obliuiosus..um.por cosa olvidadiza
Oblongus.a.um.por cosa luenga
Oblongulus.a.um.por luengo un poco
Obloquor.eris.por hablar en contrario.d.iij.
Oblocutio.onis.por aquella habla
Obluctor.aris.por luchar en contrario.d.v.
Obluctatio.onis.por aquella lucha
Obmaneo.es.por quedar mucho tiempo.n.v
Obmurmuro.as.murmurar en cotrario.n.v.
Obmuteo uel obmutesco.por emudecer.n.v.
Obnecto.is.obnexui.por obligar.a.i.
Obnexus.a.um. por cosa obligada
Obnitor.eris.por estribar en contrario.d.v.
Obnixus.a.um. participium ab obnitor
Obnoxius.a.um.por cosa obligada
Obnubo.is. por cubrir en cerco la cabeça.a.i.
Obnubilo.as.aui.por añublar.a.i.
Obolus.i.por cierta moneda
Oborior.eris.por nacer en contrario
Obprobrium.ij.por el denuesto.
Obprobro.as.aui. por denostar.n.ij.
Obprobratio. onis. por el denostamiento
Obrepo.is.obrepsi.por étrar a escódidas.n.v
Obrigeo uel obrigesco.por elarse.n.v.
Obrizum aurum. por oro puro
Obruo.is.obrui.poner so tierra o agua.a.i
Obscenus.a.um.por cosa fea.
Obscenitas.atis.por la fealdad
Obsceno.as.aui.por quitar mal aguero.a.i.
Obscurus.a.um. por cosa escura
Obscuritas.atis.por la escuridad
Obscuro.as.aui. por escurecer a otro.a.i.
Obscuratio.onis.por el escurecimiento
Obsecudor.aris.por obedecer cósintiédo.n.ij
Obsecundo.as. por aquello mesmo. n.ij.
Obsecundatio.onis.por aquel concertar
Obsequium.ij.por obedecer
Obsequela.e.por aquello mesmo.
Obsequor.eris. por obedecer.n.ij.
Obsecutio.onis. por aquel obedecer

Obsequibilis.e.por cosa obediente
Obsecro.as.aui.por rogar conjurando.a.i
Obsecratio.onis. por aquel ruego
Obsepio.is.psi.por cercar de seto.a.i.
Obsero.as.aui. por cerrar con llave.a.i.
Obseruo.as.aui.por acatar onrando.a.i.
Obseruito.as.aui.por acatar a menudo.a.i.
Obseruantia.e. por aquel acatamiento
Obseruo.as.aui.por guardar.a.i.
Obseruatio.onis.por la guarda.
Obses obsidis.por el rehen.
Obsideo.es.obsedi.por poner sitio.a.i.
Obsidio.onis. por el sitio o cerco
Obsidium.ij. por aquello mesmo.
Obsidionalis corona. la que dá al descercador
Obsidie.arum.por la celada o assecho
Obsidiarius.a.um.por cosa para celada
Obsigno.as.aui. por cerrar con sello.a.i.
Obsignator.oris. por el sellador
Obsignatio.onis.por la selladura.
Obsisto.is.obstiti.por resistir.n.ij.
Obsitus.a.um. por cosa cercada
Obsoleo.r.obsolesco. por desacostúbrarse.n.v
Obsoletus.a.um.por cosa desusada
Obsono.as.obsonui. por mal sonar. n.v.
Obsonus.a.um. por cosa que mal suena
Obsonor.aris.por comprar de comer.d.v
Obsono.as.aui. por aquello mesmo.n.v.
Obsonito.as.aui.por aqllo mesmo a menudo
Obsonium.ij.por aquello que se compra
Obsonator.oris.por aquel comprador
Obstetrix.icis. por la partera
Obstetrico.as.aui. por bazer aquel oficio.n.v
Obstetricatus.us.por el mesmo oficio
Obstino.as.aui.por confirmar en mal.a.i.
Obstinatio.onis.por aquella confirmacion
Obstinatus.a.um.por cosa assi confirmada
Obstinate.aduerbium.por fiada mente assi
Obstippus.a.um.por cosa cabezcaida
Obstirpo.as.aui. por desarraigar.a.i.
Obstitus.a.um. por cosa corrompida. pr.
Obstrigillo.as.aui.por estorvar.a.i.
Obstrepo.is. por bazer estruendo có pies.n.ij
Obstrepisco.is.por aquello mesmo.n.ij.
Obstrepitus.us.por aquel estruendo
Obstringo.is.xi. por atar obligando. a.i.
Obstrictio.onis.por aquella atadura
Obstruo.is.obstruxi. por cerrar.a.i.

Ɔ bſtrudo.is.ſi. por empuxar.a.i.
Ɔ bſtupco uel obſtupeſco.por paſmarſe.n.v.
Ɔ bſtupefacio.is.por eſpantar a otro.a.i.
Ɔ bſtupidus.a.um. por coſa paſmada.
Ɔ bſum obes obfui.por empecer.n.ij.
Ɔ bſurdeo uel obſurdeſco. por enſordecer.n.v
Ɔ btego.is.obteri.por cubrir en cerco.a.i.
Ɔ btempero.as.aui.por obedecer.n.ij.
Ɔ btendo.is.di.por poner delante.a.i.
Ɔ btenebro.as.aui. por eſcurecer.a.i.
Ɔ btentus.us.por color o ſimulacion
Ɔ btentus.us.por alcançamiento roganuo
Ɔ btero.is.iui.por bollar z quebrar.a.i.
Ɔ btero.is.rui.por texer en cerco.a.i.
Ɔ btigi.preteritum ab eo quod obtingo
Ɔ btingo.is.obtigi. por acontecer.n.ij.
Ɔ bteſtor.aris. por rogar conjurando.d.iij
Ɔ bteſtatio.onis. por aquel ruego.
Ɔ btineo.es.obtinui. alcançar por ruego.a.i.
Ɔ btorpeo.r.obtorpeſco.por entorpecerſe.n.v
Ɔ btrecto.as.aui.repþeder lo ǫ otro baze.a.i.
Ɔ btrectator.oris.por aquel reprebenſor
Ɔ btrectatio.onis.por aquella reprebenſiõ
Ɔ btrectatus.us.por aquello meſmo
Ɔ btundo.is.por embotar biriendo.a.i.
Ɔ btuſus.a.um.por coſa bota aſſi
Ɔ btuſitas.atis. por aquella botedad
Ɔ btrunco.as.aui.por deſcabeçar.a.i.
Ɔ btruncatio.onis.por el deſcabeçar
Ɔ bturo uel obtþuro.as.por cerrar.a.i.
Ɔ bturatio.onis.por el encerramiento
Ɔ bturamentum.i.por aquello meſmo
Ɔ bturbo.as.aui.por enturviar.a.i.
Ɔ bturbatio.onis.por la enturviadura
Ɔ btutus.us. por acatamiento en bito
Ɔ buaro.as.aui. por entortar lo derecbo.a.i.
Ɔ buaricor. aris. por eſquerdear.d.v.
Ɔ buaricator.oris.por el que ezquerdea.
Ɔ buenio.is.obueni.por venir en ſuerte.n.ij.
Ɔ buentio.onis. por aquel venir
Ɔ buentus.us. por aquello meſmo
Ɔ buerſor.aris. por ir en contrario.d.v.
Ɔ buerto.is.obuerti. por bolver en contra.a.i
Ɔ buio.as.aui.por encontrar en camino.n.ij.
Ɔ buiatio.onis.por aquel encuentro
Ɔ buius.a.um. por coſa encontradiza
Ɔ buiam.aduerbium. por el encuentro
Ɔ bumbro.as.aui. por bazer ſombra.a.i.

Ɔ bumbratio.onis. por aquel cobrir con ſõbra
Ɔ buncus.a.um.por coſa encorvada
Ɔ buoluo.is.por bolver en derredor.a.i.
Ɔ buolutio.onis.por aquel rebolvimiento
Ɔ buro.is.ſi.por quemar en derredor.a.i.
  ccano.is.por cantar en contrario.a.i.
Ɔ ccalleo. es.lui. por bazer callo.n.v.
Ɔ ccaſio.onis. por la ocaſion z acbaque
Ɔ ccaſus.us. por la muerte o caida
Ɔ ccaſus.us. por el ocidente
Ɔ ccaſus ſol. por aquello meſmo.pr.
Ɔ ccatio.onis.por quebrãtamiéto de terrones
Ɔ ccator.oris.por quebrãtador de terrones
Ɔ ccatorius.a.um.por coſa para quebrãtar aſſi
Ɔ ccatio.onis.por el batir del trigo
Ɔ ccator.oris.por el batidor del trigo.
Ɔ ccatorius.a.um. por coſa para batir
Ɔ ccurri. preteritum ab eo quod occurro
Ɔ ccepſo.is.por començar.pr.
Ɔ ccbus.i. por un arbol peregrino
Ɔ ccidens.tis.por el ocidente.
Ɔ ccidentalis.e.por coſa ocidental
Ɔ ccido.is.occidi. por caer o morir.n.v.
Ɔ ccido.is.occidi.por berir o matar.a.i.
Ɔ ccidio.onis. por la matança
Ɔ cciſio.onis.por aquello meſmo.
Ɔ cciduus.a.um. por coſa ocidental
Ɔ ccino.is.occinui.por cantar en contrario
Ɔ ccines aues. de que ſe toma el aguero
Ɔ cciput.occipitis. por el colodrillo
Ɔ ccipitium.ij.por aquello meſmo
Ɔ cciſito.as. por matar a menudo.pr.
Ɔ ccludo.is.occluſi. por encerrar en cerco.a.i
Ɔ ccluſio.onis.por aquel encerramiento
Ɔ cculo.is. occului. por encubrir.a.i.
Ɔ cculto.as.aui. por encubrir a menudo.a.i
Ɔ ccultus.a.um. por coſa encubierta
Ɔ ccumbo.is. occubui. por morir z caer.n.v.
Ɔ ccupo. as.aui. por ocupar z tomar. a.i.
Ɔ ccupatio.onis.por la ocupacion
Ɔ ccupaticius.a.um.lo que ſe puede ocupar
Ɔ ccupatus.a.um.por coſa ocupada
Ɔ ccurro.is.occurri.por encontrar.n.ij.
Ɔ ccurſus.us. por el encuentro
Ɔ ccurſo.as.aui.por encontrar a menudo.n.v
Ɔ ccurſatio.onis.por aquel encuentro
Ɔ ceanus.i.dios dela mar marido de tetbis.
Ɔ ceanus.i.por el meſmo mar oceano

Oceanum mare. por aquel mefmo mar
Ocellus.i.por el ojo pequeño.
Ocellatus.a.um.lo que tiene ojos pequeños.
Ocha.ę. por el anfar o pato.gr.
Ochefius.ij.capitan fue delos etolos.
Ochozias.ę. rei fue de ifrael.bar
Ochros.interpretatur pallor
Ochra.ę. por el almagra quemada
Ocyalus.i.varon fue de feacia
Ocyor.comparatiuum.ab ocys.i.uelox.
Ocyus.aduerbium.por mas ligera mente
Ocyffimus.a.um.por cofa mui ligera
Ocyffime.aduerbium.por mui ligera mente
Ocymum.i.por el berren
Ocymum.i.por el albabaca
Ocyron.i.rio es de arcadia
Ocium.ij. por el ocio.
Ociofus.a.um.por cofa ociofa
Ociofitas.atis.por aquello mefmo
Ociofe.aduerbium.por ociofa mente.
Ocior.aris. por eftar en ocio.d.v.
Ocyroe.es.hija de oceano z tethis
Ocnus.i.interpretatur piger z ociofus
Ocnus.i.el varon que poblo a mantua
Ocquinifco. is. por inclinar la cabeça. pr.
Ocrea.ę.por el armadura de piernas.
Ocrea.ę.por calçado como botas.
Ocriculus.i. pueblo es de umbria
Octagonus.a.um.por cofa ochavada
Octauus.a.um.por cofa ochava
Octaphorum.i.por andas de ocho
Octauius.ij.emperador de roma.
Octauianus.i.por aquel mefmo
Octauia.ę. ermana fue de aquefte
Octiduum.ij.por efpacio de ocho dias
Octies.aduerbium.por ocho vezes
Octingenti.ę.a.por ochocientos
Octingeni.ę.a. por cada ochocientos
Octingenteni.ę.a.por aquello mefmo
Octingétefimus.a.ũ.por ochociétos en ordẽ.
Octingentefima pars.por uno de ochociétos.
Octingenties.aduerbium.ochocientas vezes
Octimeftris.e.por cofa de ocho mefes
Octipes.edis. por cofa de ocho pies
Octo in plurali. por ocho
October.bris. por el mes otubre
Octobris.e. por cofa defte mes
Octonus.ę.a.por cada ocho

Octoginta in plurali. por ochenta
Octogeni.ę.a. por cada ochenta
Octogefimus.a.um.por ochenta en orden
Octogefima pars.por uno de ochenta
Octogenarius.a.um. de ochenta años
Octogies.aduerbium. por ochenta vezes
Octuffis.is. por ocho affes o libras
Oculus oculi. por el ojo.
Oculatus.a.um.por cofa prefente.ra.
Oculeus.a.um.por cofa llena de ojos.ra.
Oculata.ę.por un cierto pefcado
Ocularis.e. por cofa de ojos
Ocularius.a.um.por cofa para ojos
Ocularius medicus.por medico de ojos
Oculiffimus.a.um. por cofa mui clara.pr.
Oculitus amare. amar como los ojos
        da.ę. interpretatur cantus
Ode.es. por aquello mefmo
Odefacio.is.por oler recibiendo olor.a.i.
Odi odifti.por aborrecer.a.i.
Odibilis.e.por cofa aborrecible
Odio.is.odiui. por aborrecer.pr.
Odium.ij. por ira envegecida
Odiofus.a.um.por cofa aborrecible
Odium.ij.por enojo z moleftia
Odiofus.a.um.por cofa enojofa
Odyffeus.i.interpretatur ulyffes.
Odius.ij.por un rei delos alizones
Odolam. lugar dela paleftina.bar.
Odolamita. por varon defte lugar
Odor.odoris.por el olor
Odos odoris. por aquello mefmo
Odores in plurali.por buenos olores.
Odorus.a.um.por cofa olorofa
Odoratus.a.um.por aquello mefmo.
Odoramentum.i.por el buen olor
Odoror.aris.facar el raftro por olor.d.iij.
Odoro.as.por aquello mefmo.a.i.
Odoro.as.aui.por bazer olor.n.v.
Odoratus.us. por el fentido del oler
Odoratio.onis.por la obra de oler
Odryfius.a.um.por cofa feptentrional
    Oeagrus.i.por un rio de thracia.
Oeagrius.a.um.por cofa defte rio
Oebalus.i. por rei de lacedemonio
Oebalia.ę. por laconia region
Oebalius.a.um.por cofa defta region
Oebalides.ę.por varon de lacedemonia

Oebalis.idis.por bembra de alli
Oebalia.ę.por tarcnto ciudad de italia
Oebalius.a.um.por cosa de tarento.
Oechalia.ę.por una ciudad de laconia
Oeconomus.i.interpretatur uillicus
Oeconomica.orum.por la economica
Oeconomicon.i.por un libro della
Oedipus.i.rei de tbebas bijo de laio
Oedipus.podis.por aquel mesmo
Oedipodes.ę.por aquel mesmo
Oedipodionius.a.um.por cosa deste.
Oenantbe.es.uva de vid no labrada
Oenantbinum uinum.por vino desta uva
Oenantbinum oleum.por azeite destas uvas
Oeneus.i.bijo de partbaon rei de calidon
Oenides.ę.por bijo de aqueste
Oeneius.a.um.por cosa de aqueste
Oenęus.a.um.por aquello mesmo
Oenomaus.i.rei de elis bijo de mars
Oenocbonus.i.por un rio de tbessalia
Oenos.interpretatur uinum
Oenopborum.i.por vasija para vino.
Oenotria.ę.por una region de italia
Oenotrius.a.um.por cosa desta region
Oenone.es.ninfa troiana bija de frites
Oenopia.ę.la isla que se llamo egma
Oesypum.i.por isopo umido
Oestrus.i.por la moscarda o tavano
Oeta.ę.por un monte de tbessalia
Oetes.ę.por aquel mesmo monte
Oetęus.a.um.por cosa deste monte
Oetus.i.por un gigante bijo de aloeo
    ffa.ę.por sopa o carne sin uesso
     Offella.ę.por aquella mesma pequeña
Offector.oris.por el tintor
Offendo.is.offendi.por ofender.a.i.
Offensio.onis.por la offension
Offensiuncula.ę.por ofensa pequeña
Offensus.us.por la mesma ofensa
Offendo.is.offendi.por encontrar.a.i.
Offendo.is.offendi.por trompeçar.a.i.
Offendiculum.i.por trompeçadero
Offendo.inis.por aquello mesmo
Offendix.icis.por lazada corrediza
Offensus.a.um.por cosa airada
Offero offers obtuli.por ofrecer.a.iij.
Offerumentum.i.por ofrenda.pr.
Officio.is.offeci.por empecer.n.ij.

Officium.ij.por el beneficio del amigo
Officiosus.a.um.por diligente en amistad
Officiose.aduerbium.por diligente mente assi
Officium.ij.por la obra dela virtud
Officium.ij.por el oficio cualquiera
Officialis.is.por el oficial.
Officialis.is.por el alguazil
Officina.ę.por la tienda do algo se baze
Offirmo.as.aui.por confirmar en mal.a.i.
Offringo.is.por arar al traves lo arado.a.i.
Offucię.arum.por los engaños
Offuco.as.aui.por engañar.pr.
Offundo.is.offudi.por derramar.a.i.
    gdoas.adis.por la ocbava
     Ogdous.i.por un rei de egipto
Oggamo.is.por gañir en cotrario.n.v.
Ogygius.ij.rei fue delos tbebanos
Ogygia.ę.por la region de tbebas
Ogygius.a.um.por cosa desta region
Ogygia.ę.por una isla enel mar fenicio
    icleus.i.padre de antiarao
     Oiclides.ę.por el bijo de aqueste.po.
Oileus.i.padre fue del un ajas
Oiliades.ę.por el bijo o nieto deste
Oileus.a.um.por cosa de aqueste.
    lea.ę.por la oliva o azeituno arbol
     Olea.ę.por la azeituna fruto del
Olea conditiua.por azeituna en cortido
Olea conditanea.por aquello mesmo
Olea strictiua.azeituna cogida a pulgar
Olea caduca.azeituna caediza
Olea drupa.por azeituna verde
Oleaginus.a.um.por cosa de oliva
Olearius.a.um.por cosa para azeite
Olearius.ij.por el azeitero
Oleaginus.a.um.por cosa de azeituno
Oleagina corona.por corona deste arbol
Oleaceus.a.um.por cosa de azeituno
Oleaster.tri.por el azebucbe
Oleastellum.i.por el azebucbe pequeño
Oleatus.a.um.por cosa con azeite
Olearos.i.por una isla del arçapielago
Olecbinus.i.pece que retiene las naves
Oleitas.atis.por la cosecba de olivas.
Oletum.i.por el olivar
Oleo.oles.olui.por oler ecbando olor.n.ij.
Oletum.i.por el estiercol de ombre
Oleum.i.por el azeite de olivas

Oleum facticium. por azeite contrahecho
Oleum acerbum. por azeite en agraz
Olenos.i.por una ciudad de etolia
Olenos.i.por otra ciudad de boecia.
Olenius.a.um.por cosa desta ciudad.
Olfacio.is.olfeci.por oler recibiendo olor.a.i
Olfacto.as.aui.por aquello mesmo.a.i.
Olfactus.us.por el sentido del olor
Olfactorium.ij. por poma o bufeta de olor
Olfactoriolum.i.por aquello mesmo
Olidus.a.um. por cosa hidionda.
Olim.aduerbium. por en tiempo passado
Olim.aduerbium.por en tiempo venidero
Olim.aduerbium.por en algun tiempo
Olympus.i.monte de macedonia
Olympus.i.por el cielo claro.
Olympia.ę.lugar de arcadia
Olympia.orum.los juegos que alli hazian
Olympicus.a.um.por cosa destos juegos
Olympiacus.a.um.por aquello mesmo
Olympius.a.um. por aquello mesmo
Olympionices.ę.vencedor enestos juegos.
Olympias.adis. espacio de cuatro años
Olympias.ę. por un cierto viento
Olympias.adis.la madre de alefandre
Olinthus.i.ciudad de thracia fue.
Olinthius.a.um.por cosa desta ciudad
Olyra.ę.idem est quod oryza.
Olyssipo.onis. por lisbona ciudad despaña.
Olyssiponensis.ę.por cosa desta ciudad
Olitor olitoris.p por el ortelano
Olitorius.a.um.por cosa para ortaliza
Olitorium forum.donde vendian ortaliza
Oliua.ę. por el azeituno arbol
Oliua.ę.por el azeituna fruto del
Oliua conditiua et cetera lege olea
Oliuarius.a.um.por cosa para azeite.
Oliuetum.i. por el olivar.
Oliuifer.a.um.cosa que tiene olivas
Oliuitas.atis.por la cosecha del azeite
Oliuum.i.por el azeite.
Oliuo.as.aui. por plantar olivas.
Olla.ę.por la olla de barro.
Ollula.ę.por pequeña olla
Ollarius.a.um.por cosa para ollas
Ollaris.e.por cosa de olla.
Olli in datiuo.pro eo quod illi.
Olo.is.olui.por oler echando olor

Ololygon.onis. por la rana macho.
Olor oloris.por el cisne ave
Olorinus.a.um.por cosa de cisne.
Olorius.a.um.por aquello mesmo
Olor oloris.por una constelacion.
Olothyrus.i.por cierto pescado
Olphicus.i. martialis finzit pro olfacies
Olta.ę.por una especie de vallena
Olus.oleris. por la ortaliza
Olus atrum.por una especie de apio
Olusculum.i. por ortaliza pequeña
    Omasum.i.la grossura dela barriga.
    Omentum.i. por el redaño delas tripas
Omen.inis.por el arsil toledano
Ominosus.a.um. por cosa de mal aguero
Ominor.aris. por agorar dela palabra. d.iij.
Omino.as. ominaui. por lo mesmo.pr.
Ominatio.onis. por aquel agorar
Omitto.is.omisi. por defar de bazer.a.i.
Omissio.onis.por la negligencia
Omissus.a.um. por cosa negligente
Omnis.e.por toda cosa en numero
Omnifariam.por en todas maneras
Omniferus.a.um.lo que trae todas cosas
Omnigena.ę.por cosa de todo genero
Omnimodus.a.um. por cosa universal
Omnino.aduerbium. por del todo punto
Omniparens.tis.por lo que todo pare
Omnipotens.tis. por cosa todo poderosa
Omnipotentia.ę.por la potencia de todo.
Omniuagus.a.um. por lo que auda por todo
Omniuolus.a.um. por lo que todo quiere
Omphax.acis.interpretatur uva acerba
Omphacus.a.um.por cosa no madura
Omphacium.ij.por el agraz.
Omphacium oleum.azeite de uvas verdes
Omphale.es.por una reina de lidia
    Onager.gri.por el asno siluestre
    Onero.as.oneraui.por cargar.a.i.
Onerarius.a.um.por cosa para cargos
Onerosus.a.um.por cosa cargada
Onyx.ychis.piedra de color de uña.
Onychinus.a.um. por cosa desta piedra
Onychma pruna.ciruelas de aquel color
Onigena.ę. por cierta especie de pulpo
Oniscus.i.por una especie de ciento pies.
Onocentaurus.i.por asno centauro
Onocrotalus.i.por el croto ave grande
                     E.i.

Ɔ noma.atis. interpretatur nomen
Ɔ nomatopoeia.ę.i. nominis fictio
Ɔ nopbrius.ij. nombre de un varon. S.
Ɔ nus.eris. por la carga o peso
Ɔ nustus.a.um. por cosa cargada.
   pacus.a.um. por cosa sombria.
   Ɔ pacitas.atis. por aquella sombra
Ɔ paco.as.aui. por bazer sombra.a.i.
Ɔ pera.ę. por la uebra de un dia
Ɔ pella.ę. por la uebra pequeña assi
Ɔ perula.ę. por aquello mesmo
Ɔ perarius.ij. por el obrero de un dia.
Ɔ perosus.a.um. por cosa de mucba obra.
Ɔ peror.aris.operatus. por obrar.d.iij.
Ɔ peratio.onis. por aquel obrar
Ɔ peror.aris. por sacrificar
Ɔ peratio.onis. por el sacrificar
Ɔ pereprecium.ij. por el provecbo
Ɔ pereprecium.ij. por el plazer
Ɔ perio.is.operui. por cubrir.
Ɔ perto.as.aui. por cubrir amenudo
Ɔ perculo.as.aui. por tapar.
Ɔ perculum.i. por tapadero
Ɔ perimentum.i. por cobertura
Ɔ pertorium.ij. por aquello mesmo
Ɔ pes.opum. por las riquezas
Ɔ pbelema.atis. interpretatur emolumentum
Ɔ pbelon. interpretatur utile
Ɔ pbeltes.ę. nombre proprio de varon
Ɔ pbis.is. interpretatur serpens.
Ɔ pbimacbus.i. animal que mata sierpes.
Ɔ pbiostapbyle.es. especie de alcaparra
Ɔ pbiucbus.i. interpretatur anguitenens
Ɔ pbiucbus.i. constelacion es del cielo
Ɔ pbiopbagi. pueblos que comen sierpes
Ɔ pbiopbagitę. por aquellos mesmos
Ɔ pbidion.onis. por cierto pece pequeño
Ɔ pbiogenę. pueblos engendrados de sierpes
Ɔ pbiosis.is. por la tiña del colodrillo.
Ɔ pbiusa.ę. por monculebret cerca de iviça
Ɔ pbiusius.a.um. por cosa desta isla
Ɔ pbtbalmos.i. interpretatur oculus
Ɔ pbtbalmia.ę. por dolencia de ojos.
Ɔ pbtbalmicus.a.um. por doliente dellos
Ɔ pici.orum. pueblos antiguos de italia
Ɔ picus.a.um. por cosa barbara.
Ɔ pifer.a.um. por lo que trae aiuda
Ɔ pifer.icis. por el oficial de arte alguna

Ɔ pificium.ij. por la obra del oficial
Ɔ pilio.onis. por el pastor ovejero
Ɔ pimus.a.um. por cosa fertile z gruessa
Ɔ pino.as.aui. por engordar.a.i.
Ɔ pinor.aris. por pensar con opinion.d.iij.
Ɔ pino.as.aui. por aquello mesmo
Ɔ pinatus.a.um. por cosa assi pensada
Ɔ pinabilis.e. por lo que se puede pensar
Ɔ pinabiliter.aduerbium. por con opinion
Ɔ pinio.onis. por la mesma opinion
Ɔ pinatio.onis. por aquello mesmo
Ɔ pinatus.us. por aquello mesmo
Ɔ piniosus.a.um. lo de mucbas opiniones
Ɔ piparus.a.um. por cosa costosa
Ɔ pipare.aduerbium. por costosa mente.
Ɔ pis.opis. por una ninfa.
Ɔ pis in genitiuo.opem.ope. por aiuda.
Ɔ pis. interpretatur retro.
Ɔ pistograpbus.a.ū. lo escripto enlas espaldas
Ɔ pistotonos.i. envaramiento dela cabeça
Ɔ pistotonicus.i. el doliente assi
Ɔ pitergini. pueblos son de lombardia
Ɔ piter.tris. el q̃ tiene abuelo muerto el padre
Ɔ pitecensis.e. por empadronado por bazieda
Ɔ pitulor.aris.opitulatus. por aiudar.d.ij
Ɔ pitulo.as.aui. por aquello mesmo.n.iij
Ɔ pitulatio.onis. por el aiuda.
Ɔ pitulus iuppiter. que llamado aiudava
Ɔ pium.ij. por pildoras de dormideras
Ɔ pobalsamium.i. por el sudor del balsamo
Ɔ pora.ę. interpretatur autumnus
Ɔ porinus.a.um. por cosa de otoño
Ɔ porotbeca.ę. por cillero de fruta
Ɔ pos. interpretatur succus.i.
Ɔ popanax.cis. interpretatur succus panacis.
Ɔ porice.es. por cierta confecion.
Ɔ pos cyrenaicus. por el silfio o assa
Ɔ portet impersonale. por convenir
Ɔ porco.es. por aquello mesmo.pr.
Ɔ ppando.is.di. por tender en cerco.a.i.
Ɔ ppedo.is.oppedi. por peer contra otro.n.ij
Ɔ ppeto.is. oppetiui. por morir.n.v.
Ɔ ppeto mortem. por aquello mesmo.a.i.
Ɔ pperior.iris. por esperar a otro.d.iij.
Ɔ ppidum.i. por la ciudad sacando roma
Ɔ ppidulum.i. por pequeña ciudad
Ɔ ppidanus.a.um. por ciudadano
Ɔ ppidatim.aduerbiū. por ŏ ciudad en ciudad

Oppido.aduerbium.por mui mucho.
Oppignero.as.aui.por empeñar.a.i.
Oppigneratio.onis.por el empeño
Oppilo.as.aui.por saltear con lanças.a.i
Oppilatio.onis.por aquel saltear.
Oppleo.es.oppleui.por binchir.a.ij.
Oppono.is.opposui.por contraponer.a.iij.
Oppositio.onis.por la contraposicion
Oppositus.us.por aquello mesmo
Opportunus.a.um.con sazon z tiempo
Opportunitas.atis.por aquella sazon
Opportune.aduerbium.por a buen tiempo
Opprimo.is.oppressi.por oprimir.a.i.
Oppressio.onis.por la opression
Opprobrium.ij.por el denuesto.
Opprobro.as.aui.por denostar
Oppugno.as.aui.por combatir.a.i.
Oppugnatio.onis.por aquel combate
Oppugnator.oris.por el combatidor.
Ops.opis.muger de saturno hija de celo.
Opsimathia.interpretatur tardidiscentia
Opson.interpretatur obsonium
Optatiuus modus.para dessear
Optimitas.atis.por grande bondad.pr
Optabilis.e.por cosa desseable
Optabiliter.aduerbium.por con desseo
Optio.onis.por la elecion o escoger
Optimates.ombres ciudadanos buenos.
Optimus.a.um.por cosa mui buena
Optimitus.a.um.por aquello mesmo
Optica.e.interpretatur perspectiua
Opto.as.aui.por dessear o escoger.a.i.
Opulens.tis.por cosa rica z poderosa
Opulentus.a.um.por aquello mesmo
Opulentia.e.por la riqueza z abundancia
Opolentitas.atis.por aquello mesmo
Opulenter.aduerbium.copiosa mente
Opulento.as.aui.por enriquecer.a.i.
Opulesco.is.por ser enriquecido.n.v.
Opus.operis.por la obra.
Opus est.por menester es.
Opus.untis.ciudad es de grecia.
Opuntius.a.um.por cosa desta ciudad
r. monte es dela palestina.
Ora.ore.por la orilla dela mar
Ora.ore.por la orilla dela vestidura
Oraculum.i.por la repuesta de dios

Oraclum.i.por aquello mesmo
Orator.oratoris.por el orador
Oratorius.a.um.por cosa de orador
Oratoria.e.por la oratoria arte
Oratio.onis.por la oracion gramatical
Oratio.onis.por la oracion retorica.
Oratorium.ij.por el oratorio.
Ratiuncula.e.por oracion pequeña
Orata.e.piscis idem qui aurata
Orbis.orbis.por la redondez
Orbiculus.i.por pequeña redondez
Orbiculatus.a.um.por cosa redonda
Orbita.e.por el carril dela carreta
Orbitosus.a.um.por cosa llena de carriles
Orbitus.a.um.por cosa redonda
Orbitas.atis.por perdida de cosa amada.
Orbitudo.inis.por aquello mesmo
Orbo.as.aui.por privar de cosa amada.a.i.
Orbator.oris.por aquel matador.
Orbus.a.um.el que perdio cosa amada
Orca.e.por una especie de vallena
Orca.e.por cierto vaso de boca estrecha
Orchilus.i.por un cierto pescado.
Orchas orchadis.el azeituna orcal
Orchades.islas son cerca de irlanda.
Orchestra.e.lugar donde dançavan
Orchites.is.por azeituna judiega
Orcinianus.a.um.por cosa del uerco
Orcomenos.i.ciudad de boccia region
Orcina.e.por un cierto pescado
Orcos.interpretatur iuramentum
Orcus.i.por el uerco del infierno.
Orcius.a.um.por cosa del infierno
Orco.as.aui.por rebuznar el asno.n.v.
Orcula.e.por pequeña orça vaso
Ordeum.i.por la cevada
Ordeaceus.a.um.por cosa de cevada
Ordeolum.i.por el orçuelo del ojo
Ordessus.i.por un rio de tartaria.
Ordo.ordinis.por la orden.
Ordinarius.a.um.por cosa de orden.
Ordinatim.aduerbium.ordenada mente.
Ordino.as.aui.por ordenar.a.i.
Ordior.ordiris.orsus.por ordir tela.d.iij.
Ordior.ordiris.orsus.por començar.d.iij.
Ordiendus.a.um.participium ab ordior.
Orea.ore.por el freno.pr.

Oreades. por las ninfas delos montes
Oreb. monte es de tierra de madian. bar.
Oreoselmum. i. por la bisnaga ierva
Oretani. orum. pueblos son de españa
Oreum. i. por una ciudad de negroponte.
Orexis. interpretatur appetitus
Orexis. orexis. por el gomito
Organum. i. por cualquier instrumento.
Organum. i. por el salterio musico
Organicus. a. um. por cosa instrumental
Orge. es. interpretatur ira.
Orgia. orum. por las fiestas de bacco
Oria. ę. por barco de pescadores
Orichalcum. ci. por laton morisco
Oricularius clyster. por el aguatocho
Oricum. i. por una ciudad de epiro
Oriens sol. por el oriente.
Oriens. tis. por aquello mesmo
Orientalis. e. por cosa del oriente
Origo. originis. por la origen
Originalis. e. por cosa original
Originatio. onis. por la derivacion
Origanum. i. por el oregano
Orion. onis. hijo de neptuno & euriala
Orion. onis. constelaciou del cielo
Orior oriris. ortus. por nacer
Oriundus. a. um. lo que trae origen de lexos.
Orithyia. ę. hija de erichtheo rei de athenas
Orithos. i. ciudad es de macedonia
Orithius. a. um. por cosa desta ciudad
Oryx. orygis. por el rebeço o gazela animal
Oryza. ę. por el arroz simiente
Ornamentum. i. por hermosura & atavio
Ornatus. us. por aquello mesmo
Ornatus. i. por aquello mesmo
Orno. as. ornaui. por afeitar & ataviar. a. i.
Ornis. interpretatur auis uel gallina
Ornithon. onis. por corral de aves
Ornithoboscion. por aquello mesmo
Ornithotrophium. por aquello mesmo
Ornithias. ę. viento del mes hebrero.
Orno. aduerbium. por ogaño
Ornotinus. a. um. por cosa de ogaño
Ornus. a. um. por aquello mesmo
Ornus. i. por cierto arbol esterile
Oro. as. oraui. por rogar el maior.
Oro. as. oraui. por hazer razonamiento

Orobus. i. interpretatur eruum
Orobanche. es. ierva que nace entre iervos
Orobitis. orobitidis. medicina de iervos
Orontes. ę. por un rio de siria.
Oronteus. a. um. por cosa deste rio
Oros. interpretatur mons
Orospeda. ę. monte es de españa
Oromedon. ontis. por un gigante.
Orphanus. i. por uerfano miserable
Orphanotrophium. do se crian los enechados
Orphne. es. ninfa es del infierno
Orpheus. i. poeta & musico antiguo
Orpheus. a. um. por cosa de aqueste.
Orphus. i. por un pece no conocido
Orsilochus. i. hijo fue de alfeo rio.
Orsodagne. es. interpretatur modela
Orsus. a. um. participium ab ordior passiuum
Orsus orsus. por el comienço
Orthos. interpretatur rectus. a. um.
Orthampelos. i. vid derecha sin rodrigon
Orthocissus. i. iedra derecha por si
Orthodoxus. i. de buena opinion o fe.
Orthogonium. ij. por renclon derecho
Orthometra. ę. por medidor derecho.
Orthometros. a. um. medido derecha mente
Orthoepia. ę. emendata explicatio
Orthographia. ę. por derecha escriptura
Orthographus. i. escrivano verdadero
Orthocorybantij. pueblos son de tartaria.
Orthominium. ij. por una especie de lino.
Orthopnea. ę. i. difficile respiracion
Orthopnoicus. a. um. por el que aceza
Ortygia. ę. por la isla delos.
Ortygia. ę. otra isla cerca de sicilia
Ortygius. a. um. por cosa desta isla
Ortyx. interpretatur coturnix.
Ortygometra. ę. por codorniz madriz
Ortus. a. um. participium ab orior
Ortus. us. por el nacimiento o oriente
Ortiuus. a. um. por cosa oriental
s oris. por la boca o cara
Os durum. por cara sin verguença
Os ossis. por el uesso o cuexco
Osanna. interpretatur saluifica. bar.
Oscen. oscinis. por el ave que canta
Oscedo. oscedinis. por el bocezo dolencia
Oscito. as. oscitaui. por bocezar. n. v.

Ɔ ſcitatio.onis.por aquel bocezo
Ɔ ſcyllum.i. por el columpio.
Ɔ ſci.orum.pueblos antiguos de italia
Ɔ ſcus.a.um. por coſa deſtos pueblos
Ɔ ſculor.aris.oſculatus.por beſar.d.iij.
Ɔ ſculo.as.aui.por aquello meſmo.pr.
Ɔ ſculabundus.a.um.el que mucho beſa
Ɔ ſculum.i. por el beſo limpio z caſto
Ɔ ſculum.i.por la boca pequeña.
Ɔ ſee. uno delos profetas menores.bar.
Ɔ ſyris.is. por el dios proprio de egipto
Ɔ ſyritis.idis.por una cierta ierva
Ɔ ſi.aduerbium optandi.pro utinam
Ɔ ſor.oris. por aborrecedor
Ɔ ſſa.ę.por un monte de theſſalia.
Ɔ ſſęus.a.um.por coſa deſte monte
Ɔ ſſęus.a.um.por coſa de ueſſo
Ɔ ſſiculum.i.por pequeño ueſſo
Ɔ ſſiculatim.aduerbium. por ueſſo a ueſſo
Ɔ ſſilum.i.por ueſſo pequeño
Ɔ ſſifraga.ę. por quebranta ueſſos ave
Ɔ ſſum.i.por el ueſſo.priſcum.
Ɔ ſtendo.is.oſtendi. por demoſtrar.a.iij.
Ɔ ſtenſus uel oſtentus.participium ab eo
Ɔ ſtentus.us. por aquel moſtrar
Ɔ ſtenſio.onis.por aquella mueſtra
Ɔ ſtentum.i. milagro que ſignifica mal
Ɔ ſteto.as.aui.por moſtrar a vana gloria.a.iij
Ɔ ſtentatio.onis.por aquella mueſtra.
Ɔ ſtentatus.us. por aquello meſmo
Ɔ ſtia.ę.ciudad es ala boca del tibre
Ɔ ſtienſis.e.por coſa deſta ciudad.
Ɔ ſtium.ij.por la puerta
Ɔ ſtiolum.i.por puerta pequeña
Ɔ ſtiarius.ij.por el portero
Ɔ ſtiaria.ę.por la portera
Ɔ ſtium.ij.por puerto de río
Ɔ ſtum.i.por tarea de azeituna
Ɔ ſtracon. interpretatur teſta
Ɔ ſtracopon.interpretatur fictiarius.
Ɔ ſtrea.ę.por la oſtia dela mar.
Ɔ ſtreum.i.por aquello meſmo
Ɔ ſtrearium.ij. lugar do ſe crian oſtias
Ɔ ſtriſer.a.um.por lo que trae oſtias.
Ɔ ſtreoſus.a.um. coſa llena de oſtia
Ɔ ſtraciſmus.i. por cierto deſtierro
Ɔ ſtracites. e. por cierta piedra
Ɔ ſtracitis cadmia.por cierto bollin

Ɔ ſtrum.i. por la purpura.
Ɔ ſtratus.a.um.por coſa de purpura
Ɔ ſtrinus.a.um. por aquello meſmo
Ɔ ſus. a.um. actiuum eſt ab odi
Ɔ ſurus.a.um.participium ab odi
   thimis. is. por una eſpecie de oregano
   Ɔ thoniel.por un juez delos judios
Ɔ thris.is.por un monte de theſſalia
Ɔ tricus.ei. por un ermano de ecuba
Ɔ triades. ę. por el hijo de aqueſte
Ɔ triculum.i.por un lugar de italia
Ɔ triculanus.a.um.por coſa de alli
Ɔ triculanum.i. por la eredad de alli
Ɔ tus.i.por el abutarda ave
Ɔ tis.idis. por aquella meſma
   uatus.a.um.participium ab ouo.as.
   Ɔ uantes. participium ab ouo.as.
Ɔ ualis corona. la que dan al ovante
Ɔ uatio.onis. por el triunfo a pie
Ɔ uis ouis. por el oveja.
Ɔ uicula.ę. por la oveja pequeña
Ɔ uinus.a.um.por coſa de oveja.
Ɔ uillus.a.um. por aquello meſmo
Ɔuile ouilis.por el apriſco de ovejas
Ɔ uiaria.ę. por el hato de ovejas
Ɔ uo.as.ouaui.por triunfar a pie.n.v.
Ɔ uum.i. por el uevo del ave.
   xalis.is.interpretatur rumex herba
   Ɔ xya.ę. interpretatur acer arbor
Ɔ xy. interpretatur acutum
Ɔ xya.ę. interpretatur accentus acutus
Ɔ xygarum.i. por el garo con agro
Ɔ xycedrus.i.arbol es peregrino
Ɔ xylapathus.i. por el azedera ierva
Ɔ xyrenna.ę.por el azedia de eſtomago
Ɔ xyporus. i. ſalſa de iervas con vinagre.
Ɔ xyporopolus.i.el que vende eſta ſalſa
Ɔ xymeli.por orizacre de miel.
Ɔ xymyrſine.es.por arraihan ſilveſtre
Ɔ xyſaccarum.i.por el orizacre de açucar
Ɔ xygonium.i.por el rincon agudo
Ɔ xygala.ę.confecion de vinagre z leche
Ɔ xyſchoenus.i.por junco marino
Ɔ xos.i.interpretatur acetum.
   ze.es.interpretatur fetor
   Ɔ zena.ę.eſpecie de pulpo hediendo
Ɔ zena.ę. por el hedor dela boca
Ɔ zenitis.idis. por el nardo hediondo

Ozias.ę.por un rei delos judios.bar.
De incipientibus a.p.
inter puncta signat publius
¶Pabulum.i. por el pasto sin grano
¶Pabularis.e.por cosa de tal pasto
¶Pabulor.aris.por ir por ierva o paja.d.v
¶Pabulator.oris.por el que va por ello
¶Pabulatio.onis. por aquella ida
¶Pacalis.e.por cosa de paz
¶Pacatus.a.um.lo apaziguado por fuerça
¶Pacatio.onis.por aquella pacificacion
¶Pachinus.i. cabo de sicilia contra
¶Pacensis.e.por cosa de badajoz ciudad
¶Pacifico.as.aui. por bazer pacifico.a.i.
¶Pacificatio.onis. por la pacificacion
¶Pacificator.oris.por el pacificador
¶Pacifico.as.aui. por pacificar.a.i.
¶Pacificus.a.um.por cosa que pacifica
¶Pacifer.a.um.por aquello mesmo
¶Paciscor.eris.pactus. por pactear.d.v
¶Pacisco.is.por aquello mesmo.pr.
¶Pacio.is. por aquello mesmo. pr.
¶Pácorus.i. rei fue de parthia
¶Pactolus.i.por un rio de lidia
¶Pactólis. idis. por cosa hembra deste rio
¶Pactum.i.por el pacto z convencion
¶Pactio.onis. por aquello mesmo
¶Pacticius.a.um.por cosa pacteada
¶Pactius.ij.nombre proprio de romano.
¶Padus.i.por el po rio de lombardia.
¶Pedagógus.i.por el aio del niño
¶Pedagogium.i.por aquella criança.
¶Pedia.ę.interpretatur pueri eruditio
¶Pedico.as.aui.por bazerlo a moço
¶Pedicator.oris.por el que lo baze
¶Pedico.onis.por aquel mesmo
¶Pedicatio.onis. por aquel crimen
¶Pedor.oris.por las bavas z suzidad de niño
¶Pedotribes.ę.por el exercitador de niños
¶Pedotribia.ę.por el lugar deste exercicio
¶Pean peanis.por el dios apolo
¶Pean.anis.por el alabança deste dios
¶Pegma.atis.interpretatur lusus
¶Pegma.atis.por cierto engeño enlos juegos
¶Peoma.ę.por una region de macedonia
¶Peonius.a.um.por cosa desta region
¶Peones.pueblos son desta region

¶Peon.is.por un notable medico
¶Peonia.ę.por una ierva que ballo este
¶Peon.onis.pie de tres luengas z una breve.
¶Peonicus.a.um. por cosa deste pie
¶Pestum.i.por una ciudad de
¶Pestanus. a.um. por cosa desta ciudad
¶Pagasa.ę.por una ciudad de thessalia
¶Pagaseus.a.um.por cosa desta ciudad
¶Pagina.ę.por la boja del libro.
¶Pagella.ę.por tal boja pequeña.
¶Pagurus.i.por cierta especie de cangrejo
¶Pagus.i.interpretatur uicus.aldea
¶Paganus.a.um. por cosa de aldea
¶Pagnus.i.el no sagramentado ala guerra.
¶Pagatim.aduerbium. de aldea en aldea
¶Paganica pila.por pelota de labradores
¶Paganalia.orum.fiestas proprias de aldea
¶Pago.is.pepigi.por bazer pacion
¶Pagurus.i.pescado especie de cangrejo.
¶Pala.ę.por la pala para traspalar
¶Pala.ę. por cierto arbol no conocido
¶Palemon.onis.bijo de athamas z ino.gr.
¶Palemon.onis.nombre de un pastor
¶Palemon.onis. gramatico fue notable
¶Palestina.ę.por una region de syria.
¶Palestinus.a.um.por cosa desta region.
¶Palestini. los filisteos moradores della
¶Palam prepositio. por en presencia
¶Palam.aduerbium.por publica mente
¶Palamedes.bijo de nauplio rei de euboea
¶Palamedeus.a.um.por cosa de aqueste.
¶Palans.antis.por el desbaratado que buie
¶Palatus.a.um.por aquello mesmo
¶Palanga.ę.por la palanca
¶Palangarius.ij.vellaco dela palanca
¶Palantes.ę. por uno delos gigantes
¶Palantias.adis.por el alua bija deste
¶Palantis.idis.por aquesta mesma
¶Palephatus.i.auctor bijo de urania.
¶Palara.ę. por cierta ave no conocida
¶Palaria.orum. por los juegos al palo
¶Palata.ę.por pasta de bigos passos
¶Palatinus mons.uno delos siete de roma
¶Palatium.ij.por el palacio deste monte
¶Palatinus.a.um.por cosa deste palacio.
¶Palatium.ij. por el palacio real
¶Palatinus.a.um.por cosa palanciana

¶Palatum.i. por el paladar
¶Palatus.i.por aquello mesmo
¶Palea palee.por la paja para bestias.
¶Palearium.ij.por el pajar
¶Paleare.is.por el papo del buei
¶Pales palis.por la diosa delos pastores
¶Paleste.es.por un lugar de epiro
¶Palestinus.a.um.por cosa deste lugar.
¶Palestina.e. por la region delos filisteos
¶Palestinus.a.um.por cosa desta region
¶Palestra.e.por el lugar donde lucban
¶Palestra.e.por la mesma lucba
¶Palestrita.e.por el lucbador.
¶Palestricus.a.um.por cosa de lucba
¶Palin.aduerbium.interpretatur iterum.
¶Palilia. ium. por las fiestas de pales
¶Palilogia.e. interpretatur reduplicatio
¶Palimpissa.e.por la pez segunda
¶Palingenesia. i. iterata generatio
¶Palinodia.e. interpretatur recantatio
¶Palinurus.i.compañero fue de eneas.
¶Palinurus.i.por un monte de calabria
¶Palinurus.i.por otro monte de africa
¶Palisci.orum.bijo de jupiter z etna
¶Palturus.i.ierva z arbol es espinoso.
¶Palla.e.por cierta vestidura de muger
¶Pallaca.e.por la manceba de alguno
¶Pallax.acis.por aquella mesma
¶Pallas.palladis.por la diosa palas
¶Palladius.a.um.por cosa desta diosa
¶Palladium.ij.por la estatua della
¶Pallas pallantis.padre fue de evandro
¶Pallas.antis.por otro bijo de evandro
¶Pallanteum.i.ciudad fue donde roma
¶Pallene.es.regió es de macedonia o tbracia
¶Palleneus.a.um.por cosa desta region
¶Pallesco uel palleo.por amarillecerse.n.v
¶Pallidus.a.um.por cosa amarilla
¶Pallidulus.a.um.por cosa amarilla un poco
¶Palliditas.atis. por la amarillez
¶Pallor.oris. por aquello mesmo.
¶Pallium.ij. vestidura era griega
¶Palliastrum.i.vestidura casi tal
¶Palliolum.i. por aquella mesma pequeña
¶Palliolatus.a.um.por el vestido della
¶Palliotus.a.um.por aquello mesmo
¶Palma.e.por la palma de mano tendida
¶Palma.e.por la palmada berida della

¶Palma remi. por la pala del remo
¶Palma.e.por la palma arbol alto
¶Palma.agrestis.por la palma basa
¶Palma.e.por el datil fruto dela palma
¶Palma.e. por el vencimiento.figurate
¶Palmarius.a.um.por cosa de victoria.
¶Palmaris. e. por aquello mesmo
¶Palmata toga. vestidura del vencedor
¶Palma. e. por la ciudad de mallorca
¶Palme radix.por el palmito.
¶Palme cerebrum.por aquello mesmo
¶Palma.e.por la parra casi parilema
¶Palmes. itis. por el sarmiento enla vid
¶Palmes resex.el que queda para pulgar
¶Palmes custos.por aquel mesmo
¶Palmes focaneus.por el sarmiento sopeton.
¶Palmes pampinarius.el que es esterile
¶Palmes spado. por aquel mesmo
¶Palmes subsidiarius.idem qui resex.
¶Palmetum.i.por el palmar lugar de palmas
¶Palmifer.a.um. por cosa que las trae
¶Palmosus.a.um.por cosa llena de palmas
¶Palmipes auis.por ave de patas
¶Palmiprunum.i.por vino de bigos.
¶Palmyra.e.por una ciudad de siria
¶Palmyrenus.a.um.por cosa desta ciudad
¶Palmula.e.diminutiuum a palma
¶Palmula.e.por el datil de palma
¶Palmula remi.por la pala del remo
¶Palmus.i. por el palmo tendido
¶Palmo.as.aui. por señalar con la palma.a.i
¶Palo.as.aui.por traspalar con pala.a.i.
¶Palor.aris.por buir el desbaratado.d.v
¶Palpebra.e.por la pestaña del ojo
¶Palpito.as.aui.por tëblar la carne biva.n.v
¶Palpitatio.onis.por aquel temblor
¶Palpitatus.us.por aquello mesmo
¶Palpo.as.palpaui.por lisonjear.a.i.
¶Palpor.aris. palpatus.por lo mesmo. d.iij.
¶Palpo.onis.por el lisonjero.
¶Palpo.as.aui. por palpar con manos.a.i
¶Palpo.as.aui. por tentar a escuras. a.i.
¶Palpatio.onis.por aquel tentar
¶Paludamentum.i. vestidura del capitan
¶Paludatus.a.um.vestido de tal veste
¶Palumbes.is.por la paloma torcaza
¶Palumbus.i. por aquella mesma
¶Palumbinus.a.um. por cosa desta paloma

¶Palus.paludis. por la laguna
¶Paludosus.a.um.por cosa lagunosa
¶Paluster.is.e.por cosa de laguna
¶Palustris.e.por aquello mesmo
¶Palus.i. por el palo como pertiga
¶Palus.i.por la picota
¶Palus.i.por el palo donde se exercitavan
¶Pamphagus.i. omnia uorans
¶Pamphilus.i.interpretatur totus amor
¶Pamphila.e.n.p.interpretatur tota amor
¶Pamphylia.e. region de asia la menor
¶Pamphylicus.a.um. por cosa de alli
¶Pampinus.i. por la pampana dela vid
¶Pampineus.a.um. por cosa de pampanas
¶Pampinosus.a.um.por llena de pampanas
¶Pampinariu.ij.sarmiēto del cuerpo dela vid
¶Pampino.as.aui.por despampanar.a.i.
¶Pampinator.oris.por el despampanador
¶Pampinatio.onis.por aquel despampanar
¶Pan.interpretatur omne.
¶Pan panis.por el dios.delos pastores.
¶Panaca.e.por cierto vaso para bever
¶Panace.es.por la centaurea ierva
¶Panacea.e.por aquella mesma ierva
¶Panax.acis. por aquella mesma ierva
¶Panecius.ij.filosofo fue estoico
¶Panegyris interpretatur nundinę
¶Panegyris.is. alabāças de dioses o ombres
¶Panaretos.i. omnes uirtutes continens
¶Panarius.a.um. por cosa para pan
¶Panarium.ij.panera de pan cozido.
¶Panariolum.i. por aquello mesmo
¶Panathenea.orum.juegos eran de minerva
¶Panathenaicus.a.ū. por cosa destos juegos
¶Panathenaicus.i. por un libro de isocrates
¶Panathenaicum.i. por cierto unguente.
¶Panchaia.e.por una region de arabia.
¶Panchaeus.a.um. por cosa desta region
¶Panchaicus.a.um.por aquello mesmo
¶Pancracion.ij.por cierta especie de cicorea
¶Pancracium.ij. lugar de todos los juegos
¶Pancracia.e.por todos los juegos
¶Pancraciastes.e.el que en todos se exercita
¶Pancracior.aris.por exercitarse enellos.d.v
¶Pancrestos.i. por cierta medicina de cicorea
¶Pandana.e.por una puerta de roma
¶Pandataria.e.por una isla de napoles
¶Pandecta.e.interpretatur omnia contines

¶Pandiō.onis.rei de athenas bijo de ericteo.
¶Pandionius.a.um.por cosa de aqueste
¶Pandionęus. a.um. por esto mesmo
¶Pandiculo. as.aui. por enaspar.a.i.
¶Pandora.ę.diosa a quien todos sacrifican
¶Pandosia.ę.por una ciudad de epiro
¶Pandosia.ę.por otro lugar de italia
¶Pando.is.pandi.por abrir o descubrir.a.i.
¶Pandus.a.um.por cosa panda o corva
¶Pandrasos. por una bija de cecrope rei
¶Pane.panis. por el pan.priscum
¶Pangeus.i. por un monte de thracia
¶Pangea.orum.por aquel mesmo monte
¶Pangeus.a.um.por aquello mesmo
¶Pango.is.panxi.por plantar.a.i.
¶Pango.is.panxi.por componer.a.i.
¶Panicum.i.por el panizo simiente
¶Panis.panis. por el pan.
¶Panis secundarius.por pan de somas
¶Panificus.i.por el panadero
¶Panifica.ę.por la panadera.
¶Panificium.ij.por la panaderia
¶Paniscus.i.por el dios pan pequeño
¶Pannonia.ę.por ungria region de europa.
¶Pannonij. por los pueblos desta region
¶Pannonicus.a.um.por cosa de ungria
¶Pannonis.idis.por cosa bembra de alli.
¶Pannus.i. por el paño.
¶Pannosus.a.um.por cosa pañosa
¶Panniculus.i.por elpaño pequeño
¶Pannicula.ę.por la panoja de mijo
¶Pannus.i.por el pañal de niños.
¶Pannuceus.a.um. por cosa de paños
¶Pannicularia res. el despojo del verdugo
¶Panorinus.i.por una ciudad de sicilia
¶Panormites.ę. por varon desta ciudad
¶Panormitanus.a.um.por cosa de alli
¶Panope.es.por una ninfa marina
¶Panopea.ę.por aquella mesma.
¶Panopęus.a.um. por cosa de aquesta
¶Pansa.ę.por ombre patudo
¶Panselinos.interpretatur plenilunium
¶Pantagia.ę.por un rio de sicilia
¶Pantheon. templo de todos los dioses
¶Panther.theris.por la onça animal
¶Panthera.ę.por aquello mesmo.
¶Pantherinus.a.um.por cosa deste animal.
¶Panthoides.ę.por el bijo o nieto de pantho.

¶Panthus.i. bijo de otreo ermano de ecuba
¶Pantesilea.ę. reina delas amazonas
¶Pantices.por el flufo del vientre
¶Pantices.por las camaras o flufo
¶Pantomimus.i.principe de momos
¶Panri.pręteritum a pango.is.
¶Papas.ę. interpretatur auus
¶Papauer.eris.por la dormidera.
¶Papauer erraticum. por bamapola
¶Papaueratus.a.um.de color bamapolado
¶Papę interiectio eft admirantis
¶Papęus. lingua fcytbica eft iupiter
¶Papblagonia.ę.region de afia menor
¶Papblagones.pueblos de aquefta region
¶Papbus.i.bijo de pigmalion
¶Papbus.i.por una ciudad de cipro
¶Papbius.a.um.por cofa defta ciudad
¶Papbie.es.por la diofa venus
¶Papilio.onis.por la maripofa
¶Papilio.onis. por el pavellon
¶Papilla.ę.por el peçon dela teta.
¶Papillula.ę.por el peçon pequeño
¶Papyrus.i. interpretatur iuncus
¶Papyrus.i. por el papel.
¶Papyrifer.a.um.por cofa que trae juncos
¶Papyraceus.a.um.por cofa de juncos
¶Papo.as.aui. por comer papas.a.i.
¶Papula. ę. por el carbuncol dolencia
¶Par.paris. por cofa igual.
¶Par paris.por el par o pares.
¶Para prepofitio gręca interpretatur ad
¶Para iuxta.para dis.para pręter
¶Para abfq̃. para re. para pre
¶Parabola.ę.interpretatur iuxta fententiā
¶Parabola.ę.interpreratur fimilitudo
¶Parabolice.ideft per fimilitudinem
¶Parabolanus.i. por medico de aldea
¶Paracon.i.armadura es como puñal
¶Paracolleticon.i.emplaftro para cerrar
¶Paraclétus.i. interpretatur aduocatus
¶Paraclétus.i.interpretatur confolator
¶Paraclefis.is. interpretatur aduocatio
¶Paraclefis. is. interpretatur confolatio
¶Paradigma.atis.interpretatur exemplũ.
¶Paradifus.i.interpretatur pomarium
¶Paradoxa.ę.i. fentencia pręter opinionē
¶Paragóge.es. interpretatur deductio
¶Paragrapbe.es. interpretatur pręfcriptio

¶Paragrapbum.i.por el parrafo
¶Paralypomenon.i.de reliquis
¶Paralipfis. interpretatur omiffio
¶Paralyticus.i. interpretatur diffolutus
¶Paralyfis.por la parlafia dolencia
¶Parallelus.a.um.interpretatur alternus
¶Paralogifmus.i.por argumento aparente.
¶Paralogizo.as. por bazer tal argumēto.n.v
¶Paranatellon.i.fimul oriens
¶Paranete.cuerda es cerca de nete en mufica.
¶Paranympbus.i.por el padrino dela boda
¶Paranomafia.ę. interpretatur agnominatio
¶Parafceue.es.interpretatur pręparatio
¶Parafitus.i.por el truban por comer
¶Parafitafter.tri. por el atrubanado
¶Parafiticus.a.um.por cofa de truban
¶Parafitica.ę.por arte de trubaneria
¶Parafynancbe.es.por la efquinancia
¶Parapbrena.ideft peculium.
¶Parapbrenalis.e. ideft peculiaris
¶Paratus.us. por el aparato
¶Paratura.ę.por aquello mefmo.
¶Parca.ę. por bada que da el bado
¶Parco.is.peperci.por perdonar.n.ij.
¶Parco.is.peperci. por guardar.a.iij.
¶Parcus.a.um.por cofa efcaffa
¶Pardus.i. por el pardo leon.
¶Pardaliancbes. por el rejalgar
¶Pardalium.ij. por un cierto unguento
¶Parelcon.por cierta figura de gramatica
¶Parens.tis.por padre z madre
¶Parento.as.por facrificar al muerto.n.v
¶Parentor.aris. por aquello mefmo.d.v.
¶Parentalis.e.por cofa defte facrificio
¶Parentalia.ium. por aquel facrificio
¶Parentbefis. interpretatur interpofitio
¶Parco.es.parui. por obedecer.n.ij.
¶Paritum. fupinum ab eo quod pareo
¶Parergon.por la orla dela pintura
¶Parias.ę.por cierta ferpiente en africa
¶Paries.parietis.por la pared
¶Parietina.ę. por la mefma pared caida
¶Parietinus.a.um.por cofa de pared.
¶Parietaria berba.i.perdicium.ij.
¶Parilis.e.por cofa igual.
¶Parilitas. atis.por la igualdad
¶Parilema.ę. por la parra.pr.
¶Pario.is.peperi.paritum.por parir.a.i.

¶Parisij.orum.por paris ciudad de francia
¶Parisiensis.e.por cosa de paris
¶Pariter.aduerbium.por semejante mente
¶Paritura.ę.por la parizion.
¶Parhypate.es.por una cuerda en musica
¶Parma.ę.por la tarja o broquel
¶Parmatus.a.um.por abroquelado
¶Parma.ę.por parma ciudad de lombardia
¶Parmensis.e.por cosa desta ciudad
¶Parmenides.is.por un notable filosofo
¶Parmenio.onis.familiar fue de alexandre
¶Parmeno.onis.nombre de un siervo
¶Parmissus.i.por un rio de boecia
¶Parmissis.idis.por cosa deste rio
¶Parnasus.i.monte de boecia
¶Parnasius.a.um.por cosa deste monte
¶Parnasis.idis.cosa hembra de alli
¶Paro.as.paraui.por aparejar.a.iij.
¶Paroeccos.interpretatur incola
¶Paroecia.ę.interpretatur incolatus.
¶Paroccus.i.por el parrochiano
¶Paroecia.ę.por la parrochia
¶Paros.pari.por una isla del arçapielago
¶Parius.a.um.por cosa desta isla
¶Paro.paronis.por cierto genero de nave
¶Paroemia.ę.interpretatur proverbium
¶Paronamasia.interpretatur denominatio
¶Paronychia.ę.por panarizo de uñas
¶Parotis.idis.hinchazon cerca las orejas
¶Paropsis.idis.por plato grande
¶Parophoron.por un genero de alumbre
¶Paroxysmus.i.stimulatio uel concitatio.
¶Parrha.ę.por un ave de mal aguero
¶Parrhasium.ij.ciudad de arcadia
¶Parrhasius.a.um.por cosa desta ciudad
¶Parrhasis.idis.por cosa hembra de alli
¶Parrhasius.ij.por un pintor notable
¶Parrhasius.a.um.por cosa deste pintor
¶Parricida.ę.por matador de padres
¶Parricidium.ij.por omezillo de padres.
¶Parricidalis.e.por cosa de tal crimen
¶Pars partis.por la parte del entero
¶Pars partis.por el grado del signo
¶Parsi.preteritum ab eo quod est parco
¶Parsimonia.ę.por la escasseza
¶Partes partium in plurali.por el oficio
¶Parthaon.onis.por un rei de calidonia
¶Parthaonius.a.um.por cosa de aqueste

¶Parthenos.i.interpretatur uirgo
¶Partenis.idis.por el artemisia ierva
¶Parthenius.ij.por un monte de arcadia
¶Parthenius.a.um.por cosa deste monte
¶Parthenius.ij.por un rio de paflagonia.
¶Parthenię.los pobladores de tarento
¶Partheniate.aqllos mesmos lacedemonios
¶Parthenium herba.i.perdicium.ij.
¶Parthenias uirgilius.i.uirginalis dictus
¶Parthenope.es.por una delas serenas
¶Parthenope.es.por napoles ciudad de italia
¶Parthenopeus.a.um.por cosa desta ciudad
¶Parthenopeius.a.um.por aquello mesmo
¶Parthenopeus.i.rei fue de arcadia
¶Parthia.ę.por una region de siria
¶Parthi.orum.por los pueblos desta region.
¶Parthicus.a.um.por cosa de alli
¶Partiarius.ij.por el quiñonero aparcero
¶Particulo.onis.por aquel mesmo.
¶Particula.ę.por la parte pequeña
¶Particulatim.aduerbium.particular mente.
¶Particularis.e.por cosa particular.no.
¶Particulariter.por particular mente.no.
¶Particeps.participis.por el parcionero
¶Participo.as.aui.por participar.a.i.
¶Participium.ij.por una parte dela oracion
¶Partio.partis.partiui.por partir.a.i.
¶Partior.iris.partitus.por aqllo mesmo.d.iij
¶Partitio.onis.por la particion
¶Partio.onis.por aquello mesmo
¶Partim.aduerbium.por en parte
¶Partim loco nominis.por la parte
¶Partus.a.um.participium a pario
¶Partus.a.um.por cosa ganada
¶Partus.us.partui.por el parto
¶Partitudo.inis.por aquello mesmo.pr.
¶Parturio.is.iui.por estar de parto.n.v.
¶Parturitio.onis.por aquel astar
¶Paruifacio.is.por estimar en poco.a.i.
¶Paruipendo.is.por aquello mesmo.a.i.
¶Parum.aduerbium.por poco
¶Parumper aduerbium.por poco
¶Parus.i.por una cierta ave
¶Paruus.a.um.por cosa pequeña
¶Paruitas.atis.por aquella poquedad
¶Pasceolus.i.por bolsa o correo de dineros
¶Pascernix.icis.por una cierta ave
¶Pascha.ę.uel paschatis.por la pascua.bar

¶Paſchalis.e.por coſa de paſcua

¶Paſchalis.is. por paſcual nombre de varon.

¶Paſco.is.paui.por apacentar ganado.a.ſ.

¶Paſcor.eris.aſtus.por pacer el ganado.◄.iij

¶Paſcito.as. pacer a menudo el ganado. a.i.

¶Paſcua.ę. por el paſto del ganado

¶Paſcua.orum.por aquello meſmo

¶Paſcuus.a.um.por coſa que ſe pace.

¶Paſcalis.e.por coſa apacentada.

¶Paſcualis.e.por aquello meſmo.

¶Paſiphae.es.bija del ſol muger de minoꝗ

¶Paſiphaeius.a.um.por coſa de aqueſte

¶Paſithea.ę.por cibele madre delos dioſes.

¶Paſithoa.ę.por una bija de oceano ꞇ tetbis

¶Paſſer.paſſeris.por el gorrion

¶Paſſerculus.i. por el gorrioncillo

¶Paſſerinus.a.um.por coſa de gorrion.

¶Paſſer.is.por un pece delos llanos aꜭedia.

¶Paſſer.is.lugar cerca dela mar de baꜭo

¶Paſſio.onis. por la paſſion.no.

¶Paſſionalis.e.por coſa de paſſion

¶Paſſiuum uerbum.el que ſignifica paſſion

¶Paſſim.aduerbium. por a cada paſſo

¶Paſſim.aduerbium.por ſin diferencia

¶Paſſibilis.e.por lo que puede padecer

¶Paſſus.a.um.participium a pando.is.

¶Paſſus. a.um. participium a patior.eris

¶Paſſus.us. por el paſſo o paſſada

¶Paſſus.us. por la paſſada de cinco pies

¶Paſſum.i.por el vino baſtardo

¶Paſtillus.i.por el panezillo

¶Paſtinum. i. por el açada o açadon

¶Paſtino.as.paſtinaui. por cavar viña

¶Paſtinatio.onis. por la cava o cavaꜭon

¶Paſtinatus.us.por aquello meſmo

¶Paſtinum.i.por aquello meſmo.

¶Paſtinaca.ę.por çanaboria raiꜭ

¶Paſtinaca.ę.por un cierto peſcado

¶Paſtio.paſtionis.por el apacentar

¶Paſtomis.idis. por el aꜭiar

¶Paſtus.paſtus.por aquello meſmo

¶Paſtor paſtoris.por el paſtor de ganado.

¶Paſtorius.a.um. por coſa de paſtor

¶Paſtoralis.e. por aquello meſmo

¶Paſtoricius.a.um.por aquello meſmo.

¶Paſtopborum. i. lugar del teſoro

¶Patagium.ij.por veſtido de brocado.pr.

¶Patagiatus.a.um.por coſa de brocado

¶Patagia.ę.por un rio de ſicilia

¶Patarus.i.por un bijo de apolo.

¶Patara.ę.por una ciudad de licia

¶Patargeus.a.um. por coſa deſta ciudad

¶Patareis.idis.por coſa bembra de alli

¶Patauium.ij. por padua ciudad de lõbardia

¶Patauinus.a.um.por coſa deſta ciudad.

¶Patefacio.is. por manifeſtar. a.i.

¶Patefio.is.por ſer manifeſtado.n.v.

¶Patefactio.onis.por la manifeſtacion

¶Patella.ę. por una eſpecie de concba

¶Patena.ę.por el platel

¶Patella.ę.por el platel pequeño

¶Pateo uel pateſco.por ſer manifieſto.n.v

¶Pater patris.por el padre. gr.

¶Pater conſcriptus.por el ſenador

¶Pater patratus. el eſtablecedor de paꜭes

¶Pater familias.por el ſeñor de caſa

¶Pater ſpiritalis.por el padrino.no.

¶Paterculus.i.por el pequeño padre

¶Paternus.a.um. por coſa de padre

¶Paternitas.atis.por la paternidad

¶Pathe.interpretatur animi perturbatio

¶Patheticus. a.um. por coſa apaſſionada

¶Patbicus.i.por el puto que padece

¶Patiequus. i. varon fue de eſpaña pacbeco

¶Patina.ę.por el plato grande o caçuela

¶Patior.eris.paſſus.por padecer.d.iij.

¶Patio.is.patiui. por aquello meſmo.pr.

¶Patibilis.e.por coſa que puede padecer

¶Patibilitas.atis.por la paſſibilidad

¶Patibulũ.i.donde los malbecbores padecẽ.

¶Patibulum.i.por el peſtillo cerradura

¶Patientia.ę. por la paciencia ꞇ ſufrimiẽto

¶Patienter.aduerbium. por paciente mẽte

¶Patrę.arum.por una ciudad de acaia

¶Patrenſis.e.por coſa deſta ciudad

¶Patria.ę.por la tierra natural de cada uno

¶Patrius. a.um. por coſa de ſu naturaleza

¶Patrius.a.um.por coſa de padre

¶Patritus.a.um.por aquello meſmo.

¶Patricida pro parricida uix dici poteſt

¶Patricius.a.um. por bijo de ſenador

¶Patriciolus.i.por bijo pequeño de ſenador

¶Patriciatus.por aquella dignidad

¶Patrimus.i.por el padre que tiene padre

¶Patrima.ę.por la madre que tiene padre

¶Patrimonium.ij.por el patrimonio

¶Patrimonialis.por cosa de patrimonio
¶Patrisso.as. por semejar al padre.n.v.
¶Patriarcha.ę.por principe delos padres
¶Patro.as.patraui.por bazer.a.i.
¶Patroclus.i.bijo ó menecio amigo ó acbiles
¶Patronus.i.por abogado en causa criminal.
¶Patrocinium.ij.por aquel abogar
¶Patrocinor.aris.por abogar assi.d.v.
¶Patronus.i.el que de siervo bizo libre
¶Patronalis.e. por cosa deste patrono
¶Patronatus.us. por el patronado deste
¶Patronymicum nomen. sacado del padre
¶Patruelis.is. por primo bijo de ermano
¶Patruelis.is. por prima bija de ermano
¶Patruelis.e.por cosa destos primos.
¶Patruus.i.por tio ermano del padre
¶Patruus magnus.por el ermano de abuelo.
¶Patulus.a.um. por cosa abierta siempre
¶Paucus.a.um. por cosa poca
¶Pauculus.a.um.por cosa mas poca.
¶Paucitas.atis.por la poquedad.
¶Paucies.aduerbium.por pocas vezes
¶Pauco uel pauesco. por aver pavor.n.v.
¶Pauefacio. is.por atemorizar. a.i.
¶Pauefactus.a.um.por cosa atemorizada
¶Pauidus.a.um. por cosa medrosa
¶Pauiculum. i. por el pison para tapiar
¶Pauio.is.pauiui.por pisonear.a.i.
¶Pauimentum.i.por el suelo de casa
¶Pauimenticius.a.um.por cosa para suelo.
¶Pauito.as.ui.por aver pavor a menudo.n.v
¶Paulatim.aduerbium.por poco a poco
¶Paulisper.aduerbium.por un poco tiempo
¶Paulum.aduerbium.por poco
¶Paululum.aduerbium.por poquillo
¶Pauloplus.por poco mas.
¶Paulominus.por poco menos.
¶Paulisippū.i.por un lugar cerca de napoles
¶Paulus.i.nombre de mucbos varones.
¶Paulianus.a.um. por cosa de paulo
¶Pauo.pauonis.por el pavon.
¶Pauoninus.a.um. por cosa de pavon
¶Pauor pauoris.por el pavor o miedo
¶Pauper pauperis.por el pobre o la pobre
¶Pauperculus.a.um.por cosa pobrezilla.
¶Paupero.as.aui.por empobrecer a otro.a.i.
¶Paupertas.atis.por la pobreza
¶Pauperies.ei.por aquello mesmo

¶Pauperies.ei.por el daño que bizo la bestia
¶Pausa.ę.por la pausa o silencio.
¶Pausanias.ę.capitan fue de lacedemonios
¶Pausias. ę. por un famoso pintor
¶Pausiacus.a.um.por cosa deste pintor.
¶Pausia oliua.azeituna para moler
¶Pauxillus.a.um.por cosa poquilla.
¶Pauxillulus.a.um.por cosa mas poquilla
¶Pauxillum. aduerbium. por un poquillo
¶Pauxillulum.aduerbiū.por un poquillo mas
¶Pax pacis.por la paz contraria de guerra
¶Pax pacis.por el perdon o licencia.
¶Pax.abuerbium.para acabar obra
¶Pax augusta.badajoz ciudad de españa
¶Paxillus.i.por el palillo palo paqueño
ecco.as.aui.por pecar.n.v.
    ¶Peccatum.i.por el pecado
¶Peccatio.onis.por aquello mesmo.
¶Peccatus.us. por aquello mesmo
¶Pecten.pectinis.por el peine
¶Pecten.pectinis.por el pendejo.
¶Pecten.pectinis. el peine para cardar
¶Pecten.inis.por la pluma para tañer
¶Pecten.inis.pescado especie de concba
¶Pectunculus.i.por aquel mesmo pequeño.
¶Pectinatim.aduerbium. por enclavijando
¶Pectine pro pectinatim.por lo mesmo
¶Pectino.as.aui.por peinar.no.a.i.
¶Pecto.is.pexui. por peinar.a.i.
¶Pectitus.a.um.participium a pecto.
¶Pectus pectoris.por el pecbo del animal
¶Pectusculum.i. por el pecbo pequeno
¶Pectoralis.e.por cosa del pecbo.
¶Pectorosus.a.um.por cosa de gran pecbo.
¶Pecu indeclinabile. por ganado menudo
¶Pecua in plurali. ab eo quod est pecu
¶Pecuaria.ę.por el bato de ganado tal
¶Pecuare.is.por aquello mesmo
¶Pecuarius.ij.por el ganadero
¶Pecuaria.ę. por la criança de tal ganado
¶Pecuarius.a.um.por cosa de tal ganado
¶Peculium.ij.por el pegujal de ganado
¶Peculium.ij.por el pegujal de cada cosa
¶Peculium. lo q̃ el siervo posee so el señor.
¶Peculium.lo que el moço posee so el amo
¶Peculium.lo que el bijo posee so el padre
¶Peculiaris.e.por cosa propria
¶Peculiariter.aduerbium. por propria mente

¶Peculor.aris.por burtar lo publico.d.iij.
¶Peculator.oris.por el ladron delo publico
¶Peculatus.us.por aquel tal burto
¶Pecunia.ę.por todo lo que vale dinero
¶Pecunia.ę.por el dinero mesmo
¶Pecuniarius.a.um.por cosa de dinero
¶Pecuniosus.a.ū.por cosa de mucbo dinero
¶Pecus.pecudis.por un oveja o cabra
¶Pecus pecoris.por todo el ganado menudo.
¶Pedalis.e.por cosa luenga un pie
¶Pedatim incedere.por andar de dos en dos
¶Pedamen.inis.por el rodrigon dela vid
¶Pedamentum.i.por aquello mesmo
¶Pedaneus iudex.por juez menor
¶Pedaria sententia.el voto que se atiene
¶Pedatus.a.um.por cosa de pies.
¶Pedes peditis.por ombre de pie.
¶Pedestris.e.por cosa de ombre de pie
¶Pedestris sermo.por babla de baxo estilo
¶Pederoton.por una cierta ierva
¶Pedetentim.aduerbium.por pie ante pie
¶Pedica.ę.por la piuela o lazo
¶Pediculus.i.por el pie pequeño
¶Pedicinus.i.por aquello mesmo
¶Pediolus.i.por aquello mesmo.
¶Pediculus.i.por el piojo.
¶Pediculus.i.por la ladilla.
¶Pedunculus.i.por el piojo
¶Pedicularis.e.por cosa de piojo
¶Pedicularis berba.por cierta ierva
¶Pedisequus.el que acompaña a otro.
¶Pedisequa.ę.la que acompaña a otra
¶Pedito.as.aquo est suppedito.as.
¶Peditum pediti.por el pedo
¶Pedo.is.pepedi.por peer
¶Pedo pedonis.por cosa de grandes pies
¶Pedulis.is.por peal o calçon
¶Pedusculus.i.por el pie pequeño
¶Pedum.i.por el gancbo del pastor.
¶Pegasus.i.el cavallo con alas
¶Pegaseus.a.um.por cosa de aqueste
¶Pegaseius.a.um.por aquello mesmo
¶Pegasides.por las nueve musas
¶Pegasis oenone.de pegaso lago troiano
¶Pegasus.i.nombre de un consulto
¶Pegi preteritum ab eo quod est pago
¶Peiero.as.aui.por jurar falso.n.v.

¶Pelagus.i.por la mar.
¶Pelagius.a.um.por cosa de mar
¶Pelagicus.a.um.por aquello mesmo
¶Pelagia.ę.por una especie de purpura
¶Pelamis.idis.interpretatur limaria
¶Pelasgia.ę.por thessalia region
¶Pelasgus.a.um.por cosa desta region
¶Pelasgia.ę.por la isla lesbos
¶Pelasgus.a.um.por cosa desta isla
¶Pelasgis.idis.por cosa bembra de alli
¶Peleus.i.bijo de eaco padre de acbilles.
¶Peleius.a.um.por cosa de peleo
¶Pelides.dę.por bijo o nieto de peleo
¶Pelectronium.ij.ciudad de tbessalia
¶Pelectronius.a.um.por cosa desta ciudad
¶Pelias.ę.bijo de neptuno τ rei de tbessalia
¶Pelicanus.i.por una ave propria de egipto
¶Pelion.i.por un monte de tbessalia
¶Peliacus.a.um.por cosa deste monte
¶Pelias.dis.por cosa bembra de alli.
¶Pella.ę.por una ciudad de macedonia
¶Pelleus.a.um.por cosa desta ciudad
¶Pellax.acis.el que atrae por balagos
¶Pellax.acis.por cosa engañosa
¶Pellacia.ę.por el engaño
¶Pellex.icis.por manceba de casado
¶Pellicatus.us.por aquel abarraganamiento
¶Pellicio.is.exi.por atraer por balagos
¶Pellis.is.por la pelleja
¶Pellicula.ę.por pelleja pequeña
¶Pelliceus.a.um.por cosa de pelleja.
¶Pelliculo.as.aui.por cobrir con pelleja.a.i.
¶Pellitus.a.um.por cosa cobijada con ella
¶Pello.as.aui.non extat.sed eius composita.
¶Pello.is.pepuli.por empuxar.a.i.
¶Pelluuium.ij.por vaso para lavar los pies.
¶Pelluuię.arum.por el agua de pies
¶Pelluceo.es.por trasluzirse.n.v.
¶Pellucidus.a.um.por cosa trasluziente
¶Pelops.pis.rei de frigia bijo de tantalo.
¶Pelopides.ę.por bijo o nieto de aqueste
¶Pelopis.idis.por bija o nieta deste
¶Pelopeius.a.um.por cosa de aqueste
¶Peloponnessus.i.por la morea en grecia
¶Peloponnessis.e.por cosa desta region
¶Peloponnesiacus.a.um.por lo mesmo
¶Pelopidas.ę.por un capitan delos tbebanos

¶Pelorus.i.por el cabo de ſicilia contra italia.
¶Peloris.idis.por un lao eſpecie de concha.
¶Pelos.interpretatur lutum uel cenum
¶Peluſium.ij. por una ciudad de egipto
¶Peluſium.ij. por un braço del nilo.
¶Peluſius.a.um.por coſa deſta ciudad
¶Peluſiacus.a.um.por aquello meſmo
¶Peluſiota.ę. por ombre deſta ciudad
¶Pelta.ę.por eſcudo redondo o tarja.
¶Peltatus.a.um.por eſcudado conel.
¶Peluis.is. por bacin para lavar pies
¶Peminoſus.a.um.por coſa de mal olor
¶Penarium.ij.por la deſpenſa lugar
¶Penarius.a.um.por coſa de deſpenſa
¶Penates.tium.por los dioſes proprios
¶Penatiger.i.por eneas que llevo los dioſes
¶Pendeo.es.pependi. por eſtar colgado.n.v
¶Pendeo animi. por eſtar ſuſpenſo.n.v.
¶Pendo.is.pendidi.por pagar penſion.a.i.
¶Pendo.is.por pagar pena.a.i.
¶Pendo.is. por peſar.a.i.
¶Pendulus.a.um. por coſa colgada
¶Pene.aduerbium. por caſi.
¶Peneleus.i.capitan fue delos boecios.
¶Penes prepoſitio.por cerca en ſeñorio
¶Penetro.as.aui.por meter adentro.a.i.
¶Penetro.as.aui.por entrar adentro.n.v.
¶Penetrabilis.e. por coſa que puede penetrar
¶Penetrabilis.e.por coſa q̃ puede ſer paſſada.
¶Penetrale.is. por el retraimiento de caſa
¶Penelope.es. bija de icario muger de uliꝛes
¶Penelopea.ę.por aquella meſma
¶Penelopeius.a.um.por coſa de aquella.
¶Penelopeus.a.um. por aquello meſmo.
¶Peneus.i. por un rio de theſſalia
¶Peneis.idis.por bija de aqueſte.
¶Penis. penis. por el miembro del varon
¶Penis.penis.por la cola o rabo
¶Peniculus.i. por la cola pequeña
¶Penicillum.i.por el pinꞮel del pintor
¶Peniculus.i.por aquello meſmo
¶Peniculamentum.i.por el rabo dela ueſte
¶Peninſula.ę. por caſi iſla
¶Penitus.a.um.por coſa entrañable.
¶Penitior.comparatiuum a penitus.a.um
¶Penitiſſimus.a.um.ſuperlatiuum ab eodem
¶Penitus.eduerbium.por del todo punto

¶Penna.ę.por la pluma del ave
¶Pennatus.a.um. por coſa con plumas
¶Penniger.a.um. por aquello meſmo
¶Pennarium.ij.por la caſa de pendolas
¶Penſilis.e. por coſa colgadiza
¶Penſiculo.as.por peſar con diligencia.a.i.
¶Penſiculate.aduerbium. por con peſo
¶Penſio.onis.por el alquile de caſa
¶Penſiuncula.ę.por pequeño alquile.
¶Penſito.as.aui.por peſar a menudo.a.i.
¶Penſo.as.aui.por aquello meſmo.a.i.
¶Penſus.a.um. participium a pendo
¶Pente.interpretatur quinque
¶Pentarchus.i.principe de cinco.
¶Pentacontarchus.i.principe de cincuenta.
¶Pentadactilon.i. por el tartago maior
¶Pentadoron.por de cinco palmos
¶Pentagonus.i. por de cinco rincones
¶Pentaphylon.i. por ſiete en rama ierva
¶Pentameter.a.um.por de cinco medidas
¶Pentaptotos.a.um.por de cinco caſos
¶Pentatheucus.i.cinco libros de moiſen.
¶Pentecoſte.es.por la cincueſma.
¶Pentathlos.i.eꝝercicio de cinco juegos
¶Pentathlicus.a.um.por coſa deſtos juegos.
¶Pentheus.i.bijo de echion ꞇ agave.
¶Penthides.ę. por bijo o nieto de aqueſte
¶Pentimemeris.por la meitad de cinco.
¶Pentorobon.i.por la peonia ierva
¶Penultimus.a.um. por cerca del ultimo
¶Penuria.ę.por la mengua o falta
¶Penula.ę. por cierta veſtidura para el agua
¶Penulatus.a.um.por coſa veſtida della.
¶Penus.i. por la proviſion para comer
¶Penus.oris.por aquello meſmo.
¶Penus.us.por aquello meſmo
¶Penu indeclinabile.por lo meſmo
¶Peplum.i.por la veſtidura de palas.
¶Peplus. i. por aquella meſma ueſte
¶Pepo.onis. por el melon o papon
¶Peponus.i.por torta de cierta forma
¶Pepſis. interpretatur concoctio
¶Per prepoſitio accuſatiui.por por.
¶Per prepoſitio iurantis.ut per jouem.
¶Per cum poſitiuo pro ualde. ut perbreuis.
¶Perꝗ cũ poſitiuo pro ualde. ut perꝗbreuis.
¶Per in malam partem.ut periurus.

¶Per uſqʒ in finem deducendo.ut perago
¶Per per medium.ut per nuncium
¶Pera.ę.por el çurron o eſclavina
¶Perago.is.peregi.por acabar de baʒer.a.i.
¶Perago reum. por códenar al adverſario
¶Peragro.as.aui.por andar camino.a.i.
¶Peran.interpretatur trans prępoſitio
¶Peranno.as.aui.por durar un año
¶Peraticon.i. por una eſpecie de bdelio
¶Perca.percę.por un pece no conocido
¶Percalleo.es. por acabar de encallecer.n.v.
¶Percello.is.perculi.por berir.a.l.
¶Percenſeo.es. por eſtimar z juʒgar. a.i.
¶Percerpo.is.pſi.por coger deſpedaçádo.a.i
¶Percipio.is. por recebir por el ſentido.a.i
¶Perceptio. onis. por aquel recebimiento
¶Percio.is.perciui.por perturbar.a.i.
¶Percitus.a.um.participium a percio.is.
¶Percolo.as.aui. por colar por otra coſa. a.i.
¶Percontor.aris.por preguntar.d.iij.
¶Perconto.as.aui.por aquello meſmo.pr.
¶Percontatio.onis.por la pregunta.
¶Percrebreo.es.ui.por eſpeſſarſe mucbo.n.v
¶Percrebreſco.is.bui. por aǫllo meſmo.n.v.
¶Percrepo.as.pui.por ſonar quebrádoſe.n.v
¶Perculi.pręteritum ab eo quod percello
¶Perculſus.a.um.participium a percello.
¶Percunctor.aris. por preguntar.d.iij.
¶Percunctatio.onis.por la pregunta
¶Percurro.is.por correr por algun lugar.a.i.
¶Percurſio.onis.por aquella corrida.
¶Percutio.is.percuſſi.por berir.a.i.
¶Percuſſio.onis. por la berida
¶Percuſſus.us.por aquello meſmo
¶Perdicium.ij.por la cañaroia ierva
¶Perdifficilis.e. por coſa mui dificultoſa
¶Perdifficiliter.por mui dificultoſa mente
¶Perdifficulter.por aquello meſmo
¶Perditus.a.um. por coſa perdida del todo
¶Perdite.aduerbium. por perdida mente
¶Perditim.aduerbiuʒ.por aquello meſmo.pr
¶Perdius.a.um. lo que dura todo el dia
¶Perdix.perdicis.por la perdiʒ ave.
¶Perdix.icis. bijo fue dela ermana de dedalo
¶Perdiſco.iṣ.perdidici.deprender al cabo.a.i
¶Perdo.is.perdidi.por perder del todo.a.i.
¶Perditio.onis.por aquella perdicion
¶Perdoleo.es. por doler mucbo.n.v.

¶Perduco.is.xi. por guiar baſta el cabo.a.i.
¶Perductio.onis. por aquella guia
¶Perduellis.e.por coſa enemiga publica mēte
¶Perduellio.onis.por aquella enemiſtad.
¶Peredo.is.redi.por gaſtar baſta el cabo.a.i.
¶Peredia.ę. por la gran bambre
¶Peregre. aduerbium. por leɀos de ſu caſa
¶Peregrinus. a.um. por coſa peregrina
¶Peregrinitas.atis.por la peregrinidad
¶Peregrinor.aris. por peregrinar. d.v.
¶Peregrinatio.onis.por la peregrinacion
¶Peregrinabūdus.a.ū.el ǫ peregrina mucbo
¶Peremptio.onis.por el matar baſta el cabo
¶Peremptor.oris.por el matador aſſi.
¶Peremptorius.a.um.coſa aſſi matadora
¶Perennis.e.por coſa que ſiempre dura.
¶Perennis fons.por fuente manantial
¶Perenne flumen.por rio perenal
¶Perennitas.atis.por duracion para ſiempre
¶Perenniter.aduerbium. por perenal mente
¶Perenno.as.aui. por durar para ſiēpre.n.v
¶Perendie.aduerbiū.por un dia tras mañana
¶Perendinus.a.um.por coſa de tras mañana
¶Perendino.aṣ.por dilatar a tercero dia.n.v.
¶Perendinatio.onis.por aquella dilacion
¶Pereo.peris.perij.por perecer.n.v.
¶Pererro.as.aui. por ádar como perdido. a.i
¶Pererratio.onis. por aquel andar
¶Perficio.is.perfeci.por acabar de baʒer.a.i.
¶Perfectio.onis. por aquel acabar
¶Perfidus.a.um.por coſa quebrátadora de fe
¶Perfidioſus.a.um. por aquello meſmo
¶Perfidia.ę.por el quebrantamiento de fe
¶Perfluo.is.xi.por ſalirſe lo liquido
¶Perfodio.is.perfodi. cavar baſta el cabo
¶Perforo.as.aui.por acabar de boradar
¶Perfrico.as.cui. por mucbo fregar
¶Perfricare frontem. por perder verguença
¶Perfricatus.a.um.participium a perfrico
¶Perfrictio.onis.por aquel fregamiento
¶Perfrigeo.es.perfrixi.por reſfriarſe.
¶Perfringo.is.perfregi.por mucbo quebrar.
¶Perfruor.eris. por acabar de goʒar
¶Perfructus.a.um.participium a perfruor
¶Perfrio.as.aui. por quebrar deſmenuʒando
¶Perfuga.ę.por el tornadiʒo o elcbe
¶Perfugium.ij. lugar a donde buimos.
¶Perfundo.is.di. por derramar mucbo

¶Perfufio.onis.por aquel derramar
¶Perfungor.eris. por ufar de oficio al cabo
¶Perfunctio.onis. por aquel ufo de oficio
¶Perfunctorius.a.um.cofa para ufar de oficio
¶Perga.ę. por una ciudad de panfilia
¶Pergeus.a.um.por cofa defta ciudad
¶Pergea diana.por que alli era feftejada
¶Pergama.orum.por la ciudad troia.
¶Pergameus.a.um. por cofa defta ciudad
¶Pergamus.i.por una ciudad de afia menor.
¶Pergamenus.a.um. por cofa defta ciudad
¶Pergamena charta.por el pergamino
¶Perglifco.is. por engordar bafta el cabo
¶Pergo.is.perrexi. por ir o andar
¶Pergręcor.aris.por bivir luxuriofa mente
¶Pergula.ę. por la catedra para enfeñar.
¶Pergula.ę. por el pulpito o predicatorio
¶Pergula.ę.mefa en q̃ ponē algo para vēder.
¶Pergula.ę. por el tablado dela parra
¶Pergufa.ę. por un lago de ficilia
¶Perbibeo.es.perbibui. por dar o dezir
¶Perborreo.es. por mucbo temer
¶Perborreo.es.por espeluzarfe mucbo
¶Peri prepofitio greca.de.circum.circa
¶Periander.dri.bijo be cipfelo z tirano
¶Periarchón.interpretatur de principijs
¶Peribolus.i.interpretatur circuitus.
¶Pericles.is.capitan delos atbenienfes
¶Periclymenes.ę.bijo de neleo rei de pilo
¶Periclymene.es.por la madre felua ierva
¶Periberminias.i. de interpretatione
¶Periclitor.aris.por peligrar.d.v.
¶Periculum.i. por la esperiencia
¶Periculum.i.por el peligro
¶Periclum.i. por aquello mefmo
¶Periculofus.a.um.por cofa peligrofa
¶Pericope.es.interpretatur decifio
¶Peridima. interpretatur circum tumor
¶Peridima.por bincbazon enla garganta.
¶Perillus.i. el inventor del toro de cobre
¶Perillaus.i.por aquel mefmo varon
¶Perillęus.a.um.por cofa de aquefte
¶Perimēle.es.bija fue de ippodamante
¶Perimele.es.por una ifla en que fe bolvio
¶Perimo.is.peremi. por acabar de matar.a.i
¶Perinde.aduerbium.por affi
¶Perintbus.i.por una ciudad de tbracia
¶Perintbius.a.um.por cofa defta ciudad

¶Periodus.i.interpretatur circuitus
¶Periodus.i.por el fin o termino.
¶Periodicus.a.um. por cofa de termino
¶Peripatbos. interpretatur de ambulatio
¶Peripatbeci.filofofos de cierta fecta.
¶Peripetafma.atis. por cielo de cama
¶Peripleroma.interpretatur supplementum
¶Peripneumonia.ę.dolēcia delos pulmones
¶Peripneumonicus.por doliente dellos
¶Peripneumaticus. por aquello mefmo
¶Periphrafis.interpretatur circumlocutio
¶Peripbas.e.por un varon troiano
¶Peripfema.atis.interpretatur purgatio
¶Perifoma.atis. veftidura del cuerpo folo
¶Perifologia.ę.interpretaꝧ fuperflua locutio
¶Periftera.ę.virgen fue buelta en paloma
¶Perifteros.i.interpretatur columbus
¶Periftereon.i.por el palomar
¶Perifterotropbium.por aquello mefmo
¶Periftylum.i.por patin entre colunaꝗ
¶Peritia.ę.por fabiduria con esperiencia
¶Peritus.a.um.cofa fabia con esperiencia
¶Periuro.as.aui. por perjurar.n.v.
¶Periurus.a.um.por cofa perjura
¶Periurium.ij. por el juramento falfo
¶Perlego.is.perlegi.por acabar de leer.a.i.
¶Permanco.es.fi. por q̃dar bafta el cabo.n.v
¶Permano.as.aui.manar por otra cofa.n.v
¶Permifceo.es.cui. por mezclar mucbo.a.i
¶Permiftio.onis.por aquella mezcla
¶Permitto.is.fi.por permitir z cōfentir.a.iij.
¶Permiffus.us.por aquella permiffion
¶Permiffa.orum. por aquello mefmo
¶Permiffus.i.por un rio de boecia
¶Permiffis.idis.por aquel mefmo rio
¶Permitto.is.fi.por embiar.a.iij.
¶Permolo.iꝗ.permolui.por moler mucbo.a.i
¶Permolo.is.por cavalgar la muger.a.i.
¶Permoueo.es.ui.por mucbo mover.a.i
¶Permotio.onis.por aquel movimiento
¶Permulceo.es.fi.por balagar mucbo.a.i
¶Permulctuꝗ.a.um.participium a permulceo
¶Perna.pernę. por el pernil de tocino
¶Pernego.as.aui.por negar bafta el cabo.a.i
¶Pernix.icis. por cofa ligera
¶Pernicitas.atis.por la ligereza
¶Perniciter.aduerbium.por ligera mente
¶Pernix.icis. por cofa perfeverante

Pernicio.is.por perecer.priscum.a.i.
Pernicies.ei.por muerte o destrucion
Perniciosus.a.um.por cosa que mata
Pernicialis.e.por aquello mesmo
Perniciose.aduerbium.mortal mente
Pernio.onis.por la friera delos pies
Perniunculus.i.por esta friera pequeña.
Pernocto.as.aui.durar toda la noche.n.v
Pernox.por cosa que dura toda la noche
Pernosco.is.ui.por mucho conocer.a.i
Pernotesco.is.por ser mucho conocido.n.v
Pero.onis.por un hijo de neleo rei de pilo
Pero.onis.por el abarca de cuero crudo.
Peronatus.a.um.por calçado desta abarca.
Peroriga.e.el ieguarizo que echa garañon
Peroro.as.aui.por orar basta el cabo.a.i.
Peroratio.onis.por conclusion dela oracion
Perosus.a.um.por cosa aborrecedora
Perpello.is.puli.por mucho costreñir.a.i.
Perpendiculum.i.por plomo de albañi
Perpendicularis.e.cosa nivelada al plomo
Perpendo.is.di.por pesar con diligecia.a.i.
Perpenso.as.aui.por aquello mesmo.a.i
Perpensatio.onis.por aquel pesar
Perperam.aduerbiuz.por mala z falsa mete
Perperus.a.um.por cosa assi mala.pr.
Perperitudo.inis.por aquella falsedad
Perpes.etis.por cosa continua.poeticum
Perpetim.aduerbium.por continuada mete
Perpetior.cris.por padcer basta el cabo.d.iij
Perpessio.onis.por aquel padecer
Perpetuus.a.um.por cosa continuada
Perpetuior.comparatiuum a perpetuus
Perpetro.as.aui.por bazer en mal.a.i
Perplexus.a.um.por cosa entricada
Perplexabilis.e.por aquello mesmo
Perplexio.onis.por aquel entricamiento
Perplexitas.atis.por aquello mesmo
Perplexe.aduerbium.por entricada mente
Perplexim.aduerbium.por aquello mesmo.
Perpluo.is.perpluui.por llover por otra cosa
Perpol.del que jura por el dios polus
Perpoto.as.aui.por bever basta el cabo.a.f.
Perprimo.is.si.por espremir mucho.a.i
Perpetuo.aduerbium.por continuada mete
Perquiro.is.iui.por buscar basta el cabo.a.i
Perquisitio.onis.por aquel buscar
Perrexi.preteritum ab eo quod pergo.

Perrecturus.a.um.participium a pergo
Perrecto.as.aui.por ir o andar tarde.n.v
Perrhebi.orum.pueblos son de thessalia
Persephone.es.proserpina diosa del isierno
Persephonea.e.por aquella mesma
Perscribo.is.psi.por escrivir basta el cabo.a i
Perscriptio.onis.por aquella escriptura.
Perscrutor.aris.acabar de escudruñar.d.iij.
Perscrutator.oris.por el escudruñador
Perscrutatio.onis.por el escudruñar
Persedeo.es.di.por assentarse mucho.n.v
Persia.e.por una region de asia maior
Persis.idis.por aquella mesma region
Persida.e.por aquella mesma region
Perse.arum.pueblos son desta region
Persicus.a.um.por cosa desta region
Persicum mare.por el mar cerca desta regio.
Persicum pomum.por el durazno prisco
Perseis.idis.por una hija de oceano z tethis
Perseus.i.hijo de jupiter z danae
Perseus.i.por un rei de macedonia
Perses.persis.por aquel mesmo rei
Persepolis.is.por una ciudad de persia.
Perseuero.as.por perseverar en bien.n.v.
Perseuerantia.e.por perseverancia en bien
Persequor.eris.por perseguir.d.iij.
Persecutio.onis.por la persecucion
Persius.ij.auctor fue antiguo romano
Persius.ij.otro fue poeta satirico
Persianus.a.um.por cosa de aquestos
Persolata berba.por cierta ierva.
Persona.e.por la persona.ombre
Personalis.e.por cosa de persona
Persona.e.por la mascara o caratula
Personatus.a.um.por cosa con caratula
Persono.as.nui.por mucho sonar.n.v.
Persoluo.is.ui.por acabar de pagar.a.iij.
Perspicio.is.xi.mirar una cosa por otra.a.i.
Perspicax.acis.agudo que mucho mira.
Perspicacitas.atis.por aquella agudeza
Perspicaciter.por aguda mente assi
Perspicuus.a.um.por cosa que se trasluze
Perspicuus.a.um.por cosa clara
Perspicuitas.atis.por aquella clareza
Perspectiua.e.por la perspectiva
Perstino.as.aui.por comprar.ra.
Perstringo.is.xi.por tocar liviana mete.a.i.
Perstringo.is.xi.escurecer cõ maior luz.a.i.

Z.i.

¶Pertabeo uel pertabesco.por podrirse.n v
¶Perteduit a tedet impersonale
¶Pertesus. a tedet participium est
¶Pertesum fuit a tedet preteritum est
¶Pertento.as.aui.por tetar liviana mente.a.i.
¶Pertexo.is.xui. por texer basta el cabo
¶Pertica.e.por la pertiga o varal
¶Perticalis.e. por cosa para pertiga
¶Pertica putealis. por el cigoñal
¶Pertica.e.por pertiga para medir tierra.
¶Pertimeo.es.pertimui.por temer.a.i.
¶Pertimesco.is.pertimui.por lo mesmo.n.v.
¶Pertinax.acis.por porfiado en mal
¶Pertinacia.e.por aquella porfia.
¶Pertinaciter.aduerbium. porfiada mete
¶Pertineo.es. por pertenecer.n.ii.
¶Pertracto.as.aui.por tratar basta el cabo
¶Pertractatio. onis. por aquel tratar
¶Pertrabo.is.xi.por arrastrar al cabo.a.i.
¶Perturbo.as.aui.por turvar mucho.a.i.
¶Perturbatio. onis. por la turbacion
¶Peruerto.is.ti. por convertir en mal.a.i
¶Peruersus.a.um. por cosa becha al reves
¶Peruersitas.atis. por aquella perversidad
¶Peruestigo.as.aui. por buscar por rastro.a.i
¶Peruestigatio.onis.por aquel buscar
¶Peruicax.acis.por mucho porfiado.
¶Peruicacia.e.por aquella porfia.
¶Peruicaciter.aduerbium. por porfiada mete
¶Peruigil.is. por cosa que vela basta el cabo
¶Peruigilo.as.por velar toda la nocbe.n.v.
¶Peruigilium. ij. por aquella vela
¶Peruius.a.um.lo que se puede passar
¶Perula. e. por el çurron pequeño
¶Perusia.e. por perosa ciudad de italia
¶Perusinus.a.um.por cosa desta ciudad
¶Peruolo. as.aui. por bolar mucho.n.v.
¶Pes pedis.por el pie de cada cosa
¶Pes pedis.por el pie medida
¶Pes pedis.por la cuerda dela vela
¶Pes pedis.por el pie del burujo
¶Pes pedis.por el pie del verso
¶Pessimus.a.um. por cosa mui peor
¶Pessimo.as.aui.por empeorar.no.a.i.
¶Pessime. aduerbium. por mui peor
¶Pessulum.i.por el aldaba de puerta.
¶Pessum.aduerbium. por abaxo o alos pies
¶Pessundo.as.aui.por patear la bestia.n.v.

¶Pessundo.as.aui.por bollar o sopear.a.i
¶Pestis.is.por la pestilencia general mente
¶Pestilitas.atis. por aquello mesmo.pr.
¶Pestilentia.e. por la pestilencia propria
¶Pestilens.tis.por cosa pestilencial
¶Pestilentiosus.a.um.por aquello mesmo
¶Pestifer.a.um. por aquello mesmo
¶Petaso.onis.por el tocino sin pernil.
¶Petasunculus.i.por aquel tocino pequeño
¶Petasus.i.por el sombrero
¶Petasatus.a.um. por ensombrerado
¶Petasso.is.siui. por ir a pedir.pr.a.i.
¶Petaurus.i.por la trepa juego
¶Petaurista.e. por aquel trepador
¶Petalum.i.interpretatur folium uel lamina.
¶Petalismus.i. por cierta forma de destierro
¶Petigo petiginis. por el empeine.pr.
¶Petilia.e.por una ciudad dela brucia
¶Petilianus.a.um.por cosa desta ciudad.
¶Petilus.a.um.por cosa delgada.
¶Petorritum.i.por cierta forma de carro
¶Petosiris.astrologo fue notable
¶Petra petre.por la piedra
¶Petra.e.por una ciudad de sicilia
¶Petra.e.por un lugar cerca duraço
¶Petrea arabia.por una delas arabias
¶Petrapium. ij. por el perexil silvestre
¶Petroselinum.i.por aquello mesmo.
¶Petiolum.i. por el peçon
¶Petiolus.i.por aquello mesmo
¶Petitio.onis.por la demanda
¶Petitus.us.por aquello mesmo
¶Petulans.antis.por cosa desvergonçada
¶Petulantia.e. por aquel desvergonçamiento
¶Petulanter. por desvergonçada mente
¶Petus.i.por el que mucho pestañea
¶Peucedanum.i.por el ervatu
¶Peuce.es. por una isla del danubio
¶Peucecius.a.um.por cosa de alli
¶Pexus.a.um.por cosa peinada o rasa
¶Pexatus.a.um.por cosa de raso vestida
¶Pexo.as.aui. por peinar a menudo.a.i.
¶Pezica.e.por el bongo sin pie z raiz
  baeacia. e. por corcira isla.
    ¶Pbeax.cis.por varon desta isla
¶Pbecius.a.um. por cosa desta isla
¶Pbestus.i.por un monte de creta
¶Pbestus.i. por una ciudad alli.

¶Pbestias.adis. por cosa hembra de alli
¶Pbesteus.a.um.por cosa de alli.
¶Pbeton.ontis.bijo del sol z de climene
¶Pbaetonteus.a.um. por cosa de aqueste
¶Pbaetontius.a.um.por aquello mesmo.
¶Pbaetontias.adis.por ermana de pbaeton.
¶Pbaetusa.e. bija fue del sol z de neera
¶Pbaedra.e.por una bija de minos z pasifar.
¶Pbedrus.i.filosofo dicipulo de socrates.
¶Pbedros.interpretatur letus
¶Pbago.interpretatur comedo.is.
¶Pbagedena.e.lepra que come la carne
¶Pbagedenicus.a.um.por cosa desta lepra
¶Pbagoloedorus.i.turpia comedens
¶Pbalanx. gis. por batalla de gente a pie
¶Pbalangites.e.por armado en tal batalla
¶Pbalangium.ij.por el araña ponçoñosa.
¶Pbalangius.ij.el gusano del iervo
¶Pbalacrus.i.bijo de eolo z cleopatra
¶Pbalantbus.i.por el poblador de tarento
¶Pbalantbinus.a.um.por cosa desta ciudad
¶Pbalantbeus.a.um.por aquello mesmo
¶Pbalaris.idis.tirano delos agrigentinos
¶Pbaleris.idis.por cierta ave del agua
¶Pbalerica.e.por una especie de sardina
¶Ppaliscus.a.um.idem est quod faliscus.
¶Pbalere.arum.idem quod falere.arum.
¶Pbaleratus.a.um. idem quod faleratus
¶Pbantasma.atis. por la vision fantastica
¶Pbantasticos.interpretatur imaginatiuus
¶Pbantasia.e.por la potencia fantastica.
¶Pbantasticus. a.um. por cosa dela fantasia
¶Pbaneus.i.por un monte dela isla cbio.
¶Pbaon.onis.varon fue amador de safo.
¶Pbarao.onis.nobre delos reies egipcios.b.
¶Pbarés.bijo de judas z de tbamar.b.
¶Pbarmaco.as.por purgar con purga.a.i.
¶Pbarmacum.i.interpretatur uenenum
¶Pbarmacum. i. por la purga
¶Pbarmacopola.e.por el boticario
¶Pbarmaceutria. interpretatur uenefica
¶Pbarmaceutria.bucolica es de virgilio
¶Pbaretra.e.por linjavera o carcax
¶Pbaretratus.a.um.ataviado de aquestos
¶Pbariseus.i.por judio de cierta secta
¶Pbaros.i.por una isla cerca de alefandria
¶Pbarius.a.um.por cosa desta isla
¶Pbaros.i. por el faron de puerto de mar

¶Pbaros.i. por el bacbo enla frontera
¶Pbarnabasus.i.capitan fue de rerres
¶Pbarnax.acis.rei de poto bijo de mitridates
¶Pbarsalos.i. por una ciudad de tbessalia
¶Pbarsalia.e.por aquella mesma ciudad
¶Pbarsalicus.a.um.por cosa desta ciudad
¶Pbarsalia.e.por obra de lucano poeta
¶Pbasellus.i.por el fasol legumbre
¶Pbasé.interpretatur transitus.bar.
¶Pbasellus.i.por cierta forma de barco
¶Pbasis.pbasidis. rio es delos colcos
¶Pbasis.idis.por una ciudad de alli
¶Pbasis.idis. por cosa hembra de alli
¶Pbasias.dis.por aquello mesmo
¶Pbasiacus.a.um.por cosa de alli
¶Pbasis uel pbasianus.por el faisan ave
¶Pbasianinus.a.um.por cosa de faisan
¶Pbebetor.oris.por un dios del sueño
¶Pbccasius.ij. sacerdote en atbenas
¶Pbecasianus.a.um.por cosa de aquel
¶Pbecasiatus.a.um. por vestido de tal veste
¶Pblegma.atis.interpretatur pituita.
¶Pblegmaticus.a.um.por cosa de flema
¶Pblegmon.onis.por apostema deste umor
¶Pbemonoe.es.por una de diez sibilas
¶Pbemonoe.es. por una divina en lucano
¶Pberecydes.is.filosofo fue señalado
¶Pberemon. onis. bijo de eolo z cleopatra
¶Pbere.es.por una ciudad de messenia
¶Pbereus.a.um.por cosa desta ciudad
¶Pbero.us. por una bija de neleo
¶Pbero.interpretatur fero.fers.
¶Pbiala.e.vaso para bever como taça
¶Pbiale.es.nombre proprio de una ninfa
¶Pbycus.i.por una mata dela mar
¶Pbycis.is.por un cierto pece
¶Pbycus.untis.por un cabo dela cirenaica
¶Pbycus.untis.por una villa alli
¶Pbidias.e.por un notable estatuario
¶Pbidiacus.a.um.por cosa de aqueste
¶Pbilace.es.por una ciudad de tbessalia
¶Pbilacides.e.por varon desta ciudad
¶Pbilacis.idis. por hembra desta ciudad
¶Pbilaceius.a.um.por cosa desta ciudad.
¶Pbilaceus.a.um. por aquello mesmo
¶Pbilantropos.interpretatur bumanus
¶Pbilantropia. e. por la umanidad.
¶Pbilantropos.por amor de ortelano ierva

§.ii.

¶Phylax. cis. interpretatur custos
¶Phylace.es. interpretatur custodia
¶Phylaterium.i. custodie monumentum
¶Phile.arum.ciudad es de egipto z guinea
¶Philenus.a.um.por cosa de egipto
¶Philenorum.are.lugar es cerca de gipto.
¶Philetas.e.por un poeta griego.
¶Phileteteus.a.um.por cosa de aqueste
¶Philippus.i.rei fue de macedonia
¶Philippeus.a.um.por cosa de aqueste
¶Philippi.orum.ciudad es de thessalia
¶Philippensis.e. por cosa desta ciudad
¶Philisteus.i. pro eo quod est palestinus
¶Philistio.onis.escriptor fue de mimos.
¶Philicia.orum.combites eran publicos
¶Philistea.e. la region de palestina
¶Philistei.pueblos son desta region
¶Phillyra.e.hija de oceano z tethis
¶Phillyrides.e.chiron hijo desta z saturno
¶Phillyreius. a.um. por cosa deste centauro
¶Phillira.e.por corona de hojas
¶Phyllis.idis.hija de licurgo reina de thracia
¶Phyllodoce.es.por una delas ninfas
¶Phyllon.i.interpretarur folium.
¶Philocalus.i. interpretatur bonus amor
¶Philogrecus.i. amador de lengua griega
¶Philomena.e. hija fue de pandion
¶Philorcium.ij.nombre proprio de hembra
¶Philon.onis. nombre de un varon sabio
¶Philolaus.i.filosofo dicipulo de pithagoras
¶Philos.interpretatur amor amoris
¶Philosophus.i.por el amador del saber
¶Philosophia.e.por el amor dela sabiduria
¶Philosophicus.a.um.por cosa de filosofia.
¶Philosophaster.i.por filosofo fingido
¶Philosophor.aris.dar obra a filosofia.d.v.
¶Philosophisma.atis. argumeto omostrativo
¶Philotas.e.rei de cilicia despues de alexadre
¶Philoctetes.e. compañero de ercules
¶Philocteteus.a.um.por cosa de aqueste.
¶Philotimia.e.interpretatur ambitio.
¶Philoxenus.i.escriptor fue griego
¶Philostratus.i.escriptor fue griego
¶Philorrophum.i.por el salario del corredor.
¶Philtrum.i.por hechizos para amores
¶Philus.philuntis.ciudad de grecia
¶Philasius.a.um.por cosa desta ciudad
¶Phyma.atis.especie es de lobanillo.

¶Phineus.i. por un rei de arcadia
¶Phineius.a.um.por cosa de aqueste
¶Phinees.nombre de varon judio
¶Phirne.es. por una puta famosa
¶Physema.atis.por perla vana
¶Physema. atis. interpretatur inflatio
¶Physeter.eris. por una especie de vallena
¶Physis.interpretatur natura
¶Physicus.a.um.por cosa de naturaleza
¶Physionimia.e. por la fisonomia
¶Physco. onis.renombre de un rei de egipto.
¶Phison.por ganges rio delas indias
¶Phystula.e. idem est quod fistula
¶Python.onis.nueve en forma de sierpe.
¶Python.onis.por la sierpe que mato apolo
¶Python.onis.por el adevino.
¶Pythonissa.e.por la adevina
¶Pythonicus.a.um. por cosa de aquestos
¶Python.onis. interpretatur planta
¶Phyteosis.is.interpretatur plantatio
¶Phytia.orum. juegos eran de apolo
¶Phlebs.interpretatur uena sanguinis
¶Phlebotomia.e.por la sangria
¶Phlegma.atis. por la flema umor
¶Phlegmon.interpretatur tumor.
¶Phlegeton.ontis.por un rio del infierno
¶Phlegetontis.idis.por cosa hembra de alli
¶Phlegetonteus. a.um. por cosa deste rio
¶Phlegias.e. rei delos lapithas hijo de mars
¶Phlegye.arum.pueblos son de thessalia
¶Phlegon. onis. por un cavallo del sol
¶Phlegra.e.lugar es en thessalia.
¶Phlegreus. a.um. por cosa deste lugar
¶Phlox.gis.interpretatur flamma
¶Phlogis.is.nombre proprio de muger
¶Phlogizo.iuterpretatur inflammo
¶Phocion.onis.capitan delos athenienses
¶Phocis.phocidis.region cerca de athenas
¶Phocaicus.a.um.por cosa desta region
¶Phocais.idis.por cosa hembra de alli
¶Phocus.i. por el hijo menor de eaco
¶Phoceus.a.um.por cosa de aqueste
¶Phoca.e. por el lobo marino
¶Phoebus.i.por el dios sol o apolo
¶Phoebeus.a.um.por cosa deste dios
¶Phoebeius.a.um.por aquello mesmo
¶Phoebas.phoebadis.la sacerdotissa deste
¶Phoebigena.e.por hijo o hija de aqueste

¶Phoebe.es.por diana o luna
¶Pholoe.e.por un monte de arcadia
¶Phoebe.es. ermana fue de ilaira
¶Pholus.i.por uno delos centauros
¶Phoenos.i. por un lago de arcadia
¶Phoenix.icis. por un hijo de agenor
¶Phoenicia.e. por una region de asia
¶Phoenix.icis.por varon desta region
¶Phoenissa.e.por hembra desta region
¶Phoenicius.a.um.por cosa desta region
¶Phoenicobalanus.i.especie de unguento
¶Phoenix. icis. por aquella ave singular
¶Phenicopterus.i. ave es de alas bermejas
¶Phoenix.icis. por un rio de thessalia
¶Phoenix.icis. por un hijo de aminthor
¶Phoenicius.a.um.por cosa morada clara
¶Phoenicies.ei.por color morado
¶Phogor.idolo fue de un falso dios
¶Phone.es. interpretatur uox
¶Phonascus.i.el maestro que adoba la boz
¶Phonos.interpretatur cedes
¶Phorbas.antis. uno fue delos eroes
¶Phorcus.i. por un hijo de neptuno
¶Phorcys.yos. por aquel mesmo
¶Phorcyn. ynis. por aquel mesmo
¶Phorcynis.idis.por la hija de aqueste.
¶Phormio.onis.nombre proprio de varon
¶Phos.interpretatur lux uel lumen
¶Phosphorus.i.por el luzero estrella
¶Photinus.i.familiar de ptolemeo rei
¶Phoxinus.i. pece es de laguna
¶Phraates.e.por un rio delos parthos
¶Phramea.e.por cuchillo de cierta forma
¶Phrasis.interpretatur eloquentie corpus
¶Phraortes.is.por un rei delos medos.
¶Phrene. arum. por las telas del coraçon
¶Phrenesis.phrenesis. por la frenesia
¶Phrenetis.tis.por aquello mesmo.
¶Phreneticus.a.um. por la frenesia
¶Phryganius.ij.animal es no conocido
¶Phryx.phrygis.principe fue de troia
¶Phrygia.e. por una region de asia menor
¶Phrygius.a.um. por cosa desta region
¶Phrygianus.a.um.por aquello mesmo.
¶Phrygio.onis.por el bordador
¶Phryx.phrygis.por varon de frigia.
¶Phrygius.ij.regidor del carro de castor.
¶Phrygius tonus.por cierto tono en musica

¶Phrygius lapis.tierra es medicinal de alli
¶Phrynos.i.interpretatur rubeta.
¶Phrinicus.i. poeta comico griego
¶Phryxus.i.hijo fue de athamas z neifila
¶Phrenesis.is.interpretatur prudentia
¶Phthia.e. por una region de thessalia
¶Phthius.a.um.por cosa desta region
¶Phthiota.e.por varon desta region
¶Phthir.interpretatur pediculus piojo
¶Phthriasis.dolencia de piojos
¶Phthisis.is.por la tissica dolencia
¶Phthisicus.a.um. por el doliente della
¶Phthisis pecudum.por la trefedad.
¶Phthisicus.a.um.por cosa trefe
¶Phthongus.i.interpretatur sonus uocis
¶Phucus.i.por el gangano dela colmena
iaculum.i.pecado de purgar
¶Piacularis.e. por cosa que purga assi
¶Piaculariter.aduerbium.purgatoria mente.
¶Piamentum.i.por aquella purgacion
¶Pica.e.por la picaça o pega ave
¶Picatus.a.um.por cosa empegada
¶Picenum.i.por la marca de ancona
¶Picens.tis.por cosa desta region
¶Picenus.a.um.por aquello mesmo
¶Picentinus.a.um.por aquello mesmo
¶Piccus.a.um. por cosa de pez
¶Picinum oleum. por azeite de pez
¶Pico.as. picaui. por empegar.a.i.
¶Piconia.e. por una fuente cerca de roma
¶Picros.interpretatur amarus
¶Pyctes.e. interpretatur pugil
¶Pictus.a.um. por cosa pintada
¶Pictor.oris.por el pintor
¶Pictorius.a.um.por cosa para pintar
¶Pictura.e. por la pintura
¶Picturo.as.aui.por pintar.ra.a.i.
¶Picus.i.hijo de saturno
¶Picus.i.por el pico ave conocida
¶Picus.i.por el grifo ave incognita.pr.
¶Pieria.e.por un monte de boecia
¶Pieria.e.por una ciudad en aquel monte
¶Pierides. por las musas dichas deste monte
¶Pierus.i.por el padre delas picas
¶Piencola.e.por la religion a dios.pr.
¶Pietas.atis.por el acatamiento al maior
¶Pietas.atis. por la religion
¶Pientissimus.a.um.superlatiuum a pius
.f.iii.

Pyga.ę. por la nalga.gręcum
Pygargus.i. por una especie de aguila
Piget impersonale.por aver verguença.
Pigendus.a.um. participium est a piget
Pigitum est.preteritum est a piget
Piger.pigra.pigrum.por cosa perezosa.
Pigredo.inis. por la pereza.nouum
Pigricia.ę. por aquello mesmo
Pigricies.ei. por aquello mesmo
Pigritudo.inis.por aquello mesmo.
Pigritas.atis.por aquello mesmo
Pigritor.aris. por emperezar.d.v.
Pygmęi.orum. pueblos son dela india
Pygmęus.a.um.por cosa destos pueblos
Pygmalion.onis. padre fue de pafo
Pygmalió.onis.hijo õ belo ermano de dido
Pigmentum.i. por color para pintura
Pigmentarius.ij.por el que las vende
Pigmentarius.a.um.por cosa de pintura
Pigmentum.i. por especia de olor
Pigmentarius.ij. por el especiero
Pignus.oris. por la prenda
Pignus. oris.por el hijo o hija
Pigneror.aris.por empeñar.d.iij.
Pignero.as.aui. por aquello mesmo.a.i
Pignero.as.aui. por prestar sobre prēda.a.i
Pigneraticius.a.um. por cosa empeñada
Pila.ę. por la pila de piedra o madera
Pila.ę. por el pilar o coluna
Pila paganica. por la pelota aldeana
Pila trigonalis.por la pelota de ciudad
Pyla.ę. por el puerto de monte
Pylades.ę.hijo destrofio amigo de orestes
Pyladęus.a.um. por cosa de aqueste
Pilanus.i. el que peleava con pilo romano
Pylemon.onis.marido de baucis
Pilatus.i.romano en tiempo de iħu xρo.
Pylemenes.is.capitan delos paflagones
Pileus.i.por bonete o carapuça.
Pileolus.i. por aquel bonete pequeño
Pileatus.a.um.por cosa con carapuça
Pilentum.i.por cierta especie de carro
Pilo. as.pilaui. por pelar.acti.
Pilo.as.pilaui. por pelechar. neu.
Pilosus.a.um.por cosa llena de pelos
Pylos.i. por una ciudad cerca de thessalia
Pilius.a.um. por cosa desta ciudad
Pilum.i.por cierta lança romana

Pilum.i.por maço para majar lalescandia
Pilumnus.i.hijo de jupiter padre de dauno
Pilus.i. por el pelo del cuerpo
Pilula.ę.por la pella o pildora
Pilularius scarabeus. escaravajo de pellas
Pyluros.i. la puerta del intestino ciego
Pinacotheca.ę.lugar dõd se guardã retablos
Pinacidion.interpretatur tabella
Pinax.cos.interpretatur tabula
Pinacidion.ij.interpretatur catinulum
Pinarius.ij. sacerdote fue de ercules
Pinaster.tri.por el pino silvestre
Pincerna.ę.el que sirve de copa
Pindarus.i. poeta fue lirico griego
Pindaricus.a.um. por cosa de aqueste
Pindus.i. por un monte de thessalia
Pineus.a.um.por cosa de pino
Pinetum.i.por el pinal
Pinus.i. uel pinus. por el pino
Pingue.is.por la grossura
Pinguedo.inis.por aquello mesmo.
Pinguitudo.inis.por aquello mesmo
Pinguis.e.por cosa gruessa
Pinguiter.aduerbium.por gruessa mente
Pingo.is.pinxi.pictum.por pintar
Pinifer.a.um.por cosa que trae pinos
Pinna.ę. por el altura de cada cosa
Pinna.ę.por el almena del muro
Pinnatus.a.um. por cosa almenada
Pinniger.a.um.i.gerens.pinnas
Pinnirapus.i. i. rapiens pinnas
Pinna. pinnę. por el ala del pece
Pinnula.ę.idest parua pinna
Pinnaculum.i. por lo mas alto del edificio
Pinna.ę.por una especie de concha.
Pinnotheres. pescado que la acompaña
Pinnophylax.acis.por aquel mesmo
Pinso.as.aui. por majar escandia. a.i.
Pinso.is.pinsui.por aquello mesmo.a.i.
Pio.as. por purgar por sacrificio.a.i.
Piper. piperis. por la pimienta
Piperitis.ierva que sabe a pimienta.
Piperatum.i. por la pebrada
Piperatum uinum.por vino con pimienta.
Pipina.ę. por la pifa pequeña
Pipio.is.pipiui. por cantar el gorrion. n.v.
Pipilo. as.aui. por aquello mesmo
Piplea.ę.fuente es de libethro monte

¶Pipleus.a.um. por cosa deste monte
¶Pipleis.dis.por la musa.
¶Pipo.as.pipaui.por piar el balcon.n.v.
¶Pipo.onis. avezita que bive de mosquitos
¶Pipulum.i.por denuesto.pr.
¶Pyr.interpretatur ignis
¶Pyra.ę.por la boguera.
¶Pireus.i.por un puerto de athenas
¶Pyreum.i.por un cabo de athenas
¶Pyracmon.onis.por uno delos ciclopes
¶Pyralis.is.animal que bive enel buego.
¶Pyrausta.ę.por aquel animal mesmo
¶Pyramis.idis.cosa que sube en agudo.
¶Pyramus.i.mancebo fue babilonio.
¶Pirata.ę.por el cossario dela mar
¶Piraticus.a.um.por cosa de aqueste.
¶Piratica.ę. por el arte de aqueste
¶Pyrene.es.hija de bebricio.a qua dictus
¶Pyreneus mons.entre francia z españa.
¶Pyreneus.a.um. por cosa deste monte
¶Pyreneus. i. varon fue sacrilego
¶Pyrene.es.por una fuente de corintho
¶Pirenis.idis.por cosa hembra de alli
¶Pyretrum.i.por el pelitre
¶Pyrgus.i.interpretatur turris
¶Pyrgitis.idis.por cosa hembra de torre
¶Pyrgus.i. por el tablero para jugar
¶Pyrgi.orum.por una ciudad de tuscia
¶Pyrgensis.e. por cosa desta ciudad
¶Pyrgoteles.is. por un lapidario notable
¶Pirinum.i.por uesso de fruta.
¶Pyrites.ę. por el pedernal piedra
¶Pirithous.i. hijo de irion amigo de theseo
¶Pyro pyrus.hija de oceano z thetis
¶Pyrodes.ę.hijo de cilix invetor del pedernal
¶Pyrodes.interpretatur ignitus
¶Pyrois.pyroentis.por un cavallo del sol
¶Pyromantia. ę. la divinacion del buego
¶Pyromanticus.i.por el adivino assi.
¶Pyropoecilus.i.por cierta especie de piedra.
¶Pyropus. i. por el carbuncol piedra pre.
¶Pyrosache.es.arbor es no conocida
¶Pyrrhos.interpretatur ruber et russus
¶Pyrrhus.i. hijo de achiles z de idamia
¶Pyrrhus.i.por otro rei delos epirotas
¶Pyrrhide.arum.por los mesmos de epiro
¶Pyrrhichius.ij. por el pie de dos breves
¶Pyrrhica.ę.por una cierta dança o baile.

¶Pyrrha.ę.hija ð epimetheo mug.ð deucaliõ
¶Pyrrho pyrrhonis.filosofo fue notable
¶Pyrus. i. por el peral arbol conocido
¶Pyrum.i. por la pera fruta deste arbol
¶Pyrum cucurbitinum. de figura de calabaça
¶Pyrum signinum. de una ciudad de cãpania
¶Pisa.ę. por una ciudad de arcadia
¶Piseus.a.um.por cosa desta ciudad
¶Pisae.arum.por pisa ciudad de italia
¶Pisanus.a.um.por cosa desta ciudad
¶Pisatilis.e.por aquesto mesmo.pr.
¶Pysander.dri.uno delos procos ð penelope
¶Pisaurum.i.rio es dela marca en italia
¶Pisaurus. i. por una ciudad alli
¶Pisaurensis.e.por cosa desta ciudad.
¶Piscator.oris.por el pescador
¶Piscatorius.a.um. por cosa para pescar
¶Piscatura.ę.por el oficio de pescar
¶Piscatus.us. por aquello mesmo
¶Piscis.piscis.por el pece o pescado
¶Piscis foemina.por el pece hembra
¶Pisculus.i. por el pece pequeño
¶Piscina.ę. por el estanque de peces
¶Piscito.as.aui.por cantar el estornino
¶Piscor piscaris. por pescar.d.iij.
¶Piscosus.a.um.por cosa llena de peces
¶Pisculentus.a.um.por aquello mesmo
¶Piside.arum.pueblos son de
¶Pisistratus. i. tirano delos athenienses
¶Piso.is. por majar con maço
¶Pistacium.ij. por el albostigo arbol
¶Pistacium.ij.por el albostigo fruta
¶Pissos.i.interpretatur pix.
¶Pissoceros.i.el betun dela colmena
¶Pissasphaltos.i.betun iudaico con cera
¶Pisseleon.i.por azeite de pez
¶Pistis.is. interpretatur fides
¶Pisticus.a.um. por cosa no contrahecha
¶Pistor.oris.por el majador del escandia.
¶Pistillus.i.por el majadero o maço
¶Pistor.oris.por el panadero
¶Pistorius.a.um.por cosa de panadería
¶Pistorium. ij. por una ciudad de
¶Pistoriensis.e.por cosa desta ciudad.
¶Pistrinum.i.por el aceña o molino
¶Pistrillum.i.por el atabona o molino
¶Pistrilla.ę.por aquello mesmo
¶Pistrinarius.ij.por atabonero o molinero

.F.iiij.

¶Piſtrinarius. a.um. por coſa para eſto
¶Piſtrinenſis.e.por coſa de atahona o molino
¶Piſum.i.por cierta legumbre o arveja
¶Pitacium.ij. por pedaço de hoja
¶Pitaciolum.i.por aquel pedaço pequeño
¶Pitane.es. por una ciudad de eolia
¶Pithecos. i. interpretatur ſimia
¶Pitechuſa.e.por una iſla enel mar tuſco
¶Pitechuſe. arum. por la ciudad deſta iſla
¶Pitechuſanus.a.um. por coſa deſta ciudad
¶Pythagoras.e.filoſofo dicipulo de ferecides
¶Pythagoricus.a.um.por coſa de aqueſte
¶Pythagoreus.a.um.por aquello meſmo
¶Pithos.interpretatur dolium
¶Pithetes.e.por cometa de figura de cuba
¶Pitheus.i.por un rei de troezen.
¶Pitheus.a.um. por coſa de aqueſte
¶Pitheius.a.um. por aquello meſmo.
¶Pythius apollo.por el dios apolo
¶Pythia.orum. por los juegos deſte dios
¶Python. onis. por la ſerpienta que mato
¶Pitys.interpretatur pinus
¶Pitya.e.por piñon de pino ſilveſtre
¶Pityuſa.e. por una eſpecie de lechetrezna
¶Pityuſa.e. por una iſla cerca de iviça
¶Pityocampe.es.guſano delas piñas
¶Pytiſma.atis.interpretatur irroratio
¶Pitiſſo.as.aui.por bever a ſorvos.n.v.
¶Pito.pitus.hija fue de oceano z tethis
¶Pittacus.i.por uno delos ſiete ſabios
¶Pituita.e.por la flema umor.
¶Pituita.e.por la pepita de gallina
¶Pituiticus.a.um.por el flematico
¶Pituitarius.a.um. por coſa contra flema
¶Pitinus.i.por el invêtor de eſtercolar tierra.
¶Pius.a.um.por coſa religioſa
¶Pius.a.um.coſa que onra a ſus padres
¶Pix picis. por la pez.
¶Pyragatos.i. buen ombre de pie
¶Pyracanthus.i.por una eſpecie de cardo
¶Pyros.i.interpretatur burus
¶Pyris.idis. por la bureta
¶Pyridicula.e. por la bureta pequeña
¶Pyridatus. a.um. por coſa encaſada en otra
¶Pyrinum. i. por una cierta medicina
lacamentum. por el aplacar al airado
¶Placamen.inis.por aquello meſmo.
¶Placenta.e.por torta de cierta forma

¶Placabilis.e.por coſa amanſable
¶Placabiliter.aduerbium.por placable mente
¶Placabilitas.atis.por aquel aplacar.
¶Placatio.onis. por aquello meſmo
¶Placor.oris. por aquello meſmo.ra.
¶Placo.as.aui.por aplacar al ſañudo.a.i.
¶Placeo.es.placui. por plazer z agradar.n.v
¶Placeo mihi.por eſtar contento z ufano
¶Placitus. a.um. por coſa plazentera
¶Placidus. a.um. por coſa plaziente
¶Placiditas.atis.por aquel plazer
¶Placitis cadmia. eſpecie es de hollin
¶Pleriqz plereqz plerûqz.por la maior parte
¶Plerumqz.aduerbium.por la maior parte
¶Plerus.a.um.por la maior parte
¶Plaga.e. por la red de grandes ojos
¶Plaga. e. por la herida o golpe
¶Plaga.e.por la region o trecho
¶Plaga.e.por la cama o lecho
¶Plagoſus.a.um.por lo que mucho hiere
¶Plagium.ij.por el hurto de ſiervo o libre
¶Plagiarius.ij.por el que los hurta
¶Plane.interpretatur error
¶Planetes.e.por el eſtrella planeta
¶Planeta.e.por el meſmo planeta
¶Planeſium.ij.por una muger
¶Plango.is.planxi.por herir llorando.a.i.
¶Plangor.oris. por aquel plañimiento
¶Planctus.us.por aquello meſmo
¶Plancus.i.ombre de grandes pies z llanos.
¶Planta.e.por la planta del pie
¶Planta. e. por la planta para plantar
¶Plantatilis.e.por coſa para plantar
¶Plantatio.onis. por el plantar
¶Plantare.is.por la planta con ſu raiz
¶Plantarium.ij. por aquello meſmo
¶Plantago.ginis.por llanten ierva
¶Planto.as.plantaui.por plantar.a.i.
¶Planus.a.um.por coſa llana
¶Planipes. dis. por el que dança llano
¶Planicies.ei.por la llanura o llano
¶Plaſma.atis.interpretatur figmentum
¶Plaſmo.as.aui.por hazer de barro.a.i.
¶Plaſma.atis. por vaſo de barro
¶Plaſtes.e.por el ollero de tales vaſos
¶Plaſtice.es.por aquella arte
¶Platanus.i.por el platano arbol.
¶Platanon.onis. por el lugar dellos

¶Platanista.ę. por un cierto pece
¶Platéa. ę. por la plaça donde no venden
¶Plátea.ę.por un lugar de celtiberia
¶Pláteę.arum.por una ciudad de boecia.
¶Plateenſis. e. por coſa deſta ciudad
¶Plátea.ę.por una cierta ave
¶Platys.interpretatur latus.
¶Platyceros.otis.por el gamo
¶Plato.onis.por aquel notable filoſofo
¶Platonicus.a.um.por coſa de aqueſte
¶Plaudo.is.ſi.favorecer cõ boz z manos.n.ij
¶Plauſito.as.aui. por favorecer aſſi. n.ij.
¶Plauſibilis.e.por coſa favorable aſſi.
¶Plauſus.us.por aquel favor.
¶Plauſtrum.i. por el caſro para cargos
¶Plauſtrarius.ij.por el carretero
¶Plautus.i.por plauto poeta comico latino
¶Plautinus.a.um.por coſa de aqueſte
¶Plautiniſſimus.por amador mucbo del.
¶Plautius.ij.otro poeta comico latino
¶Plautianus.a.um.por coſa de plautio.
¶Plaxaura.ę. bija de oceano z tetbis
¶Plebes.plebis.por el pueblo de menudos.
¶Plebeius.a.um.por coſa de tal pueblo.
¶Plebecula.ę. por tal pueblo pequeño
¶Plebiſſcitum. i. por lei del pueblo tal
¶Plebs.plebis.por el meſmo pueblo.
¶Plectes.ę. interpretatur percuſſor
¶Plectinon.por pie como de pulpo
¶Plecto.is.xi.por berir o punir.gr.a.i.
¶Plectrum.i.inſtrumento para berir
¶Plectorium.ij.por aquello meſmo
¶Plecto.is.xi.por atar en uno.a.i.
¶Pleiades.bijas de atlas z pleione
¶Pleiaoes. las ſiete cabrillas del cielo
¶Plemnyrium. ij. por un rio de ſicilia
¶Plenus.a.um.por coſa llena
¶Plenitudo.inis.por el bincbimiento
¶Plenarius.a.um. por coſa complida
¶Plenilunium.ij. por luna llena
¶Pleo. interpretatur nauigo.as
¶Pleo.es. non extat:ſed ab eo compoſita
¶Pleonaſmus.i.interpretatur accumulatio
¶Pleuron.onis. ciudad es de grecia
¶Pleuronius.a.um.por coſa deſta ciudad
¶Pleuron. interpretatur coſta
¶Pleureſis.is. por dolor del coſtado
¶Pleuretis.idis.por aquella dolencia

¶Pleureticus.i.el que tiene aquel dolor
¶Pleura.interpretatur latus.eris.
¶Plexippus.i.bijo de tbeſtio z ermano ð altea
¶Plexus.a.um.participium a plecto
¶Plexus.a.um.colligatus a quo perplexus
¶Plias.pliadis.idem quod pleias pleiadis
¶Plico.as.aui. por plegar.a.i.
¶Plicatura.ę. por la plegadura
¶Plicatilis.e.lo que ſe puede plegar.
¶Plynius ſecundus.auctor ſeñalado
¶Plynius iunior. por otro ſobrino de aquel
¶Plynianus.a.um.por coſa de aqueſtos
¶Pliſtbenes.is.padre putativo de agamenon
¶Pliſtbenius.a.um.por coſa de aqueſte
¶Plodo.is. idem eſt quod plaudo. is.
¶Ploro.as.ploraui.por llorar.n.v.
¶Ploſtrum.i. por el carro para cargos
¶Ploſtellum.i.por el carretoncillo
¶Ploſtrarius.ij.por el carretero
¶Ploxemum.i. por caxa o boca.bar.
¶Pluma.ę. por la pluma del ave
¶Plumatus.a.um.por coſa con plumas
¶Plumidus.a.um.por aquello meſmo
¶Plumoſus.a.um.por coſa llena de plumas
¶Plumeus.a.um.por coſa de plumas
¶Plumeſco.is. por emplumecer.n.v.
¶Plumo.as.aui.por bordar de oro
¶Plumatilis.e. por coſa boſlada de oro
¶Plumarius.ij. por el bordador
¶Plumaria ars.por aquella arte.
¶Plumbum.i. por el plomo metal
¶Plumbum album.por el eſtaño
¶Plumbeus.a.um.por coſa de plomo
¶Plumbaria.ę.por el minero de plomo
¶Plumboſus.a.um.por coſa llena de plomo
¶Plumbarius.ij.por el que lo ſaca
¶Plumbo.as.aui.por ſoldar con plomo.a.i.
¶Plumbatura.ę.por la ſoldadura tal
¶Plũbago.inis.marqueſita o minero ð plomo
¶Plumula.ę.por pequeña pluma.
¶Pluo.is.pluui. por llover.n.v.
¶Pluralis.e.por coſa de mucbos
¶Pluratiuus.a.um.por aquello meſino.
¶Pluraliter.aduerbium. por de mucbos
¶Pluries.aduerbium. por mucbas vezes
¶Pluria in plurali ab eo quod plures
¶Plurifariam.por en mucbas maneras
¶Plurimus.a.um.ſuperlatiuum a multus

¶Plus pluris.plures plura. por mas
¶Plusculus.a.um. por un poco mas
¶Plus.aduerbium. por mas
¶Plusculum.aduerbium.por un poco mas
¶Plusios. interpretatur diues
¶Pluteum.i. por almario o cosa encorada
¶Pluto.onis.por el dios del infierno.
¶Plutonius.a.um.por cosa deste dios
¶Pluto.us.por una hija de oceano z tethis
¶Pluuia.ę.por el agua lluuia.
¶Pluuialis.e.por cosa de agua lluvia.
¶Pluuiatilis.e. por aquello mesmo
¶Pluuiosus.a.um.por cosa lluuiosa
  neuma. atis. interpretatur spiritus
    ¶Pneumaticus.a.um.por cosa de espiritu
¶Pneumaticum organum. bomba para agua
  oculum.i.por vaso para bever
    ¶Pocillum.i.por vaso pequeño
¶Poculum.i.por la mesma pocion
¶Poculentum.i. por la mesma bevida
¶Pódagra.ę. por la gota de pies
¶Podagricus. a.um. por el podagroso
¶Podagrizo.as.por estar enfermo della
¶Podarges.iegua fue mui ligera
¶Podalirius.ij. hijo fue de esculapio
¶Podéris.is. vestidura basta en pies
¶Poder podicis.por el salvonor.
¶Podium.ij.por el poio o assentamiento
¶Poean.antis.padre fue de filoctetes
¶Poeantius.a.um. por cosa de aqueste
¶Poeantides.dę.por hijo de aqueste
¶Poema.atis.por la obra del poeta
¶Poematum.i. por aquello mesmo
¶Poena.ę.por la pena.gręcum
¶Poenalis.e.por cosa de pena
¶Poenitet impersonale. por arrepentirse.
¶Poeniteo.es.poenitui. por lo mesmo.pr
¶Poeniteor.eris.por aquello mesmo.pr
¶Poenitendus.a.um. participium a poenitet
¶Poenitentia.ę.por el arrepentimiento
¶Poenitudo.inis. por aquello mesmo
¶Poenus.a.um.por cosa de africa biva
¶Poenicus.a.um.por lo mesmo no bivo
¶Poesis.poesis.por la poesia arte.
¶Poetica.ę. por la mesma arte
¶Poetria.ę. por la mesma arte
¶Poeta.ę. por el poeta varon
¶Poetis.poetidis.por poeta hembra.

¶Poeticus.a.um. por cosa de poesia
¶Poetor poetaris.por obrar por poesia.d.v
¶Poeoteta.ę.interpretatur quálitas
¶Pogonias.ę. especie de cometa barvada
¶Polemo.onis.filosofo dicipulo de xenocrates
¶Pólemos.interpretatur bellum
¶Poleo.interpretatur uendo.is.
¶Polenta.ę. por una especie de puchas
¶Poly.interpretatut multum
¶Polyandrum.i. multitudo uirorum
¶Polyarnes.ę. el que tiene muchos corderos
¶Polybetes.ę. por un rei de lacedemonia
¶Polybétes.ę.por un sacerdote de ceres
¶Pólybus.i.uno delos procos de penelope.
¶Polybútes.ę. el que possee muchos bueies
¶Polyclétus.i.por un estatuario notable
¶Polycletęus.a.um.por cosa de aqueste
¶Polycaste.es.la madre fue de penelope.
¶Polycrates.ę. por un tirano de samo
¶Polydamas.antis.por un varon troiano
¶Polydectes.ę.rei de serifo hijo de magnete
¶Polydora.ę.hija de oceano z tethis
¶Polydorus. i. por un hijo del rei priamo
¶Polydoręus.a.um.por cosa de aqueste
¶Polygen.onis.i.berba sanguinalis.
¶Polygonium.ij.por aquella mesma ierva
¶Polygéneton.i.frequentię pictura.
¶Polygnotus.i. por un famoso pintor
¶Polymeles.ę.el que tiene muchas ovejas
¶Polimentim.i.por turmas de puerco
¶Polymitus.a.um.lo texido có muchos lizos
¶Polymitarius.ij. por aquel texedor
¶Polymitaria.ę.por aquel arte de texer
¶Polymnestor.oris.por un rei de thracia.
¶Polyhymnia.ę.una delas nueve musas
¶Polymnia.ę.por aquella mesma musa.
¶Polio.onis.por el acicalador
¶Polio.is.poliui.por polir z acicalar
¶Polyon.i.por una ierva como violeta
¶Polypercon.tis.un capitan de alexandre
¶Polyphagus.i.por el gran comedor
¶Polyphemus.i.por uno delos ciclopes.
¶Polypyron.i. por de mucho trigo
¶Polypoetes.ę.hijo de pirithoo z ippodamia
¶Polipodium.ij.por una ierva deste nombre.
¶Polyptoton.nombre de muchos casos
¶Pólypus.i.por el pulpo pescado conocido.
¶Pólypus.i.por una carne delas narizes.

¶Polyposus.a.um. por el doliente della
¶Polytes.e. por un hijo de priamo.rei
¶Polis.eos.interpretatur ciuitas.
¶Politia.e. por el regimiento de ciudad
¶Politicus.a.um. por cosa de ciudad.
¶Polysyllabus. a.um. por de muchas silabas
¶Polysenus.a.ū. por de muchos significados
¶Polysytheton.i. multorum compositio
¶Politus. a.um. por cosa polida
¶Polities.ei. por la polideza o polidura
¶Politura.e. por aquello mesmo
¶Polimentum.i.por aquello mesmo
¶Polyxena.e. hija de priamo z ecuba.
¶Pollen.inis.por lo sotil dela harina
¶Polleo.es.pollui.resplandecer z poder.n.v.
¶Pollentia.e. por una ciudad delas alpes
¶Pollentinus.a.um. por cosa desta ciudad
¶Pollex pollicis.por el pulgar dela mano.
¶Pollex pollicis.por el pulgar dela vid
¶Pollicaris.e.por cosa de pulgar
¶Polliceor.eris. prometer cõ solenidad.d.ij.
¶Pollicitor.aris. por aquello mesmo.d.ij
¶Pollicitatio.onis.por aquel prometimiento.
¶Pollinarius.a.um. por cosa para harina
¶Pollinarium cribrum.cedaço para harina
¶Polliceo.es.xi.por curar z limpiar.a.i.
¶Pollinctor.oris.el que cura los muertos
¶Pollio.onis.varon fue romano noble
¶Polluceo.es.por dedicar o sacrificar.a.iij
¶Polluo.is.pollui.por ensuziar.a.i.
¶Pollutio.onis. por el ensuziamiento
¶Pollux pollucis. hijo de jupiter z leda
¶Polubrum.i. por vaso de agua.pr.
¶Polus.i. interpretatur uertex remolino
¶Polus.i. por el cielo o polo del cielo
¶Pomarium.ij.por el uerto de arboles
¶Pomarius.a.um. por cosa para arboles.
¶Pomeridianus.a.ū.cosa despūs õ medio dia
¶Pomifer. a.um. por lo que cria fruta
¶Pomilio.onis.por el enano
¶Pomilius.a.um. por cosa enana
¶Pomosus.a.um.por cosa llena de frutas
¶Pompa.e. por la pompa z apparato.
¶Pompalitas.atis. por aquella pompa.no
¶Pompatice.aduerbium.por con pompa.no.
¶Pompeij.orum.ciudad de
¶Pompeius.ij.por aquel mentado capitã ro.
¶Pompeius.a.um. por cosa de aqueste

¶Pompeianus.a.um.por del vando deste
¶Pompeiópolis.is. ciudad de
¶Pompeiopolitanus.a.um.cosa desta ciudad
¶Pompholix.gis.lavadura de escoria de cobre
¶Pompholonium.ij. medicina desta escoria
¶Pompilus.i.pescado especie de atun
¶Pomus.i.por el mançano arbol.
¶Pomona.e. por la diosa delos mançanos
¶Pomum.i.por la mançana fruta
¶Pondero. as.aui. por pesar.a.i.
¶Pondus.eris.por el peso o cargo
¶Pondusculum. i. por pequeño cargo
¶Pondo in plurali. por libras de moneda
¶Pone prepositio.por atras
¶Pone.aduerbium. por lo mesmo
¶Pono.ponis.posui. por poner.a.i.
¶Pons pontis.por la puente
¶Pons nauis.por la escala de nave
¶Pons miluius. por ponte molle en roma
¶Ponticulus.i. por pequeña puente
¶Pontanus.a.um.por cosa de pnente
¶Ponto.onis.por el ponton pequeña puente.
¶Pontifex pontificis. perlado enlo sacro
¶Pontificius.a.um.por cosa deste perlado
¶Pontificalis. e. por aquello mesmo
¶Pontificatus.us. por la prelacia tal
¶Pontus.ponti. por la mar
¶Pontus euxinus.por el mar dela tana
¶Pontus.i. por una region de asia menor
¶Ponticus.a.um.por cosa desta region
¶Pontie.arum. islas son cerca de napoles
¶Pontina palus. laguna es delos volscos
¶Pontinum.i.por eredad cerca de alli
¶Pontinus.a.um.por cosa cerca de alli
¶Pontius.ij.varõ romano que condeno a xpo
¶Pontia.e.por una muger romana
¶Popa.e. por la grossura
¶Popeanum.i.afeite que hallo popeia
¶Popeia.e.muger fue de nero emperador
¶Popellus.i. por pueblo pequeño
¶Popina.e. por la cozina lugar z caldo
¶Popinatio.onis. por aquella vida cozinera
¶Popinalis.e.por cosa de cozina
¶Popino.onis.por goloso de cozina
¶Popisma.atis. est manuum attrectutio.
¶Poples.poplitis.por la garganta del pie
¶Populor.aris.por destruir el campo.d.iij
¶Populo.as.aui. por aquello mesmo.a.i.

¶Populatio.onis.por aquella destrucion
¶Populatus.us. por aquello mesmo
¶Populabilis.e. por cosa destruible
¶Populator.oris.por aquel destruidor
¶Populabũdus.a.um.el que mucho destruie.
¶Populus.i. por el pueblo
¶Popularis.e.por cosa del pueblo
¶Populariter.aduerbium.popular mente
¶Populus.i.por el alamo blanco
¶Populus nigra.por alamo negrillo
¶Populifer.a.um.por cosa que los cria
¶Populeus.a.um.por cosa de alamo.
¶Populnus.a.um. por aquello mesmo
¶Populneus. a.um. por aquello mesmo
¶Populonia.e. por plumbino en italia ciudad
¶Populoniensis.e.por cosa desta ciudad
¶Populonium.ij. por un cabo de tierra alli
¶Porca.e.por la emelga entre dos sulcos.
¶Porca.e.por la puerca que no pario
¶Porcarius.a.um. por cosa de puerca
¶Porcellus.i.por el lechon puerco de leche
¶Porcellus lacteus.por aquello mesmo
¶Porcella.e. por puerca pequeña.
¶Porcetra.e.por puerca que pario una vez
¶Porcus.i.por el puerco
¶Porcus sacris.por puerco para sacrificar
¶Porculus.i. por puerco pequeño
¶Porcula.e.por puerca pequeña
¶Porculus marinus.por puerco pescado.
¶Porcinus.a.um.por cosa de puerco.
¶Porculator.oris.por el porquero
¶Porculatio.onis.por criança de puercos
¶Porgo.is.pro eo quod est porrigo.a.i.
¶Poros.interpretatur meatus
¶Porphyra.e.interpretatur purpura
¶Porphyrio.onis. uno fue delos gigantes
¶Porphyrio.onis.ave es de alas bermejas
¶Porphyris.is.isla es enel mar laconico
¶Porphyrius.ij.auctor fue griego
¶Porphyrion.onis.gramatico fue latino.
¶Porphyreos.interpretatur purpureus
¶Porphyrites.e.por la piedra porfido
¶Porphyreticus.a.um.por cosa de porfido
¶Porrigo.is.porrexi.por estender.a.i.
¶Porrigo.ginis.por la caspa dela cabeça
¶Porrigo.inis.dolencia tal enlos puercos
¶Porricio.is.por echar a lexos.a.i.
¶Porro.aduerbium.pro certe.gr.

¶Porro.aduerbium.por lexos.gr.
¶Porro uersum. por lexos hazia delante
¶Porrum.i.por el puerro
¶Porrus.i.por aquello mesmo.ra
¶Porrum sectiuum.por puerro luengo
¶Porrum capitatuz. por puerro con cabeça
¶Porraceus.a.um.por cosa de puerro
¶Porrina.e.por el porrino
¶Porrima.e. por la diosa ola profecia passada
¶Porsena.e.rei fue delos ethruscos
¶Porsenna.e.por aquel mesmo rei
¶Porta.e.por la puerta de ciudad o real
¶Portarius.ii.por portero de ciudad
¶Portatio.onis. por el traimiento
¶Portendo.is.di.por divinar algun mal.
¶Portentum.i.milagro que significa mal
¶Portentosus.a.um. lo que assi amenaza mal
¶Porthinos.i. por estrecho de mar
¶Porthineus.i.por el barquero de passaje
¶Portitor. oris. por aqueste mesmo
¶Portitor.oris. por el que lleva z es llevado
¶Porticus.i.por lonja o portal para passear
¶Porticula.e.por aquello mesmo pequeño
¶Porticatio.onis.por aquello mesmo
¶Portio.onis.por la parte o racion
¶Portiuncula.e. por la parte pequeña
¶Porto.as. por traer o llevar a cuestas.a.i
¶Portito.as.aui. por traer assi a menudo.a.f.
¶Portorium.ij.por el portadgo
¶Portula.e.por puerta pequeña de ciudad
¶Portulaca.e.por la verdolaga ierva
¶Portus portus.por el puerto de mar.
¶Portuosus.a.um.por cosa llena de puertos
¶Portunus.i.por el dios delos puertos
¶Portisculus.i.por puerto pequeño
¶Posco.is.poposci.demãdar regriendo.a.iiij
¶Posia oliua.por azeituna para moler
¶Posides.e.liberto fue de claudio emperador
¶Posidianus.a.um.por cosa de aqueste
¶Positio.onis.por la postura o posicion
¶Postura.e.por aquello mesmo
¶Positus.us.por aquello mesmo.
¶Positiuum.nombre dela primera posició
¶Possessio.onis.por la possession
¶Possessio.onis.por la eredad que se possee
¶Possessiuncula.e.por pequeña eredad
¶Possessor.oris. por el posseedor
¶Possestrix.icis.por la posseedora.

¶Possessiuum nomen.que significa possession
¶Possideo.es.possedi.por posseer.a.i.
¶Possum.potes.potui.por poder.n.v.
¶Possetur. pro eo quod est posset.pr.
¶Post prepositio accusatiui. por despues
¶Post.aduerbium.por aquello mesmo
¶Postea.aduerbium.por aquello mesmo
¶Posteaꝗ coniunctio. por despues que
¶Postquam coniunctio. por lo mesmo. po
¶Posterus.a.um.por cosa siguiente
¶Posteri.orum.los ombres venideros
¶Posteritas.atis. por la generacion venidera
¶Posterior.oris. por el postrero de dos
¶Posthabeo.es.por postponer.a.i.
¶Posthac.aduerbium.por de aqui adelente
¶Posthumus.a.um.lo ꝗ nace muerto el padre
¶Posthumus.i.nombre proprio romano.
¶Posthumianus.a.um.por cosa de aqueste
¶Postis postis.por puerta de madera.
¶Posticum. i. por el postigo de tras la casa
¶Posticus.a.um.por cosa trasera
¶Posticula.e.por postigo pequeño
¶Postilena.e.por atabarre de albarda
¶Postliminium.ij.tornada despues a casa
¶Postmeridianus.a.u.lo despus de medio dia
¶Postmodum.aduerbium.por despues
¶Postmodo.aduerbium.por aquello mesmo
¶Postremus.a.um.por cosa postrimera
¶Postremissimus.a.um.por lo mesmo.pr
¶Postuenta.e.la diosa que dize lo venidero
¶Postuerta.e.la diosa del revesado
¶Postridie.aduerbium.por un dia despues
¶Postridianus.a.um.por cosa un dia despues
¶Postulo.as.por demandar en juizio.a.ij
¶Postulatio.onis.por aquella demanda
¶Postulator.oris. por aquel demandador
¶Postulaticius.a.um.por cosa demádada assi
¶Postulo.as.aui.por demandar lo justo.a.iiij
¶Postulatio.onis. por aquella demanda
¶Potamen.inis.por la pocion o bevida.po
¶Potatio.onis. por aquella bevida
¶Potamos.interpretatur fluuius
¶Potamogeton. ierva es no conocida
¶Potens.potentis.por cosa poderosa.
¶Potentia.e. por la potencia z señorio
¶Potentatus.us.por aquello mesmo.
¶Potenter.aduerbium. por poderosa mente
¶Poteratur.pro eo quod est poterat.pr.

¶Potesse.pro eo quod est posse.pr.
¶Potessum.pro eo quod est possum.pr.
¶Potesta.e.por el poderio.pr.
¶Potestur.pro eo quod est potest.pr.
¶Potestas.atis.por el poder o poderio
¶Potestas.atis.por el corregidor.
¶Potio.onis.por la bevida o xarafe
¶Potiuncula. e. por bevida pequeña
¶Potiono.as.aui.por dar bevida o xarafe.a.i
¶Potis. pote. por cosa que puede
¶Potior.oris.comparatiuum a potis pote
¶Potissimus.a.um.superlatiuum ab eo
¶Potius.aduerbium.por en antes esto
¶Potissimum.aduerbium. por maior mente
¶Potior.eris.por alcançar lo desseado
¶Potior.iris.por aquello mesmo
¶Poticius.ij. sacerdote fue de ercules
¶Potnia.e.por una ciudad de arcadia
¶Potnias.adis.cosa bembra desta ciudad
¶Potneosicus.a.um. por cosa desta ciudad
¶Poto.as.potaui.potus. por bever.a.j.
¶Poto.as.potaui.potus.por dar bevida.a.i
¶Potor potoris.por el bevedor grande
¶Potrix potricis.por la bevedora grande
¶Potorius.a.um. por cosa para bever
¶Potus.a.um. por el que bevio mucho
¶Potulentus.a.um. por aquello mesmo
racticos.interpretatur efficar.
¶Prae.prepositio ablatiui.por ante
¶Pre.in compositione. pro ualde et ante
¶Preacutus.a.um.por cosa mui aguda
¶Prebeo.es.prebui. por dar
¶Prebitio.onis. por aquel dar
¶Precanus.a.um.por cano ante tiempo
¶Precedo.is. precessi. por ir delante
¶Precello.is.lui.por ser mas ecelente.a.i
¶Precelsus.a.um.por cosa mui alta
¶Preceps.precipitis. por cosa ligera
¶Preceps.precipitis. por cosa perturbada
¶Precentio.onis.canto para pelear
¶Precidanea hostia.sacrificio por las miesses.
¶Preceptor.oris.el maestro que enseña
¶Preceptrix.icis.por aquella maestra.
¶Preceptum.i.por el mandamiento destos
¶Preceptio.onis.por aquello mesmo.
¶Precipio.is.precepi.mandar enseñando.a.i
¶Precino.is.precinui. por cantar delante.a.i
¶Precido.is.precidi.por cortar delante.a.i.

¶Preçingo.is.ri. por apercebir.a.i.
¶Preçinctus.a.um. por diligéte z apercebido
¶Preçipito.as.aui.por derribar.a.i.
¶Preçipito.as.aui. por caer. n.v.
¶Preçipitatio. onis. por perturbacion
¶Preçipitantia.e.por aquello mesmo.
¶Preçipuus.a.um. por cosa principal
¶Preçipue.aduerbium.principal mente
¶Preclarus.a.um.por cosa mui esclarecida
¶Preclaritas.atis.por el esclarecimiento.
¶Preclauium.ij.vestidura de hidalgos
¶Precludo.is.si. por cerrar en antes
¶Preclusio.onis. por aquel encerramiento
¶Preco preconis. por el pregonero
¶Preconium.ij.por el pregon
¶Precoquis.e. por cosa temprana
¶Precoquus.a.um.por aquello mesmo.
¶Precor.precocis.por aquello mesmo
¶Precordia.orum.por las telas del coraçon
¶Precorrumpo.is.por corromper antes.a.i
¶Precurro.is.precucurri.correr delante.n.v.
¶Preda.e.por la presa o robo
¶Predaccus.a.um. por cosa de robo
¶Predaticius.a.um.por aquello mesmo
¶Predabundus.a.um.el que mucho roba
¶Predator.oris.por el robador
¶Predatorius.a.um.por cosa para robar
¶Predestino.as.aui.por ante deliberar
¶Predestinatio.onis. por esta deliberacion
¶Predico.is.prediri.por dezir antes.a.i.
¶Predictio.onis.por aquel amonestamiento.
¶Predico.as.aui. por alabar.a.i.
¶Predium.ij.por la eredad de raizes.
¶Predium urbanum.por eredad en poblado.
¶Predium rusticum.por eredad del campo
¶Prediolum.i. por tal eredad pequeña
¶Preditus.a.um. por abonado de algo
¶Prediues.itis.por cosa mui rica.
¶Predo.onis.por el robador
¶Predor.aris.predatus. por robar.d.iij.
¶Predo.as.predaui.por aquello mesmo
¶Predurus.a.um.por cosa mui dura
¶Prefatio.onis.por el prologo o antehabla
¶Prefatiuncula.e.por aquello pequeño
¶Prefectus.i.por antepuesto en algun oficio.
¶Prefectus pretorio.el prefecto del palacio
¶Prefectus urbis.el assistente enla ciudad
¶Prefectura.e.por aquella dignidad.

¶Prefactorius uir.el que fue prefecto
¶Prefero.rs.pretuli.por anteponer.a.iij.
¶Prefica.e.por la endechadera
¶Preficio.is.prefeci.por anteponer.a.iij.
¶Prefigo.is.ri.por hincar delante.a.i.
¶Prefinio.is.iui.por ante determinar.a.i.
¶Prefinitio.onis.por aquella determinacion.
¶Prefoco.as.aui.por ahogar antes.a.i.
¶Prefodio.is. prefodi. por enterrar ante.a.i.
¶Preforor prefaris.por hablar antes.d.iij.
¶Prefringo.is.egi.por quebrar antes.a.i.
¶Prefulcio.is.si.por sostentar antes.a.i.
¶Prefurnium.ij.por boca de horno
¶Pregestio.is.por apresurarse con gestos.n.v
¶Pregnans.tis. por cosa preñada
¶Pregnatio.onis.por la preñez
¶Pregrauo.as.aui. por apesgar mucho
¶Pregrauatio.onis. por aquel peso
¶Pregredior.eris.pregressus.ir delante.d.v.
¶Pregressio.onis.por aquel andar delante
¶Preiudico.as.aui.por juzgar antes.a.i.
¶Preiudicium.ij.por el perjuizio
¶Prelabor.eris. por correr lo liquido.d.v
¶Prelapsus.us. por aquel corro
¶Prelego.is.prelegi. por coger antes.a.i
¶Prelegancus.a.um.lo que se coge antes
¶Preleganeum uinum.por vino de pomentes
¶Prelibo.as.aui.por antegustar o tocar.a.i.
¶Prelinio.is.ui. por untar antes.a.i.
¶Prelior.aris.preliatus. por pelear.d.v.
¶Prelio.as.aui.por aquello mesmo.pr.
¶Prelium.ij. por la pelea o batalla
¶Preludo.is.prelusi. por hazer levada.a.iij
¶Preludium.ij.por aquella levada
¶Prelusio.onis.por aquello mesmo
¶Prelum.i.por la prensa para prensar
¶Prelum.i.por la viga de lagar
¶Prelustris.e.por cosa mui luzida
¶Prematurus.a.um.por cosa no madura
¶Premesfero.por tener delante los ojos.a.i.
¶Premeditor.aris. por pensar antes.d.iij
¶Premeditatus.a.um. cosa pensada antes
¶Premeditatio.onis.por aquel pensamiento.
¶Premineo.es. por estar mui encima.n.iij
¶Preminentia.e. por aquella preminencia
¶Preministro.as.por servir ala mesa.n.iij
¶Premitto.is.si. por embiar delante.a.i.
¶Premissio.onis.por aquella embiada

¶Pṛemoderor.aris.por regir delante.d.iij
¶Pṛemodum.aduerbium.en gran manera
¶Pṛemoneo.es.nui.amonestar antes.a.iiij.
¶Pṛemonitus.us.por aquella monicion
¶Pṛemordeo.es. por morder lo de deláte.a.i
¶Pṛemorsi.pṛeteritum a pṛemordeo
¶Pṛemunio.is.por fortalecer antes.a.i.
¶Pṛeneste. es. ciudad fue cerca de roma
¶Pṛenestis.is. por esta mesma ciudad
¶Pṛenestinus.a.um. por cosa desta ciudad
¶Pṛenomen.inis.por el ante nombre
¶Pṛenosco.is.pṛenoui.por conocer antes.a.i
¶Pṛenuncius.ij.por el mensajero antes
¶Pṛeoccupo.as.aui.por tomar antes.a.i.
¶Pṛeoccupatio.onis.por aquella tomada
¶Pṛeparo.as.aui. por aparejar antes.a.iiij
¶Pṛeparatio.onis.por aquel aparejo
¶Pṛepedio.is.iui.por impedir.a.i.
¶Pṛepes.etis. por el ave que buela
¶Pṛepolleo.es. por mucho poder z luzir.n.v
¶Pṛepondero.as.aui. por mas pesar.a.i.
¶Pṛepon.interpretatur decorum.
¶Pṛepono.is.sui.por anteponer
¶Pṛepositio.onis.por la antepostura
¶Pṛepositio.onis. por una parte dela oracion
¶Pṛeposterus.a.um.por lo de tras adelante
¶Pṛepostere.aduerbium.por al reves assi.
¶Pṛeproperus.a.um.por mucho aquexoso
¶Pṛepucium.ij.por el capullo
¶Pṛerancidus.a.um. por cosa mui rancia
¶Pṛeripio.is.pui. por arrebatar antes.a.i
¶Pṛerogatiua.e.por la prerogativa
¶Pṛeruptus.a.um. por cosa alta
¶Pṛaes.pṛedis.por abonado en raizes
¶Pṛesagus.i.por el adevino por instinto
¶Pṛesagium.ij.por aquella divinacion
¶Pṛesagio.is. por adevinar assi.a.i.
¶Pṛesagior.ris.por aquello mesmo
¶Pṛesbyteros.interpretatur senior
¶Pṛesbyter.ri. por el sacerdote o preste
¶Pṛescateo.es.tui.por berver mucho.n.v
¶Pṛescio.is.pṛesciui.por saber antes.a.i.
¶Pṛescientia.e.por aquella sabiduria.
¶Pṛescius.a.um.por cosa antes sabidora.
¶Pṛescribo.is.psi. por intitular libro.a.iij
¶Pṛescriptio.onis. por intitulacion
¶Pṛeseco.as.cui.por cortar antes.a.i.
¶Pṛesegmen.inis.lo que cortan de algo

¶Pṛesens.tis. por cosa presente
¶Pṛesens.tis. por cosa favorable.
¶Pṛesens.tis.por cosa obradora sin dilacion.
¶Pṛesentaneus.a.um.por aquello mesmo
¶Pṛesentia.e. por la presencia
¶Pṛesento. as.aui.por presentar. no.a.i.
¶Pṛesepium.ij.por el pesebre.
¶Pṛesepe.pis. por aquello mesmo
¶Pṛesepis.pis. por aquello mesmo
¶Pṛesertim.aduerbiuz. por especial mente
¶Pṛeses.idis.alcaide o capitan de guarnicion
¶Pṛesidatus.us.por alcaidia o capitania tal
¶Pṛesidium.ij. por aquella guarnicion
¶Pṛesidiarius miles. de aquella guarnicion
¶Pṛesideo.es.sedi. por aquella presidencia
¶Pṛesidiariuz palmes.cierto sarmiéto enla vid
¶Pṛesignis.e.por cosa mui señalada
¶Pṛestans.antis. por cosa ecelente
¶Pṛestabilis.e.por aquello mesmo
¶Pṛestantia.e.por la ecelencia
¶Pṛestes prestitis.idem quod antistes
¶Pṛester.cris.por cierta serpiente en africa
¶Pṛester.cris.por llama del cielo.
¶Pṛestigie.arum.por juego de passa passa.
¶Pṛestigiosus.a.um.por cosa de tal juego
¶Pṛestigiator.oris. por el que baze esto
¶Pṛestino.as.aui. por comprar.a.i.
¶Pṛestitus.a.um.participium a pṛesto.as
¶Pṛestites.um. por dioses presidentes
¶Pṛesto indeclinabile.por cosa presente
¶Pṛesto.as.pṛestiti.por tener ecelencia
¶Pṛesto.as.pṛestiti. por dar.a.iij.
¶Pṛesto. as.pṛestiti. por bazer buena la venta
¶Pṛestituo.is.tui.por ante establecer.a.iij
¶Pṛestitutio.onis.por aquel establecimiento
¶Pṛestolor.aris.por esperar al que viene.d.iij
¶Pṛestolo.as.aui.por aquello mesmo.pr.
¶Pṛestolatio.onis.por esta esperança.
¶Pṛestringo.is.ri. por escurecer con luz.a.i
¶Pṛestringo.is.ri. por liviana méte tocar. a.i
¶Pṛesul. pṛesulis. por el perlado
¶Pṛesulsus. a.um. por cosa antes salada
¶Pṛesulto.as.por dançar delante.n.v.
¶Pṛesultatio.onis.por aquella dança.
¶Pṛesumo.is.psi.por ante tomar.a.i.
¶Pṛesumptio.onis. por aquella tomada
¶Pṛeter pṛepositio accusatiui. por sacando
¶Pṛeter pṛepositio accusatiui. por cerca

¶Preterfluo.is.ri.por correr cerca lo liqdo.n v
¶Preterlabor.eris.por aquello mesmo.d.v
¶Pretergredior.eris.por passar cerca.d.v.
¶Preteruolo.as.aui.por bolar cerca.n.v.
¶Pretendo.is.tendi.por poner delante.a.i.
¶Pretento.as.aui. por tentar primero.a.i.
¶Pretereo.is.preteriui. por passar.a.i.
¶Pretexo.is. preterui. por ante texer.a.i.
¶Pretexta.e.vestidura romana de moços.
¶Pretextatus.u. por moço de casi.xv.años
¶Pretextata.e. comedia de argumento latino
¶Pretextus.us. por so color de bazer
¶Pretextum.i.por aquello mesmo
¶Pretor.oris.por alcalde o corregidor
¶Pretor primus.el alcalde dela alçada
¶Pretor executor.por el alguazil
¶Pretorius.a.um. por cosa del pretor
¶Pretorius.ij. por el que fue pretor
¶Pretura.e. por la dignidad del pretor
¶Pretoricius.a.um.por cosa del pretor
¶Pretorium.ij.por la casa real
¶Pretoria nauis.por la nave del rei
¶Pretoriana cobors.por la guarda del rei
¶Pretorium.ij.por la casa enla eredad
¶Pretoriolum. la cela del patron enla nao
¶Preuaricor.aris.dexar su oficio.d.v.
¶Preuaricator.oris. el que dexa su oficio
¶Preuaricatio.onis. aquel dexar de oficio
¶Preuenio.is.ni.por venir delante.a.i.
¶Preuentio.onis.por la venida assi
¶Preuerto.is.ti.por ir delante.a.i.
¶Preuertor.eris.por aquello mesmo.d.iiij
¶Preuideo.es.preuidi. por ver antes. a.i
¶Preuidentia.e.por aquel ver antes.
¶Preuicio.as.aui. por corromper antes. a.i.
¶Preuius.a.um. por lo que va delante
¶Pragma.atis.interpretatur negotiũ uel res.
¶Pragmaticus.es.el menor abogado
¶Prandeo.es.por comer ala ora tercia.a.i
¶Prasito.as.aui.por comer assi a menudo.a.i
¶Pransus.a.um.participium a prandeo
¶Prandium.ij.por aquel comer.
¶Prasion.ij. por el marruuio
¶Prasinus.a.um. por cosa verde
¶Pratum.i. por el prado
¶Pratulum.i. por prado pequeño
¶Pratensis.e. por cosa del prado
¶Prauus.a.um.por cosa no derecha

¶Prauicors.dis. por de perverso coraçon
¶Prauitas.atis.por la perversidad
¶Praxagoras.e.medico fue notable.
¶Praxis.interpretatur actio uel efficacia.
¶Praxiteles.is.estatuario fue notable.
¶Praxitelicus.a.um. por cosa de aqueste
¶Precarius.a.um.por cosa de ruego
¶Precario.aduerbium. por por ruego
¶Precatio.onis.por el ruego
¶Precamen.inis.por aquello mesmo.po.
¶Precatus.us.por aquello mesmo
¶Preces precum. por los ruegos
¶Precium.ij. por la pena pago de pecado
¶Precium.ij. por el precio
¶Preciosus.a.um. por cosa preciosa
¶Precor.aris.precatus.por rogar.d.iij.
¶Prebendo.is.prebendidi.por asir.a.i.
¶Prebensio.onis.por aquel prender
¶Premo.is.pressi. por cargar o apretar.a.i.
¶Prendo.is.prendidi.por prender z asir.a.i.
¶Prenso. as.aui. por prender a menudo.a.i.
¶Presso.as.aui.por apretar a menudo.a.i
¶Pressio.onis. por aquel apretamiento
¶Pressura.e. por aquello mesmo
¶Pressus.us.por aquello mesmo
¶Pressim.aduerbium.apretada mente
¶Prex precis.por el ruego.
¶Priamus.i. rei de troia bijo de laomedon
¶Priamides.e.por bijo o nieto de priamo
¶Priamis.idis.por bija o nieta deste
¶Priameis.idis.por aquello mesmo
¶Priameus. a.um. por cosa de priamo
¶Priameius.a.um.por aquello mesmo
¶Priapus.i.el dios delos uertos.
¶Priapeia.e. obra es de virgilio poeta
¶Priapismus.i.tentigo est membri uirilis
¶Pridem.aduerbium. por dias a.
¶Pridie.aduerbium. por un dia antes
¶Pridianus.a.um. cosa de un dia antes
¶Prienne.es.ciudad es de grecia.
¶Prienneus.a.um. por cosa desta ciudad
¶Prime.arum. por la ventaja z prioridad
¶Primeuus.a.um.por dela primera edad
¶Primarius.a.um. por cosa principal
¶Primatus.us.por el primado o primeria
¶Prime.aduerbium.por primera mente
¶Primicie.arum.por las primicias
¶Primicius.a.um.por primero z principal

¶Primicerius.ij.por el primicerio.no
¶Primigenuus.a.um.por primogenito.
¶Primipara.ę.muger primeriza en parir.
¶Primipilus.i.como condeſtable era.
¶Primipilaris.e. por coſa de aqueſte
¶Primipilatus.us.por aquella dignidad.
¶Primipilarius.ij. el que fue primipilo
¶Primitus.aduerbium. por primera mẽte.pr
¶Primiter.aduerbium.por aquello meſmo.pr
¶Prymno.us.bija fue de oceano z tetbis.
¶Primogenitus.a.um. primero engendrado
¶Primogenitura.ę.por el maioradgo
¶Primor.oris.por el primero z principal.
¶Primordium.ij. por el comienço
¶Primus.a,um.por coſa primera
¶Primulus.a.um.por coſa primera un poco
¶Primum.aduerbium. por primera mente
¶Primo. aduerbium. por aquello meſmo
¶Primulum.aduerbium.por aquello meſmo.
¶Princeps.pis.por primero z principal
¶Princeps.pis.por el rei z principe
¶Princeps.pis.por el dela ſegunda batalla
¶Principalis.e. por coſa del principe o rei
¶Principatus.us. por el principado en orden
¶Principatus.us.por el principado dignidad
¶Principium.ij.por el comienço
¶Principium.ij. por la ſegunda batalla
¶Principalis.e.por coſa deſta batalla
¶Principor.aris.por principar.d.v.
¶Prinos.interpretatur ilex.icis
¶Prior.oris.por el primero de dos
¶Priſcus. a. um. por antigua de otro ſiglo
¶Priſtinus. a. um. por coſa de pocos dias
¶Priuernum.i. ciudad es de italia
¶Priuernas.atis. por coſa deſta ciudad
¶Priuernas.atis.por eredad cerca della
¶Priuignus.i. por el antenado o andado
¶Priuigna. ę. por la antenada o andada
¶Priuilegium.ij.por el privilegio
¶Priuilegiarius.a.um.por coſa privilegiada.
¶Priuus,a.um. por coſa propria z de uno
¶Priuo.as.aui.por deſpojar de dignidad.a.i
¶Priuatiuus.a.um.por coſa que quita
¶Priuatus.a.ũ.lo que no tiene oficio publico.
¶Priuatim.aduerbium.por ſin oficio publico.
¶Pro. interpretatur ante
¶Pro.prępoſitio ablatiui.por por.
¶Pro.pro ante.ut pro ſcena.i.ante ſcenam

¶Pro.pro in .ut pro roſtris.i.in roſtris
¶Pro.pro longe.ut proijcio.is.ecbar lexos
¶Proamita.ę. la ermana da biſabuelo
¶Proauus.i. por el tercero abuelo
¶Proauia.ę.por la tercera abuela.
¶Proauunculus.i. el ermano dela biſabuela
¶Proauitus.a.um.por coſa del tercero abuelo
¶Probabilis.e.por coſa provable.
¶Probabiliter.aduerbium.provable mente
¶Probabilitas.atis. por la provabilidad
¶Probatio.onis.por la provança
¶Probaton.interpretatur ouis
¶Probaticus.a.um.per coſa de ovejas
¶Probatica piſcina.dõde ſe lavavã las ovejas
¶Probitas. atis.por la bondad
¶Probiter.aduerbium.por buena mente.
¶Probléma.atis. por la queſtion
¶Proboſcis.idis.por la trompa de elefante
¶Probo.as. probaui. por provar.a.i.
¶Probo.as.probaui.por aprovar.a.i.
¶Probrum.i.por denueſto z injuria
¶Probroſus.a.um. por coſa denoſtada
¶Probro.as.aui. a quo eſt exprobro.as.
¶Probus. a.um. por coſa buena z aprovada
¶Probum argentum.por plata marcada
¶Procax.acis.por coſa pedigueña
¶Procax.acis. por coſa deſtruidora
¶Procacitas.atis.por aql deſvergonçamiẽto.
¶Procaciter.aduerbium.deſvergonçada mẽte
¶Procedo. is.ſi. por ir adelante.n.v.
¶Proceleumaticus.pic de cuatro breves
¶Procella.ę.por grande tempeſtad
¶Procelloſus.a.um.por coſa tempeſtuoſa
¶Proceres.um.por los principales varones
¶Procerus.a.um.por coſa luẽga en ſu eſpecie
¶Proceritas.atis.por aquella longura
¶Proceſſio.onis.por el proceſſo
¶Proceſſus.us. por aquello meſmo
¶Prochemaſis.por ſeñal delo venidero
¶Prochyta. ę. iſla es enel mar tuſcano
¶Prócido.is.procidi. por caer lexos.n.v.
¶Prociduus.a.um.lo que aſſi cae z ſale
¶Procidentia ſedis. por ſalida del ſieſſo
¶Procinctus.us.por el aparejo de pelear.
¶Procyon. coſtelacion es del cielo
¶Proclamo.as.aui. por mucho llamar.a.i
¶Proclamatio.onis.por aquel dar bozes
¶Proclamator.oris.el que da bozes.

ß.i.

¶Proclino.as.aui.por inclinarse acoſtádo.n v
¶Procliuis.e. por coſa inclinada
¶Procliuus.a.um.por aquello meſmo
¶Procliuitas.atis.por aquella inclinacion
¶Procliuiter.aduerbium.inclinada mente
¶Proconeſſius.i.ciudad de aſia la menor
¶Proconeſſius.a.um.por coſa deſta ciudad.
¶Procor.aris.por demandar eſpoſa.d.v.
¶Proco.as.aui. por aquello meſmo. n.v.
¶Procraſtino.as.por dilatar de dia en dia.n v
¶Procraſtinatio.onis. por la dilacion tal
¶Procreo.as.aui.por engendrar z criar.a.i.
¶Procreatio.onis.por aquel engendramiento
¶Procreator.oris.por aquel engendrador
¶Procreatrix.icis.por la engendradora
¶Procris.is.bija de erichteo rei de atbenas
¶Procudo.is.di. por labrar a martillo.a.i
¶Proconſul.is. por el proconſul enla puincia
¶Proconſularis. e. por coſa de aqueſte
¶Proconſulatus.us. por aquella dignidad
¶Procul.aduerbium. por aleſos
¶Procul.aduerbium. por acerca
¶Proculdubio.aduerbium. por ſin duda.
¶Proculuero.aduerbium. por falſa mente
¶Procubo.as.procubui. por caer.n.v.
¶Procumbo.is.procubui.por lo meſmo.n.v.
¶Proculco.as.aui.por bollar z acocear.a.i
¶Proculus.i.el q̃ nacio peregrinando el padre
¶Proculeius.ij. por aquel meſmo
¶Procubitor. oris. por la eſcucba del campo
¶Procuro.as.procuraui.por procurar.a.i
¶Procuratio.onis. por la procuracion
¶Procurator.oris.por el procurador
¶Procuratrix.icis. por la procuradora
¶Procuratorius.a.um. por coſa ð procurador
¶Procurro.is.procurri. por correr a leſos.n v
¶Procurſo.as.aui. correr aſſi a menudo. n.v.
¶Procuruus.a.um.por coſa mucbo corva
¶Procus.i. el que demanda muger para caſar
¶Procuſtes.e. ladron fue que mato tbeſeo
¶Prodigus.a.um. por coſa larga en luengo
¶Prodigus.a.um. por coſa gaſtadora
¶Prodigalitas.atis.por aquel gaſtar
¶Prodigaliter.aduerbium. por gaſtando
¶Prodigo.is.prodegi.por gaſtar.a.i.
¶Prodigium.ij.milagro que amenaza mal
¶Prodigioſus.a.um.por coſa aſſi milagroſa
¶Prodigialis.e.por aquello meſmo

¶Prodigialiter.aduer. aſſi milagroſa mẽte
¶Prodo.is.prodidi. por demoſtrar.a.i
¶Prodo.is.prodidi.por dar por traicion
¶Proditor.oris.por aquel traidor.
¶Proditio.onis.por aquella traicion
¶Prodromi.vientos ſon ſeptentrionales
¶Prodromi.bigos ſon tempranos
¶Prodolor interiectio.por ai dolor
¶Produco. is.xi. por eſtender en luengo. a.i.
¶Productilis.e.por coſa que ſe eſtiende
¶Productio.onis.por eſtendimiento aſſi
¶Proegmenon. interpretatur productum
¶Proetus.i.bijo de abante rei delos argivos.
¶Poetides.por las bijas de aqueſte
¶Profanus.a.um.por coſa no ſagrada
¶Profáno.as.aui.profaçar lo ſagrado.a.i
¶Profanatio.onis. por aquel enſuziamiento
¶Profatum.i.por la propoſicion
¶Profectó.aduerbinm. por cierta mente
¶Profectus.us. por el provecbo
¶Profectio.onis. por la ida del camino
¶Profecticia dos.la dote que dan los padres
¶Profero.rs.protuli. por ſacar a fuera.a.i.
¶Profero.rs.protuli.por pronunciar.a.i.
¶Profeſtus.a.um.por coſa no de fieſta
¶Proficio.is.profeci.por aprovecbar.a.i.
¶Proficiſcor.eris. por ir caminando.d.v.
¶Proficiſco.is. por aquello meſmo.pr
¶Profiteor.eris. por bazer profeſſion.d.iij
¶Profeſſor.oris.el que profiere algo
¶Profeſſio.onis.por aquella profeſſion
¶Profligo.as.aui.por deſbaratar z õſtruir.a.i
¶Profligo.is.xi.proflictus.por lo meſmo.a.i.
¶Profluo.is.profluxi.por correr lo liquido.n v
¶Profluentia.e.por aquel corrimiento.
¶Profluus.a.um.por coſa corriente aſſi
¶Profluens.tis. por el venaje del rio
¶Profluuium.ij. por el corrimiento aſſi
¶Profluuium genitale.por el meſtruo.
¶Profor.aris.por bablar.d.iij.
¶Profore.pro eo quod futurum eſſe
¶Profugio.is.profugi.por buir leſos.a.i
¶Profugus.a.um. por lo que aſſi buie
¶Profugium.ij. por la guarda del que buie
¶Profulcio.is. por ſoſtener peſo.a.i.
¶Profultura.e.por el eſtribo enel edificio
¶Profulgeo.es.ſi.por reſplãdecer ð leſos.n v
¶Profundo.is.di. por derramar mucbo.a.i.

¶Profufus.a.um.por el que affi derrama.
¶Profundus.a.um. por cofa honda
¶Profunditas.atis.por la hondura
¶Progener.ri.el ierno delos abuelos.
¶Progenies.ei.por la generacion
¶Progenero.as.aui. por engendrar. a.i.
¶Progigno.is.progenui.por lo mefmo.a.i.
¶Progenitor. oris. el engendrador de lexos
¶Progymnafma.atis.i.exercitamentum.
¶Prognariter.aduerbium.por diligente méte
¶Prognatus.a.um.cofa engendrada de lexos
¶Progne.es.hija de pandion muger de tereo
¶Prognofticum.i. por lo que fignifica algo
¶Progredior.eris.por ir adelante.d.v.
¶Progreffio.onis. por aquel andar
¶Progreffus.us.por aquello mefmo
¶Proh interiectio.del que da bozes es
¶Prohibeo.es.prohibui. por vedar.a.i.
¶Prohibeffo.is. por aquello mefmo.pr.
¶Prohibitio.onis.por aquel vedamiento.
¶Prohibitorius.a.um.por cofa para vedar
¶Proijcio.is.proieci.por echar alexos.a.i.
¶Proiectus tignus.el can que buela
¶Proiecticius.a.um.por cofa echadiza
¶Proinde coniunctio. por porende
¶Prolabor.eris.por caer lexos poco a poco.d v
¶Prolato.as.aui.por diferir z dilatar.a.i.
¶Proles.prolis.por la generacion
¶Prolepfis.is.interpretatur anticipatio
¶Proletarius.ij.el que fe eftima fin hazienda.
¶Prolixus.a.um. por cofa luenga
¶Prolixitas.atis. por aquella longura
¶Prolixitudo.inis.por aquello mefmo
¶Prolixo.as.aui.por alongar.a.i.
¶Prologus.i. por el prologo del libro
¶Prologium. ij. por aquello mefmo
¶Prolongo. as.aui. por alongar.a.i.
¶Proloquium.ij.por antehablar
¶Proloquor.eris.por hablar antes.d.iij
¶Proludo.is.fi.por hazer levada.a.i.
¶Proludium.ij.por aquella levada
¶Prolufio.onis.por aquello mefmo.
¶Proluo.is. prolui.por lavar mucho.a.i.
¶Proluuium.ij.por las lavazas
¶Proluuies.ei.por aquello mefmo
¶Prolubium.ij. por la gana o antojo
¶Promatertera.e.la ermana del abuela.
¶Promercalis.e.lo que fe merca para vender.

¶Promereor.eris. por mucho merecer.d.iij
¶Promereo.es.promerui.por lo mefmo.pr.
¶Promeritum.i. el gran merecimiento
¶Prometheus.i.hija de japeto z afia
¶Promethides. e. por hijo de aquefte
¶Prometheus.a.um.por cofa de aquel
¶Promineo.es.nui.por eftar encima.n.v
¶Prominentia.e.por aquel eftar encima
¶Promifceo.es.cui. por mezclar mucho.a.i
¶Promifcuus. a.um. por cofa mezclada
¶Promifcis.idis. la trompa del elefante
¶Promitto.is.promifi.por prometer.a.iij
¶Promiffio.onis. por el prometimiento
¶Promiffus.us.por aquello mefmo
¶Promiffus.a.um.por cofa luenga
¶Promo.is.prompfi. facar lo guardado.a.i
¶Promontorium.cabo de tierra fobre mar
¶Promoueo.es.ui.mover de abaxo arriba.a.i
¶Promoueo.es.ui. por mover a lexos.a.i
¶Promptus.a.um.por cofa apercebida
¶Promptitudo.inis.por aquella prefteza.
¶Promptuarium.ij.por la defpenfa ala mano
¶Promptuaria cella.por lo mefmo
¶Promulgo.as.aui.por publicar lei.a.i.
¶Promulgatio.onis.por publicacion de lei
¶Promulcus.i.idem eft quod remulcus.
¶Promulfidarium.ij.vafo para clarea
¶Promus.i. por el defpenfero
¶Promufcis.idis. idem eft quod promifcis
¶Prónepos.otis.por el bifnieto.
¶Proneptis.ptis.por la bifnieta.
¶Prónuba.e.por la madrina de boda.
¶Prónubo.as.aui.por hazer oficio o madrina
¶Pronuncio.as.aui. por pronunciar. a.i.
¶Pronunciatio.onis.por la pronunciació
¶Pronunciatus.us.por aquello mefmo
¶Pronunciatum.i.la propoficion de logica
¶Pronurus.i.la nuera delos abuelos.
¶Pronus.a.um.por cofa cuefta aiufo.
¶Proemium.ij. por el principio de oracion
¶Proemiator.oris.el que haze principio
¶Procinior.aris.por hazer aql principio.d.iij
¶Propago.inis.por la provena dela vid
¶Propago.inis. por hijo o nieto
¶Propago.as.aui.por engendrar.a.i.
¶Propagatio.onis.por aquel engendrar
¶Propalam.aduerbiú. publica z placera méte
¶Propalo.as.aui.por publicar.a.i.

¶Propatulus.a.um.por cofa publica z placera

¶Propatruus.i.por ermano de bifabuelo.

¶Prope prepofitio accufatiui. por cerca

¶Prope.aduerbium.por cafi

¶Propemodum.aduerbium.por lo mefmo

¶Propediem. por de aqui a pocos dias

¶Propendeo.es.di.por pefar mucho.n.v

¶Propenfus.a.um.por cofa inclinada

¶Propenfio.onis.por la inclinacion

¶Propenfe.aduerbium.por mui mucho

¶Propero.as.aui.por fe apreffurar.n.v

¶Propero.as.aui.por temer.neu.v

¶Properus.a.um.por preffurofo z abincado

¶Properior.comparatiuum a properus

¶Properatus.us.por aquel abinco

¶Properantia.e.por aquello mefmo

¶Properanter.aduerbium. abincada mente

¶Properatim.aduerbiuz.por aquello mefmo

¶Properiter.aduerbiu.por aquello mefmo.pr

¶Propere.aduerbium. por aquello mefmo

¶Prophetes.e.por el profeta varon

¶Propheta.e.por aquel mefmo

¶Prophetis.idis.por la profeta hembra

¶Prophetiffa.e.por aquello mefmo

¶Prophetia.e.por la mefma profecia.

¶Propheticus.a.um.por cofa de profeta.

¶Propheto.as.aui. por profetizar.a.i

¶Prophetizo.as.aui.por aquello mefmo.a.i

¶Propicius.a.um. por cofa favorable

¶Propicio.as.aui.por hazer favorable.a.i

¶Propiciatio.onis.por el alcançar favor

¶Propiciatorium.ij.por lugar donde fe alcaça

¶Propius.prepofitio accufatiui. mas cerca

¶Propius.aduerbium.por lo mefmo.

¶Propyleum.i.por portal de cafa.

¶Propina.e. interpretatur ante famem

¶Propino.as.dar a bever delo q̃ bevifte.a.iiij.

¶Propinquus.a.um.por cofa cercana

¶Propinquus.a.um.por pariente en fangre

¶Propinquitas.atis.por el parentefco

¶Propinquitas.atis.por la cercanidad

¶Propinquo.as.aui.por acercarfe.n.v.

¶Propinquo.as.aui.por acercar algo.a.i.

¶Proplaftice.es.molde de imagines de barro

¶Propolis.is. por el betun delas abejas

¶Propontis.idis.mar cerca de coftantinopla.

¶Propontiacus.a.um. por cofa defte mar

¶Propono.is.propofui.por anteponer.a.iiij

¶Propofitum.i.por lo propuefto

¶Propofitio.onis. por la propoficion logica

¶Proportio.onis. por la proporcion

¶Proporcionalis.e.por cofa de proporcion

¶Proporcionaliter.aduer.por proporcionado

¶Proporcionalitas.atis. por la proporcion

¶Propretor.oris.alcalde extraordinario

¶Proprius.a.um. por cofa propria

¶Proprietas.atis.por la propriedad

¶Proprietarius. cuia es la propriedad

¶Propter prepofitio.por para dar caufa

¶Propter prepofitio.por acerca

¶Propterea coniunctio. por porende

¶Proptofis.is.interpretatur procidentia.e

¶Propudium.ij.por infamia vergoñofa

¶Propudiofus.a.um. por cofa affi infame

¶Propudor interiectio. por o verguença

¶Propugno.as.aui.por defender peleãdo.a.i

¶Propugnator.oris. por aquel defenfor

¶Propugnatio.onis.por aquella defenfió

¶Propugnaculum.i.la guarita para defender

¶Propulfo.as.aui.por defender.a.i.

¶Proqueftor.oris.el queftor por otro

¶Prora.e.por la proa dela nave.gr.

¶Proreta.e. por el governador de proa

¶Proripio.is.proripui.por arrebatar.a.i.

¶Prorito.as.aui.por incitar.a.i.

¶Prorogo.as.aui. por eftender tiempo.a.i

¶Prorogatio.onis. por eftendimiento affi

¶Prorumpo.is.pi. por romper mucho.a.i

¶Proruo.is.prorui.por deribar.a.i.

¶Prorfus.aduerbium.por del todo

¶Pros.interpretatur ad prepofitio

¶Profa.e.la diofa que endereça el parto

¶Profa.e.por la oracion en profa

¶Profaicus.a.um. por cofa de profa

¶Profapia.e. por la generacion.ofcum

¶Profcenium.i. por el pulpito enel theatro

¶Profcindo.is.di. por alçar barvecho.a.i

¶Profcribo.is.pfi. por encartar omiziano.a.i

¶Profcriptio.onis.por el encartamiento

¶Profelenos. engendrado ante la luna

¶Profeco.as.profecui. por mucho cortar.a.i.

¶Profectum.i.pedaço cortado de algo

¶Profeda.e.por la puta del burdel

¶Profelytus.i.interpretatur aduena

¶Profequor.eris.por feguir de lexos.d.iij

¶Profequor te lachrymis.por io te lloro

¶Profequor te amore.por io te amo
¶Profequor te muneribus.por io te do
¶Profequutio.onis.por aquella profecucion
¶Profero.is.proferui. por fembrar alexos.a.i
¶Profemino.as.aui.por aquello mefmo.a.i
¶Proferpina.ę.bija de ceres muger de pluton
¶Profeucba.ę.por el efpital de pobres
¶Profilio.is.profilui.por faltar a lexos.n.v
¶Proflambanomenos.cierta cuerda en mufica
¶Profmelodos.i.por otra cuerda en mufica
¶Profocer.ri.por el abuelo dela muger
¶Profocrus.us. por el abuela dela muger
¶Profodia.ę.interpretatur accentus
¶Prófopon.i.interpretatur perfona
¶Profopopoeia. ę. interpretaf perfonę fictio
¶Profpecto.as.aui.por mirar de lexos.a.i
¶Profpectus.us.por aquel mirar
¶Profper.a.um.por cofa que da profperidad.
¶Profperus.a.um.por aquello mefmo
¶Profperitas.atis. por la profperidad
¶Profpero.as.aui.por profperar a otro.a.i
¶Profperiter.aduerbium. profpera mente
¶Profpicio.is.ri.por mirar a lexos.a.i.
¶Profpicio.is.exi. por proveer.n.iij
¶Profpicienter.aduerbium.mirando alexos
¶Proftafis.is.interpretatur pręfidentia
¶Profterno.is.aui.por derribar.a.i.
¶Proftbefis.interpretatur appofitio
¶Proftibulum.i.por la puta del burdel
¶Proftibulum.i.por la puteria o burdel
¶Proftituo.is.tui.por poner ala puteria.a.i.
¶Profto.as.por eftar enla puteria.n.v
¶Profubigo.is.profubegi. por cavar.a.i.
¶Protágoras.ę.filofofo fue de abdera
¶Protagorius.a.um.por cofa de aquefte
¶Protafis.is. interpretatur propofitio
¶Protego.is.protexi.por cubrir.a.i.
¶Protego.is.protexi.por defender.a.i
¶Protectum.i.tejado fobre la puerta
¶Protelo.as.aui. por diferir en luengo.a.i
¶Protelo.as.aui.por perturbar.pr
¶Protendo.is.protendi. por téder a lexos.a.i
¶Prótenus.aduerbium. por alexos
¶Protero.is.protriui.por mucbo bollar.a.i.
¶Proteruus.a.um.por cofa defvergonçada
¶Proteruia.ę.por el defvergonçamiento
¶Proteruitas.atis.por aquello mefmo
¶Proteruiter.aduer.defvergonçada mente

¶Protefiláus.i. bijo de ififilo
¶Protefilgus.a.um.por cofa defte
¶Proteus.i.bijo de oceano z tetbis
¶Prótbeton.i. interpretatur propofitum
¶Protbefis.is.interpretatur propofitio
¶Protinus.aduerbium.por luego
¶Protinam.aduerbium. por lo mefmo.pr
¶Protypum.i.la figura del debuxo
¶Protoclitus.a.ũ.interpretaf primo uocatus.
¶Protocolum.i.por el protocolo de notario
¶Protogenes.is.interpretatur primogenitus
¶Protogenia.ę. bija de deucalion z la tierra
¶Protollo.is.por tender en luengo.a.i
¶Protologia.ę.interpretatur prima locutio
¶Protonotarius.ij.por protonotario.no
¶Protomártyr.ris. primero teftigo
¶Protoplaftus.a.um. por primero formado
¶Protótomuç.a.um.por primero cortado
¶Prototomus caulis. por la llanta
¶Protopum.i.por mofto del tintin
¶Protos.interpretatur primus
¶Prouebo.is.prouexi. por llevar alexos. a.i
¶Prouenio . is.proueni.venir de lexos.n.iij
¶Prouentus.us.por cofecba de fruto.
¶Prouerbium.ij. por el refran
¶Prouerbialis.e.por cofa de refran
¶Prouideo.es.prouidi. por ver de lexos.a.i
¶Prouidentia.ę. por aquel ver de lexos
¶Prouidus.a.um.por cofa proveida.
¶Prouidenter.aduerbiuz. por con providécia
¶Prouidco.es.prouidi. por proveer.n.iij
¶Prouifio.onis.por la provifion
¶Prouifo.is.prouifi.por ir a ver.a.i
¶Prouincia.ę. por cuidado z cargo
¶Prouincia.ę.por la prouincia region
¶Prouincia narbonenfis. por proença
¶Prouincialis.e.por cofa de provincia
¶Prouoco.as.prouocaui.por defafiar.a.i
¶Prouocatio.onis.por el defafio
¶Prouocator.oris. por el defafiador
¶Prouocatorius.a.um. cofa para defafiar
¶Prouoco.as.aui.por apelar de fentencia
¶Prouocatio.onis.por la apelacion
¶Prouocatorius.a.um. por cofa de apelacion
¶Prouoluo.is.prouolui.por bolver alexos.a i
¶Prouulgo.as.aui.por divulgar.a.i.
¶Prouulgatio.onis.por la divulgacion.
¶Proximus.a.um.por cofa cercana

¶Proximior. comparatiuum a proximus

¶Proximitas.atis. por la cercanidad

¶Proxime prepositio accusatiui. por mui cerca

¶Proxime. aduerbium. por aquello mesmo

¶Proximo.as.aui. por se acercar.n.v.

¶Proxeneta.e. por corredor de mercaderia

¶Proxeneticum.i. por el salario de corredor

¶Prudens.tis. por cosa sabia z prudente

¶Prudentia.e. por la sabiduria z prudencia

¶Prudenter. aduerbium. por prudente mente

¶Pruina.e. por la elada o ielo.

¶Pruinosus.a.um. por lleno de elada

¶Pruna.prune. por la brasa

¶Prunarium.ij. por el brasero

¶Prunus.i. por el ciruelo arbol

¶Prunum.i. por la ciruela fruta del

¶Prunum damascenum. por ciruela passa

¶Prurio.is.pruriui. por bazer comezon.n.v

¶Pruritus.us. por aquella comezon

¶Prurigo.ginis. por aquello mesmo

¶Pruriginosus.a.um. por lo que tiene comezõ

¶Prusias.e. por un rei de bitbinia

¶Prusia.e. por una ciudad de bitbinia

¶Prusiacus.a.um. por cosa desta ciudad

¶Prusiensis.e. por aquello mesmo

¶Pruthaneum.i. lugar publico en atbenas

    fallo.is.psalli. por cantar.a.i.

   ¶Psalmus.i. interpretatur cantus

¶Psalmodia.e. por aquello mesmo

¶Psalterium.ii. por el instrumento

¶Psaltes.e. por el tañedor z cantor

¶Psaltria.e. por la tañedora z cantora

¶Psammis.is. por un rei de egipto

¶Psammeticus.i. por otro rei de egipto

¶Psecas.adis. interpretatur irrorans.

¶Pseudo in compositione. por falso

¶Pseudographus.i. por falso descriptor

¶Pseudographia.e. por falsa descripcion

¶Pseudulus. nombre proprio de siervo

¶Pseudonardus.i. por falso nardo

¶Pseudopropbeta.e. por falso profeta

¶Pseudospece.es. por falsa abispa

¶Psyllus.i. ombre de africa saludador

¶Psilotrum.i. emplastro para quitar pelos

¶Psillium.i. por la zargatona simiente

¶Psimmitbium.ij. por el alvaialde

¶Psittacus.i. por el papagaio ave

¶Psole.es. interpretaiur prepucium

¶Psoleos.i. interpretatur fulmen.

¶Psora.e. interpretatur scabies

¶Psoricum.i. medicina de bollin de cobre

    teleros.i. por una ciudad de tbessalia

   ¶Pterix. interpretatur ala auis

¶Pterigium.ij. por el uñero

¶Pterigium.ij. despegadura dela uña

¶Pteron.i. lo que ponen sobre el cbapitel

¶Ptelera.e. nombre de una perra.

¶Ptisana.e. por el ordiate o fresadas.gr.

¶Ptisanarium.ij. por vaso para ordiate

¶Ptolemeus.i. nombre delos reies de egipto

¶Ptolemeus.i. matbematico fue notable.

¶Ptolemais.idis. por la bija de ptolemeo

¶Ptolemais.idis. ciudad es en egipto

¶Ptolemaida.e. por esta mesma ciudad

¶Ptolemais.idis. ciudad es en otros lugares

    ubes.bis. por la mancebia

   ¶Pubes.bis. por el pendejo

¶Pubes.puberis. el que comiença a barvar

¶Pubesco.is. por començar a barvar.n.v.

¶Pubertas.atis. por aquella edad

¶Pubetenus. por basta el pendejo

¶Publicus.a.um. por cosa publica

¶Publicanus.i. el arrendador delo publico

¶Publicitus. aduerbium. por publica mente

¶Publico.as.aui. por publicar.a.i.

¶Publicatio.onis. por la publicacion

¶Publico.as.aui. por confiscar bienes.a.i

¶Publicatio.onis. por la confiscacion.

¶Pudet impersonale. por aver.verguença

¶Pudendus.a.um. por cosa de verguença

¶Pudẽda.orum. por los miembros genitales

¶Pudibundus.a.um. el que tiene verguença.

¶Pudicolor.oris. por aquello mesmo.

¶Pudicus.a.um. por cosa casta

¶Pudicicia.e. por la castidad

¶Pudor.oris. por la mesma castidad

¶Pudor.oris. por la verguença

¶Pudoratus.a.um. por cosa vergonçosa

¶Puer pueri. por el moço mocbacbo

¶Puer pueri. por el bijo o esclavo

¶Puera.e. por la moça mocbacba.pr

¶Puellus.i. por el moçuelo.pr

¶Puella.e. por la moçuela

¶Puellaris.e. por cosa de moça

¶Puerilis.e. por cosa de moço

¶Puerilitas.atis. por mocedad de seso

¶Puericia.ę.por mocedad de edad
¶Pueriliter.aduerbium.por con mocedad
¶Puerasco.is.por començar a ser moço.n.v
¶Puerulus.i. por moçuelo pequeño
¶Puerpera.ę.la parida de hijo o hija
¶Puerperus.a.um.por cosa de parida
¶Puerperium.ij.por parto de hijo o hija
¶Pugil pugilis. luchador.corredor.z cetera
¶Pugillatio.onis. por aquellos exercicios
¶Pugillatus.us.por aquello mesmo
¶Pugillus.i.por el puño mano cerrada
¶Pugillus.i. por lo que cabe enel puño
¶Pugillaris.e.por cosa de puño
¶Pugillares. ium. por tablillas para escrivir
¶Pugillaria.ium.por lo mesmo
¶Pugio pugionis.por el puñal
¶Pugiunculus.i.por el puñal pequeño
¶Pugna.ę. por la batalla o pelea
¶Pugno.as.pugnaui.por pelear.n.v
¶Pugnator.oris.por el peleador
¶Pugnax.acis. por el que pelea mucho
¶Pugnus.i.por el puño mano cerrada
¶Pugnus.i.por la puñada herida de puño
¶Pulcher.a.um.por cosa hermosa
¶Pulchellus.a.um.por cosa hermosa un poco
¶Pulchritudo. inis. por la hermosura
¶Pulchre.aduerbium.por hermosa mente
¶Pulegium.gij.por el poleo ierva
¶Pulex pulicis. por la pulga
¶Pulicosus.a.um.por cosa llena de pulgas
¶Pullatio.onis.por la cria de pollos
¶Pullicium.ij.por aquello mesmo
¶Pullicies. ei. por aquello mesmo
¶Pullarius.ij. por el curador de pollos
¶Pullarium.ij.por el pollero do se crian
¶Pullarius.a.um.por cosa para pollos
¶Pullastra.ę.por la polla grande.
¶Pullus.pulli.por el pollo del ave
¶Pullus gallinaceus.por el pollo comun
¶Pullus anserinus.por el ansarino
¶Pullus columbinus. por el palomino
¶Pullus anatinus. por el anadino
¶Pullus pauoninus. pollo de pavon
¶Pullus turturinus. por el tortolillo
¶Pullus aquilinus. por el aguilocho
¶Pullus ciconinus. por el cigoñino
¶Pullus.i. por el hijo de animal manso
¶Pullus asininus. por el borrico

¶Pullus equinus.por el potrico
¶Pullinus.a.um.por cosa de borrico o potrico
¶Pullus.a.um.por cosa negra
¶Pullatus.a.um.por enlutado de negro
¶Pulligo pulliginis. por aquel negror
¶Pullesco.is.por nacer el arbol.n.v.
¶Pullulo.as.aui.por aquello mesmo.n.v
¶Pulmentum.i. por manjar delicado
¶Pulmentarium.ij.por aquello mesmo
¶Pulmo.onis.por el pulmon o livianos
¶Pulmo.onis.por un cierto pescado
¶Pulmonarius. a.um. por cosa trefe
¶Pulpo.as.aui.por cantar el bueitre.n.v.
¶Pulpa.ę.por la carne sin uesso
¶Pulpamentum.i.por aquello mesmo
¶Pulpago.inis. por una cierta ierva
¶Pulpitum.i. por el pulpito o predicatorio
¶Pulso.as.aui. por herir con la mano.a.i
¶Pulsus.us. por el pulso dela vena
¶Pulsus.us. por el empuxon
¶Pulsim.aduerbium.por a enpuxones
¶Puls pultis.por las puchas.
¶Pulticula.ę.por poquitas puchas
¶Pultarium. ij. por puchero para puchas
¶Pultarius.ij.por escudilla para puchas.
¶Puluinus.puluini. por el almohada
¶Puluillus.i.por el almohada pequeña
¶Puluinar.aris. por el estrado del templo
¶Puluinatus.a.um.por cosa mollida.
¶Puluer uel puluis. eris. por el polvo
¶Puluisculum.i. por el polvillo
¶Puluereus.a.um.por cosa de polvo.
¶Puluerulentus.a.um.por polvoriento
¶Puluero.as.aui.por empolvorar.a.i.
¶Pulueratio.onis. por empolvoramiento
¶Pumilio.onis. idem est quod pomilio
¶Pumilius. a.um. por cosa enana
¶Pumilis.e. por aquello mesmo
¶Pumex pumicis.por la piedra espongia.
¶Pumicosus.a.um. por cosa espongiosa
¶Pumico. as.aui. por esponjar.a.i.
¶Pumicatio.onis.por la esponjadura
¶Pungo.is.pupugi.por punçar.a.i.
¶Punctum.puncti.por el punto.
¶Punctum.i. por la punçadura
¶Punctio.onis.por aquello mesmo
¶Punctim.aduerbium. por apunçaduras
¶Punctum.i. por la estocada

¶Punctim.aduerbium. por eſtocadas
¶Punicus. a.um. por coſa de africa ſin anima
¶Punice.aduerbium.por en aravigo.
¶Puniceuſ.a.um.por coſa morada
¶Punio.is.puñiuſ.por puñir o penar.a.i.
¶Punicio.onis.por la punicion
¶Pupa.pupe.por la mochacha pequeña
¶Pupa. pupe. por la muñeca
¶Pupillus.i.por el menor debaƒo de tutor
¶Pupilla.e. por la menor debaƒo de tutor
¶Pupillaris.e.por coſa deſtos menores
¶Pupilla.e. por niñila del oƒo.
¶Pupillo. as.aui. por cantar el pavon
¶Puppis.puppis.por la popa dela nave
¶Puppis puppis.por toda la nave
¶Pupus.pupi. por el mochacho pequeño
¶Pupulus.i.por el mochachuelo.
¶Pupula.e. por la niñilla del oƒo
¶Purgo.as.aui. por purgar o alimpiar.a.i
¶Purgamentum.i. por la limpiadura
¶Purgamen.inis.por aquello meſmo
¶Purgatio.onis. por aquello meſmo
¶Purgatorius.a.um.por coſa para alimpiar
¶Purifico.as.aui. por apurar.a.i.
¶Purificatio.onis.por la purificacion
¶Puritas. puritatis. por la pureza
¶Purpura.e.por la concha del carmeſo
¶Purpura.e. por el meſmo carmeſi
¶Purpuratus.a.um.lo veſtido de carmeſo
¶Purpurarius.ij.el que labra purpura
¶Purpuraria.e.por la que labra purpura
¶Purpurarius.a.um. por coſa para purpura
¶Purpuro.as. por colorar de purpura.a.i
¶Purpuriſſium.i.por el alconcilla o braſil.
¶Purpureus.a.um. por coſa de purpura
¶Purpureus.a.um.por coſa morada
¶Purus.a.um.por coſa pura
¶Purulentus.a.um.por coſa podrida
¶Pus puris.por la podre o podricion.
¶Puſca.e. por vino aguado
¶Puſillus.a.um.por coſa poquita
¶Puſillanimus.a.um.por de poco coraçon
¶Puſillanimis.e.por aquello meſmo
¶Puſillanimitas.por aquel poco coraçon.
¶Puſio.puſionis. por el mochacho
¶Puſtula.e.por la poſtilla de ſarna
¶Puſtula.e. por la plata cendrada
¶Puſtulatum argentum.por plata pura

¶Puſtuloſus. a.um.coſa llena de poſtillas
¶Puſula.e.por la roña del ganado
¶Puſiloſus.a.um. por coſa llena de roña
¶Putatio.onis.por la podazon
¶Putator.oris.por el podador
¶Putatoria falx.por la podadera
¶Putatorius.a.um. por coſa para podar
¶Putamen.inis. por la caſcara de fruta
¶Putamen oui. por la caſca del uevo
¶Puteal.is.lugar era en roma
¶Puteus.putei.por el pozo
¶Puteolus.i. por el pozo pequeño
¶Putealis.e.por coſa de pozo.
¶Putearius.ij.por el que baze pozos
¶Puteoli.orum. por pozoli cerca de napol
¶Puteolanus.a.um.por coſa deſta ciudad
¶Puteo.es.putui. por beder.n.v.
¶Putidus.um.por coſa bedionda
¶Putidulus.a.um.coſa bedionda un poco
¶Putor putoris.por el bedor o bediondez
¶Puto.as.putaui.por penſar.a.i.
¶Puto.as. putaui. por podar.a.i.
¶Putreo.uel putreſco.por podrirſe.n.v.
¶Putrefacio.is.ci.por podrir.a.i.
¶Putrefactio.onis.por la podricion.
¶Putredo putredinis. por aquello meſmo
¶Putris.putre. por coſa podrida
¶Putridus.a.um. por aquello meſmo
¶Putus.a.um.por coſa pura
¶Putulentus.a.um.por coſa bedionda
¶De incipientibus a. q.
uá.aduerbium loci. por por donde
¶Quácumqz.aduer.por dónde quier que
¶Quadra.e.por el cuarto de un pan
¶Quadraginta in plurali.por cuarenta.
¶Quadrageni.e.a.por cada cuarenta
¶Quadragenarius.por de cuarenta
¶Quadrageſimus. a.um. por cuarenta en ordé
¶Quadrageſima pars. por uno de cuarenta
¶Quadrageſima.e. por la cuareſma.no
¶Quadragies. aduerbium. por cuarenta vezes
¶Quadragies nomen.por cuatro cuentos
¶Quadrans.tis. por tres onças
¶Quadrans.tis. por cuarta parte de doze
¶Quadrangulus.a.ũ.coſa de cuatro rincones
¶Quadrangularis.e.coſa deſta forma
¶Quadrantal.is.por la figura del dado
¶Quadrantalis.e.por coſa aſſi cuadrada

Quadratus.a.um.por aquello mesmo
Quadrantarius.a.um.lo de cuarta parte
Quadrifariam.por en cuatro maneras
Quadrifidus.a.um.bendido en cuatro partes
Quadriformis.e. por de cuatro formas
Quadriduum.i.por cuatro dias
Quadriduanus.a.u.um.cosa de cuatro dias
Quadrige.arum.por carro de cuatrega
Quadriga.e. por aquello mesmo. pr
Quadrigula. e. por aquel carro pequeño
Quadriiugus.i.por un cavallo de cuatro
Quadriiugis.is. por aquello mesmo
Quadrigarius.ij.el regidor deste carro
Quadrigarius.a.um.cosa para este carro.
Quadrigatus numus.en que esta catregua
Quadriennium.ij. por cuatro años
Quadriennis. e. por cosa de cuatro años
Quadrimus.a.um.por cosa de cuatro años
Quadrimulus.a.um.por cosa pequeña tal
Quadrimatus.us. espacio de cuatro años
Quadrimestris.e.por de cuatro años
Quadringenti.e.a.por cuatrocientos.
Quadringeni.e.a.por cada cuatrocientos
Quadringenteni.e.a.por lo mesmo.
Quadringentesimus.a.um.cccc.en orden
Quadringentesima pars.uno de.cccc.
Quadringenties.aduerbium. por.cccc.vezes
Quadringenties.por cuarenta cuentos
Quadripartitus.a.um.lo partido en cuatro
Quadriuium.ij. por la encruzijada
Quadriuiuum. por cosa de encruzijada
Quadro.as.quadraui. por cuadrar
Quadrus.a.um.por cosa cuadrada
Quadruus.a.um.por lo mesmo.
Quadrupes.edis.por la cuatrapea
Quadrupedans.tis.por lo mesmo
Quadruplus.a.um.por cuatro tanto.
Quadruplo.as. por doblar cuatro vezes.a.i
Quadruplator.oris. cuio es el cuatro tanto
Quadruplo.as. por bazer el cuarto libello.a.i
Quadruplatio.onis.por aquel libelo
Quadruplex.cis.por de cuatro doblezes
Quadruplico.as. por doblar cuatro vezes.a.i
Quadrupliciter.aduerbium.en cuatro formas
Quaero.is.quesiui. por buscar.a.i.
Quero.is. quesiui.por preguntar.a.i.
Querito.as.aui. por buscar a menudo.a.i
Queso.is.it.quesumus. por rogar.a.i.

Questio.onis.por la question pregunta
Questiuncula. e. por la questioncilla
Questio.onis.por la pesquisa
Questor.oris. por el pesquisidor
Quesitor.oris. por este mesmo.po
Questor.erarij. por contador del rei
Questorius.ij.por el que fue contador
Questorius.a.um.por cosa de contador.
Questura.erarij.por la contadoria
Questus.us.por la ganancia
Questuosus.a.um.por cosa gananciosa
Questor.oris. por el ecbacuervo. no
Questura.e.por la ecbacorveria.no
Qualis.e.por cual sin articulo
Qualis qualis.por tal cual
Qualiscumqz. por aquello mesmo
Qualibet.aduerbium. por por do quiera que
Qualiter.aduerbium.por como
Qualitercuqz.aduerbium.por como quiera q̃.
Qualitas.atis.por la calidad
Quallus.i. por la canasta
Quallum.i.por aquello mesmo
Quam coniunctio.que relativo de mas
Quam in compositione. por mui
Quamobrem coniunctio.por porende
Quamprimum.aduerbium.por luego
Quando.aduerbium temporis.por cuando.
Quando.coniunctio.por cuando.
Quandocumqz. por cuandoquiera que
Quando coniunctio.por por cuanto
Quandoquidem.por aquello mesmo.
Quandiu coniunctio.por mientras que
Quanlibet. por cuanto quiera que
Quantunlibet.por aquello mesmo
Quanquam coniunctio.por aun que
Quantum.aduerbium.por cuanto
Quantus.a.um.por cuamaño
Quantulus.a.um.por tamañuelo
Quantuscumqz.a.um.por tamaño cuamaño.
Quantuluscumqz.a.um.por lo mesmo
Quantitas.atis.por la cantidad
Quantocyus.aduerbium. pro cito.no
Quapropter coniunctio.por porende.
Quaqz uersus.por por do quiera que
Quartus.a.um. por cuarto en orden
Quarta pars.por uno de cuatro
Quarto.aduerbium.por la cuarta vez
Quartana febris.por la cuartana

Quasi.aduerbium.por poco maso menos
Quasillus.i.por el canastillo
Quasillum.i. por aquello mesmo
Quassus.a.um.participium a quatio.is.
Quassans.passiue participium ab eodem
Quasso.as.aui. por sacudir a menudo
Quater.aduerbium.por cuatro vezes.
Quaterni.ę.a. por cada cuatro
Quaternarius.a.um. por cosa de cuatro
Quaternio.onis.por el cuaderno
Quaternio.onis.por cuatro vezes cuatro.
Quatenus.aduerbium. por en cuanto
Quatinus coniunctio. pro quoniam
Quatio.is.quassi. por sacudir.a.i.
Quatriduum.i.por cuatro dias
Quatriduanus.a.um. por cosa de cuatro dias
Quattuor in plurali.por cuatro
Quattuordecim. por catorze
Que coniunctio.postpositiua pro.et
Quemadmodum.por en que manera.
Queo.quis.quiui.quitum.por poder.
Queor.eris. por aquello mesmo.pr
Quercus.us. por la enzina arbol
Quercetum.i.por el enzinal
Querceus.a.um.por cosa de enzina.
Quernus.a.um. por aquello mesmo
Querneus.a.um.por aquello mesmo.
Queror.eris.questus. por se quexar.d.v
Queritor.aris.por quexarse a menudo.d.v
Querela.ę. por la quexa o querella
Querulus.a.um.por querelloso
Querulosus.a.um. por aquello mesmo
Queribundus.a.um.por aquello mesmo.
Querimonia.ę. por la querella
Querquedula.ę.por una especie de anade
Querquerus.a.um.por cosa fria.pr
Quia coniunctio. por porque
Quianam coniunctio.por lo mesmo.
Quiane.pro eo quod est reuera
Quicquam.por alguna cosa
Quicumque.por cualquiera que
Quidem coniunctio. por mas o empero
Quidni?por por que no? affirmando
Quies quietis. por la bolgança de trabajo
Quies quietis.por cosa queda z sosegada
Quietus. a.um.por aquello mesmo
Quiesco.is.quieui. por bolgar assi.n.v
Quimus.a.um.por cosa de cinco años

Quimulus.a.um.por cosa pequeña tal
Quimatus.us.por espacio de cinco años.
Quin cum indicatiuo.por por que no?
Quin cum subiunctiuo.por que no
Quin immo. por antes no
Quin potius.por aquello mesmo
Quincuns.cis.por cinco onças de libra
Quincuns.cis. por cinco partes de doze
Quincuncialis.e.por cosa de aquello
Quindecim in plurali.por quinze.
Quincuplex.cis. por de cinco maneras
Quincuplices.por cinco tablillas.
Quincuplum.i.por cinco tanto
Quindeni.ę.a.por cada quinze
Quindecies.aduerbium. por quinze vezes
Quindecies nomen.por cuento z medio
Quinio.onis.por el quinterno
Quinio.onis.por cinco vezes cinco
Quinio.onis. por el quiñon o quinto
Quini. ę.a. por cada cinco
Quingenti.ę.a. por quinientos
Quingenteni.ę.por cada quinientos
Quingeni.ę.a.por aquello mesmo
Quingentesimus.a.um.quinientos en orden
Quingentesima pars.uno de quinientos
Quingenties.aduerbium. quinientas vezes
Quinquaginta. por cincuenta
Quinquageni.ę.a.por cada cincuenta
Quinquagesimus. a.ū. por cincuenta en ordē
Quinquagesima.ę.por uno de cincuenta
Quinquagenarius.por de cincuenta años
Quinquagies. por cincuenta vezes
Quinquagesima.ę. por cincuesma.no
Quinquatria.orum. fiestas de minerva
Quinquatri.ium. por lo mesmo
Quinquennium.ij.por cinco años
Quinquennalis.e.por de cinco años
Quinquennis.e.por aquello mesmo
Quinque in plurali.por cinco.
Quinqueni.ę.a. por cada cinco
Quinquies.aduerbium.por cinco vezes
Quintus.a.um.por quinto en orden
Quinta.ę.por la quinta parte.
Quintilis.is.por el mes julio.
Quintilis.e. por cosa deste mes
Quintilius.ij.nombre de varon romano
Quintilianus.i.orador latino.
Quintus.i.prenombre es romano

Quintius.ij.por nombre de varon
Quippe.aduerbium. pro certe
Quiris quiritis. por romano
Quirito.as.aui.por apellidar.n.v.
Quiritatus.us.por aquel grito
Quirinus.i.por el rei romulo
Quirinalis.e.por cosa de aqueste
Quirinalis.is. por un monte de roma
Quis uel qui.por quien o cual.
Quisq̃ queq̃.por cada uno
Quisquilie.arum.por frascas nada
Quocirca coniunctió.por porende
Quó aduerbium.por adonde.
Quócunq̃.aduerbium. por adoquiera que
Quoad coniunctio.por basta que
Quodámmodo.por en alguna manera
Quólibet.aduerbium.por adoquiera que.
Quóminus.aduerbium.por que no
Quomodo. aduerbium. por assi como
Quomodocumq̃. por comoquiera que
Quondam.aduerbium.por en algun tiempo.
Quondam. enel tiempo passado
Quondam. enel tiempo venidero
Quoniam coniunctio.por por que
Quoque coniuncrio. por esso mesmo
Quoquó.aduerbium.por adoquiera que
Quorsum. aduerbium. por bazia donde
Quot in plurali. por cuantos en numero
Quotannis.por cada un año
Quotidie.aduerbium.por cada dia
Quotidianus.a.um.por de cada dia
Quoties.aduerbium.por cuantas vezes
Quotiens.aduerbium.por aquello
Quotienscumq̃.por cuandoquiera que
Quotus.a.um.por cuantos en orden.
Quotus.a.um.por cuantos en parte
Quotusquisq̃.por todos.
Quousq̃.aduerbium.por basta cuando.
Quum coniunctio.pro cum
Quur.aduerbium.por porque
   De incipientibus ab.r.
aáb.muger fue cananea. bar.
Rabáth. ciudad fue dela palestina.bar
Rabbi.interpretatur magister.bar
Rabbóni.interpretatur magister.bar.
Rabies.ei.por la ravia
Rabidus.a.um. por cosa raviosa
Rabio.is.rabiui. por raviar. n.v

Rabo.is.rabi. por aquello mesmo
Rabiosus.a.um.por cosa raviosa.
Rabirius.ij. varon fue romano
Rabula.e. por abogado indocto
Racemus.i.por el gajo del razimo
Racemus.i. por el cencerron de uvas
Racemifer.a.um.por lo que trae gajos
Racemarius pampinus. el que los trae
Racemosus.a.um.por lleno de gajos
Rachá.palabra es de injuria z denuesto
Rachel. bija de laban muger de jacob
Radix.icis.por la raiz.
Radix.icis.por el ravano.
Radix pontica. por el ruipontigo
Radix barbara.por el ruibarvo
Radicula.e.por la raiz pequeña
Radicitus.aduerbium.por de raiz
Radico.as.aui.por raigar.n.v
Radicor.aris.por aquello mesmo.d.v
Radio.as.aui. por ecbar de si raios.n.v
Radiatus.a.um. por cosa raiada
Radius.ij. por el raio del sol
Radius.ij.por el raio dela rueda
Radius.ij.por la lançadera de texedor
Radius.ij.por el puntero para puntar
Radius.ij. por el azeituna luenga
Radiolus.i.por aquello mesmo
Radiolus.i.por pequeño raio.
Rado.is.rasi.por raer.a.i.
Radula.e.por la raedera
Rages.por una ciudad de media.b.
Raguél. judio morador desta ciudad.b.
Raia.e.por la raia pescado
Ralla.e.por cierta vestidura
Ramale.is.por ramon de arbol
Ramá. ciudad es dela palestina.b.
Ramesses.ciudad fue de egipto.b.
Ramentum.i.por la raedura
Ramex ramicis. por la potra
Ramóth. ciudad fue dela palestina.b.
Rameus.a.um.por cosa de ramos
Ramosus.a.um.por lleno de ramos
Ramus.i.por el ramo de arbol
Ramulus.i.por el ramo pequeño.
Ramusculus.i.por aquello mesmo
Ramulosus.a.um.por lleno de ramillos.
Ramnes. cavelleros fueron de romulo
Ramnenses. por aquellos mesmos

Rana.ranę.por la rana.
Rana.ę.por la rana dela mar.
Rana.ę.por la bava o tolano de beſtia
Ranunculus.i.por la rana pequeña
Rancesco.is.por enranciarſe.n.v
Rancidus.a.um.por coſa rancia
Rancidulus.a.um. por un poco rancio
Rancor rancoris.por el rancio
Ranco.as.aui.por bramar el tigre.n.v
Rapa.ę. por un cierto pescado
Rapa.ę. por el nabo raiz conocida
Rapax.acis.por lo que arrebata mucho
Rapacitas.atis. por aquel rebatar
Rapháel.i.nombre de angel.bar.
Raphaim.lugar es dela paleſtina.ba
Raphidim.una fue delas.xl.manſiones.bar
Rapidus. a.um. por coſa rauda z ligera
Rapiditas.atis.por aquella ligereza
Rapina.ę.por el robo.
Rapinator.oris. por el robador
Rapio.is.rapui. por arrebatar.a.i
Rapina.ę.por la ſimiente de nabos
Rapiſtrum. i. por nabo pequeño
Raptim.aduerbium.arrebatada mente
Raptito.as.aui.por arrebatar a menudo.a.i
Raptio. onis. por el arrebatamiento
Rapto.as.aui. por arraſtrar.a.i.
Rapum.i.por el nabo redondo
Rapulum.i.por aquel nabo pequeño
Raritas.atis. por la raleza
Raritudo.dinis.por lo meſmo
Raro.aduerbium.por ralas vezes
Rarenter.aduerbium.por aquello meſmo
Raripilus.a.um.coſa de ralos pelos
Raresco.is. por bardalear o ralear.n.v
Rarus.a.um.por coſa rala
Raſa ueſtis.por veſtidura de raſo
Raſilis.e.por coſa raida
Raſis.is.por reſina de pez cruda
Raſim.por un rei de ſiria.bar
Raſito.as.aui. por raer a menudo.a.i
Raſus.a.um.participium a rado.is.
Raſtrum.i.por el raſtro para arraſtrar.
Raſtri.orum.los raſtros para cavar
Raſtellum.i. por el raſtro pequeño
Raſtellus.ſ.por aquello meſmo
Rata portio.por la rata parte
Rates ratis. por la balſa de madera

Rates ratis.por la nave
Ratifico.as.aui. por afirmar. a.ſ.
Ratificatio.onis.aquel aver por rato
Rati habitio. por aquello meſmo
Ratio.onis. por la razon
Ratio.onis.por la cuenta
Rationarium.ij.por libro de cuentas.
Rationale.is.por aquello meſmo.
Rationalis.e.por coſa de razon
Ratiuncula.ę. por pequeña razon
Ratiuncula.ę.por pequeña cuenta
Ratiocinor.aris.por razonar.d.iij
Ratiocinatio. onis. por aquel razonar
Rationabilis.e. por coſa razonable
Ratus.a.um.por coſa firme
Ratus.a.um. participium a reor
Ratumena.ę. por una puerta en roma
Ratumena.ę.regidor fue de carros
Raucus.a.um.por coſa ronca.
Raucisonus.a.um.lo que suena ronco
Raucio.is.rauſi.por enronquecer.n.v
Raucesco.is.por aquello meſmo.n.v.
Raucitas.atis.por la ronquedad
Raucedo.inis.por aquello meſmo
Rauena.ę. por una ciudad de italia
Rauenas.atis. por coſa deſta ciudad
Rauus.a.um.por el color del lobo
Rauidus.a.um. por aquello meſmo
eate.es. ciudad es de italia
Reatinus.a.um.coſa deſta ciudad
Reatus.us. por acusacion en juizio
Rebecca.ę.muger fue de iſaac
Rebello.as. aui. por rebelar.n.v.
Rebellio.onis. por la rebeldia
Rebellis.e.por coſa rebelde
Reboo.as.reboaui. por reſonar. n.v
Recalcitro.as.por tirar coces atras.n.v.
Recalesco.is.por escalentarse otra vez.n.v
Recaleo.es.lui. por aquello meſmo.n.v
Recalfacio.iſ.feci.por calentar otra vez.a.i
Recaluus.a.um.por calvo bazia tras.
Recaluaſter. tri. por calvo aſſi un poco
Recandeo.es.dui. por emblanqcerſe otra vez
Recandesco.is.dui.por aquello meſmo.n.v
Recanto.as.aui.por desencantar.a.i.
Recanto.as.aui. por cantar otra vez.a.i
Recens recentis. por coſa reziente o freſca
Recento.as.aui.por refreſcar.a.i.

Recento.as.aui.por rezentar.a.i.
Recenter.aduerbium.por fresca mente.
Recens.aduerbium.por aquello mesmo
Recenseo.es.sui.por bazer alarde.a.i.
Recensio.onis.por el alarde
Recensus.us.por aquello mesmo.
Recenseo.es.sui.por remembrar.a.i.
Recepto.as.aui.por recoger.a.i.
Recepto.as.aui.por encubrir burtos.a.i.
Receptator.oris.por encubridor de burtos
Recepticius seruus.por eucubierto assi
Receptaculum.i.lugar a do nos retraemos
Receptor.oris.por el recebidor
Receptio.onis.por el recebimiento
Receptus.us.por el retraimiento.
Receptui canere.por retraerse dela pelea
Recessus.us.por la partida de lugar
Recedo.is.si.por partir de lugar.n.v.
Recidiuus.a.um.lo que resucita de muerto
Recido.is.recidi.por recaer.n.v.
Reciduus.a.um.por cosa que recae.
Recidipnum.i.vestidura delicada
Recinum.ij.por aquella vestidura
Recingo.is.ri.por desceñir.a.i.
Recino.is.recinui.por cantar otra vez.a.i
Recipio.is.recepi.por recebir.a.i.
Recipio.is.recepi.por recoger z cobrar.a.i
Recipio.is.recepi.por prometer.a.iij.
Reciprocus.a.um.por cosa retornada en si
Reciproco.as.aui.por retornar en si.a.i
Reciprocatio.onis.por aquel retorno.
Reclamo.as.aui.por reclamar.n.v.
Reclamatio.onis.por la reclamacion
Recludo.is.si.por abrir lo cerrado.a.i.
Recludo.is.si.por cerrar.rarum.a.i.
Recluuie.arum.por el abertura
Reclusio.onis.por aquello mesmo
Reclino.as.aui.por inclinar atras.a.i.
Reclinatio.onis.por aquel inclinar
Reclinatorium.lugar para acostarse
Recogito.as.aui.por pensar mucbo.a.i.
Recompenso.as.aui.por recompensar.a.i
Recompensatio.onis.la recompensacion
Recognosco.is.ui.por reconocer.a.i.
Recognitio.onis.por el reconocimiento
Recolligo.is.egi.por recoger.a.i.
Recolo.is.por recordarse.a.i
Reconcilio.as.aui.por reconciliar.a.i.

Reconciliatio.onis.por reconciliacion
Recollectio.onis.por la recogedura
Recompono.is.por componer otra vez.a.i
Recompositio.onis.por esta composicion
Recondo.is.por esconder mucbo.a.i.
Recordor.aris.por recordarse.d.i.
Recordo.as.aui.por aquello mesmo.a.
Recordatio.onis.por la recordacion
Recrastino.as.por dilatar de dia en dia.n.v
Recrastinatio.onis.por esta dilacion
Recreo.as.aui.por recrear.a.i.
Recreatio.onis.por la recreacion.
Recrementum.i.por el menoscabo
Recrepo.as.pui.por rebentar sonando.n.v
Recresco.is.recreui.por descrecer.n.v
Recrudeo uel recrudesco.encrudecerse.n.v
Rectio.onis.por el regimiento
Rector rectoris.por el regidor
Recubo.as.recubui.por acostarse.n.v.
Recubitus.us.por el acostamiento
Recula.e.por cosa pequeña
Recupero.as.aui.por recobrar.a.i
Recuperator.oris.por juez de apelacion
Recuperatorius.a.um.cosa deste juizio
Recuperatio.onis.por aquel juizio
Recuro.as.aui.por curar otra vez.a.i
Recurro.is.ri.por correr atras.n.v.
Recursus.us.por aquella corrida.
Recuruus.a.um.por corvo bazia tras
Recuso.as.aui.por rebusar.a.i.
Recusatio.onis.por el rebusamiento
Recutio.is.recussi.por sacudir otra vrz.a.i
Recutitus.a.um.por circuncidado
Redamo.as.aui.por amar otra vez.a.v
Redandruo.as.aui.por tornar.pr
Redardeo.es.por arder otra vez.n.v.
Redardesco.is.por aquello mesmo.n.v
Redarguo.is.gui.por redarguir.a.ij.
Redargutio.onis.por la redargucion
Reddo.is.reddidi.por restituir z tornar.a.iij
Redditus.us.por la restitucion z retorno.
Reddo.is.reddidi.por rentar.a.iij.
Redditus.us.por la renta
Redeo.is.redij.por torna de do fueste.n.v
Reditus.us.por aquella tornada.
Redeo.is.redij.por rentar la bazienda.n.v
Reditus.us.por aquella renta
Redigo.is.egi.por reduzir.a.i

Redbibeo.es.desbazer la vēta por tacbas.a.i
Redbibitio.onis.por el tornar dela cosa tal
Redbibitorius.a.um.cosa para tornar assi
Redimio.is.redimiui.por afeitar.a.i.
Redimiculum.i.por la joia para afeitar
Redimo.is.redemi. por tomar a destajo.a.i.
Redemptor.oris. el que toma a destajo
Redemptio.onis.por el destajo.
Redimo.is.redemi.por arrendar de otro.a.i.
Redemptor.oris. por el arrendador
Redemptio.onis. por el arrendamiento
Redimo.is.redemi.por redimir preso.a.i
Redemptor.oris.por el redemidor
Redemptio.onis.por la redempcion
Redintegro.as.aui. por enterar otra vez.a.i.
Redintegratio. onis. por aquel enteramiento
Rediuiuus. a.um. lo que resucita de muerto
Rediuia.e.por espigon cerca dela uña
Rediuus.i.por la garrapata
Redoleo.es.redoleui. por oler bien. n.v.
Redolentia.e. por aquel bien oler
Redono.as.aui.por endonar otra vez.a.iij.
Redonatio.onis.por aquella donacion
Reduco.is.xi. por tornar a otro guiando.a.i.
Reduco.is.xi. por acompañar basta casa
Reduco.is.xi. por reduzir.a.i.
Reductio.onis. por el reduzimiento
Reducis.e.por cosa librada de peligro
Reduncus.a.um.cosa corva bazia tras
Redundo.as.aui.por rebosar. n.v.
Redundantia.e.por el reboso.
Refcllo.is.refelli.por redarguir falsedad.a.i.
Refectio.onis.por la recreaciō
Refectio.onis. por el rebazimiento
Refercio.is.si. por recalcar.a.i
Refero refers.tornar lo tomado.a.i.
Refero refers. por contar relatando.a.i.
Refero refers. por responder.a.i.
Refero acceptum.pagar lo recebido.a.i.
Reffert impersonale. por ser differencia
Referueo.es. por berver otra vez.n.v
Referuesco.is. por aquello mesmo.n.v
Reficio.is.refeci.por rebazer.a.i.
Reficio.is.refeci. por recrear.a.i.
Refigo.is.refixi.por arrancar lo bincado.a.i.
Refigo.is.refixi.por bincar mucbo.ra
Refibulo.as.aui.por quitar candadillo.a.i
Reflo.as.reflaui. por soplar atras.a.i.

Reflecto.is.xi. por doblegar atras.a.i
Reflexio.onis. por aquella doblegadura
Reflatus.us.por el soplo atras
Refluo.is.xi.por correr atras lo liquido.n.v
Refluus.a.um. por que assi corre
Refloresco.is.rui.por florecer otra vez.n.v
Refocillo.as.aui. por recrear.a.i.
Refocillatio.onis.por la recreacion
Reformo. as.aui. por reformar.a.i.
Reformatio. onis. por la reformacion
Reformator.oris.por el reformador
Refodio.is.refodi. por desenterrar.a.i.
Refossio.onis.por el desenterramiento
Refoueo.es.refoui. por recrear.a.i
Refragor.aris. por contrariar con voto.d.ij
Refrago.as.aui.por aquello mesmo.pr
Refragatio.onis. por aquella contradiciō
Refreno.as.aui. por enfrenar.a.i
Refrenatio.onis.por el enfrenamiento
Refrico.as.cui.por refregar.a.i
Refricatio.onis.por la refregadura
Refrigeo.es.refrigi. por resfriarse.n.v.
Refrigero.as.aui. por resfriar.a.i.
Refrigesco.is.xi. por resfriarse.n.v.
Refrigerium.ij.por el refrigerio.
Reffrigeratio.onis.por aquel resfriar.
Refringo.is. refregi. por quebrar.a.i
Refugio.is.refugi. por buir atras.a.i
Refugium.ij.por lugar a do buimos
Refugus.a.um.por cosa que buie atras
Refuga.e. por siervo o sierva que buie
Refundo.is.di. por derramar.a.i
Refusio.onis.por aquel derramamiento
Refuto.as.aui. por redarguir.a.i
Refutatio.onis.por la redargucion
Regalis.e. por cosa real
Regaliter.aduerbium.por real mente
Regaliolus.i. por una cierta ave
Regelo.as.aui.por deselar o regalar.a.i
Regenero.as.aui.por engendrar otra vez.a.i
Regeneratio.onis.por este engendrar
Regermino.as.ecbar las plātas otra vez.a.i
Regerminatio.onis.por aquel ecbar
Regero.is.regessi.por tornar a traer.a.i
Regia.e.por la casa real
Regificus.a.um.por cosa becba de rei
Regillus.i.por pequeño rei
Regilli.orum.ciudad delos sabinos

Regillanus.a.um.por cosa de alli
Regillus lacus.por un lago de alli
Regimen.inis.por el regimiento.
Regina.ę.por la reina.
Regio.onis.por el reino o region
Regio.onis.por collacion de ciudad
Regionatim.aduer.por de collació encollació
Regius.a.um.por cosa real
Regium.ij.por rejo ciudad de italia
Regiensis.e.por cosa desta ciudad
Regius morbus.por la ictericia
Reglutino.as.aui.por desengrudar.a.i.
Reglutinatio.onis.por el desengrudar
Regnum.i.por el reino o reinado
Regno.as.regnaui.por reinar.n.v.
Regnator.oris.por el rei.poe.
Rego.is.rexi.por regir.a.i.
Regulus.i.por el rei pequeño.
Regulus.i.por el basilisco serpiente
Regula.ę.por la regla
Regularis.e.por cosa de regla
Regulariter.aduerbium.regular mente
Reiecto.as.aui.por echar atras.a.i.
Reijcio.is.reieci.por aquello mesmo.a.i.
Reiectio.onis.por aquel echar
Reiectaneus.a.um.por cosa echadiza
Reijculus.a.um.por cosa cotral
Reiuuenesco.is.por tornarse mancebo.n.v.
Relabor.eris.por caer otra vez.d.v.
Relapsus.us.por aquella caida
Relatus.a.um.participium a refero.
Relatus.us.por la relacion
Relatio.onis.por aquello mesmo.
Relatiuum.i.nombre que haze relacion
Relaxo.as.aui.por aflogar.a.i.
Relaxatio.onis.por el aflogamiento
Relego.as.aui.por desterrar a tiempo.a.i
Relegatio.onis.por aquel destierro
Relego.as.aui.por embiar otra vez.a.i.
Relego.is.relegi.por leer otra vez.a.i
Releuo.as.aui.por aliviar o alçar.a.i
Religo.as.aui.por reatar.a.i.
Religatio.onis.por reatadura
Religio.onis.por la religion
Religiosus.a.um.por cosa religiosa
Relino.is.abrir lo embarrado.a.i.
Relinquo.is.reliqui.por dexar.a.i.
Reliquus.a.um.por cosa restante

Reliquię.arum.por los relieves de mesa
Reliquię.arum.por las reliquias
Reluceo.es.xi.por luzir mucho.n.v.
Reluctor.aris.por resistir.d.ij.
Reluctatio.onis.por la resistencia.
Remacreo.es.por emmagrecer mucho.n.v
Remacresco.is.por aquello mesmo.n.v
Remaledico.is.maldezir al maldiziente.n.ij
Remando.as.por responder al mandado.a.i
Remaneo.es.si.por remanecer z quedar.n.v
Remansio.onis.por la quedada
Remeo.as.aui.por tornar atras.n.v.
Remeatus.us.por aquella tornada
Remedium.ij.por el remedio
Remetior.iris.por medir otra vez.d.iij.
Remex.remigis.por el remador
Remigium.ij.por la remadura
Remigo.as.aui.por remar.n.v.
Remigro.as.aui.por mudar casa otra vez.ρ v
Remigratio.onis.por aquel mudar
Reminiscor.eris.por recordarse.d.i.
Reminisco.is.por aquello mesmo.pr.
Reminiscentia.ę.por la memoria.
Remisceo.es.cui.por mezclar otra vez.a.i
Remissio.onis.por cessacion de labor
Remitto.is.remisi.embiar en retorno.d.iij
Remissio.onis.por aquel embiada
Remitto.is.si.por perdonar.a.iij.
Remissio.onis.por el perdon.
Remolleo.es.por amollentarse otra vez.n.v.
Remollesco.is.por aquello mesmo.n.v.
Remollio.is.iui.por amollentar otra vez.a.i.
Remora.ę.el pece que detiene las naves.
Remorbesco.is.por tornar a enfermar.n.v.
Remolior.iris.por aparajar otra vez.d.iij
Remoror.aris.por retardar.d.iij.
Remugio.is.por bramar resurtiendo.n.v
Remunero.as.aui.por galardonear.a.i.
Remuneror.aris.por aquello mesmo.d.iij
Remuneratio.onis.por el galardon
Remulcus.i.por el llevar la nave a jorro
Remulco.as.aui.por llevar assi la nave.a.i.
Remus.i.por el ermano de romulo
Remulus.i.por un rei delos albanos.
Remus.i.por el remo para remar
Remus.i.por la correa dela trompeta
Ren renis.por el riñon o ren.
Renascor.eris.por nacer otra vez.d.v.

Renidcos.cs.por resplandecer.n.v.
Renitor.eris.por estribar en contrario.d.ii
Reno.as.renaui.por nadar a tras.n.v.
Renouo.as.aui. por renovar.a.i.
Renouamen.inis.por la removacion
Renouatio.onis.por aquello mesmo
Renouello.as.aui.por poner majuelo.n.v
Renuncio.as.aui.por denuciar.a.iij.
Renunciare morti. por morir.
Renunciatio.onis.por la denuciacion
Renuo.is.nui.negar moviédo la cabeça.a.iij
Renutus.us.por aquel negar.
Repagulum.i.idem est quod carceres
Repagulum.i.por la tranca
Repages.is. por aquello mesmo
Repandus. a.um. cosa corva bazia tras
Reparo.as.aui. por reparar.a.i.
Reparatio.onis.por la reparacion
Reparabilis. e. por cosa reparable
Repastino.as.aui. por cavar otra vez.a.i.
Repastinatio.onis. por esta cavazon
Repecto.is.xui.por despeinar.a.i.
Repedo.as.aui.por tornar de lugar.n.v.
Repello.is.reppuli.por recbaçar.a.i.
Rependo.is.di. por recompensar.a.iij
Repercutio.is.si.berir en contrario.a.i
Repercussio.onis.por aquella berida.
Reperio.is.repperi.por ballar.a.i.
Repeto.is.repetiui. por repetir. a.i.
Repetitio.onis.por la repeticion
Repeto.is.repetiui.por pedir otra vez.a.i
Repetitio.onis. por aquel pedimiento
Repens.tis. por cosa subita.
Repentinus.a.um.por aquello mesmo
Repente.aduerbium.por subita mente
Repetunde.arum.por cobecbo del juez
Repleo.es.repleui.por bincbir.a.ij.
Repletio.onis.por el bincbimiento
Replico.as.aui. por replicar. a.i.
Replicatio.onis.por el replicato.
Replumbo.as.aui.por quitar el plomo
Repo.is.repsi. por gatear por el suelo
Repo.is.repsi. por entrar no sintiendo
Repono.is.reposui.por guardar en lugar
Repositio.onis.por aquella guarda
Repositorium.ij. por lugar de guarda
Repono.is.reposui.por poner otra vez
Reporto.as.aui.por reportar.

Reportorium.ij.por el reportorio.
Reposco.is.repoposci.demandar otra vez
Repotia.orum. por la tornaboda
Represento.as.aui.por representar
Representatio.onis.por la representacion
Reprebendo.is.di.por reprebender.
Reprebensio.onis.por la reprebension
Reprebensor.oris.por el reprebendedor.
Reprebensorius.a.um.cosa para reprebéder.
Reprimo.is.repressi. tener apretando
Repressio.onis. por aquel apretamiento.
Reprobus.a.um.por cosa reprovada.
Reprobo.as.aui.por reprovar
Reprobatio. onis. por la reprovacion
Reptilis.e.por cosa que gatea por suelo
Repromitto.is.por prometer otra vez
Repromissio.onis.por este prometimiento
Repropicio.as.por aplacar otra vez.
Repto.as.aui.por gatear a menudo
Repudio.as.aui.por desecbar
Repudiatio.onis. por el desecbo
Repudium.ij. por aquello mesino
Repuerasco.is. por tornarse moço
Repugno.as.aui. por resistir peleando
Repugnantia.e.por la resistencia.
Repulsa.e.por recbaço enla demanda
Repurgo.as.aui.por limpiar otra vez
Repurgatio.onis.por esta limpieza
Reputo.as.aui. por mucbo pensar
Reputatio.onis.por este pensamiento
Requiro.is.requisiui. por requirir
Requisitio.onis. por la requesta.
Requies.requietis.uel.ei.por la bolgança
Requietio.onis.por lo mesmo
Requiesco.is.requieui.por bolgar
Requiesco.is.requieui.por bazer bolgar
Res rei.por la cosa o bazienda.
Res rei. por el imperio z señorio.
Respublica.e. por la republica
Reseuio.is.iui. por encruecerse otra vez.n.v.
Resaluto.as.aui.por saludar al que saluda.a.i
Resalutatio.onis.por aquel saludar
Resarcio.is.si. por remendar.a.i.
Resartor.oris.por el remendon
Rescio.is.resciui. por saber lo que se bizo.a.s.
Rescindo.is.rescidi.por cortar.a.i.
Rescissio.onis.por la cortadura
Rescissamentum.i. por aquello mesmo

Rescissorius.a.um.por cosa para cortar
Rescribo.is.psi.escrivir alo q otro escrive.a.iij
Rescriptum.i.por aquella repuesta
Reseco.as.cui.por cortar.a.i.
Resecro.as.aui. por violar lo sagrado. a.i.
Resegmen unguis. por uña cortada
Resex. resecis. sarmiento del cuerpo de vid
Resemino.as.aui.por sembrar otra vez.a.i
Resero.as.aui. por abrir lo cerrado.a.i
Reses residis.por cosa perezosa z floxa
Resideo.es.edi.por estar mucho assétado.n.v
Resido.is.idi.por bazer assiento en bõdo.n.v
Residuus.a.um. por cosa que queda
Resigno.as.aui.por abrir lo sellado.a.i.
Resignatio.onis.por esta abertura
Resigno.as.aui.por resinar lo assinado.a.i
Resignatio.onis.por la resinacion assi
Resilio.is.resilui. por saltar atras.n.v
Resimus.a.um.por cosa roma
Resina.ę.por la resina o trementina
Resinatus. a.um. untado con resina
Resipio.is.resipiui.por tornar a su seso.n.v.
Resipisco.is.por aquello mesmo.n.v.
Resisto.is.restiti. por resistir. n.ij.
Resistentia.ę. por la resistencia.no
Resoluo.is.resolui.por desatar.a.i.
Resolutio.onis.por aquel desatamiento
Resono. as.aui. por resonar. n.v.
Resonus.a.um.por cosa que resuena.
Respecto.as.aui. mirar atras a menudo.a.i
Respectus.us.por respeto z reverencia
Respectio.onis.por aquello mesmo.
Respergo.is.si.por derramar rociando.a.i
Respersus.us. por aquel rocio
Respicio.is.exi.por mirar atras.a.i.
Respiro.as.aui.por respirar.n.v.
Respiratio.onis.por la respiracion
Respiramen.inis.por el respiradero
Respondeo.es.di.por concertar.n.ij.
Respondeo.es.di.por responder.n.ij.
Respondo.is.di.por aquello mesmo.n.ij
Respondito.as.aui. por responder a menudo
Responso.as.aui. por aquello mesmo.n.ij
Responsio.onis.por la repuesta
Responsum.i. por aquello mesmo
Respuo. is.respui. por menospreciar. a.i.
Restagno.as.aui.por estancarse el agua.n.v.
Restagnatio.onis. por aquel estancarse

Restauro.as.aui.por renovar.a.i.
Restauratio.onis. por esta renovacion
Restis.restis.por el corro o dança.
Restis.restis. por la riestra de ajos
Restis.restis. por la soga
Resticula.ę.por la soga pequeña
Restibilis ager.por el restrojo
Rostilis ager.por aquello mesmo.
Restinguo. is.xi. por apagar. a.i.
Restinctio.onis.por aquel apagamiento
Restito.as.restiti.por pararse a menudo.n.v.
Restituo.is.restitui.por restituir.a.iij.
Restitutio.onis.por la restitucion.
Restitutorius.a.um.cosa para restituir
Resto.as.restiti.por pararse
Restringo.is.xi.restreñir z apretar.a.i
Restrictim.aduerbium. por apretada mente
Resulto. as.aui. por resurtir. n.v.
Resupinus.a.um. por cosa trastornada
Resupino.as.trastornar de arriba abaxo.a.i.
Resuo.is.resui.por coser otra vez.a.i.
Resuscito.as.aui. por despertar otra vez.a.i
Reta.ę. por el arbol o tronco del rio
Retardo.as.aui. por tardar a otro.a.i.
Retaxo.as.aui.por reprender al reprensor.a.i
Retalio.as.aui.por penar ala lei del talió.a.i.
Rete.retis. por la red.
Retis.retis.por aquello mesmo
Retego.is.xi.por descubrir lo cubierto.a.i
Retendo.is.di. por aflofar lo tirado.a.i
Retento.as.aui. por retener a menudo.a.i
Retentio.onis.por la retencion
Retexo.is.retexui.por destexer.a.i.
Retia.ę.region es de europa cerca de italia
Reticus.a.um.por cosa desta region
Retiarius.ij. por el redero
Retiaculum.i.por la red pequeña.
Reticulum.i.por aquello mesmo
Reticulum.i.por el capillejo de muger
Reticulatus.a.um. por cosa enredada
Reticeo.es.reticui. por callar mucho.a.i.
Reticentia.ę.por aquel callar.
Retineo.es.retinui.por retener.a.i.
Retinaculum.i.por el retenedero.
Retinnio.is.iui. por retiñir metal.n.v
Reto.as.aui.por alimpiar el rio.a.i.
Retorqueo.es.si.por retorcer.a.i.
Retorqueo.es.si.por tirar otra vez.a.i

D.i.

Retorresco.is. por revejecerse el arbol.n.v

Retorridus.a.um.por cosa revegida

Retracto.as.aui. por tratar lo tratado. a.i

Retractatio.onis.por aquel tratar otra vez

Retrado.is.didi.por tornar a traspassar.a.iij.

Retribuo.is.retribui.por dar en retorno.a.iij

Retributio.onis.por aquella dadiva

Retrimentum.i.la merma de peso o medida

Retro. aduerbium. por atras

Retrorsus.aduerbium. por bazia tras

Retrorsum.aduerbium.por aquello mesmo.

Retrogradus.a.um.por cosa que anda atras.

Retrudo.is.si. por encerrar por fuerça.a.i

Rettuli. preteritum ab eo quod est refero

Retundo.is.retudi.por embotar.a.i

Reualco.es.reualui.por reconvalecer.n.v

Reuebo.is.xi.por tornar a traer.a.i.

Reuello.is.si.uel.li.por arrancar.a.i.

Reuclo.as.aui.por descubrir.a.iij.

Reuelatio.onis.por el descubrimiento

Reuenio.is.reueni.por venir otra vez.n.v

Reuereor.eris.por acatar con reverencia.d iij

Reuerendus. a.um. por cosa reverenda

Reuerentia.e.por aquel acatamiento.

Reuerenter. aduerbium. por con reverencia

Reuerto.is.reuerti. bolverse atras. n.v.

Reuertor.eris.por aquello mesmo.d.v

Reuersio.onis. por aquella buelta

Reuincio.is.xi.por mucho atar.a.i.

Reuincio.is.xi.por desatar lo atado.a.i.

Reuinco.is.xi.por vencer otra vez.a.i

Reuiresco.is.reuirui.por reverdecer.n.v.

Reuiso. is.reuisi. por ir a ver otra vez.a.i.

Reuisito.as.aui. por aquello mesmo.a.i

Reuiuo.is.xi. por rebivir lo muerto.n.v

Reuiuisco.is.xi.por aquello mesmo.n.v

Reuoco.as.aui.por llamar otra vez.a.i

Reuoco.as.aui.por renovar.a.i

Reuocatio. onis. por la revocacion

Reuocamen.inis. por aquel llamado.poe

Reuolo.as.aui. por rebolar.n.v

Reuoluo.is.reuolui.por rebolver.a.i.

Reuolutio.onis.por aquel rebolver

Reuolubilis.e.por cosa rebolvible

Reuolutilis.e.por aquello mesmo

Reuomo.is.reuomui. por gomitar.a.i

Reus.a.um.por cosa demandada en juizio

Rex regis. por el rei que tiene reino

Rex regis. por rico acompañado

Rex dianę. por el sacerdote de diana

Rex sacramentorum.el pontifice maior badamantbus.i. bijo de jupiter z europa

Rhagas.adis.rima est in podice

Rhagadium.ij.por aquello mesmo

Rhamnus. i. por una especie de çarça

Rhamnus.untis.aldea es de atbenas

Rhamnusius.a.um.por cosa de alli

Rhamnusia.ę.por la diosa dela indignacion

Rhamnusis.idis.por aquella mesma.

Rhampsenitus.i. por un rei de egipto

Rhapbanus.i.por el ravano

Rhapbanum.i.por aquello mesmo

Rhapbaninus.a.um.por cosa de ravano.

Rhapbanismus.i. injuria de ravanos

Rhasipolis.is.capitan fue de macedonia.

Rhea.ę.bija del cielo z vesta

Rhea.ę.bija de numitor madre de romulo

Rheda.ę.por cierta especie de carro

Rhedarius.ij. por el carretero de aquel

Rhedarius.a.um. por cosa para este carro

Rhegium.ij.por una ciudad de brucia

Rheginus.a.um.por cosa desta ciudad

Rheno.rbenonis.por el camarro

Rhenus.i.por reno rio de alemaña

Rhenus.i.por reno rio de boloña.

Rhenanus.a.um.por cosa destos rios

Rhesus.i.por un rei de tbracia

Rhetorica.ę. por la arte oratoria

Rhetoricus.a.um.por cosa desta arte.

Rhetoristes.ę.por mal orador

Rhetor.oris.por maestro de oratoria

Rhetorisso.as.aui.por obrar por oratoria.n.v

Rheuma.atis.interpretatur fluor.

Rheumatismus.i. por el romadizo

Rhexenor.oris. ermano fue de alcinoo

Rhibis.arbor es propria en egipto

Rhya.ę.por la bamapola ierva.gr

Rhien.enis. por la ren o riñon.gr

Rhin.interpretatur naris.

Rhindacus.i.por un rio de ponto region

Rhinoceros.otis. animal es no conocido

Rhinton.onis.burlador fue tarentino

Rhintonicus.a.um.por cosa de burlas

Rhinobatos.i.interpretatur scatiraia.

Rhipbei.orum. montes son de tartaria

Rhypodes. por cierto emplastro

Rhypos. interpretatur sordes
Rbitace.es.por el catarro dela miel
Rbitbmus.i.interpretatur numerus
Rbitbmicus.a.um.por cosa de cuento
Rbitium.ij.por cierta forma de vaso
Rbizia.e.interpretatur radix.icis.
Rbodope.es.por una reina de tbracia
Rbodope.es.por un monte de tbracia
Rbodopeius. a.um. por cosa deste monte
Rbodopis.idis.puta fue famosa
Rbodos.i.interpretatur rosa
Rbododendros.i.por el adelfa
Rbododapbne.es.por aquello mesmo
Rbodinus.a.um.por cosa de rosas
Rbodinum.i.por unguento de rosas
Rbodomeli.por la miel rosada
Rbodos.i.por rodas isla del arçapielago.
Rbodius. a.um. por cosa de rosas
Rbodiacus.a.um.por aquello mesmo
Rbodiensis.e.por aquello mesmo
Rbodos uel rbodia.bija de oceano z tetbis
Rboe.interpretatur fluxus uel fluor
Rboetgeum.i.por un cabo de troia.
Rboetus.i.por aquel mesmo cabo
Rboetgeus.a.um.por cosa deste lugar.
Rboeteius. a.um. por aquello mesmo
Rboetus.i.por uno delos centauros
Rbombus.i.por el rodavallo pece
Rbombus,i.por cierta figura en geometría
Rbompbea.e. por cucbillo de tbracia
Rbopbesis.interpretatur sorbitio.
Rbopbina.atis.item est sorbitio
Rbompbea.e.por aquello mesmo
Rboxane.es. manceba fue de alexandre
ica.e.por una cierta vestidura
Ricinum.i.por cierta vestidura
Ricinus.i. por el rezno o garrapata
Rictus.us.por el abertura dela boca
Rideo.es.risi.por reir z escarnecer.a.i.
Rido.ridis.por aquello mesino.pr
Ridiculus.a.um. por cosa que burla
Ridiculus.a.um.por cosa de reir
Ridiculum.i. por la burla de reir
Ridicularius.a.um.por cosa para burlar
Ridibundus. a.um. por cosa risueña
Ridica.e.por el rodrigon dela vid
Rigeo uel rigesco.por estar ierto.n.v.
Rigeo uel rigesco. por elarse.n.v.

Rigeo.es.rigui.por reguizgar.n.v
Rigidus.a.um.por cosa ierta o rezia
Rigidus.a.um.por cosa elada
Rigor.oris.por el rigor o craura
Rigorosus.a.um.por cosa rigorosa
Rigo.as.aui. por regar.a.i
Riguus.a.um.por cosa regantia
Rima.e. por la bendedura o resquebrajadura
Rimosus.a.um. por cosa bendida
Rimula.e.por bendedura pequeña
Rimor.aris.buscar por resqbrajaduras.d.iij.
Rimo.as.aui.por aquello mesmo.pr.
Ringor.eris.por rifar como perros
Ringo.is.xi.por aquello mesmo.n.v.
Ripa.e.por la ribera de rio
Riparia.e. por el abejaruco ave
Riscus.risci.por el baul de vimbres
Riscus.risci. por el albazena
Risus risus.por la risa
Rites ritis.por la costumbre.ra
Ritus.us.por aquello mesmo.
Rite.aduerbium.por acostumbrada mente
Riuatim.aduerbium.por a cborros
Riualis.i.por el combleço de otro.
Riuius.ij.por aquel mesmo.pr
Riualitas.atis.competicion de combleços
Riuus.i. por el cborro o rio pequeño
Rixa rixe. por la reñilla o rifa
Rixosus.a.um.por cosa rifadora
Rixor.aris.rixatus.por rifar.d.v.
Rixo.as.rixaui.por aquello mesmo.pr
obigus.i. por el dios del ñublo
Robigo.inis. por al ñublo del pan
Robiginosus.a.um.por cosa añublada
Robigalia.orum.por las fiestas deste dios
Roboam. por un rei delos judios
Roboro.as.aui.por fortalecer.a.i
Robur roboris.por el roble arbol
Robur roboris. por todo arbol bellotero
Robusteus.a.um.por cosa de roble
Robur roboris. por la reziura
Robustus.a.um.por cosa rezia
Roborarium.ij. lugar do ponen las tablas
Robus.i. por el trigo ruvion
Rodo.is.rosi.rosum. por roer.a.i
Rogo.as.rogaui.por rogar al menor.a.iiij
Rogo.as.rogaui. por preguntar.a.iiij
Rogasso.is.por aquello mesmo.pr.

Rogito.as.aui.por preguntar a menudo.
Rogatio.onis. por el ruego
Rogatus.us.por aquello mesmo
Rogatio.onis. por la pregunta
Rogatiuncula.e. por pregunta pequeña
Rogatio.onis. por lei preguntada
Rogus.i. por boguera para quemar muerto
Roma.e. por roma ciudad de italia
Romanus.a.um.por cosa desta ciudad
Romanicus.a.um.por esto mesmo.ra
Romanensis.e.por aquello mesmo.ra
Romuleus.a.um.por cosa de romulo rei
Romulus.a.um.por aquello mesmo
Romulus.i. primero rei delos romanos
Romulides.e.por hijo o nieto de romulo.
Romulea.e.por sevilla ciudad de españa
Ronchus.i.por el ronquido
Ronchus.i.por el mofador
Ronchisso.as.por roncar o mofar.n.v.
Ros roris. por el rocio
Ros marinus.por el romero mata
Roscidus.a.um.por cosa rociada.
Rorulentus.a.um.por aquello mesmo
Rorarius mites. el que comiença la pelea
Roro.as.roraui.por rociar.n.v
Rosa rose.por la rosa flor conocida
Roseus.a.um.por cosa de color rosado
Rosaceus.a.um.por cosa de rosa
Rosarium rosarij.por el rosal
Rosetum. i. por aquello mesmo
Rosea.e. por un campo cerca de reate
Roscius.ij. varon fue romano
Roscius.a.um.por cosa de aqueste
Rostrum.i.por el bocico como de puerco.
Rostrum.i.por el pico del ave.
Rostrum.i.por la delantera de nave
Rostrata nauis.nave para encontrar
Rostra.orum.lugar era en roma publico
Rostellum.i.por pico o bocico pequeño
Rota.e.por la rueda de carro
Rotula.e.por rodaja rueda pequeña
Rota.e. por rueda del ollero
Rota.e.por una especie de cabra montes.
Rota.e.por una especie de vallena
Roto.as.aui.por traer en deredor.a.i
Rotatio.onis. por aquel rodear
Rotundus.a.um.por cosa redonda
Rotunditas.atis. por la redondez

Rotundo.as.aui.por redondear.a.i
uber.bra.brum.por cosa bermeja
Rubellus.a.um.cosa bermejuela
Rubellum.i.por vino espesso
Rubellana uva.por uva de mucha hez
Rubeo uel rubesco.por embermejecerse.n.v
Rubefacio.is. por embermejar.a.i
Ruber rubri.por el dios priapo
Rubeus.a.um.por cosa bermeja
Rubedo.inis.por la bermejura
Rubellio.onis.por un cierto pescado
Rubecula.e.por una cierta ave
Rubén.hijo fue de jacob z de lia.bar
Rubi.orum.por una ciudad de italia
Rubeus.a.um.por cosa desta ciudad.
Rubicon.onis.rio es de italia.
Rubia.e.por la ruvia raiz conocida
Rubicundus.a.um. por cosa bermeja
Rubicundulus.a.um.lo bermejo un poco
Rubrica.e.por el almagra
Rubrico.as.aui. por enalmagrar.a.i.
Rubrica.e.por el barro bermejo
Rubricosus.a.um.cosa llena de tal barro
Rubrica.e.por el titulo de colorado.no
Rubigo.inis.inde robigo.et cetera
Rubigo.inis.por la berrumbre
Rubiginosus.a.um.cosa con berrumbre
Rubus.i.por la çarça mata
Rubetum.i.por el çarçal de çarças
Rubeus.a.um.por cosa de çarça
Rubeta.e.por rana de çarçal
Rubrius.ij.por un varon romano
Rubrianus.a.um. por cosa de aqueste
Ructo.as.aui.por regoldar.a.i.
Ructor.aris.por aquello mesmo.d.iij
Ructus ructus.por el regueldo
Rudens.tis. por la cuerda de nave
Ruder.eris.por la suziedad o vasura
Rudus.eris. por aquello mesmo
Rudero.as.aui. por estercolar.a.i.
Rudetum.i.por tierra virgen.
Rudie.arum.ciudad de italia.
Rudis rudis. por la vara del alcalde
Rudis rudis. por la libertad
Rudiarius. ij. el esgremidor ia libre
Rudicula.e.por palo para mecer
Rudis.e. por cosa no labrada.
Rudis.e.por cosa no enseñada

Ruditas.atis. por la ignorancia de letras
Rudimentum.i.por principio de letras
Rudo.rudis.rudi.por rebuznar asno.n.v
Rudo.is.rudi. por bramar el leon.n.v
Ruffę.arum.por una ciudad de italia
Ruffus.a.um.por cosa roxa o ruvia
Ruffulus.a.um. por cosa tal un poco
Ruffesco.is.por enroxarse.n.v
Ruffo.as.aui. por enroxar.a.i.
Ruffilus.i. nombre de varon romano
Ruffinus.i. varon fue cristiano
Rugio.is.giui. por bramar el leon.n.v.
Rugitus.us.por bramido de leon
Ruga.rugę. por la ruga.
Rugosus.a.um.por cosa arrugada
Rugo.as.rugaui. por arrugar.a.i
Rugo.as.rugaui.por arrugarse.n.v
Ruina.ę.por la caida
Ruina.ę. por lo mesmo que cae
Ruinosus.a.um. por cosa caediza
Rumen ruminis.por la ervera
Rumino.as.aui.por rumiar.a.i
Ruminor.aris.por aquello mesmo.d.iij
Ruminatio.onis. por aquel rumiar
Rumex.icis.por cierta ierva de uerta.
Ruminalis.e. por cosa que mama
Ruminalis ficus.la biguera de romulo
Ruma.ę.por la teta.priscum
Rumis.is.por aquello mesmo.priscum
Rumor.oris.por fama de nuevas
Rumusculus.i.por tal fama pequeña.
Rumifero.as.aui.por traer nuevas.n.v
Rumito.as.aui.por aquello mesmo.n.v
Rumigero.as.aui.por aquello mesmo.n.v
Rumigerulus.i.por acarrea nuevas
Rumpo.is.rupi.por romper.a.i
Rumpor.eris.por rebentar
Rumpus.i.por sarmiento para provena
Runca runcę.instrumento para roçar.
Runcina.ę. por aquello mesmo
Runco runconis.por aquello mesmo
Runco.as.runcaui.por roçar.a.i
Runcatio.onis.por la roçadura
Ruo.ruis.rui.por derribar.a.i
Ruo.ruis.rui.por caer.n.v.
Rupes rupis.por la peña
Rupicapra.ę. especie de cabra montes
Ruricola.ę.por labrador o labradora.

Ruror.aris. por estar enel campo.pr
Ruro.as.ruraui.por lo mesmo
Rursus.aduerbium.pro iterum uel contra
Rursum.aduerbium.por aquello mesmo.
Ruscus.i.arraiban es espinosa
Ruscino.onis. por rosellon en francia
Ruspor.aris. por escarvar la gallina.d.iij
Rus ruris.por el campo que se labra
Rurestris.e.por cosa de tal campo
Rusticus.a.um.por aquello mesmo
Rusticarius.a.um.por cosa para campo
Rusticus.a.um.por cosa empacbada en criáça
Rusticanus.a.um.por aquello mesmo
Rusticitas.atis.por aquel empacbo
Rustice.aduerbium.empacbada mente
Rusticatim.aduerbium.por lo mesmo
Rusticor.aris.por estar enel campo.d.v.
Rusticatio.onis. por aquella estança
Rusticula.ę.por la perdiz pardilla
Ruta.ę.por la ruda ierva conocida
Rutabulum.i.por mecedero
Rutabulum.i.por burgonero de borno
Rutellum.i.por aquello mesmo pequeño
Rutb.muger fue dela tierra de moab.bar.
Rutilus.a.um. por cosa roxa
Rutilo.as.rutilaui.por enroxar
Rutilesco.is.por enroxarse
Rutrum.i.instrumento para mecer.
Rutuba.ę.por un rio de italia
Rutuli.orum.pueblos fueron de italia
Rutulus.a.um.por cosa destos pueblos
Rutupa.e.por una ciudad de ingla terra
Rutupinus.a.um.por cosa desta ciudad
De incipientibus ab.s.
abá. por una region de arabia.bar
Sabęus.a.um.por cosa desta region
Sabacus.i.por un rei de egipto
Sabatinus lacus. por un lago de italia
Sabatius.a.um.por cosa de aquella tierra
Sabaótb. interpretatur exercituum
Sabbatum.i.por el sabado
Sabbatizo.as.aui. por guardar el sabado
Sabelli.orum.pueblos son de italia
Sabellicus.a.um. por cosa destos pueblos
Sabini.orum.pueblos de italia
Sabinus.i. por un rei antiguo de alli
Sabus.i. por un rei delos sabinos
Sabina arbor. especie es de enebro

Sabina berba.por la ierva sabina
Sabulum.i.por el arena o tierra arenisca
Sabulo sabulonis.por aquello mesmo
Sabulosus.a.um.por cosa arenisca
Sabucus.i.por el sauco arbol
Sabura.ę.por un capitan del rei juba
Saburra.ę.por el lastre dela nave.
Saburro.as.por alastrar la nave.a.i
Saccę.arum.pueblos son orientales
Saccarum.i.por el açucar.
Saccos.interpretatur cilicium
Saccinus.a.um.por cosa de costal
Saccus.i. por el saco o costal
Sacculus.i.por el costal pequeño.
Sacellus.i. por aquello mesmo
Saccus niuarius.por el coladero
Saccularius.ij. por el ladron o sacomano
Sacer.sacra.sacrum.por cosa sagrada
Sacer sacra sacrum.por cosa maldita
Sacer morbus. por buego de sant anton
Sacellum.i.por ermita o templo pequeño
Sacerdos.otis.por el sacerdote varon
Sacerdos.otis. por la sacerdotissa muger
Sacerdotissa.ę. por aquella mesma
Sacerdotula.ę.por aquella pequeña
Sacerdotium.ij. por el sacerdocio
Sacrani.orum.pueblos fueron de italia
Sacranus.a.um. por cosa destos pueblos
Sacramentum.i.el juramento de cavallero.
Sacrarium.ij.por el sagrario o sacristia
Sacratio.onis.por la consagracion
Sacrificium.ij.por el sacrificio
Sacrifico.as.aui.por sacrificar.a.i
Sacrificor.aris. por aquello mesmo.d.iij
Sacrificus.a.um.por lo que baze sacrificio
Sacrificulus.i. por el sacerdote
Sacrilegus.a.um.por cosa sacrilega
Sacrilegium.ij. por burto delo sagrado
Sacriportus.i.lugar cerca de preneste
Sacro.as.sacraui.por consagrar.a.iij
Sacrosanctus.a.um.lo sagrado cõ juramẽto.
Sacrum promontoriũ.el cabo de.S.viceinte
Sadai.uno delos diez nombres de dios
Sadocb.sacerdote fue delos judios
Saduceus.i.por judio de cierta secta
Sadalis.is. por un capitan de tbracia
Sadyattes.ę.por un rei de lidia
Saeculum.i.por el siglo de cien años

Secularis.e. por cosa de tal siglo
Sędo.as.sędaui.por assossegar.a.i
Sędo.as.sędaui.por assossegarse.n.v
Sedatio.onis. por el sosiego
Sepe. aduerbium. por mucbas vezes
Sepiuscule.por mucbas mas vezes
Sepius.aduerbium.por lo mesmo
Sepissime.aduerbium.por mui mucbas mas
Sęuio.is.sęuiui.por encruelecerse.n.v
Sęuus.a.um.por cosa cruel
Sęuicia.ę.por la crueldad
Sęuitas.atis.por aquello mesmo.pr
Sęuicies.ei.por aquello mesmo.pr
Sęuitudo.inis.por aquello mesmo.pr
Saga sagae.por el adevina
Ságana.ę.por una becbizera
Sagarius.ij. por el saialero
Sagarius.a.um.por cosa para saial
Sagatus. a.um. por cosa ensaialada
Sagarus.i.por un rio de frigia
Sagapenum.i.por una especie de cañabeja
Sagax.sagacis.por cosa astuta
Sagacitas.atis.por la astucia.
Sagaciter.aduerbium.por astuta mente
Sagéna.ę.por la red para pescar.gr
Sagina.ę.por el sain o grossura
Saginatus.a.um.por cosa cevada
Sagino.as.aui. por cevar o engordar
Sagitta sagittę.por la saeta o frecba
Sagittarius.ij.por el frecbero o ballestero
Sagittarius.ij.por un signo del cielo
Sagittifer.a.um.lo que trae saetas
Sagitta.ę. por el cabo del sarmiento
Sagma.sagmę.por el enxalmo
Sagmen.inis. por la grama ierva
Sagona.ę.por saona ciudad notable
Sagum.i.por el saial o albornoz
Sagulum.i.por aquello mesmo pequeño.
Saguntum.i.por monviedro en aragon
Saguntus.i.por aquello mesmo
Saguntinus.a.um. por cosa desta ciudad
Sais.sais.por una ciudad de egipto
Saiticus.a.um. por cosa desta ciudad
Sal salis.por la sal para comer
Sal betbicus. por la sal en panes
Sal fossilis.por la sal cavadiza
Sal ammoniacus.por sal armoniaco
Sala. ę. ciudad es en mucbas provincias

Salamin.inis.iſla cerca de athenas
Salamis.inis. por aquella meſma
Salamina.ę.por aquella meſma
Salaminius.a.um.por coſa deſta iſla.
Salaminiacus.a.um. por aquello meſmo
Salamina.ę. por una ciudad de chipre
Salamandra.ę.por la ſalamanqueſa
Salarium.ij. por el ſalario
Salarius.ij.el que vende coſas ſaladas
Salaria uia.por cierto camino para roma.
Salapia.ę.por una ciudad de apulia
Salapinus.a.um.por coſa deſta ciudad
Salaſſi.orum. pueblos ſon delas alpes
Salax ſalacis.por coſa luxurioſa
Salacitas.atis.por la luxuria
Salebra.ę. por la trompeçadera
Salebroſus.a.ū.coſa llena de trompeçaderos
Salém.ciudad fue de paleſtina
Salentini.pueblos ſon de italia
Salernum.i.ciudad es de campania
Salernitanus.a.um.por coſa deſta ciudad
Salcuis baſſus. poeta fue latino
Sales ſalium.por los donaires
Salgama.ę.por conſerva en curtido
Salgamarius.ij. por el que la vende
Salinae.arum. por las ſalinas de ſal
Salinator.oris.por el ſalinero
Salinum.ſalini. por el ſalero
Salillum.i.por el ſalero pequeño
Salio ſalis.por ſaltar.ſaltus.n.v
Salio ſalis.por ſalar.ſalſus.a.i
Salio ſalis.por cavalgar la hembra.a.i
Salius ſalij.por el ſacerdote de mars
Saliaris.e.por coſa deſte ſacerdote
Salius ſalij.nombre es de varon
Saliua ſaliuę. por la ſaliva
Saliuarius.a.um. por coſa de ſaliva.
Saliuoſus.a.um.por coſa llena de ſaliva
Saliuo.as.aui.por hazer ſaliva.n.v
Saliunca.ę.por cierta ierva oloroſa
Salix ſalicis. por el ſauze general mente
Salignus.a.um.por coſa de ſauze
Saligneus.a.um. por aquello meſmo
Saligineus.a.um.por aquello meſmo
Salictum.i.por el ſauzedal
Salix greca.vimbrera para atar
Salix perticaria.para pertigas
Salix uiminalis.para vimbres

Sallo.is.ſalli. por ſalgar o ſalar.a.i
Sallita.ę.por cierto afeite de muger
Salmantica.ę.por ſalamanca en eſpaña
Salmanticenſis.e. por coſa deſta ciudad
Salmacis.idis.por una fuente en caria
Salmacis.idis.por una ninfa della.
Salmoneus.i.por un rei de elis
Salmonis.idis.por la hija deſte rei
Salmón. hijo fue de naaſon. bar
Salmo.ſalmonis.por el ſalmon peſcado
Salmentum.i.idem eſt quod ſalſamentum
Salo ſalonis. por xalon rio de aragon
Salonę.arum.por una ciudad de ungria.
Saloninus.a.um.por coſa deſta ciudad
Salpiga.ę.por cierta ſerpiente en africa
Salpa.ę. por un cierto pece
Salphaath. varon fue judio.bar
Salſamentum.i.por la ſalſa
Salſus.a.um.por coſa ſalada.
Salſus.a.um.por coſa donoſa
Salſicortex.icis.por el alcornoque arbol
Salſura.ę.por la ſaladura.
Salſugo.inis.por el ſudor de coſa ſalada
Salſilago.inis.por aquello meſmo
Salſitudo.inis.por aquello meſmo
Saltator. oris. por el dançador
Saltatio.onis.por la dança o baile
Saltabundus.a.um.lo que mucho dança
Saltatrix.icis.por la dançadora
Saltatricula.ę.por la dançadora pequeña
Saltatus.us.por la dança o baile
Saltem.aduerbium.por alo menos
Saltim.aduerbium. por ſalto a ſalto
Saltuatim.aduerbium. por lo meſmo
Salto.as.aui.por dançar o bailar.n.v
Saltus ſaltus.por el ſalto
Saltus ſaltus.por el boſque de paſtos.
Saltuoſus.a.um.lo lleno de boſques.
Saltuarius. ij. por el mõtaraz que los guarda
Saluator.oris. por el ſalvador
Saluacio.onis.por la ſalvacion
Salúber.bris.bre.por coſa ſaludable
Salúbris.bre. por aquello meſmo
Salubritas.atis.por la ſalud.actiue
Salubriter.aduerbium.por ſaludable mente
Salutaris.e.por coſa ſaludable
Salutare.is.por la ſalud.actiue
Salutariter. aduerbium. ſaludable mente

Salus ſalutis. por la ſalud
Saluſtius. ij. iſtoriador fue latino
Saluſtianus. a. um. por coſa de aqueſte
Salujatum. i. por el ſalvado de barina
Saluio. as. aui. por engordar cõ ſalvados. a. i
Salue. ſaluete. ſaluere. por ſalve os dios
Saluo. as. ſoluaui. por ſalvar. a. i
Saluifico. as. aui. por aquello meſmo. a. i.
Saluus. a. um. por coſa ſalva
Samara. ę. por la ſimiente del olmo
Samaria. ę. por una ciudad de paleſtina
Samarites. ę. por varon deſta ciudad
Samaritanus. a. um. por coſa deſta ciudad
Sambucus. i. por el ſauco arbol
Sambuceus. a. um. por coſa de ſauco
Sambuca. ę. por cierto engeño para combatir
Sambuca. ę. por la çampoña para tañer
Sambuciſtria. ę. por la que la tañe
Sambucoedus. i. por el que la tañe
Same. es. por ſamos iſla do ulixes reino
Samius. a. um. por coſa deſta iſla
Samos. i. por ſamos iſla cerca de efeſo
Samius. a. um. por coſa deſta iſla
Samotbracia. ę. por ſamos la de thracia
Samotbrace. es. por aquella meſma
Samotbracenus. a. um. por coſa deſta iſla
Samia uaſa. vaſos eran de cierto barro
Samia teſta. por vaſo deſte barro
Samia terra. por tierra deſte lugar
Samnium. ij. regiõ es de italia cerca cãpania.
Samnis. itis. por ombre deſta region
Samnitius. a. um. por coſa deſta region
Samuel. is. profeta z ſacerdote judio.
Sanabilis. e. por lo que ſe puede ſanar
Sanatio. onis. por la action de ſanar
Sancio. is. ſanxi. por eſtablecer lei. a. i
Sanctio. onis. por el eſtablecimiento de lei
Sanctus. a. um. por coſa ſanta.
Sanctitas. atis. por la ſantidad
Sanctimonia. ę. por aquello meſmo
Sanctitudo. inis. por aquello meſmo
Sanctuarium. ij. lugar de coſas ſantas
Sanctifico. as. aui. por ſantiguar. a. i
Sanctificatio. onis. por la ſantificacion
Sandalium. ij. por el chapin. gr
Sandaliarius. ij. por el chapinero
Sandaliarium. ij. por la chapineria
Sandaraca. ę. por el barniz

Sandaracinus. a. um. por coſa de barniz
Sandaracatus. a. um. por coſa barnizada
Sandyx. icis. alvaialde con almagra
Sandyx. icis. ierva es para tiñir colorado
Sãdycinus. a. um. por coſa deſte color
Sane. aduerbium. por cierta mente
Saneo uel ſaneſco. por ſanar ſer ſano. n. v
Sanguen ſanguinis. por la ſangre. pr
Sanguis. ſanguinis. por la ſangre
Sanguinens. a. um. por coſa de ſangre
Sanguinolentus. a. um. por coſa ſangrienta
Sanguinarius. a. um. lo q bazc ſãgre matãdo
Sanguino. as. aui. por enſangrentar. a. i.
Sanguinalis berba. por la ſanguinaria
Sanguiſuga. ę. por la ſanguiſuela
Sanguis. ſanguinis. por la generacion
Sangaris. is. por un rio de frigia.
Sanies. ei. por la ſanguaza de ſangre
Sanioſus. a. um. por coſa llena de aquello
Sanio. onis. por el loco ſandio
Sanitas. atis. por la ſanidad
Sanna. ę. por el ronquido.
Sannio. onis. por el mofador.
Sano. as. ſanaui. por ſanar. a. i
Sanqualis. is. por el quebranta ueſſos
Sanſa ſanſę. por burujo de azeitunas
Sanſucus. i. por el amoraduz ierva
Sanſuca. ę. por aquello meſmo
Sanſucinus. a. um. por coſa deſta ierva
Santerna. ę. por el borrax de plateros
Santones. um. pueblos ſon de francia
Santonus. a. um. por coſa de aquellos
Santonicus. a. um. por aquello meſmo
Santonica berba. por la ierva lombriguera
Sanus. a. um. por coſa ſana
Sapa ſapę. por el arrope
Saperda. ę. por un cierto peſcado
Sapidus. a. um. por coſa ſabroſa
Sapiens. tis. por coſa ſabia
Sapientia. ę. por la ſabiduria
Sapienter. aduebium. por ſabia mente
Sapinus. i. por lo baxo del abete arbol
Sapinus. i. por el pinſapo eſpecie de pino
Sapio. is. ſapui. por ſaber. n. v
Sapio. is. ſapui. por tener ſabor. n. v
Sapis. is. rio es de lombardia
Sapo ſaponis. por el xabon
Sapor ſaporis. por el ſabor

Sappho.phus. muger poeta griega
Sapphicus.a.um.por coſa de aqueſta
Sapphyrus.i.por çafir piedra precioſa
Sapphyrinus.a.um.por coſa deſta piedra
Saprophagis.el que come coſas hediondas.
Sara.ę.muger fue de abraham
Sara.ę. muger de thobias el menor
Saraballa. interpretátur fermoralia.bar
Sarcaſmos.i.hoſtilis deriſio
Sarcina.ę.por carga o ſarcia
Sarcinula.ę. por aquella pequeña
Sarcinarius.a.um.por coſa para ſarcia
Sarcinator.oris.por el ſaſtre varon
Sarcinatrix.icis.por la alfaiata hembra
Sarcio.is.ſarſi.por coſer z ſurzir.a.i
Sarcocela.ę. por una eſpecie de potra
Sarcocolla.ę.por los tragonçuelos
Sarcophagus.i.por piedra que come la carne
Sarcophagum. i. por la ſepultura
Sarculum.i.por el ſacho de hierro
Sarculus.i.por aquello meſmo
Sarculo.as.aui.por ſachar la tierra.a.i
Sarculatio.onis.por la ſachazon.
Sarda.ę. por un cierto peſcado
Sardanapálus.i. rei fue delos aſſyrios
Sardius.ij.por cierta piedra precioſa.
Sardis. ium. por una ciudad de aſia menor
Sardius.a.um.por coſa deſta ciudad.
Sardianus.a.um.por aquello meſmo
Sardinenſis.e. por aquello meſmo
Sardinia. ę. por cerdeña iſla de nueſtro mar
Sardous.a.um.por coſa deſte mar
Sardus.a.um.por aquello meſmo
Sardonicus.a.um.por aquello meſmo
Sardonyx.chis.por cierta piedra precioſa
Sardonychatus.a.um.lleno deſtas piedras
Sarepta.ciudad fue de fenicia.bar
Sargus.ſargi. por el ſargo pece conocido
Sariſſa.ę.lança propria de macedones
Sarmatia.ę.region es de europa.
Sarmatia.ę.otra region de aſia
Sarmata.ę.por varon deſta region
Sarmatis.idis.por coſa hembra de allí
Sarmaticus.a.um.por coſa deſta region.
Sarmentum.i.por ſarmiento para quemar
Sarmenticius.a.um.por coſa deſte ſarmiéto.
Sarmentus.i.truhan fue en tiempo de ceſar
Sarnus.i. por un rio de campania

Sarraſtę.arum. pueblos cerca deſte rio
Sarrácum.i. por el carro o carreta
Sarra.ę.por una ciudad de fenicia
Sarranus.a.um.por coſa deſta ciudad
Sarracenus.i. por el moro.nouum
Sarrio.is.iui. por ſachar lo ſembrado.a.i
Sarritorius.a.um.por coſa para ſachar
Sarritio.onis.por la ſachazon
Sarritura.ę.por aquello meſmo
Sárſina.ę. por una ciudad de campania
Sárſinas.atis. por coſa deſta ciudad
Sartágo.inis. por la ſarten
Sartatecta.orum.los reparos dela caſa
Sartor.ſartoris. por el ſaſtre
Sarx. interpretatur caro
Saſon.onis.iſla entre hunduſio z epiro
Saſago.is.tegi. por hazer lo que puede
Sat. aduerbium. pro eo quod eſt ſatis
Satelles.itis.el que armado acompaña otro
Satellicium.ij. por aquel acópañamiento
Sathán.nombre es de diablo.
Sathánas.ę.por aquello meſmo
Saties ſatiei.por el haſtio.
Satietas.atis. por aquello meſmo
Satio.as.aui.por hartar haſta haſtio.a.i.
Satio.onis.por la ſazon o ſementera
Sationalis.e. por coſa de ſementera
Satyra.ę.por una cierta lei
Satyra.ę. por la ſatira reprehenſion de vicios
Satyricus.ci.por el eſcriptor de ſatiras
Satyricus.a.um.por coſa de ſatira
Satyrus.i.animal es de eſpecie umana
Satyrus.i. dios era delos gentiles
Satyriaſis.is.dolencia es delos teſticulos
Satyrio.onis.ierva es conocida
Satyrus. i. por un rio de alemaña
Satis.aduerbium. por aſaz.
Satis ſuperqz. por mas que aſaz
Satisfacio.is.por ſatisfazer.n.iij.
Satisfactio.onis. por la ſatisfacion
Satius.aduerbium.pro eo quod melius
Satrapes.ę. por preſidente.perſicum
Satrapa.ę. por aquello meſmo
Satrapia.ę.por aquella prefectura
Satricum.i. por una ciudad de italia
Satrianus.a.um.por coſa deſta ciudad
Satricanus.a.um.por aquello meſmo
Satum.ſati.por la ſembrada

Satus satus.por la sembradura
Satur.a.um. por cosa harta
Saturitas.atis. por la hartura
Satureia.ę.por el axedrea ierva
Saturo.as.aui.por hartar.a.i
Saturum.i. por una ciudad cerca de tarento
Satureianus.a.um.por cosa deste lugar
Saturnus.i.hijo de celo fue
Saturnalia.orum. por las fiestas de saturno
Saturnalicius.a.um. por cosa destas fiestas
Saturnius.a.um.por cosa deste dios.
Saturnius.ij.por jupiter hijo de saturno
Saturnia.ę.por juno hija de saturno
Saturninus.a.um.por cosa de saturno
Saucius.a.um.por cosa herida de llaga
Saucio.as.aui. por herir assi.a.i
Sauillum. i. por un cierto manjar
Saúl.rei fue primero delos judios
Saulus.i.el primero nombre de.S.pablo
Saunia.ę.por una ciudad de españa
Sauo.sauonis.por saona ciudad delas alpes.
Sauromate.arum. idem sunt qui sarmate
Saura.ę. interpretatur lacerta
Sauronycius.ij.el que mata lagartixa
Saxatilis. e. por cosa que bive entre piedras
Saxeus.a.um.por cosa de piedra.
Saxificus.a.um.lo que haze piedras.
Saxifragus.a.um.lo que quiebra piedras
Saxifraga.ę.por la saxifragua ierva
Saxosus.a.um.por cosa pedregosa
Saxones.um.pueblos son de alemana
Saxonia.ę.por la region de aquellos.
Saxum.saxi.por la piedra tosca
Saxulum.i. por aquella piedra pequeña
    cabellum.i.por banco de cama
    Scabillum.i.por aquello mesmo
Scaber.bra.brum. por cosa aspera z suzia
Scabredo.inis.por aquella aspereza
Scabricia.ę.por aquello mesmo
Scabies.ei.por la sarna
Scabiosus.a.um.por cosa sarnosa
Scabo.is.scabi.por rascar la sarna.a.i
Scaea.ę.por una puerta de troia
Scaena.ę.interpretatur umbraculum
Scęna.ę.por la sombra del theatro
Scęnicus.a.um.por cosa del theatro
Scęnite.arum.pueblos son de arabia
Scęnophagia.orū.las cabañuelas de judios.

Scęua. scęuę. por el izquierdo
Scęua.ę.nombre de varones romanos
Scaeuola.ę. nombre de varones romanos
Scalae.arum.por las escaleras o escalas
Scala.ę.por aquello mesmo.rarum.
Scalaris.e.por cosa de escalera
Scalarius.a.um.por aquello mesmo.
Scalenos. interpretatur gradatus
Scalmus.i.por el escalmo de remo
Scalpo.is.scalpsi. por escarvar o rascar.a.i
Scalpo.is.scalpsi.por esculpir o raspar.a.i
Scalpurio.is.iui.idem quod scalpo.is
Scalptorium.ij.por escarvador o rascador
Scalprus.i.por escoplo o buril o trinchete
Scalprum.i. por aquello mesmo o raspa
Scalpellus.i.por aquello mesmo pequeño
Scalpellum.i.por aquello mesmo
Scalpellus.i.por lanceta de sangrador
Scalpratus.a.um.cosa con punta aguda.
Scamandrus.i.por un rio de troia
Scamandrus.i. por un hijo de ector
Scamander.dri.por aquellos mesmos
Scamonea.ę.por la escamonea medicina
Scamoneum.i.por aquello mesmo
Scannum.i.por el escaño de assentar.
Scannilum.i. por el escaño pequeño
Scannum.i.por loba entre sulco z sulco
Scandalum.i.por el escandalo.gr
Scandalizo.as.aui.por escandalizar.gr
Scandalis.idis. por una especie de datil
Scando.is.scandi.por subir.n.v
Scansio.onis.por la subida
Scansilis.e.por cosa que es para subir
Scandula.ę.por la ripia de madera
Scandularius.ij.por el que haze ripias
Scapha.ę.por esquife especie de barco
Scapharius.ij.por el barquero del
Scaphium.ij.por el servidor bacin
Scaptęsula.ę.minero de plata en macedonia.
Scapula. e. por la espalda
Scapus.i.por el tallo dela ierva o astil
Scarabeus.i.por el ascaravajo
Scarifico.as.aui. por jassar.a.i
Scarificatio.onis.por la jassadura
Scarioth.ciudad es dela palestina
Scariothes.ę.por varon desta ciudad.
Scarus.i.por un cierto pescado
Scateo.es.scatui. por bullir lo que mana.n.v

Scaturio.is.iui.por aquello mesmo.n.v
Scatebra.ę.por aquel bullir manando
Scaturigo.inis.por aquello mesmo
Scatebrosus.a.um.lo que assi bulle
Scaturiginosus.a.um.por aquello mesmo
Scatinia lex.lei que condena los putos
Scatinius.ij.romano fue condenado della
Scatiraia.ę.por una especie de lixa pescado
Scaurus.i.el que tiene los pies tuertos
Scaurus.i.varon fue romano notable
Scazon.ontis.por una especie de versos
Sceda.ę.por carta o pligo de papel
Scedula.ę.por carta pequeña.
Scelus.sceleris.por gran pecado.
Sceleratus.a.um.cosa de gran pecado
Scelestus.a.um.por aquello mesmo
Scelerosus.a.um.por aquello mesmo
Sceleratus uicus.un barrio era en roma
Scelerata porta.puerta era en roma
Sceleratus capus.dóde enterravá las uestales
Scelero.as.aui.por ensuziar con pecado.a.i
Sceleratio.onis.por el ensuziamiento tal
Sceueo.es.por padecer el puto.n.v
Sceptrum.i.por el sceptro real insignia.gr
Sceptrifer.a.um.lo que trae tal ceptro
Schema.atis.interpretatur figura
Schema.ę.por aquello mesmo
Scheneus.i.rei de arcadia hijo de iasio
Scheneis.idis.por hija o nieta de aqueste
Scoenos.interpretatur funis
Schoenobates.ę.trepador por cuerda
Schesis.is.interpretatur habitudo
Schisma.atis.interpretatur scissura.cisma
Schismaticus.a.um.cosa cismatica
Schinus.i.interpretatur lentiscus
Schola.ę.interpretatur uacatio
Schola.ę.por la escuela.
Scholaris.e.por cosa de escuela
Scholasticus.a.um.por lo mesmo
Scholicon.i.por la glosa.
Schistos.i.por una especie de alumbre
Schistos.interpretatur sectilis.e.
Scibilis.e.por cosa que se puede saber
Scientia.ę.por la sciencia o sabiduria.
Scienter.aduerbium.sabia mente
Sciena.ę.por un cierto pescado
Scylaceum.i.ciudad de calabria
Scilicet.pro certe cum ironia

Scylla.ę.por la cebolla albarrana
Scyllites.por cosa de tal cebolla
Scyllinus.a.um.por aquello mesmo
Scylliticus.a.um.por aquello mesmo
Scylla.ę.hija fue de forco dios marino
Scylla.ę.por el peligro dela mar de sicilia
Scylleus.a.um.por cosa de aqueste
Scylla.ę.por otra hija de niso rei de megara
Scindo.is.scidi.por cortar.a.i
Scincus.i.animal es no conocido
Scinis.ladron que mato theseo
Scintilla.ę.por la centella de huego
Scintillula.ę.por centella pequeña
Scintillo.as.aui.por centellear.n.v
Scio.scis.sciui.por saber.a.i.
Sciolus.a.sciolum.por sabio un poco
Sciopodes.los que hazen sombra conel pie
Scia.interpretatur umbra
Sciotericos.a.on.por cosa de sombra
Scyphus.i.por cierto vaso para sacrificar
Scipio.onis.por el caiado
Scipio uuarum.por el escobajo
Scipio.onis.por ciertos varones romanos
Scipiades.ę.por hijo o nieto de aquellos
Sciron.onis.ladron que mato theseo.
Scironia saxa.lugar era cerca de athenas
Sciron.onis.el viento que de alli viene
Scyros.i.por una isla del arçapielago
Scyrius.a.um.por cosa desta isla.
Scyrias.adis.por cosa hembra de alli
Scyricum.i.por cierto color de alli
Scyro.onis.por carne mola en los varones
Scirpus.i.pregunta de que es cosa z cosa
Scirpus.scirpi.por el junco
Scirpeus.a.um.por cosa de junco
Scirron.i.por carne mola del varon
Scisco.is.sciui.por saber.a.i
Sciscitor.aris.por preguntar para saber
Scissura.ę.por la cortadura
Scissum.i.ciudad fue de españa
Scissilis.por una especie de alumbre
Scytale.es.por cierta serpiente en africa
Scytalis.is.por cierta forma de vara
Scytanum.i.cosa para embever el color
Scythia.ę.por tartaria region de europa
Scythia.ę.por otra tartaria de asia
Scythes.ę.por varon destas regiones
Scythis.idis.por hembra destas regiones

Scythicus.a.um.por cosa destas regiones
Scythica auis.ave propria de tartaria
Scitus.a.um.por cosa hermosa
Sci um.i.por la lei o decreto
Scitor.aris.por preguntar para saber.d.iij
Sciurus.i.por la harda o esquilo animal
Sclauola.e.por ramo para plantar
Scobs scobis.por la vassura de casa
Scobs scobis. por las asserraduras
Scobs scobis.por las limaduras de metal
Scobina.e.por la escofina especie de lima
Scolex.interpretatur uermis
Scoleccion.interpretatur uermiculus
Scolopendra.e.especie es de ciento pies.
Scombrus.i. por alache especie de sardina
Scombraria.e.isla es cerca de cartagena.
Scomma.atis. interpretatur cauillatio
Scopas.e.entallador fue famoso
Scopa scope. por la escoba.rarum
Scope.arum.por la escoba
Scoparius.ij. por el barredor
Scoparia.e.por la barrendera
Scopo.as.scopaui. por barrer.a.i
Scopula.e. por la escoba pequeña
Scopus.i. por el escobajo de uvas
Scopulus.i. por la roca o peña.gr
Scopulosus.a.um.cosa llena de rocas
Scordastus.i.por cierto arbol de goma
Scordula.e.por atun pequeño
Scoria.e.por la escoria de metal
Scorpio.onis.por escorpion o alacran
Scorpius.ij.por aquello mesmo
Scorpius uel scorpio. signo es del cielo
Scorpio.onis.genero es de tormento
Scorpio.onis.por ballesta de torno
Scorpiuron.i.por una cierta ierva
Scortum.i. por la puta del burdel
Scortillum.i. por la tal putilla
Scortor.aris.scortatus.por putear.d.v.
Scortator.oris.por putañero
Scorteus.a.um.por cosa de cuero
Scote.es.interpretatur tenebre
Scotinos.interpretatur tenebrosus
Scotonia.e. dolencia de ojos
Screo.as.screaui. por escupir tossiendo.a.i
Screatus.us.por aquella tosse
Scriblita.e.por cierta forma de manjar
Scribo.is.scripsi.por escrivir.a.i.

Scriba.e.por escrivano de onra
Scriba librarius.escrivano de libros
Scrinium.ij.por caxa de libros
Scriniolum.i.por tal caxa pequeña
Scriptor.oris.el componedor de obras
Scriptor.oris.por escrivano que escrive
Scriptorius.a.um.por cosa para escrivir
Scriptio.onis.por la escriptura
Scriptura.e. por aquello mesmo
Scriptito. as. por escrivir a menudo
Scrobs.scrobis.por el hoio
Scrobiculus.i.por el hoio pequeño
Scropha.e.por la puerca parida
Scrophula.e.por la puerca dolencia
Scroto.onis. arbol es no conocido
Scrupus.scrupi.por la piedra
Scrupulus.i.por la pedrezita o china.
Scrupulus.i. por la duda
Scrupeus.a.um. por cosa de piedra
Scruposus.a.um. por cosa llena de piedras
Scrupulosus.a.um. por aquello mesmo
Scrupulosus.a.um.por cosa dudosa
Scrupulositas.atis. por la duda
Scrupulum.i.por la.xxiiij.parte de onça
Scrupulum.i.por la tornadura de tierra
Scrutor.aris.scrutatus.por escudruñar.a.i
Scrutator.oris.por el escudruñador
Scrutatio.onis. por el escudruñar
Scrutinium.ij.por aquello mesmo
Sculna.e.por el tercero enla tercería
Sculponea.e.por el alpargate de lana
Sculpo.is.psi.por esculpir z entallar.a.i
Sculptor.oris. por el entallador
Sculptilis.e.por cosa esculpida o entallada
Sculptura.e.por la entalladura
Scurra.e.por el truhan que haze reir.
Scurrilis.e.por cosa deste tal truhan
Scurrilitas.atis. por aquella truhaneria
Scurror.aris.por truhanear assi.d.v
Scutrum.i. por cierta forma de vaso
Scutriscus. i. por aquel vaso pequeño
Scutum.i.por el escudo o paves
Scutulum.i.por escudo pequeño
Scutatus.a.um.por cosa escudada
Scutarius.ij. por el que lleva escudo
Scutifer.a.um.por aquello mesmo
Scutulo.as.aui. por texer a escudetes.a.i
Scutulatus.a.um.por cosa texida assi

Scutulator.oris. por aquel texedor
Scutica.ę. por el açote o çurriaga
Scutula.ę. por el eſcudilla
Scutella.ę. por eſcudilla pequeña
Se prępoſitio inſeparabilis.i. ſeorſum
Sebaſte.es.ciudad es de judea
Sebaſtanus.a.um.por coſa deſta ciudad
Sebaſtianus.i.nombre de varon ſanto
Sebenniticum oſtium. por un braço del nilo
Sebetos.i.por una fuente de napoles
Sebetis.idis.por coſa bembra deſta fuente
Secalis.e.por coſa que ſe corta
Secamentum.i.por la cortadura.
Secatio.onis. por aquello meſmo
Secedo.is.ſeceſſi.por retraerſe.n.v.
Seceſſio.onis. por el retraimiento
Seceſſus.us.por aquello meſmo
Secerno.is.ſecreui.por cernir z apartar.a.i
Secius.aduerbium.pro eo quod tardius
Secius.comparatiuum a ſecus
Secludo.is.ſecluſi. por apartar.a.i
Secluſio.onis.por el apartamiento
Sacluſorius.a.um.coſa para apartar.
Seco.as.ſecui.ſectum. por cortar.a.i
Seco uiam.por andar camino.a.i
Secors ſecordis.por coſa deſcorazñada
Secorditer.por deſcorazñada mente
Secordia.ę.por el deſcorazñamiento.
Secretum.i.por el ſecreto.
Secretarius.ij. por el ſecretario varon
Secretaria.ę.por la ſecretaria bembra
Secta.ę. por la ſecta que alguno ſigue
Sectator.oris.por el que acompaña a otro
Sectarius porcus.por el puerco cabeſtro
Sectarius.por el cabeſtro del ganado.
Sectilis.e.por coſa que ſe puede cortar
Sector.aris.por ſeguir a menudo.d.iij
Sector.el cóprador dlos bienes del deſterrado
Sectio.onis. por aquella compra.
Sectio. onis. por la cortadura
Sectile porrum.el puerro luengo
Sectiuum porrum.por aquel meſmo
Sectum porrum.por aquel meſmo
Sectus.a.um. participium a ſeco.as.
Secubo.as.cubui. por apartar cama. n.v
Secum.aduerbium. por conſigo
Secundus.a.um.por ſegundo en orden
Secundarius.a.um.lo ſegundo que ſe ſaca

Secundanus.a.um. lo ſegundo en orden
Secundę.arum.las pares dela muger
Secundus.a.um.por coſa proſpera
Secundo.as.aui.por proſperar.a.i
Secundum flumen.por rio abaxo.
Secundus uentus. por viento en popa
Secundus uentus.por rabo a viento
Secundum .prępoſitio.por ſegun
Secundum.prępoſitio.por cerca
Secundum .prępoſitio.por deſpues
Secuntia.ę.por ciguença ciudad de eſpaña
Secuntinus.a.um.por coſa deſta ciudad.
Securis.iſ. por la bacha o ſegur
Securicula.ę.por la ſegureja
Securifer.a.um.lo que trae bacha
Securidaca.e.ierva que aboga lentejaſ
Securus.a.um. por coſa ſegura de cuidado
Securitas.atis.por aquella ſeguridad
Secus. prępoſitio accuſatiui. por cerca
Secus.aduerbium.por en otra manera
Secutor.oris. eſgremidor de cierta forma
Sed. coniuictio aduerſatiua.por en pero
Sedechias.ę. por un rei delos judios
Sedecim in plurali. por diez z ſeis
Sedentarius.a.um.lo que ſe baze aſentadas.
Sedeo.es.ſedi.por aſſentarſe.n.v.
Sedes ſedis. por el aſſiento
Sedes ſedis.por el ſieſſo
Sedeo.es.ſedi.por entrar en bondo.n.v.
Sedigitus.a.um.por coſa de ſeis dedos
Sedile.is. por ſilla de aſſentar
Sedimentum.i. por el aſſiento de edificio
Seditio.onis. por bollicio o alborote
Seditioſus.a.um.por coſa bollicioſa
Seduco.is.ſeduxi.por apartar.a.i
Seductor.oris.por el que aparta
Seductio.onis.por el apartamiento
Seduco.is.ſeduxi.por engañar.a.i.
Seductio.onis.por engaño
Seductor.oris.por el engañador.
Sedularius.a.um.por coſa para aſſentar.
Sedulus.a.um.por coſa diligente
Sedulitas.atis.por la diligencia
Sedulo.aduerbium.por diligente mente.
Sedum.i.por la uva canilla
Sedum.i.por la ierva puntera
Seges ſegetis.por el barvecho
Seges ſegetis.por la mieſſe.

Segmentum.i.por pedaço cortado
Segmen seguminis.por aquello mesmo
Segmētatus.a.ū.por cosa trepada o chapada
Segesta.ę.por una ciudad de sicilia
Segestanus.a.um.por cosa desta ciudad
Segestensis.e.por aquello mesmo
Segnis. segne. por cosa perezosa z floxa
Segnitas.atis.por aquella pereza
Segnicia.ę.por aquello mesmo
Segnicies.ei.por aquello mesmo.
Segniter.aduerbium.por perezosa mente
Segrego.as.aui por apartar de manada.a.i.
Segregatio.onis.por el apartamiento
Segulum.i.por señal de donde nace oro
Segóbriga.por sogorve en aragon
Segobrigensis.e.por cosa desta ciudad
Segór.region es cerca de egipto.bar.
Seianus.i.por un varon notable
Seir.por un monte dela palestina.bar
Seiugis.e.por cosa desuñida
Seiungo.is.ri.por apartar z desuñir.a.i
Seiunctio.onis.por aquel apartamiento
Selache. interpretatur cartilagmea
Seleucus.i. compañero fue de alexandre
Seleucia.ę.por una ciudad de siria
Seligo.is.selegi.por apartar lo escogido.a.i
Selectus.a.um.por cosa assi escogida
Selectio.onis.por aquel apartamiento
Selibra.ę. por la media libra
Selinum. i. interpretatur apium
Selymbria.ę. ciudad cerca de costantinopla
Selinus.untis. por una ciudad de sicilia
Selinusius.a.um.por cosa desta ciudad
Selinus.untis.por otra ciudad de cilicia
Sella.ę.por las andas.
Sella.ę. por la silla de assentar
Sellularius.a.um.lo que esta mucho assētado
Sellariuz.ij.lugar donde estan sillas
Sellariolus.a.um.por lugar de luxuria
Sellę.arum.por una ciudad de epiro
Semei. varon judio que maldixo a david
Semel.aduerbium. por una vez
Semel.aduerbium. por luego despues
Semele.es. hija de cadmo z ermiona
Semeleius.a.um. por cosa de aquesta
Semen seminis. por la simiente
Semen seminis.por la espelta
Sementis.is.por la sementera

Sementifer.a.um.donde ai sementeras
Sementinę ferię.por fiestas de sementera
Semento.as.aui.por sementar.a.i
Semestris.e.por cosa de seis meses
Semesus.a.um.por cosa medio comida
Semianimis.e.por cosa medio muerta
Semianimus.a.um.por aquello mesmo
Semiassus.a.um.por cosa medio assada
Semicinctium.ij. por el cinto
Semicremus.a.um.por cosa medio quemada
Semicrudus.a.um.por cosa medio cruda
Semicaper.pri.por medio cabron
Semicirculus.i.por medio circulo
Semibos.semibouis. por medio buei
Semiermus.a.um. por cosa medio armada
Semiermis.e.por aquello mesmo
Semifer.a.um.por cosa medio fiera
Semigro. as. por mudar casa de con otro
Semibiulcus.a.um. por cosa medio bendida
Semiiugerum.i.por media uebra de tierra
Semilacer.a.ū.por cosa medio despedaçada.
Semilunium.ij.por media lunacion
Semimaris.e. por cosa medio macho
Semimitra.ę.por media cofia
Seminalis.e. por cosa de simiente
Seminosus.a.um.por cosa llena de simiente.
Seminium.ij.por la simiente
Seminarium.ij. por aquello mesmo
Seminarius.a.um.por cosa para simiente
Semino.as.aui.por sembrar.
Seminecis.e. por cosa medio muerta
Semiobolus. por medio obolo moneda
Semipaganus. medio sagramentado
Semipes.semipedis. por medio pie
Semipedalis.e.por cosa de medio pie
Semipedaneus.a.um.por aquello mesmo
Semiplenus. a.um. por cosa medio llena
Semipondium.ij.por media libra
Semiputatus.a.um.por cosa medio podada.
Semiruptus. a.um. por cosa medio rompida
Semiramis.idis. reina fue de babilonia
Semiramius.a.um.por cosa desta
Semireductus.a.um.medio echado atras
Semirutus.a.um.por cosa medio caida
Semis semissis. por seis onças de libra
Semis semissis.por seis partes de doze
Semis semissis. por media blanca
Semis.aduerbium. por medio del entero

Semissalis.e. por cosa dela media erencia
Semissarius.ij. por eredero desta meitad
Semisomnis.e. por cosa medio dormida
Semisomnus.a.um. por aquello mesmo.
Semita.e. por la senda o sendero
Semitarius.a.um. lo que anda por sendas
Semitatim. aduerbium. de senda en senda
Semitonium.ij. por el semitono en musica
Semiuerbius. por el medio mudo
Semiuir.iri. por el medio varon
Semiuocalis. por la letra medio vocal
Semiustus.a.um. por cosa medio quemada
Semodius.ij. por medio celemin
Semoueo.es.ui. por mover a parte.a.i
Semper. aduerbium. por siempre
Sempiterne.aduerbium. por lo mesmo
Sempiternus.a.um. lo que siempre dura.
Sempiternitas.atis. por aquella duracion
Semper uiua. por la siempre biva ierva
Semuncia.e. por la medio onça
Semunciarius.a.um. por cosa de media onça
Semuncialis.e. por aquello mesmo
Sena.e. por un rio de italia
Senae.arum. por sena ciudad de italia
Senensis.e. por cosa desta ciudad
Senarius.a.um. por cosa de seis
Senarius uersus. verso de seis pies
Senariolus uersus. por aquello mesmo
Senator.oris. por el senador
Senatorius.a.um. por cosa de senador
Senatus.us. por el senado
Senaculum.i. por aquello mesmo
Senecta.e. por la vejez
Senectus.utis. por aquello mesmo
Senectus anguis. el bollejo de culebra
Seneo uel senesco. por envejecer.n.v
Senecio.senecionis. por viejo un poco
Senex senis. por el viejo
Senex senis. por la vieja.rarum
Seni.e.a. por cada uno seis
Senilis.e. por cosa de viejo
Senior senioris. por viejo un poco
Senica.e. por viejo o vieja.pr
Senium.ij. por la vejez odiosa
Senio.senionis. por seis puntos en dado.
Senio senionis. por seis vezes seis
Senitudo.inis. por la vejez
Senilitas.atis. por aquello mesmo

Sensibilis.e. por cosa sensible.
Sennacherib. rei fue delos caldeos
Senones.um. pueblos fueron de
Senonicus.a.um. por cosa de aquellos
Sensilis.e. por aquello mesmo
Sensim.aduerbium. por poco a poco
Sensus.sensus. por el sentido o seso
Sensum. sensi. por la sentencia
Sensus comunis. por el parecer de todos
Sententia.e. por la sentencia z parecer
Sententiola.e. por sentencia pequeña.
Sentenciosus.a.um. por cosa llena de setencia
Sentes.ium. por las espinas
Senticetum.i. por el espinal.
Sentio.is.sensi. por sentir.a.i
Sentina.e. por la sentina de nave.
Sentino.as.aui. por vaziar la sentina.a.i
Sentus.a.um. por cosa espinosa
Seorsum.aduerbium. por apartada mente
Seorsis.aduerbium. por lo mesmo.ra
Separ separis. por cosa desigual.
Separo.as.aui. por apartar.a.i
Separatio.onis. por el apartamiento.
Separatim.aduerbium. apartada mente
Sepelio.is.sepeliui. por enterrar.a.i
Sepes.sepis. por el seto o soto
Sepia.sepie. por la xibia pescado
Sepiola.e. por la xibia pequeña
Sepion.ij. por el uesso dela xibia
Sepimentum. por el seto o soto
Sepio.is.sepsi. por cercar de seto.a.i
Sepono.is.seposui. por poner a parte.a.i
Sepostus.a.um. pro eo quod sepositus
Sepositio. onis. por la postura a parte
Seps sepis. por el seto o soto.
Seps sepis. por una especie de cieto pies.gr
Septem in plurali. por siete
Septemdecim. por diez z siete
September.bris. por el mes setiembre
Septembris.e. por cosa deste mes
Septemfluus.a.um. lo que corre por siete
Septemtrio.onis. por el viento del norte.
Septemtriones. por el carro del cielo
Septemtrionalis.e. por cosa de alli
Septemtrionarius.a.um. por lo mesmo
Septemplex.icis. por de siete doblezes
Septemuir. por un varon de siete regidores
Septenarius.a.um. por cosa de siete

Septeni.ę.a.por cada uno siete
Septies.aduerbium. por siete vezes
Septifariam. aduerbium. por en siete modos
Septiformis.e.por cosa de siete maneras
Septimontium. ij. sacrificio era por roma
Septimontialis.e. por cosa deste sacrificio
Septimus.a.um.por cosa setena en orden
Septima.ę.por la parte setena del entero.
Setimusdecimus. por diez z siete en orden.
Septingenti.ę.a.por setecientos.
Septingenteni.ę.a.por cada setecientos
Septingeni.ę.a.por aquello mesmo
Septingentesimus.a.um.por.dcc.en orden.
Septingentesima.ę.por una parte de.dcc
Septingenties.aduerbiū.por seteciētas vezes
Septizonium.ij. por cierto lugar en roma
Septuaginta in plurali. por setenta
Septuageni. ę.a. por cada setenta
Septuagesimus.a.um.por setenta en orden.
Septuagesima.ę.por una parte de setenta
Septuagenarius.a.um.por cosa de setenta
Septuagies.aduerbium.por setenta vezes
Septum.septi. por el seto.
Septum.i. por campo março en roma
Septum transuersum. por la diafragma
Septuns.cis.por siete onças de libra
Septuns.cis. por siete partes de doze
Sepultus.a.um.por cosa enterrada
Sepultura.ę.por la sepultura
Sepulcbrum.i. por aquello mesmo
Sepulcbralis.e. por cosa de sepultura
Sequani.orum.pueblos son de francia
Sequana.ę.por un rio de francia
Sequax.sequacis.por cosa mucbo seguidora
Sequella.ę. por la consequencia
Sequestro.as.aui. por poner en terceria.a.i
Sequestratio.onis. por aquella terceria
Sequestrum.i.por aquello mesmo
Sequestró.aduerbium.por en terceria
Sequester. tris.e. por el tercero o tercera
Sequester.tra.trum.por áquello mesmo
Sequestrarius.a.um. por cosa desta terceria
Sequor sequeris.por seguir.d.iij.
Sera serę.por la cerradura
Serápb.indeclinabile. por un serafin.bar
Serapbim in plurali. por los serafines.bar
Serapbis.is.dios proprio delos egipcios
Serapis.is. por aquel mesmo dios

Serenus.a.um.por cosa serena z clara
Serenificus.a.um. por cosa que baze sereno
Serenitas.atis. por el sereno
Sereno.as.aui.por bazer sereno.a.i
Seresco.is.por serenerse.n.v.
Seres serum.pueblos son orientales
Seria.ę. por la tinaja.
Seriola.ę.por la tinaja pequeña.
Seris seris.por la cerraja ierva
Sericus.a.um.por cosa de aquella tierra
Sericum.i.por el sirgo
Sericatus.a.um.por cosa vestida de sirgo
Series.ei. por la orden continuada
Seripbos.i.por una isla de
Seripbius.a.um.por cosa desta isla
Serius.a.um.por cosa a veras
Serio.aduerbium.por a veras
Sermo.onis. por la palabra o razon
Sermo.onis.por el sermon
Sermunculus.i.por aquello pequeño
Sermonor sermonaris. por razonar
Sermocinor.aris. por aquello mesmo.d.v
Sermocinatio.onis. por el razonamiento
Sero.is.seui.por plantar o sembrar
Sero.as.seraui. por cerrar
Sero.aduerbium.por tarde
Serótinus.a.um.por cosa tardia
Serotum.i. la vaina delos testiculos
Serpens.tis.por la sierpe o serpiente
Serpentinus. a.um. por cosa de serpiente
Serpentiger.a.um.lo que trae sierpes
Serpentarius.ij.costelacion del cielo.
Serpentigena. ę. cosa de linaje de sierpes
Serpillum.i.por el serpol ierva
Serpo.is.psi.por gatear por el suelo.n.v.
Serpo.is.psi. por cundir creciendo.n.v
Serra.ę.por la sierra de bierro
Serra.ę.por un cierto pescado
Serratus.a.um.por cosa serrada
Serrula.ę.por pequeña sierra.
Serro.as.aui. por asserrar.a.i
Serta.orum.por alguirnalda.
Sertus.a.um. por cosa entreferida
Sertula campana. por corona de rei ierva
Sertorius.ij.por un ciudadano de roma
Sertorianus.a.um.por cosa de aqueste
Seruo.as.aui. por guardar.a.i.
Seruasso.is.si.por aquello mesmo.a.i.

Seruator.oris.por el guardador
Seruatrix.icis.por la guardadora
Seruabilis.e.por cosa de guardar
Seruus.serui.por el siervo o esclavo
Seruulus.i.por el siervo pequeño
Serua.e.por la sierva o esclava
Seruula.e.por la sierva pequeña
Seruio.is.seruiui.por servir.n.ij.
Seruitium.ij.por el servicio o servidumbre
Seruitus.utis.por aquello mesmo
Seruitudo.inis.por aquello mesmo
Seruitia.orum.in plurali.por los siervos
Serus.a.um.por cosa tardia
Serum.i.por el suero dela leche
Sesamum.i.por el alegria aljonjoli
Sesaminus.a.um.por cosa desta simiente
Sesach.rei fue de egipto.bar
Sescuncia.e.por cosa de onça z media
Sescuncialis.e.por cosa de onça z media
Sescuplum.i.por el seis tanto
Seselis.is.por una cierta ierva
Sesostris.is.por un rei de egipto
Sesqui semper reperitur in compositione
Sesqui alter.a.um.por el tanto z medio
Sesquiculleus.i.por odrina z media
Sesquicyathus.i.por diez z ocho adaremes
Sesquilibra.e.por libra z media.
Sesquimensis.is.por mes z medio
Sesquimodius.ij.por celemin z medio
Sesquipes.edis.por pie z medio
Sesquipedalis.e.por cosa de pie z medio.
Sessilis.e.por cosa rellanada en ancho
Sessio.onis.por el assiento
Sestertium.ij.dos libras z media moneda
Sestertius.ij.por aquello mesmo.
Sestertiolum.i.por aquello mesmo pequeño
Sestertiolus.i.por aquello mesmo pequeño
Seta.e.por la seda de bestia
Setaceum.i.por el cedaço de sedas
Seth.hijo de adam z eva fue
Sethim ligna.madera fue preciosa
Setiger.a.um.por lo que trae sedas
Setabis.is.por xativa ciudad de aragon
Setabus.a.um.por cosa desta ciudad
Setia.e.por una ciudad de campania
Setinus.a.um.por cosa desta ciudad
Setinum.i.por vino de aquella tierra
Setosus.a.um.por cosa llena de sedas
Seuebo.is.xi.por llevar a parte.a.i

Seuerus.a.um.por cosa severa z grave
Seueritas.atis.por aquella gravedad
Seueritudo.inis.por aquello mesmo.
Seuum.i.por el sevo.
Seuo.as.aui.por ensevar.a.i.
Seuum curatum.por sevo sin breznas
Seuoco.as.aui.por llamar a parte.a.i
Seuocatio.onis.por aquel llamado
Sex in plurali.por seis
Sexennium.ij.por seis años
Sexennis.e.por cosa de seis años
Sexies.aduerbium.por seis vezes
Sexaginta in plurali.por sesenta
Sexageni.e.a.por cada uno sesenta
Sexagenarius.a.um.por cosa de sesenta
Sexagesimus.a.um.por sesenta en orden
Sexagesima.e.por una parte de sesenta
Sexagies.aduerbium.por sesenta vezes
Sexcenti.e.a.por seiscientos
Sexcentum.por aquello mesmo
Sexcenteni.e.a.por cada seiscientos
Sexcentesimus.a.um.por seiscientos en orde
Sexcentesima.e.por una parte de.dc.
Sexcenties.aduerbium.por seiscientas vezes
Sextarius.ij.por cierta medida
Sextans.antis.por cosa de dos onças
Sextantarius.a.um.por cosa de dos onças
Sextilis.is.por el mes agosto.
Sextilis.e.por cosa deste mes.
Sextula.e.por la sesta parte dela onça
Sexus sexus.por la naturaleza
    i.coniunctio.por si.
    Siba.nombre proprio de un judio
Sibaris.is.por un rio de calabria
Sibaris.is.por una ciudad cerca del
Sibarites.e.por varon desta ciudad
Sibaritis.idis.por hembra desta ciudad
Sibaritanus.a.um.por cosa desta ciudad.
Sibariticus.a.um.por aquello mesmo
Sibylla.e.por la muger profetissa
Sibyllinus.a.um.por cosa de aquesta
Sibylla.e.varon romano llamado sila
Sibilo.as.aui.por silvar.n.v
Sibilatio.onis.por aquel silvar
Sibilus.i.por el silvo
Sibila.orum.in plurali.por lo mesmo
Sibilus.a.um.por cosa que silva
Sic.aduerbium iurantis.por assi

Sic.aduerbium comparantis.por affi

Sica.ę.por el cucbillo o daga

Sicaminos.i.por la biguera moral

Sycalis.is.interpretatur ficedula

Sycamerice.i.diuifio ufqz ad ficos

Sicambri.orum.pueblos fon.

Sicanus.i.por un rei de ficilia

Sicania.ę.por la ifla cicilia

Sicanus.a.um.por cofa de ficilia

Sicanius.a.um.por aquello mefmo

Sicanis.idis.por cofa bembra de ficilia

Sicarius.ij.por el omiziano

Sicca.ę.por una ciudad de africa

Siccenfis.e.por cofa defta ciudad

Siccus.a.um.por cofa feca

Siccaneus.a.um.por cofa de fequera

Siccitas.atis.por la fequedad

Sicco.as.ficcaui.por fecar.a.i

Sicceo uel ficcefco.por fecarfe.n.v

Sicelecb.lugar dela paleftina.bar

Sicera.ę.por vino contrabecbo

Sicbęus.i.marido fue de dido

Sicbęus.a.um.por cofa de aquefte

Sicbár.por una ciudad de famaria.bar

Sicbém.lugar es dela paleftina.bar

Sicbima.ę.lugar es dela paleftina.bar

Sycites uinum.por vino de bigos

Sicilia.ę.por la ifla de ficilia.

Sicilienfis.e.por cofa de ficilia

Sicilis.idis.por cofa bembra de alli

Sicilio.is.iui.por fegar el prado otra vez.a.i.

Sicilimentum.i.por aquello fegado

Sicilicus.i.por dos adaremes

Siculus.i.por aquello mefmo

Siclus.i.por aquello mefmo

Sicyon.onis.por una ciudad de laconia

Sicyonius.a.um.por cofa defta ciudad

Sicinium.ij.por cierto genero de dança

Sicinifta.ę.el que tañe a efta dança

Sycon.interpretatur ficus

Sycofis.is.por el bigo dolencia

Sycomorus.i.por la biguera moral

Sycopbanta.ę.por el malfin

Sycopbanticus.a.um.por cofa malfinada

Sycopbantia.ę.por aquel malfinar

Sycoris.is.por el rio de lerida

Sicula.ę.por el cucbillo o daga pequeña.

Siculus.i.por un bijo de neptuno

Siculus.a.um.por cofa de ficilia

Sicunde.aduerbium.fi de algun lugar

Sicubi.aduerbium.por fi en algun lugar.

Sicut.coniunctio.por affi como

Sycuti.coniunctio.por aquello mefmo

Sidero.as.aui.por pafmar fubita mente.a.i

Sideratio.onis.por aquel pafmo.

Sideralis.e.por cofa de coftelacion

Sidereus.a.um.por cofa del cielo

Sideros.interpretatur ferrum

Siderites.ę.por la piedra iman

Sideritis.idis.por una cierta ierva

Sidicini.orum.pueblos fon de italia

Sidicinus.a.um.por cofa de alli

Sido.is.fidi.por bazer affiento lo pefado.n.v

Sydon.onis.por el primogenito de cbam

Sydon.onis.por una ciudad de fenicia.

Sydonius.a.um.por cofa defta ciudad

Sydonicus.a.um.por aquello mefmo

Sydonis.idis.por cofa bembra de alli

Sydus.eris.por la coftelacion de eftrellas

Sidus.eris.por pafmo fubito

Syene.es.por una ciudad de egipto

Syenites.ę.por varon defta ciudad

Syenitis.idis.por cofa bembra de alli

Sige.es.interpretatur filentium

Sigeum.i.por un cabo de troia

Sigeius.a.um.por cofa defte lugar

Sigeus.a.um.por aquello mefmo

Sigalum.i.por el centeno.bar

Sigillo.as.aui.por fellar.a.i

Sigillatio.onis.por la felladura

Sigillum.i.por el fello para fellar.

Sigillum.i.por la eftatua pequeña

Sigillare.is.por lugar do eftan eftatuas

Sigillaris.e.por cofa de eftatuas

Sigillatim.aduerbium.por diftinta mente

Significo.as.aui.por fignificar.a.i

Significatio.onis.por la fignificacion.

Significatus.us.por aquello mefmo

Significor.aris.por fignificar

Signifer.a.um.por cofa que trae feña

Signifer.i.por el alferez

Signifera.ę.por el alfereza

Signifer.i.por el zodiaco del cielo

Signia.ę.por una ciudad de

Signinus.a.um.por cofa defta ciudad

Signinum opus.por el argamaffa

Signo.as.aui.por señalar
Signo.as.aui. por firmar escriptura.a.i
Signator.oris.por el que firma
Signatio.onis. por aquella firma
Signaculum.i. por la señal
Signum.i.por aquello mesmo
Signum.i. por la estatua
Syla.ę.por un bosque de lucania.
Silarus.i.por un rio de campania
Siler.ri.por aquel mesmo rio
Sileo.es.silui. por callar.a.i
Silesco.is.silui.por aquello mesmo.n.v
Silentium.ij. por el silentio
Silentus.a.um.por cosa callada
Silenter.aduerbium.por callando
Silens luna.por luna nueva
Silenus.i.por el aio del dios bacco
Siler sileris.por una especie de vimbre
Silex.icis.por pedernal o piedra dura
Silicernium.ij.la caridad del mortuorio
Siligo.ginis. por trigo candial
Siligineus.a.um.por cosa de tal trigo
Siliginarius.ij.por el guardador del.
Siliqua.ę.arbor est opinor garrouo
Siliqua.ę.por grano peso de oro
Siliqua.ę. por la vaina de legumbre
Siliquo.as.aui.por echar esta vaina.n.v.
Siliquastrum.i. por cierta silla
Sylla.ę.cindadano fue de roma noble
Syllanus.a.um. por cosa de aqueste
Syllaba.ę.por la silaba de letras
Syllabico.as.aui.por deletrear.a.i
Syllabicus. a. um. por cosa de silabas
Syllabatim.aduerbium.por silaba a silaba
Syllepsis.is.interpretatur conceptio.
Syllius.ij. por un poeta notable
Syllogismus.i.por el silogismo logico
Syllogizo.as.aui.por hazer silogismo.n.v.
Silo.silonis.por ombre nariz aguileño
Silo.lugar es dela palestina.bar
Siloe. lugar es dela palestina.bar
Silpbij.orum. pueblos son de africa
Silpbium.ij. por la assafetida
Silua.siluę.por el bosque o arboleda
Silua cedua.por el bosque que se corta
Siluaticus.a.um.por cosa de bosque
Siluestris.e. por aquello mesmo
Siluesco.is. por hazerse bosque.n.v

Silurus.i.por cierto pescado del nilo
Symbolus.i. por el anillo.priscum
Symbolum.i.por el apellido en guerra
Symbolum.i.por la conveniencia
Simeon.bijo de jacob z de lia.bar
Simeon.sacerdote judio en tiempo de xpo
Simethius.a.um.por cosa deste rio
Simethus.i.por un rio de sicilia
Simethis.dis.por cosa bembra deste rio
Simila.ę.por el acemite o semola.
Similago.inis.por aquello mesmo
Similagineus.a.um.por cosa de semola.
Similax.acis.por el texo arbol
Similax.acis.idem quod similax
Similo.as.aui.por semejar algo a otro.a.iij
Similis.e. por cosa semejante
Similitudo.inis.por la semejança
Similitas.atis.por aquello mesmo.pr
Similiter.aduebium.por semejante mente
Simitu.aduerbium.por aquello mesmo.pr.
Simites.ę.por una cierta piedra
Simius.ij.por el ximio o mono
Simia.ę. por la ximia o mona
Symmachus.i. nombre de muchos varones
Symmetria.ę.interpretatur commensuratio
Simmias.ę. filosofo fue de athenas
Simo.onis.nombre proprio de varones
Simonia.ę. por la simonia delo sagrado
Simonides.is.poeta fue lirico griego
Simonideus.a.um. por cosa de aqueste
Simon.onis.filosofo fue de athenas
Simois.simoentis.por un rio de troia
Sympathia.ę. interpretatur compassio
Symplegma.atis.interpretatur coniunctio.
Symplegmenon. interpretatur coniunctum
Symphonia.ę. interpretatur consonantia
Symphoniacus.a.um.por cosa de cósonácia.
Sympletto.interpretatur collido
Symplegas.dis.roca que se encuentra có otra
Simpla.ę.por la pena del tanto
Simplex.icis.por cosa senzilla
Simplicitas.atis.por la simpleza.
Simpliciter. por simple z senzilla mente
Simplus.a.um.por el tanto
Symposium.ij.por la colacion o combite.
Simpunium.ij.vaso en los sacrificios
Simpulum.i.por cierto vaso
Simul.aduerbium. por junta mente

Simulo.as.aui.por simular.a.i.
Simulatio.onis. por la simulacion
Simulanter.aduerbium.por simulada mente
Simulamen.inis.por la simulacion.po
Simultas.atis. por la competicion con odio
Simulter.por semejante mente.pr
Simus.a.um.por cosa roma de narizes.gr
Simulus.a.um.por cosa roma un poco.
Sin.coniunctio.pro sed si.
Syn.prepositio greca.pro con
Sinae.arum.region es oriental
Syneresis.is.interpretatur coagmentatio
Synagoga.e.interpretatur coadunatio
Synaloepha.e.interpretatur compressio
Synanche.es.por la esquinancia.
Synanchicus.i.el que tiene esquinancia
Synanche.es. interpretatur angina
Sinapis.is.por la mostaza.gr
Sinapi.indeclinabile.por lo mesmo
Sinas.sinadis. por un lugar de frigia
Sina.por un monte de arabia petrea
Syncathegorema.atis.i.consignificatio
Syncathegorematicus.i.consignificatiuus.
Syncerus.a.um.por cosa entera
Synceritas.atis.por la entereza.
Synceriter.aduerbium. por entera mente
Synchesis.is.interpretatur confusio
Sinciput. itis. por pedaço de cabeça
Syncopa.e.interpretatur concisio
Synchronos.interpretatur contemporalis
Synchronismos.i. contemporalitas
Syncresis.interpretatur comparatio
Syndicus.i. por el sindico de cuentas
Sindon.onis.interpretatur linteum
Sindon.onis. por vestidura de carmeso
Sine.prepositio ablatiui.por sin
Synechon.interpretatur continens
Sinecdoche.es.interpretatur conceptio
Synezegmenon.interpretatur connexum
Synesius.ij. por un filosofo notable.
Synesis.is.interpretatur calliditas
Synhedra.e. por assentamiento de muchos
Synhedrion.ij.por el consistorio.
Singiueris.is.por el gingibre
Syngraphus.i. escriptura partida por a b c
Syngrapha.e.por aquello mesmo
Syngraphum.i. por aquello mesmo
Singultio.is.iui.por solloçar.n.v

Singulto.as.aui.por aquello mesmo.n.v
Singultus.us. por el solloço
Singultim.aduerbium.por solloçando
Singuli.e.a.por sendos cada uno
Syngulus.a.um.por singular z señero
Singularis.e.por cosa singular z señera
Singularius.a.um. por aquello mesmo
Singulariier.aduerbium. por singular mente
Singulatim.aduerbium.por aquello mesmo.
Sinister.a.um.por cosa siniestra.
Sinister.a.um. por cosa de mal aguero
Sinisteritas.atis.por la no destreza
Sinisterior.oris. por cosa mas siniestra
Sinistimus.a.um.por cosa mui siniestra
Sinistra.e.por la mano siniestra
Sinistrorsum.aduer. por hazia mano izqerda
Sino.is.siui.por dexar.a.i
Synodus.i. interpretatur concilium
Sinon sinonis.varon fue griego
Synonyma.oruz.nobres q significa una cosa
Sinopis.idis.por una ciudad de ponto
Sinopeus.a.um.por cosa desta ciudad
Sinopensis.e.por aquello mesmo
Sinopicus.a.um.por aquello mesmo
Sinopis.idis.por el bermellon
Sinopicus.a.um.por cosa bermeja
Syntagma.atis.interpretatur coordinatio
Syntaxis.is.por aquello mesmo
Synthesis.is.interpretatur compositio
Syntheton.i.interpretatur compositum
Synthesis.is.por cierta especie de plato
Synthesis.is.por vestidura enforrada
Synthesmus.a.um.por cosa de tal vestidura.
Sinuo.as . por enroscar z hazer senos.a.i
Sinuatio.onis. por aquel enroscadura
Sinus. us. por rosca como de culebra
Sinus.us.por el seno o balda de ueste
Sinus.us. por el golfo dela mar
Sinus.us. por el parpado del ojo
Sinuosus.a.um.por cosa llena de senos
Sinuosus. a.um. por cosa enroscada
Sinuosus.a.um.por cosa de muchos golfos.
Sinuessa.e. por una ciudad de italia
Sinuessanus.a.um. por cosa desta ciudad
Sion.monte es de jerusalem
Sypharium.ij.por vela para sambra
Syphar.acis.por un rei de africa.
Syphilus.i.por un monte de frigia
Sipho.onis.por aguatocho o fistula

Sipunculus.i. por caño de fuente
Sipus ſipuntis. ciudad es de apulia
Sipontum.i. por aquella ciudad meſma
Sipontinus.a.um. por coſa deſta ciudad
Siquis. por ſi alguno o alguna
Siquidem. coniunctio. pro quoniam
Syracuſę.arum. por çaragoça de ſicilia
Syracuſius.a.um. por coſa deſta ciudad
Syracuſanus.a.um. por lo meſmo
Syren.enis. por la ſerena dela mar
Syrenes. bijas fueron de acbeloo
Syrenius.a.um. por coſa de ſerenas
Syreum.i. por el arrope.
Syria.ę. por la ſyria region de aſia
Syri.orum. por los pueblos deſta region.
Syriace. aduerbium. en lengua de ſiria
Syriacus.a.um. por coſa deſta region
Syriaticus.a.um. por aquello meſmo
Syriſcus.a.um. por aquello meſmo
Syrus.a.um. por aquello meſmo.
Syrinx.gis. por una ninfa o ſiringa
Syringa.ę. por aquella meſma
Sirius.ij. por la eſtrella canicula
Sirius.ij. por el ſilo para guardar pan
Syropboenice.es. por una region de ſiria
Syropboenix.icis. por varon deſta region
Syropboeniſſa.ę. por muger deſta region
Syropboenicius.a.um. por coſa de alli
Syrma.atis. por rabo de veſtidura
Syrma.ę. por aquello meſmo
Syrma. per metonymiam. por tragedia
Sirmio.onis. por una iſla del benaco lago
Sirpiculum.i. por canaſtillo
Sirpo.as.ſirpaui. por atar con vimbres.a.i.
Sirpicula falx. boze para vimbres
Syrtes.ium. por las baxas de berveria
Syrtis maior. por la maior baxa dellas
Syrtis minor. por la menor baxa dellas
Syrticus.a.um. por coſa deſtas baxas
Sirulgus.i. por un animal no conocido
Sis. genitiuus antiquus. pro ſuus
Sis. poſitum a comicis pro ſi uis
Siſapo.onis. por un lugar del andaluzia
Siſaponenſis.e. por coſa de alli
Siſacbtbéa.ę. cierta lei fue de ſolon
Siſectbon.onis. por neptuno
Siſer ſiſeris. por raiz como cbirivia
Siſimbrium.ij. por axedrea
Siſipbus.i. por un bijo de eolo

Siſipbides.ę. por el bijo de aqueſte
Siſipbius.a.um. por de aquello meſmo
Siſto.is.ſteti. por eſtar quedo.n.v
Siſto.is.ſtatui. por eſtancar a otri.a.i.
Syſtole.es. interpretatur correptio
Siſtrum.i. por una eſpecie de trompeta
Siſtratus.a.um. por coſa con aquella.
Sitbonia.ę. por una parte de tbracia
Sitbonius.a.um. por coſa deſta region
Sitbonis. idis. por coſa bembra de alli
Sitis ſitis. por la ſed de bever.
Sitibundus.a.um. por coſa ſedienta
Siticen.enis. por tañedor ſobre muertos
Siticuloſus.a.um. por coſa ſedienta
Sitio.is.ſitiui. por aver ſed.n.v
Sititor.oris. por el que a ſed
Situla.ę. por berrada para ſacar agua
Situlum.i. por aquello meſmo
Situs.a.um. por coſa ſepultada
Situs ſitus. por la negligencia
Situs ſitus. por el ſitio
Situs ſitus. por la negligencia
Situs ſitus. por la ſuzidad
Syzigia.ę. interpretatur coniugatio
Smaragdus.i. por el eſmaralda
Smaragdinus.a.um. por coſa de eſmaralda
Smerdis.is. ermano del rei cambiſes
Smigma.atis. por cierto unguento
Smegma. interpretatur ſapo ſaponis
Smilax.acis. por una virgen
Smilax.acis. por la iedra.
Smyrna.ę. por una ciudad de aſia menor
Smyrnęus.a.um. por coſa deſta ciudad
oboles.is. por la generacion
Soboleſco.is. por crecer en generació.n v
Sobrinus.i. por primo bijo de ermanas
Sobrina.ę. por prima bija de ermana
Sobrius.a.um. por coſa templada en bever
Sobrietas.atis. por aquella templança
Soccus.i. por abarca de madera
Soccus.i. por el çueco de calçar
Soccus.i. por la comedia.
Soccipes.pedis. por el poeta comico
Socculus.i. por el abarca pequeña
Socer ſoceri. por el ſuegro
Socer magnus. el padre delos ſuegros
Socrus ſocrus. por la ſuegra
Socrus magna. la madre delos ſuegros

Socius.ij.por el compañero en trabajos.
Socienus.i. por aquello mesmo.pr
Societas.atis.por aquella compañia.
Socio.as.sociaui. por acompañar assi.a.i
Socialis.e. por cosa acompañable
Socialiter.aduerbium.por en compañia
Socors socordis.por cosa descoraznada
Socordia.ę. por el descoraznamiento
Socrates.is. por aquel notable filosofo
Socraticus.a.um.por aquello mesmo
Sodalis.is. por compañero en plazeres
Sodalitas.atis.por aquella compañia
Sodalicium.ij.por aquellomesmo
Sodes blandientis. pro si audes
Sódoma.ę. por una ciudad de palestina
Sódomum.i. por aquello mesmo.
Sodoma.orum. por aquello mesmo
Sodomites.ę.por ombre desta ciudad
Sodomitis.idis. por bembra de alli
Sodomiticus.a.um. por cosa desta ciudad
Sol solis.por el sol dios z planeta.
Solamen.inis. por la consolacion.po
Solatium.ij. por el solaz con obras
Solattolum.i. por el solaz pequeño
Sulátrum.i. por la ierva mora
Solaris.e.por cosa del sol.
Solarium.ij.por el relox del sol
Solarium.ij. por la solana
Soldus.a.um.pro eo quod est solidus
Soldurius.ij. cavallero dela garrotea
Solea.ę.por alcorque o chapin
Solea.ę. por la berradura para berrar
Solea.ę.por el lenguado o azedia
Soleatus. a.um. cosa berrada de berradura
Soleatus.a.um.por calçado de alcorques
Solemnis.e.cosa soléne cada año.
Solemnitas.atis. por esta solénidad
Solemniter.aduerbium.por soléne mente assi
Soleo.es. por acostumbrar z soler.a.i
Soli.orum.por una ciudad de cilicia.
Solęus.a.um. por cosa desta ciudad
Solensis.e.por aquello mesmo
Solidus.a.um.por cosa maciça.
Solicitus.a.um.por cosa cuidadosa
Solicitudo.inis.por aquel cuidado
Solicito.as.aui.por poner encuidado.a.i
Solido.as.aui.por fortalecer.a.i.
Soliditas.atis.por la macicez

Solidipes.solipedis. por animal de uña
Solidus.a.um.por cosa entera
Soliloquium.ij.babla consigo mesmo
Solimi.orum. pueblos son de asia menor
Solymę. arum. por jerusalem
Solitarius.a.um.por cosa señera
Solitudo. inis. por la soledad
Solitas.atis.por aquello mesmo
Solito.aduerbium. por acostumbrada mente
Solitaurilia.cierto sacrificio de romanos
Solivagus.a.um.por cosa salvaje
Solium.ij.por la silla real
Solium.ij.por la caldera de baño.
Soloecon.i.por corrupcion de palabras
Soloecismus.i.por aquello mesmo
Soloecizo.as. por pecar en aquello.n.v
Solo.as.aui.por assolear.a.i
Solor.aris.por consolar.d.iij
Solo.as.aui. por aquello mesmo.pr
Solpuga.ę. por bormiga enconada
Solsticium.ij.por el maior dia del año
Solsticium bicmale.por el menor dia.
Solsticium.ij.por la siesta.
Solsticialis.e.por cosa de aquesto.
Soluo.is.solui.por pagar.a.iij
Soluo.is.solui. por desatar.a.i
Soluere legibus.por dispensar.a.i
Soluendo est.tiene de que pagar
Soluendo non est.no tiene de que pagar
Solutilis.e. lo que se puede pagar
Solutilis.e. lo que se puede desatar
Solutio.onis. por la paga
Solutio.onis.por el desatamiento
Solutim.aduerbium.por suelta mente
Solus.a.um.por cosa sola
Solum.i.por el suelo
Solum.aduerbium.por sola mente
Solummodo.aduerbium.por aquello mesmo
Soma.atis.interpretatur corpus.
Somatopoeia.ę.i. corporis fictio
Somnus.somni.por el sueño.
Somnium.ij. por lo que soñamos
Somnifer.a.um.lo que trae sueño
Somnificus.a.um.por aquello mesmo
Somniculosus.a.um.por cosa soñolienta
Somnolentus.a.um. por lo mesmo
Somnolentia.ę.por aquel sueño
Somnio.as.aui.por soñar.a.i.

Somphos.i.cucurbita siluestris.gr
Sonabilis.e. lo que puede sonar
Sonatio.onis.por el sonar
Sono.as.sonaui. por sonar.n.v
Sonipes.edis.por el cavallo sobervio
Sonitus.sonitus. por el sonido
Sonor sonoris. por aquello mesmo
Sonoritas.atis. por aquello mesmo
Sonorus.a.um.por cosa que suena
Sonus.soni.por el son o sonido
Sons sontis. por cosa empeciente
Sonticus.a.um.por aquello mesmo
Sophéne.arum.pueblos de asia la menor
Sóphia.e. interpretatur sapientia
Sophos.interpretatur sapiens
Sophós.aduerbium.i.sapienter
Sophistes.e.por filosofo fingido
Sophista.e.por aquello mesmo
Sophistia.e.la sabiduria fingida
Sophisticus.a.um.por cosa desta sabiduria
Sophisma.etis.argumento contencioso
Sophonias.e.uno delos profetas.bar
Sophocles.is.por un poeta griego
Sophocleus.a.um. por cosa deste poeta
Sophron.interpretatur temperans
Sophrónesis.interpretatur temperantia
Sophronicus.i. padre fue de socrates
Sophrosine. interpretatur modestia
Sophronium.ij. nombre proprio de muger
Sophtim ex hebraico.est liber iudicum
Sopio.is.sopiui. por adormecer.a.i
Sopor soporis.por el sueño
Soporus.a.um.por lo que haze sueño
Soporifer.a.um.por aquello mesmo.
Sora.sore.por una ciudad de italia
Soranus.a.um.por cosa desta ciudad
Soracte.is.monte es cerca de roma
Sorbeo.es.sorbui uel sorpsi. por sorver.a.i
Sorbilis.e.por cosa que se puede sorver
Sorbitium.ij. por sorvo o sorvedura
Sorbicies.ei. por aquello mesmo
Sorbitio.onis. por aquello mesmo
Sorbitiuncula.e. por sorvo pequeño
Sorbus.i. por el serval arbol
Sorbum.i. por la serva fruta del
Sordes sordium.por la suziedad z avaricia
Sordidus.a.um.por cosa suzia z avarienta
Sordeo uel sordesco. por ensuziarse.n.v
Sordido.as.sordidaui. por ensuziar.a.i

Sorex.soricis. por sorze ratoncillo
Soricinus.a.um. por cosa de raton
Sori. indeclinabile. por cierta medicina
Sorite. arum. pueblos son orientales
Soror.sororis.por la ermana.
Soror sororis. por la prima
Sororcula.e.por ermana pequeña
Sororius.a.um.por cosa de ermana
Sors sortis. por la suerte.
Sorticula.e.por la suerte pequeña
Sortes sortium.por la divinacion profetica
Sortilegus. a.um. por divino assi
Sortilegium.ij.por aquella divinacion
Sortior sortiris.por sortear.d.iij
Sortio sortis sortiui. por lo mesmo
Sortitio sortitionis.por aquel sortear
Sortitus sortitus.por lo mesmo
Sortis sortis.por la suerte.priscum
Sortito.aduerbium.por por suerte
Sófia.e.nombre proprio de siervo
Sósius.ij.nombre de varon romano.
Sospes. itis. por salvo z salva de peligro
Sospita.e.por hembra salva de peligro
Sospita.e.por la diosa dela salvacion
Sospito.as.aui.por librar de peligro.a.i.
Sóstratus.i. nombre proprio de varon
Sóstrata.e.nombre proprio de hembra
Sotádes.e.poeta fue de cosas turpes.
Sotadicus.a.um.por cosa de aqueste
Soter soteris.interpretatur saluator
Sotericus.a.um. interpretatur salutaris
pacium.ij.por el espacio
Spaciosus.a.um. por cosa spaciosa
Spacior.aris. por espaciarse. d.iij
Spadix.spadicis.por razimo de datiles
Spado.spadonis.por el castrado
Spado.spadonis.por el sarmiento sterile.
Spagnos.i. por cierto arbol peregrino
Spagos.i.por la resina del pino.
Spargapises.hijo fue dela reina tomyris.
Spargo.is.sparsi. por derramar.a.i
Sparsus.us.por el derramamiento
Sparsim.aduerbium.por derramada mente
Sparta.e.por lacedemonia ciudad
Spartiata.e.por varon desta ciudad
Spartanus.a.um.por cosa desta ciudad
Spartacus.i. varon fue de thracia
Spartum.i.por el esparto.

I.iiii.

Spartarius.ij.por el eſpartero

Sparteus.a.um.por aquello meſmo

Spartea ſolea.por la eſparteña

Sparus.i.por cierta forma de lança

Sparulus.i.por cierto peſcado menudo

Spaſmus.i.por el paſmo

Spaſticus.a.um.por coſa paſmada

Spatha.ę.por el eſpada

Spathula.ę.por el razimo de datiles.

Spátale.es.nombre proprio de muger

Spatalium.ij.por collar o joiel

Species.speciei.por la hermoſura

Speciosus.a.um.por coſa hermoſa.

Specimen.inis.lo mejor en cada eſpecie

Species.ei.por la eſpecie o forma

Specialis.e.por coſa eſpecial

Specialiter.aduerbium.por eſpecial mente

Specto.as.spectaui.por mirar.a.i

Specto.as.spectaui.por alabar.a.i

Spectator.oris.por mirador de juegos

Spectatrix.icis.por miradora dellos

Spectabilis.e.por coſa de mirar

Spectaculum.i.por aquel mirar

Spectaculum.i.por lugar de do miran

Spectaculum.i.por el juego que ſe mira

Spectrum.i.por el idolo

Speculor.aris.por eſpecular.d.iij

Speculatio.onis.por la eſpeculacion.

Speculatiuus.a.um.por coſa eſpeculativa

Speculor.aris.por atalaiar.d.iij

Speculator.oris.por el atalaiador

Speculabundus.a.um.lo que mucho atalaia

Speculatio.onis.por aquel atalaiar

Speculatus.us.por aquello meſmo

Specularis.e.por coſa de atalaia

Specularis lapis.piedra que ſe traſluze

Specularium.ij.por aquello meſmo

Speculum.i.por el eſpejo.

Specillum.i.por eſpejo pequeño

Specillum.i.por calador de cirugiano

Specilla.orum.por los antojos de vidro.

Specio.is.speri.por mirar.priscum

Specus specus.por la cueva

Specus speci.por aquello meſmo

Specus.specoris.por aquello meſmo

Speca.specę.por aquello meſmo

Specu.indeclinabile.por lo meſmo

Spelcum.i.por aquello meſmo.gr

Spelunca.ę.por aquello meſmo

Spelta.ę.por la eſpelta ſimiente

Sperchius.ij.por un rio de theſſalia

Sperno.is.spreui.por menoſpreciar.a.i

Spernax.acis.por mucho menoſpreciador

Spero.as.speraui.por eſperar.a.i

Speres.speris.por la eſperança

Spes ſpei.por aquello meſmo

Speugites.ę.por piedra luzia

Speuſippus.i.hijo de una ermana de platon.

Sphęra.e.por figura de mançana

Sphericus.a.um.por coſa redonda aſſi

Sphęriſterium.ij.edificio redondo era

Sphęra.ę.por cierto manjar deſta figura.

Sphragis.idis.medicina para cerrar llaga

Sphragitis.is.por cierta vena

Sphragis.is.interpretatur ſigillum

Sphinx.gis.idem eſt quod ſpinx

Spica.ę.por el eſpiga de pan

Spicus.i.por aquello meſmo

Spicum.i.por aquello meſmo

Spica.ę.por el eſpigon de ajos

Spica mutica.por eſpiga ſin raſpas

Spicatus.a.um.por coſa eſpigada

Spiceus.a.um.por coſa de eſpigas

Spicifer.a.um.por lo que trae eſpigas

Spicilegium.ij.por cojedura de eſpinas

Spiculum.i.por lança o ſaeta

Spiculo.as.aui.por aguzar punta.a.i

Spiculator.oris.por el armado con lança

Spina ſpinę.por la eſpina

Spinosus.a.um.por coſa llena de eſpigas

Spinifer.a.um.por lo trae eſpinas

Spinus ſpini.por el eſpino

Spinetum.i.por el eſpinal

Spina ſpinę.por la eſpina de peſcado

Spina ſpinę.por el eſpinazo

Spinther.theris.el oro dela veſtidura

Spinther.interpretatur ſcintilla

Spinturnix.icis.ave no conocida es

Spintria.ę.el inventor de luxuria

Spinx.gis.animal es no conocido

Spio ſpius.por una delas ninfas.

Spira.ę.por la roſca como de culebra.

Spira.ę.por la roſca de pan

Spiro.as.aui.por eſpirar.a.i

Spirabilis.e.por lo que ſe eſpira

Spiratio.onis.por aquel eſpirar

Spiritus.us.por aquello mefmo
Spiraculum.i.por el efpiradero
Speramentuz.i. por aquello mefmo
Spiramen.inis. por aquello mefmo
Spiritalis.e.por cofa efpiritual
Spiffus.a.um. por cofa efpeffa
Spiffus.a.um.por cofa dificile
Spiffitudo.inis. por la efpeffura
Spiffamentum.i. por aquello mefmo
Spithama.e.por medida de palmo
Spithameus.a.um.por lo defta medida.
Splen fplenis.por el baço.grecum
Splenicus.a.um. por doliente del baço
Spleneticus.a.um.por aquello mefmo
Splenium.ij.por venda mui delgada
Spleniatus.a.um.cofa atada con venda
Splendeo uel fplendefco.por refplãdecer.n.v
Splendor.oris.por el refplandor
Splendor.oris. por luftre enla pintura
Splendidus.a.um.por cofa refplandeciente.
Splendide. por refplandeciente mente
Spodos.interpretatur cinis.
Spodium.ij.bollin de bornaza de cobre
Spoletum.i. por efpoleto ciudad de italia
Spoletinus.a.um.por cofa defta ciudad
Spolia.orum.por los defpojos
Spolio.as.aui. por defpojar.a.i
Spolior.aris.por aquello mefmo.d.iij.
Spoliarium.ij. lugar do fe defpojan
Sponda.e. por la cama o lecho
Spondeus.i. pie de dos filabas luengas
Spondaicus.a.um.por cofa defte pie
Spondeo.es.fpopondi.por prometer.a.iij.
Spondilus.i.por ueffo del efpinazo
Spongia.e.por la piedra efponja.
Spongia.e. por la efponja dela mar
Spongiola.e.por efponja pequeña
Spongiofus.a.um.por cofa como efponja
Sponfus.i.por el efpofo o defpofado.
Snonfa.e.por la efpofa o defpofada.
Sponfalia.orum. por defpoforios
Sponfalia.ium.por aquello mefmo
Sponfo.as.aui.por defpofar.a.i
Sponfio.onis. por la fiança
Sponfus.us.por aquello mefmo.
Spon.ontis.por la voluntad
Spontis fpontis. por lo mefmo
Sponte.aduerbium.por voluntariofa mente.

Spontaneus.a.um.por cofa voluntariofa
Sporta.e.por la efpuerta
Sportella.e. por la efportilla
Sportula.e. por aquello mefmo
Sportula.e.por racion de pan z vino.
Spuma.fpume.por la efpuma
Spuma nitri.por el falitre.
Spumeus.a.um.por cofa de efpuma.
Spumefco.is.por bazer efpuma.n.v.
Spumo.as.aui. por aquello mefmo.n.v.
Spumofus.a.um. por cofa afpumofa
Spumiger.a.um.por cofa efpumofa.
Spuo.is.fpui. por efcópir
Spurcus.a.um. por cofa fuzia
Spurcicia.e.por la fuzidad
Spurcicies.ei.por aquello mefmo
Spurco.as.aui.por enfuziar
Spurius.ij.por baftardo no legitimo.
Sputum.i. por la efcopetina
Sputamen.inis.por aquello mefmo
    qualleo.es.fqualui.por eftar fuzio
    Squallefco.is. por aquello mefmo
Squallidus.a.um.por cofa fuzia
Squallus.a.um.por aquello mefmo.prifcum
Squallor.oris.por la fuzidad.
Squalus.i.por un cierto pefcado
Squamma.e.por la efcama
Squammula.e.por efcama pequeña
Squammatim.aduer.por efcama a efcama
Squammofus.a.um. lo lleno de efcamas
Squarus.i.por un cierto pefcado
Squatina.e.por la lifa pefcado
Squatiraia.e.pefcado entre lifa z raia
Squilla.e. por un cierto pefcado
    tabie.arum.lugar antiguo de campania
    Stabilio.is.iui.por eftablecer.
Stabilis.e.por cofa firme z eftable
Stabilitas.atis. por aquella firmeza
Stabilimentum.i. por aquello mefmo
Stabiliter.aduerbium.por firme mente.
Srebulum.i.por el eftablo
Stabulor.aris.por poner eftablo
Stabulum.i. por el bodegon o venta
Stabularius.ij. por el bodegonero
Stabularia.e.por la bodegonera
Stacte.es.por la mirra del fudor
Stacte.es.por una efpecie de refina
Stadium.ij. el eftadio de.cxx.pies

Stagma.atis.por unguento de olores
Stagnum.i.por el estanque
Stagnosus.a.um.cosa llena de estanques
Stagno.as.aui.estancarse el agua
Stalagmia.e.interpretatur stiria
Stalagmium.ij.por el cercillo de oreja
Stagmen.inis.por la ordiembre
Stannum.i.por el estaño
Stanneus.a.um.por cosa de estaño
Staphyla.interpretatur uua
Staphylinus.i.por la çanaboria
Staphysagria.por çanaboria silvestre.
Staphylodendros.i.por arbol cierto
Stather.eris.por la balança
Stathera.e.por aquello mesmo
Statarius.a.um.por cosa firme
Statim.aduerbium.por luego
Statio.onis.por la estança o vela
Statio.onis.por la estacion de planeta
Stationarius.a.um.por cosa de estacion
Statio.onis.por puerto de mar
Statiua.orum.por real a poco tiempo
Stator.oris.por el que esta en pie
Stator.oris.por aquedador del que huie.
Status.a.um.por cosa firme
Status.us.por el estado
Statura.e.por la estatura
Statua.e.por la estatua
Statuarius.ij.por hazedor de estatuas
Statuaria.e.por el arte dellas
Statuarius.a.um.cosa para estatuas.
Sratuo.is.statui.por establecer.a.i
Statunculus.i.por pequeña estatua
Staticulum.i.por aquello mesmo
Statutum.i.por el estatuto
Statutio.onis.por aquello mesmo
Status cause.por contestacion de pleito
Statumen.inis.por el estatura dela vid
Statumino.as.aui.por poner estado.a.i
Stechades.islas cerca de marsella
Stella.e.por la estrella o planeta
Stella crinita.por la cometa
Stella.e.por uu cierto pescado
Stellatus.a.um.por cosa estrellada
Stellans.antis.por aquello mesmo
Stellifer.a.um.lo que tiene estrellas
Stellio.onis.especie es de araña
Stellionatus.daño hecho por embidia

Stemma.atis.interpretatur corona
Stentor.oris.por un pregonero
Stentorius.a.um.por aquello mesmo
Stephanos.interpretatur corona
Stephanus.i.proprio nombre de varon
Stephanitis uua.una especie de uva
Stephanopolis.i.uendens coronas
Stercus.oris.por el estiercol
Stercorosus.a.um.cosa estercolada
Stercoro.as.aui.por estercolar.a.i
Stercoratio.onis.por aquel estercolar
Stercorarius.a.um.por cosa para estierco
Sterquilinium.ij.por el muladar.
Sterquilinus.i.el dios del estiercol
Stereos.interpretatur firmus
Stereometria.mensuratio solidorum.
Sterilis.e.por cosa no frutuosa
Sterilitas.atis.por la esterilidad
Sterilesco.is.por ser esterile.n.v
Sterno.is.straui.por derribar.a.i
Sternax.acis.lo que mucho deriba
Sterno.is.por igualar lo aspero.a.i.
Sterno asinum.por enalbardar asno
Sterno equum.por ensillar cavallo
Sterno lectum.por mollir la cama
Sternuo.is.sternui.por estornudar
Sternuto.as.aui.por aquello mesmo.n.v
Sternutatio.onis.por el estornudo
Sternutamentum.i.por lo mesmo
Steropes.e.por uno delos ciclopes
Sterpsiceros.otis.especie de cabra montes
Stesichorus.i.poeta lirico griego
Sterto.is.sterti.por roncar.n.v
Stertinius.nij.por un notable filosofo
Sthenelus.i.hijo de capaneo z evadna
Stheneleius.a.um.por cosa de aqueste
Sthenoboea.e.muger de preto rei
Stibia.e.por argentada afeite de mugeres
Stibis.is.por aquello mesmo
Stibium.ij.por aquello mesmo
Stibinus.a.um.por cosa de
Stibula.e.por una especie de pino
Stibadium.ij.por cierta figura de mesa
Stygius.a.um.por cosa del infierno
Stichus.i.nombre proprio de siervos
Stigma.atis.interpretatur punctio
Stigmon.i.por el color de rasuras
Stigo.as.aui.non extat sed ab eo composita

Stilbon.onis.por mercurio
Stilla.ę. p or la gota cuando cae
Stillaticius.a.um.por cosa que distila
Stillicidium.ij.por la gotera
Stillicidium.ij. por la estranguria
Stillo.as.aui.por destellar.n.v
Stillatio.onis.por aquel destellar.
Stilpon.onis. por un filosofo notable
Stilus.i. por el punçon para escrivir
Stylus.i. interpretatur columna
Stilus.i.por el estilo del escrivir
Stimichon.onis.nombre de un pastor
Stymphalis.idis.por una laguna de acaia
Stymphalides.aves que mato ercu
Stymphalęus.a.um.por cosa de alli
Stimulo.as.aui.por aguijonear.a.i
Stimulatio.onis.por aquel aguijonear
Stimulus.i.por el aguijon
Stypo.as.aui. por tupir z costribar.a.i
Stypo.as.aui.por acompañar al maior.a.i.
Stypator.oris. por el acompañador assi
Stypatio.onis. por aquel acompañamiento
Stipes stipitis.por tronco de arbol
Stypes stipis. por la moneda
Stypendium.ij.por el sueldo o salario
Stypendiarius.ij.por el pechero
Stypendiatus.a.um. por cosa salariada
Stypticus.a.um.por cosa restriñidora
Stypticus.a.um. interpretetur constipatiuus
Stipteria.interpretatur alumen
Stypula.ę.por la paja seca
Stypulor.aris.por aceptar lo prometido z d iij
Stypulatio.onis.por aquella aceptacion
Stypulatus.us.por aquello mesmo
Stypulatiuncula.ę. por aquello mesmo
Styrace.es. por el estoraque
Styrax.acis. por aquello mesmo
Stiria.ę. por el cerrion elado
Stirps.stirpis. por la generacion.
Stirps.stirpis.por la planta
Stirpo.as.aui.por arrancar de raiz.a.i
Stirpesco.is. por bazer raiz o raigar
Stirpitus. aduerbium. por de raiz
Stiti.pręteritum ab eo quod est sisto
Stiua.ę. por el esteva del arado
Styx.stygis.laguna es del infierno
Stlata.ę. por una especie de navio
Stlatarius.a.um. por cosa traida enel

Stlembus.a.um.por cosa tardia.pr
Stlites.pro eo quod lites.priscum
Stlopus.i. el sonido delos buchetes
Sto.stas.steti.por estar en pie.
Sto.stas.steti. por pararse lo que anda.n.v
Sto.as.steti.por enerizarse.n.v
Sto.as.steti.por estar enbiesto z alto.n.v.
Stoa. interpretatur porticus
Stoicus.i.por filosofo de cierta secta
Stoicida.ę.por aquello mesmo.po
Stola.ę. vestidura era de matronas.gr
Stolatus.a.um.por cosa vestida della
Stolidus.a.um.cosa loca atochada
Stoliditas.atis. por aquella locura
Stolo.onis.el pimpillo al pie dela vid
Stoma.atis.interpretatur os
Stomachus.i. por el estomago o ira
Stomachicus.a.um. por dolięte de estomago
Stomachice.es.por aquella dolencia.
Stomachosus.a.um.por estomagado
Stomachabundus.a.um.por lo mesmo
Stomachor.aris.por estomagarse.d.v
Stomoma.atis.por escama de cobre
Stora.ę.por el estera de esparto
Storace.es. por el estoraque
Storax.acis. por aquello mesmo
Storax.acis.nombre proprio de siervo
Strabo.strabonis. por el turnio varon
Straba.ę.por lo muger turnia
Stracum.i.por una especie de balsamo
Stragulum.i. por silla o albarda
Stragulum.i. por el repostero
Stragulum.i.por tapete o albombra
Stragulus.a.um. cosa para tender sobre algo
Stragulatus. a.um. por aquello mesmo
Strages.stragis.por estrado de muertos.
Stramen.inis.por paja de camas
Stramentum.i.por aquello mesmo
Stramenticius.a.um. por cosa de tal paja
Strangulo.as.aui.por abogar.a.i
Strangulatio.onis.por el abogamiento
Strangulatus.us.por aquello mesmo
Stranguria.ę.abogamiento dela beriga
Stratagema.atis.por astucia de guerra
Stratés.ę. interpretatur exercitus
Strato.onis.filosofo notable.
Stratocles.is. nombre de varon
Stratonicus.i.nombre de varon

Stratonis turris. por ceſarea la de judea
Stratonicenſis. por coſa deſta ciudad.
Stratonenſis. e. por aquello meſmo
Strata uia. por la calçada de camino
Stratum. i. por el eſtrado
Stratorius. a. um. por coſa para eſtrado
Strene. arum. por las albricias
Strene. arum. por el aguinaldo
Strene. arum. por las eſtrenas
Strenuus. a. um. por coſa dieſtra
Strenuior. oris. comparatiuum a ſtrenuus
Strenuiſſimus. a. um. ſuperlatiuum ab eodez
Strenuitas. atis. por la deſtreza
Strepo. is. ſtrepui. bazer eſtruédo có pies. n. v
Strepito. as. aui. bazer eſtruédo amenudo. n v
Strepitus. us. por aquel eſtruendo
Strio. as. aui. por polir z acicalar. a. i
Stribiligo. inis. idem quod ſoleciſmus
Strychnum. i. por la ierva mora
Strictus. a. um. participium a ſtringo. is
Stricticius. a. um. por coſa cogida a mano
Strictura. e. la maſſa de bierro apurado
Strictim. aduerbium. por eſtrecba mente.
Strideo. es. ſtridi. por recbinar. n. v.
Strido. is. ſtridi. por aquello meſmo. n. v
Stridulus. a. um. por coſa que recbina
Striga. e. por el manojo
Strigilis. is. por la eſtregadera
Strigilis. is. por el almobaça
Strigilis. is. por la ſarten
Strigilis. is. por riel de oro
Strigmentum. i. por el eſtregamiento
Strigo. as. aui. por eſtregar. a. i
Strigoſus. a. ü. por coſa eſpeluzada con bâbré
Strigoſitas. atis. por el eſpeluzamiento
Strymon. onis. por un río de tbracia
Strymonius. a. um. por coſa de alli
Stringo. is. xi. por eſtregar. a. i
Stringo. is. xi. por ordeñar azeitunas. a. i.
Stringo. is. xi. por eſtreñir z apretar. a. i
Strix. ſtrigis. por cierta ave dela nocbe
Strix. ſtrigis. por la bruja
Strobus. i. por cierto arbol peregrino
Strobus. i. por troço de madera
Strobulus. i. por aquello meſmo pequeño
Stróngyle. por eſtrongol iſla de ſicilia
Stróngylos. i. por aquello meſmo
Stropba. e. interpretatur tergiuerſatio

Stropbades. dum. iſlas del mar jonio
Stropbium. ij. por cinta o faxa
Stropbium. ij. por corona de coſa ſotil
Stropbiolum. i. por aquella corona pequeña
Stropbius. rei de focis padre de pilades
Strópylus. i. ave es familiar de egipto
Strutbeum cydonium. membrillo oloroſo
Strutbius. ij. por el abeſtruz.
Strutbio. onis. por aquello meſmo
Strutbiocamelus. i. por aquello meſmo
Structura. e. por el edificio
Structor. oris. por el maeſtreſala
Structor. oris. por el trincbante
Strues ſtruis. por bazina de leña
Struma. e. por bincbazon de podre o láparon
Strumoſus. a. un. por coſa aſſi bincbada
Struo. is. ſtruxi. por edificar. a. i
Strutbopodes. de pequeñas plantas.
Studium. ij. por el eſtudio
Studeo. es. ſtudui. por eſtudiar. n. iij
Studium. ij. por el favor
Studeo. es. ſtudui. por favorecer. n. v
Studioſus. a. um. por coſa favorecedora
Studioſus. a. um. por coſa virtuoſa
Stultus. a. um. por coſa loca z bova
Stultiloquium. ij. por babla loca
Stulticia. e. por aquella locura
Stupeo. es. ſtupui. por paſmarſe de eſpáto. n v
Stupefacio. is. por eſpantar aſſi. a. i
Stupidus. a. um. coſa paſmada aſſi
Stupiditas. atis. por aquel paſmo
Stupor ſtuporis. por aquello meſmo
Stuppa. e. por la eſtopa del lino
Stuppeus. a. um. por coſa de eſtopa
Stupparius. a. um. por coſa para eſtopa
Stupparius malleus maça para lino
Sturnus. i. por eſtorniño eſpecie de tordo
Stupro. as. por forçar muger o moço. a. i.
Stuprator. oris. por aquel forçador
Stuprum. i. por aquella fuerça
   uadeo. es. ſi. por induzir por razones. a. iij
    Suadela. e. por la induction
Suaſio. onis. por aquel induzimiento
Suaſorius. a. um. por coſa induzidora
Suadus. a. um. por aquello meſmo
Suapte natura. pro ſuamet natura
Suarius. ij. por el porquero
Suauis. ſuaue. por coſa ſuave al ſentido

Suauitas.atis.por aquella suavidad
Suauitudo.inis.por aquello mesmo
Suauiloquens.tis.lo que habla suave mente
Suauiloquentia.e.por aquella habla.
Suauiter.aduerbium.por suave mente
Suauium.ij.por el beso de enamorados.
Suauiolum.i. por el tal beso pequeño
Suauior.aris.por besar como enamorado
Snauiatio.onis.por aquel tal besar
Sub.prepositio accusatiui. por cerca
Sub.prepositio ablatiui.por debaxo
Sub.in compositione. por debaxo un poco
Subabsurdus.a.ũ.por un poco discorde en so
Subacidus. a.um. por un poco azedo
Subactus.a.um.por cosa sovada z sazonada.
Subactio. onis. por aquella sovadura
Suberatus.a.um. lo de cobre dorado
Subagrestis.e.por cosa un poco fiera.
Subagito.as.aui. por sovajar.a.i
Subalbidus.a.um.cosa blanquezina un poco
Subarro.as.aui.por dar señal cõprando.a.i
Subarrogans.tis.po. presumptuoso un poco
Subarroganter. presumptuosa mente assi
Subausculto.as. por escuchar de secreto.a.i
Subcinericius.a.um.lo cozido so la ceniza
Subcrispus.a.um. por cosa crespa un poco
Subcrudus.a.um.por cosa cruda un poco
Subcollo. as. por llevar a otro enel cuello.a.i
Subdebilis.e. por cosa flaca un poco
Subdiaconus.i.por menor serviente.no.
Subdio.por al sereno o so el cielo
Subdialis.e.por cosa no techada.
Subdolus.a.um.cosa engañosa a escondidas
Subduco.is.xi.por sacar uno de otro.a.i.
Subductio.onis. por aquel sacar
Subductarius.a.um.por cosa para alçar
Subduco.is.xi.por sacar naves del agua.a.i.
Subdo.is.subdidi.por sojuzgar.a.iij
Subdurus.a.um.por cosa dura un poco
Subedo.is.subedi. por comer debaxo.a.i
Subeo.is.subij.por ir debaxo.n.v
Suber suberis.por el alcornoque
Subernus. a.um. por cosa de alcornoque
Subereus.a.um.por aquello mesmo.
Subex. icis. por cosa subjecta . pr.
Subflauus.a.um.por un poco roxo
Subfrigidus.a.um. por cosa fria un poco
Subfrigide.por fria mente un poco

Subgrunda.e.por el ala de tejado
Subbereo.es.si.por llegarse secreto.n.ij.
Subidus.a.um. por cosa cuidadosa.pr
Subiecto.as.aui. por someter a menudo.a.i
Subiectus.a.um. por cosa subjecta
Subiectio.onis. por la subjecion
Subiectabilis.e.por cosa sujuzgable
Subigo.is.subegi.por sojuzgar.a.i
Subigo.is.subegi.por sovar.a.i
Subijcio.is.subieci.por sujuzgar.a.i.
Subitus.a.um.por cosa subitaña.
Subitarius.a.um.por aquello mesmo
Subitaneus.a.um.por aquello mesmo
Subito. aduerbium. por subita mente
Subiugo.as.aui. por meter so el iugo.a.i
Subiugalis.e. por cosa domada so iugo
Subiungo.is.xi.por añadir abaxo.a.i
Sublabor.eris.correr o caer por debaxo
Sublaqueo.as.aui.por techar de çaqçami.a.i
Subleuo.as.aui. por soliviar o aliviar.a.i
Sublego.is.egi.por hurtar a escondidas.a.i.
Sublego.is.egi.por sustituir por elecion.a.i
Sublicium.ij.por poste de madera
Sublicis.is. por aquello mesmo
Sublicius pons.puente de maderos
Subligar.aris.por las bragas
Subligaculum.i.por aquello mesmo
Subligo.as.aui.por atar debaxo.a.i
Sublimis.e.por cosa alta
Sublimitas.atis. por el altura
Sublimo.as.aui. por ensalçar.a.i
Subliuidus.a.um.cosa cardena un poco.
Subluo.is.sublui.por lavar debaxo.a.i
Subluuies.iei.por el saborno.
Subluceo.es.xi. por luzir un poco.n.v
Sublustris.e.por cosa luziente un poco
Submorosus.a.ũ.por cosa un poco dessabrida
Submitto.is.si.por someter.a.i
Submoueo.es.ui.por arredrar.a.i
Subniger.a.um.por cosa negra un poco.
Subnitor.eris.por estribar por debaxo.d.v
Subpallidus.a.uz. por cosa amarilla un poco
Subpinguis.e.por cosa gruessa un poco
Subo.as.aui.por estar cachonda la puerca.n.v
Suboleo.es.lui.por oler un poco.n.ij
Suboscurus.a.um.cosa escura un poco
Suboscure. por escondida mente un poco
Suborno,as.aui. por sobornar.a.i

fu

Subornatio.onis.por aquel foborno
Subraucus.a.um.por cosa ronca un poco
Subremirgo.as.aui.por remar debaxo.n.v
Subremoueo.es.ui.por qtar secreta méte.a.i
Subrépo.is.pfi.por entrar escódida méte.n v
Subrigo.is. por enbestar.a.i
Subridiculus.a.ū.por cosa de burla un poco.
Subripio.is.pui. por burtar.a.iij
Subrubeo.es.bui.por bermejear un poco
Subrubicundus.a.um. por bermejo un poco
Subrumo.as.aui.por abijar.a.i
Subrumus.a.um.por cosa abijada
Subrusticus.a.um.por empacbado un poco
Subrustice.por empacbada mente un poco
Subsanno.as. por escarnecer z mofar.a.i
Subsannatio.onis.por aquel escarnio
Subsannator.oris.por escarnecedor
Subscribo.is.pfi.por firmar lo escripto.a.i
Subscriptio.onis.por aquella firma
Subscribo.is.pfi.por favorecer.n.ij
Subscriptio.onis. por aquel favor
Subscus.dis. por la sovina o tarugo
Subseco.as.cui. por cortar debaxo.a.i
Subsedeo.es.edi.por assentarse debaxo.n.v.
Subsellium.ij.por la silla o silleta.
Subsequor.eris. por seguir despues.d.iij
Subsideo.es.edi.por assentarse debaxo.n.v
Subsido.is.di.por bazer assiéto lo pesado.n v
Subsidium.ij. por la batalla para socorrer
Subsidiarius miles.por el desta batalla
Subsidiarius palmes. sarmiento para socorro
Subsimilis.e. por cosa semejante un poco
Subsigno.as.aui.por poner el sello óbaxo.a.i
Subsisto.is.substiti.por pararse lo q anda.n.v
Substerno.is.idest subtus sterno
Substillum.i.por la estranguria
Substituo.is.tui.por sustituir.a.iij
Substitutio.onis. por la sustitucion
Substo.as.substiti. por pararse lo q anda.n.v
Substantiuum.i. por nombre substantiuo
Substramen.inis.por paja de cama
Substringo.is.xi.por apretar debaxo.a.i.
Subsum.subes.por estar debaxo.n.v.
Subsuo.is.subsui.por coser debaxo
Substruo.is.xi.por edificar debaxo.a.i
Substructio.onis.por aquel edificio
Subsultio.as. por saltar arriba
Subsultim.aduerbium.por a saltos.

Subtegmen.inis.por la trama dela telā
Subtelar.aris. instrumento para sacar agua
Subter.prepositio. por debaxo sin medio
Subtero.is.subtriui.por despearse.a.i
Subtexo.is.subtexui.por texer debaxo.a.i
Subticeo.es.subticui.por callar despues.a.i
Subtilis.e.por cosa sotil z delgada
Subtilitas.atis.por aquella sotileza
Subtiliter.aduerbium.por sotil mente
Subnecto.is.xui. por enlazar. a.i
Subnitor.eris.por estribar debaxo.d.v
Subtrabo.is.xi.por sacar de algo.a.i.
Subturpis.e.por cosa un poco fea
Subtus.prepositio. idem quod subter
Subucula.e.por saio o jubon
Subula.e.por el alesna o suvilla
Subuebo.is.xi. por traer debaxo.a.i
Subuectio.onis. por este traimiento
Subuenio.is.subueni. por socorrer.n.ij
Subuenio.is.ni.por venir ala memoria.n.ij.
Subuerto.is.ti. por trastornar.a.i
Subulcus.i.por el porquero
Subulo.onis. por el corço
Subuolo.as.aui. por bolar de abaxo.n.v
Subuoluo.is.subuolui.por trastornar.a.i
Subura.e.por un barrio de roma
Suburanus.a.um.por cosa deste barrio
Suburbium.ij.por el arrabal de ciudad
Suburbanus.a.um.cosa cerca dela ciudad
Suburbanum.i.la eredad cerca de ciudad
Suburbanitas.atis. por aquella cercanidad
Subuello.is.por arrancar de aiuso.a.i
Succedo.is.sucessi. por suceder a otro.n.ij
Successio.onis.por aquella succession
Successor.oris.por sucessor de otro
Successorius.a.um.por cosa que sucede
Successiuus.a.um.por lo mesmo.
Succedaneus.a.um.por aquello mesmo.
Succenseo.es.sui.por ensañarse.n.ij.
Succendo.is.succendi. por encender.a.i
Succenturior.aris.por socorrer
Succentiuus.a.um. lo que sucede en cantar
Succerno.is.succreui.por cernir.a.i
Succidia.e.por el lardo de puerco
Succidanea porca.sacrificio por miesses
Succisiuus.a.um.lo que se baze a vezes
Succido.is.succidi.por cortar o matar.a.i
Succido.is.succidi.por caer o morir.n.v

Succino.is.nui.por cantar debaxo.a.i
Succinum.i.por el ambar
Succidus.a.um.por cosa rugosa.
Succlamo.as.aui.por dar bozes debaxo.a.i.
Succresco.is.eui.por crecer secreto.n.v
Succollo.as.aui.por llevar al cuello.a.i
Succumbo.is.bui.por caer o ser vencido.n.ij
Succus.succi.por el çumo.
Succosus.a.um.por cosa çumosa.
Succutio.is.si.por sacudir de abaxo.a.i
Succussor.oris.por aquel sacudidor
Succussio.onis.por aquel sacudimiento
Succussus.us.por aquello mesmo
Succurro.is.succurri.por socorrer.n.ij
Succurro.is.succurri.por venir ala memoria.
Sucula.ę.por puerca pequeña
Suculę.arum.cierta costelacion
Suctus.a.um.participium est a suggo
Suctus.suctus.por cõupamiento.
Sudes sudis.por vara para tirar
Sudo.as.sudaui.por sudar.n.v
Sudarium.ij.por el sudario
Sudus.a.um.por cosa serena
Sudificus.a.um.por lo que baze sereno
Sudor.sudoris.por el sudor
Suesco.is.sueui.por acostumbrar.a.i
Suetus.a.um.por cosa acostumbrada
Sueui.orum.pueblos son de alemaña
Suffarcino.as.aui.por sobarcar.a.i.
Suffero.rs.substuli.por sufrir.a.i.
Sufferentia.ę.por el sufrimiento
Sufficio.is.suffeci.por sustituir.a.i
Sufficio.is.suffeci.por inficionar.a.i.
Sufficio.is.suffeci.por abastar.n.ij.
Sufficio.is.suffeci.por dar abundancia.a.i
Suffeces.consules eran en cartago
Suffio.is.suffiui.por sabumar.a.i
Suffitio.onis.por aquel sabumar.
Suffitus.us.por aquello mesmo
Suffimentum.i.por el sabumerio.
Suffiscus.i.por la bolsa delos testiculos
Suffoco.as.aui.por abogar.a.i.
Suffocatio.onis.por el abogamiento
Suffodio.is.suffodi.por cavar debaxo
Suffossio.onis.por aquella cavadura.
Sufflo.as.aui.por soplar debaxo.a.i.
Sufflatio.onis.por aquel soplar
Sufflatorium.ij.por el sopladero

Suffragor.aris.por aiudar con voto.d.ij.
Suffragatio.onis.por aquel aiudar
Suffragium.ij.por aquel voto
Suffragator.oris.por aquel aiudador
Suffragatorius.a.um.por cosa para aiudar
Suffrago.ginis.por la trenca dela vid
Suffrago.ginis.por la cuartilla dela bestia
Suffraginosus.a.um.bestia con axuagas
Suffrico.as.suffricui.por fregar debaxo.a.i
Suffrio.as.suffriaui.por polvorear.a.i
Suffumigo.as.aui.por sabumar.a.i
Suffumigatio.onis.por aquel sabumar
Suffreno.as.aui.por sofrenar.a.i
Suffrenatio.onis.por aquel enfrenamiento
Suffulcio.is.si.por sostentar debaxo.a.i
Suffundo.is.suffudi.por derramar.a.i
Suffusio.onis.por aquel derramamiento
Suffusio.onis.por la umidad de ojos
Soggero.is.gessi.por traer a escõdidas.a.iij.
Suggestio.onis.por aquel traer
Suggestus.us.por aquello mesmo
Suggestus.us.por el cadabalso
Suggo.is.suxi.por mamar o cõupar.a.i
Suggeo.es.suxi.por aquello mesmo.a.i
Sugillo.as.aui.por magullar la carne.a.i
Sugillatio.onis.por aquella magulladura
Suillus.a.um.por cosa de puerco
Sulcus.i.por el sulco del arado
Sulculus.i.por pequeño sulco
Sulco.as.sulcaui.por assulcar.a.i
Sulmo.onis.ciudad delos brucios
Sulmonensis.e.por cosa deste lugar
Sulpbur.ris.por la piedra sufre
Sulpburaria.ę.minero de piedra sufre
Sulpburatum.i.por el sulfonete
Sultanus.i.por rei o soldan.bar
Sum.es.fui.por ser.n.i
Sumen.inis.por la ubre dela puerca
Sumen.inis.por el ijada del atun
Summa.ę.por la suma
Summula.ę.por pequeña suma
Summatim.aduerbium.por en suma
Summatim.aduerbium.por encima.
Summates.um.por los principales
Summanus.i.el que ecba los raios de nocõe
Summitto.is.si.por someter.a.iij.
Sumissio.onis.por este sometimiento
Summissim.aduerbium.por baxa mente

Summíniſtro. as. por adminiſtrar.a.iij
Sumo.is.ſumpſi. por tomar.a.i
Sumptito.as.aui.por tomar a menudo.a.i
Sumptus.us.por la coſta o gaſto
Sumptuoſus.a.um.por coſa coſtoſa
Sumptuarius.a.um.por coſa para coſta
Sumptuaria lex.lei que taſſa los gaſtos
Suo.ſuis.ſui.por coſer.a.i
Suopte.pro eo quod eſt ſuo met
Supellex.ſupellectilis. por albaja
Super.prepoſitio accuſatiui.por ſobre
Superaddo.is. por añadir encima.a.iij
Superbus.a.um. por coſa ſobervia
Superbia.ę.por la meſma ſobervia
Superbio.is.biui. por enſobervecerſe. n.v
Superbiloquentia.ę.por ſobervia babla
Supercilium.ij.por la ceja
Supercilioſus.a.um. por coſa cejunta
Supercilium.ij. por el altura
Supercreſco.is.eui.por crecer encima.n.v
Superemineo.es.nui.por eſtar encima.n.v
Superficies.ei.por la baz no enves
Superficies.ei. por la caſa ſin ſoberado
Superficiarius.ij. el ſeñor de tal ſuelo
Superfundo.is.di. por derramar encima.a.i
Superfoeto.as. empreñar ſobre preñez.n.v
Superfluus.a.um.por coſa demaſiada
Superfluitas.atis.por eſta demaſia
Superijcio.is.eci. por ecbar encima.a.i
Superinijcio.is. por aquello meſmo.a.i
Superlatiuum. nombre de cierta eſpecie
Superno.as.aui.por nadar encima.n.v
Supernus.a.um.por coſa ſoberana
Superne.aduerbium.ſoberana mente
Supero.as.aui.por vencer.a.i
Supero.as.aui.por bivir ſobre otro.n.v
Superſcribo.is.pſi. por eſcrivir encima.a.i
Superſcriptio.onis.por el ſobre eſcripto
Superſedeo.es.edi. por ſobreſeer.n.v
Superſtes.itis.el que bive ſobre otro
Superſtitio.onis.por falſa religion
Superſtitioſus.a.um. por coſa de tal religion
Superſto.as.ſtiti.por eſtar encima.n.v
Superuacuus.a.um. por coſa demaſiada
Superuacuitas.atis. por eſta demaſia
Superuacaneus. a.um. por coſa demaſiada
Superuenio. is.ni. por ſobrevenir
Superuentus.us.por ſobrevienta

Superuolo.as.aui.por bolar encima.n.v
Superuolito.as.aui.por bolar aſſi.n.v
Superus.a.um.por coſa de arriba
Supinus.e.um.por coſa alta.
Supinus.a.um. por coſa muelle
Suppar.aris.por coſa igual con otra
Supparus.i. por la camiſa de lino
Supparus.i.por la vela o tienda
Supparium.ij.por aquello meſmo
Suppedito.as.aui.por adminiſtrar.a.iij.
Suppetię. arum. por ſocorro
Suppeto.is. por venir ala mano. n.ij
Supplanto.as.aui.por plantar.a.i
Supplanto.as.aui.por ecbar çancadilla.a.i
Supplantatio.onis.por la çancadilla.
Suppleo.es.eui.por ſuplir lo que falta.a.i
Supplementum.i.por aquel rebazer.
Supplex.icis.por coſa umilde
Supplicium.ij.por la ſuplicacion.
Supplicatio.onis.por aquello meſmo
Supplicium. ij. por la pena.
Suppliciter.aduerbium.por umil mente.
Supplicitus.aduerbium. por lo meſmo
Supplodo.is.ſi. por patear en deſfavor.a.i.
Supploſio.onis. por aquel patear
Suppono.is.ſui.por poner debaxo.a.i
Suppoſitio.onis.por aquella poſtura.
Suppono.is.ſui.por poner uno por otro.a.i
Suppoſitio. onis. por aquella poſtura
Suppoſiticius.a.um.por coſa apoſtiza
Supporto.as.aui.por traer ſobre ſi.a.i
Supprimo.is.ſuppreſſi.por ſoprimir.a.i.
Suppreſſio.onis. por eſta opreſſion
Suppudet.imperſonale.por envergonçar
Suppuro.as.aui.por bazer podre.n.v
Suppuratio.onis.por aquel podrimiento
Supputo.as.aui.por contar.a.i
Supputatio.onis.por la cuenta
Supra.prepoſitio. por ſobre o encima
Supremus.a.um.por coſa ſoberana
Sura.ę. por la pantorilla.
Surculus.i. por el ramo nuevo de arbol
Surculoſus.a.um.coſa llena de tales ramos
Surculaceus.a.um.por coſa de tal ramo
Surcularius.a.um.por coſa para tal ramo
Surcularis.e.por aquello meſmo
Surdus.a.um. por coſa ſorda
Surdaſter.tri. por ſordo un poco

Surditas.atis.por la sordedad
Surdeo uel surdesco.por ensordecer.n.v.
Surgo.is.surreri.por levantarse.n.v.
Surrecto.as.aui.por enbestar arriba.a.i
Surrepo.is.psi. por venir a escondidas.n.v
Surrbentum.i.por un lugar de campania
Surrbentinus.a.um. por cosa deste lugar
Surrigo.is. por enbestar arriba.a.i
Sursum.aduerbium. por bazia arriba
Sursum uersum.por aquello mesmo
Sus suis.por el puerco o la puerca
Susae.arum. por una ciudad de media
Susanna.e. nombre de muger judia
Susianus.a.um.por cosa desta ciudad
Suscus.udis. por tarugo o sovina
Suscipio.is.suscepi. por recebir a su carno.a.i
Suscito.as.aui. por despertar a otro. a.i
Suspecto.as.aui.por mirar arriba.a.i
Suspendo.is.di.por colgar o aborcar.a.i
Suspendium.ij.por aquella aborcadura
Suspendiosus. a.um. por el aborcadizo
Suspicio.is.eri. por mirar arriba.a.i.
Suspicio.is.eri.por acatar z onrar.a.i
Suspitio.onis. por la sospecba
Suspiciosus.a.um.por cosa sospecbosa
Suspectus. a.um. por aquello mesmo
Suspicar.acis.por aquello mesmo
Suspicor.aris.por sospecbar.d.iij
Suspiro.as.aui.por sospirar.n.v.
Suspiratio.onis.por el sospiro
Suspiratus.a.um.por aquello mesmo
Suspirium.ij.por aquello mesmo.
Suspiriosus.a.um.lo que mucbo aceza
Siasqz deqz pro eo quod indifferenter.
Sustento.as.aui.por sostentar.a.i
Susterna.e. la madera del abete arbol
Sustineo.es.sustinui. por sostener.a.i
Sustollo.is.sustuli.por alçar arriba.a.i
Susurro.as.aui.por zumbar.n.v.
Susurro.onis.por el zumbador
Susurrus.i.por aquel zumbido
Sutilis.subtile.por cosa cosida
Sutor sutoris.por el çapatero
Sutorius.a.um.por cosa de çapatero.
Sutrina.e. por tienda de çapatero
Sutura.e.por la cosedura.
Sutrium.ij.por una ciudad de italia
Sutrinus.a.um.por cosa desta ciudad

Sutrius.a.am.por aquello mesmo
De incipientibus ab.t.
    inter duo puncta.significat.titus.
    Tabanus.i.por el tavano
    Tabella.e.por la tablilla
Tabellae.arum.las tablillas para escrivir.
Tabellarius.a.um. por cosa para tablillas
Tabellarius.ij.por el correo de letras.
Tabellio.onis. por el escrivano publico
Tabes tabis.por la sangre corrompida
Tabi tabo. por aquello mesmo.
Tabesco.is.tabui.por corromperse.n.v
Tabeo. es.tabui. por aquello mesmo. n.v
Tabes tabis.por la tisica dolencia.
Taberna.e. por tienda de oficial
Tabernula.e.por tienda pequeña.
Taberna meritoria. por el meson
Taberna diuersoria.por aquello mesmo
Tabernaculum.i. por tienda de lienço
Tabificus. a.um. por cosa que pudre
Tabificabilis.e.por aquello mesmo
Tabidus.a.um.por cosa corrompida.
Tabidulus.a.um. por aquello mesmo
Tabita.moça que resucito nuestro salvador
Tabor.monte es de galilea
Tabraca.e. por una ciudad de africa
Tabula.e. por la tabla.
Tabula picta.por el retablo
Tabule.arum.por el testamento
Tabularius.ij.por guarda de escriptura
Tabularium.ij.el lugar donde se guardan
Tabulatum.i.por el soberado.
Tabulatum.i. por el tablado o corredor
Tabulatum.i. por tablado de parra
Taburnus.i. por un monte de campania
Taceo.taces.tacui. por callar.a.i
Tacitus.a.um. por cosa callada
Taciturnus.a.um.por aquello mesmo
Taciturnitas.atis.por aquel callar
Tactio.onis. por el toque o tocamiento
Tactus.us.por aquello mesmo
Teda.e.por la tea de pino.
Tede.arum.por las bodas
Tedet.impersonale.por aver enojo
Tedium.ij.por el enojo
Tedifer.a.um.por cosa que trae teas
Tenarus.i.por un cabo de laconia
Tenarius.a.um.por cosa deste cabo

Tenia.ę.por la toca o lista de toca
Teniola.ę.por la toca o lista pequeña
Tages.tagis.el inventor delos agueros
Tagus.tagi. por tejo rio de españa
Tago.is.pro eo quod est tango.pr
Tagus.i.varon fue principe de españa
Taygetus.i.monte de lacedemonia
Taygeta.orum.por aquel mesmo.
Taygeta.ę.por una delas siete pliades
Talaon.onis. padre fue de eríphila
Talaonides.ę.por hijo de aqueste.
Talaonius.a.um.por cosa de aqueste.
Talaris.e.por cosa para el talon
Talare.is.por el ala del pie
Talea.ę.por pua para enxerir
Talcola.ę.por tal pua pequeña
Talea.ę.por la tajada
Taleola.ę.por la tajada pequeña
Talentum.i.peso era de setenta libras.gr.
Talentum atticum. ochenta z tres libras
Talio.onis.por la pena del tanto
Talio.as.aui.por penar assi.a.i
Talis.e.por cosa tal relativo de cual
Taliter.aduerbium.por en tal manera
Talitrum.i. por floretada o paperote
Talthybius.ij.pregonero de agamenon
Talpa.talpę.por el topo animal
Talus.i.por el carnicol uesso del pie
Talus.i.por el talon enel ombre.
Talus.i. por el dado para jugar
Tam.coniunctio.por tan
Tamarix.icis.por el tamariz mata
Tamen.coniunctio.por mas empero.
Tametsi.coniunctio. por aunque
Taminia uua. por cierta uva silvestre
Tanager.gri.por un rio de lucania
Tanagrum.gri.por aquel mesmo rio
Tanais.is. por rio de tartaria
Tanais.is.rei fue tan bien de tartaria.
Tandem.aduerbium.por en fin.
Tanea.taneę.tierra delos parthos
Tango.is.tetigi. por tocar.a.i
Tantalus.i. hijo de jupiter z rei de frigia
Tantalides.ę.por hijo o nieto de aqueste
Tantalis.idis.por hija o nieta de aqueste
Tantaleus.a.um.por cosa de aqueste
Tantidem.genitiuus ast a tantundem
Tantillus.a.um. por cosa tamañita

Tantisper.aduerbium.por en tanto que
Tantopere.aduerbium.por en tanto grado
Tantundem.por otro tanto
Tantus.a.um.por cosa tamaña
Tantulus.a.um.por cosa tamañuela
Tapetum.i.por albombra o alquetifa.
Tapete.tapetis.por aquello mesmo
Tapes tapetis.por aquello mesmo
Tapexitas.atis.por aquella texedura
Taphos.i.interpretatur sepulchrum
Tapinos.interpretatur humilis
Taprobane.es.isla enel mar de india
Tapsus.i.isla es cerca de sicilia
Tapsus.i.por otra isla del arçapielago
Tapsius.a.um.por cosa destas islas
Tapinosis.is. interpretatur humiliatio
Tarandus.i.por un animal no conocido
Taratalla.interpretatur autem alia
Tarachyna.ę.por una ciudad de campania
Tarachynensis.e.por cosa desta ciudad
Taras.ę. por un hijo de neptuno
Taranis.is.por jupiter gallice
Tarbelli.orum.pueblos son de aquitania.
Tarbellicus.a.um. por cosa de alli
Taratantara. por el son delas trompetas
Tarchon.ontis.nombre proprio de varon
Tardus.a.um.por cosa tardia
Tardus.a.um. por cosa ruda de ingenio
Tardiusculus.a.um.por aquello un poco.
Tarditas.atis. por aquella rudeza
Tarditudo.inis.por aquello mesmo
Tardicies.ei.por aquello mesmo
Tardigemulus.a.um.por cosa de vejez
Tardo.as.aui.por tardar a otro.a.i
Tarentum.i. por una ciudad de calabria
Tarentinus.a.um.por cosa desta ciudad
Tarpeius.ij. ciudadano fue de roma
Tarpeia.ę.hija fue de aqueste
Tarpeius.ij.por el capitolio de roma
Tarpeius.a.um. por cosa deste monte
Tarraco.onis.por tarragona en aragon
Tarraconensis.e. por cosa desta ciudad
Tarraconensis regio.por aragon
Tarraconensis regio.por aragō z castilla vieja
Tarquini.orum. ciudad es de italia
Tarquiniensis.e.por cosa desta ciudad
Tarquinius priscus.quinto rei de roma
Tarquinius superbus.septimo rei de roma

Tarquiniamus.a.um.por cosa de aquestos
Tartara.orum.por el infierno.
Tartarus.i.por el mesmo infierno
Tartareus.a.um.por cosa del infierno
Tarthessus.i.por gibraltar en españa
Tarthessius.a.um.por cosa desta ciudad
Tarthessiacus.a.um.por aquello mesmo.
Tasconium.ij.por el talque para crisoles
Tata.ę.por taita delos niños
Tatius.ij.rei fue delos sabinos
Taurominium.monte z ciudad de sicilia
Taurominitanus.a.um.cosa de sicilia
Taurus.tauri.por el toro o buei rezio
Taura.taurę.por la vaca machorra
Taurea.ę.por açote de vergajo de toro
Taurifer.a.um.por lo que cria toros
Tauriformis.e.cosa de figura de toro.
Taurinus.a.um.por cosa de toro
Taurica.ę.region es septentrional
Taurini.orum.pueblos son de italia
Taurus.i.por un monte de cilicia
Taurus.a.um.por cosa deste monte
Taurus.tauri.por gusano con cuernos
Taurus.i.por cierta ave que brama
Tautologia.ę.interpretatur eloquium
Taxillus.i.por el carnicol pequeño
Taxillus.i.por el dado para jugar
Taxo.as.taxaui.por tassar.a.i
Taxatio.onis.por aquella tassa
Taxo.as.aui.por reprehender.a.ij
Taxatio.onis.por aquella reprehension
Taxus.taxi.por el texo arbol.
Taxeus.a.um.por cosa de texo
-echne.es.interpretatur ars
Techna.ę.por arte o engaño
Technita.ę.por oficial de algun arte
Technicus.a.um.por cosa artificial
Tecton.interpretatur faber
Tectorium.ij.encaladura o eniessadura
Tectorius.a.um.por cosa para encalar
Tectum.tecti.por el tejado
Tecum.aduerbium.por contigo
Teges tegetis.por la estera
Tegeticula.ę.por la estera pequeña
Tegeum.i.por una ciudad de arcadia
Tegeeus.a.um.por cosa desta ciudad
Tegillum.i.por tejado pequeño
Tegimen tegiminis.por la cobertura.

Tegmen tegminis.por aquello mesmo.po
Tegmentum.i.por aquello mesmo
Tegumentum.ti.por aquello mesmo
Tegmessa.ę.muger fue de aias
Tego.is.texi.por cobrir.a.i
Tegula tegulę.por la teja para techar
Tegula deliciaris.por la teja maestra
Teius.a.um.a teus urbe lydię
Tela telę.por la tela texida
Tela.ę.por el telar donde texen
Telaris.e.por cosa de tela.
Telamon.onis.hijo de eaco padre de aias
Telamoniades.hijo o nieto de telamon
Telamonius.a.um.por cosa de aqueste
Telegonus.i.hijo de ulixes z circe
Teleboi.orum.pueblos dela isla caprea
Telecrus.i.por un rei de lacedemonia
Telemachus.i.hijo de ulixes z penelope
Telephus.i.hijo fue de ercules z auge
Telemus.i.profeta uno delos ciclopes
Telesco.us.por una hija de oceano z tethis
Telestor.oris.padre fue de euripides poeta
Telethusa.ę.nombre proprio de hembra
Telinum.i.por un cierto unguento
Telones.ę.interpretatur publicanus
Telos.intarpretatur portorium
Teloneus.i.por el aduana o portadgo
Telos.inierpretatur finis.
Telicus.a.um.por cosa final
Telum.i.por tiro cosa para tirar
Temetum.ti.por el vino.
Temulentus.a.um.por cosa embriaga
Temulentia.ę.por la embriaguez
Temulenter.aduerbium.embriagada mente.
Temerarius.a.um.por cosa osada
Temeritas.atis.por aquella osadia
Temeritudo.inis.por aquello mesmo
Temere.aduerbium.por osada mente
Temeriter.aduerbium.por aquello mesmo
Temesa.ę.por una ciudad de cipro
Temeseus.a.um.por cosa desta ciudad
Temno.is.psi.por menospreciar.a.i
Temo.temonis.por timon de arado
Temo temonis.por pertigo de carro
Tempe.indeclina.lugar deleitoso en thessalia
Tempero.as.aui.por templar.a.i
Temperator.oris.por templador.
Temperatio.onis.por la templança

Temperatura.ę. por aquello mesmo
Temperamentum.i. por aquello mesmo
Temperies.ei. por aquello mesmo
Temperius.aduerbium. por mas temprano
Tempestas.atis. por la tempestad
Tempestas.atis. por el tiempo
Tempesta nox. por noche temprana
Tempestiuus. a. um. por cosa a buen tiempo
Tempestiuitas.atis. por aquella sazon
Templum templi. por el cielo
Templum.i. por el templo consagrado
Temporalis.e. por cosa de tiempo
Temporaneus.a. um. por cosa con tiempo
Temporarius.a. um. por cosa a tiempo
Tempus temporis. por el tiempo.
Tempus temporis. por la sien.
Tenasmos.i. por fluxo de vientre o puxo
Tenax.acis. por cosa mucho retenedora
Tenacitas.atis. por aquella retencion
Tendo.is.tetendi. por estender.a.i
Tendo.is.tetendi. por endereçar.a.i
Tendo iter. por caminar o ir.a.i
Tendicula.ę. por la red tendida
Tenedos.i. isla es enfrente de troia
Tenedius.a.um. por cosa desta isla
Tenebrę.arum. por las tinieblas
Tenebrosus.a.um. por cosa tenebregosa
Tenebricosus.a.um. por aquello mesmo
Tenebricus.a.um. por aquello mesmo
Tenebresco.is. por escurecer.n.v
Tener.a.um. por cosa tierna
Tenellus.a.um. por cosa tierna un poco.
Tenellulus.a.um. por aquello mesmo
Teneritas.atis. por la ternura.
Teneritudo.inis. por aquello mesmo.
Teneresco.is. por enternecerse.n.v
Tenor.oris. por el tenor o acento
Tenor.oris. por continuacion ordenada
Tentamen.inis. por la tentacion.po
Tentamentum.i. por aquello mesmo
Tentatio.onis. por aquello mesmo
Tentator.oris. por el tentador
Tentabundus.a.um. lo que mucho tienta
Tento.as.tentaui. por tentar.a.i
Tentorium.ij. por la tienda
Tentorium.ij. por el tendero
Tenuis.e. por cosa delgada o sotil
Tenuis.e. por cosa ingeniosa

Tenuior.oris. comparatiuum a tenuis
Tenuitas.atis. por la delgadeza
Tenuiter.aduerbium. por delgada mente
Tenuo.as.tenuaui. por adelgazar.a.i
Tenus.prepositio postpositiua. por basta
Tenus.tenoris. por el lazo.pr
Tepeo uel tepesco. por entibiarse.n.v
Tepefacio.is.tepefeci. por entibiar.a.i
Tepidus.a.um. por cosa tibia.
Tepide. aduerbium. por tibia mente
Tepiditas.atis. por la tibieza
Tepor teporis. por aquello mesmo
Teporatus.a.um. por cosa entibiada
Tephrias.ę. piedra de color de ceniza
Tephrion.ij. medicina de aquel color.
Ter.aduerbium. por tres vezes
Teramna.ę. por un lugar de laconia
Teramneus.a.um. por cosa de alli
Terebitbus.i. por un cierto arbol no conocido
Terebintbinus.a.um. por cosa deste arbol
Terebintbina.ę. por la trementina
Terebro.as.aui. por barrenar.a.i.
Terebra.ę. por la barrena.
Terebrum.i. por aquello mesmo
Terebella.ę. por barrena pequeña.
Terebellum.i. por aquello mesmo
Teredo.inis. el gusano dela madera
Teres teretis. por cosa rolliza
Terentos.i. por cierto lugar en campo março.
Tereus.terei.rei de thracia bijo de mars
Tergeminus.a.um. por mellizo uno de tres
Tergeo.es.tersi. por limpiar fregando
Tergo.is.tersi. por aquello mesmo
Tergiuersor.aris. por bolver las espaldas.đ.v
Tergiuersator.oris. el que buelve las espaldas
Tergiuersatio.onis. por aquella buelta
Tergum.i. por las espaldas o cuestas
Tergus.oris. por el cuero o pelleja
Tergoro.as.aui. por encorar.n.v
Teristrum.i. por cierto tocado de muger
Termes termitis. por ramo de arbol
Termes termitis. por gusano de madera
Termentum.i. por daño z menoscabo.pr.
Terminus.ni. por el termino o linde
Terminus.i. por el dios delos terminos
Terminalia.ium. por las fiestas deste dios
Termino.as.aui. por deslindar.a.i
Termo.onis. por el termino.

Terni.e.a. por cada uno tres
Ternio.onis. por tres vezes tres
Ternio.onis.por el terno de tres
Tero.is.triui.por bollar o gastar
Tero colores.por moler colores
Terpsicore.es. por una delas musas
Terra terre.por la tierra
Terraneola.e. por la terreruela ave
Terrestris.e. por cosa dela tierra
Terreus.a.um.por aquello mesmo
Terrenus.a.um.por aquello mesmo
Terrenum.i.por el terruño
Terrigena.e.por engendrado de tierra
Territorium.ij.por el territorio
Terreo.es.terrui.por espantar.a.i
Terrifico.as.aui.por aquello mesmo.a.i
Territo.as.aui.por espantar a menudo.a.i
Terrificus.a.um.por cosa espantable.
Terribilis.e. por aquello mesmo
Terror terroris. por el espanto
Tersus.a.um. por cosa polida
Tertius.a.um. por cosa tercera en orden
Tertia tertie.por la tercera parte
Tertie.arum. por las tercias
Tertio.as.aui.por terciar barvecho.a.i
Tertiatio.onis. por aquel terciar
Teruncius.ij.por moneda de tres onças
Teruncium.ij. por tres onças
Tesiphone.es.por una delas tres furias
Tesiphoneus.a.um.por aquello mesmo
Tesprotus.i.por un rei de epiro
Tesproti.orum.pueblos son de epiro.
Tesqua. lugares no labrados z asperos
Tessera.e. por el dado para jugar
Tesserula.e. por aquel dado pequeño
Tessera.e. por tabla o pieça
Tessella.e. por aquella mesma pequeña
Tesserula.e. por aquella mesma
Tesselatim.aduerbium.por tajada a tajada
Tessera.e. por las señas z apellido
Tessera.e.por la taja entre dos
Tessera.e.por cierta medida de trigo
Tesso.is.por despojar.pr.a.i
Testa teste.por tinaja o vaso de barro
Testa teste.por teja o tejo
Testaceus.a.um. por cose de barro cozido
Testeus.a.um. por aquello mesmo
Testu.indeclinabile. por tiesto de barro

Testuacium.ij.lo cozido en tiesto
Testatim.aduerbium.por hecho tiestos
Testabilis.el que puede testar.
Testamentum.i.por el testamento
Testamentarius.ij. por albacea del
Testamentarius.a.um.cosa de testamento
Testator.oris.por el hazedor de testamento
Testiculus.i.por el cojoncillo
Testis testis. por aquel mesmo
Testis testis. por el testigo
Testificor.aris.por testiguar.d.v
Testificatio.onis.por el testimonio
Testimonium.ij.por aquello mesmo
Testor testaris.por jurar.d.iij.
Testor testaris.por testiguar.d.iij
Testatus.a.um.participium a testor passiue.
Testudo testudinis.por el galapago
Testudo.inis. por cierto instrumento musico
Testudo testudinis.por manta para combate
Testudo testudinis.por la boveda
Testudineus.a.um.por cosa de boveda
Testula.e.por pequeña teja o tiesto
Tetanon.i.por encogimienco de nervios.
Tetanicus.a.um.el doliente en esta manera.
Teter.tetra.tetrum. por cosa fea o fetida
Tethys tethyos.muger de oceano hija de celo
Tetra.in compositione est quattuor
Tetrachordu.i. instrumeto du cuatro cuerdas
Tetradoron.lo de cuatro palmos
Tetragonus.i.de cuatro rincones
Tetragramaton.i.de cuatro letras
Tetrameter.a.um.por de cuatro medidas
Tetrapharmacon.i. medicina de cuatro cosas
Tetraphorum.i.andas que llevan cuatro.
Tetraptoton.i.nombre de cuatro casos
Tetrarcha.e.principe uno delos cuatro
Tetrachia.e.por el principado de aquel
Tetrastichum.i.epigrama de cuatro versos
Tetricus.a.um.por cosa grave z severa
Tetrici.orum.montes son delos sabinos
Teucer teucri.poblador primero de troia
Teucrus teucri.por aquel mesmo
Teucria.e.por la region de troia
Teucer.a.um.por cosa desta region
Teucrius.a.um. por cosa desta region
Teucer.cri.otro hijo de telamon z esiona
Teus.por una ciudad de lidia. unde teius
Teutones. num.pueblos son de alemaña.

K.iii

Teutonus.a.um. por cosa destos pueblos
Teutonicus.a.um.por aquello mesmo
Teutates.ę.mercurio es en egipto
Texo.is.texui.por texer.a.i
Textilis.e.por cosa texida.
Textor.oris.por el texedor
Textrix.icis.por la texedera
Textorius.a.um.por cosa para texer
Textrina.ę.por la tienda de texer
Textrinum.i.por aquello mesmo
Textum.i.por lo texido
Textus.us.por la texedura
Textus.us. por la contestura
    balamus.i.por el talamo marital
    Thalassa.interpretatur mare
Thalassomeli.pocion de agua salada z miel
Thalassius.i.capitan fue del rei romulo
Thalassius.ij.por aquel mesmo
Thalassio.onis.por el cantar de bodas
Thallus.i.por el tallo.gr
Thales.etis.filosofo uno delos siete
Thalestris.is.reina fue delas amazonas
Thalia.ę.por una delas nueve musas.
Thalia.ę.por una delas tres gracias
Thamar.muger fue judia.bar
Thamyris.is.cantor notable de thracia
Thamnos.interpretatur frutex
Thanatos.interpretatur mors.tis
Thanus.i.por una ierva espinosa.
Thapbnis.por una ciudad de egipto
Tharsus.i.por una ciudad de cilicia
Tharsius.a.um.por cosa desta ciudad
Tharsesius.a.um.por aquello mesmo
Tharsensis.e.por aquello mesmo
Thasus.i.isla es que pertenece a thracia
Thasius.a.um.por cosa desta isla
Thauma.interpretatur miraculum
Thaumas.antis.por uno delos gigantes
Thaumantias.adis.por el alva bija deste.
Thaumantis.idis.por aquello mesmo
Thaumanteus.a.um. por cosa del alva
Theáno.theanus.muger fue de antenor
Theánum.i.lugar de campania
Theanensis.ę.por cosa deste lugar
Theatrum.i. por el teatro para juegos
Theatridion.i.por teatro pequeño
Theatralis.e. por cosa de teatro
Thebę.arum.por una ciudad de boecia

Thebanus.a.um. por de aquella ciudad
Thebais.idis.por la obra desta ciudad
Thebe.es. por una ciudad de egipto
Thebeus.a.um.por cosa desta ciudad
Thebaicus.a.um. por aquello mesmo
Thebais.idis. por una region de egipto
Thebaida.ę.por aquella mesma region
Theca.ę. interpretatur capsa
Thecla.ę.nombre proprio de muger
Thélamon.onis.bijo fue de eaco
Thelamonides.ę.por bijo de aqueste
Thelamonius.a.um.por cosa de aqueste
Themis.idis.diosa delas cosas licitas
Themistocles.is.varon notable de athenas
Théma.atis.por el tema
Thensa.ę. carro es delos dioses
Theos.i. interpretatur deus
Theocritus.i.poeta fue griego
Theocritius.a.um.por cosa deste poeta
Theognis.idis.por un poeta griego
Theologia.ę.por la theologia sciencia divina.
Theologus.i. por el professor desta sciencia
Theologicus.a.um. por cosa desta sciencia
Theodórus.i. nombre proprio de varones
Theodosius.ij.emperador fue de roma
Theodoction.onis. interprete fue dela biblia
Theon.onis.pintor fue de samo isla
Theoninus.a.um.por cosa de aqueste
Theomelicus.i.cantor enlos sacrificios
Theophilus.i.n.p.interpretatur amor dei
Theopompus.i. rei fue de lacedemonia
Theopompus.i.orador fue z poeta griego
Theophrastus.filosofo dicipulo de aristotel
Theoréo.interpretatur speculor
Theoría.ę. interpretatur speculatio
Theoréma.atis.por aquello mesmo
Theoricus.a.um.por cosa especulativa
Theorica.ę.por la especulacion
Theosebia.ę. interpretatur religio
Thera.ę.la isla que agora es corcega
Therámenes.is. varon noble en athenas
Théreon.i. ciudad dela region cirenaica
Ther.interpretatur fera.por fiera
Theriacus.a.um.por cosa de fiera
Theriacus pastillus.medicina cierta es
Theriotropbium.ij.bosque do crian fieras
Thermę.es. interpretatur calor
Thermae.arum.por la estufa o baño

Therme.arum.ciudad es de sicilia

Thermitanus.a.um. por cosa desta ciudad

Thermódoon.ontis. rio es delos colcos

Thermodoontiacus.a.um.por cosa de alli

Thermodoontiades.las amazonas

Thermopyle.arum.monte es de grecia

Thermopyle.arum.por puerto de baños.

Theros. interpretatur aestas

Therinus.a.um.por cosa de estio.

Theron.onis. nombre de varon

Thersandrus.i.bijo de polinices

Thersites.e.griego fue mui covarde

Thersilochus.i.nombre proprio de varon

Thesaurus.i. por el tesoro escondido

Thesaurizo.as.aui. por bazer tesoro.a.i

Theseus.i.rei de atbenas bijo de egeo

Theseus.a.um.por cosa deste rei

Thesius.a.um. por aquello mesmo

Theseis.idis.por obra delos becbos del

Thesides.e.por bijo o nieto de aqueste

Thesiphone.es. por una delas tres furias

Thesis.interpretatur positio.

Thesmophoria.orum.fiestas son de ceres

Thespis.is.por un poeta griego.

Thespiei.orum. pueblos son de grecia

Thespie.arum.ciudad es de boecia

Thespiensis.e. por cosa desta ciudad

Thespiades.um.las nueve musas

Thessalia.e. region es de europa

Thessalus.a.um.por cosa desta region

Thessalicus.a.um. por cosa desta region

Thessalis.idis.por cosa bembra de alli

Thessalonica.e.ciudad es de

Thessalonicensis.e.por cosa desta ciudad

Thestylis.is.nombre proprio de muger

Thestius.ij.padre fue de altbea

Thestiades.e.por bijo de aqueste

Thestias.adis. por bija de aqueste

Thestor.oris.padre fue de calcante

Thestorides.e.por el mesmo calcante.

Theta.letra griega señal era de muerte

Theutantis.i.rei fue de misia region.

Theutanteus.a.um.por cosa de alli

Theutantus.i.lugar fue cerca de atbenas.

Theutantius.a.um. por cosa deste lugar

Thiasus.i. por corro o dança

Thias.adis. por sacerdotissa de bacco

Thyatire.es. isla es de asia menor

Thyatirenus.a.um.por cosa desta isla

Thybris.idis.por el tibre rio de italia.

Thyella.e. por una delas arpias

Thyella.e.interpretatur procella

Thyestes.e. bijo de pelope z ippodamia

Thyesteus.a.um.por cosa de aqueste

Thyle.es.por una isla septentrional

Thymbra.e.por el axedrea ierva.gr.

Thymbra.e. campo es cerca de troia

Thymbreus.a.um.por cosa deste campo.

Thymele. interpretatur pulpitum

Thymele.es.muger inventora dela dança

Thymelicus.a.um. por cosa de aquesta

Thymmus.i. por el atum pescado

Thymiama.atis.interpretatur incensum

Thymus.i. por una especie de tomillo

Thymosus.a.um.por cosa llena del

Thymites uinum. vino de tomillo

Thina.atis.por botor menudo

Thynia regio.eadem que bitbynia

Thynus.a.um.por cosa desta region

Thyo.interpretatur sacrifico.as

Thyodamas.antis.padre fue de ilas.

Thyodamanteus.a.um.por cosa deste

Thyoneus.ij.uno delos nombres de bacco

Thyrca.e. isla es dela morea

Thyrsus.i.por ramo de arbol

Thyrsis.idis.nombre de un pastor

Thyrsus.i. por el troncbo de ierva

Thyrteus.i.poeta fue griego

Thysbe.es.moça fue de babilonia

Thysbeus.a.um.por cosa de aquesta

Thoa.e.bija fue de oceano z tetbis

Thoas.antis.rei dela region taurica

Thoas.antis.rei de lénos bijo de bacco

Thoantius.a.um.por cosa de aqueste.

Thoantias.adis.por bija de aqueste

Thobias.e.varon sancto judio

Thoes.is.animal es no conocido.

Thoota.e.bija fue de forco

Tholus.i.por el cubo dela boveda

Thorax.acis. por las coraças para armar

Thorax.acis.por el jubon.

Thoracatus.a.um.por vestido de jubon

Thoracatus.a.um.por armado de coraças

Thorax.acis.por lo ueco del cuerpo

Thrasybulus.i.varon fue de atbenas.

Thrasymedes.is. bijo fue del rei nestor

Thrasymenus.i. por el lago de perosa
Thrasymenus.a.um.por cosa deste lago
Thraca.ę.por thracia region de europa
Thrace.es. por aquella mesma region
Thracia.ę. por aquella mesma region
Thrax.acis.por ombre de thracia.
Thracus.a.um.por cosa desta region.
Thracius.a.um. por aquello mesmo
Thracensis.e. por aquello mesmo
Thracia.ę.por una ciudad de judea
Thrasyllus.i.astrologo fue famoso
Thrasius.ij. uesped fue busiris
Threicius.a.um.por cosa de thracia
Thressa.ę.muger desta region
Threissa.ę.por aquello mesmo
Threnos.i.interpretatur planctus
Thronus.i.interpretatur sedes
Thucydides.ę.istoriador fue griego
Thule.thules.isla es septentrional
Thurion.i.ciudad cerca de tarento
Thurinus.a.um. por cosa desta ciudad
Thurinus.i. por un cierto pescado
  iaras.ę. por la corona real z sagrada
  Tiara.ę.por aquello mesmo
Tibe.pro tibi dixerunt prisci
Tyber.eris.por el tibre rio de italia
Tyberis.is.por aquel mesmo rio
Tyberinus.i.por el dios deste rio.
Tyberinus.a.um.por cosa deste rio
Tyberius.ij.emperador fue de roma.
Tyberianus.a.um.por cosa de aqueste
Tyberias.adis.por una ciudad de iudea
Tibia.ę.por la cañilla dela pierna.
Tibia.ę.por la flauta de musica
Tibijcen.inis.por tañedor de flautas.
Tibijcina.ę. por tañedora de flautas
Tibiale.is.por la gleba de piernas
Tibiale.is. por calça basta la rodilla
Tyburtus.i. por el poblador de tibur
Tybur.uris.ciudad es cerca de roma
Tyburs.tis.por cosa desta ciudad
Tyburtius.a.um.por aquello mesmo.
Tyburtinus.a.um. por aquello mesmo
Ticha.chę.hija de oceano z tethis
Ticinus.i. por un rio de lombardia
Ticinum.i.por pavia ciudad de alli
Ticinus.a.um.por cosa de aquel rio
Ticinensis.e. por cosa de aquella ciudad

Tide.es.por una ciudad de españa
Tydeus.i.hijo fue de eneo rei de calidon
Tydides.ę.por hijo o nieto de aqueste
Tifernum.i.ciudad de italia
Tifernas.atis.por cosa desta ciudad
Tignus.i.por madero para edificio
Tignum.i.por aquello mesmo
Tigillus.i.por aquel madero pequeño
Tigillum.i.por aquello mesmo
Tignus immissus.viga que descansa en pared
Tignus proiectus.viga que buela o can
Tignarius.a.um. por cosa para madera
Tignarius faber. por el carpintero
Tigranes.is. por un rei de armenia
Tigris.idis.por un rio de armenia
Tigris.idis.por el tigre animal
Tigris.idis.nombre de perro.
Tigrinus.a.um.por cosa de tigre.
Tilia.ę.por la teja arbol
Tiliaginus.a.um.por cosa deste arbol
Tiliaticus.a.um.por aquello mesmo
Tilos.i. por una especie de ciento pies
Timauus.i.rio es de esclavonia.
Timarchides.is.nombre proprio de varon
Time.interpretatur preciuz
Time.interpretatur magistratus
Timelea.ę. arbol es peregrino
Timeo.es.timui. por temer.a.i
Timeus.i.filosofo dicipulo de pitagoras
Tymba.ę.por la tumba sepultura
Timidus.a.um.por cosa temerosa
Timiditas.atis.por el temor
Timor.oris.por aquello mesmo
Tymoetes.ę.hijo fue de priamo z arisba
Timoleon.tis. varon notable de corintho
Timon.onis.filosofo fue notable
Timotheus.i.n.p.interpretatur honor dei
Tympanum.i.por el atabal
Tympanum.i.por adufe o pandero
Tympanum.i.por el tempano de corcha
Timpanum.i.por maça de carreta
Tympanius.a.um. cosa de hechura de atabal
Tympanizo.as.tañer aqllos instrumetos.n.v
Tympanistres.ę.por tañedor dellos
Tympanistria.ę.por la tañedora dellos
Tympanite.es.especie de idropesia
Tynda.ę.por un poeta en tiempo de augusto.
Tinctilis.e.por lo que se tiñe o moja

Tyndarus.i.hijo de ebalo marido de leda
Tyndarides.ę.por hijo o nieto deste
Tyndaris.idis.por hija o nieta deste
Tyndareus.a.um.por cosa deste
Tyndaris.idis. por una ciudad de sicilia
Tyndarium.ij.por aquella mesma
Tyndaritanus.a.um.por cosa desta ciudad.
Tinea.ę.por la tiña o polilla
Tynes.etis.por tunez ciudad de africa
Tingis.is.por tanjar ciudad de africa
Tingitanus.a.um.por cosa desta ciudad
Tingo.is.tinxi.por teñir o mojar.a.i
Tinguo.is.tinxi. por aquello mesmo.a.i
Tinnio.is.tinniui.por reteñir el metal.n.v
Tintino.as.aui.por aquello mesmo.n.v
Tintino.is. por aquello mesmo.n.v
Tinnulus.a.um.por cosa que retiñe
Tinnitus.us.por aquel reteñir de metal.
Tintinabulum.i.por campana o esquila.
Tinuaga.ę. por una ciudad de africa
Typha.ę.por el centeno.
Typhon.onis. gigáte hijo de titano z la tierra
Typhoeus.i.por aquel mesmo gigante
Typhoeus.a.um. por cosa de aquel
Typhon.onis. figura terrible de nuve
Typhonicus.a.um. por cosa de tal nuve
Typhon. onis. por una especie de cometa
Typhys.ys.el governador dela nave argo
Typus.i. por figura de que sacan algo
Typicus.a.um.por cosa de tal figura.
Tipula.ę.gusano que corre sobre el agua
Tyras.ę.por un rio dela region ponto
Tyrannus.i. por el tirano o principe
Tyrannis.idis.por la tirania
Tyrannicida.ę.por matador de tirano
Tyrannoctonos.i.por aquello mesmo
Tyriaca an theriaca?por el atriaca.
Tyridates.ę. por un rei delos parthos
Tyresias.ę.profeta fue thebano
Tyrinis.this. por una ciudad de acaia
Tyrinthia.ę.por aquella mesma ciudad.
Tyrinthius.a.um. por cosa desta ciudad
Tyrinthius.ij. por ercules
Tyro.onis.liberto fue de marco tulio.
Tyro.onis.por el novicio en armas
Tyrocinium.ij.por aquella novedad.
Tyrunculus.i. por aquel novicio pequeño
Tyros.i.por una ciudad de fenicia

Tyrius.a.um.por cosa desta ciudad.
Tyrianthinus.a.um.por cosa morada
Tyriamethystus. por cosa deste color
Tyro.tyrus. hija fue de salmoneo
Tyrrhenus.i.ermano de lido que vino a italia
Tyrrhenia.ę.por una region de italia toscana.
Tyrrheni.orum.pueblos son desta region
Tyrrhenum mare.por el mar de pisa
Tyrrhenus.a.um.por cosa desta region
Tyrrhus.i.varon fue de italia.
Tysaphernes.is.capitan fue de dario
Tysdritanus.a.ū.cosa de una ciudad de africa
Titaresius.i. por un rio de thessalia
Titan.anis. por uno delos gigantes
Titanus.i. por aquel mesmo
Titan.anis.por el sol ermano de saturno
Titanius.a.um.por cosa de aqueste
Titaniacus.a.um. por aquello mesmo
Titanis.idis.por cosa hembra de aquellos
Tithymallus.i.por la lechetrezna.
Tithonus.i.ermano del rei laomedon
Titienses.una batalla que instituio romulo.
Titillo.as.aui.por hazer cosquillas
Titillatio.onis. por las cosquillas
Titillatus.us.por aquello mesmo.
Tityrus.i.nombre proprio de pastor
Tityus.ij.uno fue delos gigantes
Titubo.as.aui.por bambanear.n.v
Titubatio.onis.por aquel movimiento
Titubanter.aduerbium.por bambaneando
Titus.i.prenombre es de romanos
Titullus.i.nombre proprio de romanos
Titulus.i. por el titulo del libro o tilde
Titulus.i.por el ditado del principe.
Tlepolemus.i.hijo de ercules z astiocha
Tmolus.i. por un monte de cilicia
Tmolius.a.um.por cosa de aquel monte
 ofus.i.por piedra arenisca
 Tofaceus.a.um. por cosa desta piedra
Tofinus.a.um.por aquello mesmo
Toga.ę. vestidura propria de romanos
Toga preterta. vestidura de moços
Togula.ę.por aquella vestidura pequeña.
Togatus.a.um. cosa vestida della
Togatulus.a.um.por aquello mesmo.
Togulatus.a.um. por aquello mesmo
Togalis.e. por cosa de aquella vestidura
Tolero.as.ui. por sufrir z padecer.a.i

Tolerabilis.e.por cosa sufridera
Tolerantia.ę.por aquel sufrimiento
Toleranter.aduerbium.por sufrida mente
Toletani.orum.pueblos son de españa
Toletum.i.por toledo ciudad de españa
Toletanus.a.um.por cosa desta ciudad
Tollo.is.substuli.por alçar.a.i
Tollo.is.substuli.por quitar.a.i
Tollo.is.substuli.por criar niño.a.i
Tolosa.ę.por tolosa ciudad de francia
Tolosanus.a.um.por cosa desta ciudad
Tolosas.atis.por aquello mesmo.
Tolosanum.i.por una ciudad de italia
Tolunius.ij.principe fue delos veientes
Tolutim.aduerbium.pro eo quod uolubiliter.
Tomaculum.i.assadura adobada.
Tomaclum.i.por aquello mesmo.
Tome.es.interpretatur incisio
Tomentum.i.por la lana del colchon.
Tomentum.i.delo que algo se enfunda
Tomix.tomicis.por la tomiza.
Tomices.por la melena delos bucies.
Tomyris.is.la reina de scithia que mato a tiro
Tomos.interpretatur sectio
Tomos.i.ciudad de ponto
Tomites.ę.por varon desta ciudad
Tomitanus.a.um.por cosa desta ciudad
Tonans.tis.jupiter el del capitolio
Tondeo.es.totondi.por elseitar cabello
Tondeo.es.totondi.por tresquilar
Tondens.tis.por barvero o tresquilador
Tonitrus.us.por el tronido
Tonitrum.i.por aquello mesmo.
Tonitruum.ij.por aquello mesmo
Tonitru.indeclinabile.por aquello mesmo
Tonotio.onis.por el tronar
Tono.as.tonui.por tronar.neutrum.
Tonos.interpretatur rigor.oris
Tonsa tonsę.por la pala del remo
Tonsilis.e.por cosa que se tresquila
Tonsilla.ę.por el agalla del ombre
Tonsio.tonsionis.por la tresquiladura
Tonsus.tonsus.por aquello mesmo
Tonsura.ę.por aquello mesmo
Tonsor.tonsoris.por barvero o tresquilador
Tonstrix.icis.por barvera o tresquiladora
Tonstricula.ę.por la barveruela
Tonsorius.a.um.por cosa para tresquilar.

Tonstrina.ę.por la tienda de barvero
Tonus.i.por el tono enla musica
Tonus.i.por el matiz enla pintura
Toparchia.principado de lugar
Toparcha.principe de lugar
Topazion.ij.por una piedra preciosa
Topiarius.ij.por afeitador de arboles
Topiaria.ę.por aquel arte.
Topiarius.a.um.por cosa para aquello
Topos.i.interpretatur locus
Topica.orum.libros son de logica
Topice.es.por aquella sciencia
Topographia.ę.por descripcion de lugar
Topothesia.ę.por aquello mesmo
Toral uel torale.is.por los manteles
Torcular.aris.por el torno de busillo
Torcularium.ij.por aquello mesmo
Torculum.i.por aquello mesmo
Toreuma.atis.vaso esculpido de sinzel
Toreutice.es.por aquella arte
Tormina.um.por el torçon
Torminosus.a.um.por cosa atorçonada
Tormentum.i.por el tormento
Tormentum.i.por engeño para tirar
Tornus.torni.por el torno
Torno.as.aui.por tornear.a.i
Tornatilis.e.por cosa hecha a torno.
Tornatura.ę.por la torneadura
Torus.i.por el nervio espesso z calloso
Torosus.a.um.por cosa nerviosa
Torus.tori.por la mesa o lecho
Torpedo.inis.por un cierto pece
Torpedo.inis.por el entorpecimiento
Torpor.oris.por aquello mesmo
Torpeo uel torpesco.por entormecerse
Torpidus.a.um.por cosa entormecida
Torqueo.es.torsi.por torcer.a.i
Torqueo.es.torsi.por atormentar.a.i
Torqueo.es.torsi.por tirar o echar.a.i
Torques torquis.por el collar de oro
Torquilla.ę.por torcecuello ave
Torquis.torquis.por aquello mesmo.
Torquatus.a.um.por cosa con tal collar
Torquatus.i.renombre fue de romanos
Torreo.es.rui.por tostar o assar.a.i
Torrens.tis.por arroio o chorro
Torrens.tis.por cosa corriente assi
Torris.torris.por el tizon o torrezno

Torridus.a.um.por cosa tostada
Torsio torsionis. por una especie de delfin
Torsio torsionis.por el torçon.
Torta tortę.por la torta.nouum
Tortilis.e.por cosa torcida
Tortuum uinum. vino de busillo de lagar
Tortor tortoris. por el atormentador
Tortus tortus.por el corcobo
Tortuosus.a.um.por cosa tuerta
Toruus.a.um.por cosa airada o con cejo.
Toruatilis.e.por aquello mesmo
Toruitas.atis.por aquel encapotadura
Tot.indeclinabile pluraliter.por tantos
Totidem.por otros tantos
Totiens.aduerbium.por tantas vezes
Toties.aduerbium. por aquello mesmo.pr
Totus.a.um.por todo entero
Toxicum.i.por el rejalgar.
Toxotes.ę.por el archero.
rabs.trabis.por la viga o madero
Trabes.trabis. por aquello mesmo
Trabecula.ę.por pequeña viga
Trabalis.e.por cosa de viga
Trabica.ę.por nave de vigas.pr
Trabea.trabeę.por vestidura real.
Trabeatus.a.um.vestido desta vestidura
Trachia artéria. por el gargavero
Trachyn.is.por una ciudad de boecia
Trachynia.ę. por aquella mesma ciudad
Trachynius.a.um.por cosa desta ciudad
Trachynius lapis.por cierta piedra
Tractus tractus.por el trecho
Tractus tractus.por la trocha o rastro.
Tractim.aduerbium. por a trechos
Tracto.as.tractaui.por tratar.a.i.
Tractatio.onis.por aquel tratar
Tractabilis.e.por cosa tratable
Tractabiliter. aduerbium. por tratable mente
Trado.is.tradidi.por traspassar.a.iij
Traditio.onis.por el trespassamiento.
Traduco.is.xi.por trespassar assi.a.iij.
Traductio.onis. por aquel trespassamiento
Traduco.is.xi.por acusar.a.i
Traductio.onis.por la acusacion
Tradux.cis.por el mugron dela vid
Tradux.cis. por la derivacion de otra cosa
Tragacanthum.i. por una especie de cardo
Tragelaphus.i.interpretatur bircoceruus

Tragoriganum.i.especie de oregáno.
Tragos.i.interpretatur bircus
Tragos.i.por una especie de esponja
Tragoedia.ę.por la tragedia
Tragoedus.i. por representador della
Tragoedicus.a.um. por cosa de aqueste
Tragicus.a.um.por cosa de tragedia
Tragicus.i.por escriptor de tragedias
Tragéma.atis. por fruta de sarten
Tragopa.ę.ave es propria de egipto
Tragopogus.i.por barva de cabron ierva
Tragus.i.por bedor de cabron
Tragula.ę.por el passador
Tragula.ę. por la boia de corcha
Tragum.i. por cierto espino sin bojas
Traba.ę. por rastra.narria.o mierra
Trabaa.trabępor aquello mesmo
Trabo.is.traxi.por arrastrar.a.i.
Traijcio.is.traieci.por passar allende.a.i.
Traijcio.is.traieci.por passar algo allende.a.i
Traiectio.onis. por aquel passaje
Traiectus.us.por aquello mesmo.
Traiecticius.a.um. por cosa assi passadiza
Traianus.i. emperador fue de roma
Tralles.ium. ciudad es de asia menor
Trallius.a.um.por cosa desta ciudad.
Trallianus.a.um.por aquello mesmo
Trama.tramę.por la trama de tela
Trames.itis. por camino angosto
Trano.as.tranaui. por passar a nado. n.v
Tranquillus.a.um. por cosa sosegada
Tranquillitas.atis.por el sosiego.
Tranquillo.as.aui. por sosegar.a.i
Trans.prepositio.por allende
Transactio.onis.concordia de pleiteantes
Transcca.ę. viento entre norte z gallego
Transcendo.is.di.por subir allende.a.i
Transcensio.onis.por aquella subida.
Transcribo.is.psi.por trasladar libro.a.i
Transcurro.is.ri.por correr allende.n.v
Transcursus.us. por aquella corrida
Transduco.is.xi.por llevar allende.a.i
Transeo.is.transiui. por ir allende.n.v
Transfero.rs. por trasladar.a.i
Transfigo.is.xi.por bincar allende.a.i
Transfiguro.as.aui. por transfigurar.a.i
Transfiguratio.onis.por la transfiguracion
Transformo.as.aui.por transformar.a.i.

Transformatio.onis.por la transformacion
Transformis.e.por cosa transformada
Trásforo.as.aui. por boradar a otra parte.a.i
Transfreto.as.aui. por navegar allende.n.v.
Transfretatio.onis.por esta navigacion.
Transfuga.e.por el tornadizo o elcbe.
Transfugio.is.gi.por buir alos cótrarios.n v
Transfugium.ij. por aquella buida
Transfundo.is.di. por derramar allende.a.i.
Transfusio.onis. por aquel derramar.
Transgredior.eris. por passar allende.d.v
Transgressio.onis.por aquel passar
Transgressus.us.por aquello mesmo
Transigo.is.egi.por passar al otro cabo.a.i
Transigo.is. por concordar los pleitos.n.v.
Transitio.onis.por passaje allende
Transitio.onis.color es retorico
Transitus.us.por aquel passaje
Transiungo.is.xi. por desuñir.a.i
Transilio.is. por saltar allende.n.v
Translatio.onis.por la traslacion
Translaticius.a.um. cosa traediza
Transmarinus.a.um.cosa de allendel mar
Transmeo.as.aui. por passar allende.n.v
Transmigro.as.mudar casa allende.n.v.
Transmigratio.onis.por esta mudança
Transmitto.is.si.por embiar allende.a.iij
Transmissio.onis.por aquel embiar
Transmontanus.a.um.cosa alléde los môtes
Transno.as.aui. por nadar al otro cabo.n.v
Transnato.as.aui. por aquello mesmo.n.v
Transpono.is.sui.por trasponer.a.i.
Transpositio.onis.por aquella postura
Transporto.as.aui. por llevar allende.a.i
Trastrum.i.por el banco de galea.
Transuebo.is.por llevar allende.a.i
Transuersus.a.um. por cosa atravessada
Transuersarius.a.um.por aquello mesmo
Transuerto.is.ti. por atravessar.a.i
Transuerso.as.aui.por aquello mesmo.a.i
Transuo.is.sui. por passar cosiendo.a.i
Transuolo.as.aui.por bolar allende.n.v.
Transulto.as.aui.por saltar allende.n.v
Trapétum.i.por el alfarje de molino de azeite
Trapétus.i.por aquello mesmo
Trapeza.e.interpretatur mensa
Trapezita.e. por el cambiador
Trapezopborum.por mesa portatile

Trapezus.untis.ciudad de capadocia
Trapezuntius.a.um. por cosa desta ciudad
Trasena.e. por ventana o finiestra
Traulos.interpretatur balbus.
Trebatius.ij. por un consulto romano
Trebatianus.a.um.por cosa de aqueste
Trebia.e. por un rio de lombardia
Trebianus.a.um.por cosa deste lugar
Trebula.e.ciudad es de italia.
Trebulanus.a.um.por cosa deste lugar
Trecenti.e.a. por trezientos
Treceni.e.a. por aquello mesmo
Trecenteni.e.a.por cada trezientos
Trecentesimus.a.um.por trezientos en ordé.
Trecentesima.por uno de trezientos
Trecenties.aduerbium.por trezientas vezes.
Tredecim.in plurali. por treze
Tredeni.e.a.por cada treze
Tredecimus.a.um.por treze en orden
Tredecima.e. por uno de treze
Tredecies.aduerbium.por treze vezes
Tremor.oris.por el miedo con temblor
Tremo.is.tremui.por temblar temiendo.n.v
Tremisco.is.tremui.por aquello mesmo.n.v.
Tremulus.a.um.por cosa que tiembla
Tremebundus.a.um.por aquello mesmo
Trepido.as.aui.por temer.n.v
Trepidus.a.um. por cosa temerosa
Trepidulus.a.um.por temerosa un poco.
Trepidatio.onis. por pquel temor
Trepidus.a.um. por cosa apressurada
Trepido.as.aui. por apressurarse.n.v
Tressis tressis. por tres blancas
Treuiri.orum.pueblos son de francia.
Triambos. interpretatur triumpbus
Triangulus.a.um.cosa de tres rencones.
Triangularis.e.por aquello mesmo
Triarius miles. por cierto armado
Tribas.adis.muger que lo baze a otra
Triarcbus.i.por capitan de galea.
Triballi.orum.pueblos son de scitbia.
Tribracbus.i.pie de tres silabas breves.
Tribulum.i. por el trillo para trillar
Tribulus.i.por el abrojo o ierva espinosa
Tribúlis.e. por cosa del tribu o linaje
Tribus.us.por el tribu dela ciudad
Tribunus plebis.por tribuno del pueblo
Tribunatus plebis. por este tribunado

Tribunus militum. capitan de batalla
Tribunatus militum. por esta capitania
Tribunus celerum. capitan dela guarda real
Tribunicus.ij.por el que fue tribuno
Tribunicius.a.um. por cosa de tribuno
Tribúnal.alis.por el tribunal.
Tribuo.is.tribui.por dar
Tributum.i. por el tributo
Tributus.us.por aquello mesmo
Tributarius.a.um.por pechero
Tributorius.a.um.por aquello mesmo
Tributim.aduerbium.por de tribu en tribu
Trica.ę. por cazcarria o enbetradura
Tricastini.orum. pueblos son de francia
Triceni.ę.a.por cada uno treinta
Triceps.itis.por cosa de tres cabeças.
Trichodes.ę.interpretatur uillosus
Trichia.e. por un cierto pescado
Tricies.aduerbium.por treinta vezes
Triclinium.ij.por cosa de tres mesas
Tricliniaris.e. por cosa de tal mesa
Tricolos.verso de tres maneras
Tricolor.oris.por cosa de tres colores
Tricorpor.oris. por cosa de tres cuerpos
Tricuspis.idis.por cosa de tres puntas
Tridacnum.i.ter mordendum
Tridens.tis.por cosa de tres dietes
Tridens.tis. por el arreçaque de bierro
Tridens.tis.por el tridente de neptuno
Tridentifer.a.um.por el que lo trae
Tridentiger.a.um. por equello mesmo
Triduum.i.por espacio de tres dias
Triduanus.a.um.por cosa de tres dias
Triennium.ij.por espacio de tres años
Triennis.e. por cosa de tres años
Triens.tis.por cuatro onças
Triens.tis.por la tercera parte de doze
Trieris.is.por galea de tres ordenes.gr
Trierarchus.i.por capitan desta galea
Trietéris.dis.por espacio de tres años
Trietericus. a.um. por cosa de tres años
Trieterica.orum.fiestas eran de bacco
Trifariam.aduerbium. por en tres maneras
Trifaucis.e.por cosa de tres gargantas
Trifax.acis.passador de ballesta fuerte
Trifidus.a.um. cosa bendida en tres partes
Trifolium.ij. por el trebol ierva
Trifolinus.a.um.por cosa de trebol

Trifolium acutum.por la ierva bedionda.
Triformis.e.por cosa de tres formas
Trifur trifur.por grande ladron
Trifurcus.a.um.por cosa de tres horcas
Trigeminus.i.por mellizo uno de tres
Trygeter.eris. interpretatur uindemiator
Triginta in plurali. por treinta
Trigessimus.a.um.por treinta en orden
Trigesima.ę.por uno de treinta
Trygodes.por un cierto unguento
Trigla.ę. por el barvo pece conocido
Trygon.ónis. por figura de tres rincones
Trygonalis.e. por cosa desta figura
Trygónus.a.um. por aquello mesmo
Trygon.ónis. por pelota dura
Trygon.ónis. por un cierto pescado
Trigorij.orum.pueblos son de francia
Trilinguis.e.por cosa de tres lenguas
Trilibris.e.por cosa de tres libras.
Trilix.icis.por cosa de terliz texida
Trimatus.us. por espacio de tres años
Trimegistus.interpretatur ualde magnus
Trimestris.e.por cosa de tres meses
Trimeter.a.um.por cosa de tres medidas
Trimodium.ij.por tres celemines
Trimorion. por la triplicidad delos signos
Trimus.a.um.por cosa de tres años
Trimulus.a.um. por cosa pequeña tal
Trinacria.ę. por sicilia isla
Trinacrius.a.um.por cosa de sicilia
Trinacris.idis.por cosa bembra de alli
Trinepos.otis.por tercero nieto
Trineptis.is. por tercera nieta
Trinoctium.ij.por espacio de tres noches
Trinoctialis.e. por cosa de tres noches
Trinus.a.um. por cosa trasdoblada
Trinum nundinum.plazo de nueve dias
Trinso.as.aui.por cantar la golondrina.n.v
Triochala.ę. por una ciudad de sicilia
Triones septem.por el carro del cielo
Triorches.is.por una especie de balcon
Tripartitus.a.um. por cosa partida en tres
Tripartito.aduerbium. por en tres partes
Tripatinum.i. por cena abondosa
Tripes.edis. por cosa de tres pies
Tripedalis.e.por cosa luenga tres pies
Tripedaneus.a.um. por aquello mesmo
Tripha.ę.por mosquito de madera

Triphus.i. por tartamudo
Tripolis.is.por tripol ciudad de berveria.
Triplex.icis.por cosa trasdoblada.
Triplus.a.um.por tres tanto
Triplices.por tres tablillas para escrivir
Triplicitas.atis.por la trasdobladura
Tripliciter.aduerbium.por en tres maneras
Triplico.as.aui.por trasdoblar.a.i
Triplicatio.onis.por la trasdobladura
Triptolemus.i. hijo de celeo z melina
Triptoton.i. nombre de tres casos
Tripudium.ij. por corro o dança
Tripudio.as.aui. por andar assi.n.v
Tripus.odis.por ataifor mesa de tres pies
Triquetra.ę. por sicilia isla
Triquetrus.a.um. por cosa de tres rincones
Triremis.is.por galea de tres ordenes
Triseclum.i. por espacio de tres siglos
Triseclis.e. por cosa de tres siglos
Tristega.ę.por privada o tristega
Tristis.e. por cosa triste no alegre
Tristicia.ę. por la tristeza tal
Tristis.e. por cosa grave z severa
Tristicia.ę.por aquella gravedad.
Tristicies.ei.por la tristeza o gravedad
Tristis.e. por cosa triste a otros
Trisulcus.a.um.lo assulcado en tres partes
Tritauus.i.por el cuarto abuelo
Tritauia.ę. por la cuarta abuela
Triticum.i.por el trigo
Triticum trimestre.trigo tremesino
Triticeus.a.um.por cosa de trigo.
Trite.es.por una cuerda enla musica
Triton.onis.por el trompeta dela mar
Triton.onis.por una laguna en africa
Tritonius.a.um. por cosa desta laguna
Tritoniacus.a.um. por aquello mesmo
Tritonia.ę. por pallas que alli parecio
Tritonis.idis.por aquella mesma diosa
Triton.onis.por un cierto pescado marino
Tritura.ę. por la trillazon de panes
Trituro.as.aui.por trillar panes.a.i
Triueneficus.por grande venefico
Triuium.ij.encruzijada de tres calles
Triuialis.e. por cosa de tal encruzijada
Triumphus.i.por el triunfo o vencimiento
Triumpho.as.aui.por vencer z triunfar.n.v.
Triumphatus.us.por aquel triunfar

Triumphator.oris.por el que triunfa.
Triuncis.cis. por tres onças
Trixalis.is.por el grillo
Trium uir.ri. uno de tres varones
Trium uiralis.e.por cosa de aquellos
Trium uiratus.us.por aquella dignidad
Trocheus.i. por el pie de luenga z breve
Trochaicus.a.um. por cosa deste pie
Troas.adis. por la region de troia
Trochus.i.por el trompo o peonça
Trochiscus.i.por aquello mesmo pequeño
Trochiscus.i.por el trochisco de medicina
Trochilus.i.por una cierta ave
Trochlea.ę.por polea para alçar peso
Trochum.i.por cierta forma de silla
Trogete.es. arbol es no conocido
Trogilos.i. por una ciudad de sicilia
Troezen.ciudad cerca de corintho
Troezenius.a.um. por cosa desta ciudad
Troglodytę. pueblos son de tartaria
Troglodytice.es. por la region de aquellos
Troglodyticus.a.um.por cosa desta region.
Trogus pompeius. istoriador notable
Troia.ę.por la region de troia
Troianus.a.um.por cosa desta region
Troius.a.um.por aquello mesmo.
Troicus.a.um. por aquello mesmo
Troia.troię. por el escaramuça de niños
Troianum agmen.por aquello mesmo
Troiugena.ę.por del linaje de troia
Tros trois.por el varon troiano
Tros trois.rei de troia hijo de dandano
Trophe.es.interpretatur alimentum
Tropheum.i.el vencimiento delos huidos
Tropeus.i. por viento dela mar
Tropis.is. por pocion para gomitar
Tropus.i. interpretatur conuersio
Tropicus.a.um.por lo que buelve
Tropologia.ę.i. figurata locutio
Trosulum.i.lugar fue de tuscia
Trosuli milites. los que lo romaron
Trua.ę.por barreña para la cozina
Trucido.as.aui.por matar despedaçando.a.i
Trucidatio.onis.por este despedaçamiento
Truculentus.a.um. por cosa cruel
Trudo.is.si.por empuxar.a.i.
Trulla.ę. por barreña para vaziar agua
Trulleum.i.plato para agua manos.

Ueneficus.a.um.por bechizero con iervas
Ueneficium.ij.por aquellos bechizos
Ueneno.as.uenenaui.por emponçoñar.a.i
Uenenarius.ij.por el que mata con iervas
Uenenosus.a.um.por cosa ponçoñosa
Ueneo.is.uenij.por ser vendido.n.iiij
Ueneror.aris.por onrar z acatar.d.iij
Uenerabilis.e.por cosa de onrar
Ueneratus.a.um.por aquello mesmo
Uenerandus.a.um.por aquello mesmo
Ueneratio.onis.por aquella onra.
Uenerator.oris.por aquel onrador
Uenereus.a.um.por cosa dela diosa venus
Uenereus.a.um.por cosa dela lusuria
Uenerius.ij.por el seis enel dado.
Uenetia.e.por la region de venecia
Uenetie.arum.por la ciudad de venecia
Uenetus.a.um.por cosa desta region.
Uenetus color.por el color pardillo
Uenia.e.por la licencie
Uenia.e.por el perdon
Uenialis.e.por cosa de perdonar.
Uenilia.e.por una ninfa en italia.
Uenio.is.ueni.uentum.por venir.n.v
Uenor.aris.por montear z caçar.d.iij
Uenter uentris.por el vientre.
Uenter faliscus.por obispillo de puerco
Uentidius.ij.varon fue notable en roma
Uentilo.as.aui.por aventar parva.a.i
Uentilo.as.aui.bazer aire con moscador.n.v
Uentilabrum.i.por bieldo para aventar
Uentito.as.aui.por venir a menudo.n.v
Uentosus.a.um.por cosa ventosa
Uentus.uenti.por el viento
Uentriculus.i.por el vientre pequeño
Uentriculus.i.por la molleja del ave.
Uentriculus.i.por el buche del animal
Uenum supinum.ab eo quod est ueneo
Uenundo.as.uenundedi.por vender.a.i
Uenusium.ij.ciudad entre apulia z lucania
Uenusia.e.por aquella mesma
Uenusinus.a.um.por cosa desta ciudad
Uenus.ueneris.por la diosa venus
Uenus.ueneris.por bermosura con gracia
Uenus.ueneris.por seis enel dado
Uenus.ueneris.por la baz cavada del carnicol
Uenustus.a.um.por cosa bermosa con gracia
Uenustas.atis.por aquella bermosura

Uepris uepris.por el espinal de espinas
Ueprecula.e.por aquello mesmo
Uepretum.i.por aquello mesmo
Uer ueris.por el verano
Ueratrum.i.por el vedegambre ierva
Uerax.acis.por cosa mui verdadera
Ueracitas.atis.por aquella verdad
Ueraciter.aduerbii.por mui verdadera mête.
Uerbascum.i.por el gordolobo ierva
Uerbale nomen.que viene de verbo
Uerbena.e.por la grama propria
Uerbenaraies.ij.el embaçador que la lleva
Uerbenaca.e.por la bervena ierva
Uerbero.onis.por el açotadizo
Uerbero.as.aui.por açotar.a.i
Uerbero.as.aui.por berir con cosa luenga.a.i
Uerberatio.onis.por aquella berida
Uerberatus.us.por aquello mesmo
Uerber.eris.por vara para berir
Uerbum.i.por la palabra
Uerbum.i.por el verbo en grâmatica
Uerba dare.por engañar
Uerbosus.a.um.por cosa palabrera
Uercelle.arum.ciudad es de italia
Uercellensis.e.por cosa desta ciudad
Uereor.eris.por temer con verguença.d.iij
Ueretrum.i.por las verguenças genitales
Uerenda.orum.por aquello mesmo
Uerecundus.a.um.por cosa vergonçosa
Uerecundia.e.por la verguença
Uerecundor.aris.por envergonçar.d.v
Ueredus.i.por cavallo ligero
Ueredarius.ij.por el cavallero del
Uergilie.arum.por las cabrillas del cielo.
Uergetes.um.pueblos son de españa.
Uergo.is.uersi.por inclinar o acostar.a.i.
Uergo.is.uersi.por embrocar z trastornar.a.i
Ueridicus.a.um.por cosa que dize verdad
Ueridicus.a.um.por lo que dizen con verdad
Ueritas.atis.por la verdad mesma
Ueritus.a.um.participium a uereor
Uermen.inis.por dolencia de gusanos
Uerminosus.a.um.por cosa gusanienta
Uermiculatio.onis.por esta dolencia
Uermino.as.aui.por tener gusanos.n.v
Uermiculor.aris.por lo mesmo.d.v
Uermis uermis.por el gusano
Uermiculus.i.por pequeño gusano

L.ii

Uermiculo.as.por pintar a gusanos.a.i
Uermiculatus.a.um.por cosa assi pintada
Uermico.as.aui. comer como gusanos.n.v
Uermicatio.onis.por esta comezon
Uerna.e.por siervo nacido en casa
Uernaculus.i.por aquello mesmo
Uernaculus.a.um. por cosa de tal siervo
Uernilis.e.por aquello mesmo
Uernilitas.atis. por costumbre de siervo
Uernula.e.por siervo pequeño
Uernix uernicis.por el barniz.
Uerno.as.aui.por hazer verano.n.v.
Uerno.as.aui. por florecer.n.v
Uernus.a.um.por cosa de verano
Uero.coniunctio.por mas
Uero.as.aui.por dezir verdad
Uerona.e. por verona en lombardia
Ueronensis.e.por cosa desta ciudad
Uerpa uerpe. por pixa de judio
Uerpus.i.por judio retajado
Uerres uerris. por el berraco
Uerrinus.a.um.por cosa de berraco.
Uerres uerris.ciudadano de roma
Uerrine.arum. acusacion de aqueste
Uerriculum.i. por red barredera
Uerro.is.uersi.por barrer.a.i.
Uerruca.e.por la berruga.
Uerrucula.e.por berruga pequeña
Uerrucosus.a.um. por cosa berrugosa
Uerruca.e.por cerro enriscado
Uersacrum.i.sacrificio delo del verano
Uersatilis.e.por cosa bolvible
Uersilis.e. por aquello mesmo
Uerso.as.aui.por bolver a menudo.a.i
Uersicolor.oris.cosa de diversos colores
Uersicolorius.a.um.por aquello mesmo
Uersipellis.e.por cosa al reves hecha.
Uersor.aris. por conversar.d.v
Uersus uersus. por el verso
Uersus uersus.por la orden
Uersus.prepositio postpositiua. por hazia
Uersus.us. espacio de cien pies
Uersutus.a.um.por cosa astuta
Uersutia.e. por aquella astucia
Uersutiloquus.a.um.el que habla astucias
Uersura.e. por la torcedura
Uersura.e. por el sulco
Uersura.e. por la mohatra
Uertebra.e.por la choeca.

Uertebratus.a.um.lo que tiene choecas
Uertex uerticis. por remolino de agua
Uertex uerticis.por remolino de cabeça
Uertex uerticis.por el polo del cielo
Uertex uerticis. por la mollera del niño
Uerticosus.a.um.por cosa remolinada
Uertigo.inis.por buelta en-derredor
Uertiginosus.a.um.por cosa de bueltas
Uertibulum.i.por tortero de huso.
Uerticulum.i.por aquello mesmo.
Uertius.ij. por ombre de gran fuerça.pr
Uerto.is.uerti.por bolver alguna cosa.a.i
Uerto solum. por buir por deuda
Ueru.indeclinabile.por assadero
Ueruculum.i. por assadero pequeño.
Uerutus.a.um.por cosa con tales hierros
Ueruculatus.a.um.por lo mesmo
Uerutum.i.por arma como assador
Ueruactum.i. por el barvecho
Ueruex.ecis. por el carnero
Ueruecinus.a.um. por cosa de carnero
Uerus.a.um.por cosa verdadera
Uerum.coniunctio. por mas en pero.
Uerumtamen. por aquello mesmo
Uesevus.i. por un monte de campania
Uesbius.ij. por aquel mesmo monte
Uesevus.a.um.por cosa deste monte
Ueseris.is. por un rio de italia
Uesica.e.por la bexiga de urina
Uesicarius.a.um. por cosa para bexiga
Uesicula.e.por bexiga pequeña
Uespa uespe.por el abispa.
Uespasie.arum. lugar en italia cerca de nursia
Uespasianus.i.emperador de roma
Uesper.eris. por el luzero dela tarde
Uesperum.i.por la tarde del dia
Uesper uesperis. por aquello mesmo
Uespere.is.por aquello mesmo
Uespera.e.por aquello mesmo
Uespertinus.a.um. por cosa dela tarde
Uespero uel uesperasco.por anochecer
Uesperna.e.por la cena.pr
Uespertilio.onis.por el morcielago
Uesperus.i.por el luzero dela tarde
Uesperugo.inis. por aquello mesmo
Uespilo.onis. por enterrador de muertos
Uesta ueste. por la diosa del huego
Uestalis.e.por cosa desta diosa
Uester.a.um.pronomen. por cosa vuestra

Ueſtibulum.i. por portal fuera de caſa
Ueſtini.orum.pueblos ſon de italia
Ueſtinus.a.um.por coſa deſtos pueblos
Ueſtigo.as.aui.por buſcar por raſtro.a.i
Ueſtigium.ij. por piſada o raſtro
Ueſtis ueſtis.por la veſtidura
Ueſtimentum.i. por lo meſmo
Ueſtiarium.ij.por aquello meſmo
Ueſtiarius.ij.por vendedor de veſtiduras
Ueſticeps.moço ſobre diez z ocho años
Ueſtiſpicus.i. el moço que las alimpia
Ueſtiſpica.ę.la moça que las alimpia.
Ueſtras.atis. por de vueſtro vando o tierra
Ueſulus.i. por un monte de liguria
Ueſuuius.ij.idem eſt quod ueſeuus
Ueter.a.um. por coſa vieja.priſcum
Ueteranus.i.por anciano enla guerra
Ueteraneus.a.um. por coſa anciana
Ueteramentarius. ij. por remendon
Ueteraſco.is. por envegecerſe.n.v
Ueterator.oris.por el ſiervo matrero
Ueterator.oris. por envegecido en arte
Ueteratorius.a.um. por coſa aſſi envejecida
Ueterina.ę.por beſtia de cargo
Ueterinus.a.um.por coſa de tal beſtia
Ueterinarius.a.um.por coſa de albeiteria
Ueterinarius.ij.por el albeitar
Ueterinaria.ę. por el albeiteria
Ueternus.i.por la idropeſia
Ueternoſus.a.um.por coſa idropica
Uetero.as.ueteraui.por envejecer.a.i
Uetero.as.ueteraui.por ſer envejecido.n.v
Ueto.as.uetaui. por vedar.a.iij
Uetito.as.uetitaui. por vedar a menudo.a.iij
Uetatio.onis.por el deviedo
Uetulonia.ę.por una ciudad de italia.
Ueturia.ę.muger romana notable
Uetus ueteris. por coſa vieja
Uetulus.a.um.por coſa vieja un poco
Uetuſtus.a.um.por coſa vieja
Uetuſtas uetuſtatis.por la vejez
Uetuſteſco.is.por envejecerſe.n.v
Uexillum.i.por el pendon o ſeña
Uexillifer.eri.por el alferez
Uexillarius.ij.por aquello meſmo
Uexo.as.uexaui. por fatigar.a.i
Uexatio.onis. por aquel fatigar
Uexóres.is.por un rei de egipto

ia uię.por el camino real
Uia uię.por la calle del lugar
Uia uię. por la razon o conſejo
Uiam munire.por bazer calçada
Uiam ſternere.por aquello meſmo
Uiam aperire. por enſanchar camino
Uiam purgare. por renovar camino
Uiam reficere uel reſtaurare.lo meſmo
Uiaticum.i.por la deſpenſa para camino
Uiaticulum.i. por aquello meſmo
Uiator.oris.por el caminante
Uiator.oris. por el andador que cita
Uiber.icis. por la roncha de golpe
Uibius criſpus.ciudadano de roma
Uibonenſes.pueblos ſon de eſpaña
Uibro.as.aui.por eſgremir ſacudiendo.a.i
Uibratilis.e.por coſa que ſe eſgrime
Uibrans paſſiue.pro eo quod uibratilis
Uiburnum.i.por cierto arbol pequeño
Uicaneus.a.um.por lo que tiene vez de otro
Uicarius.a.um.por aquello meſmo
Uicarius.ij.por el ſiervo del ſiervo
Uicatim.aduerbium.de barrio en barrio
Uiceni.ę.a. por cada uno veinte
Uiceſſimus.a.um. por veinte en orden
Uiceſima.ę.por una parte de veinte
Uicennium.ij. por veinte años
Uicennis.e. por coſa de veinte años
Uicies.aduerbium.por veinte vezes
Uicem uices.et cętera.por la vez
Uicinia.ę.por la vezindad
Uicinitas.atis.por aquello meſmo
Uicinalis.e. por coſa de vezindad
Uicia.ę.por el iervo o berren
Uiciſſim.aduerbium. por a vezes
Uiciſſatim.aduerbium.por lo meſmo.pr
Uiciſſitudo.inis.por vez o vegada
Uiciſſitas.atis. por aquello meſmo.pr
Uiciſſitudinarius.a.um.por coſa a vezes
Uictima.ę.por el ſacrificio por uictoria
Uictimarius.a.um. por coſa para ſacrificio
Uictito.as.aui.por mantenerſe.n.v
Uicto.as.uictaui. por lo meſmo.n.v
Uictor uictoris.por el vencedor
Uictoria uictorię.por el vencimiento
Uictorioſus.a.um.por coſa vitorioſa.
Uictoriatus nūmus.en que eſta la dioſa
Uictrix uictricis.por la vencedora

Uictus uictus.por el mantenimiento
Uicus.i.por el barrio de poblado
Uiculus.i.por pequeño barrio
Uicus.i.por el aldea
Uiculus.i.por pequeña aldea.
Uidelicet.idem est quod scilicet
Uideo.es.uidi.por ver entendiendo.a.i
Uideo.es.uidi.por ver con los ojos.a.i
Uiduus.a.um.por cosa biuda
Uidua uiduę.por la biuda
Uiduitas uiduitatis.por la biudez
Uiduertas.atis.por aquello mesmo
Uiduo.as.aui.por biuda bazer.a.i
Uieo.uies.uieui.por atar.a.i
Uietus.a.a.um.participium a uieo.es
Uienna.ę.por una ciudad de francia
Uiennensis.e.por cosa desta ciudad
Uigeo.es.uigui.por tener fuerça
Uigessis.is.por veinte libras o blancas
Uigies.aduerbium.por veinte vezes
Uigil uigilis.por velador o veladora
Uigilia uigilię.por la vela.
Uigilia prima.la vela dela prima
Uigilia secunda. la vela dela modorra
Uigilia tertia.la vela dela modorrilla
Uigilia quarta.la vela del alva
Uigilium.uigilij.por la velada
Uigilantia.ę.por aquello mesmo
Uigilanter.aduerbium.por velando
Uigilo.as.uigilaui.por velar.n.v
Uiginti in plurali. por veinte
Uilis uile.por cosa barato
Uilitas uilitatis.por aquel barato
Uilesco.is.uel uileo.por ser barato.n.v
Uilito.as.uilitaui.por bazer barato.pr.a.i
Uilla.ę.por casa sobre la eredad
Uillula.ę.por aquella casa pequeña
Uillaris.e.por cosa de tal casa.
Uillaticus.a.um.por aquello mesmo
Uillicus.i.por el maiordomo del campo
Uillica.ę.por la maiordoma del campo
Uillicatio.onis. por la maiordomia
Uillicor.aris. por usar deste oficio.d.iij
Uillico.as.aui.por aquello mesmo.n.v
Uillus uilli.por el vello sotil
Uillum uilli. por el vello tal
Uillosus.a.um.por cosa vellosa
Uimen uiminis. por la verga o vara
Uimineus.a.um. por cosa desta materia

Uiminalis.e.por aquello mesmo
Uiminalis mons.un monte de roma.
Uiminius iuppiter.que tenia alli templo
Uinaceum.ei.por granillo de uva
Uinaceus.ei. por aquello mesmo
Uinalia.orum.fiestas eran del vino
Uinarium.ij.por bodega de vino.
Uinarius.a.um.por cosa para vino
Uinaticus.a.um.por aquello mesmo.
Uincio.is.uinxi.por atar.a.i
Uinculum.i. por la atadura
Uinclum.i.por aquello mesmo.po
Uinctus uinctus.por aquello mesmo.
Uinco.is.uici.por vencer.a.i.
Uinco.is.uici. por ganar en juego.a.i
Uindelia.ę.region de europa.
Uindelici.pueblos desta provincia
Uindelicus.a.um. por cosa de alli
Uindemia.ę. por la vendimia
Uindemio.as.aui. por vendimiar.a.i
Uindemiator.oris.por el vendimiador
Uindemitor.oris.por aquello mesmo.
Uindemiatorius.a.ũ.por cosa para vendimia
Uindex.icis. por delibrador de servidumbre
Uindicia.ę.por libertad de servidumbre
Uindicta.ę.por aquella mesma libertad
Uindicta.ę.por la vara del alcalde
Uindicta.ę. por la vengança
Uindico.as.aui. por vengar.a.i
Uinea.ę. por cierto pertrecho para combatir
Uinea.ę.por la viña de vides.
Uinealis.e. por cosa dela viña
Uineaticus.a.um. por aquello mesmo
Uinetum.i. por el pago de viñas
Uinifer.a.um.por cosa que trae vino
Uinitor.oris.por el viñadero
Uinitor.oris.por el vendimiador.
Uinitorius.a.um.por cosa de aqueste.
Uinolentus.a.um.por cosa embriaga
Uinolentia.ę.por la embriaguez
Uinosus.a.um.por cosa embriaga
Uinositas.atis.por la embriaguez
Uinum uini.por el vino
Uinum greeum.por uin greco
Uinulus.a.um.por cosa balagueña.
Uiola uiolę.por la violeta
Uiolaceus.a.um.por cosa de violetas
Uiolarium.ij. por lugar donde nacen
Uiolens.tis.por cosa forçadora

Uiolentus.a.um.por aquello mesmo.
Uiolentia.e.por aquella fuerça
Uiolenter.aduerbium.por forçosa mente.
Uiolo.as.uiolaui.por corromper.a.i.
Uiolabilis.e.por cosa corruptible
Uiolator.oris. por el corrompedor
Uiolatio.onis.por el corrompimiento
Uipera uipere. por la bivora
Uipereus.a.um.por cosa de bivora
Uiperinus.a.um. por aquello mesmo
Uiperinus catulus.por el bivorezno
Uipio.onis.por grulla pequeña
Uipsanus.i.varó que hizo en roma un portico
Uipsanus.a.um.por cosa deste varon.
Uir uiri. por el varon no muger
Uir uiri.por el varon autorizado.
Uir uiri. por el marido
Uirago uiraginis. muger varonil
Uiratus.a.um.por cosa varonil
Uirbius.ij. por el mesmo que ippolito
Uireo uel uiresco.uirui. por enverdecerse.n.v
Uiretus.a.um. por cosa verde
Uiretum.i.por floresta o vergel
Uireo .onis. un ave verde escura
Uirga.e. por la vara o verga
Uirgatus.a.um.por cosa con vergas
Uirgeus.a.um. por cosa de vergas
Uirgetum uirgeti.por el vergel
Uirgilius.ij.por aquel singular poeta.
Uirgilianus.a.um.por cosa deste poeta
Uirgiliamastyr.gis. reprehensor del
Uirgilioceto.onis.obra cõpuesta de sus obras
Uirgindemia.e.por cosecha de vimbres
Uirginius.ij.ciudadano fue de roma.
Uirginia.e.por una hija de aquel.
Uirgo uirginis. por la donzella
Uirguncula.e.por pequeña donzella
Uirginitas.atis. por la virginidad desta
Uirgineus.a.um.por cosa virginal
Uirginalis.e.por aquello mesmo.
Uirgo uirginis.por una fuente en roma
Uirgultum.i. por mata de varas
Uiriatus.i. principe fue de españa
Uiriatus.i. ombre de gran fuerça.pr
Uiriaticus.a.um.por cosa de aqueste
Uiriatinus.a.um. por aquello mesmo
Uiriculum.i. pintura era de cuero
Uiridis.e.por la cosa verde
Uiridans.antis. por aquello mesmo

Uiriditas.atis.por aquella verdura
Ueredo.inis.por aquello mesmo
Uiridarium.ij.por el vergel
Uiridarius.a.um.por cosa de vergel
Uiridomarus.idem qui britomachus.
Uirilis.e.por cosa de varon
Uirilis pars. por lo que cabe a uno
Uirilitas.atis. por la fuerça del varon
Uiripotens.tis.poderosa de sufrir varon
Uiritim.aduerbium.por a cada varon
Uiriola.e. por joiel de piedras preciosas
Uiror.oris.por la verdura.
Uirosus.a.um. por cosa ponçoñosa
Uirosa mulier.muger desseosa de varon.pr
Uirtus.tis.por la virtud
Uirtus.tis.por la fortaleza
Uirtuosus.a.um.non est latinum.
Uirus.i.por la ponçoña o bedor
Uirulentus.a.um.por coso ponçoñosa
Uirulentus.a.um. por cosa hedionda
Uis uis.por la fuerça que fuerça
Uis uis. por la muchedumbre
Uis uis.por la possibilidad
Uiscus.eris.por la carne o entrañas
Uisceratim.aduerbiuz.por a pedaços la carne
Uisceratio.onis. por repartimiento de carne
Uiscum.i.por la liga o lidia
Uisco.as.aui.por ligar con ella.a.i
Uiscatus.a.um.por cosa ligada assi
Uisibilis.e.por cosa que se puede ver
Uisito.as.aui. por ir a ver a menudo
Uiso.is.uisi.por ir a ver.a.i
Uisio.onis.por el ver o vista
Uisus uisus.por el sentido del ver
Uita uite. por la vida
Uitabundus.a.um.por cosa mui esquiva.
Uitalis.e. por cosa de vida
Uitatio.onis.por esquivedad
Uitellius.ij.emperador fue romano
Uitellianus.a.um.por cosa de aqueste
Uitelliana charta.especie era de carta.
Uitellus.i. por la iema del uevo
Uitesco.is.por crecer en vid.n.v
Uiteus.a.um.por cosa de vid.
Uitilis.e.por aquello mesmo
Uitigineus.a.um. por aquellomesmo
Uitiarium.ij.lugar delas plantas de vid
Uitis.uitis.por la parra o vid.
Uiticula.e.por la vid pequeña

Uitis brachiata.por cepa con braços
Uitis capitata.por cepa mocha
Uitis arbustiua.por vid de arboles
Uitis statuminata.por vid rodrigada.
Uitis alba.por la nueza blanca
Uitis nigra. por la nueza negra
Uitiligo.ginis. por la lepra
Uitiliginosus.a.um.por cosa leprosa.
Uitilitigator.oris.por pica pleitos
Uiticola.e.por labrador de vides.
Uitisator.por plantador de vides.
Uitium.ij. por la tacha o pecapo
Uitiosus.a.um.por cosa con tacha
Uitiosus.a.um. por cosa con pecado
Uitiositas.atis.por aquel vicio
Uitio.as.aui.por corromper.a.i
Uitiatio.onis. por el corrompimiento
Uito.as.aui. por se esquivar de algo.a.i
Uitricus.i.por el padrastro.
Uitrum.uitri.por el vidro.
Uitreus.a.um.por cosa de vidro
Uitriarius.ij.por el vidriero.
Uitulamen.inis.pimpollo de arbol
Uitulans.pro eo quod gaudens.pr
Uitulus.i.por el bezerro
Uitula.e. por la bezerra
Uitulus marinus.por el lobo marino.
Uitulus balene.por el parto de vallena
Uitulus elephantis.por el del elefante
Uitulinus.a.um.por cosa de bezerro
Uitupero.as. por reprehender vicio.a.i
Uituperabilis.e. por cosa de reprehender
Uituperatio.onis.por la reprehension
Uitopero.onis.por el reprehensor
Uituperium.ij. non est latinum
Uiuarium.ij.por el bivar de animales
Uiuax.acis.por cosa que mucho bive
Uiuacitas.atis.por el mucho bivir
Uiuesco.is. por rebivir.n.v
Uiuerra.e.por el buron
Uinidus.a.um.por cosa biva con vigor
Uiuo.is.uixi. por bivir.n.v
Uiuus.a.um. por cosa biva
Uiuus.a.um.por cosa natural
Uiuiradix.icis.por sarmiento barvado
    lcero.as.aui.por llagar.a.i
Ulcerosus.a.um.por cosa llagado con podre.
Ulceratio.onis. por aquel llagar

Ulcus.eris.por la llaga con podre
Ulcusculum.i.por aquella llaga pequeña
Ulciscor.eris.por vengar.d.iij
Ulex.ulicis. por el breço
Uligo.inis.por la umidad dela tierra.
Uliginosus.a.um.por cosa umida assi
Ulla.e.por una ciudad de españa
Ulysses.is. por un capitan griego
Ulysseus.a.um.por cosa de aqueste
Ulyssipo.onis.por lisbona ciudad de españa
Ulyssiponensis.e.por cosa desta ciudad
Ullus.a.um.por alguno
Ulmus.i.por el olmo arbol
Ulmeus.a.um. por cosa de olmo
Ulmarium.ij.por el olmedo de olmos
Ulna.e.por la braçada
Ulpicum.i.por el ajo castañuelo
Uls.prepositio.por allende.pr
Ultra.prepositio.por aquello mesmo
Ultra.aduerbium.por aquello mesmo
Ultio.onis.por la vengança
Ultor ultoris.por vengador
Ultrix.icis.por la vengadora
Ultro.por de gana sin ser requirido
Ultroneus.a.um.por cosa de tal gana
Ultro citroq3.por de aqui z de alli.
Ulua.e.por la ova del agua
Ulubre.arum.lugar fue cerca de roma
Ulula.e.por el autillo ave.
Ululo.as.aui.por aullar.n.v
Ululatus.us. por el aullido
    mbella.e. por el sombrero
    Ambella.e.por sombra pequeña
Umbilicus.i. por el ombligo
Umbilicatus.a.ũ.por cosa que tiene ombligo.
Umbilicus.i.por el cartabon
Umbilicus.i. por el lomo del libro
Umbilicus.i. por el medio de alguna cosa
Umbra.e. por la sombra
Umbra.e.por el anima
Umbra.e.por el matiz enla pintura
Umbratilis.e.por cosa de sombra.
Umbraticus.a.um.por cosa sombria
Umbrosus.a.um. por aquello mesmo
Umbrifer.a.um.por aquello mesmo
Umbria.e.por una region de italia
Umber.bra.brum. por cosa de alli
Unanimis.e.por cosa concorde

Unanimiter.aduerbium.concorde mente
Unanimitas.atis. por la concordia
Uná.aduerbium.por junta mente
Uncia.ę.por la dozena parte
Uncia.ę.por la onça de una libra
Unciola.ę.por pequeña onça
Uncialis.e.por cosa de onça
Unciarius.a.um.por aquello mesmo.
Unciatim.aduerbium. por onça a onça
Unco.as.aui.por tomar con garfio.a.i
Uncus.i.por el garfio.
Uncinus.i.por el garfio pequeño.
Uncinatus.a.um. por cosa con garfios
Uncus.a.um. por cosa corva
Unctito.as.aui.por untar a menudo.a.i
Unctor.oris.por el ungidor
Unctio.onis. por la oncion
Unctura.ę.por la uncion mesma
Unda.ę.por onda del agua
Undatim.aduerbium.por onda a onda
Undabundus.a.um.lo que mucho ondea
Unde.aduerbium.por de donde
Undecumqz.por de donde quiera que
Undecim. por onze en numero
Undecimus.a.um.por onzeno en orden
Undecima pars.por uno de onze
Undecies.aduerbium.por onze vezes
Undecuplum.por onze tanto.
Unde uiginti.por diez z nueve
Unde uigesimus.a.ũ. por diez z nueve é ordē
Unde uigesima pars. por uno de diez z nueve
Unde uigies.por diez z nueve vezes
Unde triginta.por veinte z nueve.
Unde quadraginta.por treinta z nueve
Unde quinquaginta.por cuarenta z nueve
Unde seraginta.por cincuenta z nueve
Unde septuaginta.por sesenta z nueve
Unde octoginta.por setenta z nueve
Unde nonaginta.por ochenta z nueve
Undiqz.aduerbium.por de cada parte
Undiqz.aduerbium.por de cada parte
Undi uagus.a.um.por lo ą anda por ondas
Undosus.a.um.cosa llena de ondas
Undo.as.aui.por ondeor.n.v
Unédo.unedonis. por el madroño
Unguentum.i.por el unguento
Unguentarius.ij.por el que lo vende.
Unguentarius.a.um.por cosa de unguento
Unguen.inis.por el unto.

Unguis unguis.por la uña
Unguella.ę. por la pequeña uña
Unguiculus.i.por aquello mesmo
Ungula.ę. por aquello mesmo
Ungula.ę. uña de asno o cavallo
Ungulatus.a.um.por cosa con uñas.
Ungo.is.unxi.por untar.a.i
Unicornis.e. por cosa de un cuerno
Unicornis.is.por el unicornio
Unicolor.oris.por cosa de un color
Unicus.a.um.por una sola cosa
Uniformis.e. por cosa de una manera
Uniformitas.atis.por la uniformidad
Uniformiter.aduerbium.por en una forma
Unigenitus.i.por un solo hijo
Unigena.ę.por cosa de un genero
Unio.onis.por la perla
Unio.onis.por la union.nouum
Unitas.atis.por la unidad
Uniuersus.a.um.por todo por partes
Uniuersitas.atis.por la universidad
Uniuersim.aduerbium.por universal mente
Uniuocus.a.um. por cosa de una boz
Unoculus.i.por tuerto de un ojo
Unquam.aduerbium.por en algun tiempo
Unus.a.um.por uno
Unusquisqz. por cada uno
    oberta.ę.lugar fue de españa.
    Uobiscum.aduerbium.por con vusco.
Uocalis.e.por cosa con boz
Uocalis.is.por la vocal letra
Uocabilis.e.por cosa que suena
Uocabulum.i.por el vocablo
Uocabularium.ij. por libro de vocablos
Uocabulista.ę.non est latinum
Uocatio.onis.por el llamado.
Uocatus.us.por aquello mesmo
Uocatiuus.i.por el vocativo caso.
Uociferor.aris. por gritar.d.v
Uociferatio.onis.por aquel gritar
Uoco.as.aui. por llamar.a.i
Uocito.as.aui.por llamar a menudo.a.i
Uocontij.orum.pueblos son de francia
Uocula.ę.por boz pequeña
Uoculatio.onis. por el acento
Uogésus.i. por un monte de francia
Uola.ę.por la fuente del pie
Uolaterrę.arum. por una ciudad de italia
Uolaterranus.a.um. por cosa desta ciudad

Uolatura.e.por el buelo.
Uolatus.us.por aquello mesmo
Uolatilis.e.por cosa que buela
Uolciani.orum.pueblos de españa
Uolemum pyrum.por pera grande
Uolgiolum.i.por rebolvedero
Uolo.as.uolaui.por bolar.n.v
Uolito.as.aui.por bolar a menudo.n.v
Uolo.uis.uolui.por querer.a.i
Uolo bene.por amar z querer
Uologesus.i.rei fue delos partbos
Uolones.siervos fueron armados
Uolsini.orum.ciudad fue de italia
Uolsiniensis.e.por cosa desta ciudad
Uolsci.orum.pueblos son de italia
Uolscus.a.um.por cosa destos pueblos
Uolsus.a.um.por cosa pelada
Uolsella.e.por tenazuelas de cejas
Uoltuna.e.cierta diosa de romanos
Uolubilis.e.por lo bolvible en cerco
Uolubilitas.atis.por este rebolvimiento
Uolucer.cris.cre.por cosa que buela.
Uolucris.cris.por el ave que buela
Uolucra.e.gusano que roe los pampanos
Uolumen.inis.por la buelta
Uolumen.inis.por el volumen
Uolumnia.e.muger fue romana
Uoluntas.atis.por la voluntad
Uolontarius.a.um.por cosa de voluntad
Uoluo.is.uolui.por bolver en deredor.a.i
Uoluox.ocis.por gusano rebolton
Uoluptas.atis.por el deleite
Uolupe.indeclinabile.por lo mesmo.pr.
Uoluptarius.a.um.por cosa deleitosa
Uoluptuosus.a.um.por aquello mesmo
Uoluto.as.por bolver en deredor.a.i
Uolutatio.onis.por aquella buelta
Uoluto.as.aui.por rebolcar.a.i
Uolutabrum.i.por el rebolcadero.
Uolutatus.us.por el rebuelco
Uolux.cis.por un principe de africa
Uomer uel uomis.por la reja.
Uomex.icis.por la sangre que escupe el tisico
Uomica.e.por aquello mesmo
Uomitio.onis.por el gomito
Uomitus.tus.por aquello mesmo
Uomitorius.a.um.por cosa para gomitar
Uomo.is.uomui.por gomitar.a.i

Uomito.as.por gomitar a menudo
Uorago.inis.por el remolino de agua
Uoraginosus.por lo lleno de remolinos
Uoro.as.aui.por tragar.a.i
Uortex.icis.por el remolino.
Uorticosus.a.um.por lo lleno de remolinos
Uospicus.i.el que nace con otro muerto.
Uotum.i.por el voto prometido
Uota concipio.por bazer voto
Uota suscipio.por aquello mesmo.
Uota nuncupo.por aquello mesmo
Uotiuus.a.um.por cosa de voto
Uoueo.es.uoui.por bazer voto.a.i
Uox.uocis.por la boz.
   pupa.e.por la abubilla ave
Upilio.onis.por pastor de ovejas.
   ra.e.interpretatur cauda
   Uranos.i.interpretatur celum
Uranoscopos.i.por un cierto pece
Urania.e.por una delas nueve musas
Urbs.urbis.por la ciudad de edificios
Urbanus.a.um.por cosa de ciudad
Urbanitas.atis.por criança de ciudad
Urbicus.a.um.por cosa de ciudad
Urbinum.i.por una ciudad de italia
Urbinas.atis.por cosa de ciudad
Urbo.as.aui.por señalar con sulco.a.i
Urbus.i.por la corvadura del arado
Urceus.i.por el jarro de barro
Urceolus.i.por el jarro pequeño
Urceolum.i.por arcadnz
Uresco.is.por quemarse.n.v
Uredo.inis.por la quemazon.
Urgeo.es.ursi.por costreñir.a.i
Urias.e.familiar del rei david.bar
Urina.e.por la urina
Urinor.aris.por nadar a somergujo.d.v
Urinator.oris.por aquel nadador
Urinatrix.icis.por el somorgujon ave
Urinatio.onis.por aquel nadar
Urinum ouum.por uevo guero
Urion.estatua de jupiter fue
Urna.vasija era como cantaro
Urnula.e.por aquella vasija pequeña.
Urnalis.e.por cosa de aquesta vasija
Urnale.is.por aquella mesma vasija
Uro.is.ussi.por quemar.a.i
Uropygium.por la rabadilla

Ursa.ę.por la ossa animal
Ursus.i.por el osso animal
Ursinus.a.um. por cosa de osso
Urtica.ę.por la hortiga ierva
Urtica.ę.por un cierto pescado
Uruncum.i.el grano menguado del trigo
Uruum.i.por el sulco del arado
Urus.i. especie de toro salvaje
    sia.ę.interpretatur substantia.
    Usitor.aris.por usar a menudo
Usitatio.onis.por aquel uso
Usium.ij.por un lugar de italia
Usipium.ij. por una ciudad de alemaña
Usipij.orum. pueblos son de alli
Uspiam.aduerbium.por en algun lugar
Usqz.prepositio. por basta
Usqz.aduerbium. por siempre
Usquequaqz.por aquello mesmo
Usque adeo. por en tanto grado
Usque adhuc.por basta aqui
Usquequo. por basta cuando
Usquam.aduerbium.por en algun lugar.
Usucapio.onis.possession continuada
Usucapio.is.por posseer continua mente
Ustio.onis.por la quemazon
Ustor.oris. por el quemador
Ustrina.ę.por el lugar donde queman
Ustulo.as.aui. por chamuscar
Usura.ę. por la usura o uso
Usurarius.por el renovero
Usus usus. por el uso
Usus fructus. por el uso fruto
Usus fructuarius.a quien se manda
Usurpo.as.aui.por usar delo ageno.a.i.
Usurpatio.onis.por aquel uso.
    t.coniunctio.por que.
    Ut.aduerbium. por despues que
Ut.aduerbium.por o si o oxala
Utensilis.e.por cosa para usar.
Uter utris.por el odre.
Uterculus.i.por odre pequeño
Uter.a.um.por cual de dos?
Uterlibet. por cualquiera de dos
Uterqz.por entrambos a dos
Uterus.i. por el vientre
Uterus.i.por la madre dela muger
Uterinus.a.um.por cosa deste vientre
Uti particula.por assi como
Utica.ę.por una ciudad de africa

Uticensis.e.por cosa desta ciudad.
Utilis.e.por cosa provechosa
Utilitas.atis.por el provecho.
Utiliter.aduerbium.provechosa mente
Utinam.aduerbium.por o si o oxala
Utiqz.aduerbium. por si affirmando
Utor uteris.por usar de algo para al
Utor fruor. por usar z gozar
Utpote particula. por assi como
Utputa.por aquello mesmo
Utriculus.i.por odre pequeño o bota.
Utricularius.ij.por el gaitero.
Utrinqz.aduerbium.por de ambas partes
Utrobi.aduerbium.por en ambas partes.
Utrobiqz.aduerbium. por aquello mesmo
Utroqz.aduerbium.por a ambas partes.
    ua apiana uel stica.por uva moscatel
    Uua.ę.por el razimo de uvas.
Uua.ę. por el enxambre colgada
Uua.ę. por la esquinancia enla campanilla
Uua.ę. por cierto pescado dela mar
Uua passa.por razimo de passas
Uuidus.a.um.por cosa umida
Uuidulus.a.um. por cosa umida un poco
Uulcanus.i.hijo de jupiter z juno
Uulcanius.a.um.por cosa deste dios
Uulgae.arum. pueblos son de francia
Uulgus.i.por el pueblo menudo
Uulgaris.e. por cosa deste pueblo
Uulgarius.a.um.por lo mesmo
Uulgariter.aduerbium.por comun mente
Uulgo.aduerbium.por aquello mesmo
Uulgo.as.aui.por divulgar z publicar.a.i
Uulnus.eris.por la herida con sangre
Uulnero.as.aui.por herir assi.a.i.
Uulnusculum.i.por tal herida pequeña
Uulnerarius.a.um.por cosa para herida
Uulnificus.a.um.por lo que haze herida.
Uulpes.is.por la raposa o zorra.
Uulpecula.ę.por la raposa pequeña
Uulpinus.a.um.por cosa de raposa
Uulpes.is.por un pescado no conocido.
Uulsura.ę. por el arrancadura
Uultur.is.por el bueitre ave
Uulturius.ij.por aquello mesmo
Uulturis.is.por aquello mesmo.
Uulturinus.a.um.por cosa de bueitre
Uulturnus.i.por un rio de apulia
Uulturnus.i. viento es oriental

Uultus.us.por el gesto dela cara
Uultuosus.a.um. por cosa de visaje
Uulua.e. por el vientre dela bembra
xor uxoris.por la muger casada
Uxorius.a.um. por cosa de tal muger
Uxorius.ij.por amador de su muger
De incipientibus ab.x.
in numeris decem significat
Xantbus.i.por un rio de troia.
Xantbus.i.por otro rio de licia
Xantbus.i.por un cavallo de ector
Xanthius.a.um. por cosa destos
Xantbus.color est flauus
Xantbippe.es.muger fue de socrates
Xantbo.us.por una bija de tetbis z oceano
enos. interpretatur bospes
Xenocrates.is.filosofo fue notable
Xenodocbium.ij.interpretatur bospitium
Xenium.ij.por presente para uesped
Xenoparocbus.i.uesped que recibe
Xenopbanes.filosofo z poeta fue
Xenopbon.tis.filosofo fue notable
Xerampelinus.a.um. por cosa verde.rarum
Xerolibye.es.por africa la desierta
Xerolopbus.i.por carnero de uessos
Xerxes.is.por un rei delos persas
ylon.interpretatur lignum
Xylobalsamum.madera de balsamo
Xylocinnamum.madera dela canela
Xylus.i.por una especie de lino
Xylinus.a.um. por cosa deste lino
Xipbos.interpretatur ensis
Xypbias.e.especie de cometa aguda
Xystus.i.por el vergel.
Xysticus.a.um. por cosa de vergel
De incipientibus a.z.
abulon.bijo de jacob z lia.bar.
Zacbarias.e. profeta fue judio
Zacbeus.i.varon fue judio
Zacbantbei. pueblos del monte pireneo
Zacyntbus.i.isla es cerca de etolia
Zacyntbius.a.um.por cosa desta isla
Zaleucbus.i.dador fue de lei notable
Zama.e.por una ciudad de africa
Zamia.e.la piña que se biende enel arbol
Zamolsis. siervo de pitbagoras filosofo
Zancle.es.por una ciudad de italia
Zancleus.a.um. por cosa desta ciudad

Zancleius.a.um.por aquello mesmo
Zaram.bijo de judas z de tbamar.
ea.e. por la espelta simiente
Zeta.e.edificio era como cbimenea
Zetecula.e.por aquel edificio pequeño
Zeta.por la ultima letra del a b c
Zelotypus.i. por el celoso
Zelotypa.e.por la celosa
Zelotypia.e.por los celos.
Zelus.i.por los celos
Zelor.aris.por celar
Zelo.as.por aquello mesmo
Zeno.onis.filosofo principe de estoicos
Zeno.onis.por otro filosofo
Zenulus.i.por este mesmo.
Zenodotus.i. nombre de varon
Zepbyrus.i.viento es ocidental
Zeppbyrius.a.um.por cosa deste viento
Zepbyria oua.uevo sin meaja.
Zepbyritis.idis. cosa bembra deste viento
Zetbus.i.bijo de jupiter z antiopa
Zetbus.i.bijo pe boreas z oritbia
zeugma. atis. interpretatur connexio
Zeugma.atis.figura de gramatica
Zeugma.atis. ciudad cerca de partbia
Zeusis.is.por un famoso pintor
Zeus.interpretatur jnpiter
Zeuxo.us.bija de tetbis z oceano.
inzulo.as.cantar el abejuruco
Zitbus.i. por servisia vino de trigo
Zyma.interpretatur fermentum
Zyzania.e. por la zizania
Zizipbus.i.por el açofeifo
Ziziphum.i.por el açofeifa
odiacus.i.el zodiaco del cielo
Zoilus. reprebensor del omero
Zona.e. por la cinta
Zonula.e.por la cinta pequeña
Zopyrus.i.nombre proprio de varon
Zopissa.e. la pez dela nave
Zutbus.i.bijo de colo z lepatra

Aelij Antonij nebrissensis grammatici
Lexicon ex sermone latino in bispanien
sem impressum Salmantice Anno a na
tali cbristiano.M.cccc.xc.ij.

ESTA REPRODUCCIÓN EN FACSÍMIL DE LA PRIMERA EDICIÓN DEL

DICCIONARIO LATINO-ESPAÑOL

DE ELIO ANTONIO DE NEBRIJA
(SALAMANCA, 1492),
CON UN ESTUDIO PRELIMINAR DE G. COLÓN Y A.-J. SOBERANAS,
CONSTITUYE EL VOLUMEN 2 DE LA BIBLIOTECA HISPÁNICA PUVILL,
SECCIÓN LITERATURA,
DICCIONARIOS,
DIRIGIDA POR ENRIQUE MIRALLES.
SE HA HECHO UNA TIRADA DE 500 EJEMPLARES
NUMERADOS DEL 1 AL 500 Y 30 MARCADOS DE LA A A LA Z

SE ACABÓ DE IMPRIMIR
EN LOS TALLERES DE ARTES GRÁFICAS SOLER, S. A.,
EN LA CIUDAD DE VALENCIA,
EL DÍA 3 DE FEBRERO DE 1979

EJEMPLAR Nº 00254